中国经济50人论坛
Chinese Economists 50 Forum

走进中国经济50人论坛
握手中国最有影响力的群体经济学家

中国经济50人论坛
Chinese Economists 50 Forum

中国经济50人看三十年
——回顾与分析

主编：吴敬琏　樊纲　刘鹤　林毅夫　易纲　许善达　吴晓灵

中国经济出版社
CHINA ECONOMIC PUBLISHING HOUSE
北京

图书在版编目（CIP）数据

中国经济50人看三十年：回顾与分析/吴敬琏等编. —北京：中国经济出版社，2008.10（2023.3重印）

ISBN 978-7-5017-8440-0

Ⅰ.①中… Ⅱ.①吴… Ⅲ.①经济改革–研究–中国 ②经济发展–研究–中国 Ⅳ.①F12

中国版本图书馆CIP数据核字（2008）第009343号

责任编辑	乔卫兵　张梦初
责任印制	马小宾
封面设计	华子图文设计公司

出版发行	中国经济出版社
印 刷 者	北京柏力行彩印有限公司
经 销 者	各地新华书店
开　　本	787mm×1092mm　1/16
印　　张	47.75
字　　数	860千字
版　　次	2008年10月第1版
印　　次	2023年3月第8次
定　　价	150.00元

广告经营许可证　京西工商广字第8179号

中国经济出版社 网址 http://www.economyph.com　社址 北京市东城区安定门外大街58号　邮编 100011
本版图书如存在印装质量问题，请与本社销售中心联系调换（联系电话：010-57512368）

版权所有　盗版必究（举报电话：010-57512600）
国家版权局反盗版举报中心（举报电话：12390）　服务热线：010-57512564

目 录

序一：中国经济改革三十年历程的制度思考 …………………… 吴敬琏/1
序二：中国改革开放过程中的对外思想开放 …………………… 林重庚/26
序三：中国改革开放的成功经验与新挑战 ………………… 迈克尔·斯彭斯/43

劳动力市场转型与发育 ………………………………………… 蔡　昉/1
转轨中的中国金融体制改革与展望 …………………………… 曹远征/25
经济增长与劳动生产率
　　——探寻改革三十年经济高速增长的原因 ………………… 陈东琪/43
农村改革与制度变迁 …………………………………………… 陈锡文/63
转轨经济学与中国三十年的改革实践 ………………………… 樊　纲/79
关于经济体制改革的若干思考 ………………………………… 范恒山/99
"改革战略及其选择"的回顾与检讨 …………………………… 郭树清/109
邓小平与中国对外开放 ………………………………………… 胡鞍钢/141
中国开放三十年：增长、结构与制度变迁 …………………… 江小涓/165
中国市场化改革的推进与随思录 ……………………………… 李晓西/197
转轨中的中国宏观经济运行的定量分析 ……………………… 梁优彩/229
潮涌现象与发展中国家宏观经济理论的重新构建 …………… 林毅夫/253
没有画上句号的增长奇迹 ……………………………………… 刘　鹤/263
市场开放、竞争与产业进步：以中国汽车产业为例 ………… 刘世锦/279
外汇管理体制改革的制度性飞跃 ……………………… 楼继伟　高剑虹/307
中国三十年财税改革的回顾与展望 …………………………… 楼继伟/323
三十年巨变
　　——国有企业改革进程简要回顾与评述 ………………… 马建堂/347

中国经济改革开放三十年：历史与国际视角	钱颖一/359
从企业改革的配套措施到基本公共服务均等化	
——社会保障制度改革三十年	宋晓梧/369
产权制度改革与混合经济体制的形成	魏　杰/397
解读"中国经验"与"比较优势"	温铁军/421
三十年回眸：中国金融结构及其资源配置效率	吴晓灵/431
成功实践背后的理论突破	
——关于建立渐进改革有效理论框架的认识	夏　斌/467
我所经历的一场"财政革命"	
——财政国库管理制度改革出台前后	肖　捷/493
国有商业银行改革三十年	谢　平/509
我所经历的财税改革的回忆片断	许善达/523
改革开放三十年来人民币汇率体制的演变	易　纲/539
推进形成主体功能区　走上区域协调发展道路	杨伟民/559
打破国有部门垄断　建立政府经济管制	张曙光/583
双轨制与价格改革	张维迎/605
在发展的实践中建立和完善宏观调控体系	郑新立/625
邓小平领导中国改革的伟大活剧	周其仁/651
对外开放初期的贸易政策改革与思维转变	周小川/667

附录1　中国经济50人论坛简介	697
附录2　中国经济50人论坛成员名录	699
附录3　中国经济50人论坛企业家理事名录	703
后　记	吴晓灵/705

序一

中国经济改革三十年历程的制度思考

吴敬琏

从1978年至今,中国的改革开放已经走过30个年头。改革开放所要达到的目标,按照中共十七大的概括乃是"从高度集中的计划经济体制到充满活力的社会主义市场经济体制、从封闭半封闭到全方位开放的伟大历史转折。"现在,这个历史转折还没有完全实现。为了完满地实现这个转折,我们应当认真总结30年的经验教训,让历史照亮我们未来的道路。

一个国家的经济发展,通常是由两个"车轮"驱动的:一个是技术,另一个是制度。对于中国这样一个经济技术水平处于落后地位的发展中国家而言,新的、效率更高的技术是在先进国家广泛存在并且可及的;但是,是否能够广泛运用这些新技术,却取决于是否拥有与这些技术相适应的制度体系。所以,在技术和制度这两个推动历史前进的车轮中,制度显然较之技术具有更加重要的意义。

本文正是要从制度变迁的视角来考察中国改革30年的历程。

一、巨大的灾难促进了改革共识(20世纪70年代后期)

1956年中共第八次全国代表大会提出要进行"经济管理体制的改革",而真正意义上经济社会体制的改革,则是1978年12月中共十一届三中全会之后才真正开始的。那么,中国是在什么样的社会历史条件下提出改革问题的呢?

1949年中华人民共和国成立以后,共和国的领导人按照"三年准备、十年建设"新民主主义社会,然后逐步向社会主义过渡的设想进行,曾经在20世纪50年代初期恢复国民经济的工作中取得巨大的成功。但是,在1952年土地改革实现和朝鲜停战以后,毛泽东批判了刘少奇等中共领导人组织执行的新民主主义纲领,并在1953年正式确立"使生产资料的社会主义所有制成为我们国家和社会的唯一的经济基础"为目标的"过渡时期总路线"①。1955

---

① 中共中央宣传部(1953):《为动员一切力量把我国建设成为一个伟大的社会主义国家而奋斗——关于党在过渡时期总路线的学习和宣传提纲》。

年掀起"社会主义高潮",迅速实现了对农业、手工业和资本主义工商业的"社会主义改造"。这样,中国效仿苏联的榜样,废除了市场制度,全面建立了苏联式的集中计划经济(命令经济)制度。

正如现代经济科学告诉我们的,虽然从理论上计划经济能够通过精确的计算从而有效地配置经济资源,但也会由于交易成本过高而缺乏效率;至于在现实中由官员作出资源配置决策和执行这种决策的命令经济,其效率低下更是不待言的。

事实上也正是这样,苏式集中计划经济制度刚一建立,其严重弊端就显现出来。在新民主主义条件下还拥有比较大的经营自主权的国有企业,这时完全变成上级行政管理机关的附属物,人、财、物、供、产、销全都由上级行政机关决定。这样的"生产单位"失去了经营自主权和生产积极性,生产效率和服务质量急剧下降,连国有企业的领导人也啧有烦言。面对党内外对苏式计划经济体制的批评,党政领导决定在保持国有经济的统治地位和坚持命令经济的前提下,对这一体制作出某些调整,适度扩大下级政府和国营企业权力和利益。这就是1956年中共八大决定进行的"经济管理体制改革"。

对于集中计划经济体制应当向哪个方向进行和进行哪些调整,领导人的意见是有差别的。例如,作为当时经济工作主要负责人的陈云提出,要在集中计划经济体制中引入某些市场的因素,形成"三为主,三为辅"的经济格局,这就是在工商经营方面,国家经营和集体经营是工商业的主体,但是附有一定数量的个体经营作为对国家经营和集体经营的补充;在生产计划方面,计划生产是工农业生产主体,按照市场变化而在计划许可范围内的自由生产是计划生产的补充;在社会主义的统一市场里,国家市场是主体,附有一定范围内国家领导的自由市场作为国家市场的补充。①

作为党的最高领袖的毛泽东有更大的权威。他认为,苏式计划经济的弊病并不在于用行政命令配置资源,而在于"权力过分集中于中央",管得过多,统得过死,抑制了各级地方政府、生产单位和职工的积极性。② 据此,中国政府在1958年发动了向各级地方政府"放权让利"的"体制下放"运动,形成了一种分权型的命令经济体制。③ 与此同时,毛泽东还发动了"人民公社化运动",把农业生产合作社合并改组为"工农商学兵五位一体"和"政社合一"的

---

① 陈云(1956):《社会主义改造基本完成以后的新问题》,载《陈云文选》,第3卷,人民出版社1995年版,第350页。
② 毛泽东(1956):《论十大关系》,《毛泽东选集》第5卷,北京:人民出版社1977年,第272~276页。
③ 对于这种体制的弊病,可以参阅吴敬琏(1999):《当代中国经济改革》,上海:上海远东出版社2003年版,第49~54页。

人民公社,进一步加强了政府对农村经济的控制。

这样,毛泽东在"体制下放"和"人民公社化"的制度基础上,发动了"超英赶美"的"大跃进"运动。上述"经济管理体制改革"招致了1958—1960年期间各地区、各部门、各单位争夺资源的大战,经济秩序一片混乱,耗费大量资源所换得的也只是一堆邀功的虚夸数字、严重的经济困难和生命损失。仅是由大饥荒导致的"非正常死亡"人数,就高达2000万~4000万人。①

毛泽东没有对"大跃进"造成的灾难引咎自责,相反认为"大跃进"失败的根本原因在于干部群众的"共产主义觉悟不高"和刘少奇、邓小平等党政负责人在"大跃进"失败后背离了他所倡导的"无产阶级专政下继续革命路线"。于是,就在1966年发动了向"走资本主义道路的当权派夺权"和"对党内外资产阶级全面专政"的"无产阶级文化大革命"。所谓"无产阶级专政下继续革命理论"同样具有极"左"的性质。毛泽东在"文化大革命"高潮中发表的"无产阶级专政理论"竟然宣布"按劳分配、货币交换,这些跟旧社会没有多少差别"②,要和"党内走资派"一起加以消灭。在"文化大革命"中,以江青为首的"四人帮"疯狂夺取国家权力,并利用手中的权力胡作非为,最终使中国整个社会濒临崩溃的边沿。

"文化大革命"使绝大多数中国人对全面开展人对人争斗的"无产阶级专政下继续革命"的路线,把整个社会变成牢笼的"全面专政"制度和成亿人遭到迫害感到绝望和愤怒。如果说1952年以后的多次政治运动和"大跃进"使普通工人、农民和知识分子受难,那么在"文化大革命"中,即使作为旧路线执行者和旧体制支柱的党政高级干部也饱受政治迫害之苦,甚至连国家主席也未能幸免。在这种情况下,朝野上下一致认为旧路线和旧体制再也不能继续下去了,要求从变革中寻求救亡图存的出路。国务院副总理李先念在1978年7—8月召开的国务院理论务虚会上所作的总结中指出,当务之急,是既要大幅度地改变目前落后的生产力,也要多方面地改变生产关系,改变上层建筑,改变工农业企业的管理方式和国家对工农业企业的管理方式,改变人们的活动方式和思想方式③。这反映了朝野上下在经历十年"文化大革命"的

---

① 对于"大跃进"和人民公社化后全国非正常死亡人数,不同学者的估计大致在2000万~4000万人之间。参见孙冶方:《加强统计工作,改革统计体制》,载《经济管理》杂志,1981年第2期;程敏:《风云庐山》,团结出版社1993年版,第364页;李成瑞:《大跃进引起的人口变动》,载《中共党史研究》,1997年第2期;曹树基:《大饥荒:1959—1961年的中国人口》,载《中国人口科学》,2005年第1期。

② 《毛主席重要指示(1975年10月—1976年1月)》,载《建国以来毛泽东文稿》,北京:中央文献出版社1998年版,第13册,第486页。

③ 李先念(1978):《在国务院理论务虚会上的讲话(1978年9月9日)》,《李先念文选》,北京:人民出版社1989年版,第324~336页。李先念的这篇讲话,为1978年12月的中共十一届三中全会所确认。

巨大灾难以后寻求变革的共识。

二、"摸着石头过河"和"双轨制"的形成(1978—1983年)

在改革开始的时期,中国领导人并没有为自己设定体制改革的目标,而是采取了所谓"摸着石头过河"、"不管黄猫黑猫,抓住老鼠就是好猫"的策略。不管是什么样的政策或制度,只要能够恢复经济、稳定社会,都可以拿来应用。

启动改革的第一个行动,是十一届三中全会发动解除极"左"思想束缚的"思想解放运动"。在这以前,《人民日报》、《红旗》杂志、《解放军报》发表的两报一刊社论《学习文件抓纲要》,提出了所谓"两个凡是"的方针,即"凡是毛主席作出的决策,我们都坚决维护;凡是毛主席的指示,我们都始终不渝地遵循"。"两个凡是"意味着继续执行造成了巨大灾难的极"左"路线和相关制度。这与当时全国上下普遍提出的终结极"左"路线、实现"拨乱反正"的诉求是完全对立的。于是,在邓小平、胡耀邦的指导下,以1978年5月11日《光明日报》发表《实践是检验真理的唯一标准》的评论员文章为开端,在全国掀起了一场以"解放思想"为基本内容的启蒙运动,为改革开放奠定了思想基础。"思想解放"意味着原来认为天经地义的"阶级斗争为纲"、"无产阶级专政下继续革命"之类的理论是可以怀疑的,原来认为神圣不可侵犯的国家计划号令天下的经济制度和"对党内外资产阶级(包括所谓'资产阶级知识分子')全面专政"的政治制度是可以改变的。打破了数十年僵化思想的束缚,激发了工人、农民、知识分子和机关干部开动脑筋去寻找挽救危亡、求得发展的出路。

当时人们从多年的思想禁锢下解放出来,思想活跃。他们学习他国的经验,总结自己的教训,提出了各种各样变革的设想。中国政府也派出了许多代表团,到欧美、东欧和东亚的国家去考察取经,力图汲取它们在中国经济停滞衰退的20年中取得经济发展成绩的经验。

不过在当时进行全面改革的理论准备不足的情况下,中国党政领导采取的策略是在保持命令经济占主体地位的条件下,作出了一些变通性的制度安排,为民间创业活动开拓出一定的空间。

第一,在土地仍归集体所有的条件下,以"包产到户"的形式恢复农民的家庭经营。

在1955年的农业合作化运动中,全国绝大多数农民都在"批判右倾保守思想"的强制下加入了集体所有制的农业生产合作社,个体农民在土地改革运动中分得的土地也合并为不可分割的"集体财产"。除国家不包工资分配外,合作社已经与国营企业没有区别。1958年7月,毛泽东又号召把高级社合并组成"一大二公"的人民公社,土地、劳动力和其他生产资料都归"政社合一"的公社统一调配。

在实现"合作化"以后,农民依然希望重建自己的家庭经济。于是,一有风吹草动,他们就会在"实行生产责任制"的名义下提出"包产到户"的要求。但是毛泽东把"包产到户"和集体农民拥有的小块"自留地"、农民出售家庭产品的"自由市场"以及个体工商业户"自负盈亏"放在一起,合称为"三自一包"的"资本主义复辟逆流"。每一次包产到户的要求都受到严厉的批判和制止。

"文化大革命"结束后,许多地区的农民再次提出实行包产到户的要求。当时出现的农业生产责任制有"包工到组"、"包产到户"和"包干到户"三种主要形式。现在通常称为"包产到户"的形式在当时称为"包干到户"。"包干到户"为主要形式的"包产到户"浪潮,首先在安徽兴起。"包干到户"的基本做法是:作为土地所有者的集体(一般由村委会代表)按人口或按劳动力将土地发包给农户经营,农户按承包合同完成国家税收、统购或合同定购任务,并向生产队上缴一定数量留存用作公积金和公益金,余下的产品全部归农民所有和支配,从而取消了生产队统一经营和统一分配,"交够国家的,留足集体的,剩下全是自己的"。因此,"包干到户"意味着农业经营方式由集体经营向家庭在承包来的土地上经营的根本转变。

除安徽外,四川、贵州、甘肃、内蒙古和河南等地"包产到户"也有了相当规模的发展,并且对促进当地农业发展起到了很好的作用。但是,上述地区的这种制度变革不被当时实行"两个凡是"方针的党中央所认可。直到1979年的中共十一届四中全会还规定:"不要包产到户"和"不许分田单干"。不过,随着邓小平掌握实际领导权和"两个凡是"的错误方针的终结,1980年9月,在中共中央批转的省市自治区党委第一书记专题座谈会纪要,即《关于进一步加强和完善农业生产责任制的几个问题》中,提出"在那些边远山区和贫困落后地区,长期'吃返销,生产靠贷款,生活靠救济'的生产队,群众对集体丧失信心,因而要求包产到户的,也可以包产到户"。这一文件下发后,全国各种形式的承包责任制快速发展,其中发展最快的是"双包"("包产到户"和"包干到户")。1982年1月,中共中央、国务院发出关于农村经济政策的第一个"1号文件"中明确指出:"包工、包产、包干,主要是体现劳动成果分配的不同方法。包干大多是'包产提留',取消了工分分配,办法简便,群众欢迎。"这就使以"包干"为主要形式的承包责任制度有了正式的政策依据,从而使这种自下而上的自发制度演变得到了自上而下的确认。1983年初,实行以"包干到户"为主要形式的"双包"的生产队占全国生产队总数的98%。这意味着中国农业在继续保持土地公有制的条件下通过"承包"的方式使农民的家庭农场得以建立。

家庭联产承包经营制的推行极大促进了中国农业的恢复和发展,促使中国农业和农村发生了巨大变化。1985年农村总产值较之1978年增长了近3倍。[①] 1984年,中国粮食总产量达到创纪录的40731万吨,比1978年增长33.6%[②];随着农业发展,农村产业结构日趋合理,林、牧、副、渔以及农村工商业产值均有所提升;农民收入也有了大幅度增长,1984年农村居民人均纯收入达到355元,比1980年增长85.5%。[③]

第二,在保持公共财政与企业财务合一的前提下,实行"分灶吃饭"的承包制财政体制,使各级地方政府有了促进本地经济发展的积极性。

既然在计划经济的条件下,整个国家成为一个巨大的"企业",其财政体制的特点是公共财政与企业财务合一。在集中计划经济的条件下,财政大权集中于中央政府,其组织结构类似于一个单一型(Unitary - Form)的企业。在这样的经济体系中,地方没有自己的经济,地方政府也没有发展本地经济的积极性。

"文化大革命"结束后,为了缓解1979年出现的巨额预算赤字,调动地方政府增收节支的积极性,从1980年起,中央政府将一部分资源配置权力和财政收支决策权力下放给各级地方政府,财政预算体制由中央统收统支制转向包干制,即当时被称为"分灶吃饭"的财政体制。除北京、天津、上海三个直辖市仍实行接近于"统收统支"的办法外,其余省及自治区都实行"分灶吃饭",即按照预先规定的比例或数额,在中央预算与地方预算之间分配收入的财政管理体制。于是,省、地、县等地区成为具有自己独立经济利益的经济主体。中国经济也由一个单一的系统转变为包含许多独立子系统的"多部门系统"(Multi - Division System),甚至"多级法人制系统"(Holding System)。[④] 在这种体制下,地方政府在获得了一定范围的经济管理权力之后,有动力为本地区进行市场创业活动的人士提供保护和支持,通过扩大本地区的经济总量来提高地方政府和官员个人的收益。这可以说是"分灶吃饭"改革的一项意外成果。

第三,在生产资料的流通和定价上实行"双轨制",即在物资的计划调拨和行政定价的"计划轨"之外开辟出物资买卖和协商定价的"市场轨"。

---

① 国家统计局:《中国统计年鉴》(1989),北京:中国统计出版社1989年版,第228页。
② 朱荣等主编:《当代中国的农业》,北京:当代中国出版社1992年版,第375页。
③ 据国家统计局:《中国统计年鉴》(1981、1985)测算。
④ 钱颖一、许成钢(1993):《中国经济改革为什么与众不同——M型层级制和非国有部门的进入与扩张》,见钱颖一:《现代经济学与中国经济改革》,北京:中国人民大学出版社2003年版。

在集中计划经济下,所有生产性物质资源(生产资料)都由计划机关通过行政指令在国有经济单位之间进行分配,价格只是在这些单位之间进行核算的工具,除占比重极小的集市贸易有少量"三类物资"流转外,并不存在真正意义上的市场。改革开放初期,乡镇企业、个体企业和其他非国有经济成分开始产生和逐渐壮大,它们的生产资料供应没有列入国家计划,如果没有市场交易,这些企业就难以生存,更谈不上发展。

1979年,国务院转发的《关于扩大国营工业企业经营自主权的若干规定》开始允许企业按照"议价"自销超计划产品。于是,物资流通和产品定价的"第二轨道"就完全合法化了。随着国有企业计划外生产和交换范围的日益扩大,1984年非国有企业工业总产值已经占到全国工业生产总值的31%,1985年1月国家物价局和国家物资局发出《关于放开工业生产资料超产自销产品价格的通知》,允许企业按市场价出售和购买"计划外"的产品,从此开始正式实行生产资料供应和定价的"双轨制"。它的具体办法是,对那些在1983年以前有权取得计划内调拨物资的国有企业,仍然根据1983年调拨数(即"83年基数"),按照调拨价供应所需生产资料;超过"83年基数"的部分,则按照市场价格从市场购买。

"双轨制"的确定,使企业可以通过市场来购买生产物资和销售产品,为非国有经济的存在和发展准备了基本的经营环境。因此,这种制度安排对非国有经济的发展起到了良好的作用。

第四,在国内市场的"大气候"尚未形成的情况下,构建对外开放"经济特区"的"小气候"来与国际市场对接。

早在"文化大革命"尚未结束的1972年,中国已经开始改变闭关自守的做法,与西方国家发展贸易关系,学习和引进外国技术,1978年12月的中共十一届三中全会正式宣布实行"对外开放"的方针,积极发展同世界各国平等互利的经济合作。

在改革开放初期,要在短时期内形成国内市场并全面与国际市场对接是完全不可能的。于是,汲取其他国家建立出口加工区和自由港的经验,利用沿海地区毗邻港澳台和海外华侨、华人众多的优势,通过营造地区性的"小气候"作为对外开放的基地。1980年5月中国政府决定对广东和福建两省实行对外开放的"特殊政策"。1980年8月,批准在深圳、珠海、汕头、厦门试办"以市场调节为主的区域性外向型经济形式"的经济特区。

这些变通性的制度安排,为有创业能力的人从事生产性活动提供了广泛的可能性。

改革以前,中国经济按照列宁的经济模式,组成一个无所不包的"国家辛迪加"(State Syndicate)①,所有的经济资源都掌握在政府手中。在这种制度条件下,有才能的人士发挥其才能以获取最大收益(包括财富、权力和声望)的唯一途径,是成为政府官僚体系(bureaucratic system)的一员;即使要在国营经济中施展才能,也要首先在上述官僚体系中获取一定的地位,而很难直接地发挥生产性的作用。当然,这并不意味着改革以前最有才能的人士都能够进入到对能力回报最高的政府部门,受政治因素和户籍制度的影响,在计划体制下,大量人才无法充分发挥其才能和获得最大收益。

在"文化大革命"结束以后采取的以上变通性的制度安排,在政府继续保持对经济的强力控制的条件下逐步扩大了市场的作用。随着政府允许私人创业和从事生产活动所得到报酬的改善,社会成员中一部分有能力的人士脱离了原有的职业,转而成为从事创业活动的企业家。首先,在计划体制下面临的不确定性最大、报酬却最低的农民最具有积极性开展创业活动;其次,在城市人口中,那些有才能但由于阶级成分不好或其他原因不能成为国有企业或事业单位职工的人群也有积极性从事私人经营;最后,在企业家创新收益不断提高的条件下,原有体制中的政府官员或国有企业员工由于家庭背景、工作经历、"人脉关系"等原因从事寻租活动的能力较低,因而收入水平低下的那些人也转到生产性创新活动方面去。

这样,就形成了一种"双轨制"的制度环境。它由两个部分组成:第一,作为计划经济基础的国有经济(存量部分)仍然按照命令经济的逻辑运转;第二,新成长起来的民营经济成分虽然仍在不同程度上依附或隶属于基层政府,但其供产销则大体上是由市场导向的。

这种"双轨制"的制度环境所造成的经济和社会后果也是双重的:一方面,它给民间创业活动一定的空间,使各种类型的民营企业迅速成长起来。1981年,中国民营企业的数量仅仅为183万户,到1985年已经增长到1171万户,年均增长速度超过159%。同时,在对外开放政策的推动下,中国的对外贸易总额和外国直接投资快速增长。另一方面,它造成了广泛的寻租(rent-seeking)②环境,埋下了腐败的蔓延的祸根。如果不能及时地通过进一步的市场化改革消除这一祸根,就有可能酿成严重的社会政治问题。

---

① 列宁(1917):《国家与革命》,《列宁选集》第3卷,北京:人民出版社1995年版。
② "寻租"(rent-seeking)理论,是由现代经济学的两个分支:政治经济学和国际经济学组成的,是在20世纪70年代发展起来的社会经济理论。它认为,政府行政权力对于市场交易活动的干预,能够降低供给弹性和造成租金。租金的广泛存在,又使寻租者采取疏通、贿赂等手段买通拥有干预权力的官员以取得租金。请参看吴敬琏《当代中国的经济改革》,上海远东出版社2005年版,第68~69、381~384页。

三、经济改革体制目标的逐步明确(1984—1993年)

上面这些变通性政策的实施,使中国经济迅速得到恢复和发展。但是到了80年代中期,人们发现,仅仅依靠一些不成体系的政策来"调动积极性",不但不能实现经济的腾飞,还会带来种种冲突和混乱。于是,就提出了需要探索什么是"经济体制改革的目标模式"这一重大问题。

其实早在20世纪70年代末和80年代初,就有些学者在这方面进行过探索。例如,经济学家薛暮桥为国务院体制改革办公室起草《关于经济体制改革的初步意见》时就提出过,要把建立"公有制占优势、多种经济成分并存的商品经济"确定为中国改革的目标的主张。①

1980—1981年,两位东欧改革派经济学家,即波兰的布鲁斯(W. Brus)和捷克斯洛伐克的锡克(Ota Sik)在中国产生了很大的影响。

布鲁斯是市场社会主义②的代表人物兰格(O. Lange)的传人。他在1979年末到1980年初到中国社会科学院经济研究所讲学,介绍了东欧改革的情况和他所提出的"内置市场机制的计划经济模式"(A Planned Economy with build-in Market Mechanism)。他认为,宏观经济决策,包括投资决策应由国家集中地作出;而企业生产什么,生产多少,原料从哪里来,产品卖给谁等微观经济决策,则应当由市场来决定。当宏观要求和微观要求不一致的时候,则可以通过价格、工资、利息和地租四个杠杆去调节。在布鲁斯之后,社会科学院还邀请了曾在1968年"布拉格之春"时期担任捷克斯洛伐克副总理的锡克来华讲学,介绍他们在改革中的主要做法和他提出的"宏观计划,微观市场"的改革目标模式。

布鲁斯和锡克的讲学,对中国学者有很大启发,使我们认识到:改革不是若干政策的无序堆集,而是从一种经济系统到另一种经济系统的转型。这就更加激发了国内学者研究改革目标模式的兴趣。

随着80年代初期对改革研究的日益深入和学习考察外国经验导致的眼界扩大,改革理论研究已经逐渐超越了70年代末期着重讨论"松绑放权"等具体措施的水平,进而研究我们要用什么样的经济体制来取代计划经济的

---

① 薛暮桥:《关于经济体制改革的一些意见(1980年6月)》和《调整物价和物价管理体制的改革(1980年7月)》,见薛暮桥:《论中国经济体制改革》,天津:天津人民出版社1990年版,第211~218、325~340页。

② 所谓"市场社会主义"(Market Socialism)的基本特点,是在保留国家所有制和国家计划的统治地位的前提下,引进某些市场竞争的因素,以便提高企业的生产效率。请参阅吴敬琏(2005):《"市场社会主义"与中国经济改革》,见吴敬琏《呼唤法治的市场经济》,北京:三联书店2007年版,第401~418页。

旧体制。

这样,在"文化大革命"后的探索中,在政界、经济界和学术界对经济体制改革大致提出了四种可供借鉴的体制模式:

(1)后斯大林时期的计划经济模式(改良的苏联模式)。以孙冶方、马洪、蒋一苇等学者为代表,形成了主张在计划经济体制下给予企业更大自主权的学派。这种与1965年苏联"完全经济核算"大体类似的想法首先在中国得到了应用。这就是70年代末首先在四川省进行,迅即在全国铺开的"扩大企业自主权"试点。不过,正像在苏联一样,这项旨在发挥国有企业经理人员和员工积极性和主动性的改革,并没有使企业的效率有明显的提高,相反却由于导致了财政赤字的急剧扩大、通货膨胀压力增加和经济秩序混乱而不得不停止。在那以后,"扩大企业自主权"虽然还不断被作为"搞活企业"的一种措施被提出,但没有人认为可以以此为基础建立可行的经济体系了。

(2)"市场社会主义"模式("东欧模式")。于光远、苏绍智等学者比较系统地汲取东欧原社会主义国家改革经济学的成果,对东欧社会主义国家的实践作了深入的研究和广泛的介绍。在他们的倡导下,在中国改革界掀起了南斯拉夫热、匈牙利热等。中国学术界当时的观点并没有突破兰格—布鲁斯(Lange-Brus)"市场社会主义"模式的基本框架,所以随着20世纪80年代中后期它的倡导者也认为它不是一种可行的经济制度①,以及匈牙利等国的经济改革陷入困境,这种模式的影响力也逐渐消退。

(3)政府主导的市场经济模式("东亚模式")。第二次世界大战结束以后,日本、韩国、新加坡等东亚国家采用威权主义的政府和市场经济相结合的办法,形成带有重商主义②色彩的政府主导的市场经济体制。在这种体制下,政府运用其产业政策和"行政指导"对经济进行协调、规划和干预。这种体制模式对中国具有很大的吸引力。在改革开放初期,大批官员到日本和其他东亚国家考察,并对它们的经济体制、发展政策和政府的作用作了介绍,造成很大的影响。

(4)自由市场经济模式("欧美模式")。许多理论界人士,特别是经济学家往往认为,政府的基本职能是提供公共物品(Public Goods),而不是在市场上提供商品和服务;过多的政府干预会妨碍市场的有效运作并且滋生腐败。因此,他们更倾向于欧美类型的市场经济,即自由市场经济体制。随着掌握

---

① 请参阅 W. 布鲁斯和 K. 拉斯基(1989):《从马克思到市场:社会主义对于经济体制的探索》,上海:三联书店1998年版。

② 重商主义(Mercantilism)是16、17世纪盛行于西欧的一种思潮。它力主政府对经济生活进行强力干预,以便积累货币财富,实现富国强兵的国家目标。A. 斯密在他的名著《国富论》中对重商主义的理论和政策进行了深刻的批判。

现代经济学的学者愈来愈多,这种思想的影响力也愈来愈大。

总之,在80年代初期,随着改革理论和改革进程的深化,"改良的苏联模式"和"东欧模式"的影响逐渐消退,后两种模式占了上风。在后两种模式中,大致地说,东亚模式往往为官员们所钟爱。像邓小平本人就十分欣赏"四小龙",特别是新加坡的许多做法①。而欧美模式则为具有现代经济学知识的学者所向往。虽然这两种模式在政府的作用问题上存在原则性的差别,但在当时命令经济还占有统治地位的条件下,这种差别并不显著。而且即使以自由市场经济作为改革最终目标的人们,也深受格申克隆(A. Gershenkron)②等发展经济学家的影响,认为在落后经济的高速发展的冲刺中,强有力的政府往往是利大于弊的。

(1) 官方、学者界人士对改革目标达成的共识,通过中共中央和中国政府的官方文件成为有行政约束力的规定。

1984年的中共十二届三中全会的《中共中央关于经济体制改革的决定》(以下简称《决定》)在确定中国改革要从以农村为重点向以城市为重点的战略转移的开始的同时,也明确了建设"社会主义有计划的商品经济"或"社会主义商品经济③"这一改革目标。《决定》指出,"商品经济的充分发展,是社会经济发展的不可逾越的阶段,是实现我国经济现代化的必要条件。只有充分发展商品经济,才能把经济真正搞活,促使各个企业提高效率,灵活经营,灵敏地适应复杂多变的社会需求"。《决定》还指出,要发展社会主义商品经济,第一,"要建立合理的价格体系,使价格能够比较灵敏地反映社会劳动生产率的变化和供求关系的变化。""价格体系的改革是整个经济体制改革成败的关键。"第二,"实行政企分开,所有权同经营权分开","增强企业的活力,特别是增强全民所有制的大、中型企业的活力是以城市为重点的整个经济体制改革的中心环节。"第三,要积极发展多种经济形式和多种经营方式,采取国家、集体和个人一起上的方针。"坚持多种经济形式和多种经营方式的共同发展,是我们长期的方针,是社会主义前进的需要。"

(2) 1985年中共全国党代表会议《关于制定第七个五年计划(1986—

---

① 例如,邓小平在1992年的"南巡讲话"中讲到"坚持两手抓"时指出:"新加坡的社会秩序算是好的,他们管得严,我们应当借鉴他们的经验。"(见《邓小平文选》第3卷,北京:人民出版社1993年版,第278~279页)。

② Gershenkron. Alexander (1952), Economic Backwardness in Historical Perspective, In The Progress of Underdeveloped Areas, (ed.) by Berthold Hoselitz, Chicago: University of Chicago Press. 他在书中用的"Advantages of Economic Backwardness"一词,常被译为"后发优势"。

③ "商品经济"是"市场经济"的俄语表达形式。由于要与1982年中共"十二大""坚持计划经济为主"的提法相衔接,十二届三中全会《决定》在商品经济一词前面加上了"有计划"的定语。

1990)的建议》提出,要通过使企业成为自主经营自负盈亏的商品经营者、完善市场体系和建立以间接手段为主的宏观调控体系等三方面互相联系的改革,"力争在今后五年或者更长一些的时间内,基本上奠定有中国特色的、充满生机和活力的社会主义经济体制的基础。"《建议》对新经济体制的描述表明,人们越来越明确地认识到,这个新的经济体制是在现代国家中普遍流行的市场经济,也逐渐懂得问题的关键在于用市场取代计划来进行经济资源的配置,决定企业生产什么、生产多少、为谁生产、如何分配等微观经济问题。

(3)1987年的中共"十三大"认为,"社会主义有计划商品经济"的"运行机制"总体上来说应当是"国家调节市场,市场引导企业"的机制。国家运用经济手段、法律手段和必要的行政手段,调节市场供求关系,创造适宜的经济和社会环境,以此引导企业正确地进行经营决策。

(4)经过1989—1991年的曲折和辩论,在1992年的中共"十四大"上正式明确"市场在资源配置中起基础性作用"的"社会主义市场经济"目标。

从1984年以后的中国党政领导机关的文献可以看到,在对改革目标作理论论述时,大体上采用模式(4)的语言;而在规定具体措施时,则有更多模式(3)的内容。

这样,政府职能和国有经济定位的界定,成为20世纪80年代形成改革目标模式模糊之处。这种模糊使具有不同倾向的人可以对中国经济改革的制度目标作不同的解释。在20～21世纪之交市场经济体制初步建立以后,如何界定政府的职能和进行政府自身的改革,就经常成为中国改革向何处去的重大经济和政治问题。

四、建立新经济体制对于经济发展的推动(1994—)

市场经济的目标模式虽然在20世纪80年代中期就开始形成,但是改革的实际推进,仍然按照80年代初期的做法,以"增量改革"的方式进行。这就是说,对于计划经济原有的部分(存量部分)不作大的改变,改革和发展着重在增量部分进行。

增量改革战略对于80年代中国改革的快速推进起了良好的作用,它的好处主要表现在:(1)保持了仍是国民经济主体部分的国有经济的稳定,使国家经济生活不致发生大的波动,为改革推进创造合适的环境;(2)在稳定的经济环境中逐步发展起一批具有活力的民营企业和地区,使人民群众和广大干部从切身利益中直接感受到改革的成效;(3)通过示范效应和竞争压力,促进原国有部门的改革。总之,非国有经济的蓬勃发展与国有经济本身的发展互相促进,创造了一种只有沿着市场化改革道路前进才能保持经济繁荣的态势。

但是,由于这样的改革没有触动国有经济,没有改变"双轨制"的基本态势,就不能不带来消极的后果,而且这种做法持续的时间愈长,其消极后果也体现得愈严重。

国有部门改革滞后和双轨体制并存带来的消极后果主要表现在以下几个方面:

(1)国有企业的财务状况日益恶化。造成这种状况的主要原因,一方面是因为国有经济在很大程度上仍然保留着计划经济下形成的僵化,生产增长仍然主要依靠大量资源投入,特别是投资支撑,效率没有多少提高。另一方面,是由于国有部门用"放权让利"的方式进行改革,而不能建立有效的产权约束和市场竞争约束,结果造成了"内部人控制(insider control)"的状态,使国有企业财务的预算约束进一步软化。① 这样就使企业的财务状况变得日益虚弱。到90年代后期,国有部门陷入全面亏损的困境。

(2)通胀压力经常存在,不时爆发。改革以来,中国经济的高速增长一直伴随着经济的大幅度波动。由高额财政赤字造成的高通货膨胀压力始终存在。而这种高额赤字之所以存在,又是由于:一方面作为国家财政投入主要来源的国有部门财务状况日益恶化;另一方面财政系统没有经过彻底改造,其支出负担并未减轻;这样就增大了财政赤字和通货膨胀的压力。与此同时,在双重体制下,旧的行政控制方式的有效性已经大大降低,而适合于市场制度的宏观经济管理方式又没有建立起来,因而宏观经济当局没有有效手段来实现它的货币政策目标并保持宏观经济的稳定。以上因素的综合结果,便是每当经济的增长率达到两位数,不要很久就会爆发高通货膨胀。

(3)利用公共权力敛财肥私的寻租活动日益猖獗,行政腐败广泛蔓延。命令经济与市场经济并存的状态为利用行政垄断牟取私利的寻租活动以及其他形式的腐败行为提供了广泛的基础。问题的症结在于,在增量改革战略下,经济已在相当大的程度上货币化了,可是在计划经济条件下居于统治地位的行政权力仍然干预微观经济活动;改革使独立企业得以建立,然而相当大部分的资源,如生产资料、土地、投资和信贷资源仍然掌握在政府手中,用行政方法加以分配。这样,它就把整个经济变成寻租活动的巨大温床②。

(4)贫富差距扩大。中国自从改革开放以来,居民平均收入水平有相当

---

① 国有企业的"软预算约束"(soft budget constraints)是匈牙利经济学家科尔奈(János Kornai)在分析匈牙利转轨经济提出的重要概念。见 J. 科尔奈(1980):《短缺经济学》,北京:中国财经出版社1986年版。

② 关于对中国寻租腐败活动规模的估计,请参阅吴敬琏《当代中国经济改革战略与实施》,上海远东出版社1999年版,第416~417页。

大的提高。但是，他们之间的贫富差别却急剧扩大。收入水平急剧扩大的主要原因是：在"增量改革"战略下对不同地区、不同部门、不同经济成分采取不同的政策，使不同社会集团之间收入水平迅速扩大；国有企业财务状况的恶化和最后不得不大量解雇职工，使部分城市居民生活水平不升反降；城市工商业的低效率，使它不能创造足够的就业岗位来吸收农村剩余劳动力，影响农村居民生活水平的提高。特别是高通货膨胀和腐败行为等因素，更使社会贫富分化加剧①。

为了克服以上这些矛盾，中国政府酝酿用价格、税收体制和财政体制的配套改革消除"双重体制胶着对峙"状态，全面建立市场经济体制。②

根据1984年中共十二届三中全会的《决定》和1985年中共全国党代表会议《关于制定第十个五年计划的建议》，国务院在1986年3月提出了以价格体制、税收体制和财政体制为重点进行配套改革的设想，要求改革在1987年迈出决定性的步伐③，以期在90年代末建立起社会主义商品经济的基本框架。为了进行拟议中的配套改革，国务院在1986年初制定了以价格、税收、财政、金融和贸易为重点的配套改革方案，准备从1987年开始实施。

与此同时，邓小平在1986年再次要求启动以"党政分开"为重点的政治体制改革，使中国的政治体制适应于市场经济的需要。20世纪80年代双轨并存引致的诸多矛盾表明，问题的症结在于命令经济的种种遗产一方。而要克服国有企业和国家计划的种种弊病，又不能不涉及国家体制的改革。正是由于认识到政治改革的重要性，邓小平在1986年重提进行政治体制改革的问题。"不改革政治体制，就不能保障经济体制改革的成果，不能使经济体制改革继续前进，就会阻碍生产力的发展，阻碍四个现代化的实现。"④

但两方面的改革都没有能够进行下去。

在经济改革方面，1986年10月，国务院领导又改变了原来的设想，转向以国有企业改革为改革的主线，并在1987年和1988年实行了"企业承包"、"部门承包"、"财政大包干"、"外贸大包干"和"信贷切块包干"等五大包干制度，回到了维持市场经济与命令经济并存的老做法，希望靠一些小修小补

---

① 关于20世纪90年代初期中国居民贫富差别的估计，请参阅同上书，第417—418页。
② 赵紫阳(1986)：《在中央财经领导小组会议上的讲话(1986年3月13日)》和《在国务院常务会议上的讲话(1986年3月15日)》，转引自吴敬琏(1999)：《当代中国经济改革》，上海：上海远东出版社2003年版，第72页。
③ 赵紫阳在全国经济工作会议上的讲话，见《人民日报》1986年1月13日的报道。
④ 邓小平(1986)：《在听取经济情况汇报时的谈话》、《在全体人民中树立法治观念》《关于政治体制改革问题》，见《邓小平文选》第3卷，北京：人民出版社1993年版，第160、163—164、176—180页。

来改善国有部门的状况。由于丧失大步推进改革的时机,行政腐败、通货膨胀等问题愈演愈烈,最后以1988年的抢购风波乃至1989年的政治风波告终。

在政治体制方面,1997年的中共"十三大"按照邓小平1980年8月18日在中共中央政治局讲话①的要求,部署了政治体制改革。但是这些改革也因为1989年发生的政治风波而中断。

1988年的经济风波和1989年的政治风波发生以后,某些对改革不满的"理论家"、"政治家"把出现的经济政治动荡归罪于改革,指责"取消计划经济,实现市场化"就是"改变社会主义制度,实行资本主义制度"。②于是,出现了改革开放以来的又一次改革大辩论。直到1992年初邓小平"南巡讲话"③以后,才迎来新的经济改革浪潮。

在经历1984—1987年的探索和短暂的曲折以后,人们对于经济改革目标的认识更加清晰。这突出表现在1992年、1993年社会主义市场经济目标的确立和市场经济改革方案的具体化。

1992年10月中共"十四大"确定了建立社会主义市场经济的改革目标。1993年11月的十四届三中全会又作出了《关于建立社会主义市场经济体制若干问题的决定》。十四届三中全会《决定》明确提出"整体推进、重点突破"的新的改革战略,制定了在经济体制的各个方面推进改革的具体方案,要求在20世纪末把市场经济制度初步建立起来。由此,经济改革进入了一个整体推进的新阶段。从那时开始,在经济改革方面有了几波推进。

(一)20世纪90年代初期实现了商品价格的市场化

市场经济区别于计划经济的重要标志,是价格能够根据市场的供求状况而自由浮动,从而实现稀缺资源的有效配置。因此,1984年中共十二届三中全会《关于经济体制改革的决定》明确指出,"价格体系的改革是整个经济体制改革成败的关键。"1986年8月中共中央政治局北戴河会议曾经决定实行"价格闯关",要求在五年左右的时间内放开商品价格,实现商品价格的市场化。但是由于时机选择的失当,企图在货币供应高度扩张的情况下放开价格而告失败。当1992年经济改革新高潮到来时,在货币紧缩的条件下放开了

---

① 邓小平(1980):《党和国家领导制度的改革》,见《邓小平文选》第2卷,北京:人民出版社1994年版,第320~343页。他的这个讲话,1980年8月31日由中共中央政治局会议讨论通过。
② 王忍之:《关于反对资产阶级自由化——1989年12月15日在党建理论研究班的讲话》,载《人民日报》1990年2月22日;《求是》杂志1990年第4期。
③ 邓小平(1992):《在武昌、深圳、珠海、上海等地的谈话要点》,《邓小平文选》第3卷,北京:人民出版社1993年版,第370~383页。

除石油等极少数产品以外几乎所有商品的价格。以后虽有反复,但大体上维持了这种商品价格基本放开的格局。这意味着商品市场的基本形成。

(二)从1994年开始的财税、金融和外汇管理体制改革

根据1993年十四届三中全会《决定》的要求,从1994年开始推行了财政税收体制改革。它的主要要求是:在全国范围内用"分税制"取代财政收支的地方包干制;同时,税收体制也按照统一税法、公平税负、简化税制、合理分权等原则进行改革,主要内容包括推行增值税(VAT),统一个人所得税和加强税收的征收管理等。虽然1994年的财税体制改革涉及巨大的利益关系的调整,特别是地区之间利益关系的调整,但改革整体进行得比较顺利,在90年代后期初步建立了新的财政税收制度的基本框架。

金融改革着重于银行体系的改革。过去被称作"专业银行"的国有商业银行政企不分,商业性金融业务与政策性金融业务不分以及市场秩序混乱、发展畸形等问题普遍存在。与此相对应,作为中央银行的中国人民银行职能不清、调控手段陈旧、组织结构和财务制度不合理,也无法有效地行使稳定货币的基本职能。十四届三中全会《决定》要求银行体系进行以下的改革:建立中央银行制度;将原有四大国家专业银行转变为国有独资商业银行;增设若干家非国有独资的股份制银行;证券公司与中国人民银行脱钩;将中国人民保险(集团)公司分解为人寿保险、财产保险和再保险等三个保险公司;等等。

汇率形成机制改革的主要内容是经常账户下的外汇交易实行有管理的浮动汇率制。改革开放以前,中国采取进口替代的外贸政策。与之相适应,出口收汇全部按本币高估的官定汇率强制结汇、进口用汇由计划统一分配。改革开放以后,在继续采取"进口替代"政策的同时,开始实施"出口导向"政策,在计划分配外汇指标之外开放了买卖双方直接交易的外汇调剂市场,形成了双重汇率制度。1994年采取了重大步骤改革外汇管理体制,对境内机构经常项目下的外汇收支实行银行结汇和售汇制度,将双重汇率并轨,实行"有管理的浮动"汇率制。在汇率并轨过程中,人民币深度贬值,出口导向政策得以全面实施。这对1994年以后中国对外贸易的迅速发展和国际收支状况的进一步改善起了重要作用。

在对银行体系进行改革的同时,中国的证券市场也开始发展。20世纪80年代初恢复了股票、国债等证券的发行。1990年末,又设立了上海和深圳两个股票交易所,进行股票的集中交易。

(三)90年代后期:国有企业"股份化"(公司化)改制

1993年的中共十四届三中全会决定在国有企业中建立"现代企业制

度",即现代公司。1993年12月29日,全国人民代表大会常务委员会通过了《中华人民共和国公司法》,并于1994年7月1日起开始实施。1997年的中共"十五大"特别是1999年中共十五届四中全会进一步明确,除极少数需要由国家垄断经营的企业外,所有国有企业都要进行股份化改制,以便在股权多元化的基础上建立有效的公司治理结构(corporate governance)。

1998年以后的国有大中型企业的公司化改制,大体上包含了三个互相衔接的步骤:第一步是实现政企职责分离,将中央政府所属兼有政企两方面职能的"总公司"、"集团公司"等机构的行政职能移交给国家经贸委①,使它们成为不具有行政职能的企业。第二步是将垄断性企业改组为竞争性企业。国家先后对石化、电信、电力等领域的垄断性国有大型企业采取了分拆改组的办法来打破垄断,形成在同一业务领域内竞争的局面。第三步是经过资产重组在国内外证券市场上上市。资产重组的主要做法,是将核心资产从原企业中剥离出来,进行重组、首发公募(IPO)和上市(listing),而将非核心资产、不良债权、富余人员等其他历史负担保留在原有企业中,以保证新设立的公司制企业在账面上有良好的财务业绩和上市的可能性。

在股权多元化的基础上,改制上市企业(多数是国有独资集团公司下属的二级企业)大多按照十五届四中全会《决定》搭建起公司治理的基本架构。

(四)1997年:确立多种所有制经济共同发展的基本经济制度

根据1997年中共"十五大"提出的思想,1998年的《中华人民共和国宪法》修正案明确规定,多种实现形式的公有制为主体、多种所有制共同发展是我国的"基本经济制度"。由此开始了根据"三个有利于"(即"有利于发展社会主义生产力,有利于增强社会主义国家的综合国力,有利于提高人民的生活水平")的原则,调整和完善国民经济的所有制结构的工作。这项工作包括三项主要内容:第一,对国有经济布局进行"有进有退"的调整,缩小国有经济的范围;第二,努力寻找能够促进生产力发展的多种公有制实现形式;第三,鼓励个体私营等非公有经济的发展,使之成为社会主义市场经济的重要组成部分。

调整和完善所有制结构的一项重要的内容,就是"放开搞活国有小企业"。在世纪之交,大部分国有中小企业和基层政府所属的乡镇企业通过股份合作制、整体出售、改制为有限责任公司或股份有限公司等多种方式实现改制。这为民营经济增添了一大批生力军。

---

① 外贸行业和电信行业的行政管理职能不是由经贸委行使,而是由对外经济贸易合作部(MOFTEC)和信息产业部(MII)分别行使。

1994年以后,中国经济改革向纵深发展,到世纪之交达成了初步建立市场经济体制的目标。它的主要表现是:

第一,民营经济份额的提高和多种所有制经济共同发展的格局的形成(见表1)。率先形成这种格局的东南沿海地区凭借该地区合理的产权结构、有效的企业制度和良好的经营环境使蕴涵在中国大众中的企业家的才能和创业积极性得以迸发出来,形成社会投资迅速增大、对外贸易空前活跃、外国直接投资大量涌入,而且就业情况良好,社会稳定的良好局面,成为全国经济持续高速发展的排头兵。

表1　各种经济成分在GDP中的比重①　　　　　　　　　%

年份	国有部门	集体部门	民营部门
1990	47.7	18.5	33.8
1995	42.1	20.2	37.7
1996	40.4	21.3	38.3
1997	38.4	22.1	39.5
1998	38.9	19.3	41.9
1999	37.4	18.4	44.2
2000	37.3	16.5	46.2
2001	37.9	14.6	47.5

* 此处民营部门指所有非国有和非集体所有的农村和城镇经济实体。
资料来源:《中国统计年鉴》(各年),CICC。

第二,商品市场和要素市场的形成。大体说来,商品和服务市场的发育要早一些,到90年代初期,统一的国内市场已经初步形成。劳动力市场的形成稍晚一步。资本市场的形成则更晚一些。总之,到21世纪初期,商品市场和要素市场都已初步建立。它们在资源的配置中起到了愈来愈大的作用。

第三,宏观经济管理体系的建立。这一体系的基本框架在1994年的财税改革和金融改革中开始搭建起来,并在1994—1995年反通货膨胀和1998—1999年反衰退的工作中发挥了重要的作用。

市场制度的初步建立,推动了经济增长和社会发展,取得了举世公认的进步。这种进步主要表现在以下方面:

第一,经济总量的高速成长。在30年改革开放的推动下,中国的经济总量以每年接近于10%的速度增长。中国作为一个人口众多国家,长期积弱,而在近30年的时间里GDP增长16倍,经济总量占世界第四位;进出口总额增长更快,30年间由世界排名第32位跃升为第三位。

---

① 引自许小年、肖倩(2003):《另一种新经济》,中国国际金融有限公司研究部报告。

第二，人民生活水平普遍提高。在改革开放前的1957年到1977年的20年中，中国普通居民的生活水平，粮、布、住房、食用油等基本消费没有任何提高。而在最近30年的时间里，城镇居民人均可支配收入从1978年的343元提高到2007年的13786元；农村居民人均纯收入从1978年的134元提高到2007年的4140元。

第三，减贫取得很大的成效。农村最基本生活未能得到保障的贫民30年中减少了2亿多人。世界银行发表的减贫统计表明，1990—2002年世界减贫人口的90%是中国实现的。

五、两种发展趋势和第三次改革大辩论

需要注意的是，事情还有另一个方面，这就是虽然市场经济制度已经在我国初步建立起来，但是它仍然存在许多重大的缺陷。第一，命令经济的一些重要遗产仍然有待消除。例如，在农民只拥有有限产权的土地承包制下，土地产权问题没有得到彻底的解决。国有经济的过大份额和国有企业在一些重要行业仍然占有垄断地位，妨碍市场的平等竞争，抑制民间创新能力的发挥；第二，要素市场的形成严重滞后，大部分要素价格仍然由行政机关规定，妨碍市场在资源配置中充分发挥基础性的作用；第三，各级行政机关拥有过多的资源配置权力，对于市场活动的干预所在多有；第四，虽然中共中央在1997年以后再次提出推进政治体制改革、建设法治国家、建设社会主义民主等要求，但政治改革的滞后，法治建设缓慢的情况一直没有得到实质性的改变，这使迅速发展的市场失去了其他制度的支撑，难于有效地运行并引致种种社会问题。

把以上缺陷集中到一点，就是国家和国有部门在经济生活中扮演了过多、过重的角色。

经济体制的双重性不可避免地导致了"两头冒尖"的社会状况，并且还存在着向相反方向发展的可能性。

1998年纪念改革开放20周年的时候，我曾经引用狄更斯（C. Dickens）在《双城记》开头处的名句——形容18世纪后期19世纪初西欧社会转型中"两头冒尖"的状况，来描述中国当时情况：

"这是最好的时期，也是最坏的时期；这是智慧的时代，也是愚蠢的时代；这是信任的年代，也是怀疑的年代；这是光明的季节，也是黑暗的季节；这是希望的春天，也是失望的冬天；我们的前途无量，同时又感到希望渺茫；我们一齐奔向天堂，我们全都走向另一个方向……"

当前的事态表明，我们现在仍处在这种状况之中。

于是,近年来就一直存在这样的情况:当市场化改革大步推进,例如,当20世纪90年代初期商品价格放开,商品市场寻租的可能性大幅缩减时,腐败被抑制,大众满意的声音占有支配地位。又如,当世纪之交包括大量"苏南模式"的乡镇企业在内的中小企业实现"放小"改制,促成了沿海地区经济的大发展,居民生活水平的普遍提高时,虽然出现了某些局部性的不公正行为,满意的声音仍然占压倒优势。

反之,当进一步的改革受到了阻碍,比如说国有垄断企业的改革停顿不前,或者改革遭到扭曲,比如说推行了所谓"斯托雷平式"的权贵私有化①时,就会造成腐败活动猖獗,贫富差别过分扩大的态势,引起大众的不满。

如前所述,中国改革从一开始,就采取了一种不是整体变革,而是在维持原有主体经济不做根本性变动的条件下,在国有经济以外推进的增量改革战略。这种做法能够较好地保持经济在改革过程中的稳定增长,但也带来了双重体制并存,行政权力干预交易活动的寻租条件广泛存在的问题。而在确立社会主义的市场经济体制的改革目标明确时,对于什么是"社会主义的市场经济",又有不同的理解。相当多的人把东亚国家所谓"政府主导型的市场经济"当作社会主义市场经济的常态。因此,中国在世纪之交初步建立起来的市场经济体系,就带有浓厚的政府强力干预经济活动的重商主义色彩。正像布坎南(J. Buchanan)等主编的《关于寻租社会的理论》②中所指出,重商主义社会乃是一个腐败的寻租社会。在这样的社会中,腐败行为必然出现在有寻租条件的每一个角落。于是,在市场经济体制初步建立以后,我国社会始终存在一个"向哪里去"的选择问题,或者是确立宪政,限制行政权力,走向法治的市场经济制度,或者是沿着重商主义的道路,走向权贵资本主义(或称"官僚资本主义"、"官家资本主义")的穷途。在这种情势下,坚持建立市场经济改革大方向的人们要求坚定不移地推进改革,建设法治的市场经济;而某些能够从寻租活动中获得利益的既得利益者不愿意继续朝法治市场经济的方向前进。他们采取各种各样的手段来阻止进一步的经济和政治改革,以免自己的寻租和设租权力遭到削弱;甚至假借"改革"、"宏观调控"等名义扩大权力的干预,以便扩大寻租活动的空间,使自己能够攫取更多的财富。

例如,根据1997年"十五大"和1999年十五届四中全会关于国有经济的布局调整和国有企业股份化改制的决定,国有企业的改制和改革在世纪之交有很大进展,但是当改革推进到特大型国有垄断企业改制的最后阶段,改革

---

① 秦晖、金雁(2002):《转轨中东欧国家的民间组织》,《扩展中的公共空间》,天津:天津出版社2002年版,第340~373页。

② J. Buchanan et. al. ed. (1981), Toward of the Rent-Seeking Society, A&M University Press.

进程就慢了下来,开始停顿不前。在有的领域甚至出现了"再国有化"、"新国有化"等"国进民退"的开倒车行为①。

除了国有部门的改革推进乏力之外,21世纪之初还出现了各级政府利用自己对土地、信贷等重要资源的配置权力,大办"形象工程"、"政绩工程";或者利用对工程立项、市场准入②、资金投放等权力徇私舞弊。所有这些,都使能够接近权力的贪官污吏、"红顶商人"获得暴利。

2004年以后,当我国经济出现了过热倾向,宏观经济当局按照市场经济的通行做法,需要加强对需求总量的调控时,一些行政部门以"宏观调控"为名,对微观经济活动加强了控制和干预,扩大了寻租活动的基础。

还有一个重要的因素是政治改革的滞后。正如前面讲到过的,邓小平在1980年发动全国农村承包制改革的同时,在中共中央政治局会议上作了著名的"八·一八"讲话,启动了政治改革。1986年他又多次指出,不搞政治改革,经济改革也难于贯彻,要求加快政治改革。不过这两次改革都没有能够进行下去。邓小平逝世以后,新一代领导人在追悼会上再次提出政治改革的问题。1997年的中共"十五大"提出了建设社会主义法治国家的口号,"十六大"又重申了这样的主张,而且还提出建设民主政治和提升政治文明的问题。但是,十年来进展十分缓慢。例如《物权法》、《反垄断法》等市场经济的基本法律,都用了13年的时间才得以出台。对于一个所谓"非人格化交换"占主要地位的现代市场经济来说,没有合乎公认正义的法律和独立公正的司法,合同的执行是得不到保障的。在这种情况下,经济活动的参与人为了保障自己财产的安全,就只有去"结交官府"。于是,就出现了寻租的"新动力"③。

以上这类"改革"引起的挑战主要体现在两个方面,这就是:从经济方面说,靠资源投入和出口需求驱动的粗放经济增长方式的持续,使资源短缺、环境破坏等问题日益突出,内外经济失衡加剧,金融市场面临系统性风险;从社会政治方面说,寻租基础扩大,腐败蔓延和贫富分化过大导致大众强烈不满,威胁社会安定。

目前社会上存在的种种弊病和偏差,从根本上说,是源于经济改革没有完全到位,政治改革严重滞后,权力不但顽固地不肯退出市场,反而强化对市

---

① 参阅《中国新闻周刊》,2006年3月27日;《经济观察报》,2006年4月12日;《民营经济报》,2006年5月12日。

② "Market Access"的原义,是"市场进入"或"市场进入权"。市场进入乃是现代社会中公民的天然权利;除有法律明文禁止,每一个公民都有权自由进入。将"Market Access"译为"市场准入",显然是一个误译。

③ 请参阅吴敬琏(2006):《警惕寻租新动力》,见吴敬琏:《呼唤法治的市场经济》,北京:三联书店2007年版,第360~364页。

场自由交换的压制和控制,造成了普遍的腐败寻租活动的基础。由此可以得出结论,扩大成就和克服缺陷的道路,在于推进改革,建设以民主法治为基础的市场经济。

然而,对于中国社会生活中出现的种种消极现象,有着与上述分析完全不同的解释。特别是近年来,一些改革开放前旧路线和旧体制的捍卫者利用对经济改革和政治改革推进不力造成的失误,将大众对由这些失误造成的腐败猖獗、分配不公等消极现象的正当不满,南辕北辙地引向反对改革开放的方向,挑起了新一轮改革大争论。争论的焦点在于:目前我国社会中存在的各种弊病和偏差从何而来:是来自市场化的经济改革和民主化的政治改革不到位,还是由于市场化、民主化本身就是错误的方向?在争论中,这些旧路线和旧体制的捍卫者极力鼓吹,目前我们遇到的种种社会经济问题,从腐败猖獗、分配不公到看病贵、上学难,甚至国有资产流失、矿难频发等都是由所谓"新自由主义主流经济学家"主导的改革造成的,由此进而用民粹主义和民族主义的言论迷惑不明真相的群众,鼓动扭转改革开放的大方向,重举"阶级斗争为纲"和"无产阶级专政下继续革命"的旗帜,为江青、张春桥、姚文元、王洪文等人"平反昭雪","七八年再来一次,把无产阶级文化大革命进行到底",实现"对党内外资产阶级的全面专政"。①

只要认真地研究事实真相,就可以清楚地看到,他们的这些颇富煽动性的言论,只是一些颠倒黑白的谬说。

以贫富分化为例。问题的焦点在于,中国社会中的贫富分化加剧的原因何在,解决这一问题的着力点又应当在哪里。旧路线的捍卫者断言,这是由市场取向改革造成的,因此,他们主张把矛头对准在市场经济中由于勤于劳动,善于经营而取得中等和中等以上收入的人们,以便拉平他们和低收入阶层之间的收入差距。而主张用改革的办法解决中国面临的社会问题的人们则认为,目前中国社会中贫富差距不正常拉大的主要原因是机会不平等,也就是由于各级党政机关有过大的支配资源的权力,能够接近这种权力的人就可以凭借这种权力靠寻租活动暴富。根据这种分析,缩小贫富差距的着力点应当是通过推进市场化改革,挖掉寻租活动的基础,坚决打击"权力搅买卖"的腐败行为。

当然,在市场经济机会平等的情况下,由于人们的能力有大小,也会产生收入的不平等。特别是我国目前传统低效农业和现代先进工商业二元经济并存,这种差距就会比一元经济中更大。对于这种结果不平等,也应当采取切实措施加以补救。但最重要的补救办法,应当是由政府负起责任来,建立

---

① 参见马宾(2006):《纪念毛泽东》,白皮书。

起能够保证低收入阶层基本福利的社会保障制度。中国原来那套只覆盖国有部门的社会保障体系本来就很不完善。像公费医疗费体系,只覆盖国营企业和党政机关,支出主要用在城市居民,特别是党政领导干部身上,普通工人、特别是农民却缺医少药。改革开放以后,这一套体系完全无法运转了。因此,1993年的改革方案里对建立新的社会保障体系做出了框架性的设计。① 回过头去看,这一设计是基本正确和大体可行的。如果能在实施过程中进一步完善,完全有可能为我国居民编织一个能够有效运转的安全网。可是14年过去了,由于某些主管机关出于自身的工作方便和部门利益的考虑,采取消极的态度,使十四届三中全会的方案由于其中一个"老大难"问题,即国有企业老职工"空账户"的补偿问题未获解决而不能实现。

总之,正确的收入分配政策只能如中共"十六大"所说,"取缔非法收入","合理调节少数垄断行业的过高收入"和"扩大中等收入者比重,提高低收入者收入水平";采取平均主义的办法"劫富济贫",只能退回到曾经造成千百万人因饥饿而死亡的"普遍贫穷的社会主义"去。扭转历史的车轮回到给中国人民造成了巨大民族灾难的旧路线和旧体制去,这是人民绝不答应的。

对于这种开倒车的主张,中国的党政领导也明确地表明了自己的态度。胡锦涛总书记2006年3月在全国人民代表大会上海代表团的讲话指出,要毫不动摇地坚持改革方向,不断完善社会主义市场经济体制,充分发挥市场在资源配置中的基础性作用。2007年10月召开的中共十七大在中央委员会的报告中尖锐地提出了"举什么旗,走什么路"的问题,对那种走回头路的主张进行了正面的批判。这份报告指出:改革开放符合党心民心,顺应时代潮流,方向和道路是完全正确的,成效和功绩不容否定,停顿和倒退没有出路。

结论:让历史照亮未来的道路

30年的历程告诉我们,只有坚定不移地推进经济体制和政治体制的改革,才是顺乎潮流、合乎民心的光明之途。

根据我国当前的实际情况,经济改革和政治改革应当在以下方面积极推进:

首先,要破除迷信,解放思想,为进一步改革开放奠定坚实的思想基础。

中国的改革开放源于20世纪70年代后期的思想解放运动。中国市场经济体制的初步建立和近30年来经济的迅速发展,正是那次思想解放运动

---

① 见中共中央的十四届三中全会《中共中央关于建立社会主义市场经济体制若干问题的决定(中国共产党第十四届中央委员会第三次全体会议1993年11月14日通过)》。

结出的丰硕果实。然而，思想解放是无止境的，在我国社会正在快步走向现代化的形势下，我们必须与时俱进，不断更新自己的思想，赶上时代的潮流。更何况在近几年"左"的思想的回潮中，若干早已被党和人民否定的旧思想、旧观念又力求利用人们对历史和现实缺乏了解而重新流行起来，在部分人群中造成了思想混乱，亟待澄清。因此，最近一些地方正在兴起新的思想解放运动，要求冲破一切不适合于现代经济发展和不利于社会进步的旧思想观念的束缚，树立符合时代要求的新思想观念，推动经济改革和政治改革的新突破和中国经济社会的新发展。

为了保证思想解放运动取得成功，需要营造自由和务实的讨论氛围，提倡具有不同观点的人们理性思考，相互切磋，良性互动。市场经济是一个利益多元化的共同体。因此，不应当采取"一分为二"、"矛盾的一方吃掉另一方"的办法，用一个社会群体的利益压制另一个社会群体的利益，而是应当让各种合法的利益诉求都得到充分的表达，然后通过协商和博弈，形成社会共识和彼此都能接受的解决方案。只有这样，才是通向各个利益群体互补共赢和社会和谐的坦途。

其次，在经济改革的实际推进上，需要从以下方面作出努力：

——实现尚未完成的产权制度改革。例如，与中国将近一半人口的农民利益息息相关的土地产权问题没有解决，农民的土地、宅基地资产无法变成可以流动的资本。这既使继续务农的农村居民的利益受到损害，也使转向务工、务商的新城市居民安家立业遇到困难，需要加以解决。

——继续推进国有经济的布局调整和完成国有企业的股份化改制。当世纪之交国有经济改革取得阶段性成果，应当进一步对国有大型企业改革进行攻坚的时候，改革的步调明显放缓。不但在股权结构上一股独大和竞争格局上一家独占的情况没有得到完全的改变，在某些领域中还出现了"国进民退"、"新国有化"等开倒车的现象。这种趋势必须扭转。"十五大"和十五届四中全会关于国有经济和国有企业改革的决定必须贯彻。

——加强商品和服务市场的反垄断执法和资本市场的合规性监管。对于目前在商品和服务市场上仍然存在的大企业垄断的情况，必须采取有力措施加以破除。在资本市场上，被称为"政策市"、"寻租市"的顽疾并未得到根除。各类掌握权力和信息的权贵分子猖狂进行犯罪活动，损害民间投资人的利益，大发横财。因此，必须端正思路，摒弃行政干预市场的错误做法，加强合规性监管，促进资本市场的健康成长。

——建立新的社会保障体系。1993年中共十四届三中全会决定，建立全覆盖、多层次的新社会保障体系。可是十几年过去了，由于遇到了政府内部的重重阻碍，这项极其重要的社会基础设施至今还没有建立，使弱势群体的基本生活保障不能落到实处。其建设进度必须加快。

再次，政治改革必须加快。宪政、民主和法治，是现代市场经济所要求的上层建筑的保证。"十五大"提出建设法治社会主义国家和"十六大"提出建设社会主义民主政治的口号以来，时间已经过去了11年。虽然在中国这样一个国家建立民主、宪政和法治三位一体的现代政治体制并非易事，但是世界潮流浩浩荡荡，容不得我们延宕和等待，必须从建立法治起步，加快我国政治体制的改革。通过法治建设在各种权利主体之间正确地配置权力，规范政府的行为，保护公民的基本权利不受侵犯。在此基础上逐步扩大民主，强化民众对政府的控制与监督，才有望稳步地实现宪政、民主和法治的目标。

需要着重指出，根据过去30年的经验，经济改革和政治改革能否顺利推进，症结在于政府自身。计划经济是由一个从宏观经济、微观经济，直到人们的家庭生活无所不管的全能政府所控制和操持的。由于改革涉及每一个政府官员的权力和利益，要把这样的政府改造成为专注于提供公共产品的服务型政府，就需要政府官员出以公心，割舍那些与公仆身份不符的权力。政府改革的任务，不仅是要减少和消除对资源配置和价格形成的行政干预，使市场机制有可能发挥基础性作用；更艰巨的任务，在于建设一个能够为市场机制提供支持的法治环境。没有这样一个制度平台，就难以摆脱公权不彰、规则扭曲、秩序紊乱、官民关系紧张的状态，难以使经济和社会生活进入和谐稳定的正轨。

应当承认，由于中国的历史文化惯性，实行宪政、民主和法治势必遇到障碍与阻力。然而，推进改革和建设富裕、文明、民主、和谐的中国，关系到中华民族的兴亡和所有中国人的根本利益。在这样的问题上，容不得我们有丝毫犹疑。只有冲破阻力，奋力过关，才能走上坦途。

序二

中国改革开放过程中的对外思想开放[*]

林重庚

今年是中国改革开放30周年。我知道有许多人都在进行回忆、思考和总结,并在此基础上写成相关的文章和书籍。当中国经济50人论坛学术委员会成员刘鹤先生提出,希望我为他们即将出版的《中国经济50人看三十年:回顾与分析》一书作序,我欣然同意。我觉得这是我的荣耀,因为这些作者许多都是在过去30年中结识的朋友,我们拥有过一段共同的经历,足以让我花费一番工夫,贡献自己的点滴之力。

中国30年的改革开放可以称之为世界现代史上最伟大的成就之一,亦将被看作世界历史的转折点。尽管国内外人士对这段历史都有着广泛而浓厚的兴趣,但对中国改革开放的过程却缺乏详尽的了解。诺贝尔奖得主米尔顿·弗里德曼说过一句话,后来常被引用。他说:"能解读中国经济改革的人应该荣获诺贝尔奖。"因此,可以说,由制订过改革方案、参与过改革进程的众多中国经济学家及决策者们,以自己的视角撰文荟集的这本书,在此刻出版,意义非同寻常。分享这一伟大历程的经验及分析这些宝贵的经验,我以为对经济学界本身,对世界各转型国家的经济决策者,乃至世界上还正在为快速促进本国经济进步而奋斗着的很多国家领导人和经济学家们来说,都受益无穷。

我作为国际组织的一员,并以其有利的身份参与了中国的改革开放过程,特别是参与了这一过程中的前十年,这对我来说是一份难得的殊荣。

我的参与始于1979年7月的一个夏日,尽管到后来我才意识到那一天的重要性。

那一年,我携家人来京旅游,住在北京饭店。那是我第一次带两个孩子回福建老家,很兴奋。当时,外国人来华并非易事,像我们这样的华侨也不例外。当时我在世界银行东亚处工作,南、北越统一后不久,世界银行便开始了

---

[*] 此文原文是英文,作者林重庚(Edwin R. Lim),由苏国利和鄂丽丽翻译。Adrian Wood、Cyril Lin 对初稿提出了宝贵意见,赵人伟对译文校订并提出宝贵意见,肖梦对译文进行了编辑,特表示感谢。

越南业务。当时的越南仍很封闭，抵达河内最便利的航线就是经北京转机。当时的中国尚未恢复世界银行席位，与世界银行没有业务关系。我必须以主管越南业务官员的身份，到中国驻华盛顿联络处申请特批过境中国（北京）的签证。1977—1979年期间，我本人曾在赴河内途中几次过境北京。

即便这是短暂过境中国的机会，我们这些海外经济工作者也很向往。当时，外面的世界并不了解中国的经济发展状况，我们都极想了解这个国家到底是个什么样。

在中国驻华盛顿联络处曹桂生公使的帮助下，我的家人获准与我同行。我们在北京仅停留3天。第二天，我们意外地接到中国银行的邀请，要在前门烤鸭店设宴招待我们。到了烤鸭店，我才知晓，原来，宴请的主人是中国银行研究部主任林基鑫——恢复国际货币基金组织和世界银行席位可行性调研团的团长。① 在座的调研团其他成员还有：王连生（当时在财政部地方财政司工作，是中国随后派往世界银行的首位执董）；戴乾定（当时在中国银行研究部工作，后任中国银行伦敦分行行长及中国驻国际货币基金组织执董）；张晓康（当时在外交部国际机构司工作，现任中国驻新加坡大使）。作为调研的内容，他们当时已经访问了南斯拉夫和罗马尼亚，了解了这两个国家与国际货币基金组织和世界银行打交道的经验。

从席间的讨论中我发现，调研团成员最关心的是如何从世界银行集团的"国际开发协会（IDA）"获得软贷款的问题（那时，软贷款是免息的，偿还期50年），讨论主要集中在申请软贷款的条件上。我告诉他们，任何一个国家申请世界银行贷款，无论是硬贷款（按照市场利率），还是软贷款，关键步骤是世界银行要派员对那个国家进行一次经济考察。申请软贷款的资格取决于经济考察的结果。为此，那天晚上我们主要讨论了准备世界银行经济考察的程序。

1980年初，林基鑫的调研团向中央提交了题为"恢复国际货币基金组织和世界银行合法席位的程序和安排的报告"。报告经国务院批准后，中国银行随即邀请世界银行集团罗伯特·麦克纳马拉行长访华，磋商中华人民共和国恢复在世界银行席位的相关事宜。

麦克纳马拉率领的世界银行代表团于1980年4月抵京。单独会见麦克纳马拉行长时，邓小平强有力地说："中国下决心要实现现代化、发展经济。有世界银行的帮助，中国实现这些目标会快些，更有效率些；没有世界银行的

---

① 中国在1945年即是国际货币基金组织和世界银行的创始成员国。1949年后，席位一直被台湾当局控制，直到1971年中华人民共和国取代台湾当局在联合国的席位。1971—1980年期间，国际货币基金组织和世界银行与中国均无业务往来。

帮助,我们照样要做,只是花的时间可能会长些。"①在双方的积极配合下,谈判很顺利。一个月后,世界银行董事会批准中华人民共和国恢复世界银行席位。麦克纳马拉行长从中国回去不久,我即被任命为负责中国业务的首席经济学家,分管经济调研及与中国政策对话的工作。1985 年,我被派往北京,建立世界银行驻中国代表处并任首席代表。我的这一任命直至 1990 年。②

就在前门烤鸭店那次意想不到的晚宴之后不到一年时间,我便身临其境,不仅可以就势观察中国刚刚开始的改革开放过程,而且从一定程度上亲历其中。根据我当时的工作身份,参与中国改革开放过程的一个主要领域自然是对外经济思想的开放过程。因参与这个过程的许多前辈已故去,反映这方面的文章不像讲述改革过程的文章那么多,我愿借此作序的机会与大家分享我所了解的相关情况。中国从计划经济到市场经济改革目标的演化,有几个阶段,我将分几个主题来讲述:首先如何引进社会主义国家的改革思想,随后如何引进我称之的主流现代经济学思想。这里只讲述中国领导人及经济工作者如何接触外国经济思想,以及如何与外国经济学家和外国改革实践者们接触,主要谈我亲身经历的事件,不涵盖中国内部发生的意识形态和政治辩论与纷争,那些内容在从计划到市场演变过程中远比这里所谈的内容重要。

认识思想引进的重要性

重要成就通常始于新思想和创新想法。20 世纪 70 年代改革开放启动时,中国正走出几十年游离于世界之外的极度封闭境况,尽管许多中国经济学家是那么的努力、富有勇气和能力,但没有几个领域像经济学那么严重地与外界隔绝。

中国领导人早就认识到学习外国思想及先进经验的重要性。早在 1956 年,毛泽东在《论十大关系》报告中的"第十大关系"中就指出:"一切民族、一切国家的长处都要学,但是,必须有分析有批判地学,不能盲目地学,不能一切照抄,机械搬用。"然而,事与愿违。在随后的 20 年间,传统的苏维埃中央计划体制原封不动地被照搬到与苏联情况千差万别的中国经济中来。学习西方外国经济思想和经验几乎被看成是一种政治罪过。

---

① 这番话是麦克纳马拉行长后来转述给作者的。晚年间,麦克纳马拉时常提起,通过 1980 年那次与中国领导人的简短会晤,他坚信,中国不仅仅是把世界银行当作一个资金来源,而是会充分利用它的世界银行席位所带来的所有机会。

② 中国业务的第一支团队组建时,伍德(Adrian Wood)任主管经济学家。在我下面回忆的世界银行在华业务活动中,从 1981 年到 1985 年的两次经济考察报告,从 1982 年的莫干山会议到 1985 年的巴山轮会议,伍德一直跟我并肩工作。1985 年,伍德离开世界银行,回到英国,现在牛津大学任经济学教授。

中国下定决心启动改革开放最重要的发端之一是,到了20世纪70年代后期,中国高层领导发现世界他国的经济进步是那么的迅猛,相比之下中国是那么的落后。仅在1978年,前后共12位副总理及副委员长以上的中央领导人,先后20次访问了50多个国家。邓小平先后4次出访,到过8个国家。"最近我们的同志出去看了一下,越看越感到我们落后。什么叫现代化?五十年代一个样,六十年代不一样了,七十年代就更不一样了。"邓小平说。①

20世纪70年代末,邓小平的讲话主题再次重现学习外国经济和技术的必要性。"我们要自力更生、奋发图强来建设自己的国家,同时也要虚心学习外国一切先进的东西,学习和借鉴外国的管理经验和先进技术";"世界天天发生变化,新的事物不断出现,新的问题不断出现,我们关起门来不行,不动脑筋永远陷于落后不行"。②按照邓小平的指示,引进外国思想和学习外国经验,早年在协助中国领导人和经济工作者们确定改革目标和改革步骤中起了至关重要的作用。

引进苏东改革理论和经验

20世纪70年代末,中国领导人和很多经济工作者对于经济改革的必要性和紧迫性已经认识得很清楚,但对于改革目标和步骤却还很陌生。从思想理论到中央计划体制,苏东国家的情况与中国较相近,加上中国的经济工作者们自20世纪50年代后期就对苏东国家的改革方案有所了解。其实,中国改革的先驱孙冶方和顾准的改革思想与东欧早期的改革思想理论几乎是一致的。所以,改革开放思想从学习苏东的改革理论开始是很自然的。这一举动由中国社科院牵头,特别是经济研究所,所里的很多主要经济理论工作者都曾在苏联留学。

从70年代末到80年代初,中国与苏东国家经济交流活动频繁,其中包括孙冶方1978年访问南斯拉夫和罗马尼亚,刘国光和柳随年1982年访问前苏联,廖季立1983年访问匈牙利。1979年,苏东经济学家频繁受邀访华,首位来访者是南斯拉夫经济学家马克西莫维奇(Maksimovich)。其中影响力最大的访问活动莫过于前波兰经济学家布鲁斯(Wlodzimierz Brus)和捷克斯洛伐克经济学家奥塔·锡克(Ota Sik),他们于1979年12月及1981年6月应邀来华讲学。③

---

① 引自:《南方人物周刊》:《小平在1978》,2004年8月17日。
② 引自:《南方人物周刊》:《小平在1978》,2004年8月17日。
③ 参考柳红:《吴敬琏传》,陕西师范大学出版社2002年1月;吴敬琏:《当代中国经济改革》,上海远东出版社2004年版;赵人伟:《布鲁斯教授谈经济管理体制的改革》,载《经济研究参考资料》总第259期;章玉贵:《比较经济学对中国经济改革的影响》,上海三联出版社2006年版。

布鲁斯是与奥斯卡·兰格(Oskar Lange)及米哈尔·卡莱斯基(Michal Kalecki)齐名国际的波兰经济学家。他对波兰经济改革思想的最大影响是在50年代中期,他与兰格和卡莱斯基一起供职于波兰经济委员会,任副主席,为波兰政府经济改革特别是"市场社会主义(market socialism)"提供建议。后来,部分由于波兰政府领导人哥穆尔卡(Wladyslaw Gomulka)对改革失去了兴趣,加上布鲁斯有犹太血统的原因,他丢了官位,在波兰的影响日渐消隐。1972年,布鲁斯流亡英国,到牛津大学任教。

1979年,时任社科院经济所副所长的董辅礽赴牛津大学访问时结识了布鲁斯,遂邀请布鲁斯年底赴华讲学。布鲁斯在经济研究所的四楼会议室连续讲课两天,会议室里挤满了听众。听众中有来自社科院的学者,也有来自国务院决策部门的官员。讲课报告以简报形式送到中央领导人手中,反响积极。在中国社会科学院院内,布鲁斯得到主管经济学的副院长于光远和主管外事的副院长宦乡的热情接待;在中央,布鲁斯得到薄一波副总理的接见。在当时的政治环境下,由副总理出面接见一位流亡英国坦率直言的波兰人,意义非同寻常。在华讲课期间,布鲁斯由赵人伟全程陪同。①

继布鲁斯成功访华后,刘国光(经济所副所长,后任经济所所长、社科院副院长)遂邀奥塔·锡克于1981年5月来华讲学。锡克是捷克斯洛伐克著名的改革经济学家和政治人物,主要因"新经济模式"而闻名,该模式被释为"在苏维埃计划体制框架下减少中央指令,扩大市场经济的作用",一种被看作是介乎于共产主义和资本主义之间的"第三条道路"。锡克的经济理论在1965年及1968年4月被捷克斯洛伐克政府采纳。"布拉格之春"期间,锡克被任命为捷克斯洛伐克副总理兼经济部部长。1968年8月华沙公约组织的部队入侵布拉格,锡克正在国外访问,因无法回国而流亡瑞士,直至1989年捷克斯洛伐克天鹅绒革命政权更迭。

锡克在北京的讲学同样很成功,吸引了研究机构及政府部门众多经济工作者,还安排了他与国内著名经济学家薛暮桥、廖季立和马洪等座谈。大概因为在指导经济改革计划方面经验丰富,与布鲁斯比起来,锡克更加受到中国政府领导人的重视。负责全程陪同锡克的吴敬琏跟刘国光商议,以后还是应当多请一些东欧的经济学家,来华介绍苏东改革经验。

那时,中国已经恢复世界银行席位,我正在北京讨论世界银行第一次经

---

① 尽管布鲁斯被公认为波兰重要的理论经济学家,但他对波兰本国经济改革的实际影响却有限。1980年世界银行开始中国业务后不久,出于对中国经济考察的需要,聘请布鲁斯作为顾问。以后的十年间,布鲁斯看着实扮演了一位重要顾问的角色,从社会主义经济理论到苏东经验,他提供了很多宝贵意见。从这方面讲,布鲁斯对中国经济改革理论作出了重要贡献。

济考察报告草稿(详见后文)。吴敬琏和刘国光来找我,提议请世界银行出面,邀请一些既懂改革理论又有实际改革经验的东欧经济学家来华,组织一次学习苏东经济改革经验的会议。我当即应允协助。这就是1982年7月在浙江莫干山一个避暑山庄里召开的"莫干山会议"。

我们邀请的东欧专家组由布鲁斯带队,包括:波兰国家物价委员会前主任斯特鲁明斯基(Julius Struminsky)、捷克斯洛伐克前副总理奥塔·锡克的工作搭档考斯塔(Jiri Kosta)、匈牙利改革经济学家肯德(Peter Kende)。此外,我们还邀请了苏东经济改革专家、美国威斯康星大学格兰尼克(David Granick)教授。中方参会者由薛暮桥、廖季立和刘卓甫带队,以他们三人名义起草的大会讨论报告会后提交到了国务院领导人手中。

即便是后话,也很难评价与这些苏东改革经济学家的交流对中国领导人及经济工作者们的影响有多大,对中国整体经济改革理论的影响更难以估量。但是,据我个人当时的体会,回想当时中国经济工作者们的情况,及后来对近30年的观察,我觉得对以下三方面影响意义深远。①

首先,东欧改革经济学家引进了使用现代经济学来分析苏维埃计划体制弊病的方法。东欧经济学家们不像中国经济学家们那样脱离国外的经济理论。如奥斯卡·兰格和米哈尔·卡莱斯基其实是在西方接受的教育。那段期间应邀来华的东欧经济学家都身居国外。布鲁斯在英国牛津大学,锡克在瑞士圣加仑大学,参加莫干山会议的其他东欧专家分别居住并工作在德国、法国和奥地利。因此,他们可以在中国用现代经济理论的概念和技术来分析中国的经济情况。这就把对经济问题的解释提升到了一个新的层次。例如,1979年来华讲学时,布鲁斯就介绍了买方市场和卖方市场的概念,并提出买方市场在改革转轨期间的重要性。这一概念和理论一直被中国经济工作者们沿用到80年代中期。

东欧专家们用现代经济分析的方法来剖析社会主义计划经济体制,使这个方法达到一个新高度的是匈牙利经济学家科尔奈(János Kornai)。1985年,科尔奈首次受世界银行之邀来华参加"巴山轮会议"(详见后文),用诸如"投资饥饿症、短缺经济、软预算约束"等概念进一步阐明并加深了对社会主义经济体制弊端的分析。更重要的是,东欧改革经济学家向他们的中国同行论证了中央计划体制紊乱的内在根由是体制问题。中国的决策者和经济工

---

① 在此,我要特别感谢赵人伟为这段时期提供的一些素材,带着他自己的解释和分析。其中有些事情我本人并没有亲身经历过。这段时期,赵人伟参与了很多接待外国经济学家的活动。1979年布鲁斯来华讲学,由他全程陪同;1980年,世界银行第一个经济考察团考察期间,他是中方工作组成员;1985年,他是"巴山轮会议"参会者。当时,他是社科院经济研究所的高级研究人员,1985年任经济所副所长,1988年出任所长。

作者们原本以为很多经济上的问题是政策失误,究其根源,其实是中央计划经济体制下固有的、不可避免的问题,只有通过一套根本的经济体制改革措施才能加以解决。

其次,详尽了解东欧的改革经验加剧了中国经济工作者们对于在中国使用东欧经济改革模式的悲观心理。虽然可以洞察中央计划经济的弊端,但专家们提供的解决方案——无论是布鲁斯的"有管理的市场模式"还是锡克的"新经济模式",都暴露了重大的瑕疵。莫干山会议讨论了苏东改革的新办法。但中国的改革前辈们敏锐地质疑了借用高科技,特别是靠高速计算机来解决经济体制问题的可行性。薛暮桥、廖季立及中国领导人尤其质疑锡克等东欧改革经济学家关于价格改革先调后放的提议,特别是价格调整依据的是计算机精确计算出的数据。即使用高速计算机和使用多部门的投入产出表,也不可能同时计算出经济中数以万计的价格呀?

再次,当东欧这些专家们开始搞清楚中国经济的实际情况之后,都得出这样一个结论,那就是:东欧的改革经验不大适用于中国。中国经济体制实行基本消费品严格配给制、人才流动很受限制、经济生活全面由国家掌控,这是一种极端的"指令性经济"。在东欧,市场机制较发达,企业和家庭消费层次有更大的自主权,具有较成熟的信息和管理系统。即便这样,所有的改革尝试仍以失败告终。中国向他们学什么?除非另谋改革出路。

当东欧专家更多地了解了中国的实际情况之后,也欣然接受了中国需另谋改革出路的说法。一件事足以说明这个问题。莫干山会议上,我们讨论了中国改革是采用"一揽子"的方法还是分步进行的方法。与会所有东欧专家强烈建议"一揽子"的方法。会后,东欧专家们到中国几个城市进行考察。考察途中,他们回话,说他们改变主意了。鉴于中国各地情况千差万别,经济落后,贫困现象严重,综合改革中需要的人才、资金和物资储备薄弱,考虑中国仍是个低收入的发展中国家,没有犯错误的余地,建议采用谨慎的渐进改革方法。鉴于上述情况,他们认为,中国改革要有总体规划,要有明确的改革目标,然后可一步一步地进行。因此,在这个重要的问题上,与会的东欧专家、世界银行专家(Adrian Wood 和我本人)以及中国专家之间获得了共识。①

然而,从一方面讲,中国的改革前景令东欧来访专家受到鼓舞。当时中国的情况是,农村改革已取得成功,为拉动整体经济增长提供了动力。这

---

① 这个最终的共识在薛暮桥、刘卓甫、廖季立1982年8月10日关于莫干山会议的报告及世界银行1982年10月关于"比照东欧经验的中国经济改革"的报告中都有体现。世界银行在报告中这样说:"……结论是,中国的改革是一个逐渐分步推进的过程,并非是一个同时采用一揽子的办法,从一种经济制度到另一种经济制度单纯转换的举措。"

是没有一个苏东国家在他们改革过程中所经历过的。中国农村改革的成功，使布鲁斯等东欧专家坚信，尽管可以预见中国在城市改革中会面临困难，但这场变革的大趋势难以逆转。事实上，中国的经济理论及改革发展情况已渐渐脱离了东欧改革的模式，东欧经济改革理论已明显不适用于中国。这对于自1979年开始曾几次访华的布鲁斯来说体会最深。1985年，布鲁斯再次应邀来华，参加"巴山轮会议"。会上他发现，中国有些经济工作者还在试图用他五六十年代的分析方法来评价中国的经济改革。布鲁斯态度坚决地建议他们不能再这样做了。他明确地说，80年代中期的中国情况已经远远超出了60年代苏东改革理论可驾驭的范畴。

中国与苏东在改革理论和实践上的分歧日渐增多。这种情况在1989年3月国际经济协会于莫斯科召开的圆桌会议"计划经济中的市场力量"中表现得最为明显。当时，经济学家董辅礽代表中国作了题为"中国经济改革中的市场发展"的演讲，详尽介绍了中国的改革情况。讲话中，董辅礽分析到，像在中国这样一个发展中经济国家，改革过程中会出现各种具体问题，如：双轨制的出现；又如，通过非国有部门的增长而并非通过国有部门的私有化而出现的多种所有制形式的并存等。我本人以世界银行中国代表处代表身份参会。会上，我明显觉察，苏东及西欧专家对中国的改革前景高度质疑（除了明显成功的农村改革）。他们认定，中国的改革会日渐消退，如苏东一样，以失败告终。两种思路从根本上支配着苏东经济学家：一是在中央计划体制的框架下，改革应该依靠高技术来提高计划的效率，并在此基础上增强市场的作用；二是在西方专家的怂恿下，后来渐渐成了主流的思路，那就是全盘否定社会主义制度，以完全的资本主义市场经济取而代之，即实行全盘私有化，并以激进的政治改革与之相伴乃至将这种激进的政治改革放在优先的地位。

众所周知，随后的20年，苏东国家采取的经济和政治改革措施既不是原来自己的路子，也不同于中国的选择。两条截然不同的道路导致了截然不同的后果，这是有目共睹的。

世界银行的两份经济考察报告——现代经济学入门

几乎与学习苏东改革思想的同时，中国通过世界银行的两个经济考察报告认识到了现代主流经济学理论。世界银行第一次经济考察是为了中国申请世行贷款的需要，第二次考察则是应中国领导人的具体要求。依我来看，正当中国领导人和经济工作者明显发现苏东改革思想和经验对中国的局限性时，现代经济学在研究中国经济问题中前所未有的应用对中国融入主流现代经济学思想理论和迈向市场经济起了推动作用。

1980年5月,继中国恢复世界银行集团席位之后,同年7月,世界银行派高级访问团,来华磋商启动中国业务事宜。作为访华团成员,我的任务是组建一个经济工作小组,随即来华进行经济考察,向世界银行董事会提交一份考察报告,这是启动贷款项目的第一步。

几十年对外封闭的缘故,一组外国专家要周游全国并考察中国经济形势的安排让负责接待世界银行考察团的中国官员们有些不知所措。他们会要求我们提供多少信息和数据呀?如果按要求给了他们,我们是否涉嫌泄露"国家机密"?考察团是不是还有别的目的呢?通过接触,我心里很清楚,尽管上面的领导已经决定与世界银行全面合作,进行这次经济考察,但配合我们具体工作的官员还是有很多顾虑和担忧。

为了增强中国官员对世界银行考察团的信任,我们商定,由中方指派一个工作组,同我们一起工作。中方工作组跟我们一起参加所有会议,凡是我们收到的数据和信息,他们也都有一份,我们报告的每一稿都给他们过目。同时,我们也请中方工作组提出他们对经济形势的分析,加进报告当中。这种与中方工作组并肩工作的模式显然很成功,随后的几十年里,世界银行所有的经济考察团都配以这么一个工作组。这种模式延续至今。

1980年7月份之后,我们开始组建一支由世界银行最好的经济学家和行业专家组成的考察团队。整个团队30人,由几个课题小组组成,包括:经济组、农业组、能源组、工业及交通组。考察时间自1980年10月至12月,每个小组轮流赴中国各地一个月,考察地点选择甘肃、湖北、江苏、北京和上海。这次考察,我整整在中国停留了三个月。

与世界银行首次考察团并肩工作的中方工作组成员有:财政部的星光和朱福林、国家计委的郑立和社科院经济所的赵人伟。此外,各相关行业部委也派了经济工作者与考察团的行业小组一同工作。跟考察团工业组并肩工作的其中主要一位中国经济工作者来自社科院工业经济研究所,后来去了政府部门。这个人就是朱镕基。

世界银行的第一份考察报告的"概要和结论"部分就此次考察的目的这样写道:"近年来,中国境内境外都在争论两个相关的问题。自1949年中国革命取得胜利以来,中国的经济发展在为中国人民服务方面做得如何?同时,政府掌控之外的要素、制定的政策以及自身的经济管理体制都分别起了什么作用?结合其他发展中国家的经验,世界银行这第一份关于中国经济的考察报告将初步尝试议论这些问题,同时讨论这些问题对今后政策的基本含意。"

1981年3月,考察报告第一稿送交中国政府提意见,其中包括一份主报告和各种附件,涉及统计制度、基本数据统计表、农业、工业、能源、交通、对外贸易和金融、人口卫生和营养以及教育。1981年6月,报告提交世界银行董事会。这份报告非常及时,世界银行随即批准了中国政府首笔贷款——大学发展项目。同时确定了中国申请世界银行软贷款的条件。从这方面讲,报告满足了世界银行在中国业务的需要。

世界银行的第二份考察报告是应中国领导人的特别要求而准备的。1983年5月26日,中国领导人邓小平和赵紫阳接见由行长克劳森(自1981年接任麦克纳马拉行长)率队的世界银行访华团。邓小平向代表团讲述了他对中国发展前景的看法及国家的长远目标。他说,中国刚刚决定启动一个发展规划,要在1980—2000年期间实现工农业总产值"翻两番"的目标。看了世界银行的第一次中国经济考察报告,觉得有意思,很有用。请世界银行再组织一次经济考察,针对中国未来20年面临的主要发展问题,特别要根据国际经验,为达到中国上述发展目标提供一些可选择性建议,并对这一目标做些可行性研究。

遵照邓小平的提议,世界银行第二次经济考察于1984年正式启动。由经济学家及各行业专家组成的这支庞大的考察队伍,先后两次共计9周时间对中国进行考察,同样选择了甘肃、湖北、江苏、北京和上海。1985年2月,带有6个附件(教育、农业、能源、经济模型与预测、国际视角的经济结构及交通)的主报告草稿递送中国政府征求意见。3月,报告主笔人再访北京,与中方工作小组深入讨论报告草稿,受到中央和财政部领导的接见。

1985年,题为"长期发展面临的问题和选择"的经济考察报告提交中国政府。这比起1981年的第一次考察报告显得更加雄心勃勃。报告部分地尝试根据一个多部门模型来预测可能的经济增长途径,对未来的经济快速增长及20年工农业总产值"翻两番"的可行性表示认可。然而,报告同时指出了可供选择的发展途径,其中一个途径尤其强调以服务业和更有效地利用能源两方面为基础,这与主要依靠快速的工业化为基础的途径相比,增长速度是同样的,但在经济发展中能达到更好的平衡。报告还详尽分析了农业、能源、技术、交通、工业分布、内外贸易、人口、教育、就业及社会问题,包括收入差异问题、社会保障问题,住房问题及社会服务问题。

上述两份报告除满足了世界银行和中国政府的工作需要,也算破天荒首次由一个国际经济学家团队对中国的经济情况进行透彻分析。依我看来,这标志着中国在对外经济思想开放和吸取国际发展经验方面取得了重大的进步,表现在以下几个方面:

首先,两份报告证明了脱离意识形态的束缚,科学地、客观地进行经济分析的可能性。分析基于合乎逻辑的理论、统计数据及他国经验教训。考察报告并不谋求限定或改变中国的目标而是单纯地对如何更快、用较低代价实现中国的经济发展目标提出建议。一个明显的实例就是上述关于中国工农业总产值"翻两番"的目标,当时中国内外的许多人士都认为这是一个不切实际的目标。

其次,与东欧改革经济学家们的在华讲学及论著相比,这两份报告从更大程度上引入了许多现代经济学的概念和方法,从诸如机会成本这样的基本概念到诸如计量经济学和经济模型这样复杂的分析工具。当时这些工具在中国仅被少数几个经济学家使用,但是,上述两份报告使这些经济分析工具的使用得到广泛传播,让中国领导人和决策者见识了现代经济学的应用。

最后一点,报告把现代经济学和基于他国发展经验积累的知识,应用到了只有中国领导人和中国经济工作者们才最为知晓和理解的中国经济这一"案例"上。他们发现,世行考察报告的结论和建议具有说服力,对中国有用。这一事实让他们坚信现代经济学适用于中国。①

1985年9月召开的"巴山轮会议"

苏东的社会主义经济改革理论和经验基本适用于在社会主义中央计划经济框架逐渐引入市场机制。通过自身的改革经验,根据对东欧国家改革失败教训的了解,到20世纪80年代中期,中国领导人及矢志改革的经济工作者们开始认识到,中国的进一步改革必须突破苏东框架,朝着社会主义市场经济的模式前进。如所周知,1984年10月举行的中共十二届三中全会《决议》提出了"有计划的商品经济"的改革方向,这是中国经济改革理论的一个重要转折。1987年,这一说法进一步表述为"国家调控市场,市场引导企业",1992年,最终表述为"社会主义市场经济"。虽如此,可以说,20世纪80年代中期的中国改革思想已清晰地显现出市场经济的轮廓。这在1985年9月召开的"巴山轮会议"上的讨论中表现最为突出。

召开此会源于中国领导人。1985年初,廖季立约我见面。他说,国家体改委的领导建议世界银行组织一次国际研讨会,讨论一下这些题目:

1. 国家如何管理市场经济
2. 从中央计划经济到市场经济转轨过程中相关的问题
3. 在整合计划与市场方面的国际经验

---

① 据赵人伟讲,当年,他把世界银行的第一份考察报告念给孙冶方听。除了对西部特困地区人口移民问题上保留自己的看法外,孙冶方完全同意世行专家们的意见。1985年考察报告里提出的建议对中国第七个五年计划也很有帮助。但世行报告的可用性并非是毫无异议地被中国接受。一位中国的官员看了1985年那份报告后这样形容:"我们请了一帮'西医',为中国开了一堆'西药',要把中国送上'西天'!"

要求与会国际专家需有这三方面的知识和经验,中方与会人员要包括政府各部委参与政策制定的经济工作者和研究机构的经济理论工作者。会议不能只请国际专家做演讲,而是为中外与会者提供一个深入交流的机会。

随后的几个月里,我、廖季立和国家体改委指定负责组织这次会议的秘书长洪虎多次见面,讨论会议应如何满足领导的这些要求。会议终于在1985年9月召开。8月底,外国受邀专家到了北京。8月31日,赵紫阳总理接见与会外国专家及部分中国专家。随后,与会者飞往重庆,会议在一艘名为"巴山"的长江游轮上召开。9月2日,与会人员在重庆登上游轮。9月9日,会议结束,游轮在武汉靠岸。此会名为"宏观经济管理国际研讨会",俗称"巴山轮会议"。

之所以选择这样一个特殊的会场,是为保证与会的高级政府官员及经济工作者在与会一周内不受日常工作的干扰,专心开会,也是为让与会的知名外国专家不离开会场也有机会欣赏中国最美丽的风景之一——三峡。受邀外国专家允许带夫人同行。会间,游轮常靠岸,夫人们能上岸游览长江沿岸的小镇和景点,会议则照常进行。其间,我们仅休会半天,全体与会人员下船,游览了"小三峡"。

在游轮上开会最大的限制是空间太小,只能容纳有限的人数。所以,中方参会人数受到控制。最初的中方参会名单只有高级领导和一些长者。经过进一步磋商,我们议定,与会中方人员应代表不同的年龄段,遂特意预留几个40岁以下的青年参会名额。不能不说这是个明智之举。在随后20年的经济体制改革过程中,几位青年与会者都发挥了非常重要的作用。中方与会者名单真正做到了老、中、青三结合,老年与会者如:安志文、薛暮桥、马洪、刘国光、童大林等;中年与会者如:高尚全、吴敬琏、项怀诚、赵人伟等;青年与会者如:郭树清、楼继伟等。廖季立在会议的组织中起了关键作用,遗憾的是,因临时身体不适,未能出席会议。

与会外国专家的选择严格按照中方领导提出的三个要求①:

1. 国家如何管理市场经济

——在这方面既有丰富理论知识又有实践经验的有三人:

几年前因论证金融市场与消费/投资决策、生产、就业及物价关系而获得诺贝尔经济学奖的美国人詹姆斯·托宾(James Tobin),时任美国白宫经济顾问委员会委员,讲述稳定和增长政策理论与实践的《新经济学》作者之一。

——联合王国(全称为大不列颠及北爱尔兰联合王国,中国人往往简称为英国),著名政府官员、国际公务员及经济政策领域知名学者阿莱克·凯恩

---

① 外国专家名单中,也包括日本的小林实,是中方直接邀请的。

克劳斯爵士(Sir Alec Cairncross),曾任联合王国格拉斯哥大学应用经济学教授、联合王国政府经济顾问、联合王国政府各部首席经济学家、牛津大学圣彼得学院院长。

——德国著名国际货币政策经济学家奥特玛·埃明格尔(Otmar Emminger),多年担任德国中央银行行长。德国央行是发达国家中最独立的中央银行。

2. 从中央计划经济向市场经济转轨过程中的相关问题

——第二次世界大战之后,凯恩克劳斯和埃明格尔分别在英国和德国负责放开价格管制及市场复兴的工作,并且在短缺经济条件下制定反通货膨胀措施及解除价格管制方面都有直接的经验。

——波兰经济学家布鲁斯和匈牙利经济学家科尔奈是社会主义中央计划体制问题专家。他们的任务主要是讲解从计划经济到市场经济转轨过程中的微观经济要求。

3. 在整合计划与市场方面的国际经验

——法国前国家计划办公室主任米歇尔·阿尔伯特(Michel Albert)

——南斯拉夫稳定委员会和政府经济改革委员会成员亚历山大·巴伊特(A. Baijt)

——美国经济学家里罗尔·琼斯(Leroy Jones),专门研究韩国经济,曾在韩国计委工作过(因政治原因,未能直接从南韩邀请专家参会。详见后面回忆的1987年曼谷会议)。

今天,大家公认,"巴山轮会议"是在中国经济体制改革一个转折时刻所举行的一次重要会议。当年的很多中方与会者撰写过文章,谈论自己的感受和召开这次大会的意义。根据我自己的参与经历,想在此补充几点:

第一,先纠正一下很多参会者的错误印象。组织这次会议并非世界银行的主张。主动提出组织会议的是国家体改委领导,并且带着事先准备好的要在会上讨论的具体问题,要求外国专家必须满足上述三个问题的需要。会议的组织,包括游轮会场的选择,也是遵照国家体改委领导的意思,为的是给中外与会专家提供一个不间断的、详尽研讨的机会。会上,我们有全体会议、有小组讨论,也有一对一的会谈,无论哪种形式,都能进行到夜里。在世界银行工作多年,我的亲身体会是,最奏效的政策问题讨论要带有需求驱动并专为满足主办国的需求而策划。在我看来,"巴山轮会议"是带有需求驱动的杰出例子。

第二,尽管中国领导人1984年已经决意突破中央计划体制的限制,但是,对于市场经济的理解和运作却相知较少,特别是顾虑市场经济中出现的盲目竞争和非指导性增长,以及不可避免地想到经济迅速增长期与随之而来的经济大萧条。"巴山轮会议"上的讨论清晰地表明,宏观经济管理的理论与实践已经从20世纪的20年代至30年代的自由放任政策发展到了80年代的总需求管理及宏观经济的积极应对政策。很多讨论围绕着通过财政、货币和收入政策等工具对总需求的管理实现市场经济间接控制的议题。

一个小例子足以说明"巴山轮会议"对后来中国经济理论的意义。会议结束前的一个晚上,吴敬琏和我,还有几个与会人员一起,议论如何为"macro-management"这个大会主题词冠以一个意思相符的中文说法。当时中国称这个词为"宏观控制",我们觉得与现代宏观管理概念不符,因为这意味着直接控制及使用行政手段。另一说法是"宏观调节",可我们觉得这个词显得弱些,意味着只是轻微的调节而不是对整个经济进行有效的管理。最后,我们决定把"调节"和"控制"两个词合并起来,创造一个新词汇,叫"调控"。大家知道,"宏观调控"现今已成了一个很普通的宏观管理词汇。这不仅仅是单纯创造了一个词汇,更重要的是,通过间接手段进行经济管理的概念已被广泛理解和接受。

第三,国家体改委领导提议召开这个会议的另一原因,或许还因为1984年下半年到1985年上半年出现的严重经济过热。由于从很大程度上感觉中央将大幅推进改革,地方政府于是争相增加投资项目,企业设法提高工资和奖金。结果,加剧了通货膨胀压力。管理宏观经济形势的需要因而成了"巴山轮会议"的一个重要议题:诊断经济过热、使用财政和货币工具应对问题,这的确成为一个理想的"案例"。托宾、凯恩克劳斯和埃明格尔三个主要外国专家来自三个国家,尽管他们对宏观经济管理见解不同,各自代表着经济理论的不同派别,但他们一致认为,中国应该采取坚决的措施应对经济过热的问题。从这三位在宏观管理上最具有丰富经验(比照其他与会外国专家)的经济学家到主要有发展中国家经验的世界银行经济学家(伍德和我本人),再到东欧经济学家布鲁斯与科尔奈,在分析中国这个问题的缘由到应该采取的政策措施上都毫无异议。这显然表明,现代经济学有一个核心,那就是,它并不隶属于个人的或政治的解释。

"巴山轮会议"也有不尽如人意之处。对于像韩国这样有代表性的发展中国家,如何在市场经济中实施经济计划的讨论就不尽如人意。所以,两年之后,世界银行再次应国家体改委的提议,组织了一次题为"计划与市场"的研讨会。会议地点选在曼谷,目的是方便从韩国邀请高级代表团参会。时间是1987年6月。韩国代表团团长是前副总理兼韩国发展研究院(主管韩国战略规划事务)院长金满堤(Kim Mhhn-Je)。有意思的是,这次会议竟让印度代表团受益匪浅。印度代表团团长是曼莫汉·辛格(Manmohan Singh),当时的印度计委副主任(头号负责人,主任由总理名义兼任),副团长是阿卢瓦利亚（Montek Singh Ahluwalia），当时的总理经济顾问。这两位印度高级经济学家在会上被中国矢志从根本上进行经济改革的投入所打动。90年代初，印度启动改革计划，总策划人就是时任财政部长的曼莫汉·辛格，阿卢瓦利亚是他的副手，任财政秘书。今天，同中国差不多，印度正努力推动可持续的高速增长。曼莫汉·辛格现任印度总理，阿卢瓦利亚现任印度计委副主任。

从20世纪80年代末到90年代初，国际会议一直是中国政府官员和经济工作者学习国际改革和发展经验的途径，但会议主题从宏观的战略改革问题逐渐转移到更加具体的职能部门问题上。如世界银行与国家体改委于1986年联合召开的"金融体制改革国际研讨会"、1987年的"国有企业管理和组织国际研讨会"等。从20世纪90年代到现在，中外经济工作者和实践者的交流与对话越来越多。与以往不同的是，这些活动都是由中国单位自己与不同的外国机构、以不同的层次及多种多样形式来组织的。

最后值得一提的是，以上的回忆不过是中国对外思想开放、学习外国经验过程中发生的几件事，关于类似的事件和举措还有很多。如：另一个重要举措体现在向海外派遣留学生方面。1978年，邓小平在听取教育部关于清华大学的工作汇报时，对派遣留学生问题就指出，要大规模地派，"要成千成万地派"。到了21世纪初，中国留学生人数居全球之冠。2006年，联合国教科文组织公布的统计数字显示，全世界几乎每七个外国留学生中就有一个中国学生。据统计，1978年至2007年，共有一百多万中国学生出国留学，其中约1/4已学成归国。①

结束语

进入21世纪，毫无疑问，中国经济学已经结束了游离于世界之外的状态，在理论和实践上都开始步入现代经济学的主流行列。而且，这应该被看作是中国经历了曲折历史之后开始复兴到一种正常状态。这里有必要对改革和开放加以区分。经济改革并不是一种新的提法：1949年中华人民共和国成立不久，中央计划经济的弊端就已经逐渐显现出来。苏联、东欧和中国都已经做了种种努力试图克服这种弊端。与此相对照，30年前中国对全球经济和外国思想制度的开放却是一项意义深远的举措：它扭转了几个世纪以来的"闭关锁国"的政策。

历史上，中国曾经是一个开放和具有技术创新活力的社会。唐宋时期，

---

① 资料来源：教育部留学服务中心引用的教育部统计数字。

超过600多年的时间里,中国在艺术、文学、科学和经济技术等领域都是最具创造力的国家。在这个时期,中国也是世界上最富有文化和技术能力的社会,经济发达,技术先进。可是,14世纪之后,中国没能通过自身的技术变革和对国外先进技术的有效利用来保持经济的增长。实际上,在20世纪后期之前的500多年的时间里,中国拒绝并抵制外国的思想和制度。例如,15世纪早期,政府禁止海运。尽管在不同的时期,海员在中国南部及东南亚地区违规装运屡有发生,也以不同的形式反对外贸禁令。清朝时期,与国外的接触被统治者看作是一种政治分裂的可能来源。世界范围的探险对前工业化时期欧洲经济的变化作用显著,在这样一种激励效应下,沙俄后期和日本明治政府对国外技术的有效吸收,推动了现代经济的增长;而占支配地位的内部取向则成为自明朝后期以来中国经济的一个特点。

1800年前后,欧洲大部分国家在技术上已经超越了中国,在接下来的150年里,这种差距日渐加大。1850年前后,日本经济与中国经济大约处在可抗衡的发展阶段,但是,一百年以后,日本已经远远地把中国甩在了后面。20世纪中期,中国和印度(另一个历史上发达而现代经济落后的国家)位于世界上最贫穷的国家之列。正是在这种历史背景下,邓小平和中国其他领导人在70年代末期开始了改革开放的历程。中国的改革和开放是世界历史上具有重大意义的成就。在没有任何国家从中央计划经济向市场经济转型的成功经验可借鉴,以及有关成功转型的宏伟蓝图引导的情况下,中国改革开放的历程启动了并得以持续进行下去。因此,这样一种改革将面临巨大的风险和挑战——对经济、政治和社会稳定产生深远的影响。所有试图从计划经济向市场经济转型的国家在转轨过程中都遭受了巨大的经济重创,大部分东欧和中亚地区的国家经济的衰退甚至比20世纪30年代早期的"大萧条"更为严重和持久。中国是唯一一个在改革过程中能够取得持续和快速增长的国家。[①]

从个人的角度来说,作为一位海外华人,我有幸从改革开放之初就参与了中国经济改革开放的过程,因而亲身体验到了中国领导者和改革经济学家们在中国经济改革和开放中的勇气和远见,中国的成功是与他们的努力分不开的。他们的政治勇气不仅在于承认过去的政策失误,而且敢于承认中央计划经济体系的弊端、承认基本制度改革和学习国外经济概念的必要性,最重要的是当面临无法避免的困难和挫折时他们始终坚持不懈。中国的领导者,从邓小平到当时国务院的领导人,以及经济学家如已故的孙冶方、薛暮桥和廖季立都具有高瞻远瞩的战略眼光,他们认真吸收国外新的经济理论和经

---

① 越南可能也是一个例外,自20世纪80年代末期以来,越南紧跟中国经济的改革步伐。

验,根据中国的国情和实际将之转化并应用于实践。在没有任何成功经验可以借鉴的情况下,他们采取了"摸着石头过河"的策略和试错的方法,这一点最明显地体现了他们的远见卓识。在思想开明并热切地学习国外经验的同时,他们也谨慎地决定哪些适用哪些不适用于中国的改革开放。尽管他们缺乏正规的现代经济学训练,但他们在基层和高层政府部门的工作经验使得他们能够快速地抓住宏观经济学和微观经济学的本质。几乎没有任何国家的领导者能如此成功和明智地把国外新的经济思想转换为具有如此历史意义的经济政策。

今天,依然有很多国外经验值得中国学习,包括正面的也包括负面的。要实现20世纪80年代末90年代初提出的建设社会主义市场经济体制的目标,还有许多事情要做。同样,仍然有许多国家能从中国30年的改革开放中学到许多经验。改革开放的进程及从中吸取的经验教训已经成为当前经济增长和发展有关思想的一个重要元素。诺贝尔奖获得者迈克尔·斯彭斯(Michael Spence)领导的增长和发展委员会①近期的报告描述了中国的许多经验,该报告把中国视为现代经济历史上增长和发展的成功典范。② 无论是在中国还是在其他国家,几乎每天都有关于中国改革开放以及中国正在崛起成为世界经济强国的图书出版。与众多其他图书比较,本书是与众不同的,因为书中的多数文章都是曾亲身参与改革开放的经济学家所著。我希望本书最终能够以多种语言出版,以便更多的读者能够读到它。

---

① 该委员会由不同国家的杰出经济学家、政府高级官员、商界领袖以及高层决策人员组成,周小川是委员之一。
② 增长和发展委员会的这份报告可以参见http://www.growthcommission.org/。

序三

中国改革开放的成功经验与新挑战

迈克尔·斯彭斯[①]

非常荣幸被邀请为《中国经济50人看三十年：回顾与分析》这本非常重要的关于中国改革30周年的著作作序。我怀着谦恭的心来写这篇序。本书众多作者精深的知识都来自于他们在中国30年充满挑战而又取得了巨大成功的改革和增长中发挥的实际角色。这种知识和洞察力是局外人所不具备的。对于我个人来说，最好的事情莫过于尽力在中国的增长和发展战略方面做一名勤奋的学生。因此，我将试图从局外人的视角简要地分析从中国的改革历程中学到的经验和教训，这些总结对于其他发展中国家以及更广泛的增长和发展的研究领域意义重大。

世界上有13个国家在连续25年或更长的时间里保持了7%以上的GDP增长率。这种高速增长是比较罕见的。以7%的速度增长，GDP每10年翻一番；以10%的速度增长，GDP每7年翻一番。这意味着在20到30年的时间里，收入水平能够提高8倍。正是这种稳定的增长才能够大幅度地消减贫困，并给人们提供更多的机会。

所有这些高增长的案例都是第二次世界大战后才出现的，它们得益于全球经济的不断开放，开放是保持持续快速增长的基石。如此高速的增长在以前是不敢想象的。先进国家不能也未曾实现如此高速的增长，只有少数几个发展中国家通过开放，利用全球经济提供的知识、技术以及需求实现了高速增长。[②]

在所有实现高增长的案例中，中国是增长幅度最大、增长速度最快的。这种速度和规模的增长史无前例。在几十年以前，甚至在全球经济已经稳步开放、并为经济发展提供了可能的平台的战后时期，像中国这样巨大的经济

[①] 本文作者是2001年诺贝尔经济学奖获得者、增长与发展独立委员会主席、斯坦福大学经济学荣誉退休教授。

[②] 这些持续快速的增长案例在最近出版的一本书中得到了确认和研究。这本书是增长和发展委员会的一篇报告——《增长报告：持续增长和全面发展的策略》，2008年5月21日。这篇报告可参见网站 The Growth Report。

成就也被认为是不可能实现的。① 就贫困人口的减少、人们生活环境的改善、生产性就业的增加以及机会感和乐观情绪的增强来看,中国的发展结果都非常引人注目。随着经济规模的扩大,中国经济对全球经济的影响也逐渐加大并日益重要起来,同时也产生了新的责任和挑战。在改革开放30周年之际,我们有必要回顾过去并解答如下疑问:改革的成就是如何取得的?在改革之路上曾面临过什么样的挑战?中国成功的经济管理和增长的经验对于后进发展中国家能提供哪些有益的启示?

本书的诸位作者都以不同的方式参与了改革开放的历程,作为一个整体,他们在清晰地阐述改革开放历程及其面临的挑战时具有不可替代的作用。他们的精彩回顾有着如下几个方面的价值。首先,这段历史本身很有意思,同时中国已经是一个重要的大国,在国际经济及其治理中发挥着越来越重要的作用,在国际安全和有关问题的处理中也扮演着重要角色。第二,理解中国在不同领域中制定并调整政策的方式有助于我们更全面地理解发展中国家的增长和发展,尤其重要的是能帮助我们理解市场和监管制度都在发育过程中的转轨经济的政策制定方式。第三,无论是过去还是现在,中国的政策制定者们都不仅受到了市场价格理论和激励理论的影响,也从案例和经验中吸取知识,其中包括其他国家的发展经验,以及发达国家的转型经验。常识、判断和试点被综合地运用起来,帮助决策者在没有完美地图的情况下寻找前进的路径。当然,即使将其中的细节完全阐释出来,也无法为其他发展中国家提供一个完美的发展路线图。每个国家都有不同的特点,应据此来制定相应的优先政策、形成增长策略。但是可以确定的是,中国的经验具有巨大的参考价值。

1978年改革之初,中国是一个中央计划经济国家,在之前的几十年中,经济增长十分缓慢。毫无疑问,中国的领导集体逐渐认识到计划经济体制不利于经济的发展,如果继续沿着计划经济的道路前行,1949年以来的平等主义变革所带来的良好愿望就会有无法实现的风险。

当时中国也有一些有利的因素。最为显著的是,在既定的收入水平下,人民的教育水平以及识字率较高。1949年以后,由于国家拥有土地和生产性资产,因此没有财富集中度过高的现象。当时还有一些农业基础设施,尽管并不能同现在相提并论。军队也拥有一定的技术。

---

① 30年前,如果有人预测中国将会在未来30年中保持9%左右的增长率,就会被认为是不现实的乐观主义者。自1978年以来,分析家们每年都观察到中国面临的重大挑战,而且对其增长过程的稳定性不断产生质疑。但我们都错了。现在是一个很好的时机来分析中国成功发展的原因,并从它业已展开的改革画卷中学习其经验。

在局外人看来，中国那时的基本选择是保留社会主义的价值观，抛弃中央计划，支持通过市场和价格来配置资源，并提供合适的激励机制。早期的改革措施之一是，在农业部门采用市场激励，对于超过计划体系配额部分的农产品允许在市场上买卖，其效果是显著而快速的。当时，大约82%的人口生活在农村。因此，改革不仅大幅度地提高了农产品的产量和生产率，而且使得大多数人从中受益。改革取得了初步的成功，为新道路的开辟奠定了坚实的基础。改革初期切入点的选择是偶然的还是经过深思熟虑的，抑或是二者兼而有之，对此，那些参与其中的改革家们在本书中有清晰的阐述。但是，这种选择确实阐明了有关改革和增长战略的一个重要的一般性观点，那就是分配并非次要的问题，它对于改革战略和改革项目的可持续性至关重要。这意味着需要对改革顺序做出敏锐的判断。① 它们既是政治选择也是经济选择。

我们现在已经认识到，经济持续高速增长的一个重要基础是全球经济的广泛合作。开放是必要的。开放能够带来两方面的益处，对于保持7%至10%的增长速度必不可少。第一是知识。在开放经济模式的增长过程中，知识、技术、专业技能、私人和公共部门管理技能被引入进来。总体来说，这种从外部经济中引入的知识会导致一个经济体的生产潜力的快速提升。第二是全球性的需求。这种需求相对于早期的发展中经济体来说，显得巨大而富有弹性。

中国经济改革最让人印象深刻且最重要的一点就是承认学习的重要性，而且学习和开放要结合起来。管理中央计划经济和管理市场经济是非常不同的。在市场经济中，许多事情的发生不是被直接控制，而是受激励影响，这些激励来源于规则、选择、政策和公共部门投资。中国从不同的国家、机构和专家那里探索并吸纳外部世界的专业技能，用于加速自己的学习进程。迄今为止，对于一个局外人来说，经济和社会的开放是中国经济高速增长最与众不同的特色之一，这种开放不是表现为技术经济意义上的贸易流和资金流，而是表现在对获取新知识的渴望和与之相伴的学习速度上。很明显，这种学习能力建立在1978年改革之前就已形成的坚实的教育基础之上。中国的识字率和有关的教育指标在过去和现在都远远超过发展中国家的平均水平，这些优势背后还一定存在着更深刻的文化和历史原因。

从外部能学到的东西毕竟是有限的。不论过去还是现在，从相当成熟的

---

① 前文提到的《增长报告》重点强调了作为成功增长战略重要方面的包容性和公平问题。这一认识主要来自于经验以及对经济结果、政策和改革的政治基础之间相互作用的理解。中国的经验是有积极意义的。

发达市场经济学习管理经验十分有益。激励、分权化和价格信号很重要,个人和组织都会对此做出反应。但当时的中国经历了29年的计划体制,从许多重要方面来看,不存在市场经济体系。从那时到现在,中国经济都处在一个向成熟的发达市场经济转型的长期过程之中。在此期间,市场、监管机构和监管能力正在逐渐形成。

迄今为止,我们还没有发展出十分完善的有关转型经济的模型。① 这意味着中国的政策制定者又多了一项挑战。和发达经济体不同,他们手中并没有经过验证的模型,用以预测改革和政策变化的影响。他们要在高度不确定的环境下采取行动,作出决定。适应这种决策环境不仅对中国自身的成功至关重要,也可能是对其他发展中国家最有借鉴价值的方面。②

认识到决策环境的这种不确定性是十分重要的。20世纪90年代经常使用的一种研究方法是建立一个静态模型,模型中有一个适合所有情况的通用公式。这样的方法当然说明不了什么问题。因为据此建立的模型对不同国家、不同经济和不同发展阶段的差异性都不够敏感,而且往往把大多数作用机制都限定在私人部门,严重制约了政府的作用。中国让我们更深入地理解了增长的动力机制,从而解放了对政策制定过程的看法。

在中央计划经济的起点上开始改革,也许使中国领导人和政策制定者更容易认识到,中国不能完全照搬发达国家的增长"药方",而是必须对它们加以修正。

不管什么时候,利用不完善的经济反应机制模型来制定经济政策,都要考虑到转型经济的现实情况会产生的许多影响。转型是一个长期的过程,保证经济持续增长对于实现政府和人们所追求的提高收入和减少贫困的目标都十分重要。③

如果说现有的经济理论应用在发展初期的经济体时有局限性,那么政策制定的方法也应该相应地调整。由于政策的变动和改革可能带来不确定的结果,尽可能地进行试点就显得十分必要。成功的试点能够被复制和推广,不成功的则被抛弃。经济的有序开放、有效利用出口区和开放区就是很好的

---

① 参见林毅夫——现任世界银行首席经济学家——即将出版的著作《经济发展和转型:思想、战略和生存能力》,该书基于作者2007年秋天在剑桥大学"马歇尔讲座"的系列演讲。

② 有关发展中国家不确定性模式下的政策制定适应性的讨论,参见 Mohamed El - Erian and Michael Spence 发表在《世界经济》(World Economics) 杂志2008年1号第9卷,第57~96页的"增长策略和动力:来自国家经验的一些洞见",该文也是增长和发展委员会的工作论文。

③ 李光耀在他的《从第三世界到第一世界:1965-2000年新加坡的故事》一书中很好地解释了新加坡的发展,"就在41年以前,独立的新加坡开始了前途未卜的旅程。失业率居高不下,没有自己的工业,前途惨淡,"当时的总理李光耀写道,"我忐忑不安地沿着不知要通向何方的无人走过的小路出发了"。

例证。

认识到模型中的不确定性以及市场和政策制定机构处在不断成熟的过程,必然会导致对理论和正统观点产生不信任甚至怀疑,这种不信任和怀疑可能来自内部或者外部。这方面的例子不少。在局外人看来最显著的案例也许是以保持增长为目的的汇率管理制度的演变。随着时间的推移,随着经济规模的扩大,汇率制度从保持内部平衡转向保持外部平衡,以及更多地依赖国内消费来推动经济的增长。[①]

实际上,高速增长会产生无法完全预料到的瓶颈。中国增长战略的成功,部分表现为对瓶颈或阻塞的束缚作出的快速反应。

中国渐进增长战略与众不同的一个特点乃是,一方面在进行政策调整时采取慎重的、可控的渐进主义,另一方面在政策或改革方案被决定采纳后进行快速而有效的实施。

实用主义的、渐进的、解决问题式的经济发展方式与长期致力于改善公众福利的明确目标相结合,是中国提供的主要经验,它正在成为增长和发展战略以及确定政策优先目标的新参照系和新理论框架。最初的快速学习和知识引入过程现在已经成为双向车道,也就是说,重要的知识和学习方法正在从中国传到其他的发展中国家。本书的各章将详细说明在一系列政策领域和某些经济部门中实施的这种解决问题式的策略。这些说明将给其他国家的领导人和政策制定者提供宝贵的资源,同时也为我们更好地理解经济发展提供翔实的研究案例。我们可以把这些案例看做对"摸着石头过河"这个著名的比喻的详解。

在不确定的环境下,在一个逐渐向成熟的市场经济和监管体制演进的转型经济中,用不完善的模型作出有序的政策决策,乃是中国过去30年成功历史的重要组成部分,也为其他发展中国家提供了很好的经验。此外中国也有其他显著的特点值得我们关注。

即使在实现过高速增长的经济体中,中国的储蓄率和投资率也是很高的(约为GDP的三分之一且仍在增长),更是远高于发展中国家的平均水平。因为国有企业在基础设施建设中扮演着重要角色,所以很难用传统标准来准确区分公共投资和私人投资。但是毋庸置疑,有效的公共部门投资率(在教育和基础设施领域)依然很高,并且为持续快速的增长创造了基础。中国并未像其他发展中国家通行的那样在政府的预算中忽略公共部门投资。这反

[①] 有关目前恢复外部平衡而不损害内部平衡和增长要素的讨论,参见由中国研究和咨询项目资助,林重庚、斯彭斯和豪斯曼最终完成的《中国和全球经济:中期问题与对策》,中文版可参见《比较》第24辑,中信出版社,2006年5月。

映了中国改革开放的两个特性：一是重点强调增长和未来的繁荣，为了将来的高收入和下一代的发展，愿意牺牲当前的消费；二是具有广泛群众基础的一党制政治体制能够具有更长远的战略眼光。①

这种跨期选择对于相对贫穷国家来说并不容易。所以，从中国的经验中理解这种跨期选择的基础是什么，对研究发展问题十分重要。第一，这种基础可能有文化上的因素。第二，为公众提供足够的储蓄渠道也是非常重要的。第三，政府应该能有足够的收入，可以将其中的一部分用于基础设施和教育的公共投资。中国政府拥有相当大比例的生产性资产，由此产生的收入能够为公共投资提供资金支持。中国比较不寻常的一点是，它有相对不受限制的政府收入来源可以用于服务和投资。不断增长的私人部门的企业投资（或储蓄）无论过去还是现在都受投资机会和充足的投资回报率所驱动。经济的开放和20世纪90年代加速取消各种残留的限制在这方面起到了重要的作用，还有对外国直接投资的开放成为引入知识的一个重要途径。

中国并不是传统意义上的资源丰富的国家，其他高速增长的国家和地区也不是。正在走上经济稳定快速增长之路的印度和越南同样没有丰富的石油和矿产资源。所有这些持续高速增长的国家都依赖于快速增长的生产性就业、日益多样化的出口、劳动力的流动、竞争和快速的城市化。其中任何一点都是支撑和引致稳定增长的微观经济机制。中国的改革者能够在中央计划经济的基础上允许竞争来促进经济繁荣，这一点使人印象深刻。不过中国增长道路上最独特的一点是劳动力市场的极大弹性。劳动力从农业转移到制造业和城市服务业，从农村转移到现代经济活动密集的城市。在政策允许之后，国有企业也大幅度裁减冗员，以获得市场竞争力。同时充满活力的经济相当快地创造出了新的就业岗位。

我心中至少还有一个谜团应该得到解释。1995年到2005年的10年间，在制造业领域，可度量的劳动生产率提高得非常快，大约每年20%。制造业的产出增长迅速，这本来会抑制工作机会的增加。然而，在生产率的大幅提高和国有企业的裁员的同时，整个经济仍然成功地推动了就业的净增长。本书的一个主要贡献就是从增长核算以及因果关系的角度对这个疑团给出了解释，这种深入的案例研究也只有本书的这些知识渊博的作者才能做到。之所以说这一点十分重要，是因为中国经济和庞大的国有企业结构转型的速度都是空前的。

在工业化和经济现代化的进程中，城市化历来是个备受争议但又必要的过程。这常常导致人们怀疑快速的城市化是否明智，我相信中国在这方面也

---

① 许多高速持续增长的案例提及了在几十年中持续增长过程中的从一党制到多党制的转变。

不例外。一开始，人们会怀疑甚至抵制城市化，但是随着时间的推移，他们最终会完全理解集聚经济的重要性和支持城市化的必要性，并尽可能有序地推动城市化。城市化的关键要素是与土地价值相关的价格信号。成熟的城市和农村房地产市场可以帮助公共部门做出有效的选择和投资，这也是中国正在经历的过程。

增长和发展委员会的《增长报告》提出了一些有待研究、讨论和争论的政策领域，其中包括：经常账户和资本账户开放的合适步伐和顺序、产业政策与出口促进和出口多样化、汇率管理，以及在保持就业率净增加的前提下提高竞争力等。这些都是非常重要的政策领域，对其进行政策干预，会带来利益也会产生风险。在我看来，详细解读中国在这些领域内的政策和政策思想的发展变化无疑将有助于提升我们的认识，同时也会给其他国家的领导人和政策制定者以及国际组织（如负责为世界经济的运行制定及协商规则的WTO）带来现实的意义。[①] 现在已经被广泛接受的观念是，恰当的政策依赖于不同经济部门的发展状态，尤其是金融部门。当前最有价值的是借鉴中国的改革开放经验，更深入地分析政策变革(policy shifts)中的那些具有里程碑意义的重大决策。假如我们认为，经济或者资本账户的突然开放不是恰当的选择，其中的部分原因是这样做风险太大，那么问题就会变成，如何衡量经济体中的各个部分对进一步开放是否做好了准备。

同过去一样，中国依然面临着一系列重要的挑战。这些挑战是新问题，也是国内激烈的政策讨论的焦点。所有这些挑战都是重大的课题。我之所以简要地提及这些挑战，是想说明在高速增长的过程中，没有任何事情是永久不变的。唯一不变的就是总会有新的挑战需要我们去思考、想象，并进行充分的讨论。

地方的环境问题（空气和水质）在高速发展的改革时期一直被忽略，直到最近才受到重视。应该将扭转环境恶化的趋势置于最优先的位置，并走上一条保护环境的发展之路。其中一条就是要取消补贴，使能源价格与全球保持一致。随着能源需求和价格的提高，补贴政策的成本将越来越高，同时，补贴政策不利于环境保护，还会使中国在当前和未来应对全球气候变化的跨国合作体制中处于不利地位，影响自己的利益。

经常账户在长期保持适度的盈余或赤字之后，近期的盈余已达到GDP的12%，这或许是个意外。高额的贸易盈余并不是增长战略的必要组成部分，它会对处理同贸易伙伴的关系产生不利的影响。高额的贸易盈余意味着

[①] 著名的发展经济学家罗德里克(Dani Rodrik)，对这些问题进行了大量的研究，并认为全球经济的演进规则限制了发展中国家的政策选择，例如启动出口多样化以及进行支持增长的结构转型等。

超过资金投资水平的存款,这种超额存款本可以用于本国消费,却被投资到其他国家。即使这种盈余以多种储备工具(这些储备工具可能会影响储蓄和投资率之间的关系,包括可能的财政政策和汇率)持有,但由于现在的汇率管理过程,外汇储备仍可能继续积累。原因在于,经常账户的余额不会减少私人资本持续大量流入的可能性,因为私人资本的大量流入是因为中国投资机会较多以及人民币进一步升值的潜力。控制人民币升值过快的步伐要求中国人民银行在未来的几年里继续增加外汇储备。值得注意的是,影响经常账户和资本账户变动的各种不同因素并没有得到其他国家的充分理解。

快速的经济增长引发了收入不平等的加剧,这是所有高速增长国家和地区所面临的共同问题,也是增长过程的自然后果之一。但是收入不平等可能过分恶化,要求政府重新予以关注。这一点已得到中国政府和领导人以及制订五年计划的有关人士的认同。

中国是一个巨大而多样化的经济体。其最先进的部分处在中等和中上等收入水平,并且正在向发达国家的收入水平靠拢。所有成功的经济发展案例(在我之前提及的13个高速增长案例中,只有一小部分做得不错)都表明,从中等收入国家向高收入国家转型是一个十分复杂的过程。这给中国提出了两个挑战。

第一个挑战是我们所熟悉的。在这个转型过程中,在增长初期推动增长的那些因素的重要性正在变弱并将最终消失,取而代之的是资本、人力资本以及知识更加密集的新的经济活动。这种变化是结构性转变的一部分,即使在其他那些成功地实现了转型的国家,结构性转变也并不是总能得到很好的协商解决。问题的另一方面在于,政策制定者很难放弃原来的政策和曾经为成功奠定了基础的产业部门。但是在高速增长的过程中,坏的政策往往是那些实施了过久的好的政策。

第二个挑战是,对中国来说,一个复杂的因素是并非经济的所有部分都处在从中等收入向高收入转变的阶段上。因此,增长战略和政策必须一方面促进劳动密集型的增长和城市化(中国约有50%的农村人口),另一方面又要支持经济中最先进的部分实现结构转变。印度的经验或许会有些帮助,并可以为即将到来的复杂的转型指引方向,那就是及早地发展了全球经济中的先进的服务业。

目前发展中国家面临的主要短期问题或许是全球能源和食品相对价格上涨所引发的通货膨胀。价格上涨幅度如此之大是较为罕见的,而且发展中国家价格上涨的幅度要高于发达国家,其原因是低收入国家的GDP和消费者价格指数的大部分与食品和能源有关。通货膨胀对投资和增长的破坏性已成为共识。相对价格变化以及由此引致的收入变化(可能是正的也可能是负的,视部门和 GDP 的构成而定)无法避免。通货膨胀带来的挑战是防止它对经济产生第二轮或者第三轮的影响,同时将它对增长的破坏降到最低限度。中国如何应对这一挑战对发展中国家乃至全世界经济都是至关重要的。

在自 1978 年中国改革开放以来的 30 年时间里,中国 GDP 的年增长率一直在 10% 左右,改革初期,这种增长虽令人震惊,但在数量上并未对全球经济产生较大的影响。逐渐地,形势出现了变化。中国的 GDP 已占到欧盟或者美国 GDP 的 25%。10% 的增长大约等同于发达经济体 2%~2.5% 的增长,那是一种非常大的影响。如果继续保持目前的增长速度,15 年后中国的经济规模将要赶超欧盟和美国,中国的经济和政策选择将会对全球经济和全球资本市场产生巨大的影响。同其他大的经济体一样,中国的经济增长和经济规模意味着它对全球制造品和初级产品乃至利率的相对价格都有着重要的趋势效应。

另一个发展中大国印度,也在以与中国相近的速度快速发展着,但是大约要落后 13 年。可是,展望未来的 15 年后,由于这些经济体的联合效应,任何正在演变的全球治理体系要想行之有效,都必然会要求它们加入并积极参与。

对中国来说,这意味着调整它的各种政策,在实现国内经济的需求、发展和演进的同时也在全球经济中帮助保持稳定和平衡,这一改革过程正在进行之中。对于全球经济中其他大的经济体而言,这意味着调整全球的各种正式和非正式制度,以便用一种远比现在更为有效的政策合作过程把中国、印度以及其他新兴经济体包容进来。

本书阐述了中国过去 30 年的非凡历史。从历史的角度来看,这是一本重要的文献。它有助于深入理解[①]中国的改革过程,总结过去的进步和失误,为今后继续前进所遇到的挑战提供指导。它也会加速人们已经开展的学习进程,为增长和发展提供中国的经验。最初作为开放和学习过程的改革肯定还会继续下去,但对于其他国家来说,这同时也变成了一个学习和分享经验的过程。

(鄂丽丽 翻译　吴素萍、余江 校订)

[①] 我们前面所提及的增长和发展委员会的报告,主要阐述了 13 个持续高增长案例的共同特点,并特别考察了中国成为历史上增长幅度最大、发展最快的国家的路径。而且,可以确定的是,中国的增长对亚洲增长产生了积极的影响,对其邻国印度的改革和发展也起到了重要的榜样推动作用。

中国经济50人论坛
Chinese Economists 50 Forum

劳动力市场转型与发育

蔡 昉

中国社会科学院人口与劳动经济研究所

The Past 30 Years

A Review and Analysis by 50 Chinese Economists

蔡昉简历

中国社会科学院人口与劳动经济研究所所长

1956年9月生于北京。经济学博士。现任全国政协常委，中国社会科学院人口与劳动经济研究所所长、人力资源研究中心主任，博士生导师。先后毕业于中国人民大学、中国社会科学院研究生院。曾在国外多所大学担任访问学者。1991年被国家教委、国务院学位委员会联合表彰为"作出突出贡献的中国博士学位获得者"；1995年被中国社会科学院表彰为"作出突出贡献的中青年专家"；1998年获国家级"有突出贡献的中青年专家"称号；2003年被7部委授予出国留学人员杰出成就奖。兼任中国人口学会、中国农业经济学会副会长，农业部软科学委员会委员、劳动与社会保障部专家委员会委员、国家"十一五"规划专家委员会委员等。

主要研究领域包括：农村经济理论与政策、劳动经济学、人口经济学，以及中国经济改革、经济增长、收入分配和贫困等领域。著有《中国的二元经济与劳动力转移——理论分析与政策建议》、《十字路口的抉择——深化农业经济体制改革的思考》、《穷人的经济学》（获中国社会科学院优秀成果二等奖）、《中国流动人口问题》（获中国社会科学院优秀成果二等奖）、《鹰和人都吃鸡》和《科学发展观与增长可持续性》等，合著《中国的奇迹：发展战略与经济改革》（获北京第四届哲学社会科学优秀成果一等奖）、《中国经济》、《劳动力流动的政治经济学》（获中国社会科学院优秀成果三等奖）、《中国劳动力市场的发育与转型》和《中国正在进行的农业改革》等，主编《中国人口与劳动问题报告》（获中国社会科学院优秀成果二等奖）系列专著等。

一、引言

劳动就业政策是与特定的经济体制相一致形成的。计划经济国家通常排斥劳动力市场机制,而把劳动力资源的配置纳入集中的计划体制之中。发展中国家普遍存在着政府采用政策手段,特别是利用割裂城乡要素市场的方式,不平等地获取农业和农村资源,为工业化提供积累,或为城市居民较高生活水平提供保障的现象(Knight and Song, 1999; Anderson, 1995)。计划经济条件下的中国也不例外,长期存在的城乡分割是适应推行重工业优先发展战略的需要而形成的。

计划经济体制下的就业制度由三个基本成分构成。第一是城市排他性的全面就业制度。为了在推动重工业优先发展战略的同时保持社会稳定,城市居民的就业在传统体制下得到充分的保障,由劳动部门或人事部门按照整体经济计划和资源配置优先序安排就业和岗位。在吸收就业的机会中,国有部门是主要的渠道,辅之以城市集体经济部门。而一旦这种就业被安置妥当,一个职工几乎就不再有机会改变就业单位,也没有被解雇和失业之虞。第二是分割城乡劳动力配置,从而导致劳动力市场缺失的户籍制度。这种制度把城乡劳动力人为地分割开,城乡之间的人口迁移和劳动力流动几乎从不发生。在这期间,中国的工业化特别是重工业化的速度虽然较快,但没有像发展经济学家预言的那样,以相应的速度吸收农村剩余劳动力(Lewis, 1954)。第三是城市劳动就业制度、基本消费品供应的票证制度、排他性的城市福利体制等,在户籍制度之外,进一步有效地阻碍了劳动力这种生产要素在部门间、地域上和所有制之间的流动。这种制度安排的结果是损害了资源配置效率,抑制了激励机制,形成城乡之间的巨大收入差距(Yang et al., 2003)。

中国的改革以从计划经济向市场经济的转变为特征。旨在发育劳动力市场的一系列改革,一方面是整个经济体制向市场机制转变的重要进程,另一方面也以其他领域改革的进展为前提。随着城乡经济改革的进展,劳动力资源越来越多地从计划配置转向由市场来配置,已经初步形成了劳动力市场,其集中表现是劳动力流动性的增强、工资的市场决定以及人力资本回报的增高。中国劳动力市场转型和发育,从其所面对的改革对象,到改革过程以及迄今为止取得的效果,至少在两个方面具有独特性。第一,中国通过户籍制度这种正式的制度安排,割裂城乡劳动力市场,是与众不同的。第二,迄今为止,中国几乎经历了这个劳动力市场分割制度的形成、完善、渐进改革到逐步一体化的整个过程。这使得中国劳动力市场改革可

以成为一个制度变迁的良好范例。

中国经济改革与发展的一个重要成绩和经验，是城乡就业的迅速扩大和劳动力市场发育。这个特征不仅表现在20世纪90年代中期以前，实际上在那之后表现更加突出。许多研究者往往用城乡就业总规模的变化情况来评价就业增长，这种观察是有局限的。因为对于一个处于二元经济转换过程中的经济来说，农业就业比重和规模的下降是不可避免的发展现象，所以，我们应该观察的是非农产业或城镇的就业增长情况。也有人单纯观察国有企业和城镇集体企业就业的减少，由此得出就业滞后于经济增长以及国有企业改革具有破坏就业性质的结论。这也是不恰当的。因为中国不仅处于一个二元经济的转换期，即意味着劳动力从农业向非农产业的转移，还处于一个从计划经济体制向市场经济体制的转换期，而这意味着劳动者从国有企业和城镇集体企业向非公有经济部门的转移。可见，国有部门和集体部门就业比重和重要性的下降，恰恰是改革的初衷和成效。

自20世纪70年代末开始的中国经济改革，以及改革带来的增长成效，在世界范围内获得积极的认可，也引起各国特别是有着类似制度起点的发展中国家的高度兴趣。中国劳动力市场制度改革并非像一些学者断言的那样，在进度和程度上滞后于其他领域的改革（如Lardy, 1994, pp. 8~14），而是作为经济改革的一个重要组成部分，在节奏和方式上与整体保持协调，具有典型的中国式改革特色。因此，在改革经历了30年的今天，回顾中国劳动力市场的转型和发育的历程，分析其所遵循的政治经济学逻辑，不仅对于进一步的改革具有现实的政策含义，对其他国家的学者和政策制定者，具有借鉴意义，也有助于以中国经验丰富和发展转轨经济学和发展经济学。

二、农业劳动力的释放与流动

由户籍制度的形成历史和逻辑可以看到，其实质内容不仅仅是户口登记地的限制，而核心是对人口迁移限制和对农业劳动力转移部门就业的限制、城市福利体系对农村人口的排斥、非农产业就业机会对农村劳动力的排斥。归根结底，刘易斯揭示的发展中国家存在的二元经济结构，恰恰是在类似中国户籍制度及其相关制度所导致的劳动力市场分割的条件下才形成的。一方面，工农业产品剪刀差的扩大造成城乡收入差距，另一方面，户籍制度也造成城乡居民不能平等地享受工业化的成果。同时造成资源配置效率的巨大损失。

在这种二元结构下的农业经济体制，也是严重缺乏效率的。1958年毛泽东在谈到农业组织形式时说：人民公社的好处是，可以把工、农、商、学、兵合在一起，便于领导。具体来说，人民公社最终选择了"三级所有、队为基础"的组织结构。这种组织形式把全部农村生产要素归并到一起，画地为牢，不再有流动的自由。对农村劳动力来说，既没有退出人民公社的选择权，也没有流动的自由，因而劳动激励机制受到了极大的损害。

生产队集体劳动的特点是大呼隆、大锅饭，即每个劳动力的工分标准是固定的，生产队通过记录出工天数决定年终分配（口粮和现金）。一个劳动力付出更多努力所产生的生产结果，将被生产队全体成员平均分享，而偷懒所造成的损失也将由全体成员分摊。因此，出工不出力是人民公社固有的弊端，导致农业生产效率低下（Lin，1992）。

但是，食品政策又是以绝对保证城市和工业需要为前提的（Lin and Yang，2000），结果是农村收入水平和生活水平长期得不到改善。这种状况积累到一定时期和一定程度，就会产生对现行低效率的制度安排的强烈抵制。既然人民公社是没有退出权的，劳动者便以变本加厉的出工不出力的形式"退出"该体制。① 此外，农产品的种植是严格按照计划安排的，为了保证粮食供给，生产结构按照"以粮为纲"的原则布局，农村劳动力绝大部分集中在种植业，不允许务工经商，农民收入非常低。1978年全国有2.5亿农村居民处于绝对贫困状态，城乡收入差距（以农民人均收入为1）达到1:2.57。这时，如果具备了必要的政治条件，一场根本性的制度变革就发生了。

在中共十一届三中全会于北京召开的同时（1978年冬）②，安徽凤阳县小岗村的18户农民面临着如何应对灾荒和饥饿的选择：是像往年一样外出逃荒要饭，还是冲破体制牢笼，把土地承包给家庭经营。最终他们选择冒天下之大不韪，写下血书（承担政治责任），率先搞了包产到户，结果立竿见影，一下子解决了温饱问题，其产生的效果不胫而走。随后，在政策逐步放宽的鼓励下，家庭承包制迅速地在全国推广。1980年初还只有1.1%的生产队实行家庭承包制，年底就达到20%，1984年底则达到100%，并且实行家庭承包制的农户也达到了97.9%。

家庭承包制的具体做法是把原来由生产队集体统一经营的土地，按照

---

① 这并不是说，农民用"偷懒"的方式与人民公社体制主动对抗，而是面对这种"又要马儿跑，又要马儿不吃草"的体制，农民把精力用在自留地里，或者干脆是由于生产队的口粮分配可能还不足以补偿劳动付出的热量，因此需要节省一下体力。例如，在十一届三中全会前的中央工作会议上，胡耀邦就曾经谈到"文化大革命"使我们元气大伤，劳动力的体质差了。参见于光远（2008，第44页）。

② 这次会议重新确立了中国共产党解放思想、实事求是的思想路线，被认为是标志着经济改革起步的重要里程碑。

人口和劳动力分给农户，农户在完成农业税和交售任务以及给集体的提留之后，享有剩余产品，即享有自己投入和努力的剩余索取权。这种经营形式虽然没有从法律上改变土地的集体所有制性质，但对于劳动激励有了一个极大的促进，产量一下子得到大幅度的提高。根据学者的研究，1978—1984年期间的农业产出中，大约46.9%可以归因于这项改革在全国的展开（Lin, 1992）。

一旦劳动者的努力成倍提高，农业中所需要占用的劳动时间大幅度下降，劳动力剩余现象显现出来。虽然大多数观察者都给予家庭承包制对于改进劳动激励的效果以高度评价，但是，在生产效率提高之后，这个制度对于农户劳动力的重新配置具有更加重要的效果，即它通过调动积极性，以及给予农户自主安排劳动时间、劳动方式和劳动内容的自主权，解放了劳动力。因此，我们可以把这项改革看做是劳动力流动政策改革的出发点和基点。也就是说，为了消化改革产生的这些剩余劳动力，现在拥有了经营自主权的农户，首先把他们的劳动时间从单一的粮食生产转向种植业的其他部门，继而又从种植业转向农业、林业、畜牧业、渔业和家庭副业的全面发展，极大地改变了农业生产结构，提高了劳动力的利用程度和收入水平。

随着农业劳动生产率的提高，无论是种植业，还是包括农林牧副渔在内的大农业，容纳劳动力的规模终归是有限的。然而，在20世纪80年代初期，政府并不鼓励劳动力离开农村地区。在看到了农业劳动力转移的必然性，以及坐落在农村的小型工业的发展潜力的情况下，政府提倡一种农业劳动力转移的"离土不离乡"模式，即鼓励农民从农业生产中转移出来，就地到乡镇企业就业。具有很高官方地位的社会学家费孝通教授，从理论上把这种"离土不离乡"模式概括为中国特色的经济发展道路（宋林飞，2006）。1978年，在当时的社队企业中就业的劳动力人数为2827万，1985年一下子增加到6979万，以致邓小平在1987年高度赞扬了乡镇企业异军突起时表示，这个结果是他"个人没有预料到的"。但是，1985年整个农村有3.7亿人就业，转移到乡镇企业的毕竟只占18.8%，仍然有3亿劳动力务农。按照当时的估算，农业中大约30%～40%的劳动力是剩余的，绝对数约为1亿～1.5亿（Taylor, 1993, 第8章）。

面对剩余劳动力寻找就业出路的新局面，政府把"离土不离乡"政策扩展为鼓励农民向小城镇转移，费孝通教授也为这种政策提供了理论依据，表述为"小城镇、大问题"。虽然小城镇在当时得到了较大的发展，但是，这种规模的城镇，归根结底由于缺乏就业机会，制约了自身作为数以亿计的农业剩余劳动力转移的目的地。而且，乡镇企业得以迅速发展，是因为在城市改革特别是国有企业改革还没有大范围启动的情况下，利用了居民收入水平提高后对消费品的迫切需求，以及产品市场和生产资料市场的双轨制。随着城市改革于80年代中期以后速度加快，乡镇企业的发展也开始徘徊。因此，农民开始向包括大中小各种规模的城市转移，寻找非农就业岗位。

各种制度障碍的逐渐拆除是劳动力得以跨地区流动的关键。80年代以来，政府逐步解除限制农村劳动力流动的政策。随着农村劳动力就地转移渠道日益狭窄，1983年政府开始允许农民从事农产品的长途贩运和自销，第一次给予农民异地经营以合法性。1984年进一步放松对劳动力流动的控制，甚至鼓励劳动力到邻近小城镇打工。而到1988年中央政府则开了先例，在粮票制度尚未取消的情况下，允许农民自带口粮进入城市务工经商。

到90年代，中央政府和地方政府分别采取一系列措施，适当放宽对迁移的政策限制，也就意味着对户籍制度进行了一定程度的改革。但是，这个时期可以看到在对待农村劳动力流动的政策倾向上，政府本身产生了分野。第一个分野发生在中央政府和地方政府之间。由于中央政府要关注全国城乡作为一个整体的就业、收入从而社会稳定问题，因此对劳动力流动持积极鼓励的态度。第二个分野发生在劳动力流出地政府和流入地政府之间。相对不发达、劳动力剩余和农业经济比重高的省份，希望通过劳动力外出实现充分就业、增加农民收入，因此持鼓励、支持的态度，甚至采取了一些扶助措施。而相对发达地区，虽然需要外来劳动力，但根据自身的就业压力，对外来劳动力的政策周期性地变化，常常持消极的态度（蔡昉、都阳、王美艳，2001）。

例如，许多各种规模的城市很早就实行了所谓的"蓝印户口"制度，即允许用钱（通过投资和购买住房）购买一个准市民身份，把绝对的户籍控制变为选择性的接受。这也是一种在体制改革方面的进步。此外，1998年公安部对若干种人群开放了进入城市的绿灯。如子女可以随父母任何一方进行户籍登记，长期两地分居的夫妻可以调动到一起并得以户籍转换，老人可以随子女而获得城市户口，等等。虽然执行中在一些大城市遇到阻力，但至少在中央政府的层次上为户籍制度的进一步改革提供了合法性依据。

到21世纪，户籍制度改革的相机决策权实际上被下放到地方政府，特别是城市政府。这时，在劳动力流入地政府之间也发生了分野。由于与劳动力流动相关的不仅仅是一纸户口的问题，更是户籍身份背后所隐含的公共服务、社会保障等福利问题。因此，那些政府财力捉襟见肘，已经不再为市民提供充分公共服务的城市，在引进外来劳动力上面没有预期到福利

损失，因此改变了对待劳动力流动的拒绝态度和政策。而那些仍然把大量福利因素与户籍身份联系在一起的相对发达城市，则预期在引进外来劳动力上面，会产生福利流失，因此仍然坚持比较刚性的政策。具体来说，城市户籍改革形成了三种模式。

第一种模式以小城镇户籍制度改革为代表，特点是"最低条件，全面放开"。2001年国务院批转了公安部关于推进小城镇户籍管理制度改革意见，并且从当年10月1日起，小城镇户籍管理制度改革从试点走向全面实施。在全国两万多小城镇，入户的基本条件降低到只需"在城镇有稳定的生活来源和合法住所"，凡符合这些条件的外地个人或家庭皆可申请获得城镇户口。这可以说是1958年实行户籍制度以来迈出的最大改革步伐，是比较彻底的户籍制度改革。目前，虽然相当一部分在农村的富裕家庭，已经把户口迁到小城镇，但是，由于就业机会不足，小城镇并没有成为农村劳动力转移的主要目的地。

第二种模式以中等或一般大城市以及一些省会城市为代表，特点是"取消限额，条件准入"。随着小城镇户籍制度改革的全面推进，许多中等城市甚至一些省会城市也进行了力度比较大的户籍制度改革。其做法是取消原来的户籍迁入的数量限制，放宽了申请本地户籍的条件，大幅度降低在城市落户的门槛。例如，石家庄市的一条最容易达到的条件是"具有本市两年以上劳动合同"。市场发育比较快、经济活跃的一些沿海地区中等城市，以及中西部急于加快发展步伐的大中城市，或者那些已经没有什么特别的福利可以提供的城市，都采取了这种改革模式。这种户籍制度改革模式，既符合劳动力市场发育的客观要求，又符合循序渐进的改革推进方式。

第三种模式以北京、上海等特大城市为代表，特点是"筑高门槛，开大城门"。在许多中小城市纷纷放松户籍控制的同时，北京、上海等特大城市作为劳动力流动的主要目的地，虽然为外来劳动力提供了大量的就业岗位，也不断改进着有利于劳动力流动的政策环境，但是，从户籍制度改革的角度，这些城市仅仅为特殊人才的引进开了绿灯，而对广大普通劳动力的进入还没有开放准入门槛。因此，门槛提高的结果并不能导致城门的开大。比较而言，这类城市的户籍制度改革尚没有实质性的进步。

现实中，制约劳动力流动的制度因素并非只是户籍制度本身。城市福利制度的改革也为农村劳动力向城市流动创造了制度环境。80年代后期开始逐步进行的城市经济改革，如非国有经济的发展创造大量的劳动力需求，粮食定量供给制度的改革，以及住房分配制度、医疗制度以及就业制度的改革，都降低了农民向城市流动并且居住下来和寻找工作的成本。目前与户籍身份附着在一起的种种福利因素，如社会保障、社会保护、教育获得以及其他公共服务，都处于改革的进程中。不仅中央政府把缩小城乡公共服务差距作为重要的政策日标加以实施，地方政府也认识到了改变这个方面的现状，将是更加有效的改革户籍制度的途径。

作为这一系列制度变革和政策调整的结果，农村劳动力流动规模日益扩大，形成举世瞩目的"民工潮"。关于农村劳动力流动数量，始终没有一致的官方数字，学者们往往根据一些局部的调查进行大致估计。下面，我们引用一项已经做出的归纳，可以对2000年以前的跨乡镇劳动力流动数量变化勾勒出一个大致的线索。根据国务院发展研究中心的估计，1983年只有200万，1989年增加到3000万。而按照农业部的估计，1993年已经高达6200万，2000年为7550万（农业部课题组，2001）。至于2000年以后，可以根据国家统计局的逐年调查做出估计，我们列于表1中。

表1　农民工数量及其与城市就业人员的比率（万人,%）

年　份	农民工（1）	城镇从业人员（2）	比例（1/2）
2000	7849	21274	36.9
2001	8399	23940	35.1
2002	10470	24780	42.3
2003	11390	25639	44.4
2004	11823	26476	44.7
2005	12578	27331	46.0
2006	13212	28310	46.7

资料来源："农民工数量"来源于国家统计局农村社会经济调查总队（农村司），《中国农村住户调查年鉴》（历年），中国统计出版社。"城镇从业人员"来源于国家统计局人口和就业统计司与劳动和社会保障部规划财务司，《中国劳动统计年鉴》（历年），中国统计出版社。

三、城市就业冲击与劳动力市场发育

城市劳动就业制度的改革是从增量上开始的。1980年政府推行的"三结合"就业模式第一次突破了城市劳动力配置的完全计划化。这个"三结合"就业模式指在国家统筹规划和指导下，（1）劳动部门介绍的就业，（2）自愿组织就业，以及（3）自谋职业三者的结合。虽然这种新型的就业模式，主要是为了解决上山下乡回城青年和新毕业的待业青年就业问题，而形成的一个边际意义上的政策调整，但是，它与对产业结构调整和所有制多元化的最初认同是相互补充的政策，因此，我们可以认为，正是从这个三结合政策伊始，在国家计划之外的劳动力市场开始呈现端倪。

劳动就业制度的存量改革始于1987年开始的"搞活固定工制度"改革，其制度依据是1986年颁布的《国营企业实行劳动合同制暂行规定》。

该规定要求企业招收新工人一律实行劳动合同制，企业与职工自愿签订劳动合同。与此同时，改革也触及到企业原有职工。例如，政府在同一年还颁布《国营企业辞退违纪职工暂行规定》《国营企业招用工人暂行规定》和《国营企业职工待业保险暂行规定》等劳动与保障方面的文件，标志着城市以国有企业为重点的劳动就业政策改革的全面开展。这种改革第一次在国有企业固定工制度中引进了"劳动组合、择优上岗、合同化管理"等形式，虽然政府要求企业不得把下岗职工推向社会（即失业），但毕竟开始冲击了终身就业的体制。而且恰恰是从那时开始，人们懂得了当企业出现冗员现象，或者职工表现不好时，就存在着失去工作的可能性。

与此同时，20世纪80年代初开始的国有企业放权让利式改革的每一步深入，其实都意味着企业在使用劳动力方面自主权的扩大。也就是说，随着国家逐步扩大国有企业的包括劳动用工权在内的各项经营自主权，企业管理者开始具有筛选、解雇职工的合法权，也有权根据企业效益和职工的表现决定和调整工资水平。这个制度条件具备以后，随着企业竞争压力的提高，企业雇用行为就倾向于市场化，"铁饭碗"就逐渐被打破。

然而，在改革的前一阶段，劳动就业政策在一定程度的放宽，以及企业用工自主权的扩大，只是为了解决城市新增劳动力（回城的知识青年和刚刚从学校毕业的学生）的就业出路问题，以及企业内部改进激励机制的问题。但是，由于在很长的时期内，企业的软预算约束仍然存在，企业管理者没有足够的激励完全利用劳动力市场来配置资源。真正把劳动就业计划放松与企业用工自主权结合起来，推动城市劳动力市场发育，是在普遍出现了下列情形之后。

首先，国有企业改革进一步深入，企业面临越来越严峻的竞争局面。同时，由于宏观经济景气的低迷，以及产业结构调整速度的加快，使得一部分没有市场、丧失比较优势和竞争力的部门处于停产或开工不足的状态。这时企业管理人员不得不行使其已经获得的用工自主权，原来以冗员形式存在的隐性失业不可避免地会变为公开的失业。在中国，失业问题表现为两种形式。一种形式是指通常意义上的失业，即职工离开原来的工作岗位，丧失有收入的工作机会。另一种失业形式被称为下岗，即失业者离开工作岗位但保持与原单位的劳动关系，也就是说，企业以这种或那种形式负担着下岗人员的福利和基本生活保障。

其次，农村劳动力大规模进入城市的非国有经济部门和国有企业中的低级岗位，一方面这些迁移劳动者以其便于管理、劳动力价格低廉等优势形成对城市劳动力的间接竞争，另一方面主要依靠雇用这些外来劳动力的非国有经济也构成了对国有企业的进一步竞争。这种竞争日益推进了劳动力市场的形成。

20世纪90年代末以来，在职工大批下岗，城市失业率上升的情况下，政府实施了一系列政策，采取了很多措施缓解劳动力市场压力，涉及政府自身、企业和劳动力等不同层面。在这个促进就业和再就业的过程中，政府显然是不可替代的角色，涉及就业、再就业的重大政策的实施、重要制度的建设和重要服务体系的建立，政府都参与其中，承担主要责任。

1998年5月中共中央、国务院召开的国有企业下岗职工基本生活保障和再就业工作会议，部署了以实施再就业工程为主要内容的积极就业政策，并将政策措施要点确定在随后发布的《关于切实做好国有企业下岗职工基本生活保障和再就业工作的通知》中。2002年9月，中央召开全国再就业工作会议，制定并下发了《中共中央、国务院关于进一步做好下岗失业人员再就业工作的通知》，重点围绕解决下岗失业人员再就业问题，中共中央、国务院有关部门共同研究制定了25个配套政策文件。各地也结合实际情况制定了具体实施办法和操作措施，丰富完善了积极就业政策的内容，有中国特色的积极就业政策体系基本形成。

积极的就业政策框架的基本内容包括：（1）以提高经济增长对就业的拉动能力为取向的宏观经济政策；（2）以重点促进下岗失业人员再就业为取向的扶持政策；（3）以实现劳动力与就业需求合理匹配为取向的劳动力市场政策；（4）以减少失业为取向的宏观调控政策；（5）以既能有效地保障下岗失业人员基本生活，又能积极促进再就业为取向的社会保障政策。为了达到促进就业、再就业的目标，在上述政策框架内，通过包括税费减免、小额贷款、社保补贴、就业援助、财政投入、社会保障、企业裁员以及社区平台等政策手段，重点在非公有制经济、第三产业、中小企业、劳动密集型企业、鼓励灵活就业和劳务输出等领域开发就业岗位。

虽然政府对于特殊困难群体的就业扶持起到了重要的作用，但是，就业岗位归根结底不能依靠政府来创造。另一方面，通过拆除城乡之间、地域之间、部门之间和所有制之间的制度分割，矫正生产要素价格信号，从而利用劳动力市场促进就业，比政府扶持本身可能产生的效果要大得多。因此，也可以说，政府积极就业政策的各种措施中，效果最明显的莫过于劳动力市场机制作用的发挥。同时，其他促进就业的措施，也应该与市场作用的方向相一致。

改革开放以来，中国强劲的经济增长一直伴随着城市就业的快速增长。这个趋势在20世纪90年代后期经历劳动力市场冲击以后并没有改变，1995—2006年期间，即使不考虑农村进城劳动力就业，城市就业也增长了48.7%，年平均增长率为3.7%。与此同时，就业结构以及推动就业增长的构成因素却发生了巨大的变化。从城镇就业数字来看,在经历冲击之前即70年代末到90年代前半期,城镇就业每年增长规模在300万～500万人左右徘徊,而1996年一跃超过800万。随后,即使在经历了城市大规模下岗失业,就业增长有所下降的时期,也始终大大高于此前的增长水平。在1996-2006年期间,城镇就业以平均每年843万人的速度扩大,而且在2000年以后呈加快的势头。与此同时,国有部门和城镇集体部门的就业的确是在减少,平均每年减少656万人;股份合作、联营、有限责任、股份有限、港澳台商、外商投资等新兴所有制形式的部门,以每年平均310万人的速度为城镇提供就业机会;个体私营企业的就业则以每年447万人的速度增加。

如果单单比较上述就业变化,我们会发现,新兴所有制部门和个体私营企业等就业增长部门,在1996—2006年期间平均每年创造的就业机会合计为757万,在国有和集体部门的就业减少后,并没有实质的增长率,足以推动城镇就业的继续增长。那么,每年城镇新增加的就业究竟在哪里呢?

在加总了城镇全部注册单位就业人数之后,还有很大一部分就业没有包括在其中。即根据住户调查得到的真实就业人数,与根据统计报表制度汇总的单位就业人数之间①,形成了一个差额,我们称之为就业"余项"。这部分就业者占全部城镇就业人数的比重,在1997年以前只有10%左右,此后大幅度增加,提高到2006年的35%,接近1亿人。有两个原因导致这些人没有在就业报表系统中得到反映。首先是部分单位的缺失。相当多的就业人员或者作为自我雇用劳动者,或者在个体、私营企业就业,而这些自我雇用和个体、私营企业没有在工商管理部门注册,因此这些就业在报表制度的统计中被遗失了。其次是部分劳动者的缺失。包括许多国有大企业在内的工作单位,不再把再就业人员以及一些新吸纳的就业人员统计为本企业职工,而是列入外包劳务项目,这也导致漏报和低估。这种没有纳入统计的工人占到全部就业者的一个很大比例。

通过上述考察,我们可以得出这样的结论:如果把在统计中遗漏的城镇就业包括在内的话,经济增长的就业效果仍然是显著的。而这种就业增长主要是通过改革以来非公有制经济和非正规部门的扩大推动,由逐步得到发育的劳动力市场机制配置的。在20世纪90年代后期,国有企业进行旨在减员增效的就业制度改革之前,由于当时国有企业大锅饭还没有打破,虽然非公有制经济已经得到了一定的发展,但是,其吸纳就业的作用主要还是边际上的。而一旦城镇就业制度进行了根本性的改革,尽管在一段时

---

① 关于这两个统计方案的解释和说明,请参见蔡昉(2004)。

间里发生了较为严峻的下岗和失业现象,一方面通过包括下岗再就业政策、失业保险制度、基本养老保险制度和最低生活保障制度的重建,而保证了基本平稳的过渡;另一方面通过劳动力市场的发育和持续的经济增长,保证了就业的扩大,最终实现了劳动力资源由市场配置的改革目标。

根据国家统计局公开发表的统计数据,我们估算了过去10余年来中国城镇调查失业率,并将其与城镇登记失业率以及劳动参与率进行比较,相互印证(图1)。从中可以看到,20世纪90年代后期以来,失业率的确上升到较高的水平。但是,2002年以来按照国际劳工组织标准计算的城镇失业率,并没有一路攀升;在高等教育入学率大幅度提高(应该具有较大的降低劳动参与率的效果)的情况下,劳动参与率近年来也有回升的趋势;国有企业下岗职工基本生活保障向失业保险并轨已经完成(提高登记失业率的因素),与此同时,城镇登记失业率却稳中有降。不过,经过就业体制改革和就业结构重构,在劳动力市场总体状况改善的同时,城镇就业也出现了非正规化的趋势。

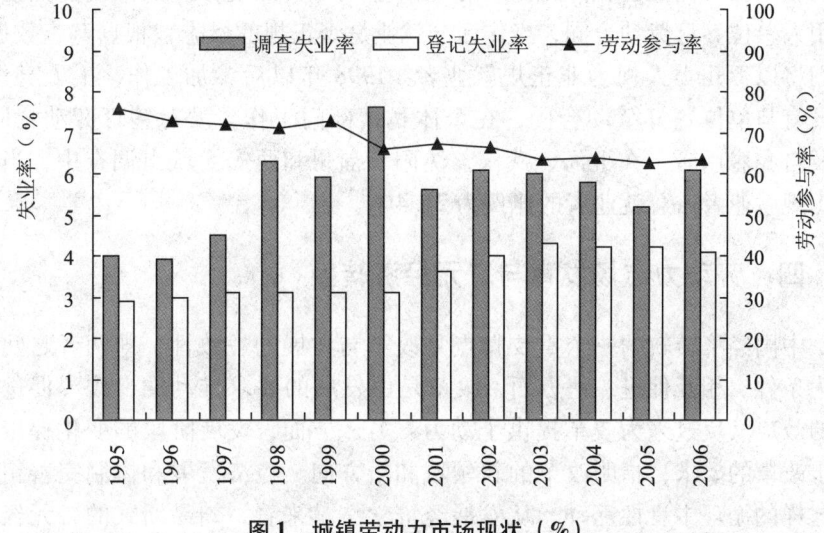

图1 城镇劳动力市场现状(%)

资料来源:国家统计局《中国人口统计年鉴》历年;国家统计局、劳动和社会保障部《中国劳动统计年鉴》历年;国家统计局《中国统计年鉴》历年;2005年1%人口抽样调查数据。

按照政府部门的估计,累计的下岗职工中,有大约三分之二得以再就业。在下岗职工和失业者实现再就业时,他们或者更换了工作岗位,或者改换了行业,同时在多数情况下也更换了单位的所有制性质。这个更换工

作的过程,也就是就业非正规化的过程。例如,五城市调查显示①,第一,更换工作前,42.1%的人集中在制造业,而更换后的第二或第三份工作中,只有14.4%的人在制造业;第二,在原来的工作中,批发零售和贸易餐饮业所占比例仅为13.1%,但在第二或第三份工作中占到了25.9%;第三,社会服务业在原来工作的比例仅为8.4%,但在更换后的工作中占到了18.9%。总的来说,非正规就业部门吸纳了大部分更换工作的劳动力。更换工作之前,33.1%是在国有企业就业,22.7%在私营企业就业。在更换工作之后,在国有企业部门就业的比例下降到11.2%,在私营企业就业的比例则提高到47.6%。前国有企业职工的再就业经历提供了一个这种就业转换的典型例证。在所有离开原来的国有企业雇主的职工中,找到的新工作仍然是国有企业的不到1/4,大约1/5在集体企业,而40%则在私营企业。

可见,除了下岗、失业和退出劳动力市场三种劳动力市场状况之外,冲击还导致一部分劳动者处于非正规就业的状况,其不稳定的就业、不充足的收入以及低社会保障覆盖,导致产生城市贫困现象。如果我们把是否与用人单位签订劳动合同,当作区分就业是否正规的标志,根据调查数据,我们将以下几类人视为非正规就业者:1998年以后参加工作,工人身份,但没有与单位签订劳动合同;在个体私营部门工作,没有签订劳动合同;以及自我雇用者。在上海、武汉、沈阳、福州和西安5城市调查中,当时非正规就业者占总就业者的比例为21.4%。

四、劳动力市场发育与二元经济转换

中国经济转轨的一个重要特点是改革与发展的一致性,即两者之间的互为条件、相互促进:一方面,改革是由发展的要求推动的,改革促进发展的效应又反过来为改革提供了动力。另一方面,发展阶段的变化提出进一步改革的要求,指明改革的新领域和新方向。经济发展和体制完善正是在这样的循环中良性互动。从发展经济学文献来看,刘易斯式的二元经济理论范式,表面上是对性质不同的两个部门的划分,实际上,从经济逻辑上更主要的是反映劳动力市场的分割状态(Fields,2004)。虽然劳动力从传统部门向现代部门的迁移,是二元经济条件下经济发展的标志性现象(Todaro,1969),但是,由于在前一部门存在的劳动力供给的无限性,从而边际劳动生产力极其低下和工资具有的分享特征,以及在现代经济部门工

---

① 这次调查是由中国社会科学院人口与劳动经济研究所在2001年进行的,调查包括上海、沈阳、武汉、西安和福州5个城市。

会和政府政策的作用，两个部门的劳动力市场是分割的。

劳动力市场从分割到一体化的变化，产生于农业中工资增长率的相对提高。农业作为传统经济的代表性部门，也作为以不变工资率为现代经济部门源源不断提供劳动力的基础部门，在二元经济条件下，工资水平长期处于生存水平。当现代经济部门的扩大把农业中剩余劳动力吸收殆尽时，如果前者继续产生对劳动力的需求，工资则必须上涨，相应地引起农业中工资水平的提高。由此引起的一个现象则是，农业工资与生产率的关系越来越符合经济学的理论预期（有关的经验论证，请参见 Watanabe, 1994）。中国劳动力市场转型和发育的经验，恰好验证了这样一个过程。

从农业中存在大量剩余劳动力、城乡劳动力市场处于制度性分割状态，以及因此形成的农村向城市转移劳动力工资水平长期停滞等特征来观察，中国的经济发展可以被定义为一个刘易斯式的二元经济增长类型（Lewis, 1954）。但是，与典型的刘易斯模式相比，中国的二元经济增长又有其显著的特色，表现为改革开放之前，二元经济发展同时又是计划经济式的增长；而在改革开放时期，二元经济发展是与经济体制转轨相伴随的。在整个改革期间，中国 GDP 以年平均接近 10% 的速度增长。与此同时，经济增长在这个时期具有了二元经济发展与转换的性质。我们可以通过考察与改革开放效应相关的经济增长因素，来描述一个中国特色的转轨中的二元经济增长。

首先，转轨时期的中国经济增长充分利用了人口红利。在整个改革期间，劳动年龄人口的数量持续增加，比重不断上升，因而人口抚养比相应下降。这种人口结构特征，一方面保证了经济增长过程中劳动力的充分供给，另一方面提高了资本积累率。由此形成的这种人口红利，通过资源配置机制的改革得以释放，并且通过中国参与经济全球化的过程而作为比较优势得以实现，从而延缓了资本报酬递减的过程，为经济增长提供了额外的源泉。计量表明，如果用人口抚养比作为人口结构所具有生产性的代理指标的话，改革期间总抚养比的下降对人均 GDP 增长的贡献为 27%（Cai 和 Wang, 2005）。人口红利得到充分利用的一个突出的表现，是农村劳动力持续大规模地向城市非农产业转移，同时劳动力成本保持相对低廉。这个过程表现出鲜明的二元经济增长特征，工业化过程所需要的劳动力供给得到充分保障，同时，劳动者收入水平的提高主要是通过就业面的扩大，而不是通过工资水平的上涨实现的。

其次，转轨时期的中国经济高速增长得益于全要素生产率及其对经济增长的贡献率的提高。全要素生产率通常反映产出增长中不能为生产要素的投入所解释的部门，包括来自微观技术效率改进和资源配置效率改进两

个组成部分。经济改革不仅通过在微观经营环节改善激励机制,提高了技术效率,还通过生产要素市场的发育,特别是劳动力的流动,获得了资源重新配置效应。已有的许多研究(德怀特·帕金斯,2005;Wu,2003),都证明了改革以来中国经济全要素生产率的改进,以及在经济增长中贡献率的提高。还有研究具体估计了不同因素对于经济增长的贡献率,并且把全要素生产率分解为资源重新配置效率改进和微观技术效率改进两种效应,发现前者对1978—1989年期间GDP增长率的贡献率为21%,而后者只有3%(蔡昉、王德文,1999)。显而易见,中国经济的生产率的提高,是在具有劳动力无限供给特征的二元经济发展过程中实现的。

第三,对外开放为中国提供了发挥比较优势的机会。经济全球化的总趋势是国际贸易的空前发展以及资本等要素的跨境流动。一方面,中国在劳动力的质量和价格上体现出来的资源比较优势,通过确立了劳动密集型产品在国际市场的竞争地位而得以发挥。另一方面,中国通过国际市场实现了自身的资源比较优势,表现在面对世界经济调整的机会,利用了全球化的资源配置能力,并从中学习从而增强了自身的能力。在改革开放的30年中,世界经济正迎来其新一轮全球化高峰(史蒂芬·罗奇,2007),中国通过加入世界贸易组织,深深地融入经济全球化过程之中,并成为最大收益者。在世界贸易总量迅速增长的同时,中国对外贸易以更快的速度增长。此外,资本在世界范围的流动与配置,为中国提供了来自外部的更有效率的资源配置能力。

五、劳动力市场转型和发育的中国经验

在预测中国改革和发展的成功可能性时,大多数观察者都把庞大的人口规模从而产生的就业压力,作为头一位的挑战。20世纪90年代后期以来,人们又把目光集中到严峻的城市下岗和失业,以及农村劳动力大规模向城市流动所反映的农村就业不足现象。仅仅从表面上观察20世纪90年代后期经历宏观经济低潮之后的中国劳动力市场,人们往往把当时的劳动力市场冲击,看做是一个持续地不利于就业扩大的事件,并且认为在冲击发生的同时,国有企业所进行的旨在"减员增效"的就业制度改革,是一种雪上加霜的举措。而本文前面所描述的城乡就业扩大和结构变化的事实,则说明90年代以来,中国就业制度改革和劳动力市场发育,恰恰在应对冲击的过程中实现了一次巨大的突破,实现了劳动力资源的市场机制配置从增量到存量、从边际到全面的根本变化。这个过程可以清楚地显示中国劳动力市场转型和发育的三个重要特征。

第一个特征是增量调整与存量调整两种改革方式并用。一般认为，中国经济改革的特点是以增量调整为主的渐进方式。然而，劳动力市场的转型与发育却结合运用了渐进和激进的两种方式。中国劳动力市场在经历这次冲击之前，非公有经济已经获得了很大的发展，因而为冲击发生时应对城市职工下岗、失业的严峻局面作了一定的铺垫。在20世纪90年代后期劳动力市场遭遇冲击，并主要表现在城市公有经济部门职工大规模下岗、失业之前，非公有经济已经得到了政策肯定，并获得了一定的发展。例如，1988年的《中华人民共和国宪法修正案》，赋予非公有经济以宪法肯定的地位，确保了个体、私营经济的稳步发展和良好前景。国有经济和集体经济就业比重已经从1978年的99.8%下降到1996年的71.6%。同样，由于城乡劳动力市场在此前得到的发育，使得遭受冲击以后的高速经济增长同步地创造了大量的就业机会，不仅化解了严峻的劳动力市场冲击，而且通过各种市场化的途径促进了就业、再就业、创业和劳动力流动，使城乡就业增长实现了一个新的跨越。

第二个特征是数量调整和价格（工资）调整两种改革方式并用。其他转轨国家的经验表明，由于转轨时期的经济增长衰退，在劳动力市场的调整中，当以数量调整为主时，则出现严重的失业现象，造成社会动荡。而当以价格（工资）调整为主时，由于工人工资大幅度下降，会产生严重的贫困现象，同样导致社会不安定（如参见Knight和Song，2005，第6~7页）。中国的就业制度的改革经历了若干步骤，把两种调整方式加以综合利用，最大限度地发挥了改革的正面效果，而消除了调整的负面效果。

在改革较早阶段，通过边际改革的方式进行了工资的调整。通过吸引农村剩余劳动力进入城市劳动力市场，以及用新的机制吸纳新增劳动力，把计划经济时期和改革初期形成的制度性工资调整到接近市场均衡的水平。随着这个新生劳动者群体规模的扩大，总体工资水平逐渐接近市场均衡水平。但是，对于已经在国有企业和城镇集体企业就业的工人来说，制度性工资却成为既得利益，难以调整，同时形成了大规模的冗员。继而，借劳动力市场冲击的时机进行了数量调整。一方面，大规模失业和下岗以一定的代价实现了数量调整，另一方面，失业群体在实现再就业的过程中，只能接受市场形成的工资水平，从而同时进行了工资的调整。而工资调整的结果意味着劳动力资源在越来越大的程度上通过市场配置，从而有利于就业的扩大，进而消除了数量调整的负面影响。

第三个特征是"自下而上"和"自上而下"两种改革方式并用。中国就业制度改革过程具有激励相容的特点，即城乡劳动者追求收入增长与各级政府追求提高居民收入、缩小收入差距的目标，在扩大就业这个点上达到相会。在整个劳动力市场转型过程中,一方面是寻求就业机会的城乡劳动力突破制度的束缚,自发地跨越城乡、地区、部门和所有制界限,另一方面是政府因应这种劳动力流动性增强的新情况和新的制度需求,有节奏地放松制度限制,并相应地对传统体制进行改革。在遭受劳动力市场冲击的特殊时期,为了应对严峻的劳动力市场压力,政府不仅着眼于通过社会保障体系的建立,对失业群体进行社会保护,更重要的是利用各种有效手段扩大就业,并在实际中逐步确立了就业优先的政策制定和实施原则,因此,这种上下结合的改革方式,保证了政府职能与市场作用的方向通常是一致的。

六、劳动力市场展望:规制时代?

中国经济在改革时期之所以能够充分获得人口红利,除了改革开放创造了必要的制度环境之外,还在于社会经济发展和计划生育政策促成了人口转变的提前完成。通常,在人口再生产类型从"高出生率、高死亡率、低增长率"阶段,经由"高出生率、低死亡率、高增长率"阶段向"低出生率、低死亡率、低增长率"阶段转变的过程中,由于出生率和死亡率下降在时间上具有继起性和时间差,相应形成人口年龄结构变化的三个阶段。这三个阶段分别具有少年儿童抚养比高、劳动年龄人口比重高和老年抚养比高的特征(Williamson,1997)。具体来说,在死亡率下降与出生率下降的时滞期间,人口的自然增长率处于上升期,需要抚养的少儿人口比例相应提高。随着生育率下降,经过一个时间差即大约20年的时间,劳动年龄人口所占比例开始上升。生育率的进一步下降导致人口增长率趋于降低,随后逐渐开始人口老龄化。由此分别形成人口自然增长率和劳动年龄人口增长率先上升后下降两条继起的变化曲线(图2)。

利用历史数据和预测结果,从图2我们可以完整地观察到这个人口转变在中国的变化过程和趋势。继人口自然增长率从20世纪60年代中期开始持续下降之后,劳动年龄人口的增长率从80年代也开始了下降的过程,并且在本世纪以来下降速度明显加快,预计在2017年左右停止增长。如果我们把劳动年龄人口看做为劳动力供给的基础的话,上述趋势也就意味着在经历了一个有中国特色的二元经济增长阶段之后,劳动力无限供给的特征正在消失,刘易斯转折点已经初见端倪。2004年开始出现的以"民工荒"为表现形式的劳动力短缺现象,已经从沿海地区蔓延到中部地区甚至劳动力输出省份,并且推动了普通劳动力工资的上涨。与此同时,城市失业率攀升和劳动参与率下降的趋势也得到遏止。这些都是劳动力市场发生

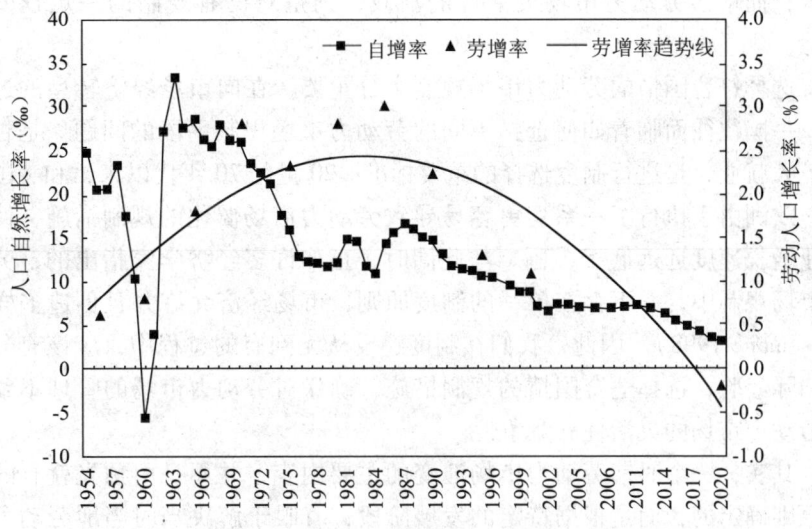

图2 人口转变及其引致的劳动年龄人口变化

资料来源：国家统计局《中国统计年鉴》（历年）；United Nations (2005), World Population Prospects: the 2004 Revision, United Nations Population Division, Department of Economic and Social Affairs / United Nations Population Division.

根本性变化的征兆。

按照发展经济学的观点，剩余劳动力被吸收殆尽的时刻，就意味着二元经济结构特征开始消失，从而"刘易斯转折点"到来（蔡昉，2007）。"刘易斯转折点"是一个经济发展概念，但是，对这个转折点本身进行判断，却与劳动力供求的长期格局变化有关。同时，转折点的到来也提出一系列与劳动力市场政策有关的深层含义。如果说，应对劳动力市场冲击、发育劳动力市场，以及就业制度从计划机制向市场机制的转轨，主要是解除制度约束的过程，应对"刘易斯转折点"的到来，则更多地涉及劳动力市场制度建设问题。

在经济史上和当代现实中，劳动力市场转型、发育和建设的内容十分丰富。例如，我们通过解除对劳动力流动的规制，促进劳动力市场一体化、消除市场分割的历程，可以看到通过立法和监督，消除劳动力市场上雇用和薪酬的歧视现象的实践，还可以看到工会作用的加强和政府立法及规制程度的提高努力，以及增强就业灵活性的劳动力市场新政。简单观察这种种被称为劳动力市场演进的事物，人们往往会产生一种感觉，似乎上述演变并不是沿着相同的方向进行的。例如，促进劳动力流动和消除就业歧视的努力，可以被归纳为是劳动力市场自由化的政策倾向；鼓励工会发挥作用、倡导薪酬决定中的集体谈判，以及政府立法，更接近于是一个规制的过程；而增强劳动力市场灵活性的新政，则是对已有规制的一定程度的解除。

选择符合国情的劳动力市场规制十分重要。在向市场经济转型的过程中，一国往往面临着如何选择不同的劳动力市场规制手段的问题。是否能够扩大就业，是进行制度选择的重要标准。20世纪70年代以来，和美国相比，欧洲由于执行了一系列更容易导致劳动力市场僵化的规制措施，使其就业增长速度远远低于美国。与此同时，正如许多经济学家指出的，劳动力市场规制中，并不存在单一的制度原则，市场经济允许并且创造多样化（Freeman，1998）。因此，我们在制度建设从无到有的过程中，应该充分借鉴国际经验，选择适合国情的规制措施，确保对劳动力市场的管理不致降低劳动力市场的灵活性和竞争性。

其实，一个时期劳动力市场演变的主要内容，并不是由预先就有的某种原则确定的，而是根据特定的发展阶段，着眼于解决当时当地劳动力市场功能发挥所遇到的最主要障碍而决定的。除了一些明显具有国别特色的劳动力市场改革任务之外，通常，劳动力市场发育的主要方向，与经济发展所处的阶段有直接的关系。下面，我们以劳动力市场规制作为代表，用图示来描述经济发展阶段与相关的劳动力市场改革任务之间的关系（图3）。通过这个总体的概括，我们可以对每个时期的任务有一个大致的认识，从而遇到特定的改革措施时，能够做出相对正确的判断。

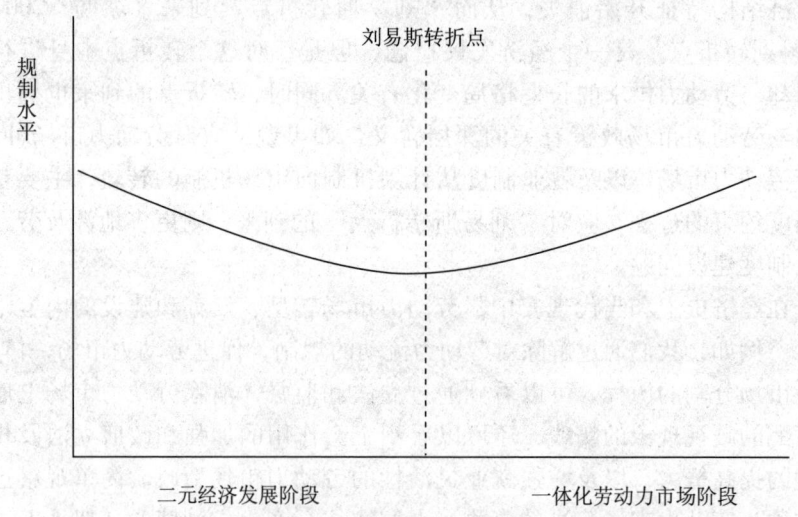

图3　经济发展阶段与劳动力市场规制变化趋势

我们之所以把劳动力市场规制作为劳动力市场发育的代表，是因为实际上在每个经济发展阶段,以及不同的劳动力市场发育时期,劳动力市场规制都是反映该阶段最具有体制特征的制度现象。而同为劳动力市场规制,其对于劳动力市场配置资源的机制和效果,却可以有天壤之别。例如,在图3中的二元经济发展阶段,劳动力市场演变的趋势,总体来说是降低规制水平,或者说是解除那些阻碍劳动力在部门之间和地区之间流动的制度障碍。而经济发展一旦通过了刘易斯转折点,劳动力市场演变再次具有规制化的特点,但是却是朝着保护劳动者利益的制度安排演进,尽管在规制过度的情况下,也会出现一些沿着提高劳动力市场灵活性方向的调整。

大多数发展中国家都要经历一个二元经济发展的过程。突出的特征是农村劳动力的剩余为工业化提供低廉的劳动力供给,工资增长较慢,雇用关系不利于劳动者,城乡收入差距持续保持。按照发展的逻辑,这个过程将一直持续到劳动力从无限供给变为短缺,增长方式实现一个质的飞跃,进入现代经济增长阶段。随着经济发展经过刘易斯转折点,劳动者和雇用者之间的关系相应发生一个巨大的变化。通常,一个变化着的社会,政府政策倾向的转变需要根据发展阶段来推动。在一个二元经济结构鲜明反差、劳动力无限供给的环境下,不管政府的愿望如何,发展政策和社会政策的城市偏向总是不可避免的。而一旦二元经济结构的基本条件发生了变化,政策调整就是可能的,而且具有十分迫切的性质。换句话说,当上述转折点没有到来之前,政策调整的愿望可能是真诚的,但却是一厢情愿的,因为这个良好的愿望没有和发展阶段的要求相契合。而一旦转折点到来了,政策调整就是顺应发展阶段要求的必然性,违背这个必然性就会受到惩罚。

劳动关系中存在着一个所谓"供求法则"(Olson,1985;Anderson,1995),即劳动力供求之间的关系决定着劳动者与用工者之间的谈判地位,以及他们双方在政府立法和政策决定中的相对影响力。撇开政府或企业是否天生具有善待劳动者的良好愿望不说,西方国家政府立法更加倾向于保护劳动者的权益,工会组织获得更高的地位,在雇用关系和工资决定中发挥更大的作用,雇主为了竞争稳定和高素质的雇员而开始改善雇用条件,以及劳动者有了较大的选择空间,从而较少受制于"饥饿的锁链",大都是从劳动力供求关系发生变化的时候开始的。因此,这是一个劳动力市场制度形成和完善的大好时机。

在这个发展阶段的转折点上,政府应该积极地通过立法和各种规制,保护普通劳动者的权益。在劳动力丰富从而劳动力市场供大于求的条件下,劳动者在雇用关系中经常处于不利的地位,易于受到不平等对待,雇主违反劳动立法侵害劳动者利益的现象时常发生,劳动者的工作条件和待遇也不尽如人意。虽然在微观的层次上,雇主侵害劳动者利益可能在一定程度上给其带来经济利益，但是，在社会层面上，劳动者如果长期受到不平等对待，就有可能产生不满的情绪，并且这种不满会从直接针对雇主转移到针对社会。因此，劳动者利益和权益持续得不到有效保护，是造成社会不和谐的一个重要诱因。作为公共政策的供给方，政府应该充当保护劳动者利益的代言人和执行者。目前，中国正在从长期的劳动力无限供给阶段转向劳动力短缺的新阶段，这种转折阶段正是政府和社会加大对劳动者实施保护的大好时机。一个对劳动者实施良好保护的劳动力市场，就是一道保持和增进社会和谐的有力保障线。

以《中华人民共和国劳动合同法》的制定和实施为例。中国经济经历了30多年的高速增长，在这些举世瞩目的成就的背后，中国低成本劳动力作出了极大的贡献。然而长期以来，中国的劳动者在为经济的繁荣努力工作的同时，却长期得不到相应的就业安全和社会保护。涉及的现象包括，企业与劳动者特别是与低端劳动者之间的劳动合同签订率极低、劳动合同短期化现象普遍等许多方面。这些问题越来越受到党中央和国务院的重视，在这样的背景下，经过多次讨论和审议后，该法于2007年6月29日通过，并已于2008年1月1日起正式实施。应该说《劳动合同法》在这个时候的出台和实施，是非常合时宜的，其中的规定有效地规范了劳动力市场的运行，有利于保障劳动力得到长期以来享受不到的正当权益。而只有让劳动者切实分享到经济增长带来的成果，才能真正保证经济长期又好又快地健康发展，才符合建设社会主义和谐社会的目标。

在加强劳动力市场规制的基本方向下，也应该避免政府对劳动力价格形成机制的干预。许多成熟市场经济国家的经验表明，协调好劳动力市场规制化与灵活性的关系，是一个需要高度制度设计水平和管理艺术的任务，以致在市场经济国家，人们创造了一个新词"稳定灵活性"（flexisecurity），把灵活性与稳定性结合起来，试图寻求两者之间的平衡。一些发展中国家的经验也表明，劳动力市场制度设计如果超越发展阶段，超越劳动者保护的范畴，很容易损害劳动力市场的灵活性，甚至影响经济增长绩效（Burgess 和 Besley，2004）。中国的劳动力市场制度，既要走一般性的规范道路，又要坚持中国特色，符合发展阶段。例如，加强最低工资制度的执行力度，比不断调整其标准更为重要。如果将其作为干预工资形成的杠杆，就可能偏离劳动力市场均衡工资水平，人为提高了劳动力成本，反而不利于就业的扩大。

参考文献

1. Anderson, K. (1995), Lobbying Incentives and the Pattern of Protection

in Rich and Poor Countries, Economic Development and Cultural Change, vol. 43, No. 2, pp. 401~423.

2. Burgess, Robin and Timothy Besley (2004), Can Labor Regulation Hinder Economic Performance? Evidence from India, The Quarterly Journal of Economics, MIT Press, vol. 119 (1), pp. 91~134, February.

3. Cai, Fang and Wang Dewen (2005), China's demographic transition: Implications for growth, in Ross Garnaut and Song Ligang, eds, The China Boom and Its Discontents, Canberra: Asia Pacific Press.

4. Fields, Gary (2004), Dualism in the Labor Market: a Perspective on the Lewis Model after Half a Century, The Manchester School, Vol. 72, No. 6, pp. 724~735.

5. Freeman, R. (1998), War of Medoles: Which Labor Market Institions for the 21st Century? Labour Economics 5: Issue 1 (March), pp. 1~24.

6. Knight, John and Lina Song (1999), The Rural-urban Divide: Economic Disparities and Interactions in China, New York: Oxford University Press.

7. Knight, John and Lina Song (2005), Towards a Labour Market in China, New York: Oxford University Press.

8. Lardy, Nicholas R. (1994), China in the World Economy, Washington, D. C.: Institute for International Studies.

9. Lewis, W. A. (1954), Economic Development with Unlimited Supplies of Labour, The Manchester School of Economic and Social Studies 22, 139~191, Reprinted in A. N. Agarwala and S. P. Singh (ed.) The Economics of Underdevelopment, Bombay: Oxford University Press, 1958.

10. Lin, Justin Yifu (1992), Rural Reforms and Agricultural Productivity Growth in China, American Economic Review, 82: 34~51.

11. Lin, Justin Yifu and Dennis TaoYang (2000), Food Availability, Entitlements and the Chinese Famine of 1959~1961, The Economic Journal, Volume 110, Number 460, January, pp. 136~158 (23).

12. Olson, M. (1985), The Exploitation and Subsidization of Agriculture in the Developing and Developed Countries, paper presented to the 19th conference of International Association of Agricultural Economists, Malaga, Spain.

13. Taylor, J. R. (1993), Rural Employment Trends and the Legacy of Surplus Labor, 1978~1989, in Kueh, Y. Y. and R. F. Ash (eds.) Economic Trends in Chinese Agriculture: The Impact of Post~Mao Reforms, New York: Oxford University Press.

14. Todaro, M. (1969), A Model of Labour Migration and Urban Unemployment in Less Developed Countries, American Economic Review, March. pp. 138~148.

15. Watanabe, Susumu (1994), The Lewisian Turning Point and International Migration: The Case of Japan, Asian and Pacific Migration Journal, Vol. 3, No. 1, pp. 119~147.

16. Williamson, Jeffrey (1997), Growth, Distribution and Demography: Some Lessons from History, NBER Working Paper Series, No. 6244.

17. Wu, Yanrui (2003), Has Productivity Contributed to China's Growth? Pacific Economic Review, Vol. 8, No. 1, pp. 15~30.

18. 蔡昉：《中国就业统计的一致性：事实和政策涵义》，《中国人口科学》2004年第3期。

19. 蔡昉：《中国经济面临的转折及其对发展和改革的挑战》，《中国社会科学》2007年第3期。

20. 蔡昉、都阳、王美艳：《户籍制度与劳动力市场保护》，《经济研究》2001年第12期。

21. 蔡昉、王德文：《中国经济增长可持续性与劳动贡献》，《经济研究》1999年第10期。

22. 德怀特·帕金斯：《从历史和国际的视角看中国的经济增长》，《经济学（季刊）》2005年第4卷第4期，北京：中国经济研究中心、北京大学出版社。

23. 史蒂芬·罗奇：《开放式宏观经济理论》，载史蒂芬·罗奇《未来的亚洲——新全球化下的机遇与挑战》，摩根士丹利，2007年。

24. 宋林飞：《中国经济发展模式的理论探讨：费孝通的一项重要学术贡献》，《江海学刊》2006年第1期。

25. 于光远：《1978：我亲历的那次大转折——十一届三中全会的台前幕后》，北京：中央编译出版社2008年版。

中国经济50人论坛
Chinese Economists 50 Forum

转轨中的中国金融体制改革与展望

曹远征

The Past 30 Years

A Review and Analysis by 50 Chinese Economists

曹远征简历

1954年6月生,现任中银国际控股有限公司董事兼首席经济学家,中国人民大学经济学院教授、博士生导师,美国南加州大学客座教授,上海复旦大学兼职教授,清华大学、北京大学中国经济研究中心研究员,宏观经济学会副秘书长。

曾先后在青海省对外贸易局、青海省政府、中国经济体制改革研究所、国家经济体制改革委员会工作,曾任国家体改委经济体制改革研究院常务副院长。

曾任世界银行、亚洲开发银行、联合国开发计划署经济专家,自1990年以来,担任多个经济转型国家(如越南、蒙古、捷克、哈萨克斯坦、乌兹别克斯坦、吉尔吉斯斯坦等)的经济顾问。

研究领域:转轨经济学、国际金融等。

主要作品:

《通货膨胀的国际传递》,1981年;《世界经济体系中的发达与不发达关系》,1986年;《改革:我们面临的挑战与选择》,1987年;《东亚崛起的奥秘》,1989年;《中国经济:面向未来的发展与挑战》,1994年;《面向2020年的中国经济体制改革》,1996年;《民营化:中国的经验》,1998年;《中国私营经济的发展》,1999年;《深圳大型企业国际招标招募国际并购重组的新模式》,2004年;《公私合作制的中国实验——中国城市公用事业绿皮书》,No.1,2005年。

以 1978 年党的十一届三中全会为标志，中国踏上了改革开放的新长征，至今已有 30 年。回首 30 年的历程，中国特色的渐进式改革道路，不仅开启了计划经济体制到市场经济体制的不可逆转式的转轨，取得了举世瞩目的成就，而且开创了一种有别于前苏联东欧激进式改革的新模式，从而具有了特别的理论价值。其中，中国金融体制改革在整体经济体制改革战略中的安排，无论步骤还是内容又别具特点。探讨这一安排的内在联系，总结其中的经验教训，对认识中国经济体制的演化过程，把握其未来的发展趋势具有重要的意义。

一、市场取向的经济体制改革与金融体制改革的基本任务

经济体制是以经济增长为目标而经济活力得以不断释放的制度性框架。经济史的研究表明，有效经济体制或制度是促进并保障经济增长的关键（诺斯·托马斯，1973）。有效率的制度在经济发展中的作用，主要是为经济组织（个人）的行为选择提供明确的结果预期，使其行为具有个人理性与社会理性的统一，使社会发展沿着有序轨道进行。

制度对经济发展的促进和保障作用体现在以下两点：

第一，经济增长的动力机制，其中最基本的是产权结构。有效率的产权结构能提供有效的激励，从而促使经济增长（阿尔钦，德姆塞茨，1972）。制度中激励作用的发挥要求经济行为主体的权利和责任必须明确，并且是相互对称的，亦即是产权清晰。一个有效率的制度，只能是最大限度地使个人努力与个人收益和个人责任具有正相关性，从而使其拥有足够的激励去从事创造性的生产活动，又有足够的约束尽可能地避免错误。

第二，资源配置机制，其中最基本的是交易费用。社会经济活动过程中必然产生交易费用，有效界定生产交易边界，进而能减低交易费用的制度能够保障经济增长的持续性（科斯，1973）。亦即是制度虽然不能消除交易费用，但有效的制度能够降低市场中的不确定性、抑制人的机会主义行为倾向，从而降低交易费用。

在工业化的历史条件下，人类现实运行着的经济体制只有两类：计划经济体制和市场经济体制。从逻辑上讲，这两种体制的初衷都是希望经济增长具有平稳性和可持续性，但是，不同体制对经济增长动力机制和资源配置机制的制度安排却迥然不同，使其对工业化中或工业化后的经济活动所提供的制度有效性不尽一样，经济活动的结果也因之相距甚远。

就计划经济体制而言，在经济增长的动力机制上，它强调经济活动参与者的利益高度一致性，基于这一致性，产权制度的安排必然是"一大二

公",全社会只能有一种产权安排方式,即使存在其他形式的产权安排,也应创造条件向同一产权安排形式过渡。在同一产权结构下,对经济活动参与者的激励只能是巩固和提高利益一致性的精神激励,并以此来克服"偷懒者"和"搭便车"的道德风险。在资源配置机制上,既然经济活动参与者的利益高度一致,如果信息完全对称,在资源稀缺的条件下,使用计划这只"看得见的手"来进行资源配置,其效率可能会优于市场配置。换言之,其社会交易费用将会是最低的。

基于这样的制度安排框架,计划经济的基本体制形式是高度集中的命令经济体系,即产业是附属于政府行政的生产单位,资源是通过行政手段予以配置,价格只是作为核算工具,经济活动高度行政化,一切依据计划指令行事,结果使其经济运行呈现出财政主导性特征。并由此决定不存在典型意义上的金融活动,所谓金融机构是从属于财政体系的,根据指令拨付资金,履行结算支付义务。

经验表明,在特定的历史条件下,计划经济赖以运行的条件是可以达成的。以中国为例,1949年新中国成立,空前高涨的政治热情使人们长远共同利益的一致性暂时模糊或抑制短期个人利益之间的差异。而在工业化初期阶段,经济结构尚不复杂,信息的采集和处理相对简单。

然而,特定的历史条件毕竟不是常态:首先,计划经济在经济增长的动力机制上存在严重的激励不兼容问题。经济动力本质是经济主体的利益问题,经济主体的利益决定着他的行为目标。在计划经济条件下,产权结构的单一性制度安排假定不存在利益差异,但这是不真实的,计划当局的目标函数,经理人的目标函数和职工的目标函数存在重大差异。利益的差异不仅会出现经理和职工为了自身利益的最大化而损害整个集体的利益,而且也可能出现计划当局过分注重近期目标函数而损害长远利益的情况。

其次,计划经济在资源配置机制上存在着严重的信息不完全问题。在计划体制下,信息传递采取纵向方式,信息收集只有政府部门的积极性而没有企业的积极性,决定了信息收集不完全和信息失真问题的出现,加之不存在价格竞争,价格关系就成为纯粹的数量关系,失去了信息传递的功能。其结果,计划经济下的决策需要建立庞大的统计系统,信息传递和计划执行的特点决定了获取信息的高成本。

计划经济体系的上述弊端随着特定历史条件的结束就开始显现。早在20世纪50年代,各中央计划经济体制的国家就已开始尝试在不突破计划经济体制框架下的改良型的"改革"。这一"改革"的努力,因国情不同而认识不同,其改善的途径也不尽相同。在前苏联东欧地区,以1953年斯大林《苏联社会的经济问题》一文为契机,开始了改革的努力,其努力方向主要是通过完善计划方法，以克服信息不对称，从而改善"看得见的手"的配置资源效率。在中国，以1956年毛泽东《论十大关系》一文为契机，也开始了改善激励机制的"改革努力"。毛泽东在讲话中提出"管理权限下放"，"给地方更多的独立性，让地方办更多的事情。这对我们建设强大的社会主义国家比较有利。""有中央和地方两个积极性，比只有一个积极性好得多"。还特别告诫说："我们不能像苏联那样，把什么都集中在中央，把地方卡得死死的，一点机动权也没有。"在这一思想指导下，在60至70年代前后两次把部分中央企业下放到地方管理，期望通过行政性分权，调动中央和地方的积极性，克服增长动力衰减。

需要指出的是，自50年代初期开始的旨在完善计划经济体制的改革的努力，虽持续进行，但努力的后果却使计划经济体制弊端更加凸显。这是因为，计划调节是事后调节，而事前发生的经济活动进行事后调节很难奏效。更为重要的是，一味地强调计划的严密性，必然会窒息经济活力，僵死和无效率成为必然结果。与此同时，受计划经济体制框架内产权结构的约束，行政性分权并不能改善体系内在即定的激励机制，反而招致混乱，结果形成了一种恶性循环，即一放就乱，一乱就收，一收就死，最终只得再回到侧重于精神激励的老路。而脱离物质利益的一味精神激励不仅不能克服增长动力衰减，反而极易使经济动力政治化，导致社会的动荡。从这个意义上讲，中国的"文化大革命"就是明证。正反两方面事实了告诫人们，在计划经济体制框架内进行改良是一种无出路的运动，市场经济体制取代计划经济体制成为历史的必然。

一旦对计划经济体制进行市场取向性的政策，反映在金融领域，需要在宏观和微观两个层面上实现重大的变革：首先，在宏观层面上，金融的功能应从财政体系中分离出来，形成适应市场经济需要的独立的金融体系。其次，在微观层面上，金融机构不应再是政府附属的行政单位，而应成为自负盈亏、自担风险的金融企业。独立于财政的金融体系再造和对传统金融机构的企业化改造构成了金融体制改革的两大基本任务，并因之成为市场取向性经济体制改革的重要组成部分。

二、中国渐进式的改革战略与金融体制改革的配合方式

所谓市场取向性的经济体制改革是根本改变原有体制的经济增长的动力机制和资源配置机制。然而，这一调整和转变却面临着一个重大的挑战，即经济的平稳有序进行。如果短期内因经济活动赖以支撑的制度性框架调整和转变幅度过大，则不利于经济的稳定，并与改革的目标相悖。如果调

整和改变的幅度过小,则不足以影响到体制框架,而于事无补,这也与改革初衷相悖。于是,从促进经济增长和宏观经济稳定等多角度出发,寻求最佳的改革路径就成为改革战略选择的要义。

从制度经济学角度观察,新制度建立的收益要超过维持旧制度的成本,制度变迁才会发生。新制度预期收益越大,则制度变迁的速度越快。与此同时,制度变迁同样具有成本,在制度变迁的预期收益一定的情况下,制度变迁的进程就取决于成本的大小。这种制度变迁的成本主要由实施成本和摩擦成本构成。实施成本是指在实践改革中,人们需要重新签约、要学习新知识、要进行新体制的设计以及制度转化费用。实施成本可以看成是改革激进程度的递减函数,改革速度越快,时间越短,人们对新制度很快要建立的预期越强,改革过程的信号扭曲越小,从而有利于降低成本。从这个角度看,激进式具有明显的优点。但从摩擦成本的角度看,问题表现为另一种情形。摩擦成本是指为克服阻力付出的代价,通常认为它是改革激进程度的增函数。改革越激进,招致反对的人越多,改革阻力就越大,耗费的成本就越大。这时,渐进式改革的优点显现出来。

从改革的成本——收益角度观察,当改革的预期收益大,而改革预付的成本一定的情况下,激进式的改革是最佳路径。从这个意义上讲,激进式改革是制度变迁收益最大化取向的改革。但是,事实上,改革的收益是预期的,而改革成本是预付的,预期与预付之间有一个时间过程,因此存在着极大的不确定性,从而存在着风险。而对于风险,在改革收益不确定的情况下,控制改革成本就成为首要任务。此时,渐进式改革因有利于成本的控制而成为最佳路径,从这个意义上讲,渐进式改革是制度变迁成本最小化取向的改革。

国际经验表明:前苏联东欧地区,经济体制的转轨与政治体制的变革紧密联系在一起,认为宪政规则根本性改变是转轨的核心,而经济体制的改革是促使宪政规则改变的重要工具及组成部分。在这种前提下,快速的私有化和行政管制系统的全面放开为主旨的自由化,是加速形成理想宪政规则的经济制度基础的最佳形式,并因此成为经济体制改革的主要目标,相应地宏观经济的稳定化只是兼顾目标并且是外在的。换言之,宏观经济的稳定虽然重要,但相对于建立新宪政规则的迫切性而言,毕竟是从属的,同时,由于此种新宪政规则的某种外部认同性,使其有可能获得外部经济的支持和援助,以此来满足宏观经济的某些稳定条件。在中国、越南等国家,改革是以经济增长为目标,并不寻求宪政规则的大幅度变革,宏观经济稳定不仅必要,而且是内在的,由此成为改革战略考虑中的重要组成部分。在以经济建设为中心的前提下,逐渐地推进经济体制改革应具有稳定形式，其路径是价格的逐步放开，国有企业逐步转换经营机制来形成市场的主体和环境。

就中国而言，采取以双轨制为代表的渐进式改革方式是由其特定的国情所决定的。首先，中国是一个发展中国家，尚在工业化的进程中，其工业化城市化程度远不如前苏联东欧地区。若将1978年的中国和1990年苏联转轨初期作一比较，可以看到，在城市化方面，中国农村人口比重远高于苏联，中国为82%，苏联为26%。在工业化方面，中国农业劳动力占全部劳动力的比重也远高于苏联，中国为71%，前苏联为13%，在这种情况下，对中国来讲"发展是硬道理"。通过加速工业化来引致经济的高速增长，既是改革的出发点，又是改革的目标，同时也是衡量改革成败的标准。改革的推进只能以"摸着石头过河"的试错形式展开，成本最小化的改革策略就成为自然而然的选择。其次，中国经济当时尚处于封闭状态，宏观经济的稳定不能指望外来的帮助，而必须是内在的，自满足的"稳定压倒一切"成为社会的普遍共识。在这种情况下，改革每一步骤所产生的收益就必须时时处处覆盖改革的成本，即改革必须给人民群众带来实惠。而小幅度的渐进式改革较能满足这一要求。

在加速工业化和保持宏观经济稳定的约束下，中国金融体制改革也同时呈现出政府主导性的渐进式特点，这集中体现在以下几个方面：

1. 从属整体改革战略的需要，金融体制改革的两项基本任务，即宏观层次上建立独立于传统财政体系的金融体系和微观层次上对原金融机构进行企业化改造，被相对分离出来，逐一进行。其配合的方式是当整体改革的重心在工业部门的微观层次时（企业改革），金融体制改革则在宏观层次予以配合；当整体改革的重心在宏观层次时，金融体制改革则在金融机构企业化改造为中心的微观层次予以配合。

2. 根据加速工业化，促进经济增长及稳定宏观经济条件需要，在配合整体改革战略的同时，金融体制每一层次的改革不是一步到位的，并视改革和发展的进展情况调整其推进的速度和力度。例如在金融体制宏观层次的改革中，尤其是在改革的早期阶段，考虑到资本便宜化对促进资本形成的重要性，利率及汇率的控制是必要的，信贷规模、利差控制和外汇管制等行政手段依然保留。在金融体制微观层次的改革中，包括外资在内的非国有成分，无论在股权比例上，还是机构准入上都有严格的限制。

3. 出于同样的考虑，参照其他部门改革的经验，采用"双轨"的办法推进金融体制改革，即在稳定推进原有国有银行体系改革的同时，适时放开并鼓励以资本市场为代表的非银行金融市场及机构的发展。

由上，中国金融体制改革与整体改革相辅相成的内在联系形成了一个有机体，造就了中国改革帕累托最优改进的稳定形式，在总体渐进的同时，不排除某一局部的激进性。

三、中国金融体制改革的推进方式

如前所述，在总体改革战略指导下的中国金融体制改革的推进是分阶段进行的。在改革的早期阶段，出于加速工业化和促进经济增长的需要，经济体制改革的重心是建立工业部门的现代化企业制度，首先是从原国有企业的分配制度入手，放权让利，进而承包，最终建立以产权纽带为中心的股份制企业。与之相适应，在这一阶段，金融部门的改革是旨在建立独立于原有财政体系的市场取向性的金融体系，目的在于创造与企业改革相适应的外部环境。在改革的后期阶段，当工业部门现代企业制度基本建立，改革的重心逐渐转移到建立并完善包括财税、社保、医疗、教育及政府行政体制方面，不仅对原金融机构的企业化改造提出了要求，同时也为其缔造了外部环境，以国有商业银行为代表，以股份制改造为中心的金融机构企业化改造便不可逆转。以此为线索，从时间流程上看，中国金融体制改革大致可分为两个阶段，即 1978—2003 年，金融体制宏观层次改革阶段；2003 年后，金融体制微观层次改革阶段。分述如下：

第一阶段（1978—2003），建立独立于财政的市场取向的金融体系。

1978 年以前，我国实行高度集中的计划经济体制，在这一体制下，金融活动从属于财政，中国人民银行附属于财政，金融活动与财政活动合为一体，金融业务与金融机构高度一元化，中国人民银行既承担国家职能也从事日常经营性金融业务，具有政府机关和企业的双重性质，而随着市场取向性经济体制改革的展开和深化，原有的高度一体的财政金融体制开始出现革命性的变化：

1. 典型的中央银行和商业银行的双层银行体系开始形成并确立。1984 年 1 月 1 日，中国人民银行的营业性业务被分离出来组建中国工商银行，中国工商银行与此前恢复或新建的中国银行、中国人民建设银行和中国农业银行一同开始形成中国专业银行体系，更为重要的是，以此为中国人民银行开始具备中央银行的功能，成为银行的银行。与此相适应，财政对国有企业不再拨款，改为由银行贷款（拨改贷），至此，金融的功能与财政的功能得到初步分离，独立于财政的金融体系初见端倪。

分业经营分业监管的金融体系开始形成并确立。在建立双层银行体系的基础上，80 年代中期，在发展和壮大四大国有专业银行的同时，借鉴其他部门"双轨"的改革经验，一方面允许国有法人股份制或地方性银行机构的发展。另一方面，采取试验的办法，鼓励诸如信托、保险、证券等非银行金融机构的发展。这不仅丰富传统银行的层次，而且因非银行金融机构的出现和发展，初步形成了金融体系。并由于这一体系的形成，中国人民银行开始具有了监管的职能。

2. 1990年上海、深圳证券交易所建立，中国人民银行正式颁布《证券公司管理暂行办法》，明确提出证券公司是专门经营证券业务的金融机构，金融业分业经营的雏形开始出现。随着非银行金融机构数量的增多，规模的扩大，监管的重要性日益凸显。为了控制多层次金融体各业态之间的风险传递。1993年，分业监管作为原则明确写入国务院的有关文件，随后相继成立证监会和保监会。2003年中国银监会成立，标志着中央银行的中国人民银行不再承担监管的职能，而专门负责金融宏观调控、实施货币政策和维护金融稳定。此时，中国分业经营分业监管的金融体制最终确立。

3. 金融市场开始发育并丰富化。随着包括银行和非银行金融机构的出现和发展，金融市场也开始发育。但是观察表明，以20世纪90年代为分界线，中国金融市场发育出现了质的飞跃。90年代前，金融市场基本处于自发状态，不仅市场分制严重，而且交易极不规范，90年代以后，以上海，深圳证券交易所成立为标志，自发的区域性市场开始成为规范统一的全国性市场，并日益丰富化，包括证券、期货、外汇资金和贵金属等在内的专业市场不断发展。

第二阶段（2003—）以国有专业银行股份制改造为代表的金融机构微观机制再造。

进入21世纪，随着中国金融体系的基本成型，标志着金融体制改革的第一项任务，即独立于财政的市场取向金融体系已基本完成。但是金融体系的微观基础总体上依然是非市场化或半市场化的，其明显的特点就是金融机构还不是经营货币的企业。在此前的改革中，以国有银行为代表的金融机构虽也进行过改革的努力，例如多级法人制改为一级法人制，一逾两呆改为五级分类，成立了专门针对银行呆坏账的不良资产管理公司，同时也相应地进行了坏账剥离和资本金注入。但是相对于其他部门而言，其微观基础再造还是明显滞后，最突出的一点就是没有建立以产权为纽带的现代企业制度，其治理结构依然雷同于政府机构，其经营理念仍是传统计划的，而不是基于市场竞争的，由此决定了金融机构没有自担风险的机制，无法自负盈亏。这突出地反映在四大国有专业银行上，主要表现为：一是不良贷款率过高。2003年底，四大国有商业银行的不良贷款率达20.4%；二是资本金不足。如2003年底，中国工商银行的资本充足率为5.52%，而中国农业银行的资本充足率估计仅为4%；三是经营效率低下。中国银行业的成本/收入比率远远高于国际平均水平,员工和分支机构的创利能力差;四是风险审核系统和风险管理系统技术落后。制约了银行开拓高回报的业务渠道;五是信息科技落后,主要表现在数据处理中心互不兼容,不同银行间不能有效处理及共享信息资源。

形成金融体系微观基础再造滞后的原因,除金融机构内部因素外,更重要的是中国经济体制渐进式改革的特点所致。在改革的早期阶段,国有工业企业是改革的重心,为支持这一改革,金融机构承担了外部稳定器的作用,主要发挥融资渠道的功能,而现代金融机构风险管理功能则被漠视。依此,金融体系承担了整体改革的相当大的成本,支持和援助改革的进行。据 2002 年国有专业银行清产核资时的初步统计,80% 不良贷款形成的原因在于国有企业或国家政策,只有 20% 的不良贷款是银行本身的原因造成的。在金融体系发挥支持和援助整体经济体制改革的前提下,金融机构既无动力也无必要进行企业化改造。

然而,进入 21 世纪,金融体系非市场化或半市场化的微观基础已难以维持。一方面,高不良贷款率和低资本充足率,使银行陷入资不抵债的境地。从极端意义上讲,中国的四大专业银行已在技术上破产了,更遑论持续经营;另一方面,中国金融业也面临着加入 WTO 后竞争趋于激烈化的挑战。根据入世协议,中国将在 5 年内向外国商业银行全面开放中国市场。

面对国内金融机构的窘境和加入 WTO 后外资金融机构竞争的威胁,必须开始对金融机构进行企业化改造,力图使之尽快成为真正的市场主体。中国金融体制改革进入微观基础再造即金融机构企业化改造的新阶段。

2004 年 1 月 1 日,以中央汇金公司成立,并向中国银行和建设银行各注资 225 亿美元为标志,拉开了专业银行企业化改造的大幕。与过去的改革相比较,此次改革是从产权结构调整入手,重塑银行内部流程,再造机制,把银行真正办成经营货币的企业。在这一总目标的统领下,有三个相对独立又相互关联的分目标呈现出来:

1. 以清理银行资产负债表为契机,重塑国家资本与银行的关系。其核心环节是建立有限责任机制,及国家通过汇金公司行使出资人权利,并以出资额为限承担有限责任。以此,国家不再对银行的经营好坏承担无限责任,银行的经营业绩由银行负责,自担风险。鉴于当时国有专业银行资不抵债的状况,并考虑到形成这一局面的政策原因,这一有限责任关系的建立是通过国家向商业银行注资并承担剥离坏账进行的。

2. 以股份制改造为契机形成良好的公司治理结构。通过剥离国有银行坏账,向银行注资建立符合商业银行经营要求的健康的资产负债表。不仅一次厘清了国家与银行的关系,而且使银行有了可供商业化经营的基础。

但是这并不能保证注资和剥离坏账就是最后的晚餐,因为尚未形成自担风险自负盈亏的机制。为此就要从调整产权结构入手,进行股份制改造,以建立良好的公司治理结构。具体的措施是引进国内外战略投资者,建立董事会并由董事会聘任管理层。并通过在海内外市场的公开上市,以加强市场纪律的约束,保证银行沿着商业化轨道谨慎运营。

3. 以银监会成立为契机,实现行政与监管的分离,建立独立于政府行政权的第三方专业监管,强化外部监管。长期以来,国有专业银行作为政府行政的附属机构,对其金融业务的监管自然由行政代为从事。监管质量不高一直是中国金融体系一大弊端。中国银监会的成立,强化以资产负债为主要内容的专业监管,有助于银行风险管理水平的提高,相应地提高了银行资产的安全程度。

以上金融体制改革的两项基本任务,既使独立的金融体系和金融机构企业化改造相对分离,分别进行,本身也呈现出了渐进的特点。这一独特金融体制改革安排既满足了整体改革平稳推进的需要,同时也创造了自身改革的条件。随着金融体制改革的持续推进,适合于中国经济运行和发展的完整的金融体制已开始显现:

在政府层面,表现为中国人民银行目标。这个层面主要由中国人民银行充当中央银行的职能,其目标是保卫人民币的币值稳定,使用包括货币供应量、利率、汇率等货币政策工具,促进经济健康持续发展。

在监管层面,表现为金融监管机构目标。这个层面主要由银监会、证监会、保监会行使分业监管的职能,其目标是按照金融机构的类型进行功能监管,运用包括金融许可证,高级管理人员任职资格及其他专业监管措施的工具保证金融机构的合理合法运营。

在金融机构层面,表现为金融企业的目标。这个层面由银行、证券公司、保险公司、财务公司、信托公司、基金公司等金融机构组成,其目标是成为股东利益最大化的营利机构,使用的工具就是以风险控制为中心的商业化运营体系。

综上所述,截至目前,与典型市场经济的金融体系相比较,中国金融体系已基本健全,不仅有较完善的货币政策和监管体系,而且有类型各异,扮演不同角色的银行或非银行金融机构。更为重要的是,随着这些机构已初步走上市场化的运营轨道,市场机制已开始在生产要素配置方面发挥基础性的作用,中国金融由此揭开新的一页。

四、中国金融体制进一步改革的重心

中国金融体制改革的过程,是一个不断突破旧体制,推进金融市场化

和促进金融发展的过程。因此,中国金融体制改革的过程也就是一个金融不断创新的过程。从创新的角度看,改革任务的提出蕴含于改革过程的本身。面对国际金融体系不断变化的新形势,展望未来中国金融体制改革,有以下几个方面的问题进入人们的视野:

1. 加快形成中国金融的利率市场化的机制

形成有序竞争的利率市场化机制既是市场经济的内在要求,也是现代市场经济的重要宏观调控杠杆,利率制度的效率决定金融制度的效率,利率市场化因之而成为金融体制改革的重要目标。从过去进展看,受制于中国特色渐进式改革的制约,中国的利率市场化进程也是同样渐进的,大致分为三个阶段:

1978—1993年,是利率水平和结构调整阶段,这一阶段基本改变了负利率和零利差现象,偏低的利率水平得到纠正,利率期限档次和种类得到合理设定,银行部门的利益得到重视;

1993—1996年是利率生成机制改革阶段,这一阶段的利率改革是不断扩大利率浮动范围,放松对利率的管制,促进利率水平在调整市场行为中发挥作用,以建立一个有效宏观调控的利率管理体制。

1996年至今是利率市场化推进阶段,从1996年开始,中央银行在利率市场化方面进行了一些根本性尝试和探索,推出一些新的举措,其目的在于建立一种由中央银行引导市场利率的新型体制,实现利率管理直接调控向间接调控的过渡。同业拆借利率、贴现率与再贴现率、政策性银行金融债券发行利率、国债发行利率、3000万元以上和期限在5年以上的保险公司存款利率、外币存款利率、300万美元(或等值的其他外币)以上外币定期存款利率先后得以放开,开展了利率衍生工具试点,银行间市场利率基本实现市场化,金融机构存贷款利率除贷款有最低利率,存款有最高利率限制外,取消其他限制,其市场化机制正在逐步增强和深化。以基准利率为核心的利率体系正逐步形成。

尽管利率市场化已取得了巨大进展,但是相对于其改革目标而言,其改革进程远未结束。主要表现为操作层面上的利率市场程度落后于制度层面上的利率市场化、中央银行利率作为基准利率的调节作用和导向引力小、利率浮动定价机制执行缺乏现实基础以及利率的风险结构和水平不尽合理。并由此产生了许多矛盾和扭曲,进而影响着金融体制改革的质量。因此需要在利率体系、利率政策和利率水平形成机制方面做进一步的改革。当前至少有两个方面需要推进。一是发展以债券为主要内容的固定收益市场。目前,中国金融的利率尚是以银行的有贷利率为基础的。这一利率只反映短期资金供求情况,而不反映利率的长期变动。其重要原因在于我国尚未建立较完善的固定收益市场,不存在长期债券为代表的长期收益率曲线,从而使长期利率难以形成;二是人民币的利率市场化应与其汇率形成机制一并考虑。在中国经济日益深入卷入经济全球化的情况下,汇率水平与利率水平紧密相连,从长期看,利率的市场化必然要求汇率的自由化,而汇率不能自由浮动则必然牵制利率市场化的进程,因此要统筹安排。从短期看,要利用人民币资本项目下尚不兑换的条件,将控制人民币汇率的升值与利率市场化过程相对分离,率先推进利率市场化进程。从长期看,则应着力创造条件尽早促成人民币市场化的汇率形成机制。由盯住汇率转变为有管理的浮动利率。

2. 积极创造金融机构由分业经营向混业经营过渡的条件

随着中国金融体制改革的深化,尤其是利率市场化进程的加快,对金融机构的风险管理能力提出了更高的要求,传统金融机构"脱媒"现象已经出现,并对我国现行的分业经营、分业监管的体制提出了挑战。

国际经验表明,分业与混业的分野缘于20世纪30年代世界经济大危机。在那场危机中美国资本市场的危机,连带导致了其银行体系的崩溃。为了防止再次出现资本市场与银行体系的相互风险传递,美国国会于1933年制定并颁布了《格拉斯—斯蒂格尔(银行)法》,将商业银行和投资银行的业务严格区分开来,美国金融市场从此开始实行长达半个多世纪的分业经营管理体制。由此可见,混业和分业的选择就是风险能否有效控制的问题,如果风险不能控制并且相互传递,只能借助外部的力量,强制分业以切断不同业态的金融业务之间风险传递渠道。

20世纪八九十年代后,金融业发生了重大变化,金融不再仅仅被视为是资金的供给方或融资渠道,更是风险配置机构。与此相适应,金融机构的风险管理理论和风险配置技术有了飞速的进步,特别是计算机技术的使用可以对风险进行实时监控,大大提高了金融风险防范能力。在这种情况下放松金融管制,使金融机构通过交叉经营,既改善了资产配置效率,又降低了成本,亦即是通过混业经营从而提高效益就成为新的发展趋势。

长期以来,中国金融采取的是分业经营、分业监管的体制,这一体制对防范各金融业态之间的风险传递发挥了重要作用。但是,自加入WTO后,中国市场对外资金融机构的开放,使中外金融机构的竞争更加激烈,情况已经发生变化。反映在三个层次:

第一层次是银行的传统业务服务,主要体现在以柜台服务为主要内容的零售业务。多年的经营使得中国银行业具有较广泛和完善的经营网点,

这是外资银行短期无法抗衡的,成为中国银行业的一大竞争优势。

第二层次是银行批发业务的高端客户。外资银行的进入加剧银行业内部对高端客户的竞争,会从中资银行手中夺得一些高端客户,尤其是在华的外资企业。但中资银行同样也拥有自己的客户,特别是涉及人民币本币业务,中资银行仍占上风。

最令人关注的是第三个层次,即金融产品创新。外资银行由于是混业的,在新产品的创新和开发上,特别在交叉销售上有更高的竞争能力。而中国银行业一方面经验不足,另一方面有体制的限制,反而不能为客户提供综合化服务的产品,因此中外资银行之间的竞争不仅仅是高端客户流失的问题,更是金融机构能不能提供更高端的产品,为一般的客户提供创新金融服务的问题。换言之,提供更多更好的产品和服务是中国金融机构有效参与国际竞争的客观需要,而混业经营又是产品创新的前提条件。

值得提及的是,随着国有商业银行股份制改革的深入进行,其经营理念、治理结构及管理流程都发生了重大的变化,风险控制能力有了相当大的提高,由分业经营向综合经营过渡的微观制度基础已基本奠定,于是矛盾的主要方面已转移到监管方面,即监管局有没有识别风险,尤其是识别创新产品风险的能力。在当前的条件下,考虑到多方面的因素,从金融控股公司的角度入手,在形成产权纽带的基础上,将战略规划、信息和后台支撑整合在一起,形成向混业过渡的平台,不失为一种较佳的选择。

3. 深化以农村金融为核心的政策性金融体系的改革

中国是一个发展中国家,经济社会仍然存在着二元性,较发达的工业和城市与较不发达的农业和农村同时并存,并由此形成中国金融所面临的特殊局面。一般认为,在工业化和城市化的进程中落后的农业和农村是不适宜商业性金融活动的,从而需要特别的政策支持。但与此同时,国际经验表明,通过兴办国有农村金融机构的传统方式,无论在其执行政府政策和自身绩效方面均不理想。并因此构成悖论,成为亟待解决的问题。

与其他国家相比,中国农村金融问题则更为复杂:中国原有的农村金融机构以农村信用社为基础,在长期的历史演变中,农村信用社已不再是农民合作的金融组织,而成为准国有的商业金融机构,而因其治理结构和激励机构雷同于政府行政,其结果,不但未发挥小额农贷支持农村经济的作用,反而坏账沉重,亏损严重,且尚待救助和改革。另一方面,农村政策性金融服务范围狭窄,功能弱化,唯一的农业政策性金融机构——中国农业发展银行仅局限在单一的国有粮、棉、油流通环节的信贷服务,随着粮、棉、油购销市场化进程加快,这一流通领域政策性经营空间缩小,而急需政策扶持的农业开发、农业技术进步及农村基础设施等公共物品又得不到足够的政策性金融支持。

特别需要指出的是，随着国有银行的企业化改造和商业化经营的展开，在二元经济结构和农业生产的特殊性所导致农村金融交易成本和资金使用成本都相对较高的情况下，金融机构追求企业利润最大化的压力下使其不再愿意涉足农村金融市场，尤其是小额农贷市场，而将资金贷款投向具有较大赢利空间的城市，设在农村的银业网点也变成了吸收农村资金的"吸储器"，出现了农村资金非农化的现象。只存不贷的储蓄分流不仅加剧了农村金融资源稀缺性，也凸显了农村金融体制改革和建设的迫切性。

国内外的经验表明，农村中的民间金融活动任何时候都没有停止过，而在正式金融安排未能有效解决农村金融需求的情况下，传统的民间非正式金融规模还在不断扩大，并在一定程度上缓解了农村金融供需矛盾。如何将这种草根式的非正式金融安排正式化已成为农村金融体系建设的一个重要方向，而孟加拉格莱明银行的成功实践也为此提供了新鲜经验，鼓励民间金融的发展，并在此基础上，调整和完善农村金融的政策性支持应成为农村金融体系建设的基本出发点。

五、稳步推进人民币国际化进程

随着中国加入 WTO 和国民经济的快速发展，中国和世界的相互依赖越来越紧密。不仅中国的贸易顺差大幅增长，而且国际资本流入也迅速上升，其结果形成巨额的国际收支顺差，出现了宏观经济内外不均衡的现象。

国际经验表明，大国的宏观经济内外同时实现均衡是很困难的，甚至也是不必要的，大国的宏观经济均衡必然是在全球范围内的均衡。事实上，中国宏观经济在全球范围内实现均衡的条件已开始显现。以中美两国为例，美国的贸易逆差即是中国贸易顺差的基础，同时也构成美国国际收支资本项目顺差的条件。中美两国的客观经济均衡彼此互为条件，这构成了中美战略对话的基础，而人民币的国际化安排成为重要议题，与此同时经过近30年的改革开放，我国综合国力迅速壮大，对外贸易和利用外资都达到了相当的规模。中国经济已具备走向世界的基础，而要进一步扩大对外经济联系，也需要尽早对人民币国际化做出安排。

从实际情况看，一方面在周边国家人民币现钞已有现实的流通，另一方面，除日本外，中国对其他亚洲国家的对外贸易均出现逆差，意味着需要对外支付。这两方面形成了境外对人民币的现实需求，尤其是以 10＋3 为代表的亚洲经济区域合作趋势日益明朗化的现在，要想加深合作，实现

投资贸易自由化,加强区域货币合作,形成统一的体系十分重要,其中该区域的主要货币要承担责任。在这种背景下,人民币有必要也有条件在亚洲区域内承担一个负责任的货币,并以区域化为契机,逐步走向国际化。事实上,人民币国际化也具有现实的可行性,目前,香港地区已发展成为主要的国际金融中心,而港币又是自由兑换的货币。在一国两制条件下,发挥香港的金融基础设施优势,既是繁荣稳定香港的需要,同时也为人民币国际化提供了有利条件。我们可以通过以人民币为背景的港币国际化作为尖兵,既满足人民币目前在资本项下尚不可兑换的约束条件,又能间接满足人民币国际化需要,同时支持了香港金融市场的发展,使香港成为真正的国际金融中心。

六、加快资本市场的发展,完善金融结构

一国金融结构取决于一国的历史传统,现实的需要以及未来发展,本身也是在演变之中。就中国而言,目前的金融结构仍是以银行信贷为主的间接融资结构,即使在中国资本市场发展较快的 2006 年和 2007 年,在企业资金来源中银行贷款仍然超过 80%。通过股票市场的融资是 5600 亿元,发行企业债券 1015 亿元,直接融资为 6600 亿元。而当年银行新增贷款 3.6 万亿元,直接融资和间接融资的比例是 18:82。

中国以间接融资为主的主要原因在于我国人均收入低,资本短缺。企业在自有资本不足的情况下,只有依靠借入资本经营,其结果,无论国有还是非国有企业的负债率都高于国际平均水平。在 20 世纪 90 年代,个别企业负债率甚至超过百分之百。与此同时借入资本经营对金融机构来说技术门槛较低,成本也低,风险控制简单。随着国民收入的提高和经济的快速发展,居民的纯消费行为就会转化为消费者加投资者的行为,他们需要寻找投资渠道。与此同时,过高的负债率也使企业经营风险加大,并使银行贷款处于高风险的境地。在这种情况下,直接融资的发展就具有举足轻重的意义。经过十年的发展,中国的资本市场已有长足的进步,但仍处于转轨的初级阶段。表现在,股本市场独大,债券市场薄弱;对冲性不足,没有做空机制;风险管理工具匮乏,不存在衍生品市场;偏重于行政监管,而以信息披露为中心的市场化监管理念和机制尚不完善等。如此种种都制约着中国资本市场的进一步发展。当前,应以操作而不是概念;应以细节而不是笼统地做好扎实细致的工作,只有这样,才能缔造有活力的中国资本市场,才能推动中国金融结构向完善化方向前进,并随着这一进程,形成一批有国际竞争力的金融机构。

七、总结与启示

1. 金融业作为国民经济的重要组成部分,其改革与发展直接影响到整个经济的改革与发展进程。中国经济体制改革是在中国国情背景下以渐进方式进行的,与此相适应,中国金融体制改革也是渐进的。

2. 在中国经济体制改革整体渐进的情况下,中国金融不仅需要自身的改革,同时也承担了整体改革环境稳定的责任,由此出现了其自身改革与整体改革相协调,却有别于激进式的改革顺序和搭配形式。当中国经济体制改革的重心在工业部门微观层次时,金融体制改革则以宏观层面予以配合;当经济体制改革的重心在宏观层次时,金融体制改革则以微观层次予以配合。

3. 上述的配合方式,既保证了整体改革的平稳推进,同时也实现了金融体制改革的两个基本任务,即建立了独立于传统财政的金融体系并通过对传统金融机构的企业化改造而奠定其微观制度基础。随着这一改革进程的深入,市场机制在资源配置中的基础性作用不断加强,改善并日益改善着中国经济的运行效率,宏观经济的波动性大大减缓。

4. 更为重要的是,渐进式改革过程本身自动生成其下一步改革的目标和达到目标的手段,市场秩序的自我扩张和自我稳定,不仅使中国经济体制改革的进程日益平稳,而且使改革自然延伸到社会文化等深层次领域,其重要标志就是经济法制化程度大大提高,同理,随着中国市场化金融体制的基本成型,规范发展已成为其主旋律。

5. 由于市场秩序的平稳扩张,金融活动在中国经济中的重要性更加凸显,利率市场化,金融机构的混业经营,以农村金融为代表的政策性金融体制重塑,以及人民币国际化已紧迫地提上议事日程。随着这些改革任务的展开,一个富有弹性的并具有中国特色的金融结构将逐渐形成,并有望形成一批有国际竞争力的金融企业。

中国经济50人论坛
Chinese Economists 50 Forum

经济增长与劳动生产率

——探寻改革三十年经济高速增长的原因

陈东琪

The Past 30 Years

A Review and Analysis by 50 Chinese Economists

陈东琪简历

陈东琪，1955年生，经济学博士、研究员、博士生导师。现任国家发改委宏观经济研究院副院长。1999—2003年任原国家计委经济所所长。1994—1999年任中国社科院研究生院副院长。1993年任中国社科院科研局副局级干部。1988—1993年任中国社科院经济所宏观室副主任。1992—1993年在美国贝克莱加州大学做博士后研究。1989—1990年美国哈佛大学经济系特等生。1997年为中国社科院有突出贡献专家。1991年获中国社科院研究生院经济学博士。获1990年、1992年度孙冶方经济学奖，1992年开始享受国务院特殊津贴。独著《探索与创新——东欧经济学概论》（1988）、《新土地所有制》（1990）、《全球社会保障制度考察》（1991）、《强波经济论》（1992）、《社会主义市场经济学》（1995—1997—2000—2002）、《微调论》（2000）、《新政府干预论》（2000）、《中国经济学史纲要1900—2000》（2004）、《双稳健政策——中国避免大萧条之路》（2005）等。1986年以来专攻宏观经济理论与政策。

按照《中国经济50人看三十年：回顾与分析》的写作要求，"50人论坛"成员每一个人就改革30年感受最深的方面发表看法。说心里话，我们这些"七七级"，作为改革30年的最大受益者之一，感受很多，有很多话要说。但是，如果把自己的经历和研究结合起来，对我来说，感受最深的是国家发生的巨变。30年发展之快，令人惊讶，变化之速，让人叹服。30年前的今天，几乎什么都缺，而现在，什么都有。虽然现在还谈不上国强民富，虽然农村还是很穷，但从总体上看，国家的实力已与30年前不可同日而语了。中国用30年，创造了一个世界奇迹！我写这一篇短文，仅仅从劳动者角度，探寻中国奇迹产生的秘密。

一、从30年高速增长的特征谈起

改革30年，中国经济年均增长9.9%，比改革前28年的7.8%快了两个多百分点。从长期看，这个快速增长相对比较稳定。改革前28年的经济，有7次短波，波幅最大一次的峰谷落差为59.6个百分点，其中3次为"古典型周期"，经济活动量绝对减少，国民收入负增长。第一次负增长3年（1960—1962年），第二次负增长2年（1967—1968年），第三次负增长1年（1976年）。与改革前不同，改革30年，消除了古典型衰退，平均周期时间延长，调整期的经济活动量持续扩大，没有出现负增长，周期波动逐渐向长期均衡值收敛，基本上摆脱了强波循环的格局。

除了稳定性改善外，改革30年中国经济快速增长，并未伴随持续时间很长的高通货膨胀。居民消费价格（CPI）年均上涨率为5.68%，在这个上涨率中，有一部分实际上是对改革前长期固定价格存在隐性通货膨胀的"补涨"，大致估算这个"补涨"部分为2个百分点左右，改革期间由经济增长推动的"内生型通货膨胀"实际只有3%~3.5%左右。所以，改革30年中中国经济快速增长的长期稳定性能较好，通货膨胀为中性。这个宏观绩效，在世界经济增长史上都是少有的。

那么，是什么原因促使中国经济增长加快？中国经济长期高速增长的动力到底来自哪里呢？

二、"人口红利理论"不能完全解释长期高速增长

目前，比较流行的解释理论是"人口红利理论"。按照这个理论，经济高速增长是由人口特别是劳动年龄人口和就业的数量增长带动的。我最近在翻阅资料时发现，美国学者哈里·S.登特在《下一个大泡泡》一书中，也是用人口周期和技术周期这两个工具来预测经济周期的，他特别强调人

口周期对经济周期的影响作用。他说:"中国的人口出生高峰比美国要长10年,所以中国经济在2020年前将一直都会繁荣。"①

的确,中国是一个人口大国,多年来一直占世界人口的五分之一,用人口数量规模及其扩大,来解释中国经济增长为何快于别的国家,特别是为何快于发达国家,容易被人们接受。在发达国家,用人口增长差异来解释经济增长差异,也是有道理的。比如,美国经济增长快于欧洲和英国,爱尔兰经济增长快于英格兰,就与美国人口增长快于欧洲和英国,爱尔兰人口增长快于英格兰有关。

但是,"人口红利理论"无法解释普京政府时期俄罗斯人口出现负增长而经济加速增长;更无法解释改革以来尤其是20世纪90年代以来,中国的人口特别是劳动年龄人口和就业的人数增长出现持续减速,此时的经济继续保持8%~12%的增长速度。

在改革30年中,中国人口自然增长率只有头10年逐年提高,从1978年的12.1‰提高到1987年的16.61‰,之后,呈现非常明显的持续减速趋势,2007年降到5.17‰。从人口增量的绝对数看,在1987年达到最多的1793万人以后逐渐减少,到2007年减少到681万人,只相当于1987年的38%。但是,在人口增量减少和人口增长速度减速的时期,经济增长速度并没有降低,这个时期的经济增长9.9%,比1987的平均增速还要略高一些。改革时期后20年的经济增长,并没有随人口增长减速而减速。

当然,讨论与经济增长有关的"人口"应该看"劳动年龄人口",中国统计口径为15~64岁之间的人口。一般来讲,在其他条件一定时,总人口中劳动年龄人口比重越大,包含抚养幼儿和赡养老人在内的总抚养比越低,经济增长的动力就越大。改革30年中,中国劳动年龄人口占总人口的比重不断提高,总抚养比不断降低。从1982年到2007年,劳动年龄人口占总人口的比重从61.5%提高到72.5%,而总抚养比从62.6%降到37.93%。从这两个比重的变化趋势看,似乎可以得出"中国经济高速增长,是因为劳动年龄人口增加,总抚养比降低"的结论。

但是必须看到,这个时期劳动年龄人口的增长速度出现了明显的减速趋势。1990年以前,劳动年龄人口年均增长2.75%,1991—2000年降到1.65%,2001—2007年进一步降到1.12%。如果扣除普通高校在校就读的本专科生和研究生,1991年以后实际劳动年龄人口的增速更低,1991—2000年年均只有0.46%,2007年只有0.65%。很显然,在20世纪90年代以来经济加速增长的时期,中国实际劳动年龄人口的增长是明显减速的。

---

① 哈里·S. 登特:《下一个大泡泡》,中译本,中国社会科学出版社2008年1月版。

这期间劳动年龄人口的增长与经济增长之间呈现负相关的关系。

再来看实际就业人数的变化趋势。统计资料显示，中国实际总就业人数1979—1984年表现为加速增长，从2.17%加速到3.78%，而同期GDP的年均增长只有9.3%。相反，就业增长从1985年的3.48%减速到1991年的1.15%，再到2007年的0.77%，而这期间的GDP增长一直保持在9.54%的长期平均水平。就是说，中国经济近30年快速增长是在就业增长减速的背景下实现的。所以，用就业的数量增长来解释改革30年经济长期高速增长，缺乏数据支持（见图1）。

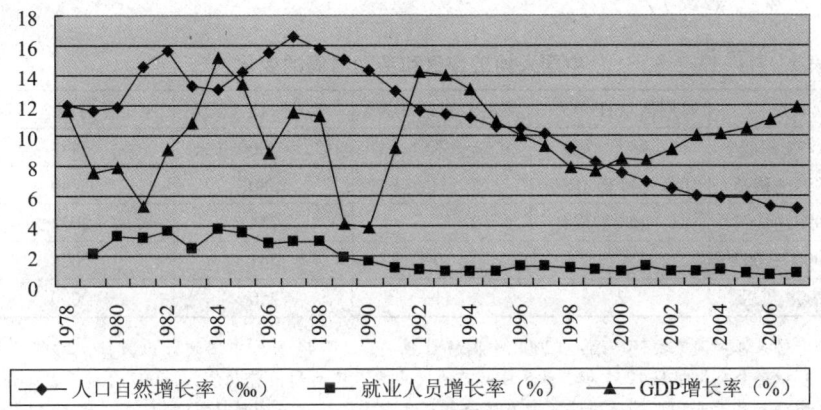

图1 中国人口、就业增长与经济增长的变化趋势

资料来源：国家统计局编：《2007中国统计摘要》，第22、40、44页，中国统计出版社2008年5月版。

我的研究表明，人口和就业人员的数量增长既不能完全解释中国经济高速增长的长期趋势，也不能完全解释其短期趋势。从2001年"入世"后的七年来看，人口和就业增长逐年减速，而经济增长逐年加速。从2001年到2007年，人口增长从6.95‰降到5.17‰，就业增长从1.31%降到0.77%，而GDP增长从8.3%提高到11.9%。从这一组数据，无论如何得不出中国经济加速增长依赖人口和就业的数量增长的结论。

无论是从长期看，还是从短期看，中国改革30年经济长期高速增长的主要原因不是人口、劳动年龄人口和就业的数量增长所致，至少，20世纪90年代以来经济持续快速增长的动力源，主要不是来自"人员数量因素"。

三、高速增长是在劳动时间减少下实现的

从纯理论角度看，在其他因素为既定的条件下，如果劳动强度提高，劳动时间延长，即使就业人员的数量不变，经济也能够实现加快增长。因

为按照劳动价值学说，一国的经济增长是由其社会总劳动时间创造的。那么，改革30年中国的社会总劳动时间是怎样一个变化趋势呢？

我的最新研究结果表明，改革30年中国劳动者的劳动时间呈现逐渐减少的趋势，节假日逐渐增加，周工作日逐渐减少①，年均实际总工作时间逐渐减少。

从1990年到2008年，城镇职工的实际工作日从306天减少到250天，实际劳动时间从2448小时减少到2000小时，两个指标均下降18.3%，每年的实际劳动时间占自然时间（一天24小时）的比率从28.32%下降到22.77%（见表1）。②

表1　　　　　　　　中国人均工作日和劳动时间的变化

	每周休息日（天）	法定节假日（天）	年工作日（天）	年工作时间（小时）
1994年前	1（48时/周）	7	306	2448
1994—1995	1.5（44时/周）	7	280	2240
1995—1999	2（40时/周）	7	254	2032
1999—2007	2	10	251	2008
2008年后	2	11	250	2000

资料来源：国家统计局编：《2008中国统计摘要》，第44页，中国统计出版社，2008年5月版。表中部分数据根据1994年7月5日颁布的《中华人民共和国劳动法》、2007年6月29日颁布的《中华人民共和国劳动合同法》以及其他相关法律文件提供的资料计算得出。

职工的实际工作日和劳动时间减少，意味着休闲时间增加，劳动-休闲曲线（劳动为纵轴，休闲为横轴）均衡点由左上方向右下方移动（见图2）。

农民每天、每周和每年的劳动时间，虽然明显多于包括公务员在内的城镇职工，但是，随着南方水稻抛秧、农药除草和北方推广机播机收等技术含量不断提高的耕作方式的普及，农民在耕地上实际耗费的劳动时间出

---

① 1999年之前，全国每年法定节假日为7天，1999年底开始延长为10天，2008之后延长为11天。到1994年底止，国家机关和企事业单位员工每周工作6天，周劳动时间为48小时。1995年1月1日开始改为每周工作5.5天（按单、双周轮休5天或6天），周劳动时间为44小时。1994年7月5日第八届全国人民代表大会常务委员会第八次会议通过的《中华人民共和国劳动法》规定："国家实行劳动者每日工作时间不超过8小时、平均每周工作时间不超过44小时的工作制度"，该规定自1995年1月1日施行。1995年5月1日开始，国家机关公务员每周工作时间改为5天，周劳动时间为40小时，一般的企事业单位参照执行，困难的企事业单位最迟到1997年5月执行这一规定。

② 一个职工的年均实际工作日1994年前为306天，年总劳动时间为2448小时；1994—1995年，年均实际工作日减少为280天，年总劳动时间为2240小时；1995—1999年，年均实际工作日减少为254天，年总劳动时间为2032小时；1999—2007年，年均实际工作日减少为251天，年总劳动时间减少为2008小时；2008年之后年均实际工作日进一步减少为250天，年总劳动时间进一步减少为2000小时。

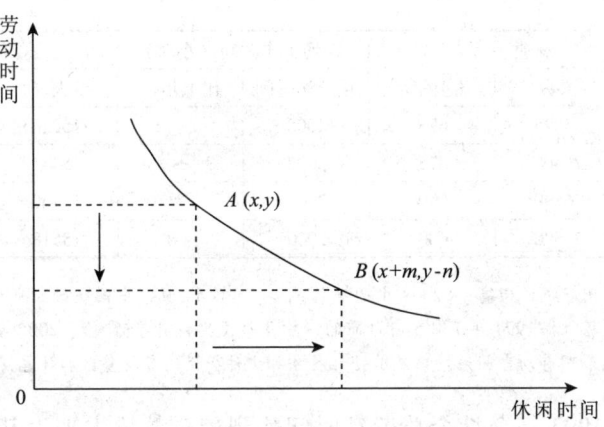

图2　中国劳动时间与休闲时间的变化趋势

现了逐渐减少的趋势,农民目前的休闲时间比30年前明显地增加了。

将增量不断减少的全国总就业人数,乘以单个劳动者每年的不断减少的实际劳动时间,得出的结果是:全国每年的总劳动时间呈现减少的趋势。1990年为15851万人/时,1993年提高到16355万人/时,1998年减少到14353万人/时,之后有所增加,2007年增加到15518万人/时,但是,仍然没有超过1993年的总量水平(见表2)。

表2　1990—2008年中国劳动者工作时间的变化

年份	就业(万人)		人均工作时间(小时)		总工作时间	
	人数	比上年增	年工作时间	比上年增	万人/时	比上年增
1990	64749	—	2448	—	15851	—
1991	65491	742	2448		16032	182
1992	66152	661	2448		16194	162
1993	66808	656	2448		16355	161
1994	67455	647	2240	-208	15110	-1245
1995	68065	610	2032	-208	13831	-1279
1996	68950	885	2032		14011	180
1997	69820	870	2032		14187	177
1998	70637	817	2032		14353	166
1999	71394	757	2032		14507	154
2000	72085	691	2008	-24	14475	-33
2001	73025	940	2008		14663	189
2002	73740	715	2008		14807	144
2003	74432	692	2008		14946	139
2004	7520	768	2008		15100	154

续表

年份	就业（万人）		人均工作时间（小时）		总工作时间	
	人数	比上年增	年工作时间	比上年增	万人/时	比上年增
2005	75825	625	2008	—	15226	126
2006	76400	575	2008	—	15341	115
2007	76590	590	2008	—	15460	118
2008	77590	600	2000	-8	15518	58

资料来源：国家统计局编：《2008 中国统计摘要》，第44页，中国统计出版社，2008年5月版。表中部分数据根据1994年7月5日颁布的《中华人民共和国劳动法》、2007年6月29日颁布的《中华人民共和国劳动合同法》以及其他相关法律文件提供的资料整理和计算得出。

如果以1993年全社会总劳动时间达到最高数量水平为基数，之后各年，虽然就业人员的绝对数有所增加，但是，社会总劳动时间仍然是减少的（见表3）。

表3　　　　以1993年为基数的中国就业人数和劳动时间的变化

比1993年	就业增加（万人）	总劳动时间变化（万小时）
1994	647	-1245
1995	1257	-2524
1996	2142	-2344
1997	3012	-2167
1998	3829	-2001
1999	4586	-1847
2000	5277	-1880
2001	6217	-1691
2002	6932	-1548
2003	7624	-1409
2004	8392	-1254
2005	9017	-1129
2006	9592	-1013
2007	10182	-895
2008	10782	-837

数据来源：国家统计局编：《2008 中国统计摘要》，第44页，中国统计出版社2008年5月版。表中部分数据根据1994年7月5日颁布的《中华人民共和国劳动法》、2007年6月29日颁布的《中华人民共和国劳动合同法》以及其他相关法律文件提供的资料计算得出。

上述分析表明，在改革30年中，特别是在1995年周工作日减少和1999年法定节假日增加之后，人口、劳动年龄人口、就业和劳动时间的数量，不是解释中国经济长期高速增长的主要原因。

四、首要原因是农业劳动生产率提高

那么，促使中国经济持续高速增长的主要原因是什么呢？我认为是劳动效率或劳动生产率，首先是农业劳动生产率。

从价值形态看，虽然第一产业在GDP中所占份额从1978年的28.2%降到2007年的11.3%，但其增加值的总量规模仍然以5%左右的速度扩大，而且这种总量增长和规模扩大是在就业人员"先减速增长"后"绝对量减少"的情况下实现的。从1978年到1991年，第一产业就业人员从28318万人增加到39098万人，年均增加830万人；此后的16年，第一产业就业人员年均减少近500万人，其中，2003—2007年平均每年减少1085万人，2007年减少1117万人，而此期间第一产业增加值反而以高于长期平均值的速度增长。这说明，第一产业单位就业人员创造的增加值在不断增长，其劳动生产率不断提高。因为统计中的第一产业是指农、林、牧、渔业，所以第一产业劳动生产率提高实际上意味着农业劳动生产率提高。

从实物形态看，农业劳动生产率提高的趋势也非常明显。从1980年到2005年，全国平均每个农业劳动力，生产的粮食从1089公斤增加到2005年的1598公斤，年均增长1.9%；生产的棉花从9.3公斤增加到18.9公斤，年均增长4.1%；生产的油料从26.5公斤增加到101.6公斤，年均增长11.3%；生产的水产品从15.5公斤增加到168.6公斤，年均增长39.5%。平均每个农业劳动力生产的牛奶从1985年8.1公斤增加到2005年的90.9公斤，年均增长51.1%。平均每个农业劳动力生产的猪牛羊肉从2000年的147.3公斤增加到2005年的203.3公斤，年均增长7.6%。在农业劳动力总量绝对减少条件下，农副产品总产量保持增长趋势，显然是因为平均每个农业劳动力生产的农作物产量增加（见表4）。

表4　　　　　　　中国农业劳动力人均农产品产量变化趋势

年份	1980	1985	1990	1995	2000	2005
粮食	1089	1222	1357	1435	1407	1598
棉花	9.3	13.4	13.4	14.7	13.4	18.9
油料	26.5	50.8	47.9	69.2	89.9	101.6
糖料	98.89	194.9	219.4	244.2	232.4	312.1
猪牛羊肉					147.3	203.3
水产品	15.5	22.7	36.7	77.4	130.2	168.6
牛奶	8.1	12.6	17.7	25.2		90.9
水果	23.1	37.5	57.0	129.6	189.5	532.3

资料来源：国家统计局编：《2008中国统计摘要》，第124页，中国统计出版社2008年版。

1978年，2.83亿农民养活9.63亿国民，1个农民养活3.4个国民。1991年，3.9亿农民养活11.58亿国民，1个农民养活2.96个国民。2007年，3.25亿农民养活13.21亿国民，1个农民养活4.06个国民。越来越少的农民之所以能够养活越来越多的国民，关键是农业劳动生产率提高。

对于至今仍处在城乡二元结构转换阶段的中国经济来说，农业劳动生产率的提高对加快城市化、工业化、服务化和经济高速增长具有尤为重要的意义。因为如果没有农业劳动生产率的提高，没有足够的农产品供给来满足不断增加的工业、服务业和城市人口日益增长的食物需求，就会出现因农产品严重短缺而引起的高通货膨胀，进而中断农业剩余劳动力从农业向工业和服务业、农业剩余人口从农村向城市的转移，甚至引发人口和劳动力从工业、服务业到农业、从城市到农村的回流，放慢或停止工业化、服务化和城市化的进程，而工业化、服务化和城市化进程的停止或放慢，又会直接造成工业和服务业衰退，最终导致城市经济和国民经济的衰退。

改革以前经济效率低下的突出表现是农业劳动生产率低下。"一大二公"的农业生产体制，平均主义的农产品分配体制，严重扼杀了农民的劳动积极性，制约了农业劳动生产率的提高。相反，从1978年开始的农业生产、交换、分配和消费体制的改革，最大的成效是极大地解放了农业生产力，提高了农业劳动生产率。农业劳动生产率持续提高，生产同量农产品所用的劳动力越来越少，不断减少的农业劳动力可以为不断增加的产业工人和城市市民的食物需求提供足够多的农产品供给，避免因农产品严重短缺引起的高通货膨胀，这就为持续推进农业剩余劳动力和人口向非农产业和城市转移，持续推进城市化，促进工业和服务业、投资和消费持续增长，最终为促使国民经济持续增长创造了前提条件。

五、城市化推动社会总劳动生产率提高

有一位美国学者最近指出，21世纪已经且正在发生"两件大事"，一件是美国的信息化，另一件是中国的城市化。其实，在我看来，这两件大事中国都在做，只是城市化推进得早一些，而信息化推进得晚一些。美国加快推进信息化，从20世纪90年代中期开始。中国加快推进信息化，从本世纪初开始。但是，加快推进城市化，中国从20世纪90年代中期开始，现在仍在继续。

分阶段看，中国改革30年城市化的发展，经历了渐进和急进两个阶段。1978—1995年为渐进阶段，城市化率年均提高0.654个百分点；1996—2007年为急进阶段，城市化率年均提高1.322个百分点，第二阶段的城市化速度比第一阶段快1倍还多。与此相适应，非农产业占GDP的比

重也加快提高。前18年共提高8.5个百分点,年均提高0.472个百分点,后11年共提高8.3个百分点,年均提高0.764个百分点,后11年的平均速度比前18年的平均速度加快62%。第二阶段和第一阶段相比,虽然出现了农业就业数量绝对减少,而城镇就业绝对增加,全国净新增就业由城镇吸收,但是,由于城镇第二、第三产业创造的GDP数量以更快的速度增加,所以城镇劳动生产率保持提高趋势。

中国城市化之所以能够持续快速推进,最重要的前提条件是农业劳动生产率不断提高,因为城市化既需要农业提供剩余劳动力,需要为农民转变成城市市民创造不断增加的消费品,需要越来越少的农民给越来越多的市民提供不断增长的农副产品。而城市化在效率方面的直接意义是,促使由工业和服务业构成的非农产业的劳动生产率不断提高,从而促使社会总劳动生产率提高。非农产业的主要载体是城市,只要城市化快速推进,非农产业就会获得快速发展。

在这里,我想借用"比较优势"概念,提出"劳动力比较效率"概念。我所讲的"劳动力比较效率"是指,包括工业和服务业在内的非农产业的劳动力所创造的GDP数量要大于农业劳动力。按照目前的资源、商品和服务的价格评价,一个劳动力种粮食和养猪每天所创造的GDP,显然要低于一个劳动力在电脑控制中心控制一百台机器每天所创造的GDP,更要低于一个劳动力进行网络设计每天所创造的GDP。因此,城市化加快,以城市为主要载体的非农产业吸纳劳动力的速度加快①,无疑会使全社会平均每个劳动力创造的GDP增加,从而提高社会总劳动生产率。

由于统计上的原因,我们很难直接计算出农业和非农产业的"劳动力比较效率"②,但大家可以从国家统计局提供的城乡居民家庭人均消费支出数据中,计算出城乡居民家庭人均消费水平的差异,为非农产业对农业的"劳动力比较效率"提供思考的参照。我的计算结果显示,样本期内城乡居民家庭人均消费比呈现提高趋势。1978—1998年,这个比率有波动,但基本上维持在2~2.7的水平,2007年提高到3.1。就是说,1个城镇居民人均年消费

---

① 从1992年到2007年,全国总从业人员从65491万人增加到76990万人,16年累计增加11499万人,年均增加718.7万人,其中,农业从业人员从39098万人减少到31444万人,16年累计减少7654万人,年均减少478.4万人,同期,非农产业从业人员从26393万人增加到45186万人,累计增加18793万人,年均1175万人(资料来源:国家统计局编:《2008中国统计摘要》,第44页,中国统计出版社,2008年5月版)。

② 钢铁、煤炭、水泥和石油等可以用"吨"来衡量,而电要用"度"来衡量,手机要用"部"来衡量,电脑要用"台"来衡量,汽车要用"辆"来衡量,等等。对它们进行统一计量的单位是用货币表示的价值单位,如"元"和"亿元"等,这就增加了统一计算部门生产率的难度。

开支1998年以前大致相当于2~2.7个农民，2007年提高到3.1（见图3）。

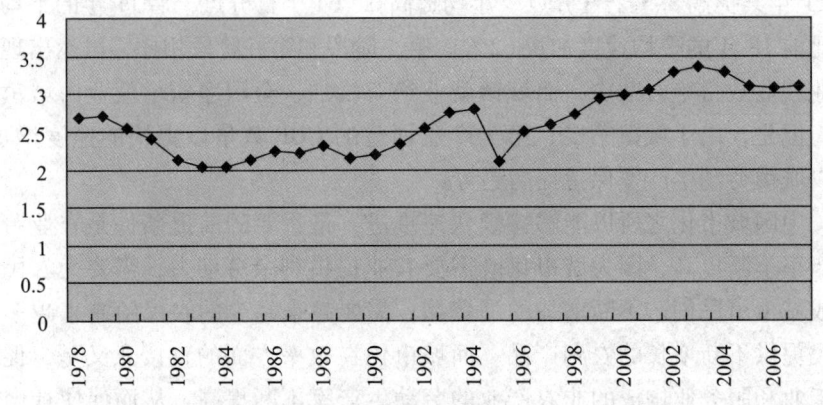

图3 中国城市居民人均消费对农民人均消费的比率变化

数据来源：国家统计局编：《2008中国统计摘要》，第102页，中国统计出版社2008年版。图中数据以农村居民家庭人均消费支出＝1计算得出。

据我推算，非农产业对农业的"劳动力比较效率"，可能要高于城镇居民家庭人均消费对农村居民家庭人均消费的比率，一方面是因为所有人的消费中有一部分属于生存性消费，而这一部分消费对农民和市民是没有差别的；另一方面是因为工业和服务业的技术进步比农业要快，工业和服务业生产结果的附加值增长也比农业要快。如果非农产业对农业的"劳动力比较效率"的假设符合现实，则增加一个非农产业劳动力所创造的GDP要明显多于减少一个农民减少的GDP。城市化，既提高了单个劳动力的劳动生产率，又提高了社会总劳动生产率。

工业和服务业的"总量"不能像农业那样以一致的实物单位（如公斤）来统计，而只能以受价格因素影响的价值量来统计，所以我们无法直接测算工业和服务的整体劳动生产率，但从中国工业和服务部门的人力资本积累及技术进步快于农业部门的实际情况看，工业和服务业劳动生产率的提高，实际上比农业劳动生产率提高更为明显，从而可以推导出社会总劳动生产率保持提高趋势。

使用社会总劳动生产率这个指标，可以比较全面地判断从劳动角度来衡量的总体经济运行的效率及其变化态势。为了消除价格因素的影响，可以用各年就业总量，除以用平减指数剔除物价因素后的实际GDP，便得到各年一定数量从业人员创造的GDP数量，也就是社会总劳动生产率。现以1990年不变价为基础，运用平减指数连乘方法，计算1978—2007年各年不受价格因素影响的实际GDP金额，然后用各年就业人数除以计算后的实际GDP，得出的计算结果是，改革30年中社会总劳动生产率呈现逐年提高的趋势。1978年每万人创造的GDP为0.165亿元，2007年提高到1.2848亿元，除个别年份以外，改革期间社会总劳动生产率逐年提高的趋势非常明显（见图4）。

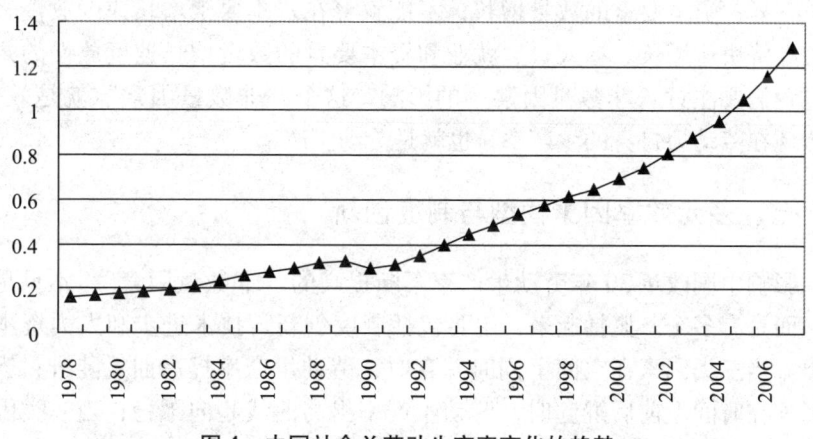

图4　中国社会总劳动生产率变化的趋势

数据来源：国家统计局编：《中国统计摘要：2008》，中国统计出版社2008年版。

图中数据，按1990年不变价计算得出。

六、资本要素对劳动生产率的贡献呈现下降趋势

进一步看，是什么因素促使劳动生产率提高？目前，人们注意较多的是资本要素，认为劳动生产率提高主要靠资本要素贡献的提高。证明这个论点的基本依据是：资本形成率（投资率）提高。这的确是统计数字显示出来的基本情况。1978—2002年的资本形成率以起伏波动的方式基本保持在32%~38%之间的水平，2003—2007年提高到41%~43%左右。从资本形成这个比率的变化趋势看，无疑能得出"劳动生产率提高主要靠资本要素贡献提高"的判断。

但是，得出这个判断的学者应当看到，2003—2007年资本形成率之所以提高，重要原因之一是最终消费不足，尤其是居民消费需求不足。

同时还应当看到，全社会固定资产投资增长出现了减速趋势。以中央明确提出"构建社会主义市场经济体制"的20世纪90年代中期为界标，全社会固定资产投资的年均增长后13年比前13年明显减速，前13年（1982—1994）为27.4%，后13年（1995—2007）降到17.6%，年均减速10个百分点。投资对经济的弹性系数，从前13年0.4121下降到后13年的0.5481。可见，从长期均衡增长角度看，资本要素对劳动生产率的贡献呈现下降趋势。

资本要素可以部分解释 90 年代以前中国劳动生产率和经济快速增长，但不能完全解释 90 年代以后特别是进入 21 世纪以来的劳动生产率和经济快速增长。如同人口和就业的数量增长，不能解释因效率提高推动的经济增长一样；资本要素的数量增长，不能解释在资本要素增长速度放慢时实现的经济快速增长。在人口、就业和资本要素的数量增长速度放慢的条件下，我们要注意"非数量因素"的影响，这个"非数量因素"就是效率，即体现在劳动力自身的生产率，也就是劳动生产率。

七、多元效率因素模型与制度创新

影响中国改革 30 年劳动生产率不断提高的"非数量因素"，不只是一个，而是有多个。概括起来，主要包括制度创新、技术进步和人力资本这三类。当三类因素在空间上同时并存时，劳动生产率提高曲线陡升；当三类因素在时间上前后继起时，劳动生产率提高曲线趋向平稳；当三类因素在空间上同时消失时，劳动生产率曲线陡降。据此，我们可以建立如下三元（类）效率因素变化模型（见图5）。

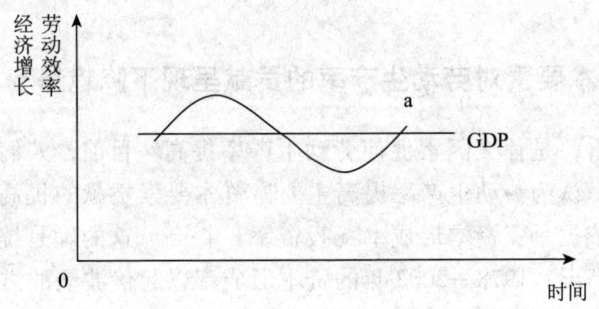

模型Ⅰ：单元效率因素变化下 GDP 增长趋势

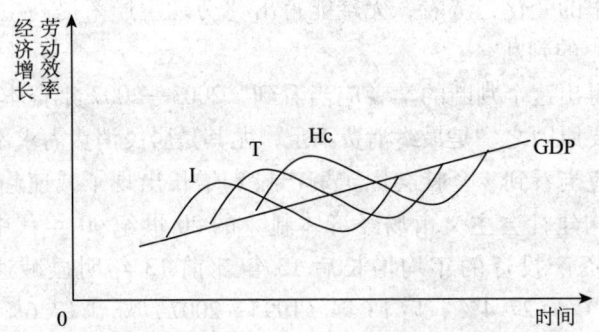

模型Ⅱ：三元效率因素变化下 GDP 增长趋势

图5 三元（类）非数量效率因素变化下 GDP 增长轨迹模型

前面在解释改革30年劳动生产率提高的原因时，我们首先注意到制度创新的意义，如推行农业联产承包责任制，对包括农产品在内的商品和服务进行价格改革，改革国有企业的分配、生产经营和产权制度，发展股份制经济，放松对非公有制经济发展的限制，发展劳动力市场，放开对外贸易自主经营权，以及各种责任和激励机制的建立等，都给劳动者带来了激励，促使其努力工作，改进其行为方式，提高其劳动效率。问题是，一种制度的变革和创新，能够在一段时期内明显地提高劳动生产率，有时甚至会以爆发的方式增进效率，但是很难保持持续不断地提高效率，因为制度创新带来的效率随着时间的推移会出现边际递减趋势，边际制度效率逐渐衰减。尽管多个制度创新可以在不同的时点发生，但是，只要这些制度创新不能通过无缝连接实现效率增进的持续性，就会存在可能伴随边际制度效率衰减而出现的"制度创新真空"，我们在理论上就可以认为，由单纯制度创新推动的劳动生产率提高和经济增长加速就不可能持续，它总是会在一定时点到达极限。所以，我们在解释长期持续高速增长现象时，除了肯定制度创新的贡献外，还要考虑到"非制度因素"在改革时期可能产生的增长效能，比如充分考虑到技术进步和人力资本对经济持续增长的意义。

八、信息化对效率和增长的贡献

"非制度因素"中的突出因素是技术进步。进入21世纪后，世界和中国的技术进步主要表现为信息技术在社会生产和再生产过程中的全面应用，渗透到直接生产、流通、分配和消费各个环节，而信息化在加快生产和交换的技术进步同时，对提高劳动生产率和促进经济增长具有越来越重要的意义。

从2001—2007年城乡居民家庭耐用消费品的变化趋势看，增长最快的前两种商品是电话和电脑。从2001年到2007年，城镇移动电话普及率从34%提高到165.2%，固定电话普及率从92%提高到90.5%，电脑普及率从13.3%提高到53.8%；农村移动电话普及率从8.1%提高到77.8%，固定电话普及率从34.1%提高到68.4%，电脑普及率从0.7%提高到5.7%。到2008年一季度末，全国网民总数达到2.21亿户，超过美国的2.12户。虽然美国的整体信息化水平高于中国，但从信息化推进速度和覆盖范围看，中国明显超过美国。因此，21世纪发生在中国最突出的革命事件，既包括城市化，也包括信息化，而信息化对经济增长的意义表现得越来越突出。进入21世纪后，中国虽然出现了边际制度创新效率降低，人口、劳动年龄人口和就业增长速度降低的情形，但经济仍然保持年均10.2%的高速增长，

其主要原因是，全民信息化水平快速提高，极大地提高了社会劳动生产率。

电脑和移动电话虽然被作为耐用消费品列入家庭统计，但这两个信息品绝不只是用作消费，实际上被更多地用作生产，用作创造财富的生产工具和手段。比如，出口商在北京与一位在纽约的贸易伙伴打手机做成一笔买卖，投资者在家庭电脑操作中成交一笔上海证券交易所的股票交易，显然不是消费行为，而是百分之百的生产行为，其行为并没有将手机和电话消费掉，而是实现了价值财富的创造。假定你买国航机票从北京乘飞机到纽约，租住旅馆，支付公交和食宿费等，要花10000元人民币，并要花3天时间，才能完成一次出口货物交易，而直接打手机用30分钟、花30块钱就能完成这笔交易，很显然，你的交易成本和交易时间大大降低了，劳动生产率也大大地提高了。但完成这次信息化活动要具备两个条件，一个是技术进步，另一个是人力资本。进入21世纪以后，手机和电脑以极快的速度在中国普及应用，在推动信息应用技术进步的同时，直接提高了劳动者行为的效率。

说明信息化带动技术进步和劳动生产率提高的第一个突出的例子是工程设计。一个在大学攻读电子自动化设计专业博士学位的年轻朋友告诉我，完成一个设计方案，用手工画图纸花至少要一个月，用电脑设计只需一天，使用电脑前后劳动效率提高25倍左右。

我想，我们50人论坛每一个成员应当都会熟练地使用电脑写文章，编写教材，做PPT课件。这不仅可以降低脑力劳动的强度，而且也可以大大提高写作效率。20世纪90年代后半期加速推进的信息技术革命，不仅给推动这一革命进程的美国人比尔·盖茨带来了巨大财富，也给在世界上数目最大的中国脑力劳动者提供了创造财富的新方式。信息化使中国知识分子从繁重的脑力劳动中解放出来，也大幅度提高了知识生产的产出率。

移动电话、计算机、电子网络等信息技术，在社会生产和再生产过程中的广泛应用和普及，既可以解放脑力劳动，也可以解放体力劳动，因为原来1个工人只能操作一台机器，现在1个工人可以通过使用计算机控制中心同时操作几台、几十台、甚至几百台机器，劳动效率提高几倍、几十倍、甚至几百倍。这就是中国进入21世纪以来，虽然就业增长显著减速，但GDP增长反而加速的重要原因之一。

信息技术进步和信息技术的广泛应用和普及，对中国和世界来说，不仅解放了单个劳动力，提高了单位劳动时间的效率，也使社会生产和交换的全过程发生了巨大革命，促使社会总劳动生产率提高。通信卫星和遥感技术的应用，城市管理、公交监管、航天航空和航海导航、工业工艺流程化、网上交易、地质勘探和地震观测、天气预报、金融系统运行、教科文卫管理、政府运行等领域的数字化,都以集成的形式极大地提高了社会总劳动生产率。

我在这里特别要提出的是,对于一个制造业大国来说,无论是过去的美国还是现在的中国,为了实现价值财富的最大化,要解决的关键问题,不是如何提高制造能力,不是如何提供更多的制造品,而是要解决诺贝尔经济学奖获得者多年来潜心研究的"信息不对称"问题。因为在现代工业几乎可以提供无限的工业品供给的条件下,要破解的最大难题是如何使买者能够以便利方式很快获得所需要的产品,以及如何使卖者能够以便利方式很快将产品卖给需要这个产品的客户。以宽带和网络为基础条件的互联网,为人们提供了解决这个难题的便利。人们可以通过普及面越来越广的互联网络平台,在几乎是无限供给的信息世界中搜索到自己所需要的所有信息,并通过三维全景式信息配对和交流,在零时空状态下实现供求互动,进行网上交易和支付,完成 BTB(企业对企业)、BTC(企业对消费者)以及其他多样化的电子商务。以互联网为主要平台的信息化,使生产和交换过程及其管理变得越来越容易,信息寻找的时间越来越短,交易成本也越来越低,各行业的价值链越来越长,在产生巨大的财富溢出效应基础上极大地提高了个人和社会的劳动生产率。

九、人力资本的贡献:现实和未来

进一步的研究表明,信息技术进步和信息化需要人力资本来推动。没有人力资本水平的提高,就不可能有真正的信息技术进步和信息化。

中国作为一个人口和劳动力大国,提高效率和促进经济增长的战略目标和途径逐渐转到人力资本,转到着力于教育促进效率和经济增长。从改革30年的实践看,中国经济增长的源泉越来越多地来源于人力资本,来源于知识、技能和劳动熟练程度的贡献。

改革以来,中国的人力资本水平不断提高。在从业人员中,受过高等教育的"新劳动者"越来越多,文盲和只受过中学教育的"老劳动者"越来越少。"老劳动者"大量退出,"新劳动者"大量进入,可以不断改善劳动者的素质结构,从总体上提高社会劳动技能水平,从而全面提高社会总劳动生产率。

从1978年到2007年,普通高等学校毕业生16.5万人,增加到447.8万人,占总就业人员的比重从0.04%提高到0.62%,累计提高13.5倍,年均提高46.6%,其中,2002—2007年年均提高46.8%(见图6)。

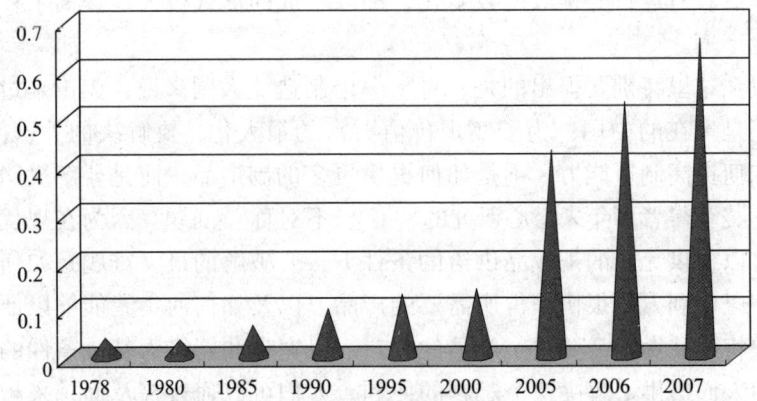

图6 中国本专科生和研究生毕业人数占总就业比重的变化趋势（%）

资料来源：国家统计局编：《2008中国统计摘要》，第44、181页，中国统计出版社2008年版。

学成回国留学人员从1978年的248人增加到2007年的44000人，占出国留学人员的比率从28.8%提高到2007年的30.6%。国有企事业单位平均每万名职工中的专业技术人员，从1990年的2416人和2000年的4234人，增加到2006年的5455人。研究与试验发展经费开支占GDP的比重，从1995年的0.57%和2000年的0.9%，提高到2007年的1.49%。这些数据的变化与劳动生产率和经济增长的变化之间，表现出非常明显的正相关关系。

感受谈到这里，我想做一个总结：人口、就业和资本的数量，只是解释中国改革30年某一阶段高速增长的短期变量，不是解释整个30年高速增长的长期变量；解释中国经济长期高速增长的基本变量是劳动生产率，而促使劳动生产率持续不断提高的因素，又包括制度创新、技术进步和人力资本这3个"非数量因素"。

未来中国经济能否保持高速增长的水平，不仅要看"人口红利"是否消失，而且重要的是，要看由制度创新、技术进步和人力资本推动的劳动生产率是否提高。就是说，即使"人口红利"在2015年前后转变为"人口负债"，只要继续有制度创新，只要技术进步和人力资本的贡献保持不断提高的趋势，劳动生产率保持提高的趋势，中国就有可能在2015年以后继续保持高速增长的势头。

上述研究结论的政策含义是：在"人口红利"消失后，劳动力由供给过剩转化为供求均衡甚至转入供给短缺，我们没有必要过于担忧，我们要努力的是，在继续推进制度创新的同时，从技术进步和人力资本方面作更多努力，发展战略与投资和贸易政策的着力点要始终放在劳动生产率的提高上。效率要增长，是科学发展的真谛，也是未来中国经济要走的长远道路。

参考文献

1. 钱纳里等：《工业化和经济增长的比较研究》，上海三联书店，1989年版。

2. 胡永泰：《中国全要素生产率：来自农业部门劳动力再配置的首要作用》，载《经济研究》1998年第3期。

3. 蔡昉、王德文：《中国经济增长可持续性与劳动贡献》，载《经济研究》1999年第10期。

4. 王小鲁：《中国经济增长的可持续性与制度变迁》，载《经济研究》2000年第7期。

5. 高长春、李淑霞：《经济增长：内生增长理论与中国资本投资》，载《学习与探索》2001年第2期。

6. 徐现祥、舒元：《中国经济增长中的劳动结构效应》，载《世界经济》2001年第5期。

7. 王小鲁、樊纲主编：《中国经济增长的可持续性——跨世纪的问题与展望》，经济科学出版社2002年版。

8. 张军：《资本形成、工业化与经济增长：中国转轨的特征》，载《经济研究》2002年第6期。

9. 刘霞辉：《论中国经济的长期增长》，载《经济研究》2003年第5期。

10. 叶汇主编：《投资增长速度研究》，中国统计出版社2007年版。

11. 张平、刘霞辉主编：《中国经济增长前沿》，社会科学出版社2007年版。

12. 林毅夫：《解读中国经济没有现成模式》，社会科学文献出版社2007年版。

13. 贺力平：《融入世界经济——中国与国际发展经验》，社会科学文献出版社2007年版。

中国经济50人论坛
Chinese Economists 50 Forum

农村改革与制度变迁

陈锡文

The Past 30 Years

A Review and Analysis by 50 Chinese Economists

陈锡文简历

中央财经领导小组办公室副主任、中央农村工作领导小组办公室主任

祖籍江苏丹阳，1950年生于上海。1968年从上海下乡到黑龙江生产建设兵团务农。1978年从黑龙江考入中国人民大学农业经济系学习。1982年毕业后先后在中国社会科学院农业经济研究所、国务院农村发展研究中心、国务院发展研究中心工作，现任中央财经领导小组办公室副主任、中央农村工作领导小组办公室主任。20余年来，一直从事中国农村经济理论和政策研究，先后发表论文、研究报告200余篇，独立或与人合作出版著作10余部，多次获孙冶方经济科学奖，1992年起享受政府特殊津贴，1993年在国务院发展研究中心被评聘为研究员。参与起草了自80年代中期以来的大部分关于农业和农村政策的中央文件。现兼任中国人民大学、中国农业大学、南京农业大学等多所大学的教授和博士生导师。

从1978年12月党的十一届三中全会原则通过《中共中央关于加快农业发展的若干决定》算起，农村改革已经整整30周年了。30年来的农村改革大体经历了三个主要阶段：第一阶段主要是放宽农村政策、搞活农村经济；第二阶段主要是改革流通体制，培育市场机制；第三阶段主要是统筹城乡发展，改变二元经济结构的体制。农村改革已经取得了举世瞩目的成就。用农民的话讲，新中国成立以来这半个多世纪，农业农村经历了三个黄金时期，一是新中国成立前后的土地改革，使农民做了土地的主人；二是党的十一届三中全会后实行了家庭承包制，使农民获得了经营自主权；三是党的十六大提出了统筹城乡发展，使农民获得了越来越多的实惠。

但不容忽视的是农业农村的发展步履仍很艰难，城乡居民在收入水平和发展机会等方面的差距仍在扩大。在改革开放不断深化的背景下之所以会出现这样的局面，固然与农村内部的改革尚不彻底、制度建设远未完善有关，但更主要的则是，与计划经济体制相联结、以城乡分治为特征的二元经济结构的体制尚未受到根本触动。因此，当改革主要在农村内部进行、对二元结构的体制不作本质触动时，农村改革就能较为顺利地推进；而一旦提出了要改变二元结构体制（哪怕只是某些方面）的要求时，农村改革便会变得步履艰难。但是，当农村改革在实现了突破人民公社体制、培育出以农户为基本单位的微观经营主体后，再要深化改革，就不可能仅仅局限在农村内部。事实上，20世纪80年代中期，当农村改革开始寻求"第二步突破口"时，农村的改革就一直在呼唤着超越农村的整个经济社会管理制度的变迁，就一直在撞击着制约农村改革深化的二元结构体制。然而，对于我国这样一个农村人口至今仍占多数的发展中大国，改变城乡二元结构及体制谈何容易。因此，农村改革进展的艰难，除了思想观念、利益格局等方面的制约外，还不能不考虑我国的特殊国情和当前的发展阶段。

一、改革的突破口与制度约束

现在谈起20世纪70年代末农村实行"双包到户"的变革（即"包产到户"与"包干到户"），可能已没有多少人会为此怦然心动了。因为农业家庭经营古已有之，谈不上制度创新；也因为目前我国的农户经济，总体上规模细小、经营分散、投入不足、技术进步缓慢，似乎缺乏现代气息，很不适应市场化的要求。但中国的改革毕竟发轫于农村、发轫于"双包到户"。因此回顾与总结30年的改革，就不能不从"双包到户"开始。

（一）"包干到户"对"包产到户"的替代是农村改革取得重大突破的关键

初始阶段的农村改革之所以能取得如此令人瞩目的成就，关键是实现了从"包产到户"到"包干到户"的转变。这两个"包"的相同之处，在于都将农业的生产过程承包到了农户，不同之处则在于农户承包的内容。而包"产"与包"干"这一字之差，却使两者有了本质上的变化。

所谓包产到户，即将集体的土地承包到户，以农户承包的土地来确定农产品的年产量；农户将农产品如数上缴给集体组织，达到承包时约定的数量，就能从集体组织分配到约定的报酬；产量超过承包时的约定，承包户可从超额部分中获得一定比例的分成；产量未达到承包时的约定，集体组织将酌减分配给农户的报酬。不难看出，在"包产到户"中，农户承包的是土地的产出，而产品的所有权仍属集体。因此，"包产到户"没有改变集体组织仍作为统一经营、统一分配的经营主体地位，但它确实比以往的统一劳动、评工计分更能体现按劳付酬的原则。所以，"包产到户"的学名是"集体土地承包到户后实行联系产量计付报酬的生产责任制"，简称"联产承包"责任制。

"包干到户"则不同，用农民的话讲，"包干到户"就是土地承包到户、生产的农产品实行"缴够国家的，留足集体的，剩下都是自己的"。因此，在"包干到户"中，集体组织不再承担统一经营、统一分配的职能，它只是从农户那里按承包土地收取"提留款"，并以此作为集体组织内部进行管理和服务的费用。于是，农户就脱颖而出、变成了在整个农业生产过程中自主经营、自负盈亏的经营主体。

由此可见，"包干到户"与"包产到户"的区别实在不容忽视。如果农村改革始终坚持以"包产到户"为限，那么人民公社的体制就也许还会延续多少年。所幸的是农村真正实行包产到户的时间并不长，相当多的地区实际上还未及实行包产到户，便就实行了包干到户。当时对"双包到户"的异同曾有过激烈的争论，一种观点认为，"包产到户"是集体经济组织内部的生产责任制，而"包干到户"则不是。但它究竟是什么，似乎也讲不清楚。邓小平在 1980 年 5 月 31 日对农村政策问题作了重要谈话，对"双包到户"都充分肯定，并明确指出"总的说来，现在农村工作中的主要问题还是思想不够解放"。[①]因此，在农民执著地选择比"包产到户"更简单明了的"包干到户"时，倒也未受到太大阻力。如今回顾起来，"包干到

---

① 《邓小平文选》第二卷，315—317 页，人民出版社 1994 年版。

户"之所以能如此快捷地替代"包产到户",恐怕也与人们当时把这两"包"之间的区别看得简单明了有关。事实上,宪法关于"以家庭联产承包为主的责任制、统分结合的双层经营体制",也是到了1999年才修正为"以家庭承包经营为基础、统分结合的双层经营体制"。

"包干到户"的不简单,绝不仅仅因为它在操作上比"包产到户"更为简单明了,而主要在于:第一,如前所述,是"包干到户"而不是"包产到户"才可能使承包农户成为独立的经营主体。而也只有在农户成为独立经营主体、生产队退出农业生产的直接经营之后,人民公社的体制才能够被废除。①第二,只有在承包农户成为独立经营主体之后,农户才可能在满足生活消费之后逐步积累起自有的生产性资产。而这对于在计划经济体制下劳动者(城乡皆如此)只能获得消费资料分配的原则,无疑是具有决定意义的重大突破。由于农户从"包干到户"中获得了在承包的集体土地上积累自有资产的权利,于是农村的改革也就从最初定义的集体经济组织内部的经营管理体制改革,拓展到了同时具有农村财产关系变革的意义。第三,农业的生产过程承包到了户,劳动力就不再由生产队统一安排了,农村劳动力由此获得了自由。有了可以自主择业的劳动力再加上农户积累的自有资产,一场涉及所有制结构、产业结构、就业结构和收入结构深刻变革的话剧就开始有声有色地在农村上演。在农产品供给迅速增加的同时,乡镇企业异军突起,个体户和私营经济如雨后春笋,外出进城务工经商的人流如潮起云涌。这就是"包干到户"激发农村微观经营主体活力后所形成的生动局面。因此,说"包干到户"在发育以公有制为主体、多种所有制经济共同发展的基本经济制度和社会主义市场经济体制过程中起到了"酵母"的作用,应当并不为过。

(二)农村改革在取得突破后进展艰难的主要原因

1. 农村经济和社会管理体制没能在家庭承包经营基础上继续创新

农业实行家庭承包经营,之所以不同于传统的小农经济,关键是它发生在工业化加速的进程之中。在此阶段,农村经济不再是封闭系统,农村

---

① 1983年1月2日中共中央发出的《当前农村经济政策若干问题》(即1983年中央1号文件)提出:"人民公社的体制,要从两方面进行改革。这就是,实行生产责任制,特别是联产承包责任制;实行政社分设。政社合一的体制要有准备、有步骤地改为政社分设,准备好一批改一批。"同年10月12日,中共中央、国务院发出《关于实行政社分开建立乡政府的通知》,宣告了人民公社体制的终结。

自身也具备了分工分业的条件。但由于城乡二元经济结构及以此为基础建立起来的城乡分治的经济社会管理体制的长期影响,使当时的人们还难以看清由"包干到户"所带来的体制继续创新的重大机遇。结果是,在农村普遍实行家庭承包经营之后,对农村经济社会管理体制的继续创新却反而陷入了徘徊的局面。

我国农户的土地经营规模小,适应市场和抵御风险的能力弱,这是现阶段的国情所决定的。这种状况只有通过发展农民合作组织、提高农业社会化服务水平以及在工业化、城镇化进程中才能逐步改变。应当说,这个问题在刚实行家庭承包经营时就已经引起了中央的注意。[①]但在当时的农村,除了生产经营组织问题外,还有一个同样凸显的问题,那就是农村基层的社会管理和公共服务。1983 年 10 月,中共中央、国务院在《关于实行政社分开建立乡政府的通知》中提出了设立村民委员会的要求,并明确:"村民委员会是基层群众性自治组织,应按村民居住状况设立。村民委员会要积极办理本村的公共事务和公益事业,协助乡人民政府搞好本村的行政工作和生产建设工作。"据此,1984 年中共中央 1 号文件提出了农村"一般应设置以土地公有为基础的地区性合作经济组织","可以同村民委员会分立,也可以一套班子两块牌子";同时也明确:"此外,农民还可以不受地区限制,自愿参加或组成不同形式、不同规模的各种专业合作经济组织。"但此后的演进正如人们已看到的那样,一是村民委员会逐步取代了村合作经济组织,实际上又成为乡镇政府直接领导的政社合一的农村基层组织;二是《农民专业合作社法》直到 2006 年 10 月 31 日才见出台、次年 7 月 1 日始得实行。

问题显然不在于要不要村民委员会,而在于村委会的职能定位。村,作为一个自然形成的农村社区,必定有许多公共事务和公益事业需要村民共同商讨决定。因此从农村基层社会管理和公共服务的角度看,村民自治组织无疑是必需的。问题在于村委会在演进过程中全盘继承了原农村生产大队对集体资产的掌控权,这就使它直接掌握了诸如耕地承包和调整、宅基地审批、耕地以外的集体资产的发包以及税费改革前确定向村民提留、摊派的数额等足以决定村民生计的权力,再加上现实中村委会直接受命于

---

① 中共中央 1983 年 1 号文件指出:"经济联合是商品经济发展的必然要求,也是建设社会主义现代化农业的必由之路。"文件还深刻分析道:"长期以来,由于'左'倾错误的影响,流行着一些错误观念:一讲合作就只能合并全部生产资料,不允许保留一定范围的家庭经营;一讲合作就只限于按劳分配,不允许有股金分红;一讲合作就只限于生产合作,而把产前产后某些环节的合作排斥在外;一讲合作就只限于按地区来组织,搞所有制的逐级过渡,不允许有跨地区的多层次的联合。这些脱离实际的框框,现在开始被群众的实践打破了。"

乡镇政府的特性,这就使得原本可能打破的农村政社合一的体制在相当程度上复归了,重新形成了村民对村委会(过去是社员对生产队或大队)在经济上的依附关系。对于农村而言,社区群众性的自治组织是必要的,但它主要是内向型、管理性的社会组织;对于农民而言,为了发展经济,他们还迫切需要外向型、经营性的经济组织,以带领他们走向市场。这两者的功能不可或缺。但由于政社合一的村委会体制不断强化,不仅抑制了农民自愿发展专业合作组织的机会和条件,也抑制了农村整个经济和社会管理体制的进一步创新。

2. 改革后的农村在社会管理和公共服务等方面仍长期缺乏公共财政的支持

村民委员会向政社合一的性质复归,这在农村社会管理和公共服务缺乏财政支持的条件下具有必然性。客观地看,人民公社之所以选择了政社合一的体制,其主要原因也在于此。针对撤社建乡后的新情况,1984年中共中央1号文件明确:"制止对农民的不合理摊派,减轻农民额外负担,保证农村合理的公共事业经费",同时又规定:对农村教育、计划生育、民兵训练、优抚、交通等民办公助事业经费"各地可根据农民的经济状况,由乡人民代表大会定项限额提出预算,报县人民政府批准,由基层统筹使用,中间不得任意追加,也不得再从集体提留内开支。统筹费用的最高限额由各省、自治区、直辖市因地制宜确定。"上述文字至少表达了以下几层含义:第一,农村教育、计划生育、民兵训练、军烈属优抚和乡村路桥修建等公共事业,在当时的性质是"民办公助",即农村的事情主要由农民办,财政只能给予适当补助;第二,已经预见到主要靠向农民筹钱来办这些公共事业,很可能会加重农民或村组织的负担,因此必须采取措施予以遏制。第三,农村各地公共服务的水平将会有很大差距。这说明,在还需要从农业、农民那里提取积累资金来推进工业化、城镇化的发展阶段,各级财政能为农村社会管理和公共服务提供的支持是很有限的。有学者研究分析认为:1990年到1997年,我国农村公共品制度内供给仅占总供给量的20%左右。[①]这也在相当大程度上回答了,尽管撤社建乡、设立村民委员会的本意是希望在农村建立起政社分开的体制,但为何村委会却又走上了政社合一的体制这一问题。显然,改革后的农村,在社会管理和公共服务等方面仍长期缺乏财政的必要支持,是导致其体制复归的重要原因。近年来,这

---

① 彭国甫、鄢洪涛:《地方政府农村公共事业管理制度的变迁及绩效分析》,《湖南社会科学》2008年第1期。

方面的情况开始有所改观,各级财政对农村社会管理和公共事业发展的支出有明显增加。能出台这些新的政策措施当然有多方面的原因,但最主要的还是财政实力的增强。全国的财政收入,在农村开始改革的1978年为1132亿元,撤社建乡的1984年为1643亿元,进行农村税费改革试点的2000年为13395亿元,农业税被取消的2006年为38760亿元,而在全国农村建立起最低生活保障制度的2007年,则达到了51304亿元。随着国家财政实力的增强和公共财政向农村覆盖力度的加大,深化农村经济社会管理体制改革的条件正趋成熟。要下决心把该由政府提供的公共品纳入财政预算,使村委会加快向城镇居委会那样的性质转变,以解脱村民对村委会的经济依附。在此基础上,完善国家对农业的支持保护体系,积极扶持农民自愿建立的合作经济组织,健全农业的社会化服务体系,以真正发挥农民在农村经济社会建设中的主体性作用。

二、农业国的工业化和城镇化

农业农村的现代化,必定是一个伴随着工业化、城镇化逐步推进的发展过程。没有工业化为农业提供现代物质和技术装备、没有城镇化对农村人口的持续大规模吸纳,农业农村的传统面貌就不可能改变。因此可以认为,国家对工业化、城镇化发展方式的选择,将决定农业农村的发展状况、决定农民的命运。农村实行家庭承包经营后,劳动力大量富余的现象就迅速凸显。中央在改革初期就注意到了这一基本事实。1984年的中央1号文件就已明确指出:"不改变'八亿农民搞饭吃'的局面,农民富裕不起来,国家富强不起来,四个现代化也就无从实现。"为此,提出了通过推进工业化和城镇化来逐步改变这种局面的政策设想。

(一) 农民与工业化

1984年中央4号文件指出:"目前,乡镇企业已成为国民经济的一支重要力量",并提出"对乡镇企业要和国营企业一样,一视同仁,给予必要的扶持"。这一政策的出台,使原来仅是星星之火的乡镇企业迅速形成了燎原之势。农村有的是廉价土地和劳动力,而当时的市场又是几乎各类商品都处于短缺状态,这就给乡镇企业的发展提供了极大的空间。于是就迅速出现了邓小平所说的乡镇企业异军突起的局面。短短十余年间,乡镇企业就吸纳了超过1亿农村劳动力的转移就业。就此而言,乡镇企业确实功不可没。

但通过兴办乡镇企业来给农民创造转移就业的机会,毕竟仍未跳出二元结构的体制框架。由于当时的经济社会条件还不可能提出放开农民进城的政策设想,于是就只能鼓励农村集体经济组织和农民在农村兴办自己的企业。当时的设想:一是可以使农业中的富余劳动力就地、就近转移到企业就业,以避免进城;二是乡镇企业的利润可以直接"以工补农"(当时的乡镇企业大多是由农村集体经济组织兴办),以使农业在缺乏财政投入的情况下也能获得发展资金。应该说,在一段时间内,有些地方的乡镇企业发展确实促成了这种几全其美的局面。但是,当国有企业开始改革,当外资企业大量进入、当城镇也开始鼓励发展多种所有制经济之后,乡镇企业的外部环境就发生了巨大的变化。迫于市场竞争的压力,自20世纪90年代中期开始,乡镇企业的发展就出现了两个新趋势。一是"改制"的趋势,绝大多数集体企业都改成了个体、私营或股份制企业,"以工补农"的机制开始消退。二是集中的趋势,随着加工工业快速向沿海发达地区、大中城市郊区和一些加工增值潜力大的优势农产品产区集中,乡镇企业"村村点火、户户冒烟"式的发展阶段宣告结束,农业富余劳动力的就地、就近转移也让位给了背井离乡的民工潮。如今,乡镇企业虽名称依旧,但其性质和作用均已非当初所愿。应当说,在特定的历史条件下,乡镇企业对我国加快工业化进程和促进农民转移就业都发挥了不可低估的作用。但它的发展历程也表明,试图在不改变二元结构体制的背景下,走出一条独立于城市的农村工业化道路以解决"三农"问题,大概是不可实现的。

(二)农民与城镇化

在鼓励发展乡镇企业的同时,中央还提出了鼓励农民外出务工经商的政策。1984年的中央1号文件要求:"各省、自治区、直辖市可选择若干集镇进行试点,允许务工、经商、办服务业的农民自理口粮到集镇落户。"这也是一条虽未根本触动二元结构的体制、但却开了允许农民向城镇流动就业先河的重大政策。

由于当时城镇中的一切生活必需品如住房、食品等,都还实行着严格的计划配给制度,因此真正能够"自理口粮"、长期外出务工经商的农民毕竟是极少数。同时,这条政策所开的口子毕竟还只是允许农民到"集镇"落户。随着农产品供给的逐渐丰富,也随着城市经济社会发展的需要,更主要的则是农村人口不断增加、耕地日渐减少,仅仅依靠农村的资源已难以满足农民就业和增收的要求,于是外出进城务工经商的农民逐步增加。但在很长时间内,农民进入大中城市就业仍困难重重,他们被称作"盲流",需要办理各种繁杂的手续和证件,往往被限制在工作条件差、劳动强度大且报酬偏低的工作岗位,还经常会因各种原因被清理返乡。但一方面

是城市确有需求，另一方面是外出打工就是比在家种地收入多，因此农民的进城打工就始终坚持着。面对经久不衰、日益宏大的民工潮，2002年中央2号文件提出了"对农民进城务工要公平对待，合理引导，完善管理，搞好服务。各地要认真清理对农民进城务工的不合理限制和乱收费，纠正简单粗暴清退农民工的做法"。事隔两年，2004年中央1号文件进一步明确："进城就业的农民工已经成为产业工人的重要组成部分，为城市创造了财富，提供了税收。城市政府要切实把对进城农民工的职业培训、子女教育、劳动保障及其他服务和管理经费，纳入正常的财政预算。"到了2006年初，国务院发出了《关于解决农民工问题的若干意见》，明确了"既要抓紧解决农民工面临的突出问题，又要依靠改革和发展，逐步解决深层次问题"的基本思路。此后，农民工的状况确有所好转。到2007年底，离开本乡镇外出务工经商半年以上的农民工（不计家属）已超过1.3亿人，约占农村全部劳动力数量的26%。

允许农民外出务工经商的政策已出台25年，但农民与城市仍只是个允许打工的关系，可见农民变市民之难。究竟难在何处？改革初期，由于主要农产品的供给尚不充裕，粮油肉等主要食品还实行着统购统销的体制，大量农民进城后将难以解决吃饭等基本问题。自20世纪80年代中后期开始，农民进城吃饭难的问题开始缓解，但就业的问题却很突出。当时，国有企业正处于经营困难阶段，而城市中其他所有制经济的企业还只是凤毛麟角，城市提供不了更多的就业机会。到了20世纪90年代中后期，不仅吃饭已不是问题，而且由于确立了以公有制为主体、多种所有制经济共同发展的基本经济制度，再加上人们对平等竞争就业的理念也开始认同，因此连农民进城的就业矛盾也趋于缓解。这似乎意味着放开对农民进城限制的条件已趋成熟。2000年10月，党的十五届五中全会通过了关于第十个五年计划的建议，这是在所有五年计划建议中第一个把"积极稳妥地推进城镇化"列为经济社会发展内容的建议。但此时恰逢住房、社保等城市福利制度进入改革的实质性推进阶段。结果，一算账，过去在这方面的欠账太多、缺口过大，要解决好城市已有人口的住房和社保等问题尚且有待时日，因此就只能把改革城市户籍制度、允许已进城农民转为市民的设想再度放下。

城镇化的本质应当是资产和人口的积聚，是对农村人口的大规模吸纳。但迄今为止，我国的城镇化仍然走着一条畸形的道路：资产和人口在快速集聚，但进入城镇的农民却始终未能转变为市民。尽管统计数据反映城镇人口每年都在增加、农村人口每年都在减少。据统计公报，2007年底全国城镇人口已达59379万人，占总人口的44.9%，农村人口72750万人，占总人口的55.1%。但如按户籍统计，2005年我国农业户籍人口就已达94908万人，占当年总人口的72.6%。这即是说，我国的城镇化水平，按居住地与户籍统计的结果，差距竟高达17个百分点以上。在我国，城乡户籍的差别就是享受社会福利的差别。统计我国城镇化水平而不反映城乡户籍人口各自所占的真实比重，必然会引起严重误导。这种将城市规模扩张中产生的大量失地失业农民、将大量外来打工农民统计为城镇人口的做法，其后果是，既导致了对城镇化水平的虚高估计，又忽视了城镇化进程中社会的公平公正，还鼓励了继续以损害农民切身利益为代价的所谓城镇化进程。由此可见，不改变维护二元结构体制的城镇化推进方式，就不可能形成使包括农民在内的全体人民共享发展成果的局面，也不可能真正发挥对农业农村现代化的促进作用。

三、农村改革发展的新阶段与新任务

近几年，我国农业农村自身发生了许多前所未有的新变化，面临的国际国内环境也出现了许多新情况，可以说，农村的改革和发展又到了一个关键阶段。从2004年到2007年，出现了粮食连续4年增产、农民持续4年增收的好局面。但也必须看到，这几年的粮食增产是恢复性的，2007年的粮食总产量比2003年增加了1416亿斤，但比1998年还低216亿斤。同时，部分农产品的供求缺口在扩大，大豆、植物油、棉花等的进口量持续增长。2007年农民人均纯收入达4140元，但城镇居民人均可支配收入达13786元，城乡居民的收入差距达到了前所未有的3.33:1。面对部分农产品供求缺口扩大和城乡居民收入差距扩大这"两个扩大"，对"三农"问题显然必须保持清醒头脑，增强忧患意识。

（一）要抓紧研究重要农产品的长期供求平衡问题

在耕地不断减少，人口持续增加，需求明显增长的背景下，我国农业自然资源不足的矛盾日渐突出。2006年，我国耕地面积为18.27亿亩，农作物播种面积为23.55亿亩。在目前的农业生产条件下，这些资源实际上难以满足社会对农产品的需求，因此部分农产品的进口近年来明显增加。从总的供求格局看，目前我国小麦、稻谷和玉米这三大谷物基本能够实现供求平衡，这对保障经济社会的稳定和发展关系重大。问题是农业的自然资源有限，保住了粮食，其他农产品就会出现缺口，突出的是大豆、植物油和棉花。

2007年，我国自产大豆1390万吨，进口大豆达3082万吨；自产植物

油近千万吨，进口植物油达 840 万吨。如把进口大豆折算成油脂，国内植物油消费的 60% 依靠进口。2007 年以来国际市场大豆、植物油、豆粕等价格暴涨，成为影响国内饲料和植物油价格不断上涨的主要原因。

在我国目前的农业生产条件下，如果自己增产 3000 万吨大豆和 800 万吨植物油，分别需要占用 2.5 亿亩和 1.8 亿亩的播种面积。此外，2007 年还进口棉花 246 万吨，约需 3000 万亩播面。2007 年我国还进口木材 3700m³、木浆 840 万吨，加上其他林产品的进口，共折合进口木材约 1.5 亿 m³，相当于国内消费量的 40%，而天然橡胶的进口已达 170 万吨，相当于国内产量的 3 倍。从目前的人口资源条件和消费需求看，我们显然做不到所有农林产品都实现自给自足。但一方面国内需求在持续增加，另一方面全球能源价格上涨和气候变化，又导致国际市场农产品供求关系趋紧和价格大幅度上涨。在这样的背景下，我们必须居安思危，未雨绸缪，抓紧研究制定我国主要农产品供求平衡的长期战略，这不仅是个发展问题，更涉及大量的改革问题。

一要实行更严格的耕地保护制度，否则 18 亿亩耕地的红线就难保不被突破。要加快改革征地和农村集体建设用地制度，形成集约、节约用地的新机制。这是我国主要农产品立足基本自给的基础。二要尽快明确扶持重要农产品核心产区和后备产区的政策，完善对农产品主产区的激励机制。包括中央财政对主产区的奖励补助制度，产销区的购销衔接和利益补偿机制，以及相关的产业政策倾斜和粮食库存的合理布局等。三要加大对农业水利设施建设和改造中低产田的投入力度，以资金投入替代自然资源。尤其是对中小型农田水利建设，过去农民一年出工超过 100 亿个，现在不足 20 亿个。要尽快采取措施，明确中央与地方的责任、形成多渠道筹集建设资金的途径。四要加快农业科技进步，在良种培育、适用技术推广、重大病虫害防治等环节上实现新突破，以科技进步促进农业发展。当前的关键是对农业科研、技术推广和农民培训的性质要尽快明确定位。五要积极实施农业走出去战略。进口农产品等于进口土地和水资源，因此，在不危及国家经济安全的情况下，适当增加农产品进口，对我国经济发展有利。要统筹利用国内国外两种农业资源、两个农产品市场，通过多种途径建立互利、稳定的农产品出口国货源基地、努力把握农产品进口渠道和定价权。

（二）稳定和完善农村基本经营制度

当前农业农村出现很多新情况。特别是传统农区劳动力大量外流、部分地区已经出现"村庄空心化、农业兼业化、农民老龄化"的现象，迫切要求加快完善农业的经营方式。

完善以家庭承包经营为基础、统分结合的双层经营体制，核心是稳定农村土地承包关系，这是坚持农村基本经营制度的基石，也是完善农业经营方式的现实起点。要按照土地承包法和物权法的规定，延长农村土地承包期、稳定土地承包关系。只有在清晰、稳定的承包关系基础上，才能发育起土地承包经营权的流转市场。要加快推进农村承包土地的登记制度，加快建立土地承包经营权流转的服务体系。要以改革创新精神与时俱进地看待"统"的问题。"统"绝不是回到过去的生产队，而是要根据经济社会的发展现状，打破封闭的观念和做法，除了要求有条件的地方进一步加强集体经济组织对农户生产经营活动的服务外，更应当从各地实际出发，加强农业社会化服务体系建设，培育农民专业合作组织，发展"公司＋基地＋农户"的产业化经营链条等，这些都是提高农业组织化、集约化和现代化程度的有效途径。

（三）加强政府对农业的支持保护体系建设

在农业比较利益下降、经营成本上升、生产要素外流的情况下，政府必须加大对农业的支持保护力度。除逐步增加财政支农资金外，还应加快农业政策性金融和政策性保险体系的建设。在增加对农民直接补贴的同时，还要加快完善对城乡低收入群众的食品价格定向补贴制度。稳住低收入者的基本生活，才能够充分发挥市场机制在农业中的作用。

（四）要坚持并行不悖地推进城镇化和新农村建设

我国农村人口数量巨大，一方面，要富裕农民就必须减少农民，因此要推进城镇化，为农民向非农产业转移创造条件；另一方面也要看到，即使我国城镇人口比重达到了70％，农村还将有数亿人口，因此还必须坚定不移地推进社会主义新农村建设，使农民共享社会发展成果。新农村建设的基础是发展农业和农村经济，但从当前的实际状况看，还必须提高政府对农民提供公共服务的水平。这方面的制度已初步建立，关键是要形成对农村教育、医疗、文化和社会保障的资金稳定增长机制，逐步实现城乡基本公共服务的均等化。

我国的城镇化，要把最大限度吸纳农村人口、拓展农民向非农就业的转移空间作为一大重要任务。从我国国情出发，要使农民分享城镇化的成果，就必须坚持走大中小城市和小城镇协调发展的道路。要结合主体功能区规划，合理调整经济布局，加快发展中小城市和县域经济，为更多农民就近转移创造条件，引导经济和人口合理分布。

四、农村改革的新机遇

30年农村改革的历程充满坎坷,根本原因在于农村改革是处于二元结构体制下的改革。改变二元结构的体制,是促进农村改革走上坦途的必要条件。党的十六大以来,我国农村的改革和发展又进入了一个新的机遇期。这几年,除了取得粮食增产、农民增收的明显实效外,还有很多思想理论和体制机制方面的创新。可以说,自十六大以来,一个适应全面建设小康社会新阶段要求的指导"三农"工作的理论体系和促进农业农村发展的政策体系正在形成之中。

这个理论体系是在改革发展的实践中与时俱进地逐步形成的。2002年十六大提出了统筹城乡经济社会发展的方针,2003年初胡锦涛总书记在中央农村工作会议上把解决好"三农"问题定位为全党工作的重中之重,三中全会把建立有利于逐步改变城乡二元经济结构的体制作为改革的一大重要目标,2004年四中全会上总书记做出了关于工农、城乡关系变化的"两个趋向"的深刻分析,年底在中央经济工作会议上总书记又明确提出我国总体上已进入以工促农、以城带乡发展阶段的重要判断,2005年五中全会明确提出了建设社会主义新农村,2006年六中全会提出要逐步实现基本公共服务均等化。党的十七大进一步明确了农村改革发展的方向是"走中国特色农业现代化道路,建立以工促农、以城带乡长效机制,形成城乡经济社会发展一体化新格局"。可以说,对于全面建设小康社会新阶段的农村改革发展,已经有了一个比较完整的指导思想和理论体系。

在这个指导思想和理论体系的指引下,这五年中央连续发出了五个指导农村工作的一号文件,不断推进体制改革和机制创新,已经在建立符合统筹城乡发展要求的新的政策体系方面迈出重要步伐。取消了专对农业和农民设置的农业四税,建立了对农业生产的直接补贴制度,明确了把国家基础设施建设和社会事业发展的重点转向农村,初步建立了覆盖整个农村的最低生活保障制度,制定了一系列保障农民工合法权益的政策和制度等。这一系列新的政策措施,对近年来的粮食增产、农民增收起到了明显的促进作用。

十六大以来,农村改革发展的理论、体制和实践创新都极为丰富,经验也极为宝贵。30年前,十一届三中全会明确了保障农民经济利益、尊重农民民主权益的准则,拉开了农村改革的序幕。17年前,十三届八中全会确立了以家庭承包经营为基础、统分结合的双层经营体制为农村的基本经营体制。10年前,十五届三中全会确定了建立符合社会主义市场经济要求的农村经济体制的改革目标。十六大以来，农村改革在科学发展观和统筹城乡发展方针的指引下，迎来了新的机遇。对十六大以来农村改革和发展的经验进行认真总结，将一系列行之有效的政策措施制度化、法律化，对于按照科学发展观的要求明确今后农村改革发展的方向，建立以工促农、以城带乡的长效机制，形成城乡改革发展的互动机制，推动整个经济社会又好又快地发展，必将产生重要促进作用。同时，这也是对农村改革30周年的最好纪念。

中国经济50人论坛
Chinese Economists 50 Forum

转轨经济学与中国三十年的改革实践

樊 纲

The Past 30 Years

A Review and Analysis by 50 Chinese Economists

樊纲简历

经济学博士，博士生导师，中国经济体制改革研究会副会长，中国改革研究基金会理事长，国民经济研究所所长，中国（深圳）综合开发研究院院长。兼北京大学、南开大学、中国社会科学院研究生院经济学教授。中国人民银行货币政策委员会委员。

1969 年赴黑龙江生产建设兵团务农，1975 年转到河北省围场县；1978 年考入河北大学经济系（七七级）政治经济学专业，1982 年毕业后，考入中国社会科学院研究生院经济系，主攻"西方经济学"专业；1985 年至 1987 年赴美国国民经济研究局及哈佛大学访问研究；1988 年获经济学博士学位；同年进入中国社会科学院经济研究所工作；1992 年至 1993 年任《经济研究》编辑部主任，1994 年至 1995 年任经济研究所副所长。

主要著作《公有制宏观经济理论大纲》（主笔）、《现代三大经济理论体系的比较与综合》、《市场机制与经济效率》、《渐进之路——对经济改革的经济学思考》、《中国渐进改革的政治经济学》等学术专著和《经济文论》、《樊纲集》、《走进风险的世界》、《发展的道理》等论文集，在《经济研究》等中国学术刊物上发表了《灰市场理论》、《论改革过程》、《改革的动态理论》等学术论文近百篇，主编了英文专著"Industrial Reform and Macroeconomic Instability in China"（2000），2003 年出版了日文专著《中国：未完成的改革》，在国内外理论界产生了较大的影响。1991 年、2005 年两次获孙冶方经济学优秀论文奖。1992 年被破格晋升为中国社会科学院研究员，被评为国家级有突出贡献的中青年专家；1993 年成为中国社会科学界最年轻的博士生导师之一。近年来的主要研究领域为宏观经济学、制度经济学暨"过渡经济学"。

樊纲经常受中央政府领导和各部委的邀请就各种经济政策问题进行决策咨询，并就各种经济政策问题向各地方政府提供咨询、建议，担任多个地方政府的经济顾问及其他多种社会职务。同时，近年来被世界银行、UNDP、ESCAP、OECD 等国际组织邀请任经济研究顾问。应邀到许多国家讲学访问、参加学术会议与合作研究，在国际经济学刊物上发表英文论文多篇。经常应邀在各种国际会议上作为主要发言人发表演讲。

樊纲于 2004 年被法国奥弗涅大学授予荣誉博士学位；2005 年 9 月，被美国《外交政策研究》（Foreign Policy）与英国《观点》（Prospect）杂志共同评选为"全世界最受尊敬的 100 位公共知识分子"之一。

一、"转轨经济学"——是否有一个已知的"目标体制"

究竟有没有一个经济学的分支,可以称转轨经济学(Economics of Transition)?它与制度经济学,包括其中的制度变迁理论(institutional changes,)有差异,也与"比较经济学"有明确的边界与明确的论题上差异。这不仅是一个理论家们"自我娱乐"的问题,其实也是我们研究中国30年改革开放历程时可能无法回避的问题,因为它关系到我们是不是有一个现实中的经济体制作为改革的"目标模式"。

假定存在两种不同的体制,A 和 B。研究任何一种制度或制度一般,无论是 A 还是 B 的内容、特点、运行方式、产生的原因等等,便是"制度经济学"。它的特殊内容可以表示为:

$$A \text{ 或 } B$$

对 A 与 B 的制度特征进行比较、研究(不一定评判孰优孰劣),则是"比较经济学"的特殊界定。它的特殊内容可以表示为:

$$A \cap B$$

在制度经济学中,一个重要的组成部分就是研究制度的变迁。比如诺思、威廉姆斯等人从经济学的基本理论出发,用理性选择的方法,通过历史资料的分析,研究制度是如何演变、变迁的,是哪些因素的出现,诱使人们对原有制度进行改变,以在新的条件下捕捉新的机会、获得新的利益(诺斯,1990,2007)。也就是说,制度经济学中的制度变迁理论,研究了以下的进程:

$$A \rightarrow B$$

制度变迁理论已经不是单纯地研究 A 或 B 本身,也不是对 A 或 B 进行比较,而是研究"→"所表示的变迁过程,研究这一过程是如何发生、如何进行的,最终 B 是如何形成,从而使制度从 A 转变为 B 的。

那么这不就是制度转轨吗?所谓转轨经济学与制度变迁理论又有什么差异呢?

差异在于,历史上,从中世纪的农业社会向现代市场经济变迁的时候,当时的人们并不知道有一个我们今天所说的市场经济,不知道市场经济应该是一种怎样的制度,其激励与约束机制都是怎样的,都有哪些必要的制度要素,等等。人们是在逐步的摸索过程中,在不自觉的、甚至是盲目的探索中,逐步建立起了一个后来被称作市场经济的东西。

甚至当初计划经济的形成,至少对前苏联来说,也是一个制度变迁的过程。因为尽管当时人们心中有一个计划经济的理论蓝图,但也只是蓝图

而已,现实世界中还不曾有过一个计划经济,人们必须在实践中探索,对理论上的那个模本进行种种修正,才完成了现实中的制度变迁。

但是,在人类历史的20世纪末期,出现了一种特殊的制度变迁,就是人们要放弃计划经济,实行市场经济。而这时这种制度改变的目标模式即市场经济,已是一个存在的现实,不一定是在本国历史的现实(有的国家在几十年前的历史上曾是现实),但已经是世界上其他国家的现实,这时的任务就是从一个现实中的经济制度,向一个已知的经济模式进行转轨(Fischer, Stanley, and Alan Gelb, 1991, Sach, Jeffrey and Wing Thye Woo, 1994)。也就是说:制度经济学变迁理论中的B,是未知的,未存在过的,而转轨经济学中的B是已知的,已经存在过并仍然存在着的体制。我们用()表示已知,则转轨问题的特殊形式就是:

$$A \rightarrow (B)$$

这一假说丝毫不否定可能存在着以下的"误差":1. 市场经济在不同的历史、文化背景和国家特征之下,会在现实中有这样那样的差异或变异;作为改革目标模式的,只能是"市场经济一般",即那些构成市场经济体制的基本构架,而不是具体细节;2. 人们可能只是大概地("远远地望见")知道现实世界存在着市场经济,但对于市场经济制度的许多细节,在开始时并不了解,甚至会有误解,特别是只看到它运作的一些结果,但并不了解它运作中许多具体的制度要求。但这没有关系,这些误差不能否定基本的问题:人们在各自特殊的历史条件下,大致知道自己转轨的目标。

正是这一点决定了转轨经济学的确有自己特殊的界定,它所分析的问题的确有所不同。这在前苏联、东欧的转轨过程中表现得最为明显。他们明确地表示就是要"回到欧洲"去,实现欧洲式的市场经济,所以他们会一开始就用激进的办法,直接照搬欧美的经济制度,力图尽快实现转轨。

中国当然不是这样。但是,我们却很难说中国人在变革初期就不知道自己的目标模式是市场经济。市场经济的很多制度在当时中国的各种条件下无法实施,甚至在开始的时候无法把市场经济纳入官方语言,但在许多人的心目中至少是想要市场经济能产生出的那样的经济效果。邓小平说"摸着石头过河",要"过河"其实是确定的,河的"彼岸"多多少少是知道的,不知道的是"怎么过",所以要摸石头。特别是如果我们不是局限在开始时的争论,而是从体制转轨的全过程来看问题,我们哪一项改革、哪一阶段的改革,不是把市场经济国家的制度拿来借鉴一番,并试图在本国、本发展阶段的具体约束条件下,在基本内容上逐步实现类似或同样的制度?"与国际规则接轨",则是从另一个角度使自己的制度与以市场经济制度为基本内容的国际制度相一致,或最终相一致。

正是在这个意义上，可以认为中国过去 30 年体制改革的基本问题就是在原有制度或制度残余（以及特殊发展阶段）的约束下，向一个多多少少已知的新体制即市场经济制度转轨的过程；它本质上是一个"转轨"（Institutional transition）问题，而不是在未知目标条件下"变迁"（Institutional change）的问题。

总之，这一小节的分析不仅要说明事实上存在着可以与其他学科分支明确区分、有着自己特殊问题的经济学分支"转轨经济学"，而且提出了一个理论假说：即使在中国，我们体制转轨的"目标体制"，即一般意义上的市场经济，在改革政策制定过程中其实是个已知的因素。这也就解释了为什么我们在改革的过程中总是在向别人学习，参照别国的做法。

二、"意识形态"还是既得利益？——是什么构成体制转轨的激励与约束？

诺思曾在分析制度变迁时给予意识形态以特别的关注。基于中国体制改革过程的大量现象，研究者也有很多倾向于改革的进程就是不断解放思想，打破意识形态约束的过程（最近的研究有姚洋，2008；夏斌，2008）。

当然很难否定或忽视意识形态的作用。但是，在一个没有单一宗教的历史，从未出现宗教统治的国家里，意识形态本身的独立性或独立作用是值得怀疑的，至少比起其他国家来我们更需要用其他非意识形态的因素来解释转轨的进程，也就是说，更加用经济学的基本因素来加以解释。

从计划经济向市场经济转轨的激励，显然来自两种制度经济效率的比较。对一个国家整体来说，或者对一国政府来说，民富国强，不再"挨打"，显然是基本的激励。对个人来说，激励则是富裕、过好日子。人们对已有的关于两种制度经济效果的信息，足以提供激励，使人们开始改革。

在这个意义上，我不同意对"诱致性"制度变迁和"强制性"制度变迁的区分（林毅夫，1988）。改革从来都是因为利益、"好处"等的诱致。"强制"的情况只发生在一部分人想改革，另一部分人因既得利益而不想改革的时候。对这后一部分人来说，改革才是强制的；但就一个社会整体来说，不存在这种区分，改革一定是至少一部分人受到了新利益的诱惑而同意开始改革才会发生，无论是自上而下还是自下而上。所谓至上而下的改革，看起来是强制的，但也是因为一部分人看到诱因而另一部分人还看不到诱因的情况。反之亦然：自下而上的改革也可以是"强制的"，但同样也是一部分人（下面）看到诱因而另一部分人（上面）看不到的情况。

这一分析就使我们看到了改革阻力发生的基本原因，也是对制度转轨

的基本约束：既得利益的冲突与制度信息的不完全。本节（以及接下去的两个小节）着重分析利益约束的问题，后面则着重分析信息（知识）约束的问题。

转轨经济学假定人们知道存在制度 B，而且知道它按某种目标衡量（如效率目标）优越于 A，实现转轨可以提供一个价值增量。那么为什么改革不可能一下子完成，还会有阻力存在呢？答案首先在于旧体系本身形成的既得利益，在于那个旧体制的既得利益集团在改革过程中面临利益受损的可能。这一点在笔者 17 年前发表的《论改革进程》一文和后来出版的《经济体制改革的政治经济学分析》一书中已有较详细的说明。新制度也许对社会上绝大多数人来说都能带来新增的好处，对另一部分人（可能只是极少数人）来说也许从利益（收入）的绝对值来说也会是增大的，但只要相对减少了，即相比其他人自己的"层级"下降，这少部分的人就会构成反对改革的既得利益者。用改革"红利"的一部分对一些人进行"补偿"都无法使他们不反对改革，因为新制度如果不改变原来的"层级"结构就不成其为新制度了。正是在这个意义上，笔者认为制度转轨在很多情况下是"非帕累托改变"，因为经济学中的"帕累托改进"，指的是没有人受损（无论是绝对受损还是相对受损）的前提下一部分人利益获得增进的情况（樊纲，1991）。

旧制度的既得利益构成了改革的约束。而在许多情况下，特别是在一个"实用主义精神"（而不是宗教精神）为主导的社会中，所谓意识形态障碍，往往就是既得利益者实用主义地用来维护自己既得利益的一种"冠冕堂皇"的方便工具。这完全不否定现实中的确存在着具有高尚情操的意识形态的护卫者（在一个"物欲横流"走向极端的历史阶段，我们真的应该对这些高尚的护卫者致敬，尽管我们可能并不同意他们所护卫的原则本身）。但是毕竟，我们也可以看到在许多情况下，人们对意识形态的坚守，并不是出于高尚的动机。在他们的行为中，我们看到的往往只是对旧体制下某种利益结构的维护。

所谓渐进的改革与激进改革的差别，本质上不是改革速度的差异，而是改革方法的差异：渐进改革是在尽可能照顾既得利益（至少在绝对值的意义上不受损害）的前提下实现转轨；而激进的改革更具有"革命"的意义：它不顾一部分人的利益是否受到了损害而推进改革。

充分认识到以上一点的重要性在于：改革的问题说到底是利益关系的调整；改革是为了追求新的利益、改变原有的一些利益关系，从而用新的制度来获取对多数人来说较大的利益。因此，体制改革、转轨本质上不是一个经济学问题，而是政治经济学问题。而在这个过程中，适当关注既得利益者，暂缓触动既得利益，用改革"红利"的一部分对利益受损都进行一些补偿等，都可以减少改革的阻力。中国渐进改革中通行特别是"新人新办法，老人老办法"，先放开一轨，逐步并轨的"双轨制"，以及各种补偿制度，都是处理利益矛盾和利益阻力的有效方法，虽然这些都使得改革进程看上去慢了一些。

由于"相对收入"的存在并无法得到充分补偿，上述缓和利益矛盾的方法并不能消除一切利益冲突。在这个意义上，改革又总是"强制的"，总是一部分人（我们假定目标 B 能为多数人带来更大利益，所以假定这是"大多数人"）强迫另一部分人进行利益转轨的过程。而那部分被强制的人虽然人数少，但可能是旧体制下的强势群体，甚至掌握公共话语权。因此，我们在现实中可以看到：1. 在改革初期，总会有很大的阻力；2. "英明而强势的政治家"在推动改革方面有着不可忽视的重要作用，在改革初期，甚至是推动改革的一种决定性因素。

总之，这一小节的结论是：在基本经济理论层面上，真正对改革进程起到约束或阻碍作用的，不是意识形态，而是旧体制下形成的既得利益。改革的根本问题是如何打破或化解这些利益阻力。

这一分析并不否定意识形态的重要性，也不排除它在解释其他一些国家的体制转轨过程中可以起到重要的、独立的作用，只是我们在解释中国的现象时，更倾向于用另外一种假说。

这不否定"解放思想"的重要作用，只是要说明解放思想在一定程度上的作用是要去除掉既得利益者维护旧体制的一些方便的理由。

三、"新的利益集团"与体制转轨的动态逻辑

转轨经济学的特殊问题是，新体制是逐步形成的（我们后面会说明，没有一下子建成的新体制，或长或短都是一个过程），转轨的全过程会由一个一个的过渡性阶段或过渡性体制所构成，而每一个阶段、每一个过渡性体制，都会产生新的既得利益集团，他们会阻碍进一步的转轨。最典型的情况是中国在实行价格双轨制的时候所产生的"官倒"集团，他们从两种价格的差额中获得，自然反对进一步改革即"并轨"为单一的市场价格。因此，体制转轨可能会中途停滞或夭折，还可能出现倒退。这也是有的人反对"渐进改革"的一个原因，他们担心如果不能一步跨越鸿沟，就会掉入深渊。

在现实中，我们的确看到了有新的利益集团力图保住某种过渡性的体制，阻碍进一步的改革，也许在有些国家也存在过发展（不单纯是体制转

轨）停滞的情况（如历史上一些拉美国家），但是，我们并没有看到改革完全停滞、市场经济不能继续发展的情况。在我国这30年改革的历史上，那些被指责为不完美、不彻底、"走不通"、会停滞的过渡性体制，如价格双轨制、乡镇企业、（资本市场）股权分置等，最终都逐步地实现了进一步的改革；其他种种的体制也都还在过渡过程当中，当中会有停顿或反复，但是总的来说还在继续向前走，从不完美（不符教科书的定义）走向相对的完美。这是为什么？

从根本上说，开始改革，就是开始了以利益竞争为基础的制度竞争。这时，只要是新的制度或新制度因素真的更有效率，真的更加优越，就总会有人而且可能是越来越多的人选择新体制的发展，以获得更大的利益。过渡性的体制是改革过程中阶段性的最佳选择（樊纲，陈渝，2005），但是一定会在自身的发展和其他条件的变化中显示出其缺陷，这时就会有人为了利益的最大化而追求进一步的变革；由于人们知道倒退回去不是出路（否则就不会有前一阶段的改革了），就只能向前继续转轨。而且，在每一个新的阶段上，利益集团之间的关系会不断地重组，老的既得利益集团往往会加入反对新既得利益集团的阵营，反倒成为进一步改革的动力。总之，理论上的确存在着这样的可能性，即改革一旦开始，新体制的优势就会在不断的利益重组中推动体制转轨继续进行，直到转轨完成。

笔者曾经用一个简单的两部门（新旧两种体制）模型论证了只要新体制（也可以广义地理解为：相对于每一个过渡性体制来说更新的体制）的效率或增长率比旧体制更高，在时间过程中，新体制在人们的利益选择中最终会代替旧体制（樊纲，《改革的动态过程》，2000）。

因此，转轨经济学应该检验的一个假说就是：只要假定 B 比 A 更有效率，在（已知）各自具有稳定性的制度 A 和 B 之间的任何一种过渡性体制 A_1、A_2……或 B_1、B_2…… 都是不稳定的；体制转轨最终将以 B 取代 A 而结束。

这听起来像是在说"改革反正总会成功"。但上述假说的真正含义是"存在改革成功的可能性"！你要是真的相信作为转轨目标的新体制比旧体制优越，而且相信经济学的基本假定即人是有理性的，你就应该相信改革进程能够最终克服一些过渡性的既得利益集团、过渡性腐败、过渡性制度缺陷的"劫持"，在人们不断追求利益最大化的过程中不会停下来，转轨最终会实现，较优越的体制最终会在重复进行的竞争中胜出，尽管我们要时时提醒人们注意改革停滞甚至逆转的危险。

必须用转轨的观点来理解转轨！

四、"泛利性政府"还是"决策机制"使多数人的长远利益得以在决策中体现

上面的分析已经把我们引向了另一个经常被人提到的"政府利益"和"政府作用"问题。在现实当中,政府毫无疑问在改革中起着重要的作用。但从转轨经济理论的角度看,这种作用主要是"功能性"的,比如是否正确地选择了改革的战略与政策,在适当的时候推进适当的改革,是否维持了经济与社会的基本秩序,提供了应该提供也可以提供的公共物品或公共服务,等等。但是在理论问题的基本层面上,"政府"是否构成一个独立的利益主体,它在利益上是否与社会整体(由多数人利益所定义)的利益相一致,在这个层面上是否存在"好政府"与"坏政府"?却是一个更为复杂的问题。在分析不同问题时,我们可以有一千个理由假定掌权者是一个特殊利益集团,但在理论上,我们却很难假定存在这样一个特殊的利益主体,因为这与"政府"的概念相悖。我们在此不去做过多的理论讨论(有关的理论大量存在),只简要地提出以下的假说:

第一,如果假设政府是直接按简单多数票选举产生的,我们可以说它的利益与多数人一致(信息约束问题还未引入我们的讨论,所以假定是完全的),不过也只是与多数人一致,而不是与社会整体一致(只要不是"一致同意"[consensus],就不存在社会整体利益),因此我们可以说改革政策永远具有"党派色彩"。这里要强调的是,如果一个改革的政府还没有被选出,说明该社会的制度转轨的基本条件(利益结构)还没有形成。如果出现了少数掌权者死守旧体制与多数人利益相对抗迟迟不进行改革,则说明某种政治变革已成必要的前提。正是在这个意义上,中国在70年代从"文化大革命"的阴影下走出来开始经济改革,其实是以政治改革为前提的,否则根本无法对许多问题进行解释。只不过它并不像有人所设想的那样一下子改变成西方式民主罢了。

第二,即使在出现党派的情况下,如果政治博弈是反复进行的,任何当权者(党派)也不可能不顾"国家利益"和多数人的公众利益而只为满足自己的一时私利去制定政策,因为那样这个党派在下一次就会被以某种形式赶下台。因此,在理论上,我们很难假设一个完全不顾国家利益只为少数当权者谋私利的政府(作为一个政治实体的机制,而不是个别人)。在现实中当然经常存在那种情况,而且在政治体制存在弊病的情况下,那种情况发生的可能性就更大一些。但是,即使在君主制下,"孤家寡人"要想维持家族的长久统治,理论上也要考虑"国"的整体利益,防止人们因不满现状而造反。正是在这种意义上,我们在理论上只能假定政府代表多数

人的利益,都是所谓的"泛利性政府"(Olsen's Encompassing Government, Olson, Mancur, 1965)。在此我们完全不排除可能出现"昏君"的可能性,只是我们不把它当作理论研究的一般情况罢了。

第三,真正有差异的,是政府产生机制所可能导致的"长远利益"与"短期利益"的矛盾冲突。如果一个政府每隔三四年要由选举产生,政党与政府的行为方式就较可能具有"短期化"的特征,它会更惧怕发动那种短期可能引发一些震荡而长期对全民有好处的改革;会更倾向于把现有的政府收入用于当前的福利支出,现在就提高一部分人的收入,以换取选票,而不是将其投入未来才能逐步由全民享有回报的投资项目(如基础设施建设)。相反,如果对执政期的期望较长,政府的行为就有可能(不必然)更倾向于一些长远的利益。

政治体制的上述差异,也许能够说明中国与其他一些很早开始实行西方式民主的发展中国家的政府在体制改革上的行为差异。两千年历史所遗留下来的中央集权式政府,至少在最初的阶段上并不需要用提供经济发展和社会稳定来证明其"合法性"(相反的观点见姚洋,2008),相反却能更多地从全国的长远利益考虑一些问题。中国的地方政府虽然也追求短期效果,但由于他们要向"上级"负责,只要中央政府的"执政预期"较长,对地方政府的考核指标相对而言总会更多地包含一些社会长期利益的考虑。更重要的是,这样一种中央集权式政府,一旦确认了某项改革是国家的长远利益所在,就会较早、较快地开始进行一些会在近期产生痛苦的改革。

这里需要注意的是这个"长远利益"的因素并不能解释所有的问题。比如在解释中国与俄罗斯在改革方式上的差异问题时,起主要作用的显然是改革"起点"之前,前苏联增长停滞,经济每况愈下,剩余很少,只有很少一部分当时政府的特权阶层还有"既得利益"可言,所以社会上绝大多数人都希望尽快(激进地)实现变革(革命)。那已不是政府体制的问题,而是基本利益结构的问题。相反,在中国,20世纪70年代末"文化大革命"结束后经济已经开始10%左右的增长,对于许多人来说(特别是"城里人")不存在一下子打破旧体制的理由。

在改革(与发展)的初期,中央集权式的政治体制也许有其优势,但随着市场经济的发展,社会利益结构日趋复杂,利益诉求日益多样化,中产阶级的形成也日益使政治体制具有了相当的稳定基础。这时,如何使政治体制适应新的需要,就自然会被提上了体制转轨新阶段的议事日程。

总之,本小节分析的结论是:政府或多或少总是"泛利"的,真正的问题在于政府体制或决策机制是否使得社会的长远利益得以在改革决策中体现出来并加以贯彻并打破一部分人(可能是多数人)短期利益的阻力。

这一结论的现实意义在于:一般的"政客"或有任期的政府,通常是"短视"的,而体制改革本身具有长期性,在很多时候一项重大的、正确的、必要的、甚至是紧迫的(必须尽早开始的)改革措施的成效,要很长时期以后才能看到,短期内马上能看到却往往只是改革初期的"阵痛",所以在体制转轨的问题上,如何使长期利益贯彻于决策当中,克服当前利益的阻力,往往是至关重要的!

五、经济改革与政治改革

转轨经济学一开始就存在着究竟是经济改革应优先于政治改革还是政治改革应优先于经济改革的争论。而不同国家的实践,似乎表明并不存在固定的模式,不同的历史背景决定了不同的国家选择了不同的改革顺序:前苏联、东欧是先政治改革,而中国是经济改革先行。

在此,笔者想提供一种不同的思考问题的方法。

现代经济学的基本理论包含着以下的要素:

第一,人们消费的所有"物品"(goods),可分为两大类:私人物品和公共物品,私人物品是可以由市场来提供的,而公共物品,由于其"定价成本"较高,难以由私人之间的交易来实现供给,只能由某种公共机构用公共财政的方式来提供;而这种非市场的公共活动开始发生,我们就已经进入了政治的领域。现代政治,本质上也就是分配公共资源、提供公共物品的制度。最典型的问题是腐败。腐败的定义就是"利用公权谋私利",只有当一种资源或权利作为公共资源加以分配的时候,腐败的问题才会产生。它是经济问题,也就是政治问题,即公权利的问题。

第二,制度本身具有公共品的属性,是一种软性的公共物品,因为它的消费与供给必须是"不排他"的,必须强制性地要求一个社会的所有人加以遵守,"刑不上大夫"的制度不是一种好的制度。从这个意义上说,制度转轨,体制改革,本身就是一种公共事务和政治过程,无论它指的是经济制度还是政治制度。

第三,意识形态的改变,既是政治制度的变化和政治目标或政治评价体系的变化,也决定着经济价值评价或偏好体系的改变。

因此,从现代经济学的角度看问题,所谓政治关系,只是经济关系在公共物品供给领域的一种延伸,政治制度是整个制度体系中的一个组成问题,而不是独立于经济制度的,反过来说,脱离了政治分析,经济问题就无法解释,至少对经济制度转轨这件事来说就无法理解。

从经济学所研究的人们利益关系的角度来看,区分专制与民主政治最

为本质的因素不是政府产生的方式即选举制度，而是权利的制衡和不同利益集团在决策程序中的参与。是集权还是分权，权力是否受到监督和约束，各个利益集团的利益诉求是否能在决策过程中得到反映与代表，等等，才是区分不同政治制度的本质性的判别标准，政府产生、运作和决策与监督方式只是制衡与参与的表现形式，而这种表现形式可以是多样的。它会发展演变，特别是会随着经济与社会的发展，随着经济结构、社会结构、文化教育的发展和文明程度的提高而不断地演化、进化、发展，由较低级的形态进化到较高级的形态，但这也是一个历史的过程，而不能用一种特定的政治形态（如特定的选举方式）是否出现来判定政治制度的变革是否发生。

从这些理论要点出发加以分析，我们就不能说中国没有发生政治变革。"文化大革命"的结束，中国共产党在1978年决定改革开放，这本身都是政治体制的改革，而且是先于经济体制改革的政治变革，没有这一变革，后面的一系列体制转轨都无法发生。然后，农村人民公社制度的解体和家庭承包制的实行，中央与地方分权和地方自主权的形成，国有企业放权让利，私有企业与私有产权制度的发展（私财的形成才能最终界定公共财产的边界），产权保护制度的发展，司法体系的发展与改革，中共领导人退休制度的建立与领导人产生制度的变化，人代会特别是地方人代会权力的扩大，等等，有些是政治制度本身的改革，有些既是经济体制改革，也包含着政治体制的改革。

这不是说中国已经进行了大规模的政治制度改革，更不是说中国的政治制度已经在各方面符合经济改革、经济发展和社会关系变化的要求，而是说，没有以上的一系列的变化，我们无法解释中国近30年来经济体制的转轨和社会的进步是如何发生的。市场经济的发展，私有产权的扩大，利益的多元化，当然要求政治体制进一步的变革，这也是下一阶段中国制度转轨的日益重要的内容。这点毫无疑义。我们这里只是在说，实证地加以分析，经济改革与政治改革并不像有些人认为的那样是可以明显区分开来，或者说没有政治变革，深刻的经济制度改革就是可以实现的。经济改革每深化一步，事实上都要求政治改革的推进。

西方现在实行的选举制度和分权制度，作为一种特殊的政治形式，有其历史延革的渊源，也有其当代的合理性。中国市场经济的发展，也必然要求政府选举制度的发展与变革。但是如果我们单纯地仅仅从某种特定的选举制度出发来评判中国是否发生了政治体制的改革，则会把我们的视野从一些更为本质的关系上移开，也无法科学地说明我们整个制度转轨的历史过程。

从同样的逻辑出发，我们也可以认识到：与私人物品相关的一系列制度，涉及的利益关系较为简单（本质上说，让人们自己去交易就是了），而涉及公共物品的关系，涉及的利益关系就复杂得多，也正是因为如此，政治改革相对总是更难一些。如果改革进程具有先易后难的特征（现实中人们总会倾向于这样做），就往往会是经济改革在先，政治改革在后。从经济发展过程来看，公共品的消费在总消费中的比重是随着人们收入水平的提高而提高的（包括公共设施、城市化、社会保障、环境、国际关系等），政治制度的重要性逐步增大，政治改革也就自然日益提上日程。而政治改革的推进，又会促进法治建设、市场环境等软性公共品的供给，使得私人物品的供给有新的提升。

这应该就是中国体制改革的基本逻辑。从这个逻辑出发，下一阶段中国的改革重点，应该是政治体制改革了。

六、体制信息的不完全性与体制的"不协调成本"

在现实的改革过程中，经常听到有人对政府或企业领导人提出两种批评：一、他不愿改（"私心重"），二、他不会改（"不懂怎么搞市场经济"）。前者所涉及的主要就是我们前一部分所分析的利益障碍问题（包括意识形态障碍），而后者则是知识、信息问题。现在我们就把利益障碍问题抽象掉，假定一个"一致同意"改革的社会，集中分析制度信息不完全可能产生的问题。

前面曾经指出，体制转轨的问题不同于制度演变，后者不知道"目标体制"是什么，因此是一个"纯进化"的过程。而对体制转轨来说，目标体制是知道的。因此，从总体上来说人们不是完全没有关于新制度的信息，他们大概知道自己要向一个别人已经在搞着的市场经济过渡。那些从市场经济国家来的"国际顾问"们更是知道现代市场经济（发展了几百年的，而不是刚开始搞的）是什么样子，因此可以设计出一整套制度蓝图，供人们在300天或500天内完成向市场经济过渡。

但是，尽管人们可能知道目标体制是什么，知道（最终）"应该怎样"，却在很大程度上不知道"如何实现"那个目标体制。具体地说，人们不知道或不很清楚（信息不完全）以下的事情：

第一，使一项制度得以正常运行的种种细节。在转轨国家，人们知道世界上存在着市场经济，是转轨的目标模式，但是并不是很确切地知道都是哪些具体的体制要素构成了这个制度，使它得以正常运行，产生好的结果（而不是坏的结果）。特别是，世界上一些成熟的市场经济国家，在几百

年的时间中形成了市场经济,有些非常重要的基础性的制度可能是几百年前就建立了,人们已经把它们当成天经地义的事情,在介绍市场制度的时候都可能只提到了最新的制度发展,而"忘了提起"那些古老的、但是更为基础的因素。

第二,每一个具体的体制的改革(步骤)需要多长时间才能真正建立起正常运行的新制度。任何一项制度不是一天建立起来的,从研究建立一项新制度起,到宣布实施新制度,写出新制度的有关文字(法规、法律),到具体实施使其成为人们事实上的行为约束(或激励),对不实施新制度的人进行惩罚,法律不仅停留在纸上而且成为"有案例"可以援引的事实有效的制度,需要一个时间的过程。就是说,人们也许知道应该建立什么样的制度,但每项制度建立过程所需的时间以及在这时间中会发生什么样的问题可能是不知道或不确切知道的。

第三,经济、社会是一个大的制度体系,各项具体的制度是构成这一体系的各个部件,而这些部件之间是相互影响、相互制约、相互作用的,具有极其复杂的关系。即使我们在理论上能够说明一个目标体制中的这些关系,人们也学习了足够的经济学,但是各种具体制度在形成建立过程中的相互影响、相互作用关系,却是人们不很清楚的(而这正是转轨经济学所要研究的!)。很多人提出改革的"先后秩序"问题进行讨论,本质上就属于这一类信息不完全的问题。而更重要的问题还在于同时进行的各种改革之间的相互影响、相互制约、互为条件的问题。特别是当每项具体的改革都需要或长或短的一个时间过程,如何使各项改革之间相互促进而不是互不兼容,出现某种制度成为整个体系"瓶颈",因改革滞后拖了整个体系的后腿的问题,或是某一方面的改革过于"冒进",超出了其他体制所能承受的能力,等等问题,则是改革过程中很大的一种不确定性(樊纲,胡永泰,2003)。

这方面信息缺乏所能导致的后果就是某种程度的经济混乱、无效,以致经济增长过慢,以致发生经济危机、社会危机。笔者在90年代初曾讨论过体制改革的"摩擦成本"(樊纲,1993)。科尔奈在1990年的一篇文章中曾提出了体制的不"协调成本"(Incoherence Cost,见 Kornai, Janos(科尔奈),1990)的概念。他指出旧体制或新的目标体制,本身各自都是自我内部协调的,而打破旧体制开始改革以后,在新体制形成之前的过程,却可能存在着各种体制之间的不协调问题,而这种不协调所导致的混乱与无效(效率损失),以至经济衰退,就称为体制转轨过程所付出的一种特殊代价:不协调成本。

从这一角度出发分析问题(而不是从利益结构的角度出发),改革方式是"激进"还是"渐进"的选择,就是在信息不完全条件下,少改革、慢改革以保持较大稳定但因此而保持旧体制的一部分效率损失,与多改革、快改革所可能付出较大的不协调成本,这两种改革方式之间的某种边际均衡意义上的选择。

一个经济体系内关于新体制的知识、信息越多,掌握的人越多,无论是从书本上学习的,还是通过引进人才、资本、企业等生产要素而导致的这种知识信息存量的增加与"外溢效应"的作用,在减少制度摩擦成本或不协调成本的问题上都具有重要的意义。正是在这个意义上,可以证明,为什么"开放"、"引进"(市场要素)对一国的制度转轨是有促进作用的。因此,要想加快改革进程,使改革更加平稳,就需要采取国际交流、引进外资、搞"经济特区"、与国际惯例接轨等开放政策,以使信息更加完全一些。

与此同时,改革政策所要考虑的就是如何在已有的信息条件下,使得各种改革之间尽可能地保持协调。在这方面,我们认为值得建议的改革方法不是所谓的"循序渐进"(sequencing),即A改好了再改B,B好了再改C。这是因为C、B没有改革,A的改革也是不可能深入下去并"率先完成"的。正确的政策思考应该是"平行推进",即A、B、C各方面制度改革同时逐步(分阶段)推进,注意保持相互之间的协调性,它们在改革的进程当中会互为条件、互相影响(樊纲、胡永泰,2005)。

这一分析的结论首先是实证性的:因为制度是一个系统,体制改革本质上就是一个系统工程,客观上各种体制因素的变化会相互制约、相互推动,必须用系统的观点来理解改革过程中的许多问题。而这一结论的政策含义就在于,我们要尽快在各个领域都开始改革的进程,没有哪一个领域里的改革是等得起的;同时,也要警惕那种认为某一方面的体制可以率先"到位"的急躁情绪。

对于中国来说,现在的主要问题是在一些体制改革上存在"瓶颈",而不是哪个领域的改革过于"冒进"。这不是本文所要着重讨论的问题(这也是因为多数经济学者都在谈论这个问题,本文就不多作涉及了),但在中国的现实中,这是一个相当严重的问题。

以上的分析也可以使我们解释一种普遍存在的现象:在体制转轨国家,往往会存在着知识分子或经济学家与政治家、公众的冲突。一部分知识分子,特别是"留过学"的知识分子们对于体制转轨的那个目标模式即别的国家存在着的市场经济有着较为完全的知识。但我们以上说的"体制信息不完全",是就整个社会的知识存量而言的,而且,真正在决定转轨的实际进程的,不是那小部分精英分子的知识,而是整个社会每个行动着的人的

知识。如果那一小部分精英脱离了现实,即脱离了大众(其中也包括事实上执行制度的整个官僚阶层)对于新体制运行方式的了解,急于一步到位地实现快速转轨,也是一种冒进,也会导致混乱。如果他们的建议被采纳,社会实现了激进的转轨,往往还要在发生危机后倒转回去重新走完新体制形成的路程(比如俄罗斯的情况)。在现实中,我们可以观察到,市场经济发展得越为成熟,"海归们"就越能被大众所接受,海归们也更能与大众们共事,无论这是由于海归们教育了大众,还是大众们在实践中获得了更多的有关市场经济的知识,总之是因为二者之间知识差异的缩小。

这一分析也提示我们:对于知识分子来说,真正完全的知识,应该不仅包括对体制改革目标模式认识(前面说过,这不是什么新的成就),也还要包括对于公众、政治家们的现实知识结构的把握,从而可以有效地引导公众,有效地推进改革,使我们的政策建议,摆脱理想化的色彩,方向明确而又从现实出发,积极而切实可行。

七、小结:"过渡性杂种"与"改革焦虑症"

本文中我们分析了对体制转轨的两个基本约束:既得利益约束与制度信息约束,说明了体制转轨就是在这两个约束条件下从旧体制向一个已知的新体制过渡的过程。这两个约束条件的存在,决定了我们不可能一下子从旧体制"跳"到新体制,而只能在一个时间过程中逐步地完成转轨。俄罗斯由于其特殊的利益关系和制度知识条件,较快地推进了转轨,但近二十年过去了,就整个国家而言新制度的建立还远远没有完成,还在艰难地转轨。而中国受其特殊的历史条件的制约,就更是处在转轨的过程中,也许还没有走完转轨的初期阶段。这就产生了以下的问题:一个经济制度在相当长的时间内(可能要几十年的时间),即不是 A,也不是 B,而是处在二者之间,它又不是稳定的制度,而是过渡性的,必然还要不断地变化、转轨。

我们就称这种既不是 A,也不是 B,处在转轨中间的过渡性的制度,为"过渡性杂种"(transitional hybrid,樊纲和陈渝,2005)。它们是"阶段最优的",因为在两大约束条件下,社会还不可能实现"更优的"体制。但显然,它们是不完美的、不理想的,是有问题、有缺陷的,因为它们还不是我们理想的目标体制;而且是不稳定的,要继续过渡或转轨下去,因为它们既不是原来具有稳定性的旧体制 A,也不是具有稳定性的 B。

这样,当社会处在一种"四不像"且不稳定的体制条件下,就会出现一系列的特殊现象。因为体制是有缺陷的，所有的人都可能对它是不满意的；如果改革因种种原因（包括信息不完全，或抄错了别人的做法）走错了路，就更是不满意；即使从改革中获得了好处，也仍然不满意，"端起碗吃肉，放下碗骂娘"，会是一种经常的现象，甚至一些人会把经济社会中出现的种种问题（比如腐败），都归结为改革本身，而不能认识到那其实是因为我们的改革还没到位、只走了一半（还有发展阶段的问题，更容易与改革的问题混在一起，比如收入差距）。对目标体制知识多一点的知识分子们就更是有更多的原因指责现行体制的种种缺陷，以一种轻蔑的态度看待实践中的"过渡性杂种"，用发达市场经济中的体制作为衡量标准来嘲笑几乎所有的改革措施，指责其种种的不完美。同时，因为体制是不稳定的，就总是处在"政策多变"的状态之中，人们的行为也会是不规则的，社会生活也总是处在不稳定的状态之中。而如果有人想防止政策多变，想让一项法规出台之后较少改动或不再"修订"，又会出现法规迟迟不能出台、现实中无法可依的情况，也会引起不满。

我们就称这种在转轨过程中经常可以观察到的对不完美和不稳定的"过渡性杂种"的社会不满状态，为"改革焦虑症"。这种焦虑症是以不理解体制转轨的特征为基础的。在一定程度上，这种焦虑症会加剧改革的困难，使决策者更容易犯错误，导致更大的不协调成本。

这里我们看到了转轨经济学的实际的功用：正确地分析体制转轨的特殊问题，不仅可以通过我们的政策建议改进决策，而且可以通过引导公众和政治家正确认识改革的进程而减少改革的成本。具体地说，转轨经济学者应该做的事情包括：

● 不断提醒决策者和公众，我们还在转轨过程中，停下来不是办法，我们还远没有完成改革，要不断地把改革推向前进；而且，要不断地平衡和兼顾各个领域里的改革。

● 向决策者和公众说明，体制改革，特别是新体制的建立，是一个需要时间的过程，要有一个历史的视角，正确认识到我们所处的阶段，看清身边发生的各种问题的真正根源。

● 告诉那些没有研究转轨经济学的经济学者，脱离实际、理想化地看待改革，用那种"贵族式"的态度来看待改革实践者在特殊历史条件下的创造，只能使事情更糟，事实上破坏了改革的进程。

参考文献

1. Aghion, Philippe, and Olivier J. Blanchard, "On the Speed of Transition

in Central Europe," Analytics of Transition, 1994, 15, 1 ~ 48.

2. Buchanan, J. M. , & Tullock, G.（布坎南与图洛克）, 1962, "The Calculus of Consent: Logical Foundations of Constitutional Democracy"（《一致的计算》）, University of Michigan Press.

3. Castanheira, Micael and Gérard Roland, "The Optimal Speed of Transition: A General Equilibrium Analysis," International Economic Review, 2000, 41, 219 ~ 239.

4. Dewatripont, Mathias and Gérard Roland, "Economic Reform and Dynamic Political Constraints," Review of Economic Studies, 1992, 59, 703 ~ 730.

5. 樊纲：《论改革过程》，载于《改革、开放与增长》，陈昕主编：上海三联书店1991年版（收录于盛洪主编：《中国的过渡经济学》，上海三联书店，1994）。

6. 樊纲：《两种改革成本与两种改革方式》，《经济研究》1993年第1期。

7. 樊纲：《公共选择与改革过程——不同改革道路实现原因的一种比较研究》，《经济社会体制比较》，1993年第1期。

8. 樊纲：《渐进与激进：制度变革的若干理论问题》，《经济学动态》，1994年第9期。

9. 樊纲：《中国渐进改革的政治经济学》，上海远东出版社1996年版。

10. 樊纲：《论体制转轨的动态过程——非国有部门的成长与国有部门的改革》，《经济研究》，2000年第1期。

11. 樊纲，胡永泰：《"循序渐进"还是"平行推进"？——论体制转轨最优路径的理论与政策》，《经济研究》，2005年第1期。

12. 樊纲，陈瑜：《论"过渡性杂种"》，《经济学季刊》2005年第1期。

13. FAN Gang, 1994, "Incremental changes and dual-track transition: understanding the case of China", Economic Policy, Great Britain, December.

14. FAN Gang, and CHEN Yu, 2002, "Growth of the Non-State Sector", by Fan Gang and Chen Yu, China's Integration with the World Economy: Repercussions of China's Accession to the WTO, Edited by Kyung Tae Lee, Justin Yifu Lin, Si Joong Kim, 2002.

15. FAN Gang, 2002, "The Dynamics of Transition in Ownership Structure", Dilemmas of China's Growth in the Twenty-First Century, Edited by Song Ligang, 2002

16. FAN Gang, "The Dual-Transformation of China: Past 20 Years and 50

Years Ahead", Emerging Market Economies, Edited by GRZEGORZ W. KOLODKO, May 2003.

17. Fischer, Stanley, and Alan Gelb, "The Process of Socialist Economic Transformation," Journal of Economic Perspectives, 1991, 5, 91~105.

18. R. 科斯、A. 阿尔钦、D. 诺斯等：《财产权利与制度变迁——产权学派与新制度学派译文集》，上海三联书店 1991 年版。

19. 哈勒根、张军：《改革起点与改革路径：一个可行的模拟》，《经济研究》1996 年第 1 期。

20. Hermann-Pillath（赫尔曼—皮拉特），Carsten, 1991: "A Darwinian Framework for the Economic Analysis of Institutional Change in History". (《对历史上制度变迁的经济学分析：一个达尔文主义的理论框架》)

21. Kornai, Janos（科尔奈），1990, "The Road to a Free Economy, Shifting from a Socialist System: The Example of Hungary". (《通向自由经济之路》) New York, W. W. Norton and Company.

22. 李稻葵：《转型经济中的模糊产权理论》，《经济研究》1995 年第 4 期。

23. 林毅夫，1988，《论制度与制度变迁》，《中国：发展与改革》1988 年第 4 期。

24. 刘世锦：《中国经济改革的推进方式及其中的公共选择问题》，《社会主义经济中的公共选择问题——上海三联书店 1993 年经济学论文选》，上海三联书店 1994 年版。

25. Nelson, R. and S. Winter, An Evolutionary Theory of Economic Change, Cambridge, Mass: Harvard University Press, 1982.

26. North, D. （诺斯），"Structure and Change in Economic History"; 中译本，《经济史中的结构与变》，陈郁等译，上海三联书店 1991 年版。

27. North, D., "Institution, Institutional Change and Economic Performance" （《制度，制度变迁与经济效绩》），Cambridge University Press, Cambridge 1990 年版。

28. 道格拉斯·C. 诺斯：《理解经济变迁过程》，中国人民大学出版社 2007 年版。

29. Murrell, Peter（莫瑞尔），"Evolutionary and Radical Approaches to Economic Reform"（渐进与激进的改革方式），Economics and Planning, 25: 79~95, 1992 年版。

30. Qian, Yingyi, "Balanced or Unbalanced Development: Special Economic Zones as Catalysts for Transition" (with John Litwack). Journal of Comparative

Economics, March 1998, 26 (1), pp. 117~141.

31. Qian, Yingyi, "From Federalism, Chinese Style, to Privatization, Chinese Style" (with Yuanzheng Cao and Barry Weingast). Economics of Transition, March 1999, 7 (1), pp. 103~131.

32. Olson, Mancur, The Logic of Collective Action: Public Goods and the Theory of Groups. Cambridge, MA: Harvard University Press, 1965.

33. 热若尔·罗兰（Gérard Roland），《转型与经济学》（Transition and Economics: Politics, Markets and Firms），麻省理工学院出版2000年版。

34. Sach, Jeffrey and Wing Thye Woo, "Structural Factors in the Economic Reforms of China, Eastern Europe and the Former Soviet Union," Economic Policy, 1994, April.

35. 盛洪：《寻求改革的稳定形式》，《中国的过渡经济学》，上海三联书店、上海人民出版社1994年版。

36. 田国强：《一个关于转型经济中最优所有权安排的理论》，《经济学（季刊）》，2001年第1卷第1期，第45~82页。

37. 吴敬琏：《当代中国经济改革》，上海远东出版社2004年出版。

38. Wing Thye Woo（胡永泰），"The Art of Reforming Centrally-planned Economies: Comparing China, Poland and Russia"（计划经济改革的艺术：中国、波兰与俄罗斯的比较），Journal of Comparative Economics, 1994年, 3, 276~308.

39. 夏斌：《伟大的实践必然存在伟大的理论——关于建立渐进改革有效理论框架的粗浅认识》，文稿，2008年。

40. 姚洋：《作为制度创新的经济改革》，书稿，2008年。

41. 张军：《"双轨制"经济学：中国的经济改革（1978—1992）》，上海人民出版社1997年版。

关于经济体制改革的若干思考

范恒山

The Past 30 Years

A Review and Analysis by 50 Chinese Economists

范恒山简历

国家发展和改革委员会地区经济司司长

湖北省天门市人，1957年10月出生。曾在农村劳动、蹲点，从事基层工作。1977年考入武汉大学经济学系，分获经济学学士、硕士学位。1984年考入中国人民大学经济学系，获经济学博士学位。1988年进入国家机关工作，主要从事经济体制改革总体规划、专项方案的研究设计，城市综合配套改革试点，区域经济发展战略、规划和政策的研究和制定，推进重点地区的开发开放等工作。先后任国家经济体制改革委员会综合规划与试点司副司长、国务院经济体制改革办公室综合司司长、国家发展和改革委员会经济体制综合改革司司长，现任国家促进中部地区崛起办公室副主任、国家发展改革委员会地区经济司司长。

参与了国家一系列重大文件的起草，主持了一些重要发展改革规划、方案的制定，主持了一些重大理论与政策课题的研究。

1988年获高级经济师职称，兼任多所高校教授、博士生导师。受聘担任许多省市政府顾问和众多学术团体荣誉职务，事迹为《世界名人录》、《中国当代著名经济学家评传》等众多典籍收录介绍。系国家发展改革委学术委员会委员、中国经济学奖专家委员会委员。学术研究领域广泛，研究课题涉及经济发展与改革各个方面。尤其在经济模式、生产资料所有制、区域经济协调发展等方面建树突出。著、编、译有三十多部学术著作和数百篇学术论文。

一、正确评价 30 年改革的成就

自 1978 年我国开启改革开放历史新时期，至今已整整 30 周年。30 年来的改革给我们国家和人民生活带来的巨大变化，是有口皆碑、有目共睹的。人们可以从不同的角度去归纳总结，我简单地归纳为"三个走向"。第一，改革使我们从计划走向市场。高度集权的计划经济体制被根本打破，市场在资源配置中的基础性作用显著增强，所有制、管理模式、法律框架等各方面都发生了深刻的变化。第二，改革使我们从封闭走向开放。我国面向世界的通道全面打开，逐步融入世界经济体系，并在参与全球经济一体化的进程逐渐赢得主动地位。第三，改革使我们从贫穷走向小康。30 年来，我国经济社会获得了长足的发展，综合国力有了极大的提高，人民生活显著改善。这"三个走向"又可以概括为一句话，这就是十七大报告所指出的，30 年的改革开放，使中华民族大踏步赶上时代前进潮流，迎来伟大复兴的光明前景。实践证明，改革开放是决定当代中国命运的关键决策，方向和道路是完全正确的。

关于改革的经验，也可以从不同的角度来总结。从操作层面上，我曾在有关文章中概括为十个方面，包括：第一，坚持解放思想，不断创新改革理论，以科学的理论指导改革实践。第二，坚持发展标准，紧扣经济建设这个中心，把改革开放与经济发展密切结合起来。第三，坚持依靠群众，充分尊重人民群众的首创精神，始终维护人民群众利益。第四，坚持循序渐进，试点先行，先易后难，在重点突破中实现整体推进，把改革引起的负面效应控制在最小的范围。第五，坚持因时制宜，把握社会经济环境和条件的变化，灵活调整改革措施。第六，坚持继续创新，科学对待原有体制基础，着力增进新体制的优势。第七，坚持合理引导，正确处理宏观调控与市场调节关系，把充分发挥市场配置资源的基础性作用与加强和改善宏观调控有机结合起来。第八，坚持兼收并蓄，科学吸收和利用世界资源条件和先进文明成果，把对内改革与对外开放有机结合起来。第九，坚持综合配套，实行各项改革的协调互动。第十，坚持规范操作，依靠法律和制度推进改革和巩固改革成果，强化改革的制度化、法制化建设。我们在改革开放中还积累了一些其他经验。所有这些经验，大大丰富了人类建设市场经济的理论与实践成果，为发展世界文明做出了杰出贡献。所有这些经验，进一步廓清了我们对社会主义市场经济的认识，对于我们深化改革、完善社会主义市场经济体制具有极为重要的价值。

改革是前无古人的事业。在推进改革开放的过程中，出现这样或那样

的问题是在所难免的,要看方向、要看主流、要看成效。前一个时期,有人对改革提出过一些非议,有的人借改革过程中出现的某些问题来否定改革的必要性和改革的大方向。在这个问题上,我曾经谈过要做十个方面的区别。借此机会,我再重申一下,即:把发展过程中普遍存在的问题与改革带来的问题区别开来;把改革不到位造成的问题与改革带来的问题区别开来;把局部问题和全局问题区别开来;把改革操作中的问题与改革方向问题区别开来;把假改革、冒名改革与真改革区别开来;把改革走形变样与改革思路不正确区别开来;把一般性工作措施失误与改革措施的错误区别开来;把改革过程中必须付出的成本与改革失误或不成功区别开来;把改革不配套、不周密带来的挫折与某些改革不成功区别开来;把群众因为偶然事件引起的对改革非议的非理性附和与认为群众不支持改革甚至反对改革区别开来。

二、深化改革面临的新形势和新特点

改革开放进入新的历史时期,面临着新的环境和条件,呈现出新的特点与要求。新的形势增强了深化改革开放的重要性和紧迫性,也为深化改革开放创造了良好的基础,但也存在着一些新的困难。

总体上说,国际国内形势都给深化改革开放提出了紧迫要求。国际形势方面,经济全球化、市场一体化深入发展,科技进步日新月异,生产要素流动和产业转移不断加快,我国与世界经济的相互联系日益紧密、彼此影响不断加深。适应这个大趋势,一方面,我们需要加快推进市场一体化进程,建立起与世界通行做法相衔接的规则与制度,以此迅速地、全面深入地融入国际经济体系,充分利用国际资源、国际市场,更多地分享经济全球化带来的利益;另一方面,我们又需要建立起有利于提升国际竞争力和有效防范开放风险的、富有特色的管理体制和运行机制,抵御外部势力侵蚀,维护国家经济安全,使自己在日益激烈的竞争中占据主导地位,行使优先权利。否则,就会被动挨打,在开放的世界面前不主动进攻,就意味着丧失机会、丧失市场、丧失利益。这就是说,国际形势的深入发展要求我们深化改革。国内形势方面,尽管我们这些年经济社会保持了又好又快发展的势头,但是许多深层的矛盾和问题并没有从根本上得到解决。这些问题主要是,经济增长的资源环境代价过大,发展的方式仍然粗放,城乡、区域经济社会发展不平衡,发展的协调性有待增强,农业稳定发展和农民持续增收难度较大,发展的基础仍不稳固,等等,在抗击特大冰雪灾害和汶川地震中也暴露出一些薄弱环节。这些问题的背后,都有体制机制方面的原因。同时，体制建设本身所反映出来的问题也很突出，如国有经济布局仍不合理、企业制度仍不规范，非公有经济发展面临着许多体制性障碍，市场体系仍不完备，市场规则仍不健全，政府职能转变没有到位，法制管理比较薄弱，等等。这就是说，无论是解决经济发展中的问题，还是完善市场经济体制，都必须加快推进改革。

当前深化改革具备很多有利的条件。第一，这些年积累起来的较为雄厚的经济实力为深化改革提供了良好的经济基础。改革需要花成本，其中包括要花钱，需要强有力的国家财政和殷实的社会财富做支撑。这次抗震救灾，社会各界能够捐助那么多的钱物，国家财政能够调拨那么多资金，就是因为这些年我们的经济大大发展了，腰包鼓了，国库厚实了，这个经济基础或财力基础对深化改革是极为有利的。第二，这些年积累起来的丰富的改革实践经验为深化改革提供了良好的技术基础。中国改革是前所未有的事业，一开始我们只能走一步看一步，摸着石头过河。这些年来，我们反复探索，积极试验，在总体上摸索出了一条适合中国国情的改革道路，在操作层面形成了一整套适宜的推进技巧和方式，从而使深化改革有了良好的路径与手段支撑。另外，从纯技术角度讲，建立在经济发展基础上的现代科技工具系统的建设与运用，也为增强改革的针对性、科学性和协调性提供了强有力的技术支持。第三，这些年在改革过程中培育起来的社会创新意识和改革精神为深化改革提供了良好的思想基础。经过由浅入深、由点到面的一系列改革，以及对于改革成果真实体验，广大人民群众对改革重要性的认识不断增强，承受改革风险的能力不断提高，参与改革的积极性和自觉运用各种有效方式投身改革的能力也有了一定程度的提高。这种群众基础和社会氛围有利于深化改革。第四，这些年通过改革建立起来的市场经济体制框架本身也是深化改革的良好体制基础。有了这个基础，各项改革就可以合乎逻辑地向前延伸；有了这个基础，改革就不可能走回头路。第五，经济社会发展中存在的深层矛盾和问题形成了对深化改革的"倒逼"机制。不深化改革，经济就不能又好又快发展，社会就难以和谐稳定，我们就会付出沉重的代价。

但是，我们也要看到，改革进入新阶段，艰巨性、复杂性、系统性和风险性大大增强，推进改革面临着许多难题。这在内容、动力、方式、要求等方面都清晰地反映出来。从改革内容看，目前面临的主要是一些涉及面宽、触及利益层次深、配套性强、风险较大的改革，改革到了真正啃"硬骨头"的时期。不仅如此，很多问题的解决，包括经济体制改革本身的深化，已与政治、文化、社会等方面的改革交织在一起，改革真正成为庞大的系统工程。改革内容上的这种特点使深化改革变得十分艰难。从改革

动力看,在改革初期,人心思变和良好预期形成的广大人民群众的改革热情十分高昂,社会的动力与政府的牵引力紧密结合,带动改革快速推进。然而,随着改革不断深化,由于改革的渐进性以及改革操作过程中出现的某些失误和不规范行为等,人们对改革成果的分享存在差异,这在一定程度上影响了人民群众改革热情的充分发挥。另一方面,伴随着改革的深化,作为改革组织者、推动者的政府部门,自身也成了改革的主要对象。自己改自己,甚至是大幅度放弃自身拥有的权力和利益,这毕竟不是容易之事,其积极性也会受到影响。在这种情况下,如何增进改革的动力是一个很大的难题。从改革方式看,改革初期,由于时间和地域推进上的差别,改革探索的空间和政策应用的空间都比较大,政府可以通过给予优惠政策和赋予地区在整体或某些方面的探索权力来推进改革,政府的主导性很强。随着改革领域的广泛化和改革探索权的普遍化,随着社会经济成分、组织形式、就业方式、利益关系和分配方式的日益多样化,由政府给予优惠政策进行改革的空间非常有限,政府通过行政手段主导改革的能力也受到挑战。从改革要求看,人们对改革效应的预期普遍提高,对改革成果分享的要求明显增强,改革的目的性日趋清晰和强烈。改革到了现阶段,已从以"破"为主转变到"破""立"并重和寓"破"于"立",其建设性要求明显增强;已从主要是利益调整转向利益调整和利益增进并重,从利益倾斜转向利益兼顾,要求使广大人民群众都能分享改革发展的成果。如何在推进改革中协调好各个方面的利益关系,尽量满足各个群体的合理要求,也是一个重大难题。

改革在内容、动力、方式等方面所体现出来的这些特点和难点,一方面要求我们毫不动摇地坚持改革方向,进一步加大改革力度;另一方面也要求我们在下一步改革过程中特别要注意如下三点:一是提高改革决策的科学性。为此,要深入分析改革的形势,科学把握改革的规律,不断完善改革的决策机制。二是强化改革的针对性。要抓住影响经济社会全面协调可持续发展的突出矛盾和深层问题,加快重要领域和关键环节的改革步伐。三是增强改革措施的协调性。要统筹兼顾,充分考虑各阶层、各群体的利益诉求,处理好改革发展和稳定的关系,把深化经济体制改革与推进政治、文化、社会等方面的改革有机结合起来。

三、深化改革的重点与任务

尽管我们已初步建立起社会主义市场经济体制,但离建立完善的社会主义市场经济体制目标仍然有较大的差距,改革的任务十分艰巨。当前,我国经济体制改革仍然面临着一些重大的课题。我在几年前的有关场合曾提出我国经济体制改革面临的 10 个方面的重大课题，即如何建立健全农民持续增收的机制问题、城乡一体化进程中社会管理和公共服务体制创新问题、产权多元化格局下保持国有经济控制力问题、非公有制经济发展中的无形障碍的克服与有形监督的体系建设问题、地区发展与全国统一大市场构建问题、收入分配体制改革中效率和公平的协调问题、混合所有制经济格局下政府的有效管理和调控问题、政府职能转变的体制机制建设问题、进一步扩大开放中实现自我保护的制度保障问题，以及经济体制改革与其他改革的相互衔接问题。这些问题当然不是我们改革问题的全部，但应该说都是其中的主要问题，这些问题不是一天两天能解决的。我们看到，这些年来，在解决这些问题上都有一定程度的进步，比如建立健全农民持续增收的机制问题，我们采取了减免农业税、推进农村综合改革等一系列措施，农民的收入增长较快；又比如产权多元化格局下保持国有经济控制力问题，我们一方面加强国有企业规范的公司制改造，推行投资主体多元化，改革国有独资公司和国有资产占绝大比重的公司产权结构，另一方面在重点领域和关键环节仍然保持国有产权的控制地位，国有经济运行效率明显提高，对国民经济的控制力和影响力也在不断增强，等等。但是，我们也要看到，所有这些方面的问题还没有根本得到解决，有些问题甚至还没有真正破好题。比如国有企业改革，在许多行业国有资本比重过高的问题、靠行政垄断经营的问题等并没有解决好，因此在市场经济环境下，真正通过市场运作增强控制力、影响力的问题并没有根本解决。如果市场全面放开，某些现在看似很好的国有企业能否在竞争中胜过非公有制经济和外资经济还是一个问号。总体上看，彻底解决这些问题的道路还比较长，需要通过改革一步步向正确的目标逼近。

今后一个时期，我国改革开放应该以转变政府职能等为重点深入向前推进。改革的主要任务，一是大力推进行政管理体制改革。继续推进政企分开、政资分开、政事分开以及政府与市场中介组织分开，严格分离政府职能和社会职能。进一步完善行政管理方式，最大限度地缩小行政审批范围。加大机构整合与改革力度，理顺部门职能，减少行政层次。完善体现科学发展观和正确政绩观要求的干部考核评价体系，坚持民主、公开、竞争、择优，形成干部选拔任用的科学机制。全面推进依法行政，健全行政执法体制和程序，加快建立法治政府。二是继续深化国有企业改革。进一步优化国有经济布局和结构，推动国有资本进一步向重要行业和关键领域集中。深化国有企业股份制改革，重点推进国有独资企业和垄断行业国有企业改革，实行投资主体和产权多元化。完善各类国有资产管理体制和经

营制度,加快建立国有资本运营责任机制。三是积极支持非公有制经济发展。公平市场准入,统一政策待遇,促进个体私营经济加快发展。平等保护私有产权,支持有条件的非公有制企业做大做强。鼓励非公有资本参股国有资本和集体资本,推动发展混合所有制经济。加强和改进对非公有制企业的服务和监管,引导和推进个体私营经济制度创新。四是加快推进财税投资体制改革。围绕推进基本公共服务均等化和主体功能区建设,完善公共财政体系。深化预算制度改革,强化预算管理和监督。全面实施新的企业所得税法,配套推进相关改革,改革资源税费制度,完善资源有偿使用制度和生态环境补偿机制。推进增值税转型改革试点,择机在全国范围内实施。五是着力进行金融体制改革。继续推进国有金融企业的股份制改造,深化政策性银行改革,完善金融机构公司治理结构和内控机制。继续推进农村信用社改革,积极发展新型农村金融机构。健全和完善各类金融市场,加强基础制度建设,提高直接融资比重。稳步推进利率市场化改革,完善人民币汇率形成机制。加强和改进金融监管,强化跨境资本流动管理,维护金融稳定和金融安全。六是加快完善现代市场体系。进一步打破行政性垄断和地区封锁,推进市场一体化,实现各类商品和要素的自由流动。积极稳妥地推进资源性产品和生产要素价格改革,推动形成反映市场供求关系和环境损害成本的定价机制。依法规范市场主体行为,规范发展行业协会和市场中介组织,健全市场竞争秩序。加快完善社会信用体系,建立健全失信惩戒制度。七是全面推进农村改革。继续深化乡镇机构、农村义务教育体制和县乡财政管理体制改革,巩固发展农村综合改革成果。采取多种有效措施,积极稳妥化解乡村债务。稳定和完善土地承包关系,健全土地承包经营权流转市场,稳步发展多种形式的适度规模经营。大力发展农民专业合作组织,健全农村公共服务体系。积极推进集体林权制度改革,切实确立农民经营主体地位。八是继续搞好就业、社会保障和收入分配制度改革。实施积极的就业政策,打破各种形式的就业垄断,形成城乡劳动者平等就业的制度。完善社会统筹与个人账户相结合的企业职工基本养老保险制度,逐步提高统筹层次,建立全国统一的社会保险关系转续制度。全面推进城镇职工和居民基本医疗保险与农村新型合作医疗制度建设,加快建设覆盖城乡的医疗保障体系。完善城乡最低生活保障制度和失业、工伤、生育保险制度,逐步提高保障水平。坚持和完善按劳分配为主、多种分配方式并存的分配制度,实行各种生产要素按贡献参与分配。整顿和规范收入分配秩序,加大收入分配监管力度,控制和调节垄断性行业收入水平,着力提高低收入者收入水平。九是稳步推进科技教育文化卫生体制改革。加快应用开发类科研机构建立现代企业制度的步伐,推动公益性科研机构建立健全现代科研院所制度。建立和完善义务教育经费保障制度，深化教学内容与方式、考试招生制度、教学质量评价制度等改革，继续推进教育行政管理体制改革。继续推进经营性文化单位企业化转制，加大公益性文化事业单位内部管理体制改革力度，调整文化产业所有制结构，促进各类文化产业共同发展。按照政事分开、管办分开、医药分开、营利性和非营利性分开的原则，推进医疗卫生事业单位改革。十是全面推进涉外经济体制改革。健全涉外经济法规体系，形成公平和稳定的法制环境。改善涉外经济活动管理方式，进一步提高贸易和投资自由的便利程度。加快转变外贸增长方式，促进加工贸易转型升级。改善利用外资方式，提高利用外资质量和效果。创新对外投资和合作方式，健全对外开放风险应对机制。

四、保障改革顺利推动的基本条件

随着改革向深层推进，改革的难度和风险都将增大，改革进入难点攻坚和系统整合阶段，如果出问题，往往就是大问题和全局性问题，所以掉以轻心不得。

有效化解改革难题，保障改革攻坚顺利进行，实现关系经济社会发展全局的重大体制改革取得突破进展，取决于多个方面的条件，但有四个方面十分重要。第一，正确的思路。无论是推进整个面上的改革，还是推进某一领域的改革，首要的是改革的思路必须正确清晰。在改革已有相当基础、新体制建设进入完善阶段的今天，不能再走一步看一步，摸着石头过河了。但做到对未来的改革思路清晰，也并不是一件易事，要解放思想，提高认识，掌握社会发展和经济运行的规律和方向，还要审时度势，把握经济全球化的发展趋势和变化特点，吃透国情，坚持从实际出发。同时，思路的谋划，不仅要考虑到需要，也要考虑到可能。第二，科学的方式。改革的深入推进既要把握关键环节奋力突破，又要适应客观要求科学操作。科学的方式实际上是化解难题的钥匙，方式不对不仅难以达到目的，有时候还会事与愿违，导致严重后果。在方式的选择上，要充分把握事物发展的内在规律，充分考虑现实环境的特点，充分照顾各个方面的利益，充分体现形势变化和改革进程的需要。方式选择本身要体现多元性，以便服从改革的需要及时替代与科学组合。第三，有力的保障。这里主要是指推进改革所需要的经济保障和法律保障。有些改革是需要有前提的，比如说劳动力自由流动、城乡一体化、良好的社会保障体系是重要的前提，而建立社会保障体制需要钱；有些改革是需要直接付出经济代价的，比如说政府管理体制改革减少机构，人员要安置；国有企业改革实现"关停并转"，除

了人员要安置，还要直接发放救助资金等。一句话，改革需要有良好的经济基础，直接地说，就是有足够的财力做支撑。没有这个基础和支撑，很多重大的改革就难以按时机大力度推出。这些年的改革经验表明，深化改革要尽量照顾现有的利益基础，少在存量而多在增量上做文章，这样做也需要有足够的财力做保障。所以，深化改革要努力构造良好的经济基础，这也要求改革体现这样一个指向，那就是不能就改革论改革，改革要为发展服务，要有利于增进生产力。改革到了现阶段，靠人的权威、通过行政命令来解决问题，效果会越来越有限，而且市场化取向的改革就是要改掉这些东西。那么，靠什么来推进改革？建立健全法制体系是重要的保障。要随着改革的推进，把成熟的改革措施和市场关系用规范的法律、法规确立下来，还要学会借助法律法规推进那些难度较大的改革。事实上，推进市场经济体系建设的过程也就是推进法制建设的过程，在这个过程中，人们的法律意识也会越来越强，同样会借助法律来捍卫自己的利益。因此，在处理这些问题的时候，我们也要依法行事。第四，坚强的领导。在我国，各级政府的坚强领导是做好一切事情的重要前提。深化改革涉及深层利益调整，难度大、风险大，更需要政府的坚强领导。因此，对于推进改革，政府要谋划在前、指挥在前、行动在前。要别人解放思想，政府就要率先解放思想；要改革别人，政府就要勇于率先改革自己。与此相应，要建立强有力地改革协调机制，统筹推进各项改革。在改革任务分散在各部门的情况下，强有力的统筹协调变得至关重要，否则改革就难以实质性推进，还有可能异化改革，把部门利益以改革的形式合法化。

中国经济50人论坛
Chinese Economists 50 Forum

"改革战略及其选择"的回顾与检讨

郭树清

The Past 30 Years

A Review and Analysis by 50 Chinese Economists

郭树清简历

1956年8月出生于内蒙古。1974年插队劳动，1978年就读于南开大学，1988年中国社科院博士研究生毕业。1986—1987年赴牛津大学进行访问研究。

历任国家计委副司长、国家经济体制改革委员会司长、秘书长、贵州省副省长、中国人民银行副行长兼国家外汇管理局局长，及中央汇金投资有限责任公司董事长。2005年3月至今任中国建设银行股份有限公司董事长。

发表研究论文、文章300余篇，出版过《比较价格体制》、《经济体制转轨与宏观调控》、《整体的渐进》、《过剩与贫穷之间》、《直面两种失衡》、《郭树清改革论集》等著作17部。

1984年秋天，我开始参与经济改革规划工作。1986年春天我写了一篇文章："改革战略及其选择"。20多年过去了，再来回顾一下当时注意力集中之所在，看一看实际进程究竟在多大程度上与想象的不一样，在此基础上再来讨论一下现在和未来面临的种种新挑战，应当不无一点意义。如同所有与历史相关的记述一样，本文的内容完全是以个人的体验来展开叙述，局限性是必然的，挂一漏万也不可避免。让我们由重读这篇文章开始。

一、《改革战略及其选择》[①] ——1986年原文照录

在具备其他必要条件的情况下，改革的成败，完全取决于战略和策略。

1. 研究中国的改革战略，有两个最基本的制约因素。其一是改革由以出发的基础，即内部很不平衡总体上极为落后的经济文化发展水平；其二是改革期望达到的目的，即通过改变体制模式，加速工业化现代化进程。这两个方面，从根本上规定了我国改革战略的基本性质和选择空间。

2. 世界范围的经验证明，落后国家经济现代化的成功，既不必要又无可能简单重复欧美的历程。不同的传统和不同的条件，导致了另一条道路的产生。第二条道路和第一条道路并非绝对不同，发展商品经济和建立市场体系都是必然过程。所不同的是第二条道路要大大缩短这个过程。由此产生的最大差别是国家在其中要发挥非常积极的作用，国家通过种种政策手段加速资本形成和货币过程，操纵市场运行。如果做一个最概括的描述，第二条道路与第一条道路的相同之处是，充分鼓励每一个人的能动性、创造性；不同之处是，充分发挥国家的规划、指导、协调和扶助作用。第一条道路是一个明显自发的过程，第二条道路是一个较为自觉的过程。

3. 中国的发展趋势必然要走第二条道路。亚细亚生产方式的传统和东方文化的特殊性，特别是社会主义原则及其影响决定了主要靠发展私人经济、技术水平逐级移动、两极分化和严重损害社会平等这种成本极高、费时极久的现代化过程是不可取的。相反，靠国家干预、充分利用现代科技、不完全竞争和收入保持相对平等却可以激发出比其他国家更大的能量，取得更辉煌的成功。在这种意义上，亚洲一些国家和地区的经验，例如日本、南朝鲜、新加坡、中国台湾和香港地区等的发展经验，对我们具有极大的参考价值；但是我国也势必不可能照搬它们的经验。我们完全有可能避免其他国家出现过的某些重大消极后果，创造出新的经验，形成一种新的发

[①] 该文写成后先送内部交流和参考，之后发表于《经济社会体制比较》1986年第4期，后收入作者论文集《整体的渐进》，北京：经济科学出版社1998年版。为节省篇幅，本文引用时略有删节。

展模式。

4. 经济改革最基本的战略选择是与发展模式的选择紧密联系在一起的,甚至可以说,就是一回事。发展道路的确定使得我们对改革的实质性任务有了较为清晰的认识。第一,改革要尽最大可能建立和发展市场机制,在此基础上重新塑造作为商品生产者的企业,形成广泛竞争的格局;第二,与此同时,国家从直接控制转变为间接控制为主,改变其经济职能和干预方式、干预手段,在此基础上加强(而不是削弱)国家对经济发展的积极引导和推动作用。

5. 经济体制改革必然会受到经济结构的制约。旧的经济结构和旧的经济体制是互为因果、紧密依存在一起的。长期形成的第三产业薄弱,基础设施不足,能源和原材料工业落后等问题是经济市场化的重大威胁。因为在此基础上开放的市场,其结构会极不均衡,要求要素做很大的流动。只有在改革的同时加紧制定产业政策,利用旧的手段强制性地调整结构,缓解矛盾,改革才能顺利达到预期目的。

6. 尽管我们需要而且可能大大缩短市场发育过程,但是历史上商品经济极不发达,相应的组织、经验、素质和信息传输等方面的落后状况,决定了市场体系的建立和完善需要一定时间。能够弥补市场不完善之缺陷和促进市场发育的唯一手段是一个强有力的具有现代化意识的政府。因此,在相当一段历史时期内,最合理的体制模式应当是不完善的市场和极有效率的政府之结合。在市场能够实现资源的有效配置的场合,政府不再去直接干预,而在市场没有能力做到这一点的地方,政府必须通过计划和政策手段,保证资源的最有效配置。但是,政府不再使用传统的指令性计划的办法,而是主要以税收、财政、信贷等经济手段,扶持带头产业,资助出口行业或企业,实现国民经济发展的战略目标。

7. 如何处理发展市场机制和改变政府功能在改革中的配合协调问题,是改革战略中第二个层次的选择问题。是先发展市场机制后改变政府功能,还是先改变政府功能后发展市场机制,或者是二者交替迈步,轮换为主。根据已有的经验,上述三种方法都不甚可取。最合理的选择,应当是二者互相适应,同步前进。在发展市场的初期阶段建设政府的综合管理部门、监督部门和信息部门;在发展市场的中期阶段,改组和削减政府的专业部门,建立和完善新的经济性行业性或社会性组织;在发展市场的后期阶段,最终完成政府管理体制、干部制度和领导制度的改革任务。

8. 更为具体的战略选择是与市场体系本身的建设和完善采取何种步骤相联系的。人们从相同条件中引出了颇为不同的结论。第一个分歧是各种市场是否要齐头并进,第二个分歧是要不要统一市场。

9. 关于第一个分歧,我们的回答是否定的。各种市场在商品经济中的地位和作用不同,存在着逻辑的和历史的层次关系。市场体系的建设必须遵循由简单到复杂、由初级到高级的规律,这样才能符合它们之间基本制约关系的要求,才能适应国家调控能力逐步提高的现实。不仅理论研究而且其他国家的经验都证明了下述顺序的合理性:①商品市场(包括劳务和技术市场)的形成可以走得最快,劳动和土地使用市场次之,资金和外汇市场再次之;②资金市场的发展先以间接金融为主,直接金融的发展也先以一级市场为主。上述原则并不是机械地分割开各种市场的形成过程,而仅只是强调各自的开放程度在各阶段应有所不同。

10. 关于第二个分歧。我们的回答是肯定的。有一种意见认为,地方割据和区域市场是中国商品经济发展的必由之路,只有在相当长的历史时期之后,统一市场才有可能提上日程。主要的论据是,中国经济存在巨大差异,统一市场会加剧地区不平衡,破坏以往的经济格局和基础。这种立论难以成立。统一市场和区域市场都会造成地区之间发展不平衡的结果。但是前一种不平衡是以资源在全国范围内的有效配置、促进合理分工和发挥各地优势为特征的。而后一种不平衡却恰恰相反。另一种意见主张所谓"统一市场、区域成本"的观点,如果是指市场没有壁垒,成本或费用各地不同,那是商品经济的题中之意;如果是指仍然要保留某种市场壁垒,那么它实质上就是第一种意见。

11. 我们遇到的一个尖锐问题是地方政府的作用问题。目前的各级地方政府掌握了极大的经济权力。在建设地方的基础设施和组织地区内企业的产供销联系方面,地方政府发挥着积极作用。削弱和取消地方政府对生产的干预和对盈利项目的投资,无疑是进一步改革的方向。但是,必须创造出可以替代的机制。就直接生产和经营活动的组织而言,要靠改革形成较为完整的商品市场取而代之;就盈利性投资而言,可以设想利用计委、财政和建设银行的现有基础成立几个全国性投资银行或投资公司,逐渐取代地方政府,这方面可以考虑日本和南朝鲜战后投资体制演变的经验。

12. 近几年地方经济特别是乡镇企业的发展一方面促进了国民经济的繁荣有利于改革进行,另一方面也遗留下种种长期发展的隐患,为改革增加了困难。在国营大中型企业与地方小企业乡镇企业分而治之、卡死一头放开另一头的情况下,虽有重复建设、投资分散、技术落后、资源破坏、产品质量低劣等问题,但这些小企业普遍颇为景气。如果进一步改革能够实现统一市场、公平税负、平等竞争等,而且总需求水平得到有效控制,那么这些小企业的处境会变得极为困难。我们面临的是一个进退两难的问题:发展市场和竞争必须淘汰一批落后企业,乡镇企业从整体上损失最大,农

民利益侵蚀最大；但是不如此又永远不能完善和健全市场竞争机制，从而牺牲长远发展。

13. 如果从另一个角度，即与市场体系形成相伴随的传统体制的削弱过程，来考察中国经济改革的最优时序，我们会得到实质上相同的结论。改革传统体制，无非是要重新调整各种经济利益关系，明确政府、企业和个人在商品经济中各有的不同权利和义务。在传统体制下，各种利益关系受到扭曲并混合在一起，统一的行政指令代替市场和社会经济政策来实现这些利益关系。要从根本上改变这种局面，首先要理清国家、部门、企业之间的基本经济关系；其次要理清国家与个人、企业与职工的经济利益关系；第三要改变这些关系的存在形式，相对分离开各种所有制关系，发挥和完善适合经济发展需要的多种所有制关系及其形式。

14. 目前，我们仍然处在改革发展的第一阶段上，即理顺基本经济关系阶段。面临的任务是消除价格税收扭曲，分清国家、地方、企业的职责，缩减指令性计划，实现土地资源的有偿使用，初步明确国家以往投资形成资产的收益划分，改变流动资金的管理方式，建立起国家控制的中介性金融机构，即多种投资银行和投资公司负责中长期投资。改革的阶段目的是建立起统一的商品市场，形成初始形态的要素市场，在直接生产和流通领域实现间接控制占据主导地位。

15. 值得注意的倾向是急于求成的情绪。这种倾向低估了改革的复杂性、艰巨性。认为可以迅速打开种种市场（至少是各方面开口子），把大部分国营中小企业甩出去形成一种改革不可逆转的态势。动机无可非议，但如若依此行事，效果必定不会如愿。因为，在基本经济关系没有理清理顺、新的调控手段不足以代替旧的办法的情况下，要切断或硬化国家与企业的纵向关系，强迫企业一夜之间进入不平等的全面竞争状态，必将带来巨大混乱，最后的结果只能是全面恢复旧的集中控制体制。

16. 面对如此艰巨繁重的改革任务，人们自然希望能简化课题。只要不是回避必须解决的问题，这种态度是科学的、合理的。但是，许多时候，往往不是这样。例如，无论中国还是东欧，各种以某种指标或基数来挂钩或承包的设想及尝试多次出现，事情可以说已经走到极端。近两年来东欧的经济学家们对此进行了深刻反省。得出的结论是，无论什么指标，如果成为评价和划分国家与企业利益关系的唯一尺度，都不可避免会带来片面性、投机和通货膨胀。原因很简单，用高度扭曲的经济参数来衡量一切，势必造成无休无止的讨价还价，普遍的虚假现象和对经济参数的进一步扭曲。而当经济参数消除扭曲，利益关系透明，企业成为独立的生产者，各种挂钩或责任制已属多余了，即使是国家的固定资产也不必通过这种途径来解决收益分配问题。

17. 国外有人专门研究成功的社会改革必须遵循的基本原则，首要的一条是，改革必须是一个持续的平稳的发展过程，最忌痉挛式的大起大落，大放大收。经过这几年的实践，我们对改革的长远目标和近期任务已有了较为清晰的认识。在此基础上保持改革的计划性，不同阶段确定不同的重点。既不失时机地解决能够解决的问题，又不过早地提出条件尚不具备的任务，我们的改革必定会取得成功。但是，需要注意的是，条件具备的基本任务，并不意味着是没有任何风险的事情，以难易程度和风险大小来决定某一特定阶段的改革重点，必将导致误入迷途。东欧国家踌躇再三，几次拖延价格改革的恶果就是证明。

18. 在不影响改革基本目标实现的前提下，尽量维护各方面既得的利益水平，逐渐地拉开收入差别，避免过早明朗某些方面的目标等，不仅仅是策略问题，事实上也带有战略意义。目前我们面临的现状是，上有政策，下有对策。甚至上面还没有最后制定出政策，下面就已经有了种种对策。利益关系较大幅度的变化及其过早明朗化、敏感化是主要原因。这些方面需要认真总结经验，采取有力措施。

二、何为改革战略问题——1984年和1985年的思考

以邓小平为核心的党的第二代领导集体作出的改革开放决策，在20世纪不仅是中国而且是世界最伟大的事件之一。在"要不要改革"的问题解决之后，"怎么改革"的问题就凸显出来，后者就是本文所说的改革战略问题。实际生活比之理论逻辑要复杂一些，这两类问题在时间上并不能截然分别开来，而且在人们的思维中也不断纠缠在一起。不过，大体说来，从1978年到1984年这段时间里，"要不要改革"的问题已经基本解决了。后来听到一些回声往往也是由"怎么改革"引起的。

作为中国改革的总设计师，邓小平为中国改革战略确定了若干最基本的方针。在我看来，主要有五个方面。一是循序渐进，由易到难，先农村后城市；二是鼓励基层和群众大胆试、大胆闯，发生缺点错误及时改正；三是"不争论"，主要是指所谓姓"社"姓"资"的定性问题，不提倡早下结论、早定框框，不是指具体改革方式的讨论；四是把结构调整和制度改革紧密结合起来，根据具体情况确定不同时期的不同重点；五是开放与改革并重，两者之间形成了非常积极的互相促进作用。这些方针从根上保证了中国改革在大的格局上形成了稳步前进的态势。

在具体操作层次上，则需要认真分析实际情况，充分借鉴前苏联、东

欧的改革经验以及西欧日本等国解除战时统制经济的经验,参考新兴市场经济国家和地区的有效做法,制订出总体规划和实施方案。这在城市改革启动时显得尤为紧迫。安志文同志1987年写道:"在改革的初始,由于缺乏经验,理论准备不足,人们认识的局限性较大,不能不采取'摸着石头过河',走一步、看一步的办法。即使如此,我们也并未放弃对改革总体方案的研究设计。"①

经济改革的总体规划文件最早是由国务院财委体改小组办公室起草的,之后的国务院体改办在1980年到1982年又分别起草了几个总体规划文件,提出来许多重要的指导原则,奠定了很好的基础。例如,1979年的规划,提出要把扩大企业自主权作为改革的中心环节;1980年的规划则鲜明地提出要建立适应商品经济的经济体制;1982年的规划提出要合理调整所有制结构。然而,这种设计和规划工作受到很多限制,最主要的不利因素是陈旧的理论束缚,起草过程中和成文之后都发生了激烈的争论,一些老同志,包括薛暮桥、廖季立、林子力等都曾受到批评。1984年情况发生很大变化,这一年经济界尤为激情澎湃,改革战略成为社会关心和讨论的问题。

1984年之前,经济改革是我的硕士学业中的一部分研究内容,对于实际的改革过程来说,我只是一个旁观者。但是,社科院研究生院的教学是非常开放的,我们有于光远、苏绍智、冯兰瑞、马家驹、高放、蔡声宁、荣敬本等老师讲授马列理论;有周新城、白靖辰、曹英、王守海、许木兰、朱行巧、江春泽等老师介绍外国经济体制;还有董辅礽、张卓元、戴园晨、乌家培、周叔莲、赵人伟、陈吉元等老师阐述中国经济理论和实际问题,更有大量的讨论和社会调查。1984年我写了《中国经济体制改革探索》一文,之后又写出了一系列探讨总体改革的文章,同年秋天参加了国家体改委和国务院经济研究中心的一些研究活动。1985年春与刘吉瑞、邱树芳一道写了《全面改革亟需总体规划》的建议信,随后一起参加了经济体制改革总体规划研究小组,并作为主要执笔人和汇报人出席了国务院在北戴河召开的研究"七五"计划的暑期工作会议。1986年春夏之交,我又在国务院体改方案办工作过一段时间。这些经历对于提升我对中国改革战略问题的认识产生了深刻影响。经济界前辈,包括安志文、马洪、廖季立、刘国光、吴敬琏、厉以宁、陶力、高尚全、杨启先、林凌、傅丰祥、杨鲁、佐牧等,给了我很大帮助。年轻一代中的周小川、郑洪庆、楼继伟、宫著铭、马凯、李剑阁、吴晓灵、石小敏、田源、王小强、徐景安、陈锡文、周其

---

① 国家经济体制改革委员会:《中国经济体制改革规划集(1979—1987)》,北京:中共中央党校出版社1988年版。

仁、华生、张少杰、李弘、肖捷、何家成、金立佐、刘力群、张维迎、彭森、范恒山、赵榆江、邓先宏等也给了我许多启发。在1984年和1985年，我个人认为中国改革战略问题重要的有三个方面。一是改革的具体目标模式；二是过渡办法和合理时序；三是主要的配合条件。1985年我所写的《经济改革中的一些理论问题》一文大体上按这三个方面罗列出自以为最要紧的规定性，引述如下。

关于具体的目标模式，当时认为最需要明确以下六个侧面：

1. 平等与效率。只要效率不要平等，或者只要平等不要效率，不仅不是社会主义，资本主义事实上也并非如此。经济体制改革就是要根据发展社会主义有计划商品经济的需要，在某些方面提高平等的程度，在另一些方面扩大差别的程度，二者都取决于对现实生产力水平和结构的分析。认为传统体制下平等程度很高因而应当维持下去，或者认为只要加剧不平等就会无限制地提高经济效率，这两种观点恐怕都是不可取的。

2. 供给与需求。需求和供给的运动遵循着固有的规律，人为的分离或统一都会带来不良后果。而在承认这种客观规律性的前提下，需求和供给的运动则并不是不可调节的。一定的需求会刺激起一定的供给，这个定理的前提条件是存在着一定的资源闲置。这种情况在传统体制下的经济中一般说是不存在的。改革期间，有效需求膨胀是需要花费巨大努力来防止的主要危险。

3. 计划与市场。传统体制下计划与市场处于绝对排斥的状态。改革无疑要恢复市场机制的灵活有效调节作用，但这并不意味着削弱计划，取消计划。在商品经济的条件下，计划只有以承认市场关系为前提，或者说计划只有奠定在市场关系的基础上，才能保证自己的有效性。市场必须是受计划指导的市场，计划必须是受市场制约的计划。总之，要使计划和市场、宏观和微观处于相对独立、有机统一的状态。

4. 长处与短处。传统体制中经济决策高度集中，能够有效地调动全国的人力物力于最紧要的部门，但同时必然要造成许多以主观意志为转移、违反经济规律的现象。新的体制要充分发挥商品经济规律，就必须从根本上放弃直接行政命令的简便做法。改革固然是对旧体制的扬弃，但是企图完全保留旧体制的长处而又完全消除其短处，这无疑是不切实际的空想。新的体制必然产生新的矛盾，经济的波动仍将是不可避免的现象。只要新体制的长处多于短处，其短处又少于传统体制的短处，那么向这个新体制的过渡就是有意义的。

5. 自由与约束。把决策权分散化，是改革的基本内容。但是经济组织获得的商品生产者的自由，并不是无限制的绝对自由。首先，为维护商品

经济的基本秩序，就必须以法律的形式确定各种共同的行为准则，任何经济组织和个人都必须无条件地遵守和服从这些准则。其次，任何经济组织的活动都是与其他经济组织的活动联系在一起的，它的自由必须是得到其他经济组织认可的自由。第三，对于个人来说，商品货币关系为他的活动提供了远比传统体制下更大的自由，但是，商品货币关系本身就是对人的自由的严重限制。

6. 人的关系与物的关系。在我们所处的历史阶段上，商品货币关系不仅需要保留，而且需要充分发展。人与人之间的关系势必仍然要在相当大的程度上通过物与物之间的关系反映和表现出来。对此采取硬不承认的态度，或者因为看到这种矛盾而采取取消商品生产的做法，事实证明都是直接危害社会主义事业的。另一方面，只要商品货币关系存在，向私人资本关系发展就仍然具有现实的可能性，对此采取不承认态度也是不可取的。

关于改革的过渡办法和合理时序，认为有以下四种大的关系需要把握好：

7. 内在规定与外部环境。真正给企业以无穷活力，事实上有赖于整个经济体制的全面改革。一个生产单位如果不能根据市场供求情况做出自己的生产、投资决策，不能依靠商品货币关系实现这些决策，并获得自我更新、自我发展的能力，那么这个生产单位就永远不是"企业"。所谓"搞活企业"，应当说是"创造企业"。这也就是我们改革任务的艰巨性之所在。为达到目的，我们必须对计划、价格、税收、财政、信贷、商业物资、工资劳动、外贸外汇等一切方面的体制进行改革和调整，同时也需要对企业的组织制度、政府的管理体制进行改革和调整，以理顺经济生活中各方面的关系。

8. 整体与部分。不论经济体制还是经济生活本身，都是内部紧密相联的有机整体，其中部分的独立性具有非常相对的意义。第一种情况是职能系统。计划、价格、税收、信贷等领域是构成整体的部分。整体的改革必然同时涉及各个部分的改革，而且，各个部分的改革本身就是整体的改革。第二种情况是行业系统。这些部分之间的差异很大，其中有的部门独立性很强，应当采取不同的改革措施，形成适合各自特点的新的经济管理体制。第三种情况是地区系统。省、市、县、区、乡构成不同层次的地区整体。在基本体制一致的前提下，各地应当根据自己的特点，充分发展适应各种不同情况的具体制度和规则。

9. 逻辑直线与相互作用。由于体制改革不能一步完成，势必形成互相联系的不同阶段，而这些阶段的划分就要大体遵循经济关系的内在逻辑顺序。违背这个规律就会造成损失。因此，尽管不同的阶段应当以不同的环节作为改革的重点，但是在其他方面必须同时安排相应的改革行动或采取调整措施和预防措施，即要考虑到全局上的相互影响和相互制约。问题可以这样来概括：总的过程必须体现逻辑顺序，具体环节则应灵活掌握。

10. "破"与"立"。经济体制改革，无疑是一个"破""立"结合的过程。"不破不立"，因而人们通常习惯于特别注意"破"，即集中思考怎样打破旧体制，搞活经济。但是，"不立不破"，没有一定程度的"立"，就不能"破"，"破了就乱"，乱了还得退。

关于改革的配合问题，涉及的领域更为广泛，感到最要紧的是以下五个方面：

11. 目标与手段。我们的目标是建立计划与市场、宏观与微观相对独立有机统一的体制，即间接控制型体制。历史条件和现实条件决定了我们不可能在短时期内实现这个目标，必须经历一个较长的过渡时期。在这个过程中，为保证改革的逐步推进和整个经济的相对稳定，除了尽可能地创造和运用经济法律手段外，我们很可能还得采取相当一部分行政命令手段，这在初期阶段尤其是这样。

12. 变革与稳定。经济体制改革要重新调整利益关系，改变人们的行为方式，肯定要引起经济生活和社会生活的震动。要求没有震动，就是要求不搞改革。但是短时期内各方面震动太大，事实上又会妨碍改革。变革会影响稳定，但变革又需要稳定，这就是事情的矛盾之处。

13. 体制转轨与经济转型。在经济体制革的同时，我们要实现国民经济从粗放外延增长为主，转变为内涵集约增长为主；从落后的畸形的结构，转变为先进的合理的结构；从封闭体系，转变为开放体系；等等。重要的问题在于能否抓住战略重点。现阶段的战略重点在理论上是十分清楚的，这就是体制改革。

14. 经济体制与政治体制。经济体制与政治体制紧密相联，社会主义条件下尤其是这样。我们通常所说的经济体制事实上已经包含政治体制的许多内容，如政府管理经济的体制、经济干部的组织制度等等。这些方面的改革必须在经济体制改革中做统一安排和考虑。另一方面，整个政治体制也必然要求反映经济体制的变革，进行相应的改革，否则经济体制改革就不能最终取得成功并得以巩固。但是，政治毕竟以经济为基础。尽管政治体制的改革在某些方面应当而且能够在经济体制全面改革之前或之中进行，但是政治体制改革不应成为现阶段的重点。

15. 体制改革与观念更新。不改变人们的传统观念就不能改革体制，而不改革体制就不能改变人们的传统观念。有的人强调前者，有的人强调后者，各执一端，莫衷一是。事情很清楚，没有1978年以来的思想解放运

动,没有经济理论界近几年的积极探索,没有党的十一届三中全会和十二届三中全会的决议和决定,我国的经济体制改革就无从谈起。但是对于整个社会的全部观念形态来说,要从根本上发生转变只能有待于经济政治体制改革的完成。这种依赖关系是绝对的。看来需要避免两种走到极端的倾向:一种是单纯强调观念更新,延缓体制改革进程;一种是单纯强调体制改革,不注意观念方面的更新。只有坚持体制改革为中心,同时注意思想观念更新,才是我们事业成功的保证。

三、八十年代中期有关改革推进方式的争论——补充的说明

十二届三中全会吹响了全面改革的号角,甚至在这次全会召开之前,各地的改革和发展步伐都已加快。改革战略是理论界的热门话题,更是实际部门的操作课题。然而不同意见纷呈,政策研究领域争论异常激烈。焦点有五个方面。

1. 推进改革的力度与经济增长速度之间如何平衡。这个问题注定不好处理。从理论上说改革与发展之间没有任何矛盾,改革不是为了改革,改革是为了发展。问题在于改革不仅在长远要促进发展,而且必须在短期内就带来发展的成效,否则改革就不会受到普遍的支持和欢迎。在遇到改革措施出台与经济高速增长有矛盾时,决策取舍就尤为艰难,常常会犹豫再三。另一方面,局部与全局,微观与宏观本来就不会一样,地方和企业很少批评"过热",常常抱怨"太紧"。1985年接连召开数次省长会议,企图说服大家减少投资,放慢速度,实际收效甚微。由于增长过快必然引起某些部门的供应紧张,更严重的是物价总水平会明显上涨,因此,不仅改革难以顺利实施,就是发展自身也无法得以持续。

1984年在这个问题上发生严重分歧的直接原因是,全面改革正在酝酿方案,与此同时,国民经济在上一年较高速度的基础上逐月升温,由于价格改革又是拟议改革的主要内容,通货膨胀显见为头号威胁。一些经济学家忧心忡忡。但是在另一些经济学家看来,中国经济好不容易结束了调整时期,现在正是"高速起飞"的良好时机,至于通货膨胀高一点,只要经济高速增长,收入就会超过物价上涨,从根本上来说不会出大的麻烦。甚至还有人认为,无论是改革还是"起飞"都需要通货膨胀来充当润滑剂,高通胀是高增长的"典型现象"。争论本身并没有形成共识,还是形势比人强。到1984年底,银行贷款比上年增长将近30%,货币发行扩大了将近50%,外汇结存减少,物价上涨,北京等城市出现抢购。事实告诉我们一个简单的道理:只要在政策指导上对脱离实际的高速度有一点偏爱,只

要在思想上为通货膨胀留下一条缝隙，经济过热和物价上涨就会加倍发展。

1985年是"宏观调控"这个概念最流行的时候，我们在研究起草改革总体规划时，特别重视改革推出的宏观经济条件问题，为此专门列出一个阶段，称之为"治理经济环境"。这一年也召开了第一次国际宏观经济研讨会，即"巴山轮"会议。得益于世界银行林重庚先生的协调组织，会议邀请到了詹姆斯·托宾、阿力克·凯恩克劳斯、埃明格尔、布鲁斯、科尔内、白特以及小林实等著名专家学者。作为与会代表，我亲耳听到来自多个国家的学者和专家异口同声强调保持总量平衡的重要性，并且以他们的切身经历告诫中国政府和学界，通货膨胀政策绝对得不偿失。然而促成1985年实施宏观紧缩政策的更主要原因是中央老一辈领导人高度一致的看法，他们的经验来自建国以来的经济工作，在绝大多数年份里激进冒进的指导思想造成了灾难性后果，而且直到80年代前期国民经济还处于调整时期。1986经济增长速度明显回落，市场关系也开始宽松。然而，高速度和通货膨胀依然具有很大的吸引力，1987年一切又卷土重来，到了1988年当提出"价格改革闯关"时，激烈冲突终于不可避免了。起了火上浇油作用的是，南美的所谓高通胀高增长经验。阿根廷总统阿方欣幽默地告诉我国领导人，你们这点通货膨胀不算什么，阿根廷通货膨胀问题的解决不可能寄希望于下一届总统，恐怕要寄希望于下一任上帝了。这个故事引起的笑声音犹在耳，全国就爆发了抢购风潮。价格改革方案被迫修改，事实上已宣布推迟。① 然而通货膨胀进入自我加速状态，最终成为1989年社会动荡和政治风波的主要原因之一。

2. 政府在开放市场过程中怎样发挥作用。《改革战略及其选择》花了较大篇幅分层次讨论了国家与市场的关系问题，将我所持意见阐述得已经比较充分。当时比较有影响的还有两种不同意见，一种是坚持国家计划为主，市场调节为辅；另一种则认为政府应退出经济领域，让市场自己去发挥作用。在前者看来，过去计划经济的低效率，主要是方法不科学；在后者看来，政府做任何事情都是盲目的，而且还难免犯官僚主义错误。

除了目标模式的差异之外，改革推进方式上的最大分歧是改革本身可不可设计，要不要进行总体规划。要全部介绍这方面的讨论，可能需要写一部专著，其实问题本身并没有那么复杂。我们持坚决的肯定态度，另一些同事和朋友则持比较坚决的否定态度。在他们看来，改革就是放开市场，放开所有制形式。这实际上又导致改革要不要划分阶段，怎么划分阶段的

---

① 参阅《市场与调控——李鹏经济日记》，北京：新华出版社、中国电力出版社2002年版，第618~648页。

问题，最终实际上还归结到要不要长期打算，要不要实行渐进路线，等等。令人高兴的是，改革的总体规划工作最终在争论中越来越受到各方面的重视。继 1985 和 1986 年的大规模集中研究之后，1987 年李铁映同志亲自倡导和主持了"三、五、八"规划。之后，国家计委、国家体改委都组织了多次有关改革的专题规划研究。

为了让市场发挥基础性作用，政府有责任先在一定程度上调整理顺经济结构，否则市场就会发生很大的扭曲，其导向作用势必会带来很大的负面作用。因此，人们提出了一个问题：改革与调整经济结构的关系。事实上中央从 1979 年确定的方针就是调整优先，而且曾经明确宣布整个"六五"时期都要以调整为主线。但是，单纯依据计划行政手段进行的调整既力量有限又容易走偏方向，因此很早就出现了两种观点，一种是先调整后改革，一种是以改革促调整。我们的看法是，两者之间相互依赖，可以互相促进。实际的演进过程不那么理想。

当时已经看到两种不合理现象，一是加工业发展很快，与此同时能源交通等基础产业越来越滞后；二是同一行业中，技术工艺落后的企业常常比技术工艺先进的企业发展速度更快。当时还没有为大家所注意的另一个问题是，沿海地区引进外资生产的产品集中于低附加价值领域。两年后，也就是 1988 年初，一个名叫陈棣的人从美国写来一封信，引起了多位高层领导的重视。当时中央刚刚采纳了国家计委经济研究所王建等同志的建议，决定实施沿海经济发展战略，加入国际经济大循环。来信者高度评价了这个决策，同时他提出"要正视沿海发展开放型经济中的一个薄弱环节"，要研究"如何发展高附加值产品"，"这个问题不解决好，中国沿海的外向型经济始终是被动的，有被人拖着跑的危险"。隔了多年之后，我们再看这封信所提的意见，仍然有芒刺在背的感觉。政府的经济权力结构已经发生很多变化，但是对于弥补市场不足、引导市场发展方向来说，所做的又非常有限。

3. 改革中如何处理好中央和地方的关系。中国经济改革在很大程度上表现为中央向地方分权，没有这种分权，市场机制是无法形成的，但是，仅只有行政性的权力结构调整，也不会自然生长出市场经济来。要害在于，地方政府不能像过去一样采用计划和行政命令方式来管理企业和市场。这种担忧没有成为很严重的问题。到 80 年代中期，说到中央和地方关系，有另外两种截然相反的担忧。

一种是害怕中央收回给东南沿海的自主权，认为中国太大，包袱太重，整体改革开放不可能太快，只能放开让地方去试去闯。这种看法不无道理，但是当价格和税收政策不统一，甚至制度不统一，那势必会引起许多混乱和冲突。这时一有要求统一的声音，就会使这些地方非常敏感。时间一久，学界甚至出现了所谓"经济联邦制"的设想。这就是《改革战略及其选择》中提到的，所谓先搞"地方割据和区域市场"，"在相当长的历史时期之后，统一市场才有可能提上日程"。更极端的说法是，中国如果分成几十个国家，也许可以出现几十个亚洲"小龙"、"小虎"。

另一种担心是害怕地方财大气粗，逐渐不听中央招呼，闹独立性，形成所谓"尾大不掉"。最严重的时候，似乎给人的印象是广东、福建等地也许就会成为香港澳门一样。这种担心不仅存在于一些部门，不仅是一部分经济学家的看法，甚至也是许多国际机构和外国学者的看法。记得当年每有世界银行的代表团来华，座谈会上必有人会提出，省市会不会不执行中央的宏观调控政策、地方会不会独立等问题。人们显然低估了中国作为统一民族国家的巨大凝聚力。两千多年前已经"车同轨，书同文"，而且共同拥有着无比辉煌的精神文化，怎么可能分裂呢？况且市场经济在本性上就倾向于扩大交易，消除壁垒，因此改革越深化，国家越统一。这一点得到了完全的证明。

从《改革战略及其选择》一文可以看出，笔者坚信全国统一市场的合理性和必要性。1985年总体规划工作的最直接成果是，多数人认可，经济改革必须在三个方面配套协调，这就是建立自主经营自负盈亏的企业，形成竞争性的市场体系，构筑起以间接控制为主的宏观调控体系。在地方分权模式下，最令人担忧的正是这三个方面的目标能否同步推进，然而它们没有成为问题。

4. 混合模式与价格"双轨制"。从计划经济到商品经济，这种转变无疑是根本性的，即使在80年代初期的研究中，人们就提出了过渡的重要性。经济体制是一个有机整体，不可能采取中断运行的方式来进行改革，因此，在过渡时期内，新旧两种体制因素的并存不可避免。我们提出的原则是：进行改革的方面，要有各方面的条件保证改革的实现和巩固；暂时不能改革的方面，要有各种非常措施使其不发挥太大的消极作用。这就是说，过渡时期的体制也应是一个暂时保持统一的体制，这样才能保持经济正常运行，改革不致夭折。[①] 具体来说，矛盾和冲突不太激烈的过渡模式应当是一种混合模式，有的产品或部门实行指令性计划，有的实行指导性计划，有的实行市场调节。总体上看，中国改革采取了这种方式。

然而，中国也确实曾经有过一种独特的过渡形式，这就是生产资料"双轨制"，即同一产品，既有指令性计划管理的部分，也有指导性计划或

---

① 参见郭树清等：《全面改革亟需总体规划》，《整体的渐进》，第99页。

市场调节的部分。社会主义国家的消费品供应或多或少都实行过价格双轨制，中国也不例外。只要实行配给制的同时又有农贸市场或自由市场，必然发生同种产品两种价格或三种价格。1978年，国务院在酝酿提高粮食价格时，姚依林同志就提出了"粮价三层楼"的设想，到年底中央十一届三中全会决定，统购部分提价20%，超购部分提价50%。生产资料价格双轨制，起源于1981年，当时国务院对石油工业部实行产量包干政策，规定完成包干任务后多出的部分，可以按国际市场价在国内销售，也可由外贸部门出口。1982年，国务院批准，大庆油田超产原油可卖到计划内价格的6.44倍，其他油田可卖到5.32倍。1983年国务院批准对成品油也实行部分的双轨制价格，同时对22个煤炭矿务局实行超产加价25%~50%的政策。1984年国务院在扩大国营工业企业自主权的暂行规定中，允许企业有一定的产品自销权，价格可限定在国家定价的20%以内，之后于1985年初取消了限制，原因是发现有人倒卖限价产品牟取巨额差价好处，计划外产品价格实行随行就市。

价格"双轨制"的产生有其必然性和合理性，但是它带来的负面影响是破坏性的。因此许多经济学家在1984年提出了严厉的批评意见，但是另一些经济学家却觉得这不失为一个好的过渡办法，双方发生了激烈的争论。从政策实践的角度来看，问题在1985年已暴露得比较充分，1986年已开始考虑如何尽早并轨的方案。但是由于种种原因，这种割裂状态拖延下来，直到1989年最终由于所谓"官倒"而造成社会的巨大混乱。如同通货膨胀一样，"价格双轨制"是导致那场政治风波的另一个主要原因。三年治理整顿期间，两轨价格逐渐趋于接近，90年代前期最终结束了生产资料双轨制格局。

5. 承包制与价、税、财配套改革。承包制从农村进入城市，曾经是主要的改革举措，发挥过非常积极的作用。但是，不论是企业、部门，还是地方政府的包干，很快就暴露出消极影响，《改革战略及其选择》的第16段对此作了较全面的分析。然而，如果让企业以市场为导向，那必须有一个基本正常的市场，最起码的条件是价格形成、税负水平、财政政策都比较合理，政府的计划干预、投资审批、物资分配比较确定，此外还有融资环境、贸易条件比较公平，等等，一句话，就是要把这些基本的经济关系理顺。相当数量的老一辈经济学家们从改革之初就在思考谋划这项工作，到80年代中期又有一大批中青年经济工作者加入进来。

从1985年开始，综合配套改革方案的制定正式提上日程，1986年在更大规模上展开。甚至决策层已经基本拍板，但是最终又推迟了。由于动作很大，涉及多个方面，对不确定性的担忧也大，已经习惯于承包确定的条件和环境的一些企业、部门、地方也提出反对意见。然而更重要的是，经济运行环境再度趋紧，以放松直接控制为基调的综合改革出台极有可能导致通胀失控。这些问题从一开始就预料到了，所以要求实施总量紧缩政策本身就是改革方案的一个组成部分，但是这个决心看起来很难下。于是发生了一个非常戏剧性的转折，最终又回头来执行"承包制"，并将其作为根本性的改革措施。不久之后，企业又感到困难重重，因为价格、计划、原材料供应都已"包不住"，在快速变动的环境下，以挂钩指标不动为基础的承包制已丧失严肃性。

价格改革的话头被再次提起，综合配套改革方案的实施又现生机，然而宏观政策始终没有准备好。1988年7月1日中央领导在中南海勤政殿召开座谈会，我以"价格改革和体制转轨的成功保证"为题发言，认为我国经济改革应当而且必须在五年或更长一点时间实现基本转轨，但是需要有两个方面的保证：一是通货膨胀处于控制之中；二是经济结构能够相应调整，即要素可以流动和重组。[①] 事实上这是我和刘吉瑞合写的一篇文章，较早时候已寄送给领导同志。综合配套改革方案最终没能在80年代实施。

四、全面改革第一阶段的成败得失——1992年的反思

全面改革从1985年起步之后，几经曲折，1988年底开始，进入了特殊的"三年治理整顿"时期。转眼之间七年时间过去了，体制转轨虽然比我们在开始时期的预想要慢一些，但是比我们在中间时期的预想则快得多。我在1992年写的一本书[②]中进行了分析和总结，摘要如下：

中国经济的运行机制发生了实质性的转变，如果说这种转变代表着我国经济体制改革的方向，那么，我们已经踏进新体制的大门。

首先，我国企业在总体上已经初步具备了追求市场利益的机制，同时也不同程度地培养起风险意识和一定的承担风险的能力。多种所有制形式并存的经济格局初步形成，1989年非国有经济在工业中占44%，在零售商业中占61%，在农业中更占到95%以上。

其次，实际供求关系成为影响经济参数变化的主要力量。完全由市场供求决定和基本上由市场供求决定的价格，在全部产品服务的价值总额中实际达到75%左右。

国家宏观调节中，尽管继续保留着许多直接控制，但是从实际效果看，

[①] 参见《整体的渐进》第282页。
[②] 参见郭树清：《国民经济运行机制的实质性变化》，《体制转轨与宏观调控》（第二版），北京：中国人民大学出版社2006年版。

间接控制发挥着主要作用。到1988年,国家以指令计划直接管理的工业生产只占全部工业产值的17%。

最后,作为一个重要的经济主体,居民个人在经济生活中发挥了前所未有的积极作用。

与原苏联和东欧国家迄今的实践很不相同,中国的改革走过了一条非常独特的道路。从思想理论准备的角度而言,中国改革来得最为突然。除了若干最一般的指导原则,中国改革将许多问题都留给实践,具体的目标、步骤、办法等都是在过程中不断对一系列难题做出选择而逐步自然形成的。中国改革走过的道路是一条渐进、迂回、给基层以极大自由度、力求从局部突破、不断"试错"、经常反复的道路。这也就是中国改革的基本战略。

即使是最一般的理论分析,也可以看出这种战略既有优点又有缺点。然而缺点与优点相比,在70年代末期的情势下显得无关紧要。农村改革在中央确定的原则指导下由各地自行组织,时间、顺序、办法也很不统一,虽然也造成一些损失,但是它取得的成功却举世瞩目。城市经济改革从一开始就采取类似农村的办法,中央督促部门和地方,部门和地方动员企业,按照各自的设想展开试点,推广经验,中心内容是给企业简政放权,具体做法各式各样。形成的基本态势是:正面比较稳妥,侧翼迅速深入;全局动作不大,局部差异悬殊;稳住上海、辽宁等经济实力基础雄厚的省市,放开广东、福建等工业相对落后的沿海地区;管住大中企业,放活小企业;国营经济缓慢行动,非国营经济跑步前进;计划、财政、价格等直接控制,都是卡住卡死主体或"基数",放松放开边际或增量;劳动就业工资福利方面同样是"老人老事老办法,新人新事新办法";国内经济关系的调整和理顺可以假以时日,但是涉外经济关系必须作为特殊加快发展扩大,如此等等。这种改革战略态势给人的直观印象,与其说是新体制在如何形成和发展,不如说是旧体制在如何收缩和削弱;与其说是改革现有的经济体制,不如说是在其边缘或外围创设出一个新体制。绕开难点前进,在运动中解决问题。这样的改革战略,必然地形成了三条战线。

第一条战线是由中央统一安排、部署、组织和实施的改革步骤。例如提高农副产品收购价格,"利改税",分离中央银行和专业银行,外贸改革,等等。

第二条战线是局部推进,即某些省、市,甚至县一级地方政府,或中央直属部门在局部范围内,使单项改革或多项改革显著地超出全局而走在前面,反过来对全局又产生巨大的示范效应。

中国经济改革还存在着不为人们所注意的第三战线,其意义同样不可低估。所谓第三条战线,是指那些并非由中央或地方政府主动安排部署,而是由经济体系在现行体制和政策框架内自发演化而引起的改革性变化。例如,由于多种经济成分和多种所有制形式的持续发展,消费品工业的竞争性不断增强,直接计划控制的范围不断缩小,市场调节的范围不断扩大,整个经济运行机制就会发生实质性变革。

这样一个改革战略的内部包含着矛盾,三条战线之间也存在着冲突的可能性。因此,在改革的实际进程中,必然地造成这样的格局:一方面,不断取得进展,另一方面,引发出一系列问题。这些问题主要是,由于要支持新生经济部门的快速发展,信贷税收等宏观政策持续倾向于松弛,导致高通货膨胀;加工工业超前发展,投资小型化,分散化,重复建设和规模不经济问题日益积累;更容易引发社会强烈不满情绪的是,由于"双轨制"的发展和深化,追逐"差价"收益(即所谓"寻租")的现象愈演愈烈,加剧了一般意义上体制转轨时期必然发生的经济秩序紊乱,体制真空和漏洞。社会生活中生成了十分突出的收入分配不公和政府官员腐败现象。这注定了改革必将为此付出代价。

我们已经付出的代价无疑极其沉重。不仅在经济方面是这样,在社会、政治方面也是这样。原有改革战略的诱人之处本来在于其绕开难点、分散风险,但是没有想到的是,它带来的矛盾和问题集中起来,以猛烈得多的形式爆发出来。当然,必须指出,付出的代价并不都是这种改革战略所造成的,有些代价是改革自身必须付出的,而不取决于采取哪种战略。经济体制现在所呈现的格局及与此相关的问题,与这种改革战略的关系可能要密切得多,但也不可一概而论,其中同样有些方面是由其他各种外生变量所决定的。

然而,上述改革战略和三条战线的形成,在相当大的程度上具有客观必然性。农村改革开始时是这样,城市改革起步时也是这样,将其完全归结为某种主观偏好是不符合实际的。因为改革毕竟不是在党内外意见完全一致,各部门各地区各单位可以不计各自利益得失,群众对政府的每一项措施都能完全服从的条件下展开的。改革只能在种种制约条件构成的有限范围内选择道路和办法。这个道理(或事实)恐怕是无人可以否认的。但是,是不是当时的环境和条件决定了只能有这样的改革战略呢?这一点并没有得到充分证明。

在实际过程中,从1983年开始,中国改革也确曾出现过几次调整或转换战略的尝试。其中最明显的是1985—1986年,甚至还包括1988年。提出问题的主要原因是,人们看到了双重体制(特别是以"双轨"形式存在的双重体制)带来了严重问题,拖延下去,后果难以预料。然而,由于种种原因,这些尝试最后都半途而废了。

可以肯定的，或者说是为事实证实了的是，自从1985年以来，各种矛盾、问题和危险基本上依照着主张调整和转换战略的经济学家们的担心和最"坏"的预言，一步一步发展过来。但是，许多人（包括笔者）都曾经忽视和低估了另一个方面，这就是在种种摩擦、冲突和危机式震荡中，商品货币关系同时也得以发展，机制转换的车轮并没有停止。

五、"整体推进、重点突破"阶段的改革——1995年的总结

三年治理整顿时期，改革推进的步伐放慢了，但是对改革的反思和总结却加深了。陈锦华同志受中央领导委托组织了关于计划与市场的研究，我也应邀参加了一些讨论，来自地方体改部门的易振球、陈鸿昌、迟福林、贺阳等人的发言，引用了生动有力的事实和数据，很有说服力。1991年第四季度，江泽民总书记先后主持了十多次专家学者座谈会，系统研究国际国内的经济社会发展和体制改革。与会者畅所欲言，提出许多真知灼见。印象最深刻的是蒋一苇和林毅夫，两人年龄相差很多，但都有着不同的传奇经历，一样的赤子情怀。不久之后我们又听到了邓小平同志视察南方的谈话，全国为之震动。中国经济改革从理论到方法都进入了一个新的时期，推进战略进行了历史性的调整。1993年春天，我从国家计委经济研究中心再次调回国家体改委工作，任综合规划和试点司司长。令人难以预料的是，我们再次遇到了和80年代中期相似的局面：改革要加速，而经济已提前加速。因此，在我正式到任之前的两个月，即被李铁映同志指定与楼继伟、吴晓灵等人组成一个小组，集中研究加强和改善宏观调控的对策措施，同时考虑深化改革的综合方案。令人振奋的是，中央在宏观调控和加快改革两方面态度都十分坚决。朱镕基副总理对银行和财政的两个"约法三章"迅速见到成效，经济逐步稳定下来。这个时期的改革进入了攻坚时期，表现得非常积极和主动，而且能够统筹兼顾多个方面。在拟定指导方针时最初提了几种说法，记得最终还是江泽民总书记亲笔概括出"整体推进、重点突破"八个字来。

1995年，我在一篇文章①里，尝试着分析和总结了90年代前期的这场配套改革，现将其中一部分摘要如下：

1992—1994年，经济体制转轨取得了实质性进展，其中最为显著的是，在宏观管理体制方面，初步奠定了一个适应市场经济的基础框架。

1. 改革开放的新形势和新问题。在邓小平视察南方谈话精神的鼓舞

---

① 参见郭树清：《宏观管理体制的过去、现在和今后》，《改革攻坚的思考》，北京：经济管理出版社1997年版，第323~333页。

下，经济改革骤然升温。价格改革几乎是自动加速。企业改革开始触动长期以来不敢运作的领域，如劳动用工制度、人事制度和内部分配制度。为加快企业改革，国务院制定了《国有企业转换经营机制条例》，全面审查和界定了企业的经营自主权，要求全部落实到企业。与此同时股份制改组掀起前所未有的热潮，国家体改委和其他有关部委为此发布了一系列规范意见和暂行条例。新的企业财会制度开始实施，这对于推动企业进入市场经济运行轨道具有十分深远的意义。

为社会和政策机构所始料不及的是，生产要素的市场化。劳动力流动，特别是农村劳动力的跨地区流动，规模之大，几乎是史无前例的。土地进入市场的速度更令人惊奇，在此之前，全国绝大部分地区，土地甚至是没有任何价格的。由于缺乏相应的制度和管理，土地使用权的转让自然很不规范，炒买炒卖的投机活动愈演愈烈。同样不规范的金融市场的扩张也像是一阵狂风暴雨。

2. 宏观管理体制改革基本内容的确定。在1993年4月之前，只有极少数经济学家认为有必要把财税、金融、外汇外贸和计划投资的改革放在优先地位并实施一个配套的改革方案。然而，随着经济运行中的矛盾尖锐地暴露出来之后，如何加强宏观调控的问题逐渐摆到首位。决策机构清醒地认识到，宏观经济状况的恶化，并非仅只靠政策手段就可以调整过来，必须治标与治本相结合，先采取各种手段把混乱的局面控制住，随之就要推出一整套改革办法。

从改革自身的逻辑来看，实施宏观配套改革是必然的。国有经济是改革攻坚的主要领域。在国有经济领域，过去实行的两大转轨办法，一是"双轨制"，一是"承包"或"包干"制。前者的问题大体上已趋于解决，后者则保留下来，使得税收、财政、信贷、外汇、外贸和国家投资等领域的基本关系长期处于扭曲状态。不采取较大的步骤，这些关系是理不顺的。而且企业的机制转换也很难迈开步伐。

税制改革在理论上没有太多争议。税制改革的原则是统一税法、公平税负、简化税制。第一位的重点是用增值税取代产品税成为流转税的主体，并且简化税率档次。其次是统一内资企业所得税。第三是统一个人所得税。同时撤并简化了许多小税种。这里遇到的主要问题是原来享受低税或免税的部门或企业开始叫苦，这使得原来设想的单一的增值税的税率档次不得不有所增加；企业所得税也设置了两档过渡税率；土地增值税反复修改，而且最终也没能按期出台。

财政实行"分税制"，讨论了将近十年，经济学界对此很少有异议。过去不赞同的意见主要来自地方，但经过层层包干之后，省级政府也面临着

和中央相同的问题：财政调节功能日益弱化。因此，对改革现行财政体制，现在的反对意见明显不如过去那么强烈。更重要的是，推行"分税制"的原则之一是，在维护既有利益的前提下转变财政机制，所以地方并没有近在眼前的损失。这个原则是正确的，而且也是唯一可行的。但是实施这个原则，遇到很大的麻烦。因为中央对地方的税收返还数额是以上一年为基数，这样各地就会希望抬高这个基数。更严重的问题是，各地执行的包干办法是不同的，税收动员的水平也是不同的，要完全维护既得利益，事实上就又要在新体制中保留许多区别对待的特殊做法。反复探索的结论是，此次财政体制改革应采取新旧体制并存的过渡安排，一步是走不过去的。

金融改革的大目标是清楚的，把人民银行办成真正的中央银行，分离政策性金融和商业性金融，把专业银行办成商业银行，建立统一、规范的金融市场。自从1988年治理整顿之后，金融在经济运行中的主导作用得到人们的承认，但同时也使得改革措施更为慎重。1993年开始，要求加快金融改革的呼声变得十分强烈。曾经设想金融改革更快地向目标模式过渡。然而随后愈演愈烈的金融混乱形势，使得求稳的愿望重新强烈起来。特别是在随后的观察和研究中发现，金融改革受到国有企业改革的巨大牵制，更加重了人们求稳的心理。但是确定的金融改革的动作仍然是前所未有的。由于金融市场发展方面没有举措，利率的灵活性也没有增强，所谓的货币政策工具的发展和完善自然也难以期望有新的突破。与财政体制改革一样，金融改革也是一种过渡性的安排。

外汇管理体制的变革步伐，相比较而言是很大的。从1990年起，中国的对外贸易连续三年顺差，而且国外资本的流入逐年加速增加，这样的经济体系内发生外汇紧缺是极不正常的。显然，解决问题的根本性办法是：统一外汇管理体制和汇率形成机制，不论是持有外汇还是持有人民币，都由持有者承担全部风险。问题的要害并不在于必须实行强制的结汇制度。其他后发展国家和地区的经验表明，在经济开放初期，强制性结汇是必要的。尽管中国现阶段外汇已不是那么紧缺的资源，人们还是倾向于再回头来实行严格的结汇制度。

外贸改革方案的确定相对简单得多。过去的外贸体制在相当大程度上是围绕外汇设置的。实现了人民币在贸易项下可兑换，以出口创汇为中心的计划体制从根本上成为多余的东西。因此，取消外汇指令性计划和出口创汇指标几乎普遍受到欢迎。进口体制的改革，已有中美双边谈判达成的协议和在关贸总协定谈判中的承诺，似乎短期内不宜另有新的举措。然而一些专家和学者认为，进口体制改革完全可以采取更大的步骤。

在酝酿的宏观配套改革中，计划投资体制改革越来越放到次要的地位。

其实，决策部门早在1992年下半年就提出了计划投资体制改革，当时已感到这是十分紧迫的问题，因为投资盲目扩张的机制正在重演。但是一旦触动这种计划投资体制，势必影响到更多的部门，与财税改革同步出台，很可能战线太长，震动太大。从这个角度考虑，缓一步或许是可取的。

3. 1994年宏观改革的实际进展。在中国改革过去15年历史上，从来没有如此集中的重大改革措施在一年时间内同时推出。

财政体制改革。从实际执行的情况看，中央收入占全部财政收入的比重达到58%，这是符合预期要求的。以增值税为主体的新的间接税体系站稳了脚跟。全年工商税收比上年增长19%。

金融改革也如预期的那样并没有引起太大震动。中央银行自身的几项改革较为顺利，中央银行的调控能力得到加强。在通货膨胀率超过20%的情况下，人民币对美元的汇价，竟然从年初的8.7元升值为年末的8.44元。事实有力地证明，大多数人原来预测的人民币汇价是过分低估的。

外贸体制改革按方案要求来说，进展十分顺利。在汇率统一到市场价格后，出口企业获得了极大的利益刺激，全年出口增长31.9%。但是，按照国内宏观经济的状况，进口管理体制改革显然应当有更大作为。

计划投资体制改革也有所推进。指令性计划在工业生产中的比重，从上年的6.8%下降到4.6%。一些在建项目或将建项目，开始按公司制组建企业。

1994年还出台了较大的基础产品价格改革措施。统配煤价格全部放开，石油价格提高到每吨720元左右，粮食和棉花的国家收购价格也分别有较大幅度的提高，电价也有所调整。

六、进展不平衡和遭遇曲折的领域——90年代中后期的分析

90年代前期的综合配套改革取得了巨大成功，可以说至此已实现了经济体制的基本转轨，市场经济已经取代计划经济。然而在一些重要领域，改革的进展及对应方面的发展，表现得远不如预期，事实证明我在80年代中期和90年代初期的预测是过于乐观了。这些领域的情况相互之间也很不相同。

首先是农业、农村与城市化问题。从城市改革起步后，一直以来我们都对农业和农村经济的发展充满信心，虽然也有对乡镇企业发展可能带来问题的担忧，但是总体上感到有利条件很多，特别是农业技术的现代化、农业经济的市场化、农村地区的城镇化和信息化。然而到1992年，我们已经深深感到城乡"二元制度"的严重束缚。我在一本书中有如下描述：

"尽管农村的非农产业和城市化进步速度在过去十多年里是史无前例的,但是实际中还是存在着令人遗憾的地方,政策指导上始终没有明确提出农村城市化的方针,现行的土地所有制和使用权管理体制,户籍制度,财政层层包干体制等,也限制了生产要素的合理流动和优化组合。90 年代农村非农产业要跨上新台阶,必须相对集中化,积极实施城市化。这已成为大势所趋,政策指导上如果不及时不主动,必将贻误国民经济发展。"①

早在 1989 年国家计委桂世镛、王梦奎同志组织研究"八五"计划和十年规划时,我们的研究小组,包括苏宁、刘鹤、杜铁章、王建、包克辛等同志,就花了许多时间来讨论城市化问题。之后在多次有关经济发展和改革的规划研究之中,我和陈锡文、段应碧、刘鹤、林毅夫、温铁军等同志围绕城乡协调发展问题不断地交流看法。1998 年夏天开始我在贵州省政府工作近三年,负责计划、投资、体改、建设、外贸、招商和旅游等工作,对这个问题有了更深切的理解。

就农业产出,特别是粮食而言,90 年代总体上是非常成功的,但是农业的多样化、规模化和市场化发展缓慢,乡镇企业不得不进行调整转型,农民收入增长严重落后于城镇。更广泛的影响是,由于人口城镇化长期滞后于工业化,整个国民经济中第三产业的比重低于世界平均水平十几个百分点。在我看来,"不论是近期还是长远,解决农村地区的经济发展,增加农民收入的根本出路在于增加非农就业。而增加非农就业的主要途径是加快城市化进程,把更多的农民转变为非农民。解决农村经济发展问题与解决城市经济发展问题是高度相关的,从本质上说,甚至就是一回事。"②

其次是国企改革和国有经济重组问题。国有企业要建立现代公司治理结构必须进行内部组织架构、人事制度、财务制度的深刻变革,但是与此同时必须解决各种历史遗留问题。国有企业在传统计划经济体制下运行多年,背负着沉重的包袱。资本和债务关系紊乱,资产底数不清,债务呆账、坏账几十年未作处理,到 1993 年国有企业的负债总额大概有 2 万亿元左右。尽管国内外对这个庞大的债务包袱都感到十分悲观,但我们仍然找到了用存量资产解决存量问题的办法,提出对历史包袱的解决并不需要都用现金来补偿。因为国有企业的净资产已有 2 万多亿元;公有住房历史价值 1 万多亿元,而按重置价格计算达 3 万亿元以上;国有土地的市场价值当时估计高达 15 万亿元左右,今后还将持续升值。③ 这些都是我们的有利条件。

---

① 《体制转轨与宏观调控(第二版)》,第 191~198 页。
② 郭树清:《影响中国经济未来发展的几个决定性因素》,《在过剩和贫穷之间》,第 43 页。
③ 参见《改革攻坚的思考》225 页。

从1995年开始，改革的重点重新回到国有企业上来，1996年仍然是按照"抓大放小"和"进行战略性改组"的思路继续推进国有企业改革。从全国来看，国有企业改革在两方面实现了突破：一是以城市为单位对国有企业进行存量资产的流动重组，通过联合、兼并、破产和职工再就业，减轻了国有经济的历史包袱，提高了国有企业适应市场经济的能力。二是县一级放开放活小企业迈出较大步伐。在处理历史包袱问题时，我们采取了一系列正确的做法。各级政府着眼于搞活整个国有经济，积极鼓励存量资产的结构调整；许多行业和企业采取多种措施兴办第三产业，鼓励分流富余职工，以达到"减人增效"的目的；在破产试点中，允许破产企业财产（包括土地）清算优先用于安置职工，不能偿还的银行债务使用银行呆账准备金冲销；结合企业改制改组，将财政"拨改贷"形成的企业债务，逐步转为国家投资，增补企业资本金；为鼓励企业兼并，在部分城市实行了被兼并企业银行债务免计利息的办法；住房改革中，出售住房时对老职工有一定的工龄折扣优惠，等等。一些地方和企业还进行了更多的探索。① 然而从全局上说，国有企业存量资源的流动重组受到了很大制约，一个直接的原因是国有银行的不良资产的处置迟迟没有采取有效办法。1994年3月我曾经写了一篇题为《债务重组是解开企业—银行转轨死结的关键步骤》的政策建议，之后吴晓灵、谢平等人提出了更详尽的方案，引起了长时间的争论。国务院领导及相关部门的负责同志，包括贺光辉、王忠禹、洪虎、戴相龙、陈清泰、乌杰、王仕元等对这个问题都非常重视。国家对银行的资本重组最终从1999年开始实施，国有银行和国有企业改革逐步从存量债务的困境中走了出来，一批企业着手建立公司治理结构，相当一部分实现了成功上市。另外一些则实施了破产、兼并，有的由地方政府予以关闭。总体说来，花费了十多年时间。

三是政府投融资管理体制改革。最不可思议的事情是，当我们竭尽全力盘活国有存量资源的时候，国有部门增量资源的配置仍然在很大程度上沿用着计划经济行政命令的方式。1997年我在一份研究报告中这样分析：要改变中国经济的循环不畅问题，必须从改革投资体制入手。1996年国有部门的投资体制改革，从理论上说，有两项措施：一是对经营性投资项目试行了资本金制度，要求投资项目必须先落实资本金才能开工进行建设；二是推行建设项目法人负责制，以建立和完善投资主体的自我约束机制。但从实际来看，问题最严重的国有经济部门与真正实行这两项制度还有很大的距离。关键是缺乏监督和约束，而且宏观上投资管理体制的改革没有

---

① 郭树清：《经济体制转轨需要处理好各种存量问题》，《改革攻坚的思考》，第350页。

什么新的进展。事实上,政府仍然通过审批项目的立项建议、可行性研究报告和开工报告,通过下达计划的投资拨款和银行贷款,以及下达计划的各地区各部门投资规模来干预着国有经济部门的投资活动。① 投资主体多元化、强化市场竞争机制和减少政府直接干预是从根本上提高增量资源配置效率的唯一途径。②

1997年深秋时节,朱镕基副总理提出要国家体改委牵头组织对投融资体制改革进行研究,党组书记张皓若同志责成洪虎副主任和我(时任秘书长)具体负责起草建议方案。我们召开了许多座谈会,充分听取了部门、地方和学界的意见,朱副总理也多次听取汇报。不久政府换届,机构变动很大,更重要的是亚洲金融危机后我国经济需求疲软,政府当机立断采取积极的财政政策,投融资体制改革事实上推后了。就融资体系而言,长期不平衡的问题是直接融资比重过低,而在直接融资中,企业债券比重更是畸低,带来许多不良后果。

四是社会保障和住房制度改革。十四届三中全会《决定》在社会保险体制改革方面总结了国内外正反两方面的经验,提出了适合国情的指导原则。1994年国家体改委在刘志峰副主任和李元司长的主持下,拿出了一个很有创意的方案。然而由于部门之间意见不统一,社会保障改革的进展很不理想。问题主要出在对养老和医疗保险的"社会统筹与个人账户相结合"的理解和认识分歧上。在我看来,新体制应当具备三个基本特征:(1)预筹积累;(2)缴费与享用挂钩;(3)适当调节贫富差别,即所谓互济原则。③ 对于现收现付制造成的欠账问题,我们也早在80年代就提出一个三全其美的解决方案,划拨国有资产给社保基金,落实国有产权的具体代表,同时为资本市场培养出长期稳定的价值投资主体。后来采取的做法是国企上市时减持10%上缴给社保基金,不久之后又因故暂停实施。

住房制度改革在1998年迈出了很大步伐,对于改善城镇居民生活水准,增加其财产收入,促进房地产和建筑业持久增长发挥了巨大作用。但是,多数城市的房改方案没能把存量与增量区别开来,有房户与无房户、多占房者与面积不足者之间的利益关系很不平衡,租售价格不成比例,产生了一系列问题。此外,挪用售房资金和住房公积金的现象,虽经国务院领导三令五申,仍然在相当长时期内较为严重。

---

① 参见郭树清:《1996年的改革举措及其成效》,《1996—1998的经济和政策》,贵阳:贵州人民出版社1999年版,第35页。
② 参见《1996—1998的经济和政策》,第83页。
③ 《社会保障体制改革迫切需要明确的几个问题》,《改革攻坚的思考》,第271页。

五是教育与文化。早在 70 年代末期,"实现现代化,教育科技是关键"就成为共识,历次有关经济改革的重要文件中,都会将科技教育改革列为一部分内容,文化事业也颇受关注。但是,我一直感到,教育、科技和文化的改革发展与经济改革相比,与经济发展对其提出的要求相比,存在着较大差异。到了 90 年代中后期,问题就愈加突出。我曾经这样写道:"小平同志在 80 年代末期说,最大的失误是教育,他既指的是青少年的思想道德教育,同样也指的是智力资源的开发。我国高素质就业者仍然太少,结构性失业问题非常严重。大量的低素质劳动者提前就业,显然不如推迟平均的就业年龄,延长每个人学习培训的时间。需要注意的是,政府固然要审查监督学校,不能让不具备基本条件的学校出现和生存,更不能允许违法现象,但是评判学校成败和学生水平最终要靠社会和市场。在教育领域引入必要的竞争机制应是改革的一项主要内容。"[①]

1999 年我在贵州发表一篇文章,题目叫做《文化就是生产力》。事实上在此之前,我从多个角度阐释过文化创意对于经济的意义。主要理据是:物质性消费需求达到一定程度后,精神性消费需求就会急剧增长。文化含量高的产品如同科技含量高的产品一样,通常都是市场价值高的产品。在我国,文化产品和服务的生产经营实际上已经开始成为热门行业。然而总的来看,我国还没有形成一个文化产业,因而远远不能满足社会不断增长的文化需求。电影、电视、音像制品市场上,充斥着外国货;文学、戏剧、美术仍然处于转型时期的生存挣扎状态;我们的报刊发行量最大的不过 200 万份,不及英国的一家小报的一半。文化产业自然是一个特殊产业,毫无疑义不能简单地套用其他一般商业性行业的规则。但是最根本的是,一定要使我们的文化机构及其产品和服务成为各种文化市场的主体,否则再好的愿望也没有意义。[②]

除上述几个方面之外,政府行政管理和社会管理的改革也是长期滞后的领域。

七、《未来改革面临的挑战》——2003 年的展望

十六大之后,以胡锦涛同志为总书记的新一届中央领导集体高度重视深化改革和扩大开放,迅速决定在 2003 年召开三中全会,集中研究完善社会主义市场经济体制。在"非典"形势最紧张的时候,温家宝同志主持的文件起草小组开始工作。三中全会从战略上安排部署了新时期的改革步骤,

---

① 《加快结构调整与培育新的增长点》,《1996—1998 的经济和政策》,第 74 页。
② 同上。

提出了以人为本、科学发展和"五个统筹"等重要的指导方针。新的中央领导集体不仅旗帜鲜明地坚持改革开放不动摇,而且更加强调要有忧患意识、危机意识和大局意识,很快就推出了农村税费改革、国有企业改革、机构改革、银行改革、资本市场改革和汇率形成机制改革。

2003年10月30日,中国体改研究会举办了一个研讨会,纪念研究会成立20周年暨中国改革25周年,我应邀做了一个演讲①,摘要如下:

中国的经济改革已经走过25年。在其他国家看来,中国是转轨经济中最成功的国家,创造了世界经济发展史的奇迹。中国能够顺利前进并不是偶然的,不是一系列的"碰巧选对"带来的。

中国的经济改革既是市场导向的,也是发展导向的。这两个导向本质上是一致的。未来的改革所需要完成的任务,也首先是通过发展所遇到的挑战提出来的。一旦我们来仔细审视这些问题的时候,我们就更不敢过分乐观。

(一) 资源配置和利用的效率亟待提高。目前中国经济增长速度位居世界前列。但是每年新投入的资金占GDP的比重按现行统计已超过40%,按现行汇率折算达5000亿美元。投入产出的比例还很不理想。综合经济效益仍然处于较低水平。从结构上来观察,尤其令人担忧。长期存在的技术创新能力弱,产品附加价值低,库存增长率高,贸易条件恶化等问题依然相当突出。第三产业占GDP的比重目前和12年前差不多,为34%左右。地区发展差距扩大,沿海省市在经济总量中的比重继续提高。收入分配不合理的矛盾比较严重。

上述问题的存在,主要还是因为市场的作用没有得到充分发挥。生产要素的市场化与我们10年前的设想相比,存在着相当的距离。

多年来,各种加工制造业集中于沿海,结构升级缓慢,向内地的转移和扩散很不明显。这一切都可以在工资、租金、利率、汇率以及税收、补贴等最基本的市场信号和市场参数中找到解释。

(二) 金融体系的脆弱性需要认真克服。金融体系的状况不仅关系到经济效益问题,而且还决定着经济安全和稳定的问题。在今天的经济发展和财政增长条件下,特别是在国家可支配的经济资源达到很大规模的条件下,处理历史遗留问题并不存在严重的限制。问题的关键是如何转变国有银行的内部治理结构和运行机制。金融业的改革和金融业的开放应当紧密地结合在一起,没有开放,改革很可能会事倍功半。

---

① 参见郭树清:《未来改革面临的挑战》,《直面两种失衡》,北京:中国人民大学出版社2007年版,第155~166页。

中国的金融改革形势之所以艰难，是因为这项改革并不仅限于金融业内部，说到底这是一场涉及全社会的改革。创造一个健康强大的金融体系，需要解决的问题是长期历史原因造成的普遍的信用缺损问题。如果各种交易都可能发生违约，当事者可以不承担应当承担的责任，那么法律上规定再严格的产权也毫无意义。

金融改革无法回避内外均衡问题。在有效防范风险的前提下，有选择、分步骤地放宽对资本交易活动的限制，逐步实现资本项目的可兑换。这会促进金融体系的健康。还要逐步形成并不断完善沟通国内国外货币、资本和保险等各种金融市场的统一高效的机制。

（三）要建立起与城市化快速发展相适应的，高效率低成本的社会保障体系。实行社会统筹和个人账户相结合的基金积累制度，城镇所有用人单位和职工个人必须按国家规定的比例缴纳养老保险费，资金全部进入个人账户，实行全国统一管理和运营。社会养老保险制度一定要具有开放性，过去没有纳入社会养老保险体系的非公有制经济从业人员和进城农民，可以在补交一定数额的保险费之后，直接享有与老职工相同的权益。既不额外增加国家的负担，又使每个人得到公正待遇。

应当高度重视住房在社会保障中的地位和意义。住房是一项重大的民生，是居民消费长期的重要组成部分，也是经济发展成百上千年的支柱行业。我国的住房制度改革远没有完成。

（四）形成能够有效保障市场统一的法律体制。维护全国统一市场，保证公正的法治环境，是优化资源配置，实现公共服务均衡化和国民福利最大化的前提。现实生活中，地方和部门保护主义问题依然非常严重。首先要完善立法体制和机制。既要解决"无法可依"问题，又要防止"过度立法"，"部门立法"，形成法律过多、过滥、相互矛盾、代表部门或少数单位特殊利益等问题。同时要推进司法体制改革。我个人认为，可能需要借鉴国外的经验，建立国家法院、地方法院和专门法院这样比较完整的有分工有协调的司法体系。

（五）从制度上保证人才培养和知识创新。人力资源开发的重要性超过了任何其他物质性资源的开发。必须抓紧教育领域的体制改革，充分认识教育在解决人口、环境、资源和经济发展的诸种矛盾中所起的核心作用。但是，令人遗憾的是，我国的教育领域存在着许多体制性问题，有投入保障问题，有结构比例问题，还有培养方式和考评模式问题。学生的创造性、主动性不足，适应社会经济和就业岗位的能力较弱，与发达国家的差距不断拉大。科技与教育的结合、科技与经济的结合仍然不够紧密。在这种形势下，深化科技体制改革显然是非常紧迫的。

（六）使社会服务领域和事业单位充满生机和活力。长期以来，我们高度重视生产物质产品的企业的改革和农村的改革，但是对于从事社会服务和一般服务的所谓事业单位改革却很少关注。这也可能是中国服务业落后的原因之一。事实上，今天的服务业已成为发展潜力最大的产业。

（七）政府管理方式需要现代化。过去20多年里，企业和农村是改革的中心环节，今后的改革中，政府自身可能是最主要的。政府要适应全球化条件下的市场经济，不能不进行较彻底的改革。行政体制改革要有新起点、新要求，不是简单的机构改革或人员精简，而是要深入改革政府的组织架构、职能体系和运作方式，建立现代政府管理体制，形成行为规范、运转协调、公正透明、廉洁高效的行政管理体系。

（八）改进和完善城乡社区管理体制。这些年来，随着市场经济不断发展和社会关系的不断调整变革，城市与乡村的社区怎么管理、怎么组织，采取什么结构，是我们面临的一个严峻挑战。

首先需要进一步培养公民意识，增强每个人的社会责任感，奠定社会主义政治文明的基础。其次要充分发挥社会中介组织的作用。第三，在社会生活的每一个环节都为市场经济体制的运行创造良好的条件。

总之，我们需要发展多样化、网络化的富有生机和活力的社会组织体系，并在这个组织体系中全面贯彻民主和法制，形成协调和自律的机制，从基础上保证经济发展有一个稳定、安全、不断进步的社会环境。

八、几点感言和反省——2008年随想

最近30年里中国经济社会发展的成功在世界上确实是独一无二的。但是这首先是因为在此之前的另一个30年为其进行了多方面的准备，没有之前的成功、失败、曲折、反复，不可能有毅然决然的战略转变。同时，国际上冷战的缓和、东亚经济的起飞，特别是海外华人的存在，香港、澳门和台湾与大陆的多种联系，都是中国崛起的重要条件。

中国经济改革总体上采取了渐进方式，这是我们的道路被看作最成功转轨模式的主要原因。从计划经济基本上转变为市场经济花了大约15个年头，比最初的预期超出一半时间；而完善这个新体制已经又花去了15个年头，未来还需要很长时间。曾经非常坚定地认为，上世纪80年代中期开始的全面改革，第一阶段本来可以节约4~5年时间，至今也确信这是正确的。然而，前一个顺利，很可能会预告另一个挫折。出现反复大概是无法避免的。无论如何，我们已经走出一条独特的道路。

作为社会变革过程，经济改革是可以设计的，因为前人和国外遇到过

类似问题，我们自己也有许多知识积累，有经验和规律可循就可以事先研究规划。转轨的许多基本原则一开始就不应被忽视，例如"管住货币，放开价格"，"建立现代企业制度"，"建设法治社会和信用社会"，等等。经济体制在任何情况下都是一个有机整体，人们在不同程度上可以忽略其不同的内在联系，但是无法否认或割断这些联系，总之，较长时间内简单化地处理改革问题，最终会受到限制甚至是惩罚。然而，经济改革也有不可设计的方面，任何方案都不能绝对化，必须不断根据实践作出调整。有些时候，即使是可以预测到的曲折，实际上也无法避免重复。社会有自己的惯性。

体制是人创造的，人又是体制铸就的。但是我们曾经深信不疑的是体制最根本最重要，虽然我们也知道体制改变在相当大程度上要靠人的改变。然而正是因为人的改变不那么容易，或者也因为人又最容易变化，所以制度常常显得苍白无力。在未来的时期内，我们可能需要在重视体制的同时，同等程度地重视体制之中的人，我们需要更好的教育、感召和培训，需要为人的全面发展创造更有利的条件。

经济学家们特别是主张改革的经济学家们，坚信制度高于技术、高于文化、高于习惯。但是当我们真正希望靠制度来支撑一切时，却又立即发现，这是颇有困难的，现阶段上更多的时候我们感到制度本身需要文化、习惯和技术来支撑。我们同样需要重视的是相互作用和相互联系。在一定意义上说，诚信、敬业、守法、合规等品质比之规章、条例和法律本身还要珍贵。

经济与政治的关系一直是个热门话题。政治体制改革无疑需要跟上经济体制改革的步伐，但是必须从中国的实情出发才可能取得我们真正期望的结果。需要大胆借鉴全人类的政治文明成果，如同借鉴物质文明和精神文明成果，理解和尊重所有的特殊性、多样性。把任何一种理想的或现实的模式设想为最优，甚至以为其可以"终结历史①"，只是人们偶尔会产生的幻觉。在保持稳定的前提下，实现民主与法治的平衡需要中国式的创新。

和谐社会、和谐世界是中国的理想。从历史来看，正是中国曾经最趋近于这种状态。从现实来看，我们也具备了许多条件。56 个民族生活在一个统一的国度里，实行着特殊的民族自治，保留着多种宗教、多种习俗。即使以报纸、书籍和学校教学所用语言的种类来计算，中国在世界上也名

---

① 美国学者弗朗西斯·福山曾经预言历史将终结于西方式的自由民主制度，近年来逐渐承认其过去观点有误。可参见其《历史的终结及最后之人》（黄胜强等译，北京：中国社科出版社 2003 年版），以及其《十字路口的美国：民主、实力和新保守主义遗产》、《出乎意料》等新作。

列前茅。但是我们仍然需要向古人学习，他们维持同样或者更大规模的统一国土，并没有铁路、公路、飞机和电信。而且全国性的甚至全球性的商品贸易、货币交换正是由他们开创的。

我们的经济正在重新回到世界的中心区域。中国已经是世界最大的资本输出国，一两年内就会成为最大的商品输出国，甚至也可能会成为最大的人力资源输出国。中国赶上美国而成为最大的经济体，大概也用不了太长时间。当然我们不会忘记中国的人口是美国的4倍还多。为了自己的利益，我们必须调整在国际市场上的行为习惯，更何况我们也无法推卸应当承担的国际责任。封闭模式和小国式经济体的时代一去不复返了，国际市场已经不再是完全外在于我们的实体，我们自己就是国际市场的主要组成部分。

影响未来国际市场竞争力的核心因素可能不止一个，但是最重要的因素不会再是资源或资本，而是知识和人才。教育、科技和文化是我们最薄弱的环节。30年前难以想到，中国的体育选手能够赢得世界最多的金牌，与此同时，我们在科技和教育领域的创造能力与许多欧美国家都无法相提并论。然而，今天的经济如果要实现长期持续发展的话，我们将不得不担当起领先者的角色，因为我们已经很难像过去那样依靠模仿和追踪。如果未来还有经济的战略性调整，那么就会是从实物生产主导的模式逐步转变为非实物生产主导的模式。这种意义的改革大概还不能算正式开始。

我们与所处的生态环境长期斗争、冲突，终于认识到这完全是与我们自己及自己的后代为敌。当今天中国一如我们几十年前梦想的一般，已经成为工业大国时，我们望着灰蒙蒙的天空，不禁会想起马克思"经济异化"的概念。尽管煤炭、钢铁、水泥等高污染的重化工业还在高速增长，节能减排的形势依然非常严峻，但是对中国的环境问题也许不用过分悲观。我们有着最悠久最成功的人类社会与自然界和谐相处的"天人合一"传统，现实中，我们也确实正在探索建设最大规模的风力发电、太阳能加热和沼气利用。相信未来总有一天，我们会成为世界的环保模范。关键在于要真正贯彻落实科学发展观。

实现上述这些美好愿望，我们需要再来一个30年。

中国经济50人论坛
Chinese Economists 50 Forum

邓小平与中国对外开放

胡鞍钢

The Past 30 Years

A Review and Analysis by 50 Chinese Economists

胡鞍钢简历

中国科学院、清华大学国情研究中心主任

祖籍浙江省嘉善县,1953年4月27日生于辽宁省鞍山市。现任中国科学院、清华大学国情研究中心主任,清华大学公共管理学院教授、博士生导师,清华大学学术委员会委员。

1988年在中国科学院自动化所获工学博士学位。1991年至1992年在美国耶鲁大学经济学系进行博士后研究;1993年在美国Murry State University 经济学系做访问学者;1997年在美国麻省理工学院(MIT)国际研究中心做客座研究员;1998年在香港中文大学经济学系做客座研究员;2000年任日本庆应义熟大学综合政策学院做访问教授;2001年在美国哈佛大学肯尼迪政府学院政府与商业中心做访问研究员;2003年在法国社会科学与人文学院做访问研究员;2004年在世界银行发展研究院合作研究;2005年在美国哥伦比亚大学东亚研究所做研究员。2006年在日本东京工业大学做访问学者;2007年在日本早稻田大学做访问学者。

从1985年起,参加由周立三学部委员领导的中国科学院国情分析研究小组,专门从事中国国情研究,涉及当代中国经济、社会等方面,成为这一跨学科新领域(即当代中国研究)的主要开拓者和学术带头人之一。2000年被中国科学院和清华大学联合聘为国情研究中心主任,该中心旨在建成国内重要的国家决策思想库,由他主持编辑出版的《国情报告》,专供中央和省部级领导参阅,迄今已出版800期。

1991年被国家教育委员会、国务院学位委员会授予"有突出贡献的中国博士学位学者"。1995年获国家自然科学基金委员会"国家杰出青年科学基金"资助。1995年经美国华盛顿中国问题研究中心评选,获福特基金会"中国经济研究"资助(全球资助7人)。1995年以来,连续获得中国科学院科技进步一等奖(两次)、北京市科学技术进步二等奖和国家科技进步三等奖等多项奖励。2000年被国家自然科学基金委员会评为"国家杰出青年科学基金"特优项目。2001年获第九届(2000年度)孙冶方经济科学论文奖。2004年被俄罗斯科学院授予荣誉经济学博士学位。

目前已正式出版中国国情与发展研究系列专著(12部)、合著(16部)、主编(9部)、合编(6部)、英文著作(5部)共计48部;2000—2005年CSSCI(中文社会科学索引)收录108篇;2000—2005年CSSCI引用(不包括自引自)1405篇次,在中国人文社会科学界居前列。

在 20 世纪 70 年代末，中国决定实行经济改革和对外开放绝非是偶然的。一方面是毛泽东发动和领导"文化大革命"的彻底失败导致中国的社会危机，而社会危机又引起了社会变革；另一方面它是以邓小平为代表的中国领导人都对世界发展大变局和国内外各类发展挑战的主动响应，具有极其深刻和广泛的国际背景、政治背景和经济背景。诚如芝加哥大学政治学教授邹谠所言，至中日甲午战争失败之后所激发的危机意识，西方意识形态和范式的影响以及资本主义世界经济的冲击，都大大强化了这种危机意识，直到 1949 年中华人民共和国成立之时，这种危机感一直存在，尽管有所减弱。甚至在 1978 年之后四至五年间，中国一些高层领导人在努力争取人民接受其全面彻底的改革计划时，仍然会偶尔提及"亡党亡国"的可能性。①

当时的中国领导人面对一个极其贫穷落后的中国，又面对一个极其竞争变化的世界。他们果断地结束了"文化大革命"的内乱之后，开始重新探究中国经济发展落后的种种原因，寻找消除各种危机的良策，开拓促进国家强大、人民富裕的中国式的社会主义现代化道路，不曾想十几亿中国人民创造了世界现代发展历史的新的经济奇迹。但是在当时几乎国内外没有政治家、学者和研究机构能够预见到这一奇迹的出现，几乎是"事后诸葛亮"，直到后来才逐渐清晰地看到这种势不可挡又不可逆转的"中国奇迹"。

现在回过头来看，我们不禁要问：为什么中国要对外开放？它的国际背景和历史背景是什么？毛泽东对此起了什么作用？他是如何看待世界的，有哪些局限性？为什么是由邓小平作出对外开放的决策？有哪些外部原因和他个人的原因？他是如何思考中国落后的原因？他又是如何作出这一战略性的重大决策？为什么他成为中国对外开放之父？对此，我们作一历史回顾与历史分析。

一、毛泽东为中国对外开放打开战略窗口

1949 年 9 月，中国人民政治协商会议通过的《共同纲领》第 57 条明确指出，"中华人民共和国可在平等和互利的基础上，与各国的政府和人民恢复并发展通商贸易关系"。据统计，1950 年，中国与资本主义国家的贸易额占进口总额的 66.2%、出口总额的 66.8%。② 据安格斯·麦迪森计算，

---

① 邹谠：《中国革命再阐释》，中文版，1~2 页，香港：牛津大学出版社 2002 年版。
② 顾龙生主编：《中国共产党经济思想发展史》，太原：山西经济出版社 1996 年版，第 400 页。

1950年中国出口额占世界总量比重为1.8%，而1870年为2.5%。①

1956年毛泽东提出了要中外结合，中外精通。他还批评了清末西太后盲目排斥外国东西的做法。他在同音乐工作者谈话中批判了洋务派的中体西用（中学为体，西学为用）的传统观点。②

1958年，毛泽东在《对第二个五年计划的批示》中正式提出"自力更生为主，力争外援为辅"的方针。他说"自力更生为主，争取外援为辅……认真学习外国人的好经验，也一定要研究外国人的坏经验——引以为戒，这就是我们的路线。"

1964年，毛泽东提出"古为今用，洋为中用"的八字方针③，作为正确对待中国传统文化和外国（或各国）文化的基本方针。

但是，毛泽东提出的上述方针基本上没有实行，反倒是盲目排外，实行的是封闭性政策。在建国初期，原来在华的外资大部分被强制性关闭，或者被迫撤出，或者被迫没收。所谓争取外援，主要是50年代从苏联方面争取的经济援助和技术援助；60年代初苏联中止了这些援助；60年代中期，中国全部偿还了苏联的贷款，成为世界上没有任何外债和外国投资的国家，也自称为具有社会主义优越性的国家。1870年中国出口额占世界总量比重为2.49%，到1950年时降至1.69%，到1973年达到历史最低点，只有0.65%（见表1）。④ 不断现代化的中国仍然是世界上最大的封闭型经济和社会，大大地限制了中国的贸易增长潜力。⑤ 只有对外开放才能极大地释放中国的贸易增长潜力。⑥

表1　主要国家出口额占世界总量的比重（%，1870—1992年）

国家	1870年	1913年	1929年	1950年	1973年	1992年
中国	2.5	1.8	1.9	1.8	0.6	2.2
英国	21.8	16.6	9.6	11.4	5.3	5.1

---

① 安格斯·麦迪森：《世界经济二百年回顾》，中文版，北京：改革出版社1997年版。

② 毛泽东认为，"学"是指基本理论，这是中外一致的，不应该分中西。他还认为，文化上对外国的东西一概排斥，或者全盘吸收，都是错误的。应该学习外国的长处，来整理中国的（文化），创造中国自己的、有独特的民族风格的东西（新文化）。《毛泽东著作选读》（下册），北京：人民出版社1986年版，第752~753页。

③ 许全兴著：《毛泽东晚年的理论与实践（1956—1966）》，北京：中国大百科全书出版社1995年版，第37页。

④ Angus Maddison, 1995. Monitoring the World Economy 1820—1992, Paris: OECD.

⑤ 贸易潜力指数＝各国出口占世界总出口比重/各国GDP占世界GDP的比重，反映各国参与国际市场的程度和国际竞争力的强弱。作者估计，1973年中国贸易潜力指数只有0.10。胡鞍钢主编：《全球化挑战中国》，北京大学出版社2002年版，第59页。

⑥ 作者估计，2005年中国贸易潜力指数为0.54。

续表

国家	1870年	1913年	1929年	1950年	1973年	1992年
德国	12.0	16.2	10.5	3.8	10.8	10.8
美国	4.4	8.1	9.1	12.5	9.7	11.9
日本	0.1	0.7	1.3	1.0	5.3	7.9
印度	6.2	4.0	2.5	1.6	0.5	0.5
巴西	1.5	0.8	0.8	1.0	0.6	1.0

注：按不变价格计算的出口，1990年国际美元价格。世界出口总量为1。

计算数据来源：安格斯·麦迪森：《世界经济二百年回顾》，中文版，北京：改革出版社1997年版。

建国以来中国长期处于同世界隔绝的状态是有其外部原因的。邓小平认为，这在相当长时期不是我们自己的原因，国际上反对中国的势力，反对中国社会主义的势力，迫使我们处于隔绝、孤立状态。以美国为首的西方国家对中国进行经济封锁是中国迟迟不能对外开放的客观原因。尽管朝鲜战争中中国、朝鲜迫使美国、韩国签署和平谈判协议，但是多国出口控制协调委员会（又称巴黎统筹委员会）内部增设了中国委员会，对中国采取了比对苏联、东欧国家更为严厉的经济封锁、经济制裁政策。①

70年代初毛泽东打开中美关系的战略举措为70年代末邓小平的对外开放创造了一个有利的前提条件。中国向西方开放，最大的障碍是中美关系之间长期对峙、隔绝。消除了这一障碍，也就为中国对外开放打开了战略窗口，铺平了发展道路。1969年3月中苏边防部队在黑龙江省珍宝岛地区发生武装冲突，苏联以重兵集结中苏和中蒙边境，对中国国家安全构成严重威胁，毛泽东根据陈毅等元帅的建议②，开始考虑在中、美、苏"三大角"关系中"打美国牌"。毛泽东放弃"一边倒"的外交方针，转而"以敌（美国）为友"，"以友（苏联）为敌"的新战略。这本身就反映了毛泽东制定国家安全战略是以国家最高利益为准，超越意识形态的。

1970年10月，美国总统尼克松首先主动私下给中方转达"口信"，希望美中进行高级接触。11月，经毛泽东批准，周恩来给美方捎"口信"，中国政府欢迎美国总统派特使来华商谈。

1971年4月，毛泽东决定邀请美国乒乓球队访华。4月14日美国总统

---

① 董志凯：《跻身国际市场的艰辛起步》，北京：经济管理出版社1993年版，第41~45页。

② 毛泽东提议由陈毅挂帅，徐向前、聂荣臻、叶剑英参加，提出了国际问题报告[《对战争形势的初步估计》（1969年7月），《对当前局势的看法》（1969年9月）]，认为在中、美、苏"三大角"关系中，中苏矛盾大于中美矛盾，美苏矛盾大于中苏矛盾；在目前美、苏两国急于打"中国牌"的情况下，中国处于战略主动地位。见逄先知、金冲及主编：《毛泽东传（1949—1976）》，北京：中央文献出版社2003年版，第1624—1625页。

尼克松宣布结束已存在 20 年的对华贸易禁运，放宽对中国的货币和航运管制。

7 月，美国总统国家安全事务助理基辛格秘密访华，宣布尼克松准备访华。该信息公布后引起一系列的连锁反应。

10 月 25 日，第二十六届联合国大会正式恢复中华人民共和国在联合国的一切合法权利，成为安全理事会五个常任理事国之一。

1972 年 2 月 21 日，美国总统尼克松访华，抵达北京之后，毛泽东在会见尼克松时，首次承认中国"闭关自守"、拒绝与美国交往的做法是不对的，责任在中方，包括他本人在内。① 但是，当时的毛泽东还不晓得"闭关自守"的代价是什么？后来他也没有及时地提出对外开放的基本国策。他失去了"中国开放之父"的历史机会，却为邓小平创造了这一历史机遇。

2 月 28 日，中美两国政府发表《联合公报》，提出"双方把双边贸易看作是另一个可以带来互利的领域"，中国开始向西方打开贸易大门。诚如毛泽东所言："中美关系正常化是一把钥匙。这个问题解决了，其他问题就迎刃而解了"。② 3 月，中英两国由代办级外交关系升格为大使级关系。接着，中国同荷兰、希腊、联邦德国等国家相继正式建交或实现外交关系升格。

9 月下旬，日本首相田中访华，周恩来总理和田中首相在中日联合声明上签字，宣布结束中日两国之间迄今为止的不正常状态，两国从即日（9 月 29 日）起建立外交关系。

这一年，中国先后同十八个国家建立外交关系或实现外交机构升格。中国同西方国家的关系出现重大变化，这为中国引进西方国家先进技术提供了机遇。

1972 年成为中国第一个经济开放之年。2 月初经毛泽东审阅同意，国家计委进口成套化纤、化肥技术设备。当年中央和国务院批准了 43 亿美元进口计划，是建国以来引进国外先进技术设备规模最大的进口计划③，但是

---

① 毛泽东对尼克松说："我们办事也有官僚主义。你们要搞人员往来这些事，搞点小生意，我们就是死不肯。十几年，说是不解决大问题，小问题不干，包括我在内。后来发现还是你们对，所以就打乒乓球。"最后，毛泽东告诉尼克松："我跟早几天去世的记者斯诺说过，我们谈得成也行，谈不成也行，何必那么僵着呢？"《毛泽东会见尼克松谈话记录》，1972 年 2 月 21 日。载逄先知、金冲及主编：《毛泽东传（1949—1976）》，北京：中央文献出版社 2003 年版，第 1638 页。

② 林克、徐涛、吴旭君：《历史的真实》，北京：中央文献出版社，1998 年，第 255 页。

③ 逄先知、金冲及主编：《毛泽东传（1949—1976）》，北京：中央文献出版社 2003 年版，第 1622 页。

实际完成进口额为28.6亿美元。①

1973年1月，中央政治局委员、主管经济工作的国务院业务组负责人李先念提出要积极发展对外贸易，首先是要增加出口，还可以搞来料加工出口。②6月，刚刚参加国务院业务组工作的陈云就提出，我们要对资本主义进行很好的研究。③他认为中国和资本主义打交道大势已定。他提出要利用资本主义先进技术和设备，利用国际上先进的管理手段，利用国内优势条件扩大出口。12月，李先念提出，进口必要的先进设备是为了加快社会主义建设。这是李先念和陈云最早提出的对外开放、引进国外技术的政策，后来他们都成为邓小平主张对外开放的支持者和决策者。

1974年3月，李先念提出，为了加强我国的海上运输能力，适当地购买一些（外国）船只，还是必需的。10月，江青借助所谓"风庆轮事件"诬蔑周恩来、邓小平、李先念等执行一条"孔孟之徒"卖国主义路线。④中国刚刚开始对西方世界的开放就被封闭主义和孤立主义的江青所扼杀。

1975年4月，邓小平针对江青"闭关锁国"的做法明确地提出，自力更生不排除吸收国外先进技术。⑤

8月，邓小平在主持国务院讨论国家计委起草的《加快工业发展的若干问题》时提出，引进新技术、新设备，扩大出口。要争取多出口一点东西，换点高、精、尖的技术和设备回来，加速工业技术改造，提高劳动生产率。⑥

9月1日，李先念提出，既要有自己的雄心壮志，又要有虚心学习外国

---

① 国家统计局国民经济综合统计司编：《新中国五十年统计资料汇编》，北京：中国统计出版社1999年版，第60页。

② 李先念：《对外贸易应有较大的发展》，1973年1月4日，《李先念文选（1935—1988）》，第302~303页，1989年。

③ 陈云谈到"过去我们的对外贸易是百分之七十五面向苏联和东欧国家，百分之二十五对资本主义国家。现在改变为百分之七十五面向资本主义国家，百分之二十五对苏联他们。不研究资本主义我们就要吃亏。不研究资本主义就休想在世界市场中占领我们应占的地位"。见王瑞璞主编，《三代领导集体与共和国经济实录（中卷）》，北京：中国经济出版社，第657、659、663页。

④ 1974年9月底，中国自行设计、制造的万吨货轮风庆号远航欧洲之后返回上海。江青等人挑起事件，歪曲事实，诬蔑国务院、交通部不支持国内造船，是"崇洋媚外"、"投降卖国"，矛头直接指向周恩来。同年10月，江青等又在中共中央政治局会议上提出"风庆轮问题"，遭到邓小平的当场抵制和批驳。

⑤ 中央文献研究室编：《邓小平年谱》（1975—1997），北京：中央文献出版社2004年版，第30~31页。

⑥ 邓小平：《关于发展工业的几点意见》（1975年8月18日）《邓小平文选》（第二卷），北京：人民出版社1994年版，第29页。

先进技术的态度。① 尽管这一政策还没有来得及实行就因"批邓（小平）、反击右倾反案风"而夭折。但是却给邓小平、李先念既留下了历史记忆，也留下了历史空间，他们和陈云一起开启了中国对外开放的历史时代。

可以说，从20世纪70年代初，毛泽东对美的战略决策，使中国向西方世界对外开放打开战略窗口，邓小平将其视为毛泽东同志的功绩。② 邓小平则迈出了决定性的一大步，提出对外开放的基本国策，成为"中国开放之父"。

二、邓小平提出创造20年国际和平环境的战略设想

从历史纵深看，邓小平时代的国际环境远比毛泽东时代更有利于中国对外开放与经济发展。邓小平本人敏锐地意识到这一历史难得机遇，③ 也充分利用了前所未有的"天时、地利"，他与陈云、李先念等及时果断地作出了对外开放重大决策，使中国从经济全球化的"边缘者"成为重要的参与者，从国际先进技术的"落伍者"成为积极"采用者"，从现代化的"后来者"成为新的"追赶者"。

邓小平恢复工作之后，仍然主管外交事务，开始调查研究，重新认识国际形势的特点和趋势，不仅改变了毛泽东、周恩来对世界形势的基本看法，还突破他们的战略框架，首次提出了为中国现代化建设创造一个长期的良好的国际和平环境战略设想，他认为至少需要20年的时间，其根本点就是为了国内的经济建设。

1973年8月，中共第十次全国代表大会会议上，毛泽东和周恩来对当今时代的总看法仍然是列宁的看法：我们仍然处在帝国主义和无产阶级革

---

① 邓小平：《关于发展工业的几点意见》（1975年8月18日）《邓小平文选》（第二卷），北京：人民出版社1994年版，第29页。

② 1979年3月，邓小平还特意提到，毛泽东同志在他晚年还提出了关于三个世界划分的战略思想，并且亲自开创了中美关系和中日关系的新阶段，从而为世界反霸斗争和世界政治前途创造了新的发展条件。我们能在今天的国际环境中着手进行四个现代化建设，不能不铭记毛泽东同志的功绩。邓小平：《坚持四项基本原则》（1979年3月30日），《邓小平文选》（第二卷），北京：人民出版社1994年版，第172页。

③ 邓小平认为，我们现在要实现四个现代化，有好多条件，毛泽东同志在世的时候（指建国至1976年）没有，现在有了。那时候没有条件，人家封锁我们。经过几年的努力，有了今天这样的、比过去好得多的国际条件，使我们能够吸收国际先进技术和经营管理经验，吸收他们的资金。邓小平：《高举毛泽东思想旗帜，坚持实事求是的原则》（1978年9月16日），《邓小平文选》（第二卷），北京：人民出版社1994年版，第127~128页。

命的时代。毛泽东对国际形势的基本看法是"天下大乱论"。① 尽管此时中国已经加入了联合国,成为国际社会的一名重要成员(五个联合国安理会常任理事国之一),但是毛泽东还是持"世界大战论"和"世界革命主要倾向论"。② 此时,毛泽东对世界已经进入科技革命和经济全球化时代既不敏感也无察觉,更不晓得中国与发达国家的科学技术差距明显拉大。

1977年8月,中共第十次全国代表大会正式宣布结束长达十年的"文化大革命",重新开始进行"四个现代化"。当时并不是所有的中国领导人都能够清醒地意识到出现一个千载难逢的有利于中国经济发展的良好的国际环境,国外几乎也没有人能够预见到中国决定对外开放,参与世界经济的可能性。

9月14日,邓小平提出,过去老的战略规定(指党的十大政治报告)不符合现实了。我们需要一个和平的国际环境,起码希望23年(指到2000年)不打仗。③ 这是邓小平首次提出要创造一个国际和平环境,为国内经济建设服务的战略思想。我们称之为"中国大战略",它反映了中国的核心国家利益和长期根本利益,是大胆的极富远见的战略构想。

1978年3月25日,邓小平在会见挪威外交大臣克努特·弗吕登伦时提出与西方世界合作的设想。他说,我们对自己有清醒的估计,我们实现四个现代化,需要同西方世界合作。更重要的是,在政治上对付超级大国,我们更需要合作。④ 这是毛泽东统一战线思想在国际问题上的最好运用,这也意味着中国对外开放主要是对西方世界开放。

---

① 周恩来代表毛泽东认为,当前国际形势的特点,是天下大乱。"山雨欲来风满楼。"这正是列宁分析过的世界各种基本矛盾在今天的表现。缓和是暂时的、表面的现象,大乱还将继续下去。这种大乱,对人民来说是好事,不是坏事。它乱了敌人,分化了敌人,唤醒了人民,锻炼了人民,推动国际形势进一步朝着有利于人民,而不利于帝国主义、现代修正主义和各国反动派的方向发展。周恩来:《在中国共产党第十次全国代表大会上的报告》1973年8月24日报告,8月28日通过,《人民日报》,1973年8月31日。

② 周恩来重申了毛泽东1970年5月20日的看法:"新的世界大战的危险依然存在,各国人民必须有所准备。但是,当前世界的主要倾向是革命。"周恩来:《在中国共产党第十次全国代表大会上的报告》1973年8月24日报告,8月28日通过,《人民日报》,1973年8月31日。

③ 1977年9月14日,邓小平在会见日本新自由俱乐部访华团时谈到,国际形势变化很大,许多老的概念、老的公式已不能反映现实,过去老的战略规定也不符合现实了。我们再次声明,我们需要一个和平环境,起码我们希望二十三年不打仗,二十三年就是到二十世纪末。那时,我们要达到一个先进水平,不说超过,至少赶上、接近世界当时的水平。世界在前进,特别是科学技术领域在突飞猛进地发展。那时我们可能有个别领域超过世界先进水平,更多的可能是接近,所以我们需要和平环境。见中共中央文献研究室编,《邓小平年谱(1975—1997)》(上),200~201页,北京:中央文献出版社2004年版。

④ 中共中央文献研究室编:《邓小平年谱(1975—1997)》(上),287页,北京:中央文献出版社2004年版。

8月5日，邓小平在与阿拉伯利比亚代表团会谈时提出"二十年"的战略设想：我们希望有二十年的和平时期，好好搞建设。我们希望安定二十年，有一个安定的国际环境，来发展我们的经济，增加人民的收入。①

一个人口众多的发展中大国如何才能发展起来呢？至少需要两个基本内外部条件：一是至少有一代人时间的国际和平环境，充分利用"天时"（经济全球化和科技革命）和"地利"（地区经济一体化和良好周边环境）；二是至少有一代人时间的国内稳定和安定环境，实现"人和"，人心思社会安定、人心思经济发展才行。当时的邓小平既然提出了对外开放的战略设想，也提出了以经济建设为中心的战略转移，这两个互补性的"大战略"是极具智慧和高瞻远瞩的，极巧妙地形成了前所未有的"天时、地利、人和"，这才有了中国使用一代人的时间，实现了经济起飞和迅速崛起。

三、中国自我封闭坐失"天时、地利"的历史代价

"毛泽东时代"的中国经济发展和社会进步取得了重大成就和进展，②但是在"大跃进"时期（指1958—1962年）和"文化大革命"时期（1966—1976），相对周边的日本等国家和与大陆竞争的中国台湾和香港地区而言，大大地封闭了，也大大地落伍了。然而毛泽东几乎没有察觉，更没有放弃"以阶级斗争为纲"的路线，转向加速经济发展，不断将"文化大革命"推向新的高潮，坐失了利用世界和东亚经济发展的"黄金时期"所创造的"天时、地利"。

从世界现代经济发展历史的记录来看，至少有两次"黄金时期"：1870—1913年期间是第一个"黄金时期"，世界人均GDP年平均增长率为1.3%，中国则是负增长，为-0.09%。第二次世界大战之后，世界经济发展进入了第二个"黄金时期"（指1950—1973年），世界人均GDP增长率为2.9%，高于世界经济发展的第一个"黄金时期"，中国为2.9%，与世界平均增长率相当，而日本、"亚洲四小龙"都大大高于世界平均增长率。③

中国至少失去了这两次参与经济全球化的发展机会，同时也失去了在世界经济与贸易中的地位。以中国出口额占世界总量比重变化为例，在世

---

① 中共中央文献研究室编：《邓小平年谱（1975—1997）》（上），352页，北京：中央文献出版社2004年版。

② 胡鞍钢著：《中国政治经济史论：1949—1976年》，北京：清华大学出版社2007年版。

③ Angus Maddison, 1995, Monitoring the World Economy: 1820—1992, Paris, Development Centre Studies, OECD. 安格斯·麦迪森：《世界经济二百年回顾》，中文版，32页，北京：改革出版社1997年版。

界经济第二个"黄金时期",中国的比重从1870年的2.5%减少至1913年的1.8%;在世界经济第二个"黄金时期",中国的比重从1950年的1.8%下降至1973年的0.6%(见表1),成为中国历史上的最低点。这是中国闭关自守的代价。从《建国以来毛泽东文稿》第12册和第13册所记录的1966—1976年期间毛泽东批阅全部文稿中可知,毛泽东对此是"一无所知",更是"一无所言",而他念念不忘的都是阶级斗争。

从18世纪工业革命以来,现代化和全球化已成为世界性的历史潮流。世界近代史表明,任何一个民族和国家,只要闭关自守、固步自封、盲目排外,它就会停滞不前,就会落伍于其他先进民族和国家,就会被动挨打;向世界开放的时间愈晚,落后状态就愈明显,所丧失的发展机会就愈多。中国是一个典型的失败的例子,如1870—1973年;但也意味着一旦中国对外开放,就可能成为一个典型的成功的例子,如1978年以来,中国出口额占世界总量比重在不断上升(见表1),中国融入世界经济的步伐在加快。

从世界大国角度看,美国保持了较高的经济增长率,1978年美国GDP相当于中国GDP的4倍之多;战败国日本、德国经济迅速恢复,重新开始追赶美国,成为世界上第四大和第三大经济大国;苏联也保持了较高的经济增长,是世界第二大经济体,1978年GDP约占世界总量的9.0%。1950年中国GDP占世界总量比重4.5%,1957年达到5.5%,在短短的7年之间提高了一个百分点,而后就出现了下降,到1976年毛泽东去世时仍为4.5%,又回到了1950年的比重。

从东亚地区来看,从60年代中期当中国开始进入"文化大革命""自己斗自己"时,日本经济继续加速,亚洲"四小龙"开始进入经济起飞阶段,对外开放,迅速追赶美国等发达国家,与中国之间的发展差距也在扩大。1965年大陆和台湾的人均GDP分别为706美元和2212美元,到了1976年分别为852美元和4600美元,① 两者的相对差距从3.1倍扩大到5.4倍,两者的绝对差距从1506美元扩大到3748美元。这一时期的数据至少证明,在公开的经济竞赛中,毛泽东领导的大陆远远地落后于他的政敌蒋介石领导的台湾,后者大力对外开放,鼓励出口增长,引进世界先进技术,实现经济起飞,尽管李先念、陈云都提出过类似的建议,但却被封杀了。

历史告诉我们,只要自我封闭,就会大大落伍;只要对外开放,就会迎头赶上。那么邓小平是怎么认识"天时",又是怎么认识"地利"的呢?

---

① 安格斯·麦迪森:《世界经济千年史》(中文版),302页,北京:北京大学出版社2004年版。

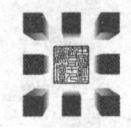

他是如何决定中国必须对外开放的呢？

国家之间的竞争特别是中国与邻国之间在经济方面的竞争是促进中国启动经济改革的最重要的外部因素。经历了"文化大革命"之后，邓小平等中国领导人还不清楚如何用经济指标来衡量中国与日本和亚洲"四小龙"之间的发展差距，但是他们已经明显感到这一差距被拉大了。

1977年5月12日，尚未出来工作的邓小平谈到，我们同国外的科技水平比，在很多方面差距拉大了，要赶上很费劲。我们要努力赶，你不赶，距离就更大了，人家是一日千里。他还讲，中国在清朝是闭关自守，"四人帮"也是搞闭关自守。①

5月24日，邓小平谈到，现在看来，同发达国家相比，我们的科学技术和教育整整落后了二十年。要承认落后，承认落后就有希望了。②

1978年3月18日，邓小平在全国科学大会上谈到中国的基本发展水平时说，我们现在的生产技术水平是什么状况？几亿人口搞饭吃，粮食还没有真正过关。我们钢铁工业的劳动生产率只有国外先进水平的几十分之一。新兴工业的差距就更大了。③

5月28日，邓小平会见阿尔及利亚总统特使时讲，过去"四人帮"干扰，就是关起门来搞建设，连世界是个什么样子都不清楚。如果说60年代前半期我们同世界技术上的发展有些差距，但不很大，那么这十多年则拉得很大。④

四、邓小平对历史的反思：为什么中国会落后

在中国领导人中，邓小平最大特点就在于"眼睛向外"，思想开放，有着强烈的国家竞争意识，强烈的发展差距感，有着强烈的加快发展的紧迫感。他一直在思考一个重大的问题：中国为什么会落后？如何认识落后及其原因？又如何改变这一被动挨打和落后的局面？这些深入的思考不仅直接导致他提出了对外开放重大决策的设想，而且还使他提出了既不同于苏

---

① 中共中央文献研究室编：《邓小平年谱（1975—1997）》（上），158页，北京：中央文献出版社2004年版。

② 邓小平：《尊重知识，尊重人才》（1977年5月24日），《邓小平文选》（第二卷），40页，北京：人民出版社1994年第二版。

③ 邓小平：《在全国科学大会开幕式上的讲话》（1978年3月18日），《邓小平文选》（第二卷），90～91页，北京：人民出版社1994年第二版。

④ 中共中央文献研究室编：《邓小平年谱（1975—1997）》（上），316页，北京：中央文献出版社2004年版。

联现代化模式又不同于西方模式的中国式的社会主义现代化道路的目标。①

促进中国领导人经济改革的一个重要原因是他们放弃传统的单一式的认识来源和封闭式的学习模式,转向新型的多元式的认识来源和开放式的学习模式,重新认识迅速变化了的外部世界和周边国家。知识来源的变化引起知识内容的变化,特别是关于社会主义的知识和关于现代化的知识内容、含义理解有了重大变化。中国领导人从学习东方经验开始,很快转向学习西方经验,进而转向学习东亚经验特别是日本经验,因为后者是成功的追赶者,为中国加快发展提供了重要的借鉴。这是学习、比较、借鉴、吸收、消化、实践、认识的过程。

1978年春,中共中央首次派代表团访问南斯拉夫,回国给中央的报告承认,南斯拉夫不失为社会主义国家,南共不失为坚持社会主义的党。随即中共中央恢复和南共联盟的关系。② 这等于放弃了视南共联盟为修正主义的政治判断,也是对社会主义(发展)模式认识的重大突破,首次承认了社会主义模式不是唯一的,而是多样化的,而不只是斯大林的苏联模式或毛泽东晚年所坚持的中国模式。

随后,1979年和1980年中国也派出代表团到匈牙利、波兰等东欧社会主义国家访问,一时间在中国社会科学界都在大谈和介绍"东欧模式",如南斯拉夫的扩大企业自主权,实行市场社会主义;匈牙利的"新经济机制"的改革;波兰放权让利的改革,"高速发展战略"的改革。③ 实际上当时东欧社会主义国家的改革经验对中国领导人的改革思路所能够提供的信息、经验和理论还是相当有限的,不仅这些国家的国情与中国差异甚大,而且这些国家的改革并没有像人们想象的那么成功。但是对于刚刚开放的中国领导人和学者来讲,还是突破了禁区。不久,中国的经济改革进程和成功很快就超过了这些国家,相对他们而言还是"先行一步"。

1978年4月,党中央和国务院决定派出一批代表团到西欧发达国家访问,了解世界经济与技术发展的情况。4月底,邓小平对即将出访的国务院副总理谷牧等人要求实事求是地、客观地考察介绍和汇报,要看看西方国家的现代工业发展到什么水平。也要看看他们的经济工作是怎么管的。

---

① 参看邓小平:《中国共产党第十二次全国代表大会开幕词》(1982年9月1日),《邓小平文选》(第三卷),北京:人民出版社1993年版,第2~3页。
② 肖冬连:"1978—1984年中国经济体制改革思路的演变",《当代中国史研究》,2004年第11卷,第5期,第60页。
③ 参见吴敬琏著:《当代中国经济改革》,第28~32页,上海:上海远东出版社2003年版。

资本主义国家先进的经验、好的经验，我们应当把它学回来。① 邓小平十分关注这些国外考察，6月下旬专门约谷牧谈话，亲自听取出访西欧国家的汇报。② 他更加清醒地意识到，世界发生了巨大变化，中国与发达国家的经济与技术发展差距愈拉愈大了。③

周边经济体的发展经验特别是东亚地区发展的成功经验，引起邓小平的强烈关注。1977年5月邓小平就注意到日本发展科技和教育的成功经验，他认为，我们应当比他们干得更好。④

1978年5月30日，他问对外贸易部部长李强、交通部部长叶飞等人，为什么中国台湾和香港地区、南朝鲜、新加坡这些地区和国家可以做到的（指对外贸易增长那么快，贸易量那么大），（为什么）我们（指中国大陆）做不到？我们这样大的国家，只有这一点点贸易量，不行，必须赶上。⑤ 同日，他还对国务院政治研究室负责人胡乔木等又提出同样的问题，他首次提及亚洲"四小龙"。⑥ 其中有两个经济体是中国的台湾和香港。

邓小平已经看到中国大陆与亚洲"四小龙"的发展差距，强烈希望了解为什么"四小龙"发展得如此之快，也潜意识地希望更多地了解、学习和借鉴东亚模式。这表明，中国共产党领导的大陆与国民党领导的台湾和英国总督领导的香港之间的内部竞争，中国与日本、韩国、新加坡等东亚国家之间的邻国竞争，中国与美国、西欧发达工业化国家之间的外部竞争，都是中国改革开放的极其重要的国际环境。在当时的领导人中，邓小平是

---

① 1978年4月底，邓小平听取国务院副总理谷牧和水利电力部部长钱正英、国家基本建设委员会副主任彭敏等代表团前往法国、瑞士、比利时、丹麦和德意志联邦共和国访问准备工作情况回报。中共中央文献研究室编：《邓小平年谱（1975—1997）》（上），北京：中央文献出版社2004年版，第305页。

② 中央文献研究室编：《邓小平年谱》（1975—1997），北京：中央文献出版社2004年版，第335页。

③ 1978年9月12日，邓小平访问朝鲜同金日成会谈时讲，最近我们的同志出去看了一下，越看越感到我们落后。什么叫现代化？50年代一个样，60年代不一样了，70年代就更不一样了。中央文献研究室编，《邓小平年谱》（1975—1997），北京：中央文献出版社2004年版，第370页。

④ 邓小平讲，日本人从明治维新就开始注意科技，注意教育，花了很大力量。明治维新是新兴资产阶级干的现代化，我们是无产阶级，应该也可能干得比他们好。邓小平：《尊重知识，尊重人才》（1977年5月24日），《邓小平文选》（第二卷），北京：人民出版社1994年版，第二版，第40页。

⑤ 中央文献研究室编：《邓小平年谱》（1975—1997），北京：中央文献出版社2004年版，第318页。

⑥ 邓小平讲，现在东方有四个"小老虎"：一个是南朝鲜、一个是台湾、一个是香港、一个是新加坡。它们的经济发展很快，对外贸易增长很快。它们都能把经济发展那么快，我们难道就不能吗？我们的脑子里还都是些老东西，不会研究现在的问题，不从现在的实际出发来提出问题，解决问题。中央文献研究室编：《邓小平年谱（1975—1997）》（上），北京：中央文献出版社2004年版，第320页。

最为敏锐、最为清醒、最为强烈、最为务实，因而也是最为开放的领导人。在此之前，毛泽东以及继任的华国锋都没有提及日本和亚洲"四小龙"的经验。

邓小平对中国落后的原因进行了深刻的反省。1978年3月18日，他对全国科学大会代表讲，独立自主不是闭关自守，自力更生不是盲目排外。我们不仅因为今天科学技术落后，需要努力向外国学习，即使我们的科学技术赶上了世界先进水平，也还要学习人家的长处。① 在此之前，2月时任中央副主席、国务院副总理的李先念提出，我们的方针，是在独立自主、自力更生的前提下，积极引进世界上的先进技术。②

6月底，邓小平对外宾讲，我们要老老实实地承认落后。认清落后是好事。现在国际条件有利，国内条件有利，只要下决心干，就可以加快（经济）建设速度。③

9月16日，他认为，世界天天发生变化，新的事物不断出现，新的问题不断出现，我们关起门来不行，不动脑筋永远陷于落后不行。他认为，江青为首的"四人帮"批判"崇洋媚外"、"卖国主义"，把我们同世界隔绝了。④

10月10日，他对西德外宾谈到，中国在历史上对世界有过贡献，但是长期停滞，发展很慢。现在是我们向世界发达国家学习的时候了。他特别谈到中国与发达国家的经济上的差距可能是二十年、三十年，有的方面甚至可能是五十年。他主张中国实行对外开放政策，学习世界先进科学技术，作为我们发展的起点。⑤ 这一做法是符合后发国家的"后发优势"，也是东亚模式成功的经验，即通过对外开放，获得外部技术，实行技术追赶，进而实行经济追赶。

在经济全球化的条件下，中国能否加快发展取决于中国能否对外开放；中国能否对外开放又取决于领导人能否思想解放；中国领导人能否思想解放又取决于他们的观念（ideas）能否开放。在世界性的工业化和现代化潮

---

① 邓小平：《在全国科学大会开幕式上的讲话》（1978年3月18日），《邓小平文选》（第二卷），90~91页，北京：人民出版社1994年第二版。
② 李先念：《重视和改进技术进口工作》（1978年2月9日），《李先念文选》，第315~316页。
③ 中共中央文献研究室编：《邓小平年谱（1975~1997）》（上），北京：中央文献出版社2004年版，第329页。
④ 邓小平：《高举毛泽东思想旗帜，坚持实事求是的原则》（1978年9月16日）《邓小平文选》（第二卷），北京：人民出版社1994年版，第127页。
⑤ 邓小平：《实行开放政策，学习世界先进科学技术》（1978年10月10日），《邓小平文选》（第二卷），北京：人民出版社1994年版，第132~133页。

流中，不了解世界，就不能了解真正的中国；不对世界开放，就不能加快发展中国。毛泽东是在一个相对封闭、缺少外援的条件下靠自力更生成功地完成了新民主主义革命。他作为世界人口最多的国家领导人执政长达27年（指1949—1976年）时间，但是仅出国了两次，还都是到苏联访问，苏联的工业化成就给他留下了深刻的印象，以苏联模式经验为基础的"莫斯科宣言"（即"莫斯科共识"）①，也给他打上了深刻的政治烙印，把它视为普遍真理②，看作衡量一个国家究竟是不是社会主义性质，一个政党究竟坚持不坚持马克思列宁主义原则的标准。③ 他从来没有访问过西方，缺乏在西方国家的生活经历和体会，这是他作为世界大国领导人最大的局限性。他只是从书本上、报纸新闻上以及与外国人士访华会见等相当有限渠道来了解西方资本主义世界，这些都是间接的他人的知识，而不是直接的本人的感性知识。1957年他提出"超英赶美"的口号，当时访问苏联受到苏联领导人赫鲁晓夫赶超美国的口号的影响，他对英国和美国没有任何直接的感性认识，也没有进行详细的调查研究，只是征求了在莫斯科访问的英国共产党主席和总书记的意见，就下了决心。年底由刘少奇代表党中央公开提出这个口号。到了60年代中期他提到20世纪末实现"四个现代化"的目标。到底什么是"四个现代化"？它们包含什么内容，有哪些主要指标？中国又如何实现"四个现代化"？有什么重要的标志？毛泽东和周恩来都没有

---

① 1957年11月19日，在苏联莫斯科通过的社会主义国家共产党和工人党代表会议的宣言（又称《莫斯科宣言》），论述了苏联和其他社会主义国家在社会主义革命和社会主义建设的经验，提出了普遍适用于各个走上社会主义道路的国家的九条共同的规律，即：

以马克思列宁主义政党为核心的工人阶级，领导劳动群众进行这种或那种形式的无产阶级革命，建立这种形式或那种形式的无产阶级专政；

建立工人阶级同农民基本群众和其他劳动阶层的联盟；

消灭基本生产资料资本主义所有制和建立基本生产资料的公有制；

逐步实现农业的社会主义改造；

有计划地发展国民经济，以便建成社会主义和共产主义，提高劳动人民的生活水平；

进行思想文化领域的社会主义革命，造成忠于工人阶级、劳动人民和社会主义事业的强大的知识分子队伍；

消灭民族压迫，建立各民族间的平等和兄弟友谊；

保卫社会主义果实，不让它受到国内外敌人的侵犯；

实行无产阶级的国际主义，同各国工人阶级团结一致。

资料来源：《人民日报》，1957年11月22日。见《毛泽东文集》（第七卷），北京：人民出版社1999年版，第396～397页。

② 毛泽东同苏联驻华大使尤金谈话时提到，苏联的经验要学。普遍真理要遵守，这就是《莫斯科宣言》里所写的那九条。毛泽东，"同苏联驻华大使尤金的谈话"，《毛泽东文集》（第七卷），北京：人民出版社1999年版，第387页。

③ 逄先知，金冲及主编：《毛泽东传（1949～1976）》（上卷），北京：中央文献出版社2003年版，第743页。

什么明确的说明，在更多意义上只是一个政治口号或者是一场政治动员，还不是一个切实可行的发展蓝图和路线图。

在"文化大革命"中，毛泽东了解世界和西方国家主要依靠阅读新华通讯社每日内部出版的两期《参考资料》（简称《大参考》）。① 他还多次要求江青、王洪文读《大参考》。② 他也经常阅读翻译的外国著作，但是"文化大革命"期间只有极少量的中文版。整个中国与世界之间出现了空前的"信息隔绝"、"知识隔绝"、"文化隔绝"。作为中国最高领导人，晚年的毛泽东既是这些"隔绝"的决策者，因为开放他就会受到外部信息、知识和文化巨大的挑战，也会引起内部的挑战。在一个高度政治集权的体制下，最高权威性具有垄断性，而垄断性具有天然的排他性，排他性又导致封闭性。同时毛泽东也是这些"隔绝"的受害者，他个人的信息来源、知识结构和文化资源越来越有限，这也极大地影响和限制了整个中国共产党和全社会的学习能力。

当然，毛泽东并不是没有到美国、日本等发达国家访问的机会，即使与这些国家没有建立外交关系也不妨碍。1971年9月日本首相田中访华，1972年2月美国总统尼克松访华，而后西欧国家领导人陆续访华。反过来讲，如果是毛泽东访美、访日、访欧的话，亲自了解和体验中国与西方发达国家之间的发展差距的话，可能是毛泽东而不是邓小平首先作出中国对外开放的重大决策。中国的大门向西方的对外开放的时间就不是1978年而是1972年。当然，历史不能假设。

领导人的自我封闭必然使中国整个社会的自我封闭。诚如邓小平所言，关起门来，固步自封，夜郎自大，是发达不起来的。③ 它是中国长期落后的根本内因。这是邓小平的深刻反省，意味着中国将告别自我中心主义，政治孤立主义，闭关锁国主义，将迎来一个崭新的开放主义和全球主义时代。对此，邓小平个人起了关键性的历史作用。

五、邓小平的历史记忆

邓小平与毛泽东最大的不同之处和成功之处就在于他在西方生活和学

---

① 1971年毛泽东为了了解国际上对恢复中国在联合国合法席位的反映，认真阅读新华通讯社所编的每天两本的《参考资料》，或者要工作人员把有关消息读给他听，还要看大量文件、电报。逄先知、金冲及主编：《毛泽东传（1949—1976）》，下卷，北京：中央文献出版社2003年版。

② 《毛泽东同周恩来、王洪文谈话记录》，1974年12月27日。载逄先知、金冲及主编：《毛泽东传（1949—1976）》，下卷，1712页，北京：中央文献出版社2003年版。

③ 邓小平：《实行开放政策，学习世界先进科学技术》（1978年10月10日），《邓小平文选》（第二卷），北京：人民出版社1994年版，第132页。

习过,了解西方,使他比毛泽东更晓得中国与西方世界的发展差距,更需要向西方世界开放。

早在"文化大革命"期间,邓小平就与江青针锋相对,势不两立,他们之争就是开放主义与封闭主义之争。这与他16岁时不远万里到法国勤工俭学有关。1974年10月中央政治局会议上,江青等利用"风庆轮事件",指责国务院、交通部不支持国内造船,热衷于买船,是"崇洋媚外"、"投降卖国",矛头直指周恩来,遭到邓小平当场抵制和批驳。这场政治争论对邓小平也是刻骨铭心,更是邓小平决定对外开放的重要的政治原因之一。后来他回忆这场争论时说,闭关自守不行。我跟"四人帮"(主要指江青)吵过架,才1万吨的船,吹什么牛,1920年我到法国留学时,坐的就是五万吨的外国邮船。① 实际上,1973年日本就造出了42万吨的巨轮。显然,江青作为中央政治局委员却是一个典型的"井底之蛙",现代版的"夜郎自大"。

从个人经历的视角看,留法勤工俭学的5年成为邓小平人生重要的转折点,开始从事革命事业新生涯,更重要的是使他了解了西方世界,在年青时代留下深刻的"历史记忆"。尤其是在"文化大革命"期间(主要是后期),他是唯一的出访过美国和西欧的中国领导人。1974年他作为中国政府代表团团长出席了在纽约召开的联合国大会,回国路经法国,再次领悟了西欧的发展,他比任何领导人更了解西方世界。这些独特的个人经历使得邓小平能够作出对外开放的决策。

六、邓小平出访东亚和美国

1978年中共十一届三中全会召开前后,邓小平开始了一系列的出国访问,这是恢复历史记忆、亲自学习国外、认真反思反省的过程,也是开始酝酿中国实行对外开放决策的过程。

俗话说,"百闻不如一见"。邓小平决定出国访问,到东亚国家调查研究。1978年10月,邓小平访问日本,了解到60年代日本实现"国民收入倍增计划",先后参观了日本的各类现代化企业,使他感到震惊。他坦言:我懂得了什么是(真正的)现代化。不久之后他提出,中国式的现代化是

---

① 邓小平:《视察上海时的谈话》(1991年1月28日—2月18日),《邓小平文选》(第三卷),北京:人民出版社1993年版,第367页。《文汇报》和《解放日报》,1974年10月12日发表文章批判"孔孟"卖国主义路线。邓小平1977年12月曾回忆到,20年代我出国就是坐的5万吨邮轮。风庆轮一万吨还没有过关就吹起来了。江青责问我,我就和她辩论。江青搞形而上学,什么都自己第一。见中共中央文献研究室编:《邓小平年谱(1975—1997)》(上),245页,北京,中央文献出版社2004年版。

准现代化,即经济总量翻两番和小康目标,大大不同于毛泽东、周恩来所宣布的"四个现代化"。邓小平在乘坐东京—京都新干线列车时感慨说道,只有老老实实承认落后,才有希望。这次访问日本对邓小平震动很大,他没有想到中国与日本的发展差距那么大。① 他对日本经济团体联合会会长土光敏夫、日本中国经济协会会长稻山嘉宽提出的"中国最好举办中外合资企业"的建议,给予肯定。这成为中国对外开放的突破口。他在日本经济界举行的欢迎会上表示,我们要学习外国的一切先进经验和先进技术。在东京日本记者俱乐部举办的记者招待会上,他公开表示我们要向日本学习的地方很多,也会借助日本的科学技术甚至于资金。我们之间已经签订了一个长期贸易协议。他与日方正式互换了中日和平友好条约批准书。他在招待旅日华侨代表的茶会上指出,中国和日本发展友好关系具有重要的意义,这对于我们争取一个好的国际和平环境,实现四个现代化,很重要。②

在20世纪50年代时,中国和日本都曾经历了高速发展。根据麦迪森的数据计算,1950年中国GDP(2399亿国际美元)是日本GDP(1610亿国际美元)的1.49倍。到了1957年中国GDP(4062亿国际美元)是日本GDP(2871亿国际美元)的1.42倍,这表明中国经济总量仍比日本高得多,一直占有优势。1957年之后中国和日本的经济总量差距发生了巨变,不到20年,1976年日本GDP(13160亿国际美元)是中国GDP(7931亿美元)的1.66倍③,而中国总人口相当于日本的9倍。反过来讲,如果没有"大跃进"和"文化大革命"的严重失误,中国可能和日本一样创造经济奇迹。但是,中国领导人(主要是毛泽东)自己封闭自己,自己折腾自己(李先念语,1981年9月),将这一发展机会自己耽搁了。

1978年11月,邓小平先后访问了泰国、马来西亚和新加坡。邓小平特别关注新加坡吸引外资和引进先进技术的经验。他参观了新加坡新兴工业中心裕廊镇,了解新加坡公共住房计划。④ 这成为中国后来开办经济特区的重要知识来源。他十分感慨地说,五十六年前(指1922年)我去法国时途

---

① 邓小平后来回忆说:"历史在前进,我们却停滞不前,就落后了。""拿中国来说,五十年代在技术方面与日本差距也不是那么大。但是我们封闭了二十年,没有把国际市场竞争摆在议事日程上,而日本却在这个期间变成了经济大国。"见邓小平:《科学技术是第一生产力》(1988年9月5日),《邓小平文选》(第三卷),北京:人民出版社1993年版,第274页。
② 中共中央文献研究室编:《邓小平年谱(1975—1997)》(上),北京:中央文献出版社2004年版,第410~412页,第415页。
③ 安格斯·麦迪森:《世界经济千年史》(中文版),北京:北京大学出版社2004年版,第296页。
④ 中共中央文献研究室编:《邓小平年谱(1975—1997)》(上),北京:中央文献出版社2004年版,第427~428页。

经新加坡,在此停留了两天。所有旧印象都没有了,一下飞机就看到一个崭新的新加坡,可以说给我一个很深的印象,你们取得了可喜的发展。你们的道路是对的,发展是快的。新加坡之行更加坚定了邓小平以对外开放作为基本国策的决心。

1977年8月,邓小平在正式恢复工作之后立即着手加快与美国关于建交的谈判。9月2日邓小平对美国前任驻中国联络处主任乔治·布什表示,希望中美关系正常化的步伐可以加快一些。

1978年11月,邓小平在会见美国专栏作家罗伯特·诺瓦克时说,不管是中国还是美国的政治家,都认为中美关系早点实现正常化好,越早越好。中美关系正常化对全球的和平、安全和稳定意义重大。①

12月1日,中央政治局常委召集中央工作会议和中共十一届三中全会的部分省委第一书记和大军区司令员,由邓小平向他们通报中美建交谈判。

12月16日,中美两国同时向世界公布了中美建交联合公报,正式签署建立正式外交关系协定,实现了中美关系正常化。这意味着中国开放时代的时刻,也是向世界最大的也是最发达的美国打开大门的开放时代的到来。邓小平抓住了历史的机遇,同时他也创造了历史的机遇。

1979年1月,邓小平对美国进行访问,先后参观了华盛顿、亚特兰大、休斯敦和西雅图等城市,他参观了著名的跨国公司、宇航中心等,给他留下了极其深刻的印象,他更加感觉到中国必须开放,没有开放,中国要想迅速发展是不可想象的。

邓小平清醒地意识到,长期以来执行的闭关自守政策,是中国经济落后的根本原因,而对外开放则是中国经济迅速发展的根本动力。他作出了对外开放的重大决策,提出了利用外国资金和技术的设想,鼓励华侨和华裔到国内来办厂。②

中国的开放首先是领导人的思想开放,只有走出去,看一看才能晓得世界的变化。在邓小平带动下,领导人纷纷出访。党中央主席华国锋先后访问了三个东欧国家和四个西欧国家,中央政治局常委李先念访问了亚洲和非洲国家。到1980年1月,根据邓小平介绍,我们的副总理差不多都出去过,副委员长好多都出去过。这三年,特别是1979年,我们外事出访空

---

① 外交部档案馆编:《伟人的足迹:邓小平外交活动大事记》,北京:世界知识出版社1998年版,第158页,第196~197页。

② 邓小平:《搞建设要利用外资和发挥原工商业者的作用》(1979年1月17日),《邓小平文选》(第二卷),北京:人民出版社1994年版,第156~157页。

前多，外国领导人员来访也几乎每月不断。① 中国的领导人终于抛弃了"自我封闭"转向对外开放，中国这只巨轮开始进入世界大潮流。

七、邓小平的历史作用

邓小平的历史作用就在于打破长期以来中国与世隔绝、闭关自守的格局，大胆实行对外开放。1979年美国《时代周刊》第一期将邓小平列为1979年"封面人物"，并评价道："中国历来故步自封。邓小平让这样一个人口众多民族在极短的时间内来一个180度大转弯，这是人类历史上气势恢宏、绝无仅有的一个壮举。试想，自人类社会有史以来，有哪一位豪杰能率领占世界人口1/4的10亿民众迅速拨乱反正，从教条主义的禁锢中解放出来，从而融入20世纪末的世界大舞台？在因本能的'外部恐怖症'而闭关自守多年之后，中华人民共和国终于在1978年开始向外部世界迈出了一大步，开始了新的长征。"②

这意味着，中国被西方国家封锁的时代已经结束，中国自我封闭的时代也已经成为历史。

邓小平出访各国的做法，这非常像18世纪俄国的彼得大帝，他也是在年轻时期独自到西欧旅行，回国后力排众议，实行政治、经济、军事和文化的改革，对外开放，学习西方，发动工业化，开始追赶西方国家，开创了俄国鼎盛时代。③

历史既有必然性也有偶然性，同样伟大人物的历史作用既有必然性也有偶然性。1978年的中国，几乎拥有同样的历史机会，"万事俱备，只欠东风"。这个东风就是邓小平个人的历史作用。他成为中国对外开放之父，他找到了使中国迅速发展、日益强大的道路。

1978年中国刚刚决定对外开放，就迅速地扩大与世界各国的经济贸易

---

① 邓小平：《目前的形式和任务》（1988年1月16日），《邓小平文选》（第二卷），247页，北京：人民出版社1994年第二版。

② 美国《时代周刊》1979年第一期发表的"一个崭新中国的梦想者——邓小平向世界打开'中央之国'大门"一文所言，许多世纪以来，中国一直对外界一无所知。在历代封建王朝的更替过程中，中国人逐渐形成了一个观念，认为全世界都是在天的大一统之下，而他们自己则是"天朝中的天之骄子"。中国历来故步自封。文章还说：邓小平让这样一个人口众多民族在极短的时间内来一个180度大转弯，这是人类历史上气势恢宏、绝无仅有的一个壮举，试想，自人类社会有史以来，有哪一位豪杰能率领占世界人口1/4的十亿民众迅速拨乱反正，从教条主义的禁锢中解放出来，从而融入20世纪末的世界大舞台？在因本能的"外部恐怖症"而闭关自守多年之后，中华人民共和国终于在1978年开始向外部世界迈出了一大步，拿北京宣传家们的话来说，中国开始了新的长征。见刘强伦、汪大理编著：《邓小平卓越智慧》，北京：当代中国出版社2001年版，第49页。

③ 参见孙成木等：《俄国通史简编》（上册），北京：人民出版社1986年版。

往来，开始了大规模的参与日益兴起的经济全球化。据统计，到1981年中国就已经与世界上174个国家和地区发展了经济贸易关系①，进出口贸易额从355亿美元增长到735亿美元，增长了一倍之多②，这对于中国现代化建设是一个极为有利的条件。

此外，随着中国对外开放，海外华人率先进入中国内地，资金和管理技术大量涌入，为中国改革开放作出了重要的贡献。邓小平于1978年1月提出重新建立国务院华侨事务办公室，请廖承志担任主任③，欢迎海外华人回国访问探亲，积极鼓励他们在大陆投资。中国大陆刚一开放改革，海外华人首先开始向大陆投资，占全国外资企业数总数的85%。④ 邹至庄也认为，与苏联等国家不同，中国经济改革有大批海外华侨的支持，他们对中国经济的改革过程和发展贡献了大量的财力和人力。⑤

到了70年代末期和80年代初，国际环境因素发生了重要变化。无论是与1840年中英之间的鸦片战争、1896年中日甲午战争相比，还是与1950年中国参与抗美援朝、60年代中期中国帮助北越抗击美国相比，都出现难得的百年不遇的"天时、地利"的局面。这突出表现为：80年代以来经济全球化加快，世界贸易增长大大超过经济增长；科技革命日新月异，信息技术迅速发展普及；区域经济一体化迅速兴起，中国所处的东亚地区成为世界经济、贸易、投资增长最快的地区；⑥ 中国与邻国和大国之间关系的对峙紧张关系得到缓解甚至明显改善。尽管来自外部的机遇与挑战并存，但是机遇大于挑战，有利条件与不利条件同在，但是有利条件多于不利条件，这为中国改革开放创造了良好的国际环境。

1979年11月，邓小平清醒地意识到，这个条件过去没有，后来有了，但一段时期没有利用，现在应该利用起来。关键是必须有一个正确的开放

---

① 赵紫阳：《当前的经济形势和今后经济建设的方针》（1981年11月30日，12月1日），见中央文献研究室编：《三中全会以来重要文献选编》，北京：人民出版社1982年版，第1025页。
② 国家统计局编：《中国统计摘要》（2007），第177页，北京：中国统计出版社2007年版。
③ 中央文献研究室编：《邓小平年谱》（1975—1997），北京：中央文献出版社2004年版，第260~261页。
④ 郑竹园著：《大陆经济改革的进程与效果》，台北：中华欧亚学会，1997年，第25~26页。
⑤ 邹至庄著：《中国经济转型》，中文版，北京：中国人民大学出版社2005年版，第61页；Gregory C. Chow, 2002, China's Economic Transformation.
⑥ 在1980—1992年期间东亚地区经济增长率为7.7%，该地区除菲律宾之外，都出现高速增长，其中韩国高达9.4%，而这一时期中国经济也呈现了高增长，增长率居第二位，为9.1%。1980年东亚地区国际贸易占世界总量比重的33%，到1992年已上升为41%。World Bank, 1994, World Development Report 1994: Intrastructure for Development. New York: Oxford University Press.

的对外政策。① 邓小平不仅是杰出的政治家，还是伟大的战略家，他在正确的时刻，选择了正确的战略，使得现代中国有史以来第一次获得了"天时、地利、人和"。

美国哈佛大学历史学教授费正清在《伟大的中国革命（1800—1985年）》一书中论述了中国对外开放的历史意义，指出，我们看到邓小平的改革取得的重大进步，不禁回忆起历朝奠基者的事业都在他们的后代第二号大人物手中得到巩固——例如唐太宗皇帝，宋太宗皇帝，明朝的永乐，清朝的康熙。每一个朝代，开国者的不可缺少的武功，后面都接着一个伟大的建设时期。后来的事实表明，邓小平时代成为中国经济建设的时代，与历史所不同的是它还成为中国对外开放的时代，改变了整个中国，也影响了整个世界。

---

① 邓小平：《社会主义也可以搞市场经济》（1979年11月26日），见《邓小平文选》（第二卷），北京：人民出版社1994年版，第233~234页。

中国经济50人论坛
Chinese Economists 50 Forum

中国开放三十年：增长、结构与制度变迁

江小涓

The Past 30 Years

A Review and Analysis by 50 Chinese Economists

江小涓简历

国务院研究室副主任

现任国务院研究室党组成员、副主任，中国社会科学院研究生院教授，研究员。

在中国社会科学院工业经济研究所、科研局、财政与贸易经济研究所工作多年，历任研究室主任、副所长、经济学科片学术秘书、所长兼党委书记等职。

中共十六大代表，大会主席团成员，第二次政治局学习主讲人之一。多次参与中央文件起草。出版十多部中英文专著和多篇学术论文，多次获得全国性学术成果奖。

过去 30 年，中国通过对外开放，利用两种资源两个市场，提高资源配置效率，扩大就业和推动增长，推动改革进程。实践表明，对外开放成就卓著，意义深远，是强国富民、实现现代化的根本举措。本文概括总结我国开放的历史轨迹和标志性成就，描述开放促进发展和改革重要作用，分析中国开放道路的独特性及其理论意义，并对未来趋势作几点讨论。

一、历史轨迹：开放进程和标志性成就

（一）开放决策和渐进开放过程

1. 对外开放的认识基础和政治决策

实行对外开放的重大决策，是在"国内要加快发展、外部有重要机遇、国际环境基本有利"这三项根本判断的基础上形成的。这三个判断，是决策层对国内形势和国际形势判断的重大转变，是形成对外开放决策的认识基础。

1976 年，历时十年的"文化大革命"结束，人民群众迫切要求加快经济发展和提高生活水平，如何推进现代化建设的问题举国关注，有效回应这种需求的政治压力骤增。人们发现，在国内出现接踵而至的经济和政治动荡的同时，世界经济持续增长，科技进步迅速，一些发展中国家特别是邻近的亚洲新兴工业化国家/地区的发展成就显著，人民生活水平明显提高，与我国经济发展停滞、人民生活改善缓慢的局面形成鲜明对比。这些国家/地区加快发展的一个重要经验，就是对外开放，承接国际产业转移，吸收外资和引进技术，发展对外贸易，在国际竞争中提升竞争力。这种现实表明，各国都在利用全球范围内的诸多机遇加快自身发展，中国单纯依靠自力更生加快发展和迎头赶上是不可能的。决策层还做出了国际局势趋于缓和、"和平与发展"是当今世界两大主题的重大判断。这些观察、思考和判断，扫除了认为国际合作是"崇洋媚外"、"卖国主义"的思想障碍，为对外开放决策奠定了认识基础。

1978 年 12 月召开的中国共产党十一届三中全会，是中国改革开放和现代化进程中的重要里程碑，明确提出全党工作重点要转移到社会主义现代化建设上来，启动了我国改革开放的历史进程。关于对外开放，指出要"在自力更生的基础上积极发展同世界各国平等互利的经济合作，努力采用世界先进技术和先进设备"。此后几年的实践表明，对外开放对现代化建设有多方面的推动作用，地方政府、企业和消费者普遍称赞开放政策，对开放的积极作用形成了高度共识。在这样的实践和认识基础上，1984 年 10 月

召开的党的十二届三中全会通过了《中共中央关于经济体制改革的决定》,正式把对外开放确定为"长期的基本国策"。

2. 对外开放的起步:设立经济特区

对外开放是新中国经济建设中的一项新事物,没有经验可循,经济上面对许多变化和不确定性,政治上面对许多质疑和担忧。在这种环境下,全面、一揽子的对外开放不可行也不可能。中央决定利用东南沿海地区毗邻与香港澳门地区的特殊有利条件,在有限区域内先行先试,积累经验,探索道路。1979年7月10日,中央和国务院发出文件,决定在深圳、珠海、汕头、厦门四个市划出部分地区试办经济特区,利用它们地处沿海特别是毗邻香港澳门的地域优势,先行开放试点。四个经济特区在经济活动中实行特殊政策,在对外贸易、利用外资、外汇使用、对外经贸管理体制等方面都享有更加宽松和优惠的政策。在经济管理上实行特殊的管理体制,对特区政府授予相当于省级的经济管理权限,允许采用市场调节手段。在社会主义公有制为主导的前提下,允许多种经济成分发展,特别是对外商投资提供优惠待遇,企业所得税率减按15%征收。经济特区的设立意义十分重要,是开放进程迈出的第一步。特区在设立之后短短几年的巨大变化,成为全国瞩目的发展典范,为坚持和扩大开放提供了最有力的实践支撑。

3. 开放在区域和内容上逐渐推进

我国对外开放在区域和内容上都采取渐进方式。在设立经济特区并取得成功之后,享有优惠政策的开放区域逐步扩大,从沿海地区到沿江、沿边地区和内陆省会城市,再到中西部地区,逐步形成了区域上全方位的开放格局。继四个特区之后,1984年5月,开放了大连、秦皇岛、天津、烟台、青岛、连云港、南通、上海、宁波、温州、福州、广州、湛江、北海14个沿海港口城市。1985年2月,分两步开放长江三角洲、珠江三角洲、闽南厦漳泉三角洲和辽东半岛、胶东半岛。1988年4月设立的海南省成为我国最大的经济特区。1990年4月,决定开发和开放上海浦东,实行经济技术开发区和某些经济特区政策。1991年,开放满洲里、丹东、绥芬河、珲春4个北部口岸。1992年,我国对外开放再次迈出较大步伐,一是以上海浦东为龙头,开放芜湖、九江、黄石、武汉、岳阳、重庆6个沿江城市和三峡库区,二是开放哈尔滨、长春、呼和浩特、石家庄4个边境和沿海地区省会城市,三是开放珲春、绥芬河、黑河、满洲里、二连浩特、伊宁、塔城、博乐、瑞丽、畹町、河口、凭祥、兴东13个沿边城市,鼓励沿边城市发展边境贸易和与周边国家的经济合作。四是开放太原、合肥、南昌、郑州、长沙、成都、贵阳、西安、兰州、西宁、银川等11个内陆省会城市。随后几年,又陆续开放了一大批符合条件的内陆县市。2000年,伴随着西部大开发战略的实施,对外开放进一步扩大到广大西部地区。至此,全方位对外开放地域格局基本形成。

同时,对外贸易、利用外资、外汇管理等领域的改革也逐渐推进。改革开放之前,我国对外贸易国家垄断,外贸计划、财务、经营、定价、行政管理和外汇分配管理等内容都实行指令性计划管理,外贸公司统负盈亏。此后,首先从放权让利开始,从1978—1987年,陆续实行了外汇留成,减少进出口审批管制、实行外贸代理制等改革措施。1988—1990年,实行了外贸承包经营责任制,企业和地方有了更多的自主权和利益激励。1991年起,取消了国家财政对出口的补贴,对外贸易更多地依照市场信号运作,外贸企业自主经营、自负盈亏。1994年起,改革外汇管理体制,实现双重汇率并轨,实行以市场供求为基础的、单一的、有管理的人民币浮动汇率制度,实行外汇收入结汇制。同年颁布了《对外贸易法》,加快对外贸易管理制度化进程。这一时期,为了配合"复关"和加入世贸组织谈判,进口体制改革成为重点,我国加快市场开放步伐,进一步降低进口关税,并规范关税和非关税措施,并实现了人民币在经常项目下的可自由兑换。2001年11月加入世贸组织以来,我国全面履行多边规则和对外承诺,继续扩大开放市场,贸易自由化便利化水平大大提高;同时全面规范外贸管理体制和非关税措施。如今我国货物贸易领域市场开放水平大幅度提高,平均关税已经从曾经高达40%的水平降低到了2006年的9.9%,取消了绝大多数非关税措施。吸收外资的体制是从限制到逐步开放的过程,开放初期,我国吸收外资限制较多,早期主要限于一些"三来一补"项目①,1982年以后,鼓励外资引进先进技术和必要的关键设备,对现有企业(特别是中小企业)进行改造。此后引进外资逐步放宽到整个制造业,放宽到各类企业包括国有大中型企业,放宽到各种方式包括新设企业方式和收购兼并方式。加入世贸组织以后,绝大多数服务业吸收外资也逐步放开。

经历了30年开放历程后,目前我国对外贸管理体制已经基本符合WTO多边规则的要求,货物贸易的自由化程度已经高出发展中国家的平均水平;对国外投资者的市场准入程度较高,管理体制和法律环境基本做到透明规范,国民待遇基本落实,实现了我国对外经贸体制与国际经贸规则的全面

---

① "三来一补"即来料加工、来件装配、来样加工和补偿贸易,是中国实行改革开放以后发展起来的对外贸易方式。来料加工等指由外商提供原材料、零部件或元器件,中方按对方要求进行加工或装配,成品交对方销售;补偿贸易即是由外商提供技术设备、原材料和服务,中方企业按照对等金额以产品或劳务偿还。

(二) 对外开放的标志性成就

1. 衡量开放程度的主要指标已经排名世界前列

改革开放之初,我国经济的开放度低。1978年我国对外贸易总额仅为206.4亿美元,居世界第22位,吸收外资和对外投资都不到2000万美元。改革开放以来,我国涉外经济快速发展,对外贸易、吸收外资等增长速度均明显高出世界平均速度(见图1)。目前我国经济已经高度开放,2007年对外贸易总额已达2.17万亿美元,居世界第3位(见图2),吸收外商直接投资和对外直接投资分别达到835亿美元和187亿美元,均居发展中国家第1位,分别居世界第5位和第13位(见图3、图4)。

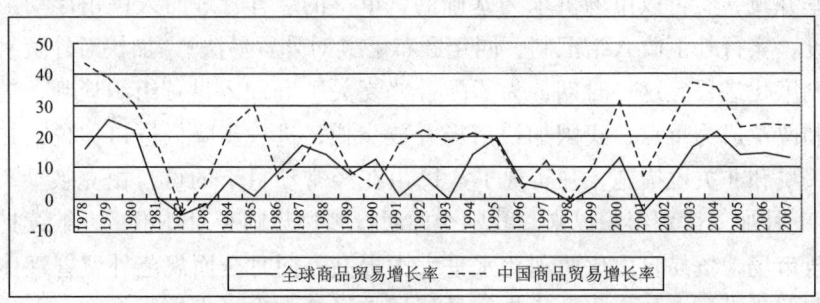

图1 我国外贸增长率与世界外贸增长率的比较(1978—2007)

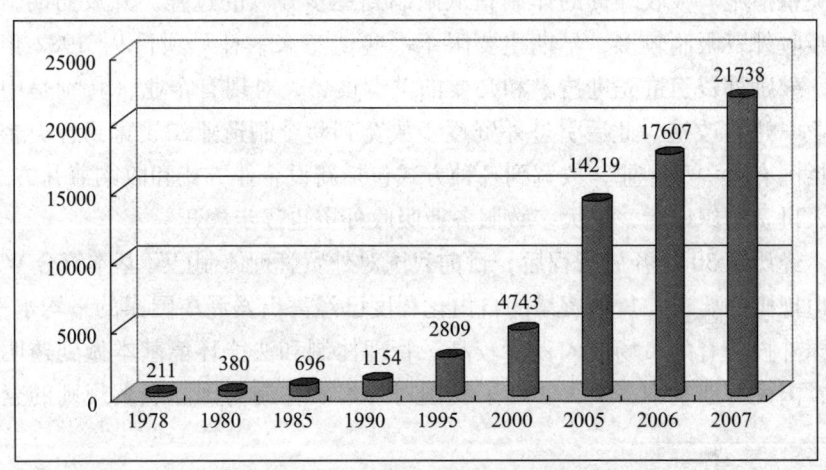

图2 中国对外贸易总额快速增长

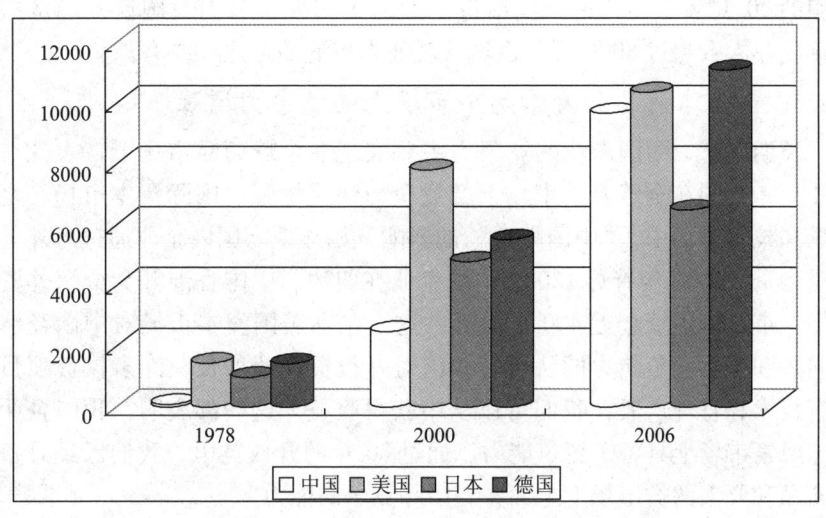

图3　中国对外贸易的国际比较

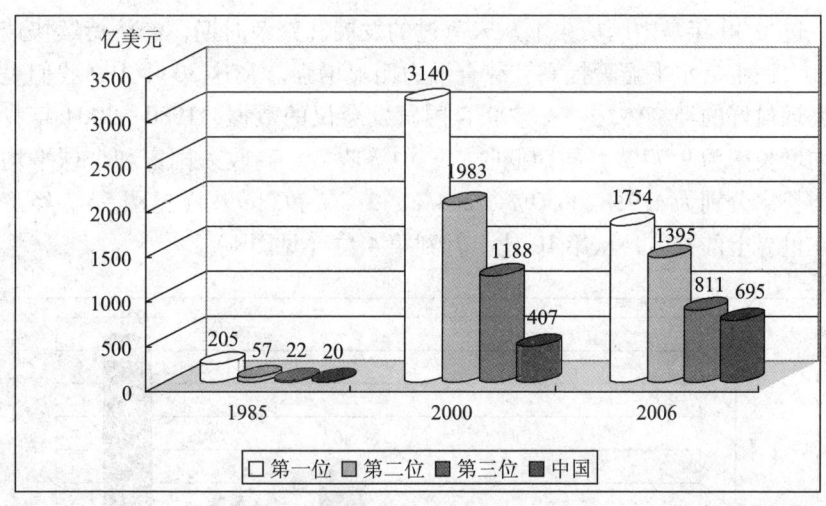

图4　我国吸收外资的国际比较

2. 涉外经济在国民经济中的地位显著提升

随着开放程度提高，涉外经济在我国经济各领域中的地位得到显著提升。1978年，我国对外贸易依存度（进出口占国民生产总值的比重）仅为9.75%，2007年达到66.6%。开放初期，外商投资企业仅有少数几家，影响微乎其微，目前已经成为我国经济的重要组成部分。2007年，外商投资企业的工业增加值占全国工业增加值的28%，税收占全国税收总额的 20.17%，出口占全国出口总额的 57.1%。目前我国涉外经济中的直接就业人数超过 8000 万，占城镇就业人口的四分之一左右。

3. 在全球商品和要素两个市场上的竞争力增强

长期以来，中国产业的竞争力主要表现在全球商品市场上，表现在最近几年，我国在全球要素市场上的竞争力快速增强、国际资本市场、金融市场和技术市场中，"中国因素"的影响开始显现。国内企业通过海外上市大量融资，2007 年有近 120 家中国企业在纽约、中国香港等 9 个海外资本市场上市，筹集资金近 400 亿美元，这是国际美国资本市场对中国经济长期向好和企业竞争能力的认可。我国对外投资快速增长，许多投资项目中含有技术和管理入股，我们可以从中获得收益。这些都表明，我国企业在全球要素市场上具备了竞争能力。通过 30 年的开放竞争，我们已经具备了在商品和要素两类市场上全面参与国际竞争的能力。

二、开放推动经济增长和结构升级

过去 30 年是中国历史上从未有过的发展和繁荣时期，经济持续快速增长，人民生活水平显著提高，综合国力明显增强。在这 30 年中，我们是全球表现最好的经济体之一。按联合国贸发会议的数据，1980—2004 年我们年均增长率为 9.77%，同期低收入、中等收入、高收入国家和全球平均年均增长率分别为 4.9%、6.0%、2.4%、2.7% 和 2.9%（见图 5）。经济总量在世界上的排名，从第 10 位上升到第 4 位（见图 6）。

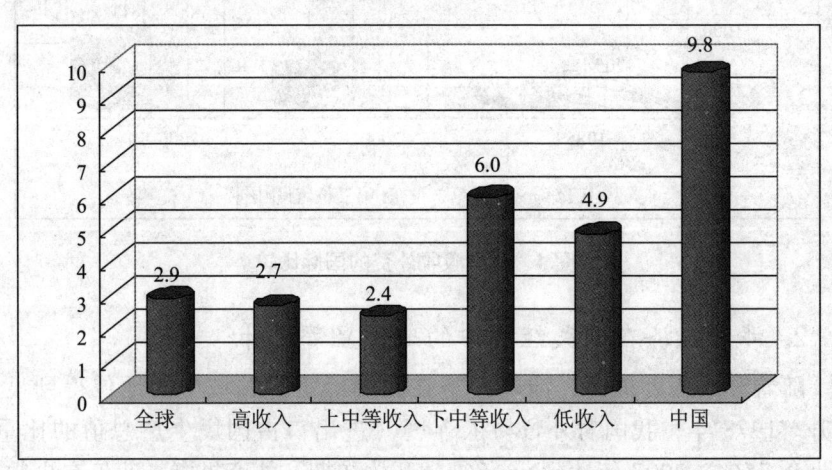

图 5　1980—2004 年各类国家年均经济增长率

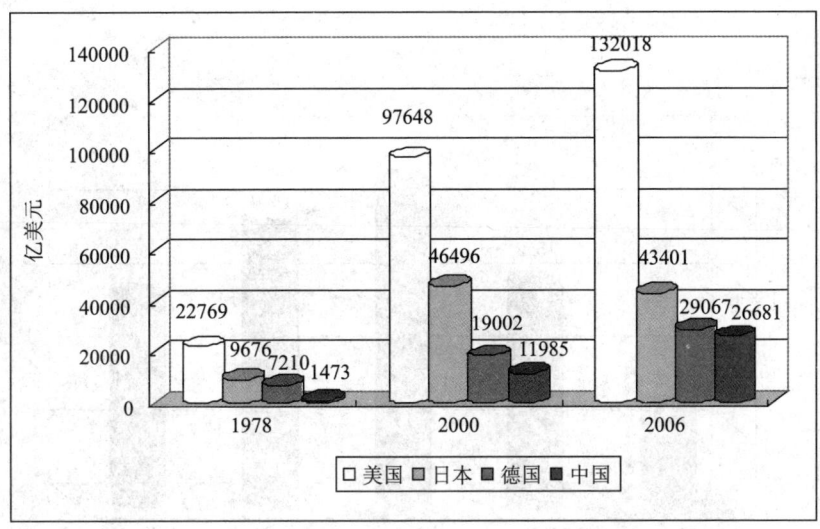

图 6　中国经济总量与世界前三位的比较

我国发展的巨大成就是在不断扩大开放中取得的，开放是发展的重要推动力量，这种关系主要表现在以下方面。

1. 涉外经济增长快，对国民经济贡献突出

过去 30 年，我国开放领域主要增长指标均快于国内生产总值增长。1978—2007 年，我国国内生产总值年均增长 9.7%；同期对外贸易年均增长 17.4%；吸收外资年均增长 17.1%；对外投资年均增长 27.4%。[①] 2007 年与 1985 年相比，按 1985 年人民币和美元不变价计算，我国国内生产总值、贸易总额、出口、吸收外资和对外投资分别增长了 6.7 倍、15.2 倍、22.1 倍、18.8 倍和 14.4 倍[②]（见图 7）。对外开放各项指标均高于国内生产总值增长，表明开放是增长的重要源泉。没有对外开放，我国经济不可能保持长达 30 年的持续快速增长。

2. 出口产业劳动密集程度高，吸纳就业能力强

扩大就业是对外开放最重要的贡献之一。目前在外商投资企业中的就业人员已达 4200 万人，再加上非外资出口企业中的就业和劳务输出等，我国涉外经济中的直接就业人数超过 8000 万。有观点认为没有对外开放，国内企业也能吸纳就业。这是对的，但有两点不同，一是不开放经济增长速

[①] 由于数据口径关系，吸收外资增长率为 1985—2007 年的平均数，对外投资增长率为 1982—2007 年平均数。

[②] 人民币为不变价，美元为 1985 年不变价。

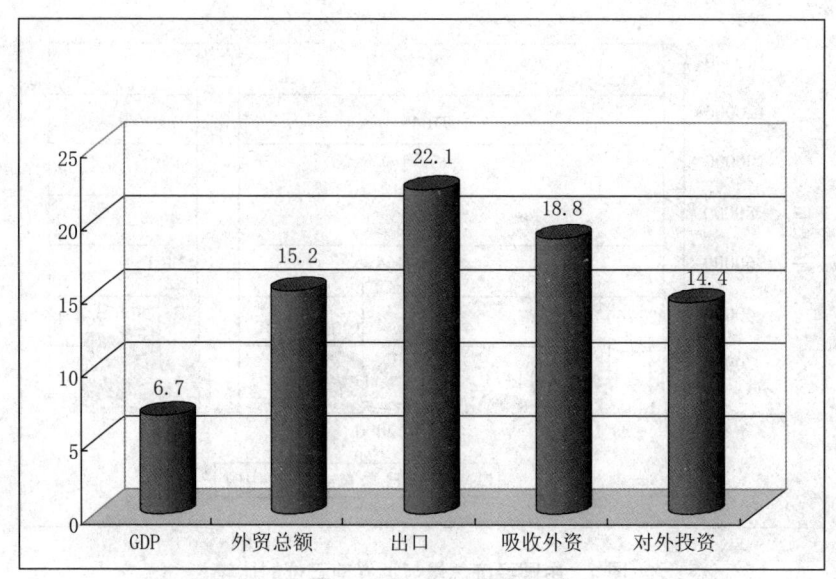

图7 GDP增长与主要涉外经济指标增长的比较（1985—2007）

度达不到这样高，就业也就吸纳不了这样多；二是我国出口就业密度远远高于进口就业密度，这表明即使同样的经济增长率，开放与不开放相比，吸纳就业的能力更强。我国出口商品集中在劳动密集型加工领域，电子通信产品和纺织服装产品合计占出口总额超过一半，其他出口比重高的产品如仪器仪表、文体用品、家具制造等行业，都是典型的劳动密集型产品。图8是我国工业若干行业的人均净资产，表示每个行业的劳动密集程度，人均净资产越低，劳动密集程度越高。可以看出，我国出口数额大和比重高的主要产业，其劳动密集程度都远远低于整个制造业的平均水平。而资本、资源密集型的产品，都是大量进口的商品。

3. 引进先进技术，提升产业结构

通过对外贸易，我国引进了大量先进技术设备；外商投资主要集中于通信设备和计算机制造业、交通运输设备制造业，电气机械及器材制造业等资金技术密集行业，这些都促进了产业结构升级和出口商品结构升级。2007年，我国高技术产业产值中，外商投资企业的比重达到64.3%。2007年我国出口总额中，机电产品的比重和高技术产品的比重分别为57.6%和28.6%，外商投资企业占这两类商品出口额中的比重分别达到73%和87%，地位突出。目前外商在华设立研发中心已经超过1100家。通过对外开放，"中国制造"的质量和水平明显提高。

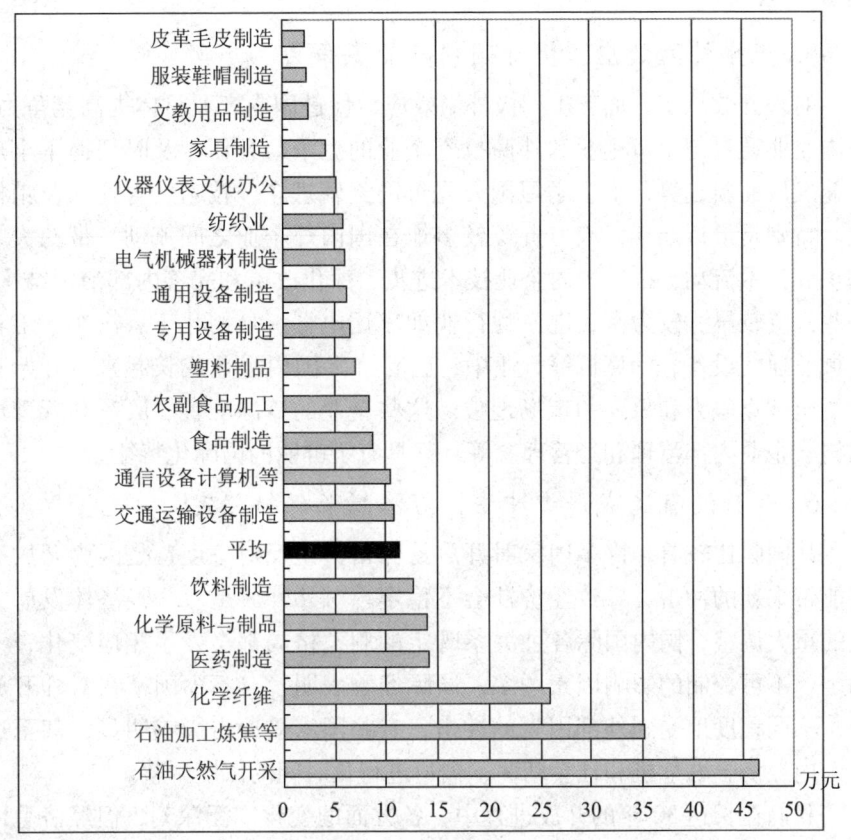

图 8　若干进口和出口行业的劳动密集程度比较

注：中间深色柱体是全部工业人均平均净资产，其上方为劳动密集产业，下方为资金、资源密集产业。

4. 进口能源资源，支撑可持续发展

我国一些重要自然资源的禀赋条件与人力资源不匹配，进口是重要调节渠道。2007年我国初级产品净进口额达到1814亿美元，大大缓解了资源约束，支撑经济较快增长和满足社会各方面需求。通过进口资源密集型产品，我们还间接进口了不可贸易的短缺资源，例如农产品进口可以看作是进口土地和淡水资源。据联合国粮农组织的测算，以粮食贸易为载体间接交易的淡水量，相当于全球粮食生产用水的13%，日本通过农产品贸易进口的淡水量超过自身农作物灌溉用水。国内有专家研究表明，2006年我国进口大豆3150万吨，如果在国内种植需要耕地1810万公顷，相当于黑龙江省大豆种植面积的五倍，这些耕地资源可用于种植其他农作物。通过出口劳动密集型产品和进口资源密集型产品，对外贸易缓解了我国要素禀赋

约束。

5. 产生外溢效应，提升国内产业竞争力

对外开放从多方面产生积极外溢效应，促进国内产业整体提高竞争力。国内企业通过与出口企业和外商投资企业的竞争与合作，及时把握了全球产业发展的新趋势，了解学习国外先进的经营理念、技术、管理和营销模式。特别是最近几年，人力资源较多地在国内外企业之间流动，带动大量知识和技术流动，推动国内企业技术进步、深化改革和完善内部治理结构。一些外资较早、较为密集进入的行业如家用电器、日用化工、汽车、工程机械、通信设备、计算机等行业中，已有许多国内企业成长起来，开始具有了全球竞争力和重要的市场地位。这些企业的资源配置、股东和管理层结构、企业内部治理和经营理念等，都具有了鲜明的国际化特征。

6. 开放没有造成严重冲击，经济增长保持稳定

从国际比较看，许多国家对开放持保留甚至反对态度，是因为开放有可能带来新的冲击，导致经济社会不稳定。对外开放是一个经济体发展方式的重大调整，国内国际各种关系既定的利益格局都会发生相应变化，不确定、不可控制的影响因素增多。国际经验表明，有不少国家在对外开放中，不同程度地受到外部因素的冲击，有些国家受冲击影响明显，甚至造成国内经济金融危机和社会动荡，被迫进行长时间的深度调整。

我们在长达30年的开放进程中，各方面的变化广泛深刻，但经济总体上并未出现大的波动，增长更趋稳定。以往多年，我们的经济增长起伏较大，在80年代和90年代中期以前，有过数次大起大落。90年代中期以来，世界经济中出现过数次大的波动和危机，我国经济的开放程度又在快速提高，但我们并没有受到外部经济波动的明显影响，经济增长的稳定性反而在增强。特别是从90年代末期以来，我国经济增长保持了年均9.7%的较高速度，而且波动区间明显收窄，显示出一条已长达10年的高位平滑曲线，这是以往多年从未有过的稳定增长（见图9）。

中国通过开放而获得快速发展并不是特例，发展中国家参与全球化的普遍受益，在许多实证研究中得到证实。世界银行在2001年发表的研究报告《全球化、增长与贫困》①中指出，在发展中国家中，参与全球化的国家和没有参与全球化的国家（非全球化国家）在经济增长方面存在明显的差异。参与全球化的发展中国家在过去20年里的经济增长速度是富国的2倍

---

① 世界银行编写组（2001年）：《全球化、增长与贫困》（中译本），中国财政经济出版社2003年版。

以上,而非全球化国家的增速只有富国的一半,而且现在越来越落后。中国就是积极参与全球化并从中广泛受益的国家之一。

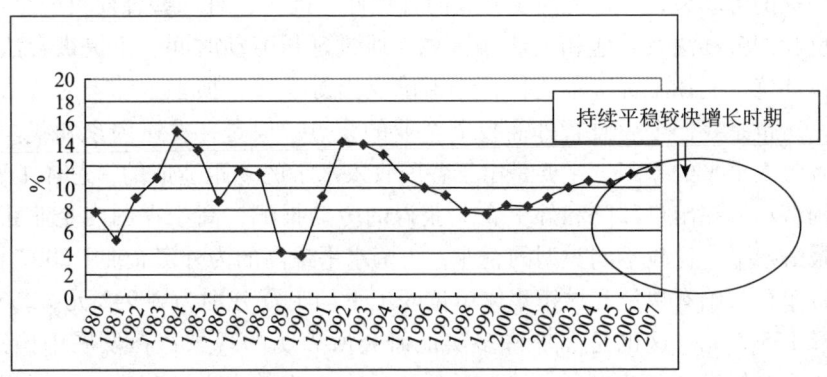

图9 对外开放中的持续较快平稳增长

三、我们获得开放的大部分收益

全球化的含义不仅是资源配置的全球化,也是收益分配的全球化。过去多年,开放收益的分配格局引人注目,也引起过不少争议。本部分提出,中国作为各种要素聚集的东道国,在开放过程中获得显著收益。同时,我们在开放中大量使用外部资源,这些资源也必然从中获益。

(一)我们获得"中国制造"的大部分收益

全球化中的"中国制造",是多国要素持有者共同在中国制造产品的过程,我们作为东道国,获得了大部分的收益。从净态收益的分配看,2006年,外商投资工业企业创造的增加值为25545.80亿元,其中利润总额为5384亿美元,扣除合资企业中中方应得的1561亿元后,外方利润所得为3823亿元。这部分就是外国投资者的主要获利,其余部分主要归我们,我们获得开放的大部分收益,下面对此做一些解释。

按照收入法统计的GDP,国民收入由四个部分组成:劳动者报酬,固定资产折旧,生产税净额和营业盈余。2006年,这四部分占国民收入的比重分别为40.6%、14.2%、14.6%、30.7%。其中劳动者报酬、税收主要归我们,营业盈余我们获得一部分。下面分别计算中方和外资的收益。

1. 中方收益

1)劳动者报酬。这一部分收益主要归我们。劳动者报酬比"工资"的口径宽,不仅包括各种形式的工资,还包括奖金、津贴、公费医疗和医

药卫生费、上下班交通补贴、单位支付的社会保险费、住房公积金等。一些观点提出，我国的劳动者在这种生产过程中获得的报酬水平远远低于发达国家的劳动者，并以此质疑开放的合理性。确实，有一些外商投资企业，违反我国劳动法及其他相关法律法规，通过延长劳动时间、不提供合法的工作环境、克扣工资、不支付社会保障支出等手段，损害劳动者的合法权益。这也是我们今后监管外商投资企业的重点。但是，发达国家和我国劳动者收入水平的差距，主要是由于各国收入水平的差距造成的。总体上看，我国劳动者在出口部门和外资企业获得的劳动报酬，高于在国内企业获得的报酬水平。比较不同类型的企业，工资水平最高的为外资企业。2007 年，外资单位、国有单位和城镇集体单位职工平均工资分别为 27942 元、26620 元和 15595 元。这也是国外许多实证研究所表明的现象：在发展中国家，外资企业提供的劳动报酬虽然远远低于其在本土的水平，却是东道国相对最高的。

需要特别强调劳动报酬的重要性。劳动报酬和资本报酬是不同要素的收益。就业获得的是劳动报酬即工资，投资获得的是资本报酬即利润。从收入分配的角度看，不同要素的报酬意义不同。劳动报酬是中低收入者的主要收入来源，能否在非农产业中获得新的就业机会，是农村劳动力提高收入水平的主要来源，也是他们融入现代经济发展过程和提高发展能力的基础。资本报酬是投资者的回报，是财富和生产能力积累的重要途径，也是我们要力争的重要利益。但是，从中国目前的发展阶段和突出矛盾考虑，需要强调就业和劳动报酬的优先重要性。不能因为我们投资少利润少，就否定劳动收益的必要性和重要性，这不仅涉及就业和增长，而且直接关系到改善收入分配这个大问题。

2）税收。外资企业提供的税收逐年增长。我们对外资企业有所得税减免的优惠政策，但是增值税等各种流转税是不减免的。2007 年，外商投资企业税收达到 9972.6 亿元，占全国税收总额的 20.17%，其中增值税为 5834.58 亿元，占全国增值税总额比重为 27.02%；企业所得税为 1968.67 亿元，占全国企业所得税总额的 20.35%；个人所得税为 653.92 亿元，占全国个人所得税总额的 20.53%。

3）利润。在合资企业中，我们还获得一部分投资回报。2006 年，外商投资工业企业利润总额为 5384 亿元，这其中有一部分是合资企业中中方投资的收益，按中方在合资企业的所有者权益中的比重估算，中方约占有 29% 的投资收益，约 1561 亿元。

2. 外资收益及收益汇出

国外投资者主要投入资金和技术，获得的收益主要是营业盈余中的一部分。在 5384 亿元利润中减去中方所获得的投资收益后，外资获得的利润约为 3823 亿元，占当年工业企业利润总额的 19.6%，占 GDP 的比重为 1.8%。由于外商投资企业将利润中的一部分再投资，因此汇出的利润少于所得利润。目前我国的国际收支统计中，"投资收益"账户借方主要包括了直接投资利润汇出、对外支付利息、证券收益汇出以及个人收益汇出。由于后两者相对较小，可以忽略不计，因此用"投资收益"减去对外支付的外债利息，可粗略估算出外商直接投资的利润汇出额。2006 年，估计外商投资企业对外汇出利润 340.5 亿美元，约占当年 GDP 的 1.28%。

（二）区分出口总额和出口收益：两个不同的概念

恰当理解开放型经济中我们的获益，首先要区别增加值和出口额的差别。出口额是销售收入的概念，其中既包含在我国国内新创造的增加值，也包含从国外转移的价值即进口投入品的价值。其中，只有增加值计入我们的 GDP 之中，而转移价值的部分与我们的投入无关，是不计入 GDP 中的。因此，我们从出口中获得收益的大小，只能相对于我们新创造价值部分即增加值而言，不能与出口总额相比。例如，出口一台笔记本电脑，进口投入品占其中价值的二分之一，这部分价值创造是在国外完成的，虽然计在了"出口总额"之中，但并没有计入我们的 GDP 之中，因此与我们的收益无关。我们的获益仅对我们创造的二分之一而言。与我们的实际投入相比，如果盈利率达到 10% 是可以接受的，但若以全部出口额作为分母计算盈利，盈利水平就会被不恰当地"摊薄"为 5%。同样，我们获得其他收益如"工缴费"、工资报酬等，如果不是和我们的实际投入和新创造的增加值相比，而是直接与出口额相比，其收益程度都会被大大地低估。

这是理解当今时代"全球产品"分配特征的关键：一个产品多国制造，每个国家都只能从其参与的部分中获益，无论价值链上哪部分的参与者，都不能将其收益与最终产品的全部价值做比较。我们参与的是价值链上的终端部分，特别要恰当理解这种分配格局。

（三）对外开放的资源与环境成本有限

出口和吸收外资对国内资源和环境方面的影响是我们必须考虑的成本。这个方面以前我们关注得不够，有些出口产品和外商在华投资项目存在严重的浪费资源和污染环境问题，例如一些高耗能的资源加工项目。这些出口商品和投资项目不符合我国国情，要坚决限制乃至制止，这也是我们近几年提高对外开放水平的重要举措。但从总体上看，对外贸易和外商投资企业在这些方面存在的问题不算特别突出。

我们的出口商品集中在劳动密集型的产业领域。绝大部分加工贸易产品，都是引进国外资源和资金密集型的投入品，我们再投入大量劳动力加工出口的，出口最多的两类产品为电子通信产品和纺织服装产品，两者合计占出口总额超过一半，这两个行业都是劳动密集而且不是高消耗高污染的行业。我国出口商品中，有一些资源消耗高和污染环境的产品，但所占比重相对较小。6类45种高耗能高污染和资源性产品（两高一资）加工贸易出口占加工贸易出口总额的比重仅为5%左右，且比重呈下降趋势，2007年的出口额仅为278亿美元，占比为4.6%。出口集中在资源节约和劳动密集的分工环节，符合我国的国情特点和比较优势。

表1 "两高一资"产品加工贸易出口占加工贸易出口总额比重（亿美元）

	2000年	2004年	2007年
矿物燃料类	9.18	19.80	50.83
有色金属类	11.49	39.18	42.07
非金属矿产品	0.14	0.35	0.20
钢铁类产品	11.41	12.76	35.81
化工品	33.02	50.34	73.52
其他产品	11.23	30.22	69.48
六类加工贸易额合计	76.47	152.65	271.91
加工贸易出口总额	1290.10	3011.14	5944.39
所占比重（%）	5.9	5.1	4.6

数据来源：作者根据有关资料计算，感谢姜容春女士的协助。

外商投资企业集中在一些相对高附加值的产业领域，资源和环境成本相对较小。2004年，我国工业废水排放量前三位的行业分别为化学原料及化学制品制造业，造纸及纸制品业，电力、热力生产和供应业，三个行业占排放总量的45%；工业废气排放总量前三位的行业分别为电力、热力生产和供应业，非金属矿物质制品业，黑色金属冶炼及压延加工业，三个行业占排放总量的73%；工业固体废物排放总量的前三名分别为电力、热力生产和供应业，黑色金属冶炼及压延加工业，煤炭开采和洗选业，三个行业占排放总量的52%。而外商投资企业产出比重最高的三个行业分别为通信设备制造业、计算机及其他电子设备制造业，交通运输设备制造业，电气机械及器材制造业。这三个行业在工业废水和工业固体废物排放量的排名都在十位之后，仅有交通运输设备制造业在工业废气排放量中排在第十位。[①]

[①] 世界银行编写组（2001年）：《全球化、增长与贫困》（中译本），中国财政经济出版社2003年版。

（四）开放中与各国互利共赢

对外开放使我们自身受益的同时，也为全球经济稳定与繁荣做出了贡献，推动了全球经济的发展，我们的贸易和投资伙伴因中国经济增长而获益。互利共赢的效果使我们的开放为世界所接受。

我们成为全球重要的制造基地，为世界提供了大量物美价廉的商品，全球消费者因此而受益。来自中国的进口消费品，使美国、欧盟等发达国家的消费者每年节省了数百亿甚至上千亿美元的消费支出，成为过去 30 年中抑制全球通货膨胀、促进经济复苏和发展的重要因素。

我们不断扩大进口，成为重要的"世界市场"。中国已经是全球第三大进口国，从全球进口了大量的中高档消费品、高技术含量的投资品、中间投入品和资源性产品，为这些产品的出口国提供了巨大的市场和因此而获利的机会。最近 5 年，中国进口增量占全球进口增量的十分之一左右。2006 年，中国是美国第五大出口目的地，是日本第二大出口目的地和欧盟第五大出口目的地。2007 年，周边国家/地区与我国贸易总额占全部贸易的比重为 60.8%。周边国家/地区与我国贸易总额为 10080 亿美元，占我国全部贸易的比重为 46.4%。[①]

我们吸收外资，为其他国家的投资者提供了新的投资机会。90 年代中期前后，中国吸收了全球十分之一以上的跨国直接投资，1994 年这一比重高达 13.3%。最近几年，中国吸收外资占全球直接投资的比重在 6%~10% 之间，仍然是最大的发展中东道国。特别是对周边国家来说，中国已成为其中许多国家海外投资最大的东道国。周边国家/地区对我国的投资额占我国吸收外商直接投资额的 60% 以上。

中国加入世界产业分工体系，将低成本要素融入全球产业链条中，支撑了全球经济过去十多年的高增长、低通胀格局，带动周边国家和地区进入全球分工体系中。美国、欧盟和日本提供资金、专利、设计和技术，零部件在中国、东亚和东南亚生产，加工组装在中国，最终产品销往美欧日。这种分工格局使得中国在对美、欧贸易保持顺差的同时，对亚太地区内国家/地区的贸易却出现不断扩大的逆差。2007 年，中国对美国顺差 1633 亿美元，与欧盟顺差 1342 亿美元，但是与日本逆差 319 亿美元，与东盟逆差 142 亿美元，与韩国逆差 476 亿美元，与中国台湾地区逆差 776 亿美元，逆差合计 1712 亿美元。全球和本地区产业分布和贸易格局因此发生显著变化。

---

① 周边国家/地区包括东盟各国、韩国、日本、中国台湾地区、印度、孟加拉、巴基斯坦、蒙古。

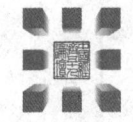

四、渐进式开放与渐进式改革：中国特色及其理论意义

中国对外开放的一个显著的特点是：中国对外开放过程与西方主流经济学的教条并不相同，却取得了巨大成就，同时也积累了不少问题。从学术角度看，对中国开放实践的理论解释，是一个很有挑战性和创新前景的研究领域。开放已经走过了30年历程，为理论研究提供了较长时间跨度的实践基础。

（一）渐进式和适应性：中国开放模式的突出特征

中国的对外开放过程与一些西方主流学者和国际经济组织的观点很不相同。这些观点认为，开放应该是"一揽子"的制度安排，涉外经济体制甚至整个经济体制都应有全面改革。外贸体制应该有的改革包括：取消进出口的指令性计划，消除生产企业与国际市场的"隔层"即取消专业外贸公司和给予生产企业外贸权，贸易项下的汇率市场化等改革措施。吸收外资特别是西方大型跨国公司大规模在华进行长期投资，要求有公平竞争、透明稳定、市场化、法律完备的投资环境。①企业是贸易和投资行为的主体，给予企业自主权、取消指令性计划、国有企业实行私有化等改革是开放不可或缺的前提，只有企业的产权关系明晰，才会有利润最大化的动机和行为，才能对在国内国外配置源的机遇做出积极反应（IMF 等，1990；Blanchard 等，1991；Lipton 和 Sachs，1990）。

然而，中国的开放进程却明显偏离了西方主流经济学的教义和许多国外学者的建议：专业外贸公司在进出口贸易中的地位虽然逐渐下降，但至今仍然占有重要地位；生产企业直到开放20多年后才普遍具有了外贸权；外汇管理体制长期"双轨制"，1994年汇率体制改革以来仍然实行"有管理的浮动汇率"；投资环境是逐步改善的，在较长时期内并没有形成所谓较为完备的市场化、法制化基础，外商投资企业长期在半市场、半计划的不规范状况下运营。从体制环境看，国有企业和一部分城乡集体企业继续在按西方标准没有清晰界定产权的环境中运行；相互竞争的企业面对不同的法律、财税和预算约束环境。总之，中国的对外开放在很长时期内是"渐进式的"和"不完全的"。不少海外学者对这种状况很担心（例如 Naughton 2000 和 Mastel 1997），感到中国的外贸改革难以顺利推进。然而，就是在这种"渐进式"和"不完全"的开放过程中，中国却能在长达20年的

---

① 例如，世界银行多次提到这个观点，如1985年世界报告《国际资本流动与发展》和1987年世界发展报告《工业化与对外贸易》，中国财政经济出版社1985年、1987年版。

时期内，保持几乎是全球最高的出口增长率，吸引了全球约六分之一的跨国投资，中国为什么选择这样的开放模式？为什么能够取得这样显著的成就？本文尝试对此做几点解释。

1. 决策者的实践准则和最大限度寻求共识的需要

开放决策之初，决策层并未描述开放的长期目标，而是本着推动经济增长的愿望，一步一步推出局部的、尝试性的有限开放措施，"摸着石头过河"，顺应形势发展变化逐步向前走。从步骤上看，充分考虑国内产业承受能力，渐进开放国内市场，尽量为国内企业发展留下空间。从减少开放冲击和阻力考虑，渐进式开放是一种明智的选择。渐进式开放是一种"放开增量促进增长，保护存量既得利益"的开放方式，在开放初期既允许新类型出口企业的成长，例如大量"三来一补"企业和外商投资企业，又不触及原有体制下的既得利益集团如国有贸易公司，对经济、社会的震动较轻，改革的阻力较小。当开放"渐进"到增量成分占有较大比重时，才具备了对原有对外经贸体制进行实质性改革的条件。

2. 国情决定"不完全"的开放也有显著收益

国情的突出特点决定了我们可以从开放中获得显著收益，即使这种开放很有限。我们国情的一个基本特点，是国内要素结构失衡，各种要素不匹配，无法局限在国内进行有效配置。我们的劳动力资源特别充裕，而其他要素均相对稀缺。改革开放初期，我国主要的生产要素占全球总量的份额为：劳动力为23%，土地和淡水等不可贸易的资源仅占4%~7%，石油和天然气探明储量仅占3%~4%，固定资产投资不足1%，研发投入不足0.5%（见图10）。如果局限在国内资源进行配置，大量的劳动力就无法与其他要素有效结合，无法进入现代经济活动之中。解决这个问题有两个根本途径，一是发展劳动密集型产业，二是通过国际市场平衡盈缺。这实际上也是我们过去30年的基本道路：通过扩大开放利用两个市场两种资源，通过大出大进缓解国内要素结构失衡约束。国情特点的另一个方面，是我国开放初期的就业结构。我们不仅劳动力数量多，而且不同部门就业的劳动力报酬水平相差甚远。开放初期，中国的劳动力结构以农村劳动力为主，因而我们面临的问题和机遇是劳动力从农业部门向工业部门转移的问题，有几亿可接受相对较低工资水平的待转移劳动力，支持了出口产业和外资企业的逐渐成长。但是这种方式对其他准备开放的发展中国家和对转轨国家可能适应性较差，例如前苏联和一些东欧国家在开放初期，国有经济占绝对优势，甚至占有高达90%以上的份额，农村劳动力数量少，比重低，没有为"开放型经济"的成长留下多少低成本、待转移的劳动力。中国大量低收入农村劳动力提供了长达近30年的低成本开放进程。

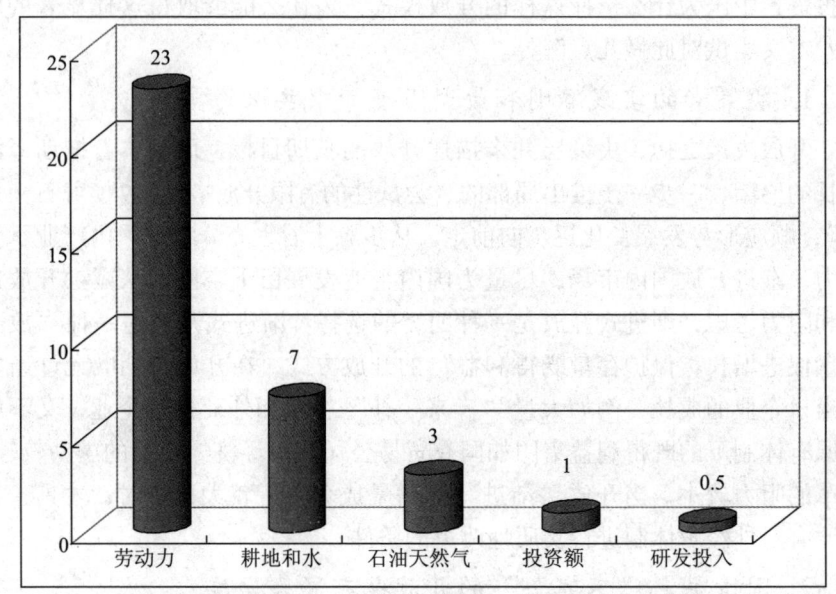

图10 我国主要生产要素占全球总量的份额（1980年）

3. 与改革进程相适应

30年前，我们的改革开放同时起步。通过改革逐步建立了社会主义市场经济体制，确立了公有制为主体、多种所有制经济共同发展的基本经济制度，极大地解放和发展了生产力，经济实力得到空前提高，社会各个方面都从中获益。改革使经济社会的活力及调整、适应能力大大加强，在一些国有企业因体制机制约束、受到开放竞争压力的同时，多种所有制经济却在高速成长，国内产业整体上规模不断扩大，实力不断增强。经济增长和体制转变，全社会对开放的认可度和适应性大大增强。

4. 与经济运行状况和企业能力相适应

在非国有经济没有在经济总量中占有重要地位以前，在国内价格与汇率机制的改革没有基本到位之前，贸易自由化会引发严重的通货膨胀和汇率贬值，影响宏观经济的稳定性。从微观主体的能力看，企业从国内市场走向国际市场，是一个信息处理机制的复杂转变过程，企业只能通过实践过程逐步适应。在企业竞争力有明显提升之前，全面开放会对企业造成过强冲击。因此，在开放区域上，从经济特区开始，逐步向沿海地区和全国推开；在产业和市场开放上，考虑国内产业的承受能力，渐进式向前推进，必要时设定合理的过渡期。在开放渠道上，长期坚持采取利用外商直接投资为主，控制国际商业信贷特别是短期信贷资金，审慎、逐步开放国内资本市场。这种逐步推进的开放进程，为企业和各个方面留出了适应和调整时间，增强了国内产业的承受能力。

5. 经济全球化深入发展，符合我们需要的外部资源不断增加

过去30年，经济全球化深入发展，从商品全球化、制造全球化向服务全球化、研发全球化和金融全球化发展。有愈来愈多的商品和各种生产要素在全球范围内大规模流动和配置，跨越国家边界的经济活动日益增加。20世纪后20年，国际贸易的增长速度是全球GDP增长速度的近两倍，2001年到2006年，世界商品贸易年均增速高达14.1%，是GDP增长速度的近三倍。跨国投资再次进入快速扩张时期。世界各国都看准这个机遇，不断扩大开放程度，世界贸易依存度快速提高，从2001年的48%上升到2006年的69%。这些都表明参与全球化在各国经济发展中的作用愈来愈重要，使参与全球化各方获利的机会更多。这种有利的外部环境，使我们通过开放能够吸收的有利资源不断增加，开放收益明显。

（二）开放推动改革：开放在中国现代化进程中的特殊重要性

1. 开放提出的要求推动了改革起步

我国除农村之外的改革，在很大程度上是从四个经济特区开始的。在当时的认识和政治环境中，"为开放而给予一些特殊政策"，较之"按市场经济原则改革经济管理体制"要容易得多。特区设立之初，在经济运行方面实行特殊的管理体制，方向是适应市场经济的要求，包括：特区可以在国家宏观经济政策指导下，主要采取市场手段调节经济运行，商品和物资价格适度放开；鼓励特区吸收外商投资，允许外商投资企业在经济中占有较高比重，并制定了《中华人民共和国中外合资经营企业法》；扩大特区政府的经济管理权限，允许企业有更多的自主决策权；改革外汇管理体制，特区外汇收入在一定期限内全部留用，等等。这些先行的试点，都具有迈向市场经济体制第一步的开创意义。在这些特区，商品市场、要素市场、劳动力市场、政企关系、企业所有制结构和治理结构、经济管理体制、法律法规体系等市场经济体制框架的形成和发展，在全国都先试先行。特区不仅成为我国对外开放的试验区，也成为了经济体制改革的试验区。

同样道理，为了"鼓励换汇，进口急需物资和先进设备"而对外经贸体制进行改革，要比"适应市场经济改革企业管理体制"容易得多。出于对外汇的需求和对国际竞争压力的感受，改革的启动和进展几乎没有碰到非经济因素的明显干扰。改革的内容包括给予企业自主权，下放外贸管理

权限,汇率和价格双轨制及并轨双轨制的生产要素市场等,都对经济体制整体改革起到了重要推动作用。因此,对外经贸领域成为除农业外,我国率先建立和发展市场经济体制的一个领域,正如有研究者所指出的:从早期的改革开放看,对外经贸方面的改革措施相当有力,其引入的示范效应推动了整个改革进程。它对改革发展的作用一点也不亚于农村改革(周小川等著1996年)。

2. 适应全球竞争的压力推动了改革深化

随着对外开放的不断扩大,增强出口产业竞争力和改善投资环境,成为推动经济体制改革不断深化的重要力量。国内企业与外资企业的竞争,也要求深化企业改革和改变政府管理方式。一是推动了企业制度改革。外资企业大量进入,在企业治理方面提供了示范效应,国内企业与外资企业竞争,也要求深化企业体制改革,完善治理机制,增强自身能力。二是推动了经济管理体制改革。我国价格管制的放松、投资体制改革、审批制度改革,外汇管理体制改革以及扩大企业自主权的改革,都与使我国投资环境更适合外资企业运行的考虑有关。三是推动了我国会计制度与国际接轨,在1985年3月制定了接近国际惯例的外商投资企业会计制度的基础上,1993年7月开始在全国推行新的会计制度,基本上做到了与国际惯例接轨。四是推动了各级政府职能转变,各地致力于改善投资软环境,减化审批手续,提高公共服务水平和办事效率,一个窗口对外,建立健全中介和公共服务体系,并且逐步从主要服务外资企业向服务所有投资者转变。

从20世纪90年代中期开始,我国开始了加入世界贸易组织的准备工作。WTO倡导的国民待遇、透明度、非歧视、公平竞争等基本原则,符合市场经济的一般规律。在这个过程中,为了适应成员国经济贸易体制与WTO多边体制相一致的要求,适应国内企业将更多参与国际竞争的需要,国内改革加速,以开放促改革的进程进一步加快。第一,清理、修订法律法规。WTO要求成员国贸易法律制度与多边规则相一致,我们按照这个原则,进行了大规模的清理修订法律法规工作。这是我国改革开放以来规模最大、涉及领域最广的一次清理修订法律法规工作,至2005年底,仅在中央层面就制定、修订、废止了3000余件法律、行政法规和部门规章。第二,保持外经贸政策的统一性和透明度。各级政府部门对有关对外经济贸易的法律法规和政策进行了全面清理,凡不符合世贸组织规定和中国承诺的一律进行修订和废止。还完善了保证透明度的机构和机制。第三,履行开放市场承诺,贸易投资自由化水平进一步提高,市场配置资源的作用进一步加强。特别是服务领域开放扩大,金融等领域还引入了国外战略投资者，国内服务业的改革和发展加快。第四，进一步转变政府职能。为了兑现加入世贸组织的承诺和为企业参与国际竞争创造良好条件，各级政府以深化行政审批制度改革为突破口，全面加快了行政管理体制改革。2003年制定新《行政许可法》，对政府行为的规范、透明提出了更加严格、具体的要求。强化行政行为的责任和监督。第五，知识产权保护得到加强。修订了《专利法》《商标法》《著作权法》《计算机软件保护条例》等法律法规，我国的知识产权保护立法已基本与世贸组织TRIPS协议的有关要求相一致。总之，加入WTO的过程，就是我国改革深化的过程，依法行政、公开透明、减少审批、企业改革等多年来进展困难的深层次改革问题都得到了加快推进。

3. 外商投资企业发挥制度示范作用

开放以来，我们设立了大量的外资企业，对国内企业改革发展产生明显的外溢效应。外资企业具有适应全球市场竞争的治理结构和管理水平，为国内企业改革发展提供了"眼见为实"的学习机会，国内许多有志于成为全球性公司的大企业，由此学到了如何治理公司和管理全球业务。与外商合资是较早时期国有企业实现股权结构多元化改革的主要形式，是我国混合所有制经济成分增加的重要组成部分。通过合资推动企业制度改革，是不少企业引入外资的主要考虑。同时，外资企业是国内市场上新的有力竞争者，增加了竞争压力，为了保持市场竞争力，许多企业改革加速，一些有较大争议的深层次改革也得以下决心推进。特别是加入WTO以后，我国金融、保险、电信服务、批发零售商业等行业对外开放的程度不断加深，竞争压力推动着这些行业的改革不断深化。多年来，外资企业引进和培养使用了大量的经营管理人才，其中不少在外资企业和内资企业之间的流动，成为外溢效应产生的重要载体。

（三）一个案例：开放推动外汇管理体制改革

下面以外汇管理体制改革为例，描述体制改革从适应开放要求起步、随开放扩大而深化、从适用于外资企业向普遍适用的渐进过程。

从新中国成立到开放之前，中国实行国家集中管理和中国银行统一经营的外汇管理体制，即外汇的统收统支制度，汇率是固定汇率。1979年实行改革开放政策以后，外汇管理体制的改革开始逐渐进行，方式和推进速度的选择，很大程度上是考虑如何有利于吸引外商直接投资和便于外商投资企业在中国的运营。当时我们希望多吸收一些外资，但外商投资企业认为外汇管制是妨碍其在中国经营的严重问题。为此政府陆续制定了一些有

利于外商投资企业的外汇管理办法,主要包括:外商投资企业的外汇收支可以自由收付;外汇股金、外汇借款和出口外汇收入,都可以在中国银行开设外汇账户,也可以在港澳地区或外国银行开设账户;外国投资者在纳税后的所得利润分成,可以自由汇出,等等。到20世纪80年代中期,外汇管理体制不能适应要求的问题日显突出。导致矛盾突出的一个重要原因,是外商投资企业外汇收支不平衡。在这种情形下,外汇调剂中心应运而生。1985年11月,中国第一个外汇调剂中心在深圳成立。到1989年末,约有90个外汇调剂中心遍布全国各地。外汇调剂中心的建立是我国外汇管理体制从统收统支为主向市场交易为主这个转变的开端,是我国外汇管理体制改革过程中意义重大的一步。

外汇调剂的规模、渠道和方式都是渐进拓展的。开始时仅允许外商投资企业之间通过外汇调剂市场进行外汇调剂,以后又允许外商投资企业与国内企业之间进行外汇调剂。在开始阶段,国家对外汇调剂价格有所限制,1988年以后,基本上放开了外汇调剂价格。外汇调剂市场的汇价基本上是一个自由竞价的过程。但是,外汇调剂价格能否被近似地视为"市场汇率",不仅取决于价格可否自由决定,还要取决于交易量的大小,交易量愈大,近似性愈强。外汇调剂中心建立后,外汇调剂数额和占出口额的比重增长很快,到1994年新外汇管理体制启动前,外汇调剂额已经占到出口额的四分之一(见表2)。如果按净创汇额计算,外汇调剂额占净创汇额的比重要高得多。据中国银行的权威人士估计,1992年,外汇调剂市场的交易量约占全国用汇量的二分之一。① 这样大比例的交易量,使人们有理由将外汇调剂市场汇率近似地视为"市场"汇率。

表2　　　　外汇调剂市场调剂的外汇额及其占出口额的比重

年份	外汇调剂额 (亿美元)	当年出口额 (亿美元)	外汇调剂额占当年 出口额的比重(%)
1987	47	394.4	11.9
1988	62	475.2	13.0
1989	86	525.4	16.4
1990	125	620.9	20.1
1991	180	718.4	25.1
1992	250	849.4	29.4
1993	228	917.4	24.9

资料来源:作者根据外汇管理局提供的数据计算。

---

① 引自周小川:《人民币走向可兑换》,"90年代中国对外经贸战略高级国际研讨会"论文,1994年,文中的数据。

在长达 10 年的渐进"放开"之后，1994 年 1 月 1 日起，我国对外汇管理体制进行了重大改革。建立了以市场为基础的有管理的浮动汇率制度和统一规范的外汇市场。改革的主要内容包括：进行汇率并轨，实行以市场供求为基础、单一的、有管理的浮动汇率制；实行结汇、售汇制度；建立银行间外汇交易市场；取消外汇收支的指令性计划，通过经济和法律手段实现对外汇和国际收支的宏观调控等。此前存在的外汇调剂市场和调剂汇率，为我国新外汇管理体制的建立提供了重要的机制和价格参照系。

（四）中国开放进程仍符合基本规律

中国开放道路的独特性提出了一个重要问题：我们是否"特殊"到了这样的程度，现有的理论不能有效解释，需要构造一个新的理论框架来分析？我的理解是，中国的开放从起点和步骤上看，从发展过程中的各个截面上看，的确显示出与多数国家开放模式的较大背离，但从长期趋势和本质特点看，仍然遵循经济开放的基本规律。

第一，理论推断应该出现的基础性变化我们都遵循。在基本走势和主要特征上，我们呈现与其他发展中国家在开放进程中相同的变化趋同：初级产品为主的出口结构迅速变化，劳动密集的制造业成为经济增长和出口增长的主要带动部门；部分国内产业链分解重组，进入国际产业分工链条中；在原有产业受到开放冲击的同时，新的优势产业迅速成长；国际市场的竞争压力推动国内各方面改革进程；随着经济实力增强和劳动生产率提高，本国货币从贬值到逐步升值，等等。这些都是众多发展中国家曾经经历过的开放画面。

第二，我们国情方面的独特影响都能给予理论解释。我们开放虽然渐进但却持续，开放程度广泛深入，超过许多更早开放的发展中国家，这是我国要素结构严重失衡、对国际交换要求迫切的表现；我们的开放从特区起步，在开放中迅速成长起来一批外向型企业，并呈现出较强的国际竞争力，这与我国有港澳台投资者这个独特的优势、以及开放初期国内产业的分散竞争格局直接相关；我们能够有效地控制开放进程，从地域到产业都把握住进度，这与我国政府干预经济的传统能力有直接关系；数量众多的外资企业和本土企业在竞争中都获得很大发展，这与我们市场规模巨大、可容纳多个竞争主体直接有关。总之这些表现虽然独特，但都有相应的理论解释。

第三，不同开放道路是各自权衡，并无优劣之分。多年来，国内外一些学者将发展中国家和体制转轨国家的改革开放分为两种方式：渐进方式与激进方式，并讨论哪种方式更合理。笔者的观点是，渐进式开放与激进式开放的区别只是相对的,没有哪个国家一夜之间将贸易和投资体制全部放开,差别是进度快慢和控制进程的方式不同,中国的特点只是"时间较长、控制有效"。从绩效方面看,并不能由此得出哪种开放方式更优的结论。一些发展中国家和体制转轨国家在开放初期经济社会有较大波动,但进入90年代后半期以来,亚洲、拉美、东欧、中亚若干转向开放经济且进度较快的国家,经济状况普遍好转,特别是俄罗斯、印度、巴西等国家迅速扩大开放,较快融入全球经济,经济增长表现同样突出。我国渐进式开放到目前为止效果很好,但也积累下来一些问题,诸如人民币多年稳定后的升值压力和"热钱"问题、持续增长的外汇储备对宏观调控形成的压力等,都是我们需要迈过的挑战。总之,开放方式和进程快慢是各国的权衡选择,我们虽然成功,但并不意味着渐进开放是普适和更优的。

第四,我国开放理论研究完成了范式转换。在较早时期,理论界研究这个问题,主要着眼于贸易商品使用价值的转换,以"互通有无、调剂余缺"作为对外经济交往合理与否的基本判断标准,强调进口我们短缺和不能生产的商品,出口是为了"换汇"保障进口,等等。随着开放深入,这个标准已经缺乏足够的解释力,需要引进新的分析方法。到80年代中期以后,日益增多的研究者开始从提高资源配置效率的角度研究开放问题,经常使用"比较优势理论"、"要素禀赋理论""规模经济理论"以及更多的现代理论框架分析我国开放问题,完成了学术研究范式的转变。多年来开放理论研究的进展表明,在分析我国对外开放问题时,国际上通用的分析框架或许不是最恰当的,但起码是可以有效参考的。实际上,这些理论即使在分析发达国家的开放问题时,也并不见得十分贴切,存在许多重要争论和不同观点,理论本身也仍然在发展与变化之中,适宜总是相对的。

五、开放中存在的突出问题

1. 内外资企业的市场地位和竞争环境不同

改革开放初期,我国经济运行环境与市场经济国家有较大差异,外商投资企业在我国投资经营有许多困难。为了吸引外商前来投资,我们制定了许多优惠政策,其中长期普遍实行的是对外商投资企业所得税和其他税费优惠政策,此外还先后采用过价格差别政策、进出口关税优惠政策等。与此同时,外商投资企业也长期面临非国民待遇的问题,包括不能获得计划内能源原材料供给、当地融资限制、当地销售产品限制、股权比例限制等。此外,国内企业特别是国有企业,由于体制机制不到位,在自主权、内部激励和约束机制等方面还存在不少问题,在做好做强企业这个"动力"

层面上，与外商投资企业处在实质上的不平等地位。这些问题导致内外资企业在市场上处于不平等竞争状况，总体上对国内企业不利。随着改革开放的推进，我国市场经济环境不断完善，适应外资企业正常经营要求的各方面条件基本形成，国内企业改革改制也有显著成效。最近几年特别是加入世贸组织以后，对外商投资企业的优惠政策有些逐步取消，有些实际效果减弱；同时，外商投资企业的国民待遇基本得到保障。2008年1月1日起，实行国内外企业税制合一改革即二税合一，取消了以往对外资企业的所得税优惠。可以说，改革开放30年后，内外资企业的政策环境平等已经基本做到，体制环境平等的状况也有根本变化。

2. 对国内资金的"挤出"效应

在吸收大量外资的同时，国内资金没有得到充分有效利用，是近几年我国经济中的一个突出问题。外资进入对国内投资有带动作用，也有"挤出"作用。带动作用体现在外资和内资的互补作用上。外资进入提高了经济增长速度，增加了新的资金需求，例如对配套产业的需求，对能源原材料的需求，对基础设施的需求等。总体上看，国内密集使用外资的地区，同时也是密集使用国内资金的地区，这是互补作用存在的一个例证。"挤出"作用体现在外资对内资的替代作用上。导致"挤出"效应有竞争不平等这个因素的影响，内外资企业在体制和政策上有差别待遇，使国内企业对不同来源的资金偏好不同，更倾向于使用外资，不少企业更倾向于获得"外商投资企业"的身份。同时，国内金融体系的缺陷是产生"挤出"效应的另一个重要原因。我们虽然有高额的居民储蓄，但将资金集中到能够安全而有效率地使用资金的企业手中的体制不够完善。投资者要求高回报，融资者要求低成本，需要金融市场有效率。特别是股本投资是一种跨时交易，需要较长时期才能获得回报，需要一种可信的制度基础，使投资者相信其权益会得到良好保障，直接融资体系才能迅速健康地发展起来。不少研究表明，金融体系不发达的国家倾向于更多地吸收FDI，因为国内融资困难多，成本高。[①]

3. 扩大地区之间收入差距

对外开放对地区间发展水平差距和收入差距的影响是一个突出问题。对外贸易和吸收外资在地区之间分布不均衡，是我国地区差距拉大的一个重要原因，这就是存在于开放经济中的经济地理效应：由于受到运输条件和成本的影响，愈是广泛地参与国际贸易和国际产业分工，一个国家的经

---

① 魏尚进对这个问题做过综述，参见魏尚进（2006）。

济增长就愈会集中到交通便利的沿海和沿边地区。2005年，我国对外贸易的93%和吸收外资的89%，都集中在沿海地区，较高的对外开放度带动东部地区较快发展。同时，出口退税和外商投资企业所得税减免政策主要由东部地区享受，使开放产生了收入分配的效应，东部地区得到更多税收优惠。以出口退税为例，2005年，中央财政共安排出口退税3250.8亿元人民币，其中东部地区得到退税2874.1亿元，占全部退税额的88.4%，中西部仅得到11.6%。虽然通过人员流动和中央转移支付，沿海地区快速发展的收益部分地被内地居民所分享，但总体上看，扩大开放是拉大区域间收入差距的重要因素。

4. 放大国内结构和体制失衡，增加政府调控难度

国内经济结构和体制环境中还有许多失衡和不完善的方面。随着开放的扩大，这些问题有可能成为获利机会，导致问题进一步扩大和加剧，并使国内调控的难度增加。最近几年，有两个问题比较突出。一是人民币升值中的"热钱"流动压力。从改革开放初期一直到汇率并轨前，人民币汇率总的趋势是贬值。1994年汇率并轨且官方汇率一次性大幅度贬值。此后人民币汇率基本稳定，略有升值。经过多年发展，我国产业的国际竞争力大大增强，劳动生产率明显提高，出现了持续的、大规模的"双顺差"和资本净流出，人民币内在的升值压力出现。从国际经验看，在这个阶段出现本币升值现象，既是必然的，也是有益的，能够促进产业升级、优化资源配置、提高企业效益、抑制国内资产价格上升、增加在全球化过程中的获利等。2005年7月21日，人民币对美元汇率一次上调2个百分点，此后开始了缓慢持续的升值过程。以往我们长期坚持人民币不贬值，国内外各方面普遍认为升值前的汇率远离均衡点，积累的升值空间显而易见，甚至出现在国内出现通货膨胀时继续升值这种"反常现象"，因此，有较多资金跨境流动以套利，为宏观调控政策的操作带来较大难度。二是国有企业改制中的外资获利问题。最近几年，外资以购并方式参与国有企业改制的项目增多，有一些项目购并改制后，市场溢价明显，外国投资者从中获益丰厚。并购后资产价格的变化受多方面因素的影响，从经济学的原理讲，只有当并购过程对双方企业都产生利益溢出即并购的利益超过不并购时，并购才会发生。也就是说，潜在收购者对一家公司预期收益流量的估值要高于现在的股东，而现在股东对被并购后所得收益的预期要高于并购不发生时的预期，因此并购一定有财务动机。如果认为并购后资产得到升值就是不合理的交易价格，这种观点不是市场经济的观点。但是，与国有企业有关的购并行为，受到体制因素的特殊影响，由于外商投资企业和国有企业

的内在激励与约束机制有差异，在购并过程中，国有资产的权益往往得不到真正关心，有些方面的利益相关者还可能期望以国有资产权益的损失为代价，获得小集团和个人利益。这些正说明国有企业体制机制存在缺陷、必须加快改革。我们不可能期望交易过程中导致"贱卖"的机制可以在不交易时产生"主人翁"的效果。因此，外部监管难度较大，压力持续存在。

六、迈向新的开放阶段

经过30年的开放和持续增长，我国收入水平显著上升，国内生产要素比例有显著改善，参与国际分工的比较优势和外部环境都有明显变化。我国人均收入已经达到2000美元。这是一个重要的标志性收入水平。迈过这个台阶，出口商品结构升级加快，本币升值压力加大，吸收外资方式增多，对外投资快速增加，资本净流入速度减缓，经济发展和对外经贸关系都将出现诸多新特点。在发展新阶段，开放的重要性没有丝毫减退，开放水平要进一步提高。我们要继续保持踏实理性、学习借鉴、兼收并蓄、互利共赢的开放心态，更加自信和自觉。这里仅提出几点思路性的考虑。

第一，提高开放水平要以促进全要素生产率提高和扩大就业为重点。

我们正处于比较优势调整升级的变化之中，低成本优势减弱和劳动生产率上升两种趋势的净结果，决定我们今后的竞争力。今后提高开放水平的着力点，是要组合利用全球范围内的资金、知识、技术、信息和人力资本，集成各方面优势资源，加快提升自身技术水平和自主创新能力，提高全要素生产率，形成新的竞争能力。同时，我国就业问题在较长时期内仍将存在压力，从劳动力和其他生产要素的比例结构看，劳动力成本上升和待就业者数量巨大的现象将长期并存。随着高等院校毕业生规模的扩大，就业期待岗位也发生了显著变化。在继续保持外向型劳动密集型制造业发展的同时，大力增加外向型服务业就业岗位。概括地讲，开放在新阶段的重要性，要更多地体现在"引进提高全要素生产率的各种有利条件，输出劳动生产率提高后的劳动密集产品"。

第二，以全面、双向、互动的开放格局作为权衡战略问题的出发点。

我国参与国际竞争与合作进入了新的阶段。一是全面。从商品、资金、技术的流动、竞争与合作，到人才、政策、制度的竞争与互动。二是双向。以往我们出口商品和引进资金技术的地位更重要，今后商品和要素将出现双向跨境流动格局，意义同样重要。三是互动。我们与各国特别是各大国在利率、汇率等问题上的相互影响，我们与外部经济相互依赖和共同发展的关系进一步深化。我们要以长期眼光和全局视角平衡各方权益，综合考

虑作为投资东道国和投资母国之间的利益均衡，考虑商品流动和要素流动之间的利益均衡，考虑保护国内市场和推动别国开放市场之间的利益均衡，考虑国内政策与对外政策的均衡。特别要理解进口、对外投资和维持全球自由贸易体制对我们长远发展的重要意义，并切实推动相关方面的改革开放进程。

第三，发挥市场机制在跨境资源配置中的基础性作用。

改革开放30年的一条重要经验是，如果市场信号扭曲，开放过程就会出现相应的扭曲行为，而且监管十分困难。加快几项基础性改革意义重大。一要推进国有企业改革和制度建设，减少对外合作与竞争中为小集团和个人利益损害国有资产权益的行为。二要推进金融体制改革与制度建设，提高国内金融体系配置资产的效率，减少那些虽然国内投资和融资双方都有需求、但因体制障碍得不到有效结合、转向外部投融资的行为。三要完善法律法规和市场体系建设，健全公平竞争的市场环境和稳定、透明、可预期的政策环境，减少资源流动和重组成本，促进内部外部资源的合理配置。四要完善汇率、利率等基础调控手段，在开放条件下，中国的投资机会要面对全球投资者，中国的投资者也面对全球市场，基础信号失真带来的扭曲体量庞大，负面影响明显，校正成本很高，要尽快地使市场发出正确信号，引导跨境商品和要素流动更加合理。

第四，建成稳定的制度性开放体制。

过去30年，我们通过政策性安排和制度性安排两种方式推动渐进式开放，进程、范围和深度都不易预期，稳定性也较差。今后的开放目标，应该是建成稳定的制度性开放体制。一是开放体制法制化。要加快完善涉外经济法律法规体系，反映和遵循开放型经济发展的客观规律，坚持各类经济主体地位平等即国民待遇原则，对各类财产权平等保护原则，合同自由原则，公平竞争原则等。同时要提高执法水平。二是对外贸易和投资体制中性化。在企业自主权、市场地位、汇率形成机制、外汇管制等各个方面，对贸易和要素的双向流动都给予平等地位，没有特殊和突发因素，不再特别支持或约束某个方面，实现商品、服务、要素和人员更加自由的双向流动。三是制度设计国际化。开放型市场经济的运转制度，不少国家已经实践多年，我们不需要也不可能从头开始不断试错，而是应该结合国情充分借鉴。这既使我们在建设开放型经济体制的过程中少走弯路，也使我们的体制符合国际惯例，理顺外部关系，推动全球公共治理的发展。

第五，立足互利共赢，维护和发展自由贸易和投资体制。

从我们的国情和发展阶段看，我们长期需要利用两种资源两个市场，一个全球性的资源、资金、技术和产品的开放体系，符合我国的长期利益。

随着经济总量和贸易总量的增长,我们已经成为全球经济和贸易大国,与世界各国的经济利益关系处于调整和变化之中。国际上对中国经济增长和开放具有两面心态,一方面,认为中国等发展中国家的成长将继续成为世界经济发展的主要驱动力;另一方面,对我们的疑虑和担心也在增多,在他们看来,我们有巨额贸易顺差,有快速增长的外汇储备和海外投资能力,对其国内企业、就业和产业安全等产生不利影响,贸易和投资保护倾向有所加强。我们要看到,全球化时代各国利益关联日益密切,任何国家都难独善其身,需要通过扩大沟通合作,推动利益融合,共同应对全球性的经济社会难题。中国要以积极态度与各国一道参与全球经济事务,在处理全球经济事务和调整完善相关国际准则时,要综合考虑各方诉求,这是有利于处理好我国外部关系的重要基础。从目前的趋势看,全球和区域经济合作的范围和程度不断深化。已逐渐超越WTO的框架,扩展到投资竞争、知识产权、环境和劳工标准等领域。我们要充分理解我们自身情况的变化和全球化的最新进展,推动各个层面的协调开放和实现与各国的互利共赢,维护和发展符合我国根本和长远利益的外部环境。

过去30年,我们通过开放促进改革发展成就非凡,举世瞩目。未来十多年,如果我国的开放型经济继续保持较高增长速度,推动增长方式转型,推动形成比较完善的社会主义市场经济体制,实现全面建设小康社会的目标,我们就是世界现代化进程中的一个成功典范。像"日本模式"、"韩国模式"一样,世界经济发展经验的宝库中将呈现着世人瞩目的"中国模式"。我们的经验如果可以被别人分享,一个重要方面就是坚持对外开放,充分利用经济全球化带来的多方面机遇,推动改革和促进发展。

主要参考文献

1. 江小涓:《跨国投资、市场结构与外商投资企业的竞争行为》,《经济研究》,2002年第9期。

2. 江小涓:《中国的外资经济:对增长、结构升级和竞争力的贡献》,中国人民大学出版社2003年版。

3. 江小涓等:《全球化中的科技资源重组和中国产业竞争力提升》,中国社会科学出版社2004年版。

4. 李辉:《经济增长与对外投资大国地位的形成》,《经济研究》,2007年第2期。

5. 尼古拉斯.R.拉迪:《中国融入全球经济》,经济科学出版社2002年版。

6. 世界银行编写组：《全球化、增长与贫困（2001年）（中译本）》，中国财政经济出版社2003年版。

7. 王洛林主编：《中国外商投资报告2003—2004》，中国社会科学出版社。

8. 魏尚进：《政府良治、经济发展与金融全球化》，《比较》，第22辑，中信出版社2006年1月。

9. 周小川等著：《迈向开放型经济的思维转变》，上海远东出版社1996年版。

10. Blanchard, Olivier et al, 1991, "Reform in Eastern Europe", Cambridge, MIT Press.

11. IMF, IBRD, OECD and EBRD, 1990, "The Economy of the USSR: Summary and Recommendations", Washington D. C.

12. Lipton, D., and Jeffrey Sachs, 1990, "Creating a Market Economy in Eastern Europe: The Case of Poland", Brooking Papers on Economic Activity, No. 1.

13. Mastel, Greg, 1997, "The Rise of the Chinese Economy: the Middle Kingdom Emerges", ME Sharpe Inc.

14. Naughton, 2000, "China's Trade Regime at the End of the 1990s: Achievements, Limitations, and Impact on the United States,", in Ted G. Carpenter and James A. Dorn, eds., "China's Future: constructive Partner or Emerging Threat?" Washington, D. C.: CATO Institute, 2000, pp. 235~260.

中国经济50人论坛
Chinese Economists 50 Forum

中国市场化改革的推进与随思录

李晓西

The Past 30 Years

A Review and Analysis by 50 Chinese Economists

李晓西简历

北京师范大学学术委员会副主任

祖籍重庆江津,出生于兰州。兰州大学经济系 1977 级(1981 届)毕业生。1981—1984 年攻读中国社会科学院研究生院现实经济系硕士学位。1985—1989 年就读于中国社会科学院研究生院,获经济学博士学位。1988 年作为高级访问学者在英国伦敦经济学院工作一年。

现任北京师范大学校学术委员会副主任,经济与资源管理研究院院长;中国社会科学院研究生院教授、博士生导师。为国务院批准享受政府特殊津贴专家和北京市优秀教师。曾任国务院研究室宏观经济研究司司长。兼任中国经济改革研究基金会第二届学术委员会主任,教育部社会科学委员会委员,中国市场学会副会长,中国金融学会等 20 多个学会的常务理事和理事。8 所大学兼职教授,5 省 5 市经济顾问。考察和访问过 25 个国家和地区,在多所国际知名大学进行过学术交流。

主要研究领域在四个方面:一是宏观经济,包括财政、金融、价格与通货膨胀;二是对外开放包括引进外资的理论与实践;三是经济体制改革诸方面;四是区域经济。

发表专著多部,其中《宏观经济学:转轨的中国经济》荣获北京市优秀图书一等奖和第 13 届中国图书奖。其主持编著的《2003 中国市场经济发展报告》获孙冶方经济科学奖和北京市哲学社会科学第八届优秀成果一等奖。英文版 2005 年市场经济报告 "Assessing the Extent of China's Marketization" 已由英国阿什盖特出版公司(Ashgate Publishing Ltd)出版发行。二十几年来,发表论文三百余篇,获全国性学术论文奖有十五篇。

我国的改革开放已经走过了30年的历程。回顾波澜壮阔的改革历史，我们深为开拓、奋斗的民族精神而骄傲，为祖国辉煌、惊人的进步而自豪。

本文将谈谈我对市场化改革各阶段的回顾与评述。按照历史的脉络，这里把30年市场化改革阶段划分为"改革的起步"、"改革的初步进展"、"改革的全面推进"和"改革的进一步深化"等四个阶段。

我们这一代人，有幸经历中国近代历史上最有意义、最辉煌、最生动、最值得总结的发展过程；有幸在这一过程中努力去思索，去呐喊；更有幸看到改革开放一步步取得进展和成果，幸甚矣。当然需要指出的是，改革开放是党和政府领导的，是亿万人民参加的，虽然根据50人论坛"突出'看'且把'自己放进去'"的要求，题目略有改动且不免要回顾自己和一些年轻学者的参与，但只是白描一下这奔腾向前大江中的点点浪花，评述纯系个人一孔之见。

一、市场化改革的起步

那是改革开放初期，时间在1978—1984年。这一时期，主流的提法是"计划经济为主，市场调节为辅"。① 这时候，我们这一批人，正有幸赶上恢复高考，进入了大学。能在下乡和工作10年后有机会上学读书，非常感慨。记得1979年国庆节，我填了一首"贺新郎"词，登在学校黑板报上，赞颂新时代的开始。原词是："革命喜十月，几度风雷长安街，红了枫叶。阵阵关山从头越，老将上马裹铁，重抖擞壮怀激烈。茫茫草地万里程，再一番炒面拌霜雪。奋红旗，挥黄钺。中华崛起动心魄，三十年曲曲折折，好事多磨。炼石补天人安在，悄然诗书事业。老教授烟黄茶烈，正是那丰收季节，喜张衡常卧广寒月。人消瘦，国添色。"

这一时期特别值得回顾的是农村的改革突破，国营工业企业放权让利，城乡商品市场的恢复，和在沿海地区设立了经济特区。

1. 改革从农村突破：家庭联产承包责任制的推行

改革初期面临的一个大问题，就是如何看待与对待人民公社制度。1958年中共中央政治局扩大会议通过了《中共中央关于在农村建立人民公社的决定》。人民公社的建立在当时有一定的历史合理性，但其超越了当时生产力的发展水平，否定了私有产权的价值，违反了农村经济的发展规律，平均主义分配形式造成了平均主义的低收入和低生活水平。历史表明，人民公社制度难以推动生产力的向前发展。

---

① 1982年9月中共十二大报告正式阐述了"计划经济为主、市场调节为辅"。

人民公社成立20年后,1978年春夏之交,出了一件具有深远影响的"大"事。那时节,安徽发生了百年不遇的特大旱灾,收获无望。凤阳县推行"大包干"。有一个小岗生产队,仅18户农民,背着公社和大队搞起了"包产到户"。没想到,1979年,小岗生产队大丰收,全年粮食产量由原来的1.5万公斤猛增到6万公斤,1979年卖给国家粮食1万2千多公斤,超过政府计划的7倍;卖给国家油料超过国家规定任务的80倍。这个"吃粮靠返销,花钱靠救济,生产靠贷款"的"三靠队",1979年第一次向国家交了公粮,还了贷款。①

"包产到户"有明显的成效,但有人说"宁要社会主义的草,不要资本主义的苗",执意反对。小平同志坚决支持农民的首创精神。他说:"农村政策放宽以后,一些适宜搞包产到户的地方搞了包产到户,效果很好,变化很快。安徽肥西县绝大多数生产队搞了包产到户,增产幅度很大。'凤阳花鼓'中唱的那个凤阳县,绝大多数生产队搞了大包干,也是一年翻身,改变面貌。有的同志担心,这样搞会不会影响集体经济。我看这种担心是不必要的。""总的来说,现在农村工作中的主要问题还是思想不够解放。"②

1982年中共中央发出第一个关于"三农"问题的"一号文件"对此作了性质上的界定,指出包产到户、包干到户或大包干"都是社会主义生产责任制",是"不同于合作化以前的小私有个体经济,而是社会主义农业经济的组成部分"。1983年中央"一号文件"《当前农村经济政策的若干问题》对家庭联产承包责任制作了更为详尽的界定。到1983年底,全国农村以家庭为主要形式的联产承包责任制,已占农户总数的90%以上。③

家庭联产承包责任制的实施是改革的突破口,促进了农村经济的飞速发展。从1978年到1984年6年间,农业总产值增长55.4%,粮食产量增长33.6%。农村居民消费水平显著增长。1978—1983年5年间人均消费额增加了108元,农村居民生活水平得到了大幅度提高。

我1982年考入中国社会科学院研究生院财贸经济系后,也开始参与一些农村改革的调研了。在时任国务院农研主任杜润生支持下,在时任国务院农研室联络处王岐山副处长直接领导下,开始了中国农村改革问题的调研。1983年,杜岩同志向农研中心主任杜润生同志提交了一份关于"购改税、地改整"的建议,引起了杜老的重视,并作了"进行调研"的批示。

---

① 马立诚等:《交锋—当代中国三次思想解放实录》,北京:今日中国出版社1998年版。
② 《邓小平文选》(第2卷),北京:人民出版社1994年版,第315~316页。
③ http://cpc.people.com.cn/GB/64162/64164/4416129.html

于是，杜岩同志邀请我一同去河北新城县就此建议的可行性进行一番调研。"购改税"设想是把农民的实物税变为货币税，以此改革粮食购销体制。这是可贵的，但也有局限性。我提交了《购改税可行性研究报告》，其中有价值的部分，不是"购改税"本身，而是对粮食取消统购统销后，会出现什么问题，如何看待和解决这些问题的分析。这些问题主要有：（1）取消统购后，粮食生产情况将如何？能否保持总产增长？（2）国家能否采购回来所需的粮食？（3）粮食价格和农副产品价格能否保持基本稳定？报告在农研中心的刊物"农村问题论坛"上发表后，受到不少同志赞同。以后，我对粮食购销体制进行了近两年时间的思考和调研，提出了用议购取代统购的思路。后面将涉及这篇调研报告。

这一时期，有一批青年知识分子参与农村改革，做出了应有的贡献。最先活跃在农村改革第一线的是农村发展研究组（简称"发展组"），其中有陈锡文、杜鹰、周其仁、邓英淘、罗小朋、宋国青等人。他们在中央农村政策研究室（又称国务院"农研中心"）领导下，坚决支持农村改革，做了不少农村大包干的调研活动，为中央决策提供了重要的根据。周其仁的敏锐思路和雄辩口才，给杜主任汇报时那双炯炯有神的眼睛，给我留下深刻的印象。在"发展组"成功模式影响下，后来又有一批研究生组织了"流通与市场研究组"（简称"流通组"），这个组首届负责人是蔡小鹏，后来是卢迈和刁新申，我和中国社科院研究生院的巩文波、张学军以及后来参与的张少杰等，是主要成员。"流通组"的主要工作，就是为国研中心的决策提供调研报告及建议。

在1983年和1984年10月前，我自己完成与农村改革有关的报告或文章有："关于农产品价格补贴的性质与效益"和"《资本论》中的价格理论"，都载于《中国农村发展研究中心联络室内部材料》；"论'劣等地'"，发表在国务院价格研究中心办公室和国家物价局物价研究所合办的内部刊物《价格研究资料》1984年第2期上。《论我国农产品价格补贴的改革》，则发表在《重庆经济体制改革》1984年第5期上。

2. 企业改革的尝试：向国营工业企业"放权让利"

1978—1983年，国营工业企业的改革开始了初步探索。向国营工业企业"放权让利"，使得国营工业企业得到了初步的自主权，并取得了一定的成效。

此前，政府对国营工业企业是统管的。政府直接决定企业的生产规模、经营管理、收入分配和产品销售。企业的盈亏由国家统一负责，财产由国家统一处理，收益由国家统一分配，资金由国家统一调拨，企业没有独立的经营决策权力。企业吃国家的"大锅饭",职工吃企业的"大锅饭"。国家统管体制,使企业失去了活力和自我发展的动力。

为解决国家同企业以及企业同职工之间的责权利关系,缓解财政赤字的困难,增加财政收入,改革之初开始了扩大企业的自主权。1979年《国务院关于扩大国营工业企业经营管理自主权的若干规定》等5个文件,允许企业在完成国家计划前提下制定补充计划,允许按照国家规定的价格政策自行销售;实行企业利润留成;逐步提高固定资产折旧率;实行固定资产有偿占用制度;实行流动资金全额信贷制度;企业有关新产品试制等费用,可以从实现的利润中留用;企业有权申请出口自己的产品,并取得外汇分成;企业有权按国家劳动计划指标择优录取职工;企业在定员、定额内,有权按照实际需要,决定机构设置,任免中层和中层以下干部;减轻企业额外负担等。1981年以后进一步的改革,重点是实行责任制。1983年又开始了企业"利改税"改革。所谓利改税,就是将国营企业原来给国家上缴利润的办法,改为按国家规定的税种和税率向国家缴纳税金。利改税目的是为了稳定国家财政收入并稳定国家与企业的分配关系。这让企业有一定的税后利润和自我发展能力,提高了企业生产的积极性。但利改税改革也存在着不足。用税收分配代替价格分配作用,并不符合市场价值规律。

3. 城乡商品市场的恢复:农村集贸市场和城镇个体经济的发展

随着改革开放的推进和城乡经济的发展,商品市场也出现了恢复和发展。1979年后,恢复并适当扩大自留地,恢复农村集市贸易,发展农村副业和多种经营,极大地调动了农民的积极性,农村集贸市场也开始繁荣。这其中,城镇个体经济的发展,也为形势发展提供了相当的动力。

这一时期,决策层在考虑,如何在农村生产领域改革基础上,推进农产品流通领域的改革。在此过程中,我们也做了点事。记得在1984年初,受国研中心王岐山同志委托,我和巩文波出面组织了七位学经济但专业不同的研究生去广东调研。同去的有:我们班的樊纲、崔培胜,他俩是学习西方经济学的;顾秀林,学习农经的;中国人民银行金融所研究生刘自强,是学习金融专业的;人民大学研究生张帆,记忆中是学习消费经济的;巩文波和我是学习商业经济的。一行人去到广东的广州、肇庆、深圳、东莞等地进行了近一个月的调研。受国家机构委托调研国家大事,大家都有一种使命感和责任感,人人对调研工作高度热情,极为认真。每个人都写出了报告,涉及金融、财政、内外贸、流通等多方面,共计10万字的报告集。回北京后,王岐山同志又组织我们讨论了几次,还向杜润生主任汇报了一次。农研室领导对我们的调查,给予了很高评价。

我执笔写了一份《农副产品购销体制面临新的突破》的报告。全文3万多字,是所有调研报告中最长的一篇。我以农副产品购销体制改革为主线,写了生产、流通、消费等各方面的影响。对全国议论比较多的"广东放开农产品价格引起混乱"、"广东滥发工资和奖金"、"广东发展靠少上缴利润、多发票子"等议论进行了调查,并用事实驳斥了类似的指责,大胆地支持了广东在农副产品流通体制上进行的改革探索。我这一篇报告很快被国研中心的《农村问题论坛》杂志全文发表了。杂志负责人黄鸣处长的果断和敢于负责的精神,我至今难忘。记得当时给了280元稿酬,我请大家吃了一顿。此后,《红旗》杂志1984年第四期的《内参》,转载了24000字。这份报告与"购改税"思路相比,有了很大进展。"购改税"是从购销体制形式方面的改革入手的,而在这里,我提出了粮食等主要农副产品统购统销体制的实质性改革。主要思路是:"建议形成以议购议销为主,以换购、代购为辅,以统派购为临时应急手段的新购销体制。"报告认为议购议销是计划性与市场调节的结合,议购议销价格是指导性计划价格。

4. 尝试市场新体制:经济特区的设立与初步发展

随着改革的推进,人们开始认识到对外开放是改革的必然要求,而建立经济特区正是改革的重要突破口。1978—1983年,中国建立了四个经济特区,完成了对外开放的第一步,也是关键一步。

我国经济特区实行特殊的经济政策和经济管理体制,其目的主要是引进境外资金、先进技术及管理经验,并进行以市场导向为主的改革试点。基本特点主要有:一是特区企业的进口均免征关税,同时享受较低的所得税政策。二是对于国外某些高技术含量的产品,允许内销,以市场换技术。三是拥有较大的经营活动自主权和管理权限。四是在坚持以公有制为主体的前提下,允许多种经济成分并存。五是市场调节的范围和覆盖率更大。[①]

1979年7月,国家批准了在深圳、珠海、汕头以及福建的厦门试办出口特区。之后,中央进一步提出特区不但要办出口加工业,也要办商业和旅游业,不但要拓展出口贸易,还要在全国经济生活中发挥多方面的作用。1980年8月26日,第五届全国人大常委会第十五次会议上,决定在广东省的深圳、珠海、汕头三市设置经济特区。1980年12月10日,国务院又正式批准成立厦门经济特区。

有一些往事也令人回忆:1984年在深圳调研时,深圳农业银行焦行长对我们(当时有樊纲、刘自强、巩文波和我)讲,欢迎你们来我们行工作,

---

① 王关义:《中国五大特区可持续发展战略研究》,北京:经济管理出版社2004年版。

我们马上要盖深圳最高的楼,有九层。当时,我们都很兴奋。刘自强毕业后真的去了。现在回过头看看深圳的高楼,几十层高的到处都是,今非昔比,真是不可同日而语了。我们调研组一行九人还到中英街,看见拉杆箱、折叠伞都很稀奇,包括大袋的便宜味精。大家经济虽不富裕,但都买了不少东西。还有一件小事我也难忘,记得是周小川博士当时也在深圳调研,我回京时,他委托我带一件东西回京,他爱人来北京站接的。什么东西?一件海棉大床垫,当时大家都觉得这东西满新鲜的。回头想想,那时候东西是多么缺乏,现在东西又是多么丰富,令人感叹。

总之,成立经济特区,是建设有中国特色社会主义的一种尝试,也是实行对外开放的伟大创举。经济特区建立以来,充分利用国家赋予的各项特殊政策和区位优势,大力发展外向型经济,使国民经济高速发展,对外经济活动空前活跃,为全国的改革开放发挥了"排头兵"、"试验田"和"窗口"作用。

二、市场化改革的初步进展

这一时期从 1984 年 10 月开始,直到 1991 年底,可称之为"有计划的商品经济"时期。

1984 年 10 月,十二届三中全会通过了《中共中央关于经济体制改革的决定》,这标志着中国经济体制改革迈出了重大步伐。农村改革继续深化,城市经济体制改革也出现了一个高潮,生产和流通领域改革不断推进,对外开放进一步扩大。在取得改革经验的基础上,1987 年 10 月,中共十三大提出了有计划的商品经济理论。

这段时期,一批在高校和社科院的年轻研究生们得到锻炼,也为改革开放做了不少调研,提出一些建议。印象最深的一件事,是 1986 至 1987 年间,国家体改委征集改革思路和方案,在中国社科院刘国光副院长和张卓元所长支持下,我组织了十几位博士,完成了十几万字的《市场化改革》报告(含分报告),提出了建立"市场经济基础上的社会主义"的建议。此观点国内理论和新闻界反响颇大。我的多位学友参与了这一课题,王逸舟博士完成了政治体制改革方向的一篇分报告,樊纲博士完成了企业股份化方面的分报告,王振中博士完成了外贸体制改革的分报告,李庆曾博士完成了农村经济体制改革的分报告,宋则副研究员完成了分配市场化的分报告,刘溶沧研究员完成了财政体制改革的分报告,范棣博士完成了金融体制改革的分报告,巩文波副教授提供了商业体制改革的分报告,杨仲伟副研究员完成了关于市场化改革区域突破的分报告。作为此项活动的组织者，我承担着总报告和价格改革市场化分报告。黄小祥博士和忠东博士参与了总报告起草。市场化报告的总论和九篇分报告寄给《世界经济导报》，登发了四篇。其中总论一篇，由我执笔，发表时署名是李晓西、王逸舟、樊纲、忠东、王振中、宋则六个人，题目是"市场化改革思路的主要特征与内容——深化改革的战略选择"，发表在1987年11月30日《世界经济导报》上。此文获1993年《中国经济年鉴》改革以来优秀论文二等奖（一等奖空缺），后被2005年中国社会科学院经济所选编的三卷本《中国经济学百年经典》收录。顺便说一下，中国社会科学院正式上报国家体改委的改革总思路是"稳中求进，双向协调"。

下面，从当时最有影响力的改革领域和重要环节入手谈看法吧。

1. 农村改革的深化：乡镇企业的异军突起和粮食购销体制的改革

这一时期，乡镇企业的发展，成为令人瞩目的大事。当然这也是源于改革开放的不断深入，促使原先社队办的企业迅速发展壮大。1979年党的十一届四中全会通过了《中共中央关于加快农业发展若干问题的决定》，明确指出"社队企业要有一个大发展"，并出台了一系列政策。1984年中央4号文件中，将社队企业改称为乡镇企业，明确了促进乡镇企业发展的意义。乡镇企业在这8年时间里，总产值、利税总额都增长了十几倍甚至几十倍，但其增长率波动性较大。

我印象很深的一件事是，我们在广东调研后，央行研究生院刘自强写了一篇"要重视乡村小企业发展"的报告，很有前瞻性，也引起有关方面的重视。而"发展组"这一时期提出了很多设想，都令人佩服。印象深的有"离土不离乡"的农民潮调研，有宋国青提出的"未来将在沿海一带出现上百个新城市"的大思路等。

关于粮食购销体制的改革，中央1995年1号文件明确了要改粮食统购为粮食定购。这次改革的效果会如何呢？1984年12月，王岐山同志要我们以"北京中青年赴河南考察团"的名义，对粮食购销体制问题再进行一次调查，主要是对即将公布的中央1995年1号文件可能产生的影响，做个预先的摸底。这次仍由我组团带队，成员主要是中国社会科学院研究生院的同学，有：巩文波、何家成、顾海良、顾海兵、夏晓汛、秦朵、赵榆江、顾秀林等。河南省政府对我们的调研给予很大支持，省长办公室通知了相关部门进行情况介绍，并安排我们下洛阳和偃师进行实地考察。

经调研讨论后我执笔写了一份《关于河南省粮食购销机制转轨问题的调查》。报告认为，"合同定购的出发点是进一步发展商品经济，以定购取代统购。定购是一种向市场调节机制的过渡形式，从形式上看，定购比统购进了一步，但实质上没能摆脱统购的框子，而且使两种机制的矛盾集中在一起了。"因为一方面没有根本改革收购体制，另一方面却让农民有选择余地。定购价格是按三成统购价七成议购价算出来的，行话说是"倒三七价"，由于议购价高于统购价，议购价比重高当然定购价格就比统购价格高，决策部门认为这样的价格水平是对农民的保护价。但由于种粮亏与卖粮难并存，倒三七合同反会促使农民选择了少种和少交粮食。当然调查报告也承认大势所趋，因此，提出了在这个政策不变情况下，完善定购的种种变通办法。同时，还提出了粮食收购比较彻底解决问题的办法，就是发展和依靠粮油公司，变倒三七定购合同为随行就市的议购合同，以议购议销为主进行粮食的购销活动。但由于时间太紧了，此时发表不同观点已显不适宜。因此，送呈后，没有听到什么反映。

现实被不幸而言中。1985年1号文件与1983年和1984年中央1号文件相比，反响和效果就弱多了。前两年农民是敲锣打鼓放鞭炮表示拥护之情，这一次到处听到的只是算盘声。1985年粮食供求形势发生了逆转，粮食生产下滑，出现了买粮难，这与推行定购政策是有关系的。当然也要特别声明一下，这里说的只是一家之言，可能不正确，也可能有书生狂妄之嫌，虽文责自负，但大家的批评保证洗耳恭听。

2. 企业改革的推进：承包制的普遍实行

承包经营责任制最初推行是在20世纪80年代初期实行的经济责任制基础上开始的，1984年10月十二届三中全会确定企业"两权分离"①后就有了更快的发展，1987年在全国大中型国有企业中迅速推开。承包经营责任制的主要内容是：包上缴国家利润，包完成技术改造任务，包固定资产增值，实行工资总额与经济效益挂钩。采取的形式有：上缴利润递增包干；上缴利润基数包干，超收分成；上缴利润定额包干。

实践证明，承包制改革释放出巨大生产力，但它只是一个历史性产物。实行企业承包制，只是在政企职责尚未分开、竞争性市场尚未形成、企业组织制度还没有可能进行根本改革的条件下，给予企业一些自主权的过渡性办法，而不是国企改革的根本出路。承包原则不能适应市场环境的不断变化。

对国有企业的改革，我有过思考，但深感难度很大。值得一提的可能是1986年《兰州大学学报》第3期上发表的《论经济改革中的所有制问题》一文。这篇文章是在1985年参加了全国中青年经济理论工作者天津会

---

① 于洋、吕炜、肖兴志：《中国经济改革与发展：政策与绩效》，大连：东北财经大学出版社2005年版，第89页。

议后，受金立佐、吴稼祥二人"论我国企业的股份制改革"一文的启发而写的。在天津会议上，围绕着国有企业可否搞股份制展开了讨论，争论的焦点是对承包制和股份制的评价。我支持股份制改革的观点，但认为对股份制改革的论证的理论深度还不够。因此，回北京后，用了半年多时间，对所有制问题进行了研究，写了大量读书笔记，从所有制的理论高度，对股份制的合理性加以肯定。论文中有几个观点是费了时间去归纳的：一是提出了所有制内部和外部结构划分的问题，认为"所有权外部结构即人们通常讲的国家（或全民）、集体、个体等所有制形式。迄今为止已有重大成果，突出的是：多元化理论已取代了单一制理论。需要进一步研究的是：所有制内部结构，我将之划分为所有形式、占有形式和实现形式。实现形式又分为两种，一种是所有权如何通过受益权和处理权而得以在经济上实现；另一种实现形式是占有和使用者（即经营者管理者）的受益权的对应形式，回答占有权和使用权如何通过受益权得以在经济上实现的问题。"从中的推论是："我赞成除少数必需国有国营企业外，相当一部分大中型骨干企业的固定资产股份化。5000亿元国有固定资金将保证公有制的基础。国家凭股份多少而相应受益分利，就保证了实现形式的合理化和稳定性。"显然，我是从国家与国有企业的分配关系角度支持股份制的。没想到的是，国有企业股份制改革中，重点根本不强调企业与国家的合理与稳定分利。即使现在，所有制中实现形式仍没有得到解决。二是在本论文中，提出了"所有制形式相对于经济发展是手段，而不是目的"的观点，提出了要"从生产力和生产关系的结合角度而不是单纯从生产关系角度考察所有制的外部组合"。这一观点，在当时提出是需要点勇气的。三是强调要从法律与经济结合的角度来考察所有制。几十年来，遵循马克思的理论，把从法律角度认识所有制视为"法学的幻想"，是唯心主义的分析方法。本文认为单从经济方面理解所有制是不够的，还需要有法律的角度。基于法律判断标准，我认为"国有企业"的提法优于"全民所有制"企业的提法。"全民所有制"在法律上没法界定，"国家所有"比空泛的"全民所有"更接近于实际。而在改革初期，一个大的突破，恰恰是强调了"全民所有制"提法优于"国有企业"。以上这些观点的提出，在经济学界可以说是比较早的。

3. 流通领域改革：从"双轨制"到"价格闯关"

1984—1991年间，我国进行了具有中国特色的价格"双轨制"改革，并尝试进行价格闯关。1984年5月，国务院颁布《关于进一步扩大国营企业自主权的决定》（即"扩权十条"）标志着生产资料"双轨制"价格政策的出台。1985年1月，国家又进一步取消了原来规定的计划外价格不得高于计划内价格20%的限制，标志着这一政策的正式实施。

生产资料"双轨制"实施后对经济产生了重要影响。一是价格体系中市场调节比重上升；二是企业拥有更大的自主定价权；三是对促进生产结构调整有一定作用；四是有助于扩大短缺产品生产以平衡市场。

但双轨制价格的实施也造成了市场的不公，计划外生产资料价格不断上涨。1988年的通货膨胀率首次突破两位数，涨速极快。政府尝试实施强行闯关，但因通货膨胀太猛而遇挫折。1989年11月，中共十三届五中全会又做出《关于进一步治理整顿和深化改革的决定》。这意味着价格改革又回到了稳步推进的道路上，以"有步骤的、稳妥"的价格改革取代了激进的"价格闯关"。

总的来说，价格改革是经济体制改革的关键。30年来，我国通过稳步的"调放结合"的价格改革，成功地实现了从计划经济体制的统一定价向市场价格的转变，为此后进一步的经济改革奠定了良好的基础。

中青年经济工作者对决策层推行"价格双轨制"起了很大影响。记得是在1984年全国第一次中青年经济工作者理论研讨会即"莫干山会议"上，价格改革方式有激烈的争论：一种主张价格以调为主，这是以国务院价格研究中心田源同志为代表；一种主张价格以放为主，这是以张维迎同志为代表；还有一种主张搞价格双轨制，这是以中国社会科学院华生、何家成同志为代表。回过头来看，以调为主思路趋于保守，是在计划价格的大框架内进行改良的思路，有许多重大困难解决不了。比如，要调整价格，首先要提出合理价格水平，但离开市场，如何能行？尽管当时借助影子价格或最优计划价格在做计算，但算出来的价格不能反映真实供求变化，价格水平偏离实际，不能为实际部门接受，因此，这种计划价格优化思路在实际中难以行通。价格以放为主，方向正确，但当时各方面条件都不成熟，此时放开价格，可能欲速不达，反导致改革失败。多数人认同价格双轨制的观点，认为这种做法，一方面冲击了传统的计划价格体系，另一方面也开始形成新价格机制。这种思路，后来通过张劲夫同志引荐，得到中央领导同志首肯。因此，价格双轨制成为价格改革的一项重大政策出台了。因为当时正在搞生产资料价格改革，因此，就首先在生产资料价格上搞起了双轨制。

需要进一步讲市场化改革与双轨制思路的关系了。价格双轨制对计划价格体系给予了有力的冲击，计划外价格对调动生产资料生产企业的积极性也发挥了作用。但是，由于这是制度化的双轨制，其影响很大，超出了设计者的预料。它"破旧"可以，但规则的双轨也是它的致命弱点。腐败问题也因此而严重了。1986年国务院发展中心价格组组织了全国中青年商品流通理论讨论会，在山西大同召开，乔刚同志是会议主要主持者。在这个会议上，我提出了关于用市场化取代双轨制的设想。回来后，与宋则合作，写了"从双轨制到市场化"文章，发表在《财贸经济》1987年第12期上。文章肯定了双轨制在"破旧"方面的作用，同时指出双轨制在"立新"方面是无法胜任的。双轨制内在的规则混乱，已成为建立新秩序的障碍。因此，我们主张通过市场化，把规则统一为市场规则。这样，由计划一轨到计划内外双轨，再到以市场规则为主线的一轨，就成为改革的必然过程。

在讲价格改革时候，我想还要提到一个中青年学者，是他最先提出了市场价格目标模式。这人就是郭树清。80年代中期，价格改革越来越深入。到底以后价格模式是什么样，已成为决定价格改革措施和步骤的关键问题。这一时期，我的硕士导师王振之，作为中国价格学会负责人之一，组织了多次价格改革的理论研讨会，使我有机会接触到价格管理部门和价格理论界的高层专家、学者。在我的记忆中，1985年全国价格理论讨论会（常州会议）是郭树清同志率先提出了市场价格目标模式。受其观点启发，我于1986年提出了统一的市场价格目标模式。在市场价格目标模式前加了个"统一"，主要是想强调，未来通过政府三种行为即参与、干预和监督价格的管理，将形成计划价格为主导、自由价格为主体、多种价格形式并存的价格目标模式。指导性的计划价格和市场自由价将构成不完全竞争的统一市场价格体系。计划内、计划外市场应具有同一基础——即商品经济基础上的一致性。本文发表在中国人民大学的校刊《经济理论与经济管理》1986年第4期上。边勇壮和石小抗这二位博士生同学这段时期与我有合作，每人主笔一篇以三人名义发表，当然，每篇发表前要讨论一下。本文是我执笔以三人名义发表的。多年过去了，对我们的合作，仍然记忆犹新。

4. 对外开放的扩大：十四个沿海城市开放及海南建省

四个经济特区作为我国对外开放的第一道窗口，取得了巨大成绩，也为以后的进一步开放奠定了基础。1984年邓小平视察经济特区后，提出了进一步开放沿海城市的建议。1984年5月，国家正式决定，开放天津、上海、广州等14个沿海港口城市，并扩大经济权限、给予外商优惠政策，这标志着我国对外开放的进一步扩大和全面铺开。

1988年4月13日，第七届全国人民代表大会第一次会议批准设立海南省，同时，划定海南岛为海南经济特区，成为了我国最大的经济特区，这意味着我国开始将整个省作为一个经济特区来试点。海南建省后取得的发展成就，也标志着我国对外开放又取得了新的进展。

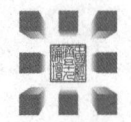

在对外开放这方面，这个时期我写过一些文章，涉及外汇、外资、外债、外贸等方面。印象比较深的有一篇调研报告即《1986年汇价调整的效果分析》，登载于国务院发展中心1987年第116号上。背景是这1986年7月，人民币汇率由1美元兑换3.2元人民币调整为1美元兑换3.7元人民币，相对美元，人民币贬值15.6%。这次贬值的效果和影响如何呢？这就是需要调查的问题。调查后认为，1986年人民币较大贬值的政策目标没有达到，对奖出限进作用不显著，对平衡国际收支作用也不大，甚至对消除币值高估的作用没有真正实现，反而助长了国内价格水平的上升。为什么出现这种政策失灵现象？我认为这次调汇仍是传统汇率体制下的汇率水平调整，市场机制基础差，外贸进出口有国家补贴，用汇靠计划部门进行分配，外贸是行政管理的运行机制，这是调汇不能起作用的体制性原因。因此，需要加快市场化进程，造就汇率发挥正常调节作用的条件。报告建议要扩大开放外汇市场，并提议实行结汇证，结汇证可按供求决定的价格转让。参与本报告调研的还有贾苏颖女士，她曾在中国社会科学院专修外贸专业，后赴荷兰某大学取得博士学位。

三、市场化改革的全面推进

1992—2001年，是社会主义市场经济体制初步建立的时期。1992年，党的十四大明确了社会主义市场经济体制是经济体制改革的目标。在十四届三中全会上，又通过了《中共中央关于建立社会主义市场经济体制若干问题的决定》，全面描绘了社会主义市场经济体制的基本蓝图和推进改革的基本举措。市场化改革开始全面推进。

这一时期，我们特别兴奋。我们在全力理解和宣传中央的英明决定。1992年3月17日，我在《经济日报》上发表了"计划和市场都是经济手段——兼论计划与市场结合问题"的文章，引来不少外国朋友的电话，了解有什么背景。其实，这就是对小平同志的重要指示的学习体会。文中提出10个观点，主要有：一是计划与市场的结合是不同调控方式的结合，这二者就不存在绝对排斥的理由，不应把这二者赋予意识形态的政治内涵；二是计划与市场结合需要条件，首先一个条件是：国家计划必须改进，使之符合市场运行的要求。计划与市场结合的另一个重要条件是，市场应是有管理的。一个有管理的市场体系，更容易与国家的计划相协调；三是公有制与市场经济的结合是可能的，但也有条件，首先，不能只把国有制理解为公有制。其次，国有制大中企业中的大部分必须实现股份制，以市场规则为其运行基础。再次，对一些关系国计民生、国家经济命脉的产业和企业，国家所有制是应保持的，但这个比例应控制在尽量小的范围中。最后，我们对三资企业、乡镇企业、私营企业要有足够的勇气让其发展。私有经济的发展，将使公有制企业与市场经济有一个更好的结合；四是各国从不同的国情出发，从历史传统出发，有的强调计划，有的强调市场；有时强调计划，有时强调市场。这都是正常的。中国经济改革是市场取向的改革，这就是强调了扩大市场机制的重要性。但从中国的国情和现实出发，从中国的传统文化出发，中国应当坚持在社会主义方向下的计划与市场的结合。

还有一篇集中反映我对社会主义市场经济认识的论文，题目是《我国转向市场经济的战略、内容及其他》。本文被收入1993年7月江苏人民出版社组织的老中青三代经济学家合作撰写的论文集《我的市场经济观》一书，我交稿大约是1992年底。全文三万多字。出版社编辑在我的文章前加了一个简介，认为"本文不仅对市场经济的基本理论进行有针对性的探讨，而且还从走向市场经济的具体途径、困难和战略、策略进行总体的阐述。""本文论述了向社会主义市场经济转变的主要内容，即：政府干预适度化，社会管理法制化，宏观调控规范化，市场主体多元化，国有私有平等化，经济运行市场化，计划调节间接化，经济特区全国化，对外开放国际化"。

下面，让我们共同回顾这一时期改革的新进程。

1. 国有企业改革的深化：股份制的推行与"抓大放小"改革

1992年党的十四大以后，国有企业改革的新思路是建立现代企业制度，其目的是力图通过实施这一制度来解决企业"负盈不负亏"和缺乏活力的问题，进而构建社会主义市场经济体制的基础。随着认识的不断深化，股份制改造逐渐成为建立现代企业制度的主要方式。

党的十五大报告中进一步明确了发展股份制的要求，对国有企业普遍进行股份化公司制改造。与此同时，改革的着眼点从过去的搞活单个国有企业转为从整体上搞活国有经济，提出"加快国有经济布局和结构的战略性调整"的重大战略任务，对国有企业实行"抓大放小"、"有进有退"的战略性重组改造。

这些重大举措在实践中得到全面贯彻，取得了积极的改革成就，涌现出一批具有较强竞争力的大公司大集团；促进了企业经营机制转变和效益提高；促成了政府职能的转变。①

---

① 李荣融："继续调整国有经济布局和结构，推进中国国有企业更多地参与国际竞争与合作"，在并购重组国际高峰论坛上的发言，2003年11月19日。http://www.people.com.cn/GB/jingji/8215/30588/。

这一时期,围绕国有企业改革与国有经济定位,我发表了一些文章。这里,介绍两篇文章。一篇是载于《经济改革与发展》1995年第3期的"积极推进国有企业改革,搞活整个国有经济"。针对当时国有企业改革存在的困难,我特别想谈谈国有企业改革如何与国有经济调整结合起来,并提出了"重建市场经济框架内的国有经济"的设想。大致意思是:仅仅从社会主义市场经济下的企业模式出发,不可能把计划经济下的国有企业变成市场经济下的国有企业。国有企业改革,归根到底是与宏观体制改革相关联的。靠企业自己搞好改革,从总体上看,是相当困难的。因此,需要在宏观改革与企业改革的关系中,理出推动国有企业改革的思路。我的思路是:从社会主义市场经济下的国有经济整体的规模、作用、地位出发,建设符合市场经济要求的国有经济,才能使国有企业在新的国有经济整体中获得新生。计划经济条件下形成的国有经济,不必要也不可能全部搬到市场经济框架中。国有经济的总体规模太大,在县一级尚有相当多的国有企业,在完全是自由竞争的加工类领域中,也还保存有大量的国有企业,这究竟有多大的经济意义和政治意义?

另一篇是1998年写的关于"政府参与国企资本重组的原因及利弊"一文。当时的背景是:十五大报告提出,要"以资本为纽带,通过市场形成具有较强竞争力的跨地区、跨行业、跨所有制和跨国经营的大企业集团"。我在调研中发现,这项战略决策中潜藏着一个重大难题。即"谁来重组"?在实际操作中我们看到,国有企业不可能在不通过政府的情况下进行兼并破产,政府也不可能完全不顾经济体制改革要求包办企业的重组,最典型和大量的是在政府参与下企业进行国有资产重组这种情况。这就提出一个政府参与国企资本重组的利弊分析。国有企业国有资本的所有者代表是政府部门,政府对国有资产保值、增值、不流失负有天然责任。而且,越是大企业,越是大资本,参与资本重组的政府级别就会越高。进一步,政府负有产业结构和区域结构调整的责任,国民经济管理者的责任促使它关心企业资本的重组。在强强联合、振兴经济的热潮中,各地政府无一例外地将组织本地大企业集团当作中心工作之一。但另一方面,行政化配置资源之低效率我们已有过几十年的教训了。行政性配置资本,将使我们的企业难以成为市场主体,难以具有市场的竞争力。即使政府主观上完全认识到要以市场为导向,以优势企业为龙头,要按市场方式操作,但只要资本决策主体是政府,政府的良好愿望能否转化为实在的成果就要打个问号。由上可见,这里存在着资本的国家性质与操作的市场方式的深刻矛盾。政府参与国企资本重组中,"资本纽带"既有效也会变形。"纽带"中不可避免带有部门和地方所有的痕迹,联合或兼并,由于不是企业本身可以自主操作的，因此，往往造成上联下不联，产联心不联，甚至联而不合，资本纽带成了冷拼盘。企业固然大了，但并没强，仍然没有竞争力。政府参与国企资本重组下"市场方式"，也出现了变态。各种联合或合并的协议，参照市场参数（如价格和利率等）定价，又按行政办法进行分配，因此，国企资本重组过程，很多是模拟市场方式或半市场方式，这样形成的大企业，市场竞争力难提高。文章提出的主要建议是：应尽快制定并出台《地方政府、主管部门在国有资本重组中权责的规定》，明确行政指导的权限和责任；加快国有资产管理体制的改革，建立公有资产新的管理体制和运营机制，政府把所有者权力剥离出来，委托给国有资产运营管理体系，把原来由政府部门直接对公有资产的管理，转变为通过公有资产管理机制的间接管理等。

2. 民营经济的发展：从"补充地位"到"重要组成部分"

邓小平同志南巡谈话为非公有制经济的发展创造了良好的经济社会条件，十四大首次明确民营经济是公有制经济的"补充"。十四届三中全会通过的《决定》提出要"鼓励个体、私营、外资经济发展"，体现了党对非公有制经济地位和作用认识上的飞跃。此后，民营经济开始全方位快速推进，迎来发展的黄金期。

十五大进一步提出"公有制为主体、多种所有制经济共同发展，是社会主义初级阶段的一项基本经济制度。非公有制经济是社会主义市场经济的重要组成部分"，实现了所有制理论的历史性突破，具有里程碑式的意义。

1999年通过的《宪法修正案》，把社会主义初级阶段的基本经济制度和分配制度，以及个体、私营经济等非公有制经济的地位和作用，用根本大法的形式加以明确。《合伙企业法》《个人独资企业法》的相继出台，都为民营经济的发展创造了宽松的法律环境，使之日益成为经济发展中不可忽视的力量。

这一时期，为落实中央精神，在促进民营经济发展方面，我也做了一些理论解读和促进工作。其中比较有力度的可能属1998年4月在广东《亚太经济时报》上发表的"发展非公有制经济'五个不怕'"一文。文章认为，十大五报告"非公有制经济是我国社会主义经济的重要组成部分"的重大结论，完全符合我国实际，是我国进一步发展的需要。文中提出"在鼓励和允许非公有制经济发展的范围内，要做到五个不怕：不怕非公有制经济企业发展成为大型企业或企业集团，不怕非公有制经济企业成为某一行业的龙头企业，不怕非公有制经济企业在境外投资和发展，不怕非公有制经

济企业成为地方的支柱产业,不怕非公有制经济企业成为新的增长点"。

另一篇文章是从基础理论上来为非公经济发展合理性进行论证的。题目是:"非公有制经济只有效率没有公平吗?"发表在《财贸经济》2000年3月刊上。文章指出,不能只从非公经济有效率角度来容忍和支持它,还要承认其在公平性上也有进步。有三种情况要关注:一是随着生产力发展,任何一个所有者消费占财富比重就越小;名义上的私有财产实际上为社会所用;知识价值的上升,意味着固定资产的所有者地位在分配中的份额在下降;消费的多样化,使消费权利是否平等复杂化,淡化了私有经济者因消费权引起的公众不满。二是生产关系不断调整,使非公有制经济中不平等一面在缓解。200年来,强大的劳工运动,迫使资方不断调整对劳动的态度,通过法律法规来缓解劳资矛盾;股份制企业组织形式,把"所有"与"非所有"关系,变化为"大所有"与"小所有"的关系,淡化了资本对劳动的不平等关系;私人财产继承权的制度的完善和发展,不仅是对个人权益的保护,也往往体现着对社会的外在效益。如私人庄园对参天古木森林保护,对环境和气候有正面的价值。三是国家对非公有制经济造成的不平等一面进行了调剂和改善。通过税收和补助,对经济发展中出现的分配差距有所调节。非公有制经济在给国家提供财税方面,不容忽视。总之,公有制与非公有制两种经济,都有自己存在的价值,都有自己最适宜的领域,这需要通过实践来达到最优的配置。

3. 全面对外开放:涉外经济体制改革的深入

这一时期,对外开放步伐进一步加快。从1994年起,为实现社会主义市场经济体制的改革目标,为满足加入WTO的要求,涉外经济体制改革迅速推进,涉外经济领域的开放持续扩大。首先,外商直接投资领域的改革开放不断深化,外资政策逐步与国际惯例特别是WTO规则接轨,政策透明度高,投资环境进一步得到完善,为外资的大规模涌入奠定了基础。其次,外贸体制改革也全面展开。1994年国务院提出我国外贸体制改革的目标是"统一政策、开放经营、平等竞争、自负盈亏、工贸结合、推行代理制,建立适应国际经济通行规则的外贸机制"。[1] 在实践中,对外贸易得到迅速发展,贸易规模不断扩大,进出口结构不断优化,极大地增强了国际竞争力。

实践证明,对外开放为促进我国经济发展、提高人民生活水平、增强我国综合国力以及使中国经济更紧密地联系国际经济发挥了重要作用。

1993年,我从中国社会科学院财贸所调到国务院研究室宏观司工作。

---

[1] 于洋等:《中国经济改革与发展:政策与绩效》,大连:东北财经大学出版社2005年版,第315页。

主要原因就是因为在对外资调研中，遇到了困难，因此，想直接到有关政府部门来进行调研工作。这段时间里，根据改革形势发展的需要，根据对外开放争论问题的突显，我写了一些关于外贸、外汇方面的文章，但有影响的可能是在外资方面两次答记者问。一次是答《人民日报》记者问，发表在1995年10月17日在《人民日报》上，题目为"立足国情，确立正确的引进外资战略——与李晓西博士对话录"，另一次是答《工商时报》记者问，发表在该报1997年1月21日上，题目是"外资不是'虎'"。主要观点：一是我国现阶段引进外资战略应根据社会主义市场经济的需要作必要的调整，其内涵就是：以加快我国经济发展的步伐为中心，以促进我国经济市场化、法制化、国际化进程为目标，积极、合理、有效地引进外资。二是引进外资中的优惠政策导向应向市场导向转变，倾斜政策逐步向国民待遇转变。对企业的优惠将不是由财政来提供，而应由市场来提供。三是承认引进外商投资规模的合理性。既然是一种市场调节的结果，就应当接受。事实上，我国居民存款巨大但不能抵消外资的作用：个体经营者的经营性存款，已存在于生产或流通领域，不存在可用于投资的问题；利息转存和公款私存，也转化不了投资；银行贷款质量的历史问题，更影响了用于投资的资金。至于说外资过多使人民币配套资金短缺，应让外商自己考虑。四是理解和支持社会公众和研究人员强调"民族工业"的提法，但建议政府采用"内资工业"用语。因为在引进外资中，港台资本占到70%，现在政策是视同外资；而合资企业或合股企业，难以划定民族工业与否；少数民族很敏感民族工业提法，认为他们的工业才是民族工业；还要防止国外有一些人别有用心地把我们讲民族工业与民族主义联系起来。四是认为评估国有资产存量，要把购进价值与合资后的可贡献性结合起来分析。特别要注意的是，不能忽视土地价值，这是最大的国有资产存量。当然，文章也分析了引进外资的负面影响，提出用符合国际通行规则的种种办法，来扶植和保护内资企业。

1998年东亚出现金融危机后，受国务院研究室委派，我邀请当时的中国人民银行货币政策委员会副秘书长易纲博士、南方证券总公司副总牛仁亮博士、中国银行研究所国际金融研究室副主任鄂志寰等，组织了一个东南亚金融形势考察团，从4月6日至4月25日，赴泰国、新加坡、印尼和韩国，对金融危机进行了实地考察。考察团与四国的金融管理局、中央银行、财政部、产业管理部门、证券管理部门、大学、研究机构进行了座谈。考察的结果汇编为一本书《东南亚金融危机考察报告》。此次考察，从申请到完稿，从明确考察目标与调研重点，都有前国研室桂世镛主任的指导与点拨。记得在新加坡考察时，他还曾在电话中关心地对我说，"要劳逸结

合,不要太累了"。在纪念改革开放30周年之时,我更加怀念这位值得尊敬的老领导。他为改革大业无私奉献、甘承重托、鞠躬尽瘁、死而后已,借此机会表示我深深的崇敬之心与追思之情。我国驻四国的大使馆、中国银行驻泰国、新加坡和韩国分行的领导和工作人员,对考察给予了大力支持,在此也一并表示感谢。特别要提到,易纲博士一流的英文水平,为考察团的活动大增光彩;而回国后,他利用休息时间,审校了十余万字的翻译稿,更反映了他中西文化结合的高水平。牛仁亮博士宽厚的为人,智慧的提问,精练的概括,给大家留下深刻的印象。有太多感人的故事想讲,为不至于使文字太长,就让我把这一段感情长久地留在无言的回忆之中吧。

4. 劳动力市场的形成与发展:农村劳动力转移和城镇劳动力就业

十四届三中全会通过的《决定》,明确提出建立劳动力市场体系,促使就业、用工等方面的市场化,并提出要建立与劳动力市场相适应的多层次的社会保障体系。同年12月,劳动部发布《关于建立社会主义市场经济体制时期劳动体制改革总体设想》,提出培育和发展劳动力市场的目标模式是建立竞争公平、运行有序、调控有力、服务完善的现代劳动力市场。这一时期,虽然分割城乡的户籍制度尚未彻底改革,转移到城市的农村劳动力只是形成了一种流动人口,但与改革以前相比,农村劳动力向非农领域和城镇转移比重明显提高,城镇劳动者跨地区的流动增加,农村劳动力就业结构已经发生了根本的变化。

随着企业自主权进一步落实,国有企业经营者的选聘更多地采取市场机制。部分职工开始下岗,构成失业群体。为解决下岗职工的再就业,国家一方面深化经济体制和就业体制改革;另一方面,通过发展经济,保持宽松的就业环境。

此外,这一时期,我国已建立了较全面的劳动力市场体系,城乡劳动力市场快速发展,劳动保障制度初步建立。但也还存在着劳动力市场分割严重、劳动者竞争有失公平、劳动力市场保障体系不健全等诸多问题。

反思自己,在失业问题上研究成果不多,一篇是1997年6月30日发表在《中国经济信息》"减人增效与增效减人"一文,当时正在中央党校第28期进修班学习,一位学员系中国海洋石油总公司下属的中海物探公司的于喜增总经理,介绍了不少情况,引发我的思考而写的。企业有了效益、有了积累时,在考虑扩大再生产或进行技改投资时,将减员作为一个项目,将其中的部分资金用于减员。减员是要花钱的,减员后企业又可以多挣钱。从这个意义上讲,增效后做好减员的工作,也相当于一次投资,而且是极有价值的投资。这家公司一是"拆庙"减人,二是岗位定编减员,三是鼓励辞退。这三"板斧"砍下去,企业对各方压力能受得了吗?该公司又有三条思路:一是"要人少,更要人精",减人还要多干事;二是"要人退,但其退休费和福利要让人满意";三是"有些事要靠社会,但要双赢,企业和社会都有好处"。公司领导说,"有了钱,不去乱投资,不去干那些个体户赚大钱的事,不去听信东南西北的游说者招商引资,干好自己的专业,这是增效的基础,也是减人的条件"。据悉,这个认识是付出不少学费才学来的。当时,高层有关领导比较强调减人增效,我在这里希望企业能增效减人,将减员视为一种投资,因而为企业家献策。

1999年,因工作需要,我曾对失业问题有较多的思考,其成果反映在2000年由首都经贸大学出版社出版的本人专著《宏观经济学:转轨的中国经济》中。我对西方国家的失业问题及失业理论进行了全面考察,分析了原因,归纳了西方失业理论的类型;同时,特别分析了转轨中的失业理论,强调了产业转型、企业走向市场、农村劳动力流向城市和对外开放造成的四种类型的失业,并特别对下岗失业现象做了案例分析。

5. 政府管理职能的重要转变:宏观调控体系的初步建立

1993年,为了适应市场经济体制的需要,一个"一揽子"宏观管理体制的改革方案开始酝酿。1994年初,开始了以建立宏观调控体系为主要目标的重大改革。

从财税体制改革上看,经历了从"分灶吃饭"改为"分税制",之后又转向构建公共财政。1994年分税制改革的内容是理顺中央与地方的关系、改革国有企业利润分配制度、改革税收制度,从过去单纯的放权让利向按照各级政府的公共职能划分财政权限的方向前进。1998年全国财政工作会议明确提出了建设公共财政的要求。党的十五届五中全会"建议"进一步明确将建立公共财政初步框架作为"十五"时期财政改革的重要目标。

从金融体制改革上看,经历了恢复初创、全面拓展和深化健全这样一个循序渐进的发展过程。1993年《国务院关于金融体制改革的决定》是金融体系全面改革的方案,其核心就是要将金融改革作为形成社会主义市场经济体制的重要环节,1994年三大政策性银行的成立实现了政策性金融和商业性金融的分离,1995年《中国人民银行法》的生效,确立了中国人民银行的中央银行地位,此后,国有专业银行的商业化改革也开始逐步启动。在继续对利率水平进行调整的同时,国家还加大了对利率结构的调整。

从外汇体制改革上看,1994年外汇体制改革取消了原来的双重汇率体系,实行了由市场供求决定的、单一的、有管理的浮动汇率制度,实现了人民币在经常项目下有条件可兑换,并推动了中国外汇管理体制的国际化进程。

从宏观调控政策效果上看,中央政府宏观调控方式不断优化和丰富,取得了很大成效。特别是"九五"期间的宏观调控,为实现软着陆,抵御亚洲金融危机、遏制通货紧缩发挥了重要作用,初步形成了市场经济体制下宏观调控的框架,为国民经济健康发展提供了保证。

这一时期,理论讨论非常热烈,因为在国研室宏观司工作,我在政府管理、财政和货币政策方面,做的研究较多,除内部报告外,公开发表过30多篇文章。《金融研究》杂志与我联系较多,先后多篇在其上发表,如1992年第10期"社会主义市场经济条件下的货币政策",1996年第4期"试论宏观调控体系的改革趋势",2000年第7期"货币政策传导机制与国民经济活力"等。《经济研究》上也有一篇,1999年第10期"经济结构调整与资本市场";1993年第1期《财政研究》有一篇"社会主义市场经济条件下的财政体制初探";此外,《国际金融研究》1995年第5期有"外汇占款对通货膨胀影响之我见",《光明日报》1997年9月1日发表了"我国宏观调控的重大进展"一文。

这里,简介一下观点比较尖锐的一篇:《社会主义市场经济条件下的货币政策》。记得好像是1992年8月,中国金融学会在兰州组织了一次金融体制改革的研讨会,这篇文章是我向会议提交的论文。文章认为,金融体制改革已经滞后,金融管理中很多办法还是计划经济的手段,现在的货币政策在很大程度上是计划经济中的货币政策工具,必须要加快改革,主动改革。还提出国有银行的产权定位问题,提出国有商业银行的股份化改革。文章认为,如果一方面不能在专业银行企业化方面迈出实质性步伐,另一方面又不愿放弃现有国有银行对资金市场的垄断地位,金融体制改革就不可能取得成功,货币政策调控就没有金融基础。面对社会舆论对银行要赚钱的批评态度,文章专门进行了驳斥,认为银行赚钱,天经地义。今天看来这些观点并非不能接受,但当时应属相当尖锐的了。感谢《金融研究》杂志全部照登,没有删节,并作为头篇文章推出。这从一个侧面表明改革进入了一个令人振奋的阶段。《金融研究》编辑部主任刘吉和编辑邹国英的果断和麻利,给我留下了很深的印象。

对宏观调控体系自身的改革,也想得多一点。在《试论宏观调控体系的改革趋势》一文中,提出了三个观点,一是认为宏观调控主体要将"政府"与"国家"区分开来;二是认为宏观调控客体要以通过市场参数的需求管理为主,并提出要区分政府的"宏观管理"与"宏观调控"的职能,并将适度的供给管理列入政府管理职能而不是宏观调控之中;三是对宏观调控手段提出要"细划分,总配套",要将宏观调控政策变成一个形成合力的系统,以提高我国宏观调控的水平。当然,这些观点,至今仍会有不同看法,还需要进一步讨论。顺便要提到,据我自己了解和接触的情况,最早提出"宏观调控"这个字眼的是中国社会科学院研究生院1983届的高梁,他比我低一级,可能是在1984年左右,他们班里讨论经济问题,我第一次从他那里听到了这一名词。

有一篇当时不太起眼的文章想提出来说两句,这就是《中国土地报》1995年11月22日发表的"关键是发挥土地效益"一文。这一时期,应邀参加一些土地管理方面的会议,有些想法也在文中提出来了:一是土地管理机构是行政执法机构,要从长期观点调控土地供给。宏观调控政策总的讲是短期政策,应该是需求调控。二是土地是国家最大的资产,3万亿国有资产远远赶不上土地价值。发挥土地效益是土地管理的关键问题,这可以成为下一步改革巨大的推动器。三是应明确土地收益的分配问题。是征土地税呢还是和房地产税一起走?中央和地方怎么来分?这都应该明确。改革中这一块财富流失巨大。四是耕地保护问题十分重要。如能使农民对耕地的爱惜之情和我们保护耕地的政策能一致起来,很多事情就好办了。

四、市场化改革的进一步深化

《中国加入世贸组织议定书》于2001年12月11日生效,中国正式成为世贸组织成员,这意味着中国经济体制改革开放进入了一个新阶段。党的十六大提出,要在2020年建成完善的社会主义市场经济体制。十六届三中全会通过了《关于完善社会主义市场经济体制若干问题的决定》。进入新世纪,我国经济体制改革既面对发展战略机遇期,也进入了矛盾凸显期,在科学发展观和和谐社会理论的指导下,我国社会主义市场经济体制得到了进一步的完善。既然如此,就让我们将2002年至今的这一时段,视为社会主义市场经济体制的完善时期吧。

2001年6月,我调到北京师范大学,组建了一个经济与资源管理研究院。做的第一件大事,也是与市场化改革紧密相关的研究工作,就是主持撰写了《2003中国市场经济发展报告》。背景是这样的:在《中国加入世贸组织议定书》第15条"确定补贴和倾销时的价格可比性"中规定,中国加入WTO之日后15年被视为"非市场经济国家",在确定中国产品是否倾销或补贴的价格可比性时,贸易对手国将采用第三国的同类产品价格来判断中国产品价格是否属倾销。由于替代国的选择多为成本高于中国的一些国家,因此,往往错估或高估我国产品的倾销,使我国出口遭受不公平待遇。因为政府有签字承诺,民间组织可以对此提出异议。因此,受商务部委托,我们围绕国际贸易中"非市场经济地位"这个问题,做出了回答。

"报告"从反倾销的角度,提出了合理判断市场经济地位的五大依据;建立了包括33个基础指标的市场化程度测度体系,测度出2001年中国的市场化程度为69%,证明了"中国已经是发展中的市场经济国家"的重要结论。"报告"的中英文版出版后,引起国内外的强烈反响。学术界众多专家对"报告"予以充分肯定,"报告"获第十一届(2004年度)孙冶方经济科学奖和北京市第八届哲学社会科学优秀成果一等奖;新华社、中央电视台、《人民日报》社、《求是》杂志社、《美国商业周刊(中文版)》等国内外诸多主流媒体对"报告"作了大量报道。商务部领导高度评价了"报告"的研究成果。"报告"作为中国进行市场经济地位磋商的基本资料,正式提交给欧盟、美国和其他国家,也发送给我国驻100多个国家的使馆。"报告"在促使欧、美从拒绝讨论中国市场经济地位的立场,转到同意并成立了专门工作小组进行磋商过程中,以及在促使几十个国家承认我国完全市场经济地位中,起到了重要作用;在促使完善国内市场经济体系中,也发挥了重要的参考价值。此后,我还组织完成了《2005中国市场经济发展报告》,英国阿什盖特出版公司(Ashgate Publishing Ltd)以此为基础版本,出版了《中国市场化程度的评估》(Assessing the Extent of China's Marketization)一书。在书封底上,有三位世界著名经济学家评论:哈佛大学理查德·库柏教授认为这本书全面地记录了中国从计划经济走向市场经济国家的进程;华盛顿国际经济研究所高级研究员尼古拉斯·拉迪认为,本书是对中国向市场经济转轨的全面分析;匹兹堡大学托马斯·罗斯基教授认为,这本覆盖面广、内容详实的著作将有助于外国人了解中国经济学家和政策分析者们如何看待他们国家的发展历程、制度结构和改革进程。可以说,在做这份报告时,深感自己的研究经历,确实与中国市场化过程紧紧地联系在一起。

1. 对外开放的新阶段:加入世界贸易组织

2001年年底,中国正式成为WTO第143个成员国,标志着对外开放进入了新纪元,市场化和全球化的意识已经渗透到经济与社会生活当中。机遇和挑战也同时到来。

通过履行入世承诺,中国的市场化改革不断深化,各领域市场化程度稳步提高,2003年经济市场化程度已经达到73.8%。①通过更深更广地融入全球市场经济体系,提高了自身的资源配置效率,综合国力和国际竞争力迅速增强。在对全球经济增长的贡献方面,中国也被认为是美国之外的新

---

① 北京师范大学经济与资源管理研究所:《2005中国市场经济发展报告》,中国商务出版社2005年版。

经济增长引擎。入世七年来的发展证明,入世对于中国是一个正确的选择。

如何看待中国加入世贸组织?我在中国社会科学院研究生院、北京师范大学、长安论坛、北京市金融学会、国家审计署培训班、全国省级台联领导干部培训班、上海财经大学、青海省政府、辽宁营口市、香港经济学会第二届双年会等场合,结合自己的体会畅谈入世的意义。我在讲演中,一直在强调,十月革命一声炮响,送来了马列主义;入世是十五年反复谈判,经协商同意送来了一大套协议;前者引起世界的震动,后者引起世界的赞同;前者送来的是革命,后者送来的是建设。入世表明世界承认中国,支持中国按平等的规则走向法治,这是百年来没有过的。其意义将非常之大。经济上利大于弊,政治上稳定了基本格局。相信再过50年回头看,对这件事的意义才会有真正的历史性深入认识。记得在青海省政府我讲的主题是:面对WTO的"五眼并用法",是借用于光远先生讲"肉眼,火眼,慧眼,法眼,天眼"的五眼分类,讲了"慧眼看政府,法眼看规则,天眼看趋势,肉眼看自己,火眼看对手"。2001年和2002年,我在杂志和报纸上发表了近10篇谈WTO的文章。其中,《求是》2001第22期"WTO与政府管理体制的创新"比较集中地反映了我的观点。主要有:加入世贸组织是党中央、国务院根据国际国内经济发展形势,高瞻远瞩,总揽全局,做出的重大决策,这对我国经济和社会各方面产生重大而深远的影响。而直接成为经济全球化的一个部分,国际竞争将更加激烈。这种竞争,从表面上看是企业之间的竞争,但其背后是政府管理方式、机制、职能与效率的竞争。我们必须正视入世对政府管理体制的重大影响。对此,我的观点是:在市场经济体制基础上进行政府管理体制改革与职能转变,高效率的现代行政管理制度才能适应入世的形势需要,要确保国内相关法律法规与世贸组织规则和相关义务一致,要建设与国际接轨的外经贸体制。我建议要处理好严格履行WTO协议与从我国实际出发的关系,包括研究并利用世贸组织为发展中国家提供的某些保护措施,支持企业发展;在不违反世贸组织规则基础上,从中国国情出发,制定一些有助于本国经济发展的政策;关注并参与贸易争端的解决,对企业进行入世的辅导和帮助等。

2. 所有制结构的完善:国有资产管理体制的改革和"非公36条"的出台

党的十六大报告中指出,改革国有资产管理体制是深化经济体制改革的重大任务。2003年成立的国有资产监督管理委员会,初步理顺了国有资产管理体制。在坚持国家所有的前提下,确立了中央政府和地方政府分别代表国家履行出资人职责,享有所有者权益,权利、义务和责任相统一,

管资产和管人、管事相结合。在这一体制下的国有企业改革积极推进大型国有企业的产权多元化,不但完善国有企业的市场退出机制,使得国有经济布局和战略性调整迈出了新步伐,国有企业效益、实现利润明显提高。

2005年2月,国务院制定了《关于鼓励支持和引导个体私营等非公有制经济发展的若干意见》(简称"非公36条"),明确提出了推进非公有制经济发展的七个方面36条的重要政策措施,在市场准入方面取得了根本性突破。在这一政策的推动下,非公有制经济快速发展,成为经济新的增长点。

此外,十六大报告中提出"除极少数必须由国家独资经营的企业外,积极推行股份制,发展混合所有制经济"。混合经济作为所有制改革的产物,已对经济改革和发展产生巨大的影响,成为我国经济改革的一种新思路。①

自己做了些什么呢?记得在2002年11月党的十六大召开后,对国有资产管理体制的改革与完善,我曾发表过讲演。在同年年底中国国有资产管理青岛研讨会和深圳基金论坛上以及次年参加新疆建设兵团国资公司顾问会上,均发表了自己的观点。有些是解读,也有些可能是一孔之见。如:个人认为,1998年政府机构改革方向正确,但取消专门的国有资产管理机构,是不妥当的。一个国资局,合并为财政部一个司,显然,难以承担管理全国国有资产的重担,反而会加重了政资不分。西方国家国有资产很少,可集中到财政部管,而中国是不行的。1998年我当时就在内部会议上提出过。当时对压缩国家统计局我也有不同看法。十六大报告明确了中央政府和省、市、地两级地方政府设立国有资产管理机构,我认为很有必要。其次,政府管理体制改革的关键点是,作为资产所有者管理权力与作为社会管理者的权力的区分与界定,可归为"政资分开"。政府领导国有企业改革时,要明确是以什么身份在领导?是国有资产出资者身份,还是政府领导人身份?应有规定,而这效果是不一样的,进而,应对以社会效益为主和以盈利为主的两种类型的国有资产实施不同的管理体制。在调查中发现,国有资产收益收缴和预算工作难以开展,控股公司没有资产收益权,而是收管理费,这不是国企股改的目标。此外,对健全国资管理体制也提出几点建议:如国有资产管理应明确是谁对谁的授权,具体讲是政府给国有资产管理机构授权,还是应先由人大通过的法律给政府授权?国资管理如何不变成强化行政干预?比如,现在大企业工委合到国资委,党政工团妇青是否是出资人的组成部分?对国有资产的行业分布比重应有一个比较明确

---

① 曹力:《发展混合经济是中国经济改革的新思路》,《理论前沿》,2001年第8期。

的说法,而这应从社会主义市场经济下国有经济的作用来确定等。

"非公36条"出台,我非常高兴。也在有关论坛上做过解读或发挥。如在2006年中国社会科学院的《财富》论坛上,我针对非公经济发展,归纳了近年非公有经济的10大进展:企业数量增多,注册资金增加,就业人数居高,经济总量上升,技术进步加快,企业管理改善,市场准入拓宽,对外贸易扩大,经济效益增长,税收比重提高。同时,提出了进一步发展非公经济的八条建议:全面推进经济体制改革是促进非公有制经济的基础,进一步完善保护私人资产的法规,政府的宏观调控在市场经济法律体系边界内进行,对非公经济融资观念要进一步突破,政府官员与非公企业关系要正常化,加快行业协会市场化和民间化,要改进对非公有制经济发展情况的统计,社会各方为构建和谐劳动关系共同努力等。

3. 生产要素的进一步市场化:劳动力、资本、土地

改革开放以来,随着产品领域的市场化的深入,要素市场也在朝着市场化方向迈进,而且在某些领域取得了很大的进展。

首先,在劳动力市场化方面,政府较早地退出劳动力资源配置领域,使得行政配置劳动力资源的范围不断缩小,市场配置劳动力资源的领域不断扩大。尽管户籍制度改革相对滞后,但目前,造成劳动力流动障碍主要原因是户籍制度衍生的对农村劳动力的各种歧视性政策。

其次,在资本市场化方面,2002年以来,QFII(境外合格机构投资者)制度、股权分置改革以及QDII(境内合格机构投资者)制度先后实施,标志着证券市场不断发展与完善。同时,产权交易市场、中小企业板块、证券公司代办股份转让系统也相继建立,并取得重大进展。

再次,土地的市场化方面,2002年以后,国土资源部颁布的《招标拍卖挂牌出让国有土地使用权规定》《协议出让国有土地使用权规定》以及2004年国务院下发的《关于深化改革严格土地管理的决定》《关于加强土地调控有关问题的通知》,使得土地使用权价格的市场形成机制初步确立,土地产权进一步细化和明确,土地权利体系开始构建,政府对土地市场的宏观调控得到加强和完善。

在这些方面,我们研究团队做了集中的研究。我主持完成的《2005中国市场经济发展报告》对中国2002年和2003年市场经济发展进行了全面分析。报告的基本结论是:2002—2003年,中国经济市场化的深度与广度都在不断增强,2003年中国市场化总指数达到73.8%。报告中有三章用了近四万字分别论述劳动力、资本和土地这三大生产要素的市场化程度。结论是:劳动力流动明显加快,农村转移劳动力占农村劳动力的比率从1998

的20.6%提高到2003年的34.9%，跨行业、跨地区的职工人数变动率明显上升；土地交易制度和市场化建设快速发展，有偿出让用地面积比重从2001年的50.6%增加到2003年的67.6%，招标、拍卖、挂牌出让面积占出让土地总面积的比重由2001年的7.3%增加到2003年的28%；资本交易市场体系和规则日益完善，QFII等20余种新制度出台实施，合同利用外资金额大幅增长。生产要素市场化构成我国市场化测度的五大因素指标之一。

4. 政府与市场准确定位：推进政府行政管理体制改革

"十一五"规划明确提出"加快行政管理体制改革，是全面深化改革和提高对外开放水平的关键"。这一时期，推进政府行政管理体制改革体现在投资体制改革稳步推进；垄断行业和城市公用事业改革步伐加快；政府的市场监管职能、公共服务职能有所加强；政府审批进一步规范；政府问责制得到强化；政府规模继续缩小；依法行政全面推进七个方面。

政府行政管理体制改革是一项综合性很强的改革。在推进行政管理体制本身一系列改革的同时，还配套推进现代企业产权制度改革、分类推进事业单位改革，发展和规范市场中介组织，加快公共财政体系建设等其他一些重要内容。

对政府职能及其管理体制改革，这一时期我写了相当多的文章。这里想提到的是观点比较尖锐的一篇，即"从提高执政能力来看完善宏观调控"一文，载于中国社会科学院2004年经济蓝皮书上。文章是从党的十六届四中全会提出的"科学执政、民主执政、依法执政"这三个方面入手，来谈对完善宏观调控的建议。一是认为，从科学执政看完善宏观调控，应明确宏观调控的科学内涵和性质。宏观调控是中央政府用货币和财政两大手段对经济的干预，侧重需求管理和解决短期问题。土地管理是供给管理，政府完全有权力根据土地的相关法律来管理好土地，但是不应把土地作为宏观调控的内容。宏观调控不是对微观经济的干预，也不能用产业政策调整的名义对企业直接干预，更不应仅仅根据某些产品的供求预期作为宏观调控的依据。二是认为，从依法执政看完善宏观调控，1993年宪法修正案已赋予我国中央政府宏观调控权力的合法性，但在实践中，需要明确我国宏观调控的法律边界。我国已制定了市场主体、市场主体行为、市场管理秩序、宏观调控等多项法律制度，这些构成宏观调控的法律边界。宏观调控要依法进行。三是从民主执政角度看完善宏观调控，应体现在立法的民主化上，应认同并尊重市场主体的自主决策权，应减少行政手段对经济的干预，还要承认地方有依法促进本地区经济发展的权力。我国宏观调控的法规"治民"、"管民"印记不浅，还需要更有效地体现对民众正当权利的法律维护。

5. 共享市场化改革成果：收入分配制度改革及社会保障体系的完善

党的十七大明确提出："合理的收入分配制度是社会公平的重要体现。要坚持和完善按劳分配为主体、多种分配方式并存的分配制度，健全劳动、资本、技术、管理等生产要素按贡献参与分配的制度，初次分配和再分配都要处理好效率和公平的关系，再分配更加注重公平。逐步提高居民收入在国民收入分配中的比重，提高劳动报酬在初次分配中的比重。着力提高低收入者收入，逐步提高扶贫标准和最低工资标准，建立企业职工工资正常增长机制和支付保障机制。创造条件让更多群众拥有财产性收入。保护合法收入，调节过高收入，取缔非法收入。扩大转移支付，强化税收调节，打破经营垄断，创造机会公平，整顿分配秩序，逐步扭转收入分配差距扩大趋势"。

收入分配问题非常重要，落实中央有关精神事关大局。2005年，我作为首席专家承担了国家社科基金重大项目"我国地区间居民收入分配差距研究"课题。两年时间里，通过校内外专家配合，我们完成了山东威海、东营居民收入分配差距调研，山西（大同和阳泉）煤炭工业可持续发展中居民收入分配调查，北京市老年人收入与健康支出状况调查，重庆三峡库区移民收入状况调查，广州城郊和惠州失地农民生活和就业状况调查，甘肃平凉农村信息化促进农民增收的典型调查，黑龙江齐齐哈尔市扎龙国家级湿地和拜泉国家林业区的居民收入及生活调查，云南红河州少数民族地区居民收入分配差距调研和江苏省南通市居民收入分配调研。在进行实地调研基础上，完成了一些调研报告和若干内部参阅件，如《应高度重视解决企业退休金偏低问题》《应加大支持农村"五保"的力度》和《分配制度改革需要准确全面的舆论导向》等，分别通过国务院研究室、全国社科规划办公室、教育部、新华社内参等渠道报送中央、省市有关领导，有的得到领导同志的批示，成果引起了一定的社会反响。我们的主导思想就是，以科学发展观为指导，兼顾各方利益，为民众疾苦发声，为平稳推进收入分配制度改革而建议。

6. 科学发展观：经济社会发展与改革开放事业的伟大指南

胡锦涛总书记在2002年11月16日率十六届中央政治局常委对中外记者讲，要"聚精会神搞建设，一心一意谋发展"，高度重视了"发展"问题。2003年4月15日在广东考察时，提出要坚持全面的发展观。7月28日，胡锦涛总书记在全国防治非典工作会议上指出，要更好地坚持协调发展、全面发展、可持续发展的发展观。2003年10月21日，在十六届三中全会《关于完善社会主义市场经济体制的决定》中，提出统筹城乡发展、统筹区域发展、统筹经济社会发展、统筹人与自然和谐发展、统筹国内发展和对外开放，提出"坚持以人为本，树立全面、协调、可持续的发展观，促进经济社会和人的全面发展"。2003年11月29日，胡锦涛总书记在全国经济工作会议上指出，"重要的是牢固树立和认真落实全面、协调、可持续的发展观"。2004年2月16日，受总书记胡锦涛委托，中央党校校长曾庆红在中央党校开班式上讲话指出，树立和落实科学发展观，各级领导干部特别是高级干部是关键。同年2月21日，温家宝总理在省部级主要领导干部"树立和落实科学发展观"专题研究班结业式上发表题为"提高认识统一思想牢固树立和认真落实科学发展观"的讲话。3月10日，胡锦涛总书记在中央人口资源环境工作座谈会上阐述了科学发展观的深刻内涵和基本要求。科学发展观是共享市场化改革成果的纲领性指导方针，也是深化改革开放的伟大指南。可以说，科学发展观形成的过程，就是新领导集体不断做出新贡献的过程。

2003年10月24日人民网发表了我"解读十六大三中全会《决定》：五个统筹是一个新的发展观"的全文。我在文中指出，《决定》充满了协调与统筹的思路，充满着辩证法，"五个统筹"是全面建设小康社会强有力的体制保障，是一种新的发展观。不仅是对客观世界最真实的认识，也是中国经济发展的指导思想。回过头看，我将《决定》提出的五个统筹归纳为一种"新的发展观"，时间上还算较早的，因为那是源自内心的赞同。

2008年，中央决定在北京师范大学开展学习实践科学发展观试点，这是我校发展的新机遇，也是我本人从事改革开放理论研究的新起点，我相信并期待试点会取得成功。

结束语

小时候读《钢铁是怎样炼成的》一书，常为保尔·柯察金"人最宝贵的是生命"那一段警句所激动。当我自己走进黄昏暮年之时，再回首少年壮志，社会变化，人生历程，不禁万分感慨，我想再一次自述这段"生命语录"："人最宝贵的是生命。生命对于每个人只有一次。人的一生应当这样度过：回首往事，他不会因为虚度年华而悔恨，也不会因为碌碌无为而羞愧"。作为一个当代中国人，他能够说：我的整个生命和全部精力，都献给了壮丽的改革开放事业——为振兴中华而奋斗。少时含泪听近代，今日扬眉说中华，两鬓虽已白发生，不信天命信变法。

最后①，让我以一个小故事来结束。我们研究院是选择六一儿童节的日子成立。2004年三周年院庆，我请来了于光远、杜润生、宋涛、张卓元几位德高望重的老经济学家，请来了师大实验小学、幼儿园的孩子们。中国人民大学老校长黄达老先生因事不能出席，特地录了一段讲话派人送来。91岁高龄的杜润生老先生说，儿童是我们的未来，是民族的希望，我们要为他们创造最好的成长环境。于光远老先生问孩子们："人怎样才能永远年轻?"一位小孩子回答说"只要心态年轻，那他就永远年轻。"这句话引起在场听众的热烈掌声。说到这儿，我要借题发挥的一句话就是：中国经济50人论坛的朋友们，让我们的心灵永远伴随着祖国的步伐跳动，让我们永远年轻！

---

① 因本文篇幅较长，148个参阅专著与文章没再附上。仅在此向改革的理论者们表示敬意与感谢。

中国经济50人论坛
Chinese Economists 50 Forum

转轨中的中国宏观经济运行的定量分析

梁优彩

The Past 30 Years

A Review and Analysis by 50 Chinese Economists

梁优彩简历

现任国家信息中心中国经济信息网首席经济师，兼任中国投入产出学会副理事长，中国信息协会常务理事；高级工程师，大学兼职教授。

1968年毕业于北京清华大学。1968—1971年，在中国核工业部第一研究设计院从事核材料研究工作；1971—1982年，在清华大学核能设计研究院从事核材料研究工作；1982—1986年，在国家计委经济预测中心工作，从事宏观经济预测分析、经济预测方法和宏观经济模型研究工作；1986年10月—1988年1月，在美国宾夕法尼亚大学经济系进修期间，在经济学诺贝尔奖得主克莱因（Lawrence R. Klein）教授指导下，为Project LINK（世界宏观经济模型系统）研究《中国宏观经济模型》，还研制了《中国两缺口模型》，研究工作得到克莱因教授的高度赞扬；1988—至今，在中国国家信息中心从事宏观经济预测分析、经济预测方法和宏观经济模型研究，以及世界经济研究工作。

主要研究领域：宏观经济，宏观经济模型方法，世界经济。在有关报刊上发表过多篇文章。

改革开放 30 年来，我国经济体制已经初步完成从中央计划经济向社会主义市场经济的转变，发展战略也从"以经济建设为中心"和"发展是硬道理"逐步转变为经济社会协调发展，更加关注民生与和谐社会建设。经过 30 年的发展，我国经济总量已经跃居世界第四、进出口总额位居世界第三，人民生活从温饱不足发展到总体小康，农村贫困人口从两亿五千多万减少到两千多万，政治建设、文化建设、社会建设取得举世瞩目的成就。在转轨过程中，我国主要宏观经济变量之间的关系也发生了明显的变化，经济总量已从供给不足转变为需求不足，经济增长已经从主要由消费和投资拉动转变为主要由投资和净出口拉动。与此同时，中央政府逐步完善宏观调控手段和方法，积累了应对通货膨胀和通货紧缩的经验。对于转轨中的中国宏观经济运行进行定量分析，可以帮助我们总结宏观调控经验，使今后的宏观调控做得更好。

一、从供给不足到需求不足

从 1949 年新中国成立到 1978 年改革开放前，我国实行的是中央计划经济体制。由于所有者缺位、激励约束机制失灵、价格对经济没有指示性，导致劳动者生产积极性低下、市场资源不能合理配置，结果是经济发展缓慢，生产资料和生活资料匮乏，供给满足不了社会需求，人民生活贫困。由于生产资料和居民消费品供给不足，国家对生产资料实行计划分配，对消费品实行凭票定量供应。短缺成为计划经济时期我国经济的基本特点。

改革开放后，随着经济发展我国供给能力逐步增长，供给不足对经济发展的制约越来越弱，需求不足对经济增长的制约日益显现。尤其是 20 世纪 90 年代中期以后，需求不足逐步成为我国宏观经济的一个显著特点，使得多数部门的产出不再由其生产能力所决定，而是取决于市场对该部门产品或劳务的需求。据此可以大体将改革开放以来的 30 年划分成两个时期，前一个时期宏观经济的基本特点是供给不足，后一个时期的基本特点是需求不足。

（一）需求不足时期宏观经济变量之间的基本关系

受国家计委派遣，1986—1988 年我作为访问学者在美国宾夕法尼亚大学经济系学习宏观经济模型方法和预测技术。研修期间，在经济学诺贝尔奖得主克莱因教授（LAURENCE R. KLEIN）指导下，研制了"中国两缺口模型"。该模型是以 1971—1985 年我国宏观经济数据（MPS 核算体系）作为样本，基于凯恩斯的经济理论，利用 TSP 软件构建的。该模型由 6 个

方程组成，其中5个随机方程，1个定义方程，模型涉及9个经济变量。模型中所有随机方程的参数符号正确，经济含义合理，模型能够较好地描述1971—1985年我国经济运行轨迹。因此，可以利用此模型定量分析我国主要宏观经济变量之间的关系。我们利用该模型做了四项政策模拟分析，模拟结果是：增加社会消费，国民收入增长放慢；增加出口，国民收入增长也放慢；增加进口，国民收入增长则加快；提高国民综合税率，则国民收入增长加快。例如，对1983年所做的政策模拟具体结果如下：（1）若社会消费增加10%，即由390亿元增加到429亿元，增加39亿元，当年的国民收入将减少31.6亿元；（2）若出口增加10%，即由423.1亿元增加到465.4亿元，增加42.3亿元，则当年的国民收入将减少33亿元；（3）若进口增加10%，即增加40.7亿元，则当年的国民收入将增加83亿元；（4）若国民综合税率（税收占国民收入的比重）由1971—1985年的平均16.7%，上升到20%，则当年税收增加130亿元，将导致居民消费减少24.7亿元，但是积累将增加171亿元，最终导致当年的国民收入增加95.9亿元。

"中国两缺口模型"的模拟结果与西方发达市场经济国家的宏观经济模型的模拟结果正好相反，这使克莱因教授感到困惑。随后，他审核了模型所有的经济数据，验算了各个方程，并运行了模型。最后他说，"中国两缺口模型"比较准确地描述了中国短缺经济的特点，是一个很好的模型。模拟结果合乎情理的解释应该是：中国是短缺经济，总供给小于总需求是基本特点。在总供给不足的条件下，增加社会消费，必然要减少居民消费或缩减投资。而减少居民消费必然影响居民的正常生活，导致其生产积极性进一步降低；缩减投资将制约生产能力的扩大，这均将导致经济增长放慢。同样，增加出口就会减少国内的供应，加剧国内供给短缺状况，影响居民的正常生活，也会出现更多的"瓶颈"制约经济发展，使经济发展减速。而增加进口可以增加国内的供给，既能减少制约经济发展的"瓶颈"部门，又能改善人民生活，提高其生产积极性，其结果将刺激经济发展。对1983年的政策模拟结果表明，增加进口对于促进经济增长的作用最显著，增加1亿元的进口，可以使当年的国民收入增加2.04元，说明对于一个国内供给短缺的经济体，增加进口是促进经济增长的最好途径，因为扩大进口可以增加国内供给，缓解"瓶颈"对经济增长的制约。另外，增加税收也能够促进经济增长，因为税收收入是国家财政收入的主要来源，增加税收将使中央政府有更多的钱用于扩大再生产，推动经济增长。

（二）需求不足时期宏观经济变量之间的关系

1. 《中国宏观经济模型》简要介绍

为了定量分析最近 20 多年我国国民经济运行状况，研究主要经济变量之间的相关关系，我们又研制了一个《中国宏观经济模型》。模型中，一方面，根据市场需求决定各部门的实际产出（增加值），各部门增加值之和就是按照生产法计算的国内生产总值（GDP00）。另一方面，也按照支出法计算出国内生产总值（GDPE00），它等于实际的固定资本形成、总消费、商品与劳务净出口和当年新增库存等四项最终需求之和。《中国统计年鉴》提供了按照生产法计算的当年价格的 GDP 及各部门的增加值，同时还提供了相应的按照可比价格计算的国内生产总值及各部门增加值的指数。另外，《中国统计年鉴》还提供了按照支出法计算的当年价格的国内生产总值及其最终需求各分项数据，即固定资本形成、城乡居民消费与政府消费、库存变化、商品与劳务净出口等。但是，按照生产法计算的国内生产总值并不等于按照支出法计算的国内生产总值，两者之间有统计误差。

《中国宏观经济模型》由 90 个方程组成，其中，行为方程 57 个，定义方程 33 个。行为方程都是线性或对数线性形式，方程的参数是使用 EVIEWS 软件用最小二乘法估计出来的。模型中行为方程的样本区间多是 1985—2006 年，但是税收方程的样本区间要短一些，基本是 1994 年或 1995—2006 年的数据。模型共有 104 个变量（不包括虚拟变量），其中 90 个内生变量，14 个外生变量。利用该模型对 1996—2006 年我国宏观经济运行做了动态模拟分析，有 50 个内生变量的预测值与实际值的均方根百分比误差小于 1%，占内生变量总数的 55.6%；30 个大于 1%、小于 2%，占 33.3%；7 个内生变量的均方根百分比误差大于 2%、小于 3%，占 7.8%。只有 3 个内生变量的均方根百分比误差在 3%～10% 之间。总体上看，该模型能够比较好地模拟国民经济的运行轨迹，定量描述主要经济变量之间的相关关系，可以用于政策模拟分析。

2. 宏观经济政策模拟分析

我们利用该模型对 2001—2006 年我国经济运行做了五项政策模拟分析，得到与上面介绍的"中国两缺口模型"完全相反的结果，宏观经济呈现出总需求不足的基本特征。政策模拟分析的具体结果如下：

（1）固定资产投资减少 5% 对经济产生的影响

第一项政策模拟分析是研究固定资产投资变化对经济产生的影响。这里，先把固定资产投资作为外生变量在 2001—2006 年间对模型进行动态求

解，得到的预测结果记作初始值。然后，将2001—2006年间每年的固定资产投资都比与原来的实际值减少5%，再在2001—2006年区间对模型进行动态求解，得到的预测结果记作模拟值。模拟值与初始值之间的差就是固定资产投资减少5%对经济变量产生的影响。模拟结果表明，固定资产投资减少5%，将导致GDP增长率下降，下降幅度逐年增加，由2001年的0.06个百分点，逐步增加到2006年的0.45个百分点，六年平均每年下降0.27个百分点。固定资产投资减少对总消费的影响不大，消费增长率年平均只下降0.02个百分点。但是，固定资产投资减少对进口的影响比较大，投资减少5%将导致进口增长率年平均下降1.71个百分点。

(2) 城镇与农村居民人均收入增加10%对经济产生的影响

第二项政策模拟分析是研究城镇与农村居民人均收入变化对经济产生的影响。这里，先把城镇与农村居民人均收入作为外生变量在2001—2006年间对模型进行动态求解，得到的预测结果记作初始值。然后，将2001—2006年每年的城镇与农村居民人均收入都比原来的实际值增加10%，再在2001—2006年间对模型进行动态求解，得到的预测结果记作模拟值。模拟值与初始值之间的差就是居民人均收入增加10%对经济产生的影响。结果表明，城镇与农村居民人均收入增加10%，将导致GDP增长率上升，上升幅度逐年增加，由2001年的0.35个百分点，逐步上升到2006年的0.67个百分点，平均每年上升0.27个百分点。居民人均收入增加10%对总消费的影响特别明显，导致总消费的增长率逐年上升，上升幅度由2001年的0.81个百分点，上升到2006年的2.29个百分点，年均上升1.72个百分点。居民收入增加10%对进口的影响也比较大，导致进口增长率年平均上升1.31个百分点。

(3) 出口减少5%对经济产生的影响

第三项政策模拟分析是研究出口变化对经济产生的影响。因为出口是外生变量，在2001—2006年间对模型进行动态求解，得到的预测值记作初始值。将2001—2006年间各年的出口都比实际出口额减少5%，再对模型进行动态求解，得到的结果记作模拟值。模拟值与初始值之间的差就是出口减少5%对经济产生的影响。模拟结果表明，出口减少5%将导致GDP增长率显著下降，下降幅度逐年增加，由2001年的1.06个百分点，逐步上升到2006年的2.02个百分点，年平均下降1.55个百分点。出口增长放慢对总消费的影响并不显著，但是对固定资产投资的影响很显著。出口下降5%将导致固定资产投资增长率明显下降，下降幅度逐年上升，由2001年的0.85个百分点，上升到2006年的2.99个百分点，年平均下降2.04个百分点。出口减少5%对进口的影响也比较明显，将导致2001—2006年的进口增长率年平均下降 0.53 个百分点。

（4）政府消费增加 5% 对经济产生的影响

第四项政策模拟分析是研究政府消费增加 5% 对于经济产生的影响。因为政府消费也是外生变量，所以第三项政策模拟中的初始值也是此项政策模拟的初始值。将 2001—2006 年间各年政府消费增加 5%，再对模型进行动态求解，得到的预测结果记作模拟值。模拟值与初始值之间的差就是政府消费增加 5% 对经济产生的影响。模拟结果表明，政府消费每年增加 5%，将使 2001—2006 年我国 GDP 增长率年均上升 0.66 个百分点，并导致进口额年均上升 0.77 个百分点。

（5）人民币对美元升值 10% 对经济产生的影响

第五项政策模拟分析是研究人民币升值对我国经济的影响。为了研究汇率变化对出口产生的影响，模型中引入了一个货物出口方程（因为在该模型中出口是外生变量）。对加入出口方程后的模型在 2001—2006 年间进行动态求解，得到的结果记作初始解。将 2001—2006 年间各年人民币对美元的比价比原来的实际值上升 10%，再对模型进行动态求解，得到的预测值记作模拟值。模拟值与初始值之间的差就是人民币升值 10% 对经济产生的影响。由于人民币升值，按照美元计价的中国商品价格上升，以人民币计价的海外商品价格下降，将使我国出口增长放慢，进口增长加快，导致 GDP 增长率下降。模拟结果表明，人民币升值 10% 将使 2001—2006 年我国出口额增长率年均下降 2.65 个百分点，进口额增长率年均上升 0.13 个百分点，结果导致 GDP 增长率年均下降 1.63 个百分点。但是，人民币升值对进口的影响是使前四年的进口增长率上升，后两年下降。2001 年进口增长率上升 2.61 个百分点，2004 年的升幅只有 0.12 个百分点，2005 年进口额增长率下降 0.51 个百分点，2006 年下降 1.08 个百分点。人民币升值导致国内生产总值平减指数下降，且下降幅度逐年上升，由 2001 年的 0.80 个百分点，上升到 2006 年的 2.17 个百分点，表明人民币升值有利于控制通货膨胀。

以上的政策模拟分析表明，我国经济已经由供给不足转变为需求不足，需求不足成为当前我国宏观的基本特点之一。由于在基本实现资源全球配置的情况下，国内供给不足对经济发展的制约弱化，需求不足成为制约经济发展的主要因素，因此，扩大国内需求刺激经济增长的措施主要是增加出口、减少一般产品进口、扩大固定资产投资和政府消费。另外，减税也有助于刺激我国经济增长，因为它能够提高居民收入，刺激消费增长。

二、经济增长从主要由消费与投资拉动逐步转变

为主要由投资与出口拉动从最终需求来看,自 1979 年以来,消费对经济增长的贡献率在波动中逐步下降,资本形成和净出口对经济增长的贡献率在波动中稳步上升。我国消费对经济增长的贡献率由 1979 年的 87.3% 下降到 2006 年 39.2%,下降 48.1 个百分点;资本形成的贡献率则由 15.4% 上升到 41.3%,上升 25.9 个百分点;净出口的贡献率由 -2.7% 上升到 19.5%,上升 22.2 个百分点。过去 30 年最终需求对经济增长贡献率的变化轨迹表明,我国经济增长的动力已经从改革开放初期的主要由消费和投资共同拉动,转变为主要由固定资产投资和净出口拉动,消费对经济发展的贡献率显著下降。

(一)改革开放初期经济发展主要靠消费和投资拉动

最终需求对经济增长的贡献率在不同时期呈现出不同的特点。1979—1985 年我国处于改革开放的初期,对外贸易规模很小,货物进出口额占同期 GDP 的比重在 10.7%~22.5% 之间。由于进口大于出口,货物和服务净出口对经济增长的贡献率平均为负值,经济发展基本依靠国内消费需求和固定资产投资需求拉动。这期间,消费对经济增长的贡献率在高位上波动,最低的 1982 年为 64.7%,最高的 1981 年达到了 93.4%,七年平均为 75.5%,拉动 GDP 增长 7.4%。而资本形成对经济增长的贡献率总体上呈现上升趋势,前四年比较低,平均只有 21.2%,其中 1982 为 -4.3%;而后三年都在 40% 以上,其中 1985 年更是高达 80.9%,资本形成对经济增长的贡献率七年平均为 32.5%,比消费的贡献率低 43 个百分点,仅拉动 GDP 增长 3.2%。净出口对 GDP 增长的贡献率七年平均为 -7.9%,即导致 GDP 增长率下降了约 0.8 个百分点。由于供给不足是改革开放初期我国宏观经济的基本特点,为了加快经济发展,主要靠增加进口来弥补国内供给缺口,缓解商品短缺对经济发展的制约。正像"中国两缺口模型"模拟计算所表明的,在供给不能满足需求的情况下,扩大进口将会促进经济发展,因为扩大进口可以增加国内供给,扩大消费和固定资产投资规模,带动经济发展。由于国内需求扩张带动的经济增长大于逆差扩大对经济增长产生的负面影响,总体上看,当时扩大进口有利于经济发展。

(二)"七五"时期净出口对经济增长的贡献率大幅度上升

"七五"时期(1986—1990 年)是我国经济发展波动比较大的五年。

前三年，在固定资产投资和消费双膨胀的带动下，经济高速增长，GDP年均增长率达到11.2%，与此同时，物价也大幅度上涨，CPI年均上涨10.7%。为了抑制通货膨胀，1988年下半年我国开始实行紧缩的宏观经济政策。在紧缩的宏观经济政策和1989年发生的社会动荡的共同影响下，我国经济在1989—1990年陷入了衰退，经济增长率大幅度下降。由于"七五"时期固定资产投资增长出现了比较大的波动，前三年的平均增长率高达23.2%，而1989年比1988年下降了7.2%，1990年比1989年也只有2.4%的低速增长，结果导致固定资本形成增长出现了明显的波动。按照2000年价格计算，1989—1990年固定资本形成年均增长率为-6.6%，比1986—1988年下降26.4个百分点。而居民收入增长放慢抑制了消费增长，1988—1989年居民实际收入年均下降1.3%，导致1989—1990年我国消费年均仅增长3.6%，比"七五"前3年下降4个百分点。国内需求的大幅度波动导致"七五"时期我国GDP增长率出现比较大的波动，1987和1988年的增长率分别达到11.6%和11.3%，而1989和1990年又下降到4.1%和3.8%，五年平均也只有7.9%，比前七年下降约2个百分点。

计算表明，"七五"期间消费对经济增长的贡献率为48.8%，比前年下降26.7个百分点，仅带动GDP增长3.8%；资本形成对经济增长的贡献率为35.2%，上升2.7个百分点，带动GDP增长2.8%。但是，国内需求疲软却促进了出口、抑制了进口，使净出口对经济增长的贡献率大幅度上升。1986—1990年货物出口年平均增长率达到了17.8%，而货物进口增长率只有4.8%，导致货物和服务净出口对经济增长的贡献率达到了15.9%，比前7年提高了23.8个百分点，带动GDP增长了1.3%。

（三）"八五"时期投资对经济增长的贡献率大幅度上升

"八五"时期（1991—1995年），邓小平南巡讲话极大地推动了改革开放进程，使我国经济发展再次驶入了快车道，GDP年平均增长12.3%，比"七五"提高4.4个百分点，是改革开放以来经济增长最快的5年。国内需求再次成为经济增长的基本推动力，1991—1995年资本形成对经济增长的平均贡献率达到了49.2%，比"七五"提高14个百分点，拉动GDP增长6%；消费的贡献率达到50.6%，比"七五"提高1.8个百分点，拉动GDP增长6.2%。国内需求膨胀刺激了进口、抑制了出口，使国际贸易出现逆差，导致货物和服务净出口对经济增长的贡献率下降到了0.2%，比"七五"下降15.7个百分点，仅带动GDP增长0.03%。

（四）"九五"时期投资对经济增长的贡献率显著下降

"九五"时期（1996—2000年），我国宏观经济的基本特点是经济增长率不断下滑，物价持续走低。数据分析表明，固定资产投资增长大幅度下降是经济增长放慢、通货膨胀率下滑的主要原因。我国经济在1996年成功实现"软着陆"后，由于继续实行较紧的宏观经济政策，再加上亚洲金融危机的冲击，国内有效需求不足的矛盾1998年开始明显显现。尽管从1998年初我国开始实行积极的财政政策，通过增加固定资产投资扩大国内需求，以刺激经济增长，但是由于紧缩政策的滞后效应和经济系统的巨大惯性，"九五"期间我国固定资产投资增长速度依然大幅度下滑，经济增长显著放慢。1996—2000年固定资产投资年均增长率只有10.5%，比"八五"下降24.2个百分点。投资增长放慢导致资本形成对经济增长的贡献率下降到24.8%，比"七五"下降了24.4个百分点，仅拉动GDP增长2.1个百分点。而消费对经济增长的贡献率则大幅度上升到70.9%，比"八五"上升20.3个百分点，带动GDP增长6.1%。与此同时，净出口对经济增长的贡献率也明显回升到4.3%，拉动GDP增长0.4%。最终导致1996—2000年我国GDP年均增长率只有8.6%，比"八五"下降3.7个百分点，CPI年均上升1.8%，其中1998年和1999年分别比上一年下降了0.8%和1.4%。

（五）进入21世纪后投资和净出口逐步成为经济增长的主要动力

进入21世纪后，资本形成和净出口对经济增长的贡献率显著上升，消费对经济增长的贡献率大幅度下降。2001—2006年我国资本形成对经济增长的贡献率平均为41.9%，比"九五"提高17.1个百分点，拉动GDP增长4.1%。而消费对经济增长的贡献率持续下降，由2000年的65.1%下降到2005年的38.2%，2006年稍有回升，仅升到39.2%，2001—2006年六年平均只有44.8%，比"八五"下降26.1个百分点，拉动GDP增长4.4%。与此同时，商品与劳务净出口对经济增长的贡献率也大幅度上升，六年平均13.3%，比"八五"提高9个百分点，拉动GDP增长1.3%。2006年，资本形成、消费和净出口分别拉动GDP增长4.6%、4.3%和2.2%，表明目前固定资本形成与商品净出口已经成为我国经济增长的主要动力。但是，经济过分依赖固定资产投资和出口增长带动是不能持久的，顺差持续扩大会引起许多矛盾和问题，增加宏观调控的难度。因此，我国宏观经济政策的着力点应该是刺激消费有更快的增长，大幅度提高消费对经济增长的贡献率，使我国经济增长逐步过渡到基本依靠消费和投资的协调拉动，促进国际贸易逐步趋于基本平衡。

（六）提高消费率是调整经济结构的着力点

国内消费需求的持续相对缓慢增长和固定资产投资的持续高速增长，导致我国最终需求结构失衡，主要表现在消费占 GDP 的比重太低，投资和净出口占 GDP 的比重过高。从"两缺口模型"可知，降低投资率和净出口占 GDP 比重的关键是降低储蓄率，而要降低储蓄率的根本出路是提高消费率。而提高消费率的关键是大幅度提高居民收入，建立完善的社会保障体系。因此，当前我国宏观经济政策的着力点应该是大幅度提高居民收入，国家财政增加对社会保障体系建设的投入，以刺激消费有更快的增长。国内消费快速增长将降低储蓄率，抑制投资的过快增长，同时将刺激进口、抑制出口，使国际贸易逐渐趋于平衡。消费的高速增长可以促进第三产业的发展，而投资增长适度放缓将会抑制第二产业的过快增长，使其在 GDP 的比重下降，推动产业结构逐步趋于协调、合理。第三产业在国民经济中的比重上升，将会扩大就业岗位，逐步缓解我国的就业压力，并使单位 GDP 能耗显著下降，减小环境压力。

三、从通货膨胀到通货紧缩，再到通货膨胀

改革开放以来，伴随着经济的高速增长，我国曾分别在 1980 年、1985—1989 年和 1992—1996 年发生过三次严重的通货膨胀。1980 年的通货膨胀率（CPI）为 7.5%，1985—1989 年平均为 11.8%，1992—1996 年平均为 13.9%。在经历了三次严重的通货膨胀之后，在世纪之交我国又出现了通货紧缩，1998—2002 年 CPI 年平均下降 0.4%。通货膨胀和通货紧缩都对我国经济发展和人民生活产生了明显的负面影响。2002 年之后，我国逐渐步入高经济增长、低通货膨胀的黄金发展时期，GDP 连续五年保持 10% 及以上的高速增长，年均增长率达到了 10.8%，增幅比 1979—2002 年高出 1.2 个百分点。与此同时，物价基本保持稳定，CPI 年平均只上涨 2.1%，比 1979—2002 年下降 4.2 个百分点。但是，自 2007 年第二季度以来，在经济高速增长的同时，CPI 同比升幅呈现逐月上升的态势，通货膨胀有再次卷土重来之势。

（一）第一次通货膨胀

1980 年我国出现了改革开放以来的第一次通货膨胀。造成这次通货膨胀的主要原因是固定资产投资规模的过度扩张和消费的高速增长。按照可比价格计算，1980 年，我国固定资本形成增长 15.0%，消费在 1979 年增

长11.4%的基础上又增长8.7%。财政赤字在1979年达到135.4亿元后虽有下降1980年仍高达68.9亿元。与此同时，我国经济体制开始由计划经济向市场经济转变，政府着手进行价格改革，较大幅度地提高了农产品和煤炭等工业品价格，使得1979年和1980年我国农副产品收购价格分别上涨了22.1%和7.1%。在以上几种因素的共同作用下，我国广义货币供应量（M2）在1979年增长26.3%的基础上，1980年又增长29.3%，最终导致当年CPI比1979年上涨7.5%。

尽管这次经济过热和通货膨胀问题发现的比较早，但是经济过热的势头还是发展了一段时间。为了切实控制住经济过热和通货膨胀，1981年初，国务院下发了《国务院关于切实加强信贷管理，严格控制货币发行的决定》，做出八条规定，控制货币发行的过快增长。由于各级政府认真贯彻执行国务院的八条规定，通货膨胀逐步得到控制，CPI于1981年开始下降，并于1983年初达到了谷底，当年零售价格上升幅度降到1.5%，CPI降到2%左右。

（二）第二次通货膨胀

第二次通货膨胀发生在1985—1989年。投资和消费双膨胀是此次通货膨胀的主要原因，而推进价格改革，大幅度提高重要工业品和农产品价格也是推动价格上涨的另一个重要原因。1984年，中央政府决定1985年国家的信贷规模和职工工资额度要以1984年的实际数为基数来核定，之后，银行竞相多发贷款，企业竞相提高职工工资，结果导致银行贷款和职工工资大幅度增长。1984—1988年固定资产投资贷款年均增长51.4%，其中1985年高达143.5%；职工人均工资年均增长16.2%，其中1985和1986年的升幅达到了17.9%左右。信贷扩张和工资的大幅度增长推动了固定资产投资和消费的高速增长，1985—1988年我国固定资产投资年均增长率高达27.2%，其中1985年更是高达38.8%。同期消费年均增长率达到了19.0%，其中1985年为23.5%，1988年为26.1%。

1984年，我国开始全面的价格改革，调高资源性产品价格，并对一些产品的价格实行双轨制。国家在对长期处于低价位的重要商品提价的同时，放开了许多产品的价格，使其不再由政府决定而是由市场供求关系决定。政府定价的商品在社会商品零售总额中的比重由1984年的73.5%逐步下降到1988年的28.9%。同期，农副产品由国家定价的产品比重从67.5%下降到了24.0%。

在强劲需求和价格改革的推动下，我国货币发行急剧增长，最终导致了比较严重的通货膨胀。1984—1988年M2年均增长29.4%，其中1984年高达49.5%。结果导致1985—1987年我国CPI年均上涨7.7%，其中1988年和1989年更是高达18.7%和18.0%。

（三）第三次通货膨胀

第三次通货膨胀发生在1993—1996年。1989年第三季度我国第二次通货膨胀开始得到控制，物价指数上涨幅度迅速下降。与此同时，国内市场销售也出现了疲软现象，商品库存积压严重，企业生产陷入困境，企业间的"三角债"迅速蔓延，我国经济进入衰退状态。1989年第四季度，央行开始注入大量信贷资金，1990年3月、8月和1991年4月又相继三次大幅度下调存贷款基准利率，以启动处于谷底的中国经济。1990年的广义货币供应量（M2）增长率高达28.0%，在大量货币投放的推动下，1991年我国经济开始走出谷底。1991年底，国务院发布了20条措施，包括进一步下调利率，以激活国有大中型企业。

在此背景下，1992年初邓小平南巡讲话为我国改革开放指明了方向，极大地鼓舞了全国人民建立社会主义市场经济体制的积极性，对我国经济发展产生了巨大的刺激效应。在"发展是硬道理"的战略方针指导下，各项改革全面推进，市场决定价格的机制逐步建立，从1992年第二季度起，我国经济重新走向高速增长的轨道，经济开始迅速升温。1992年11月，中央全面分析经济运行状况，提出当前经济形势大好但需要防止出现过热。但是，由于新旧体制交错，新的经济现象不断出现，加上利益主体多样化，各方面的认识很不一致，经济继续朝着过热的方向发展。1993年上半年，我国出现了高投资、高货币投放、高物价、高进口以及金融和生产资料市场秩序混乱现象。为了整治市场秩序、冷却过热的经济，1993年中期，中共中央、国务院联合发出了《关于当前经济情况和加强宏观调控的意见》，提出了加强和改善宏观调控的16条措施。但是，由于经济过热有一定的惯性，而紧缩政策效果的显现也有一定的滞后，经济继续走向过热，物价不断攀升。1992—1996年，我国固定资产投资年均增长率高达32.6%，其中1992年为44.4%、1993年为61.8%。消费年均增长25.5%，其中1993年增长27.3%，1994年增长33.5%。国内需求急剧扩张导致同期M2年均增长率高达31.5%，其中1993年为37.3%，1994年为34.5%。

这期间，我国连续大幅度上调能源、交通等基础产业的价格，1993年又取消了粮油收购价格和统销价格。在价格体制改革和货币超量发行的共同作用下，1993—1996年我国又发生了第三次更严重的通货膨胀，CPI年均上涨15.9%，其中1994年高达24.1%。分析表明，1994年我国粮食减产2.5%导致食品价格上涨31.8%，也是当年CPI大幅度上涨的重要原因之一。

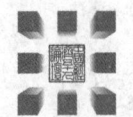

（四）世纪之交我国出现了通货紧缩

在宏观调控和配套改革措施的双重作用下，从1995年第二季度起物价升幅开始回落。1996年CPI下降到了8.3%，而当年的国内生产总值增长率仍高达10.0%，我国经济成功实现了"软着陆"。之后，由于继续实行比较紧的宏观经济政策，再加上东南亚金融危机的影响，1998年初国内需求不足的矛盾开始明显显现，经济增长放慢、物价开始走低。中央政府从1998年初开始实行积极的财政政策，发行长期建设国债，扩大固定资产投资，以刺激国内需求增长，1998年至2002年我国共发行长期建设国债6600亿元。为了推动经济发展，中央政府还不断出台改革措施，推进国有企业改革，促进经济增长。尽管如此，由于刺激经济增长的政策措施发挥作用有一定的时间滞后，1998—2002年我国发生了通货紧缩，GDP年均增长率也只有8.3%，明显低于潜在的增长率，比前五年下降3.1个百分点；CPI年均下降0.38%，零售价格年均下降了1.3%。

国内外需求不足导致货币供给增长大幅度下降是发生通货紧缩的根本原因。1998—2002年，固定资产投资年均实际增长14.5%，比上一个五年下降3个百分点；出口总额年均增长12.0%，比上一个五年下降了四个百分点。与此同时，银行贷款和居民收入增长率大幅度下降，前者由1993—1997年的年均25.3%下降到1998—2002年的11.9%；后者由23.5%下降到了8.9%。结果导致我国M2年均增长率大幅度下降，从上一个五年的29.1%降到了15.8%。

（五）当前面临又一次通货膨胀的威胁

随着国际经济环境的改善和刺激经济增长政策与措施的效果逐渐显现，2002年以后，我国摆脱了通货紧缩，经济又进入新一轮的景气增长期，GDP保持高速增长的同时只有温和的通货膨胀。但是，自2007年第二季度以来，在食品价格大幅度攀升的带动下，通货膨胀率逐月上升，全年达到了4.8%，虽然低于1979—2006年的年平均5.7%，仍属于温和通货膨胀，但是继续上涨的压力很大，出现第四次通货膨胀的危险明显增加。一方面，因为猪肉、食用油料供应短缺的局面短期内难以明显改善；另一方面，能源和食品价格上涨向其他相关产品传导、推动其他价格上涨的动力很大。特别是，国际市场石油价格持续保持在高位和铁矿石价格不断大幅度上升，对国内能源和原材料价格形成一个强大的向上推动力。2007年前三个季度，原材料、燃料、动力购进价格同比上涨3.8%，第四季度上涨幅度达到了6.3%，呈现逐季升高趋势。进入2008年后，在国际石油和粮食价格持续攀升和南方冰雪灾害影响下，我国物价继续攀升，一季度 CPI 同比上涨 8.0%，其中食品价格上涨 21.0%，分别比上年同期升高 5.3 个和 14.8 个百分点，延续了加速上涨的趋势。与此同时，其他一些重要的价格指数也呈现加速上涨趋势，一季度工业品出厂价格同比上涨了 6.9%，比上年同期升高了 4.0 个百分点；原材料、燃料、动力购进价格同比上涨 9.8%，升高 5.7 个百分点；70 个大中城市房屋销售价格同比上涨 11.0%，升高 5.4 个百分点。

与前三次通货膨胀不同的是，我国目前所面临的物价上涨不是需求拉动型，而是成本推动型，主要是能源和农产品价格上升引起的，而肉类和食用油价格上涨主要是供给不足引起的。目前，我国石油对国际市场的依存度 47% 左右，每年都需要进口部分粮食来弥补国内供应缺口，其中大豆对国际市场的依存度约 67% 左右，因此，国际市场石油和粮食价格上涨必然引起国内相关产品价格上升。在全球范围出现明显通货膨胀的环境下，2008 年我国出现全面通货膨胀的危险上升。首先，国际市场原油价呈现继续上升态势。2007 年国际市场 OPEC 原油价格达到了 69.1 美元/桶，比 2002 年上涨了 183.6%，年均上涨 23.2%。进入 2008 年后 OPEC 原油价格基本在 90 美元/桶上下波动，前三个月平均约为 92.7 美元/桶，呈现强劲上涨的趋势。其次，国际市场金属材料的价格继续上涨。2007 年国际市场铁矿石的价格上涨了 9.5%，电解铜上涨 40%，铝土矿上涨 30% 左右。2008 年这些原材料还会继续上涨，实际上，2008 年国际铁矿石协议价格已经上升了 65%。再次，国际粮食价格也呈现上涨趋势。石油价格持续保持在高位刺激了生物柴油和生物乙醇的生产，扩大了全球对粮食的需求，导致 2008 年第一季度全球粮食的供需缺口达到了 2200 万吨，库存降到了 20 年来最低的水平。而粮食净出口国为了保证国内供应相继出台限制粮食出口的政策措施，更加剧了国际市场的供求矛盾，刺激粮价上涨。

由以上分析可以看出，影响我国通货膨胀的因素主要有两个，一是投资和消费的过度膨胀引起的总需求大于总供给；二是农副产品价格大幅度上升。相关分析表明，M2 与实际 GDP 的比值、农副产品收购价格可以解释 1979—1996 年我国 CPI 上涨 99.7% 的原因。因此，中央政府在利用财政金融政策调控国内总需求使货币供给保持一个合适增速的同时，还需要千方百计使农产品供应保持稳定增长，以保证食品价格基本稳定。

四、从非均衡发展到经济社会协调发展

(一) 实行非均衡发展战略取得的成就

1979—2002年,我国实行非均衡发展战略,政策支持条件好的地区优先发展,鼓励一部分人先富起来,对于外资企业实行优惠政策,使其在我国得到超国民待遇。在"发展是硬道理"和"以经济建设为中心"这个比较符合当时国情的发展战略指导下,我国取得了举世瞩目的成就:经济实现了持续高速发展,综合国力明显增强,人民生活显著改善,全国居民生活水平总体上达到了小康。2002年我国GDP达到了120332.7亿元,是1978年的33倍,扣除价格因素,实际年均增长9.6%,是世界上经济发展最快的国家。按照人民币对美元的市场汇率折算,2002年我国GDP达到了14538.2亿美元,排在美国、日本、德国、英国和法国之后,居世界第六位。人均GDP达到了9398.1元人民币,扣除价格因素,实际年均增长8.3%,按照市场汇率折算,人均GDP达到了1135美元。居民收入稳步提高,城镇居民人均可支配收入由1978年的343.4元提高到2002年的7702元,年均增长13.8%;农村居民人均纯收入由133.6元提高到2475.6元,年均增长12.9%。国家财力显著增强,全国财政收入由1978年的1132.2亿元,增加到2002年的18903亿元,增长了15.7倍,年均增长12.4%。对外开放取得举世瞩目的伟大成就,国际贸易规模迅速扩大,海外资金不断流入国内。2002年我国进出口总额达到了6207.4亿美元,是1978年的30.1倍,年均增长15.2%。进出口占GDP的比重达到了42.7%,比1978年提高了33.8个百分点。其中,出口由1978年的97.5亿美元增加到2002年的3255.7亿美元,跃居世界第5位,年均增长15.7%;进口由108.9亿美元增加到2951.7亿美元,居世界第六位,年均增长14.7%,进出口增长速度均是同期世界平均增速的2倍以上。1979—2002年我国累计实际利用海外直接投资4469.2亿美元,占同期国内固定资产投资的11.2%。海外企业进入国内,促进国内企业引进世界上先进的管理理念,改善企业管理水平、采用先进技术,不断提高产品和服务的国际竞争力,有效地推动了国内经济发展。

(二) 非均衡发展带来的矛盾与问题

非均衡发展战略在取得巨大成绩的同时也带来许多问题和矛盾,主要是经济结构失衡,城乡、区域、经济社会发展不平衡,人口资源环境压力

加大；收入分配、就业、教育、医疗、社会保障、住房等关系群众切身利益的问题比较突出。

1. 需求结构不合理。按照2000年价格计算，1979—2002年我国GDP年均增长9.6%，其中消费年均增长9.0%，固定资产投资年均增长11.7%。固定资产投资增长持续快于消费增长导致我国需求结构日趋失衡。2002年我国消费率为60.9%，投资率（资本形成占GDP的比重）为36.6%，与1978年比，前者下降8.8个百分点，后者上升6个百分点。若按照当年价格计算，2002年我国消费率为59.6%，比世界平均水平低17个百分点以上；投资率为37.9%，比世界平均水平高约16个百分点。

2. 产业结构失衡。在产出取决于需求的市场经济条件下，需求结构失衡必然导致产业结构失衡。固定资产投资的持续高速增长推动了第二产业的增长，而消费的缓慢增长制约了第三产业的发展。按照2000年价格计算，2002年我国三大产业增加值占GDP的比重分别为13.5%、46.3%和40.2%，与1978年比，第一产业下降26个百分点，第二产业上升15.5个百分点，第三产业上升10.5个百分点。在工业化过程中，第一产业比重逐步下降，第二、三产业比重不断上升是基本规律。但是与国际比较，我国第二产业比重太高、第三产业比重太低。若按照当年价格计算，2002年我国三大产业增加值占GDP的比重分别是13.7%、44.9%和41.5%，第一产业和第二产业分别比世界平均水平高9.7个和16.9个百分点，而第三产业比世界平均水平低26.5个百分点。这是我国在经济发展过程中，重视工业化、限制城市化、不重视发展服务业的结果。

3. 就业压力不减。产业结构失衡的结果是在经济高速发展的同时就业压力不减。尽管1979—2002年我国GDP年均增长率比较高，但经济增长始终是在较大的失业压力下实现的。2002年底我国城镇登记失业人数为847万人，城镇登记失业率为4.1%，而实际失业数字明显高于这个数字。根据国家统计局提供的数据，2002年底我国三大产业就业人数分别是3.687亿人、1.587亿人和2.109亿人，占总就业人数的比重分别为50.0%、21.4%和28.6%。与世界上同样发展水平的国家相比，我国第一产业就业比重过高、第三产业就业比重太低。发达国家第三产业的就业比重高达70%左右，我国不到30%，服务业不够发达是我国第三产业吸收就业人数太少的根本原因，也是全国就业压力不减的主要原因。

4. 收入差距扩大。经济发展基础、环境和人力资源方面的差距与非均衡发展战略，导致我国在经济高速发展的同时，城乡之间、地区之间和不同行业之间的收入差距呈现扩大趋势。2002年我国城镇居民人均收入水平是农村居民的3.11倍，而1983年只有1.88倍。有专家估计，如果把城镇

居民所享有的各种各样的福利补贴等因素考虑进去，城乡收入差距可能要达到五倍，甚至是六倍。不同地区之间人均 GDP 的差距更大，2002 年上海人均 GDP 达到了 35449 元，而贵州只有 3256.8 元，前者是后者的约 10.9 倍。行业之间收入差距也在扩大，主要表现在垄断行业收入增长大大快于其他竞争行业。按照《中国统计年鉴》上的数据，2002 年我国收入最高的金融保险业职工人均工资是农林牧渔业的三倍左右，是批发零售贸易和餐饮业的两倍多。实际上，垄断行业职工收入比统计年鉴上的数字要高得多，因为这些行业有很多灰色和隐性收入没有统计进去。

5. 社会保障体系建设滞后。改革开放前期我国重视经济发展，忽视社会保障体系建设，使得我国社会保障体系建设严重滞后，远不能满足居民的基本需求。到 1997 年党的十五大才明确提出，建立社会保障体系，实行社会统筹和个人账户相结合的养老、医疗保险制度，完善失业保障和社会救济制度，提供最基本的社会保障。截至 2002 年底，全国参加基本养老保险、基本医疗保险、失业保险的人数分别为 14736.6 万人、6925.8 万人和 10181.6 万人，只占当年城镇就业人数的 20.0%、9.4% 和 13.8%。农村社会保障体系的建设处于试验阶段，农民参保的比例更低。在教育、医疗和养老领域进行市场化改革的同时，我国绝大多数劳动者没有基本养老保险和基本的医疗保障，城乡困难群体也没有制度化的社会救助，老年人、残疾人以及妇女儿童缺乏必要的社会福利。

6. 环境压力增大。由于我国经济增长方式粗放、不重视资源节约和环境保护，在经济高速发展过程中，能源和资源消耗迅速增长、污染物排放不断增加，使空气和水资源受到污染，生态环境遭到破坏。在全国 600 多个城市中，大气环境符合国家一级标准的不到 1%，约 62% 的城市二氧化硫年平均浓度超过二级标准、日平均浓度超过三级标准。近 80% 的城市河段不适宜作饮用水，50% 的城市地下水受到污染。土地利用不合理，沙漠化面积不断扩大。城市生活垃圾每年以 10% 的速度增长。环境恶化给居民的身体健康和正常的生活带来很大的负面影响。

（三）注重经济社会协调发展带来的新变化

为了解决这些矛盾和问题、实现可持续发展，根据我国经济社会发展的新形势，2003 年 10 月，党的十六届三中全会提出"以人为本"的思想，调整我国发展战略，提出了实行以统筹城乡发展、统筹区域发展、统筹经济社会发展、统筹人与自然和谐发展、统筹国内发展和对外开放为基本内容的新的发展战略。2006 年 10 月，党的十六届六中全会又做出了《构建社会主义和谐社会若干重大问题的决定》，要求"按照民主法治、公平正义、诚信友爱、充满活力、安定有序、人与自然和谐相处的总要求，以解决人民群众最关心、最直接、最现实的利益问题为重点，着力发展社会事业、促进社会公平正义、建设和谐文化、完善社会管理、增强社会创造活力，走共同富裕道路，推动社会建设与经济建设、政治建设、文化建设协调发展。"

2003年以来，我国在贯彻"以人为本"思想，推进经济社会协调发展，构建和谐社会方面取得了很大成绩。2007年我国GDP达到了249530亿元，是2002年的2.07倍，扣除价格因素，年均增长10.8%，比前5年加快2.5个百分点。按照人民币对美元的市场汇率折算，2007年我国GDP达到了33720亿美元，排在美国、日本和德国之后，居世界第四位，人均GDP达到2530美元。国际贸易以更快的速度增长，2007年我国进出口总额21738.3亿美元，居世界第三位，是2002年的3.5倍，年均增长28.5%，比前5年加快14.7个百分点。其中，出口12180.2亿美元，年均增长30.2%；进口9558.2亿美元，年均增长26.5%。在促进经济保持更好、更快、更平稳增长的同时，国家更加关注社会公平公正，着力缩小收入差距，注意能源资源节约和环境保护，力求经济社会保持协调均衡发展，使全国人民都能够分享到经济发展的成果。

1．"三农"问题逐步得到解决，农民收入增长加快

我国是一个农村居民比较多的发展中国家，"三农"问题是制约构建和谐社会的主要障碍之一。为了完善农业生产基础设施，促进农业发展，增加农民收入，改善农村生活环境，逐步缩小城乡差距，十六大之后，中央政府对农村政策作了重大调整。一是全部取消了农业税、牧业税和特产税，每年减轻农民负担1335亿元。二是建立农业补贴制度，对农民实行粮食直补、良种补贴、农机具购置补贴和农业生产资料综合补贴，对产粮大县和财政困难县乡实行奖励补助。三是加强农村基础设施建设，包括乡村道路、人畜饮水、农村电网、农村燃料和通信建设等。四是重视农村社会事业的发展，加大对农村义务教育、医疗卫生、社保和文化方面的资金投入。2006年国务院又要求各级政府把基础设施建设和社会事业发展的重点转向农村，国家财政新增教育、卫生、文化等事业经费和固定资产投资增量主要用于农村，并逐步加大政府土地出让金用于农村的比重。2003—2007年中央财政用于"三农"的支出累计达到了1.6万亿元，其中用于农村基础设施建设近3000亿元，地方也较多增加了投入。五年新增节水灌溉面积1亿亩、新增沼气用户1650万户、新建改建农村公路130万公里，解决了9748万农村人口饮水困难和饮水安全问题，建立了重大动物疫病防控体系，

防止了高致病性禽流感等疫情的蔓延。

随着国家对农业和农村投入的增加、农村基础设施的改善,我国农业保持稳定增长,农民收入增长明显加快。2007年农村居民人均纯收入达到4144元,比2002年增加1668.4元,年均增长10.9%,是前五年平均增速的3.15倍。为切实解决农村贫困人口的生活困难,国务院决定,2007年在全国建立农村最低生活保障制度。

2. 重视区域协调发展

为了推进西部大开发,2003—2007年中央财政支持重点建设累计投资2800多亿元,基础设施和生态环境建设取得明显进展,重点地区和特色优势产业加快发展。为了使老工业基地焕发出新的生机与活力,国家制定和实施振兴东北地区等老工业基地战略,五年来国有企业改革改组改造取得突破性的进展,重大技术装备国产化成效显著,资源型城市经济转型试点进展顺利。与此同时,国家还制定和实施促进中部地区崛起政策措施,粮食主产区现代农业建设步伐加快,重要能源原材料工业、装备制造业和综合交通运输体系进一步发展。东部地区继续率先发展,经济实力和整体素质显著提升。经济特区、上海浦东新区、天津滨海新区开发开放加快推进。这些重大举措,促进了区域经济合理布局和协调发展。另外,财税体制改革进一步深化,财政转移支付制度和公共财政制度逐步完善。2003年到2007年,中央财政对地方的转移支付累计4.25万亿元,87%用于支持中西部地区。

3. 实施积极的就业政策,努力增加就业岗位

就业是经济和社会发展的一个核心问题,扩大就业、减少失业是社会和谐发展的基础。十六大以来,中央政府把实现比较充分的就业作为构建和谐社会的重要目标之一。为了增加就业岗位,逐步缓解就业压力,国家制定和实施了积极扩大就业的政策。一是通过小额担保贷款、财政贴息、减免税费等措施,积极扶持劳动者自主创业、自谋职业。二是通过定额税收减免、优惠贷款等措施,鼓励企业吸纳下岗失业人员就业。三是通过开发公益性岗位和社会保险补贴等措施,建立健全就业援助制度,帮助困难人员实现就业。四是鼓励第三产业的发展,创造更多的就业岗位等。2003年以来我国第二、三产业新增就业岗位不断增加,基本吸纳了城镇新增劳动力,并解决了转轨过程中出现的下岗失业人员的再就业问题,为促进经济社会协调发展发挥了重要作用。2006年我国非农部门就业人数达到了4.3839亿人,比2001年增加了7327万人,年均增长3.7%,增速比上一个五年快2.3个百分点。2002—2006年我国非农部门新增加就业人数比上一

个五年多 494 万人。

4. 坚持教育优先发展，推进教育公平

国家对教育的投入稳定增长。2003—2007 年全国财政用于教育支出累计 2.43 万亿元，比前五年增长 1.26 倍；占财政支出的比重为 13.6%，比前五年提高 0.3 个百分点。为了改变公共教育资源过分向城市倾斜、广大农村子女得不到平等接受教育机会的状况，中央政府出台了一系列政策措施，确保公共教育资源向农村、中西部地区、贫困地区、边疆地区、民族地区倾斜，逐步缩小城乡、区域教育发展差距，推动公共教育协调发展，促进社会公平。目前农村义务教育已全面纳入财政保障的范围，对全国农村义务教育阶段学生全部免除学杂费、全部免费提供教科书，对家庭经济困难寄宿生提供生活补助，使 1.5 亿的学生和 780 万名家庭经济困难的寄宿生受益。国家安排专项资金支持 2.2 万多所农村中小学改造危房、建设 7000 多所寄宿制学校，远程教育已覆盖 36 万所农村中小学，更多的农村学生享受到优质教育资源。与此同时，进一步落实国家助学贷款政策，使家庭经济困难学生都能上得起大学、接受职业教育。

5. 构建社会医疗保险体系，逐步解决居民看病难问题

为了解决广大人民群众看病难、看病贵，因病致贫、因病返贫的问题，2003 年以来，中央政府从改革体制、增加投入两个方面入手，改善我国医疗卫生服务。目前实行的城镇职工基本医疗保险、以大病统筹为主的城镇居民医疗保险、社会医疗救助和新型农村合作医疗制度，将构成我国社会医疗保险体系和医疗救助体系的基本框架。最近几年，城乡医疗卫生服务体系建设逐步加强，国家对于医疗卫生的投入明显增加，2003—2007 年全国财政用于医疗卫生的支出五年累计 6294 亿元，比前五年增长 1.27 倍；占财政支出的比重为 3.5%，比前五年提高 0.7 个百分点。重点加强公共卫生、医疗服务和医疗保障体系建设，覆盖城乡、功能比较齐全的疾病预防控制和应急医疗救治体系基本建成。国家积极推进新型农村合作医疗制度试点工作，从 2006 年起，中央和地方财政大幅度提高补助标准，2008 年将在全国农村基本普及新型农村合作医疗制度。2003—2007 年国家安排资金改造和新建 1.88 万所乡镇卫生院、786 所县医院、285 所县中医医院和 534 所县妇幼保健医院，为 1.17 万个乡镇卫生院配置了医疗设备，农村医疗卫生条件明显改善。

6. 社会保障事业稳步发展

把社会保障范围逐步扩大到全体城乡居民，是人民共享经济社会发展成果的重要途径，也是构建和谐社会的基本要求。社会保险是社会保障制

度的核心。五年来,我国社会保障制度在探索中不断发展,社会保险的覆盖面逐步扩大,社会的安全网逐步完善。

基本养老保险的覆盖面日益扩大。2003—2007年全国财政用于社会保障的支出累计1.95万亿元,比前五年增长了1.41倍;占财政支出的比重达到10.9%,比前五年上升0.9个百分点。城镇职工基本养老保险制度不断完善,2007年参保人数突破了两亿人,比2002年增加了5400多万人;从2005年开始连续三年提高企业退休人员基本养老标准。中央财政5年累计补助养老保险专项资金3295亿元。

参加医疗保险的人数迅速增加。2007年城镇职工基本医疗保险参保人数达到1.8亿人,比2002年增加近1倍;88个城市启动了城镇居民基本医疗保险的试点;新型农村合作医疗制度不断完善,已经扩大到全国86%的县,参合农民达到了7.3亿人。

全国社会保障基金累计4140亿元,比2002年增加了2898亿元。城乡社会救助体系基本建立。城市居民最低生活保障制度不断完善,保障标准和补助水平逐步提高。2007年在全国农村全面建立最低生活保障制度,3451.9万农村居民纳入了保障的范围。

7. 资源节约和环境保护工作取得进展

为了加快建设资源节约型、环境友好型社会,"十一五"规划把单位GDP能耗降低10%作为约束性指标。2006年以来,又提出并实施节能减排综合性工作方案,建立节能减排指标体系、监测体系、考核体系和目标责任制,颁布了应对气候变化国家方案。两年来,我国污染减排取得突破性进展。国家依法淘汰一大批落后生产能力企业、启动了十大重点节能工程、装备脱硫设施的燃煤机组占全部火电装机容量的比例提高到45%、全国城镇污水处理率提高到近60%。国家投资支持重点流域水污染防治项目691个,70%的饮用水源保护区达到了规范要求。五年累计退耕还林、植树造林4.79亿亩,退牧还草5.19亿亩。加强土地和水资源保护,五年整理复垦开发补充耕地2289万亩。经过各方面的努力,节能减排取得积极进展,2007年单位国内生产总值能耗比上年下降3.27%,化学需氧量、二氧化硫排放总量近年来首次出现双下降,比上年分别下降3.14%和4.66%。

经过30年的改革和发展,我国社会主义市场经济体制日臻完善,国家综合国力大大增强,政府宏观调控能力明显提高,宏观调控手段日趋完善。所有这些都是我国经济社会今后能够继续保持平稳较快发展的基础,也是开创更加美好未来的财富。现在,我国经济已与全球经济融为一体,成为世界经济的重要组成部分。我国进出口总额占全球的比重由1978年的不到

1%上升到2007年的约8%。我国对世界经济和国际贸易增长的贡献率均超过10%。随着经济全球化、工业化、信息化、市场化和城市化的不断推进，未来30年我国经济将会继续保持平稳较快发展，综合国力不断增强，人民生活水平稳步提高，宏观经济变量之间的关系也会更加协调，对世界的贡献也会越来越大。

中国经济50人论坛
Chinese Economists 50 Forum

潮涌现象与发展中国家宏观经济理论的重新构建①

林毅夫

---

① 本文中的许多观点得益于和巫和懋、霍德明、曾志雄以及龚刚等教授的讨论。王勇对本文提供了很有价值的批评和建议。

林毅夫简历

世界银行首席经济学家兼高级副行长，历任第7、8、9、10届全国政协委员，全国政协经济委员会副主任，中华全国工商业联合会副主席，北京大学中国经济研究中心主任、教授、博士生导师，第三世界科学院院士。

1986年毕业于美国芝加哥大学经济系获博士学位，曾担任国务院农村发展研究中心发展研究所副所长、国务院发展研究中心农村部副部长，1994年创立北京大学中国经济研究中心，并担任主任至今。是国家发展与改革委员会"十一五规划"专家委员会委员、教育部社会科学委员会委员、北京市"十一五规划"工作专家咨询委员会委员、国家信息化领导小组咨询委员会委员、北京市人民政府专家顾问委员会委员、亚洲开发银行长期战略框架高级顾问组成员、世界银行顾问，国家人事部中青年有突出贡献专家，1993年起享受国务院有特殊贡献专家津贴，2005年获选全国劳动模范先进工作者。

主要著作有13本，其中《自生能力、经济发展与转型：理论与实证》同时获颁教育部哲学社会科学著作一等奖、首届张培刚发展经济学著作一等奖、北京大学第十届哲学社会科学著作一等奖。《中国的奇迹：发展战略与经济改革》被翻译成6种语言出版，《制度、技术与中国农业发展》与《再论制度、技术与中国农业发展》分别获1992年度及2001年度孙冶方经济科学奖，还有多本著作分别获得北京市第4、5、6届哲学、社会科学科研著作奖。1992年发表于《美国经济评论》"中国的农村改革及农业增长"一文，被美国明尼苏达大学国际粮食与农业政策研究中心授予1993年度最佳政策论文奖，2000年被美国科学信息研究所评为1980至1998年内发表于国际经济学界刊物上被同行引用次数最高的论文之一，获颁经典引文奖；"技术变迁与收入在农户间的分配：理论和来自中国的证据"获《澳大利亚农业与资源经济学杂志》1999年度最佳论文奖（1999年6月第43卷第2期）。1997年获得澳大利亚农业和资源经济学会颁予约翰·克劳夫爵士奖（每两年从国际农业经济学家中选出一位）。

潮涌现象与发展中国家宏观经济理论的重新构建

宏观经济学理论探索的是政府的货币、财政、金融和税收政策等如何发挥作用，透过影响家庭和企业的投资、消费、信贷、储蓄、就业决策和国民经济中物品和资本的国际流动等影响经济的总体物价水平、失业率、经济增长和周期波动等。自凯恩斯在1936年出版《就业、利息和货币通论》[①]，宏观经济学成为当代经济学中的一个独立领域以来，宏观经济理论的研究硕果累累[②]，并且，分成了几个不同的流派，对发达国家和发展中国家政府的宏观政策和管理产生了重要影响。

本文认为，现有的宏观经济学理论不管哪个流派，均以国民经济中下一个新的、有前景的产业何在是不可知的为理论模型的暗含前提。这样的暗含前提对发达国家来说是合适的，因为发达国家的一个特征是所有产业都已经处于世界产业链的最前沿，对于国民经济中下一个新的、有前景的产业何在，绝大多数情况下每个企业的看法不同，不会有社会共识，政府也不可能比企业有更准确的信息。但是，对于一个处于快速发展阶段的发展中国家而言，在产业升级时，企业所要投资的是技术成熟、产品市场已经存在、处于世界产业链内部的产业，这个发展中国家的企业很容易对哪一个产业是新的、有前景的产业产生共识，投资上容易出现"潮涌现象"，许多企业的投资像波浪一样，一波接着一波涌向相同的某个产业。在每一波开始出现时，每个企业对其投资都有很高的回报预期，金融机构在"羊群行为"的影响下也乐意给予这些投资项目金融支持。然而，等到每个企业的投资完成后，不可避免地将会出现产能严重过剩，企业大量亏损破产，银行呆坏账急剧上升的严重后果。而且，即使在现有的产业已经产能大量过剩、出现通货紧缩的情况下，对下一个新产业投资的"潮涌现象"也可能继续发生。所以，有必要放松现有宏观经济理论中新的、有前景的产业是难于预知、不确定的暗含前提，重新构建一套适合于快速发展的发展中国家的宏观经济理论体系，探讨投资的"潮涌现象"对物价、就业、经济增长和周期波动的影响，作为政府制定财政、货币、金融、外贸、外资、产业发展等宏观管理政策的参考，帮助发展中国家的国民经济取得稳定、

[①] 凯恩斯的原著 Keynes, John Maynard (1936), the General Theory of Employment, Interest, and Money, London：Macmillan，国内的翻译版有高鸿业译北京商务出版社1999年版和魏埙译西安陕西人民出版社2004版等。

[②] 有关宏观经济理论各个主要课题研究成果的综述可参阅 Benjamin Friedman 和 Frank Hahn (1990)。

快速、持续、健康的发展。

本文的组织如下：第一节简单总结现有宏观经济理论的主要内容和政策建议。第二节讨论在一个快速发展的发展中国家，新的、有前景的产业容易预期，企业的投资出现"潮涌现象"的可能后果，和放松这个暗含前提后，宏观经济理论上有待研究的新问题。第三节是一个简单的小结。

一、现有宏观经济理论的简单述评

目前的宏观经济理论分成两个主要流派：新古典理论和凯恩斯理论。①

新古典理论强调市场机制的作用，认为市场价格自动地灵活调整能够使经济中的信贷、投资、消费、储蓄等的供给和需求自动达到均衡，而使经济趋向于稳定。例如，当投资受到外生的冲击而增多，会导致总需求增加、经济过热。此时，资金市场会因为支持投资所需的贷款增加，信贷求大于供而使利率上升。利率上升会一方面抑制投资冲动，一方面刺激储蓄，增加信贷资金供给，使信贷市场恢复均衡；同时，储蓄增加意味着当前消费减少，抵消投资需求的增加，使经济中的总供给和总需求恢复均衡。对经济中消费、信贷等其他变量的外生冲击也会经由市场的类似调整而使经济恢复均衡。所以，按照新古典宏观经济理论，包括理性预期学派的观点，政府的宏观经济职责只在于维持市场秩序，让市场的价格机制充分发挥作用，由市场利率和价格的升跌来调节投资、消费、信贷等等，政府不应该为了减少周期波动、促进经济增长、增加就业等对市场的价格信号和资源配置进行直接的干预。

凯恩斯则认为新古典宏观经济理论是以经济处于均衡状况为前提，如果经济严重失衡，市场机制将失效，需要政府的直接干预才能增加投资和消费需求、增加就业、促进经济增长。例如，当一个经济产能严重过剩，出现通货紧缩，此时，经济中缺乏好的投资机会，只要贷款要还，不管利率多低都难于刺激企业进行投资。而且，产能严重过剩必然会使企业盈利减少，甚至亏损、破产，国民经济中的失业率将增加，即使是有就业的劳动者对就业安全和未来收入预期也会下降，此时，不管利率多低，消费者都要减少消费，增加储蓄以未雨绸缪，所以，利率下降也不能刺激当前消费。因此，凯恩斯理论认为在经济处于不均衡时，应该强调政府财政政策的作用，以赤字财政直接创造投资和消费，才能启动市场，消化过剩产能，

---

① 详细介绍可参阅龚刚（2006）。另外，宏观经济理论是经济学必读的课程，国外的很多教科书已经被译成中文。有兴趣的入门读者也可参阅曼昆（2006）著，梁小民译：《经济学原理》（宏观经济学分册）。

增加就业，使国民经济恢复正常运行。

二、放松现有宏观经济理论的暗含前提的必要性和有待研究的新问题

仔细想来，新古典和凯恩斯这两种在发达的市场经济国家中提出来的宏观经济理论都不完全适用于像中国这样快速发展的发展中国家。

发达国家的一个特征是所有产业都已经处于世界产业链的最前沿，对于国民经济中下一个新的、有前景的产业何在，绝大多数情况下每个企业的看法不同，不会形成社会共识，政府也不可能比企业有更准确的信息。因此，以发达国家的经济现象为主要研究对象的宏观经济理论自然以上述情况为其理论的暗含前提。① 在这样的条件下，从促进经济发展的动力机制来讲，政府最好的投资管理方式是让各个企业凭自己的判断来选择项目、进行投资。在众多的投资中，少数企业的项目会成功、多数企业的项目会失败，经济的不断发展就靠那些经过市场筛选，事后证明成功的少数企业的投资项目来推动下一轮新产业的出现，带动整个国民经济的发展。所以，在发达的市场经济国家政府除了维持物价稳定，以及经济、金融市场的有效运行外，不应该制定产业政策、不应该干预企业的投资。

在极少数的情况下，发达的市场经济国家也有可能出现违背上述暗含前提的情形，众多企业同时看好某一个相同的产业，例如90年代的信息产业和互联网。此时，企业的投资会出现"潮涌现象"，像浪潮般的涌向这个产业，在投资前，每个企业都确信这个投资项目是个获利极高的好项目，金融市场也会出现行为金融学所研究的"羊群行为"②，大量的资金投向这些项目，结果导致整个社会的过度投资，出现"非理性繁荣"（席勒2001），等这些投资项目都完成以后，产能出现严重过剩，价格大幅下跌，

---

① 由于是暗含前提，在现有的宏观经济理论中并没有明确标出这个假设条件。这是作者根据自己的体会总结出来的。

② 羊群行为是指投资者在金融市场上由于受其他投资者采取某种投资策略的影响而采取相同的投资策略。例如，当社会上看好一个新兴行业，某个企业的投资项目在股市上融资成功，可能会影响其他投资者将资金投向其他企业相同的融资项目。这种羊群行为的情形在银行的贷款上也同样可能发生，某一个银行看好某个产业而给某一个企业的投资项目贷款，其他银行可能也会因此给其他企业相同的投资项目贷款。本文强调的潮涌现象则是指许多企业一齐投向同一个项目，这样的现象和羊群行为有差别，因为，这些企业的投资行为并不决定于其他企业的投资，虽然，和羊群行为一样，在潮涌现象中，每个企业投资的结果也会受到其企业在同一行业投资的影响。

投资回报远低于当初的预期①，导致大量企业破产，甚至引发经济萧条，严重者则伴随着金融危机。

上述对某一新的、有前景产业投资的"潮涌现象"，在发达国家顶多是很长时间里偶然出现一次，在一个以市场经济为主而处于快速发展阶段的发展中国家则可能频仍出现。②发展中国家的产业在世界产业链中处于链条内部的较低部位，发展中国家的经济发展是在世界产业链内部，沿着现有的各种资本和技术密集程度不同的产业台阶，由低向高逐级而上不断升级的过程。由于发展中国家在每一个经济发展阶段的产业升级，企业所要投资的是技术成熟、产品市场已经存在、处于世界产业链内部的产业，这个经济中的企业对哪一个产业是新的、有前景的产业很容易"英雄所见略同"，于是，在发达国家偶然出现一次的"潮涌现象"，在处于快速发展阶段的发展中国家很可能会像波浪一样，一波接着一波的出现。在每一波开始出现时，每个企业对其投资都有很高的回报预期，金融机构在"羊群行为"的影响下也乐意给予这些投资项目金融支持，此时，靠增加几个百分点的市场利率不足以打消企业的投资冲动，也难于抑制金融机构对这些项目的资金支持热情。然而，等到每个企业的投资完成后，也将不可避免地出现产能严重过剩，企业普遍开工不足，市场竞争激烈，价格下跌，企业大量亏损破产，银行呆坏账急剧上升的严重后果。所以，一个发展中国家的政府如果遵循新古典宏观经济理论，不对市场进行任何干预，完全依靠市场利率的升跌来调节投资，国民经济很可能出现一个产业接着一个产业的投资过热和产能过剩，发展中国家将会出现比发达国家更为频仍的周期波动和金融、经济危机。实证研究证明发展中国家的波动和危机确实如上所述比发达国家大而且频仍。③

既然投资的"潮涌现象"对处于快速发展阶段的发展中国家是可能经常出现的现象，那么，理论上就不能漠视这个现象的存在。由于，发展中国家的产业升级并非像发达国家那样是属于不确定的事件，而是，企业和政府都可以有相当准确的信息和判断，政府对于整个经济中的投资、信贷

---

① 这种情形和博弈论里讨论的"囚徒困境"相似，每个企业的投资决策者都是理性的，如果这些企业的投资不是互补的（complimentary）而是替代的（substitutable），那么，等这些投资项目都完成后，产能可能会严重过剩，以致每个企业的投资回报远远低于投资前的预期，但是，企业之间很难协调，因而无法避免这种投资一齐涌向某一产业的现象的发生。

② 本文所讨论的新产业投资的"潮涌现象"，在一个处于均衡陷阱、缺乏投资资金的落后国家不会发生；在一个企业没有投资的自主权的纯计划经济国家，这种现象也不会发生。

③ 关于发展中国家的经济波动比发达国家高的实证研究见 Hnatkovska, V., and N. Loayza (2005)。

总量、国内外市场的需求等信息比个别的企业和金融机构有优势，政府应该可以利用这种总量信息的优势，形成产业政策，对市场准入和银行信贷制定标准，监督检查这些标准的实施；同时，适时发布投资规模、信贷总量和市场需求情况的信息，让企业和金融机构了解整个经济的现在和未来总体情况的变化，避免"潮涌现象"在产业升级时过度严重。所以，认为只要让市场机制发挥作用的现有新古典宏观经济理论不完全适用于发展中国家。当然一个处于快速发展阶段的发展中国家的政府如何才能以产业、金融、投资管理政策，来更好地引导企业和金融机构的投资和融资行为是发展中国家宏观经济理论有待深入研究的一个新课题。①

当一个发展中国家，出现产能严重过剩、通货紧缩时，凯恩斯理论也不完全适用。按凯恩斯的理论，此时政府应该用赤字财政刺激消费和投资。在发展中国家对于可以增加国内就业和消费、扩大国内市场需求的措施，像基础设施建设的项目，只要执行得好，当无多少疑义。但是，对于一个发展中国家即使现在的所有产业都已经过剩，产业升级的空间仍然会很大，前述下一轮新产业投资的"潮涌现象"还会继续不断地发生。所以，即使在现有的产业产能严重过剩，经济疲软，通货紧缩，企业开工率不足，失业率和银行呆坏账比率上升的状态下，对产业升级的投资"潮涌现象"可能带来的后果还必须有清醒的认识。虽然，新一轮产业投资的热潮会给国民经济带来投资拉动的较快增长，促使投资品价格上涨，部分抵消产能过剩部门产品价格的下跌而缓解通缩的压力，就业率和企业盈利率都会因此而有所上升。然而，等这新一轮潮涌的投资建成时，这个新的产业又会加入产能过剩的行列，在原有产业产能过剩问题尚未解决时又加入新的产业的产能过剩，整个经济的产能过剩问题可能更趋严重。此时，若又依靠下一轮新的产业的潮涌投资来缓解表面的通缩压力，这种"水多了加面，面多了加水"的宏观经济增长模式，等每一轮潮涌投资所积累的过剩产能和银行呆坏账达到一定程度后，很可能诱发出大的经济、金融危机。不过，在大的危机尚未爆发前，国民经济很可能会有较快的增长和较低的通胀率，

---

① 潮涌现象所导致产能过剩结果的严重程度可能和一个发展中国家遵循的发展战略有关，如果一个发展中国家的产业升级遵循比较优势，企业进行投资时会更多地依靠自有资金（林毅夫2002），这样对投资项目的选择会更审慎，将来即使投资回报没有达到预期，可能对经济、金融的冲击程度会小些。潮涌现象所导致结果的严重程度也应该会和一个国家的金融结构和金融监管体制有关。如果，银行给企业贷款时，企业自有资金比例的要求较高，银行的信用文化较好，对各种规则的执行较严，那么，潮涌现象的严重程度可能会较低；同时，过度投资的冲击也会较小。至于银行结构以及直接融资和间接融资的结构对潮涌现象和其后果严重程度的影响，则需要进一步的理论和实证分析才能了解清楚。

从新古典理论来看是最理想的宏观经济情况①，很容易使有些国家的政府和社会对集中于某一产业的过热投资可能带来的后果疏于警惕，而不采取一些必要的防范措施，等到危机爆发时再来治理，整个国民经济就必须为此付出极高的代价。②

在已有的产业已经存在产能过剩，而新产业的投资又出现"潮涌现象"时，政府在运用货币政策时将会出现两难选择：贷款利率和储蓄利率同时提高，即使能够抑制投资冲动③，也可能会降低消费需求，而使已有产业的产能过剩更为严重；如果仅提高贷款利率而不提高储蓄利率，则会使利差扩大，银行放贷的积极性会更高，投资者可以得到的资金更多，提高利率以后，投资可能反而增加。所以，一个发展中国家的政府在现有产业的产能已经过剩，同时经济中又存在许多新的产业可以升级时，如何组合运用财政、货币、金融等宏观政策以消化现有产业的过剩生产能力、防范新的一轮又一轮的投资"潮涌现象"，避免国民经济的过度波动和金融、经济危机，也是发展中国家宏观经济理论有待深入研究的新课题。④

在一个发展中国家，由于资本相对短缺，理应从发达国家引进资本来补足国内资本之不足。而且，发展中国家的产业水平比发达国家低，当发达国家进行产业升级时，其企业也有以直接投资的方式将已经失掉比较优势的产业转移到一个市场和各种基础条件比较好的发展中国家的积极性。因此，在一个快速发展的发展中国家，资本账户应该会有盈余。同时，在一个快速发展的发展中国家即使有政府产业政策的指导，投资的"潮涌现象"仍难以完全避免，因此，这样的发展中国家很可能长期处于多数产业产能过剩的情况。国内产能过剩、供大于求，则必然反映为出口的长期大

---

① 2003年我国走出了1998年以来的通货紧缩，靠的是固定资产投资的快速增长，2003到2005年分别达到27.7%、26.6%、25.7%，这些投资集中在房地产、汽车、建材。2003年以后连续3年国内生产总值的增长率达到10%，而消费物价指数分别只有1.2%、3.9%、1.8%，商品零售价格指数分别只有-0.1%、2.8%、0.8%即是一个高增长、低通胀的例子。

② 过度投资是东亚金融危机产生的原因之一。以韩国为例，危机发生时，30家大企业集团倒闭了20家，三家汽车制造厂也倒了两家，产能大量减少，剩下的企业在危机冲击后的表现甚佳（World Bank 2000）。所以，即使产业升级是合理的，对潮涌现象也不能疏于警惕。

③ 潮涌现象发生时，提高利率很可能对抑制投资的作用不大。尤其，当投资项目中企业的自有资金比例很低时，即使将来投资项目变成坏项目，企业很容易从流动资金中将自有资金的部分套走，而使投资失败的结果大部分或全部由银行或资本市场上的投资者来承担，这个可能性的存在会导致潮涌现象中的企业只在乎得到资金与否，而对资金成本的高低不敏感。

④ 自2003年以来，中国在产业升级投资上的潮涌现象至为明显，中国政府除了采用提高银行贷款利率和贷款准备金率等市场手段外，还采用了加强银行贷款时的窗口指导，提高企业贷款的自有资金比例，行业准入的标准，并控制土地供给的规模等具有相当行政色彩的措施，这些措施的中短期效果需要在理论和实证上进行深入的研究。

于进口,而导致经常账户也长期出现大量盈余,而非一般新古典宏观经济理论所认为的,在资本账户有盈余时,经常账户应该有赤字的情形。

当一个发展中国家,资本账户和经常账户长期出现双盈余,外汇储备的积累会很快,汇率将面临巨大的升值压力。但是,升值固然可以减少出口、增加进口,使国际收支平衡,降低升值压力。可是,和新古典宏观经济理论所预期的汇率升值将使国内外经济恢复均衡的预测不同,汇率升值将减少产能过剩部门的出口,同时增加进口替代部门的进口,使进口替代部门的产能也出现过剩,结果国民经济的产能过剩情形将更趋严重。这不仅可能导致过剩部门企业盈利状况恶化,出现更多破产倒闭的情形,甚至诱发金融、经济危机;而且,国内的通货紧缩将会加重,物价水平下跌的结果将抵消掉汇率升值的效果,使进出口产品的比价恢复到汇率未升值前的水平,结果等国内一轮的价格调整后,经常账户盈余会依然很大。① 所以,一个快速发展的发展中国家的政府在面对国内产能长期过剩,该采取何种汇率、外贸、外资政策来处理内外经济的不均衡,也是发展中国家宏观经济理论所应该深入研究的新课题。②

三、小结:呼唤发展中国家宏观经济理论的新革命

在20世纪30年代出现全球性的经济大萧条时,凯恩斯放松了国民经济是处于均衡的前提假定,探讨了在产能过剩情况下的财政、货币、金融、外贸政策,而产生了宏观经济理论上的凯恩斯革命。20世纪六七十年代时,出现了滞胀的现象,卢卡斯(1972)引进了企业和家庭对政府政策会做出预期的假设,而有了在宏观经济学理论上的理性预期学派的革命。今天,针对快速发展的发展中国家,每个阶段的产业升级是可预期的、容易

---

① 如果汇率升值以后,可以迅速将失掉竞争力的产业以对外投资的方式转移到海外继续生产,同时,国内快速产业升级,那么,危机或许可以避免。20世纪80年代中日本和台湾地区在美国的压力下汇率急剧升值而没有出现危机的原因就在于日本和台湾地区迅速将其升值后失掉竞争力的产业转移到大陆和其他东亚经济,同时,产业快速升级到新的IT产业。但是,只要过剩产能继续存在,外贸的盈余就无法靠汇率升值来消除,日本和台湾地区在20世纪80年代中汇率急剧升值后,外贸盈余并没有因此而减少,就是这种情形。

② 一个发展中国家在发展的早期可能处于资本和外汇短缺的"双缺口"限制条件之下,此时,为了加快经济发展,采用鼓励出口的政策以赚取外汇,以及鼓励外国直接投资的政策以吸引外国资本补充国内资本和外汇之不足,这些政策是在那种条件下的明智选择。但是,等到进入快速发展的阶段,很可能长期出现资本账户和经常账户双盈余的情形,此时,外汇不再是一个限制条件,外资如果进入到投资潮涌的行业则可能加剧潮涌现象,因此,应该对外贸和外资政策进行重新定位,外贸政策应该改为以资源的国内、国外最优配置为主要考虑,外资政策则应该改为以吸引国内没有的先进技术为主要目的。

产生投资的"潮涌现象",给国民经济的宏观治理带来新的挑战,因此,也应该放松新古典宏观经济理论和凯恩斯理论中产业升级是不可预期的不确定事件之暗含前提,从严谨的理论模型和经验实证上,全面探讨,重新构建适合于快速发展的发展中国家的财政、货币、金融、外贸、外资、产业发展的宏观经济理论体系,以这种新的宏观经济理论体系作为处于快速发展阶段的发展中国家的政府制定宏观管理政策的参考,这样才能使发展中国家充分利用后发优势和经济全球化的有利条件,推动国民经济稳定、快速、持续、健康地发展。对于处于快速发展阶段的中国经济学家来说,进行这方面的理论探索既可以对我国宏观管理政策的制定提供有价值的参考,也可以对国际主流宏观经济理论以及其他处于和我国同一发展阶段的发展中国家的经济发展做出贡献,这是一个难得的利己、利国、利世界的机会。

参考文献

1. Frankel, M. Benjamin and Frank H. Hahn, (1990) eds. Handbook of Monetary Economics, Amsterdam: North-Holland Publishing company and American Elsevier Publishing Company.

2. Hnatkovska, V., and N. Loayza (2005), "Volatility and growth", in Managing Volatility, edited by Joshua Aizenmann and Brian Pinto, Cambridge University Press, 65~100.

3. Keynes, John Maynard (1936), the General Theory of Employment, Interest, and Money, London: Macmillan.

4. Lucas, Robert, E. (1972), "Expectations and the Neutrality of Money," Journal of Economic Theory 4, 103~124.

5. World Bank (2000) East Asia, Recovery and Beyond, Washington, D. C: the World Bank.

6. 龚刚:《宏观经济学:中国经济的视角》,北京:清华大学出版社2005年版。

7. 林毅夫:《发展战略,自生能力和经济收敛》,《经济学季刊》,2002年第1卷,第2期。英文稿发表于"Development Strategy, Viability and Economic Convergence," Economic Development and Cultural Change, Vol. 51, No. 2 (January 2003): 277~308.

8. 曼昆:《经济学原理》(宏观经济学分册),(N. Gregory Mankiw, Prinple of Economics, 4th edition),梁小民译,北京:北京大学出版社2006年版。

9. 席勒,罗伯特:《非理性繁荣》,北京:人民大学出版社2001年版。

中国经济50人论坛
Chinese Economists 50 Forum

没有画上句号的增长奇迹

刘 鹤

The Past 30 Years

A Review and Analysis by 50 Chinese Economists

刘鹤简历

1952年出生于北京。现任中央财经领导小组办公室副主任

2003年3月起任中央财经领导小组办公室副主任，分管宏观经济政策和经济发展方面工作，参与每年国家主席在中央经济工作会议上的报告起草和宏观经济政策工作，是十六届三中、五中、六中全会和十七大文件重要执笔人。

2001年至2003年，任国务院信息化工作办公室副主任，主管电子政务和国际合作工作。

此前曾长期在国家计委工作，参与历次五年计划的制定工作，主持制定若干国家产业政策，1998年负责国家信息中心工作。

经济学家论坛"中国经济50人论坛"的发起和主持人，也是北京大学、中国人民大学的兼职教授和博士生及博士后导师。

在美国哈佛大学和Setonhall工商管理学院学习，并获得MPA等学位。

接到写作邀请，我本能地想到两个题目，一是从中国宏观经济周期变化的描述中看经济发展，二是中国经济和社会结构变化的客观描述，因为这都与我多年的工作密切相关。但又发现这些题目的技术性太强，希望找到一个全景性的话题，可以归纳对过去改革开放的认识和对未来发展的展望。最近我到上海、广东、山东、辽宁和甘肃等地区做了一次关于发展路径的专题调查研究，了解不同地区发生巨大变化的原因，认识不同地区未来面临的各种挑战，在调研过程中，脑海中突然浮现这一题目，觉得这个题目让人兴奋，足以概括对以往和未来增长的主要看法。

一、增长的奇迹和六个成功因子

改革初期，邓小平同志决然否定了"文化大革命"的错误，结束以阶级斗争为纲的政治路线，国家的工作重点转移到了以经济建设为中心。在那时，世界上的大部分人没有意识到这项历史性决策的非凡意义，甚至到了今天，还有人怀念"文化大革命"带来的平均主义贫困和那时享有的精神特权，但是中国已经向前迈出了不可逆转的一大步。

在30年时间之内，中国经济发生了巨大变化。2007年中国的国内生产总值达到24.6万亿人民币，平均增长高达9.75%，经济总量是改革初期的14.9倍，国际贸易量超过2.1万亿美元，是改革初期的104倍，人均国内生产总值由1978年的381元人民币上升到2007年的1.8万多元，约合2500美元，农村贫困人口由2.5亿减少到约2000万人，人均预期寿命从20世纪50年代的40多岁提高到今天的72岁，中国经济在世界经济中的位次也从第10位一路跃升到第4位。奇迹不仅发生在北京、上海、长江三角洲和珠江三角洲，同样的增长奇迹在全国很多地区都先后出现，即便在甘肃的定西地区，这个被联合国有关专家定义为不适合人类居住的贫困地方，也发生了巨大变化，其经济总量在过去30年增长了10倍，城镇居民人均收入增长了8.4倍，农民人均纯收入增长约6.8倍。无论从哪一个角度衡量，都可以说，中国创造了人类社会大国经济增长的奇迹。

总结发展现象的永恒主题是，为什么有些国家和地区由穷变富，以及如何实现由穷变富，怎样防止富国由盛到衰？发展似乎是有规律的历史现象，但发展的原因有时让人困惑，发展的结果往往出乎意料。从中国变化的实际出发，我们看到，准备转轨的巨大经济体在最初经历了危机和重创，受重大历史事件影响，对传统思想观念批判和要求变化的强烈社会共识逐步形成，这使得发动改革的新思想获得了光电一般的传播速度。伟大的历史人物出现，正确的重大决策使得思想解冻成为发展的实践。在正确的战

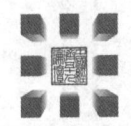

略方向指引下，成功的案例和各类激励因素不断积累，相互激发，铸就着不可逆转的发展趋势，持续和超常规的增长现象成为标志性的特征。中国经济发展取得成绩的原因众说纷纭，有着完全不同的解释。① 从大的方面来说，中国走出了有中国特色的社会主义市场经济道路。在解释成绩的原因时，我认为有几点是非常重要的：

（一）在反思文化革命教训基础上形成的发展共识

历史反复证明，重大的危机推动形成新的社会共识，好的社会共识是历史进步的强大推动力量。中国改革开放之前是十年"文革动乱"，那时中国经济已经走到崩溃边缘。如果没有经历文化革命的灾难，没有对"文化大革命"灾难的反思，就不可能有今天中国的经济增长。正是"文化大革命"的反面教育作用，中国人认识到了"以阶级斗争为纲"理论的错误和荒谬，认识到了闭关锁国的严重恶果和悲剧结局，也认识到了作为一个人所经历的可怕危机和噩梦。摆脱贫困和结束动乱，是全民族的强烈愿望，推动改革和开放，是全民族深埋在心中的强烈期盼。这就是中国改革和发展的社会共识。邓小平同志的正确决策代表了中国人民的强烈要求。

需要看到，经历"文化大革命"一代人的痛苦磨难和深刻思考，为改革开放准备了强大的精神动力和价值认同，也准备了充足的人力资本资源。全民族对经济利益与政治利益、创新与激励、权威与民主、中国与世界等问题的理性认识，则是历史给予中国极其宝贵的国家财富。和历史上大部分崛起的国家一样，中国经历了危机催生复兴的历史过程。比俄罗斯幸运的是，中国领导人在关键的时刻选准了经济起飞的战略方向。

（二）坚定不移地对外开放，加入全球产业分工和市场体系

中国改革之初，恰是国际上一些国家经济走向全球经济的转折时期。发达国家的制造业已经无力承受高福利的成本负担，大量产业需要转移，世界比任何时候都需要中国。中国已经具备良好的基础和诸多条件。只要坚决开放，就可以纳入国际分工体系，关键在于决策。这就是当时世界的长期供求格局。

中央政府坚定地放弃了闭关锁国路线，幸运地抓住全球化加快发展的历史机会，毫不犹豫地加入到全球化行列中，把对外开放作为基本国策。中国加入全球化的过程是渐进和务实的。从开放思想和理论的传播、新产品的引进、对外贸易的扩大和利用外资的拓展，然后到全面对外开放和加

---

① 楼继伟："改革是资源配置制度的整体跃升"，《比较》第23辑，中信出版社2006年3月。

入世界贸易组织。开放使中国及时利用了人类社会发展经济最好的实践成果，享受到全球分工的巨大利益。中国加入全球化的分工体系也是世界的福音。

更为重要的是，对外开放对旧的计划体制起到冲击、震撼和瓦解的重要作用。在这一进程中，历代领导人的正确决策起到决定性的作用，而以往开放的历史记忆、海外华人、国际研究机构和企业家的智慧、一批学者的探索功不可没，沿海地区一批富有冒险精神和勇于实践的政府官员和企业家则扮演了重要角色。中国建国后打下的基础和巨大的劳动力供给则起到支柱作用。以开放促改革促发展，是中国发展的重要结论。

（三）坚持市场化的改革方向

承认和保护个人和企业的经济利益追求，重视发挥市场竞争的作用，重视保护产权，发挥市场配置资源的基础性作用和政府的导向作用，是中国渐进式改革的主要实践。中国坚持自己的特色，没有盲目照搬西方模式，高度重视发挥市场机制的基础作用，但也认识到市场机制发育的长期性和目前存在的不完善。如果从大的方面回顾，改革最为核心的变化是承认物质利益追求和保护合法的经济利益。这是从80年代安徽和四川农村改革实行联产承包责任制开始的，从农村改革进入国有企业的改革，直到处理中央和地方关系的税制改革，以及最近推出的金融体制改革，凡是改革成功之处，都在这一最基本的问题上坚持了市场制度的信条。

以渐进的方法引入竞争机制，并且逐步健全适合国情的产权制度、信用制度，是中国的独特之处，在学院经济学家围绕产权和竞争激烈争论着的非此即彼或非黑即白的区域之间，中国找到了现实存在的灰色区间，在市场化这一根本问题上走出了迂回和有特色的道路。值得提出的是，中国在处理政府和市场关系上非常务实，因为两者最终都是为发展服务的。在发展的初期，市场体系并不存在，企业家阶层也软弱无力，政府在培育市场和促进发展方面发挥了重要作用。当经济发展到一定阶段之后，政府和市场这两只手的关系逐步发生变化，企业家阶层开始成长并且发挥重要作用。这是具有制高点意义的问题，各个高增长的地区都有一个善于引导的政府，虽然发挥作用的方式很难用同一个公式表述。改革后的税收制度使地方政府之间存在竞争关系，明智的地方政府为了实现增长，更加重视发挥企业家的作用，这是诠释中国出现高增长的一个重要原因。但是，今后的挑战可能恰恰来源于这个环节。

(四) 保持政治的稳定性，发挥制度优势

政治和经济从来没法分开，经济学从来都是政治经济学。从改革后历代中国领导人都把政治稳定作为经济发展的前提条件。中国的经济基础不可能承受脱离实际的政治风波，中国历史、文化和其他初始条件决定着不可能走西方式的政治民主化路径。正确的道路是逐步发展中国特色的民主政治体制，加快实现依法治国。政府重视发挥国家发展战略的导向作用和维护宏观经济的稳定，重视发挥中国政治制度集中力量办大事的优势，当然这里肯定的是在市场机制发挥基础性作用前提下的合理政府行为。

各级政府认识到，在"文化大革命"中已经证明失败的路线没有必要再重新论证，重要的是务实地、符合规律地推动经济发展和提高人民的生活水平，使越来越多的人共同富裕起来和享有全面发展的权利。当然，当经济发展达到一定阶段之后，转变政府职能、加快行政管理体制改革和民主的要求会日益加强，这是未来发展的崭新课题。

(五) 充分利用了国家具备的各种比较优势

亚当·斯密在《国富论》中指出，"分工是文明的起点"。全球化背景下欠发达国家发展战略的基本问题，是在全球市场分工体系中找到和发挥比较优势。在经济全球化条件下中国的后发比较优势明显存在，主要包括：工业化加速产生的巨大市场规模优势、劳动力无限供给条件下的二元结构落差优势、高储蓄率、国际资本流动等。这些和中国改革开放政策相结合，成为巨大的增长动能。

中国幅员辽阔，不同地方都有自己的比较优势，从地理位置优势、劳动力素质到产业布局优势和成本优势。比较优势从来都是一个动态现象，发展初期的不利条件随着发展阶段的变化会逐步变成新的比较优势，这是快速发展大国中比较普遍的区域发展现象。如果相对落后地区找到了适合发挥自己比较优势的商业模式和具备融入市场体系能力的话，这些地区就开始进入经济快速增长的轨道。深入分析就会发现，中国每个成功的省、甚至各个成功的地区都有自己独特的发展模式，其独特之处在于激励经济发展的不同变量作出了极不相同的贡献，但在本质上又有相似之处。

(六) 文化底蕴发挥着逐步加大的支撑作用

经济增长表面的决定因素是资本、劳动、技术和地理优势，但是最终起作用的是文化和习惯的遗传。中国古老的文化传统在改革开始就起到重要作用，主要是按照循序渐进的传统和中庸文化特点摸索改革路径。"和为贵"的思想和包容多样的风格自然地和各类经济因素结合起来，随着经济发展而产生不断扩大的作用，成为看不见的又时时可以感觉到的国家软实力。

在中国不同地区成功的背后，通常的解释变量离不开资本形成、产权保护、企业家精神或政府政策、技术创新或生产组织创新、重大的外部机会等经典因素，但如果追根问底，为什么在这里而不是在那里发生了如此这般的变化时，解释变量往往要回到历史文化因素中去寻觅。上海、广东和山东发展模式明显不同，这是地理文化和历史渊源的区别。一些西方汉学家[1]在研究中国时指出的历史沉重记忆和文化沉淀，在发展初期似乎是阻力或包袱，但当发展达到一定水平和发展理念发生根本变化后，传统的中华文化与全球化的新趋势结合，则转化成为巨大的发展动力，现在的确需要对中国优秀文化的认祖归宗。

总的来看，中国出现的增长奇迹是适应外部环境变化、凝聚社会共识、调整激励结构、发挥生产要素价格相对比较优势和文化潜在力量的结果，其道理直白而深奥。在这部分，不应忽视和没有深入分析的有三个问题：过去30年全球化过程中出现的大国经济失衡现象和相对比较优势变化的描述、中国经济非均衡的特点和广义上的价格扭曲对增长的正面和负面影响、几次经济周期变化中不同发展阶段的改革特点。这三点都极为重要，但在较短时间内没有进入细节描述和定量分析，也有很多似是而非的判断。最后决定在这次写作过程中"抓大放小"，这一点想特别向读者加以说明。

二、未来的趋势和三个长期课题

中国的增长奇迹没有画上历史的句号。已经取得的成绩让人振奋，但它毕竟是阶段性的历史成果，作为向全面小康社会迈进和向中高收入水平跃升的国家，中国经济发展面临巨大的机会。按照党的十七大对全面建设小康社会提出的新要求，到2020年，中国的人均国内生产总值将达到或超过5000美元，发展的协调性大大增强，国内市场规模全面扩大，社会和谐程度逐步提高，发展前景是非常乐观的。但是中国发展也存在诸多不确定性[2]，发展前景甚至存在两种可能性。站在这历史十字路口，发展中国家走势分化的历史教训需要深刻汲取，对中国未来新的挑战需要准确界定。

写到这里的时候，不由想起了一件往事。三年前法国驻华大使高毅先

---

[1] 戴维·S. 兰德斯：《国穷国富》，新华出版社2001年版，第473~492页。

[2] 在《Understanding The Process Of Economic Change》（普林斯顿大学出版社）一书中，诺斯引用了关于不确定性的定义。第2章，第13页。

生约我共进晚餐，那时康德苏先生刚从国际货币基金组织退职。康德苏回忆了一件往事。他在任时，要迎接新任美国总统克林顿到国际货币基金做惯例拜访。从白宫到国际货币基金有十五分钟车程。康德苏苦思冥想，试图提出一个让新任美国总统在十五分钟回答不完的问题，以避免路途无话可说的尴尬。他问的是，总统先生，您最近经常思考的几个问题中，哪一个问题不断出现？克林顿思考片刻后说，我想是中国，如果中国实现城市化和轿车进入家庭，中国和世界会发生哪些变化？于是克林顿开始了他擅长的推理。果然直到终点新总统的话还没说完。

克林顿思考的问题是，如果中国发生巨大变化，美国应当如何应对？他显然是站在全球视角考虑问题的。今天当中国已经成为大国开放经济体之后，我们显然需要站在新的高度，树立全球视野，做些更长期的展望。我们的确需要归纳一下，在我们这个十几亿人口的东方大国实现现代化，将会面临哪些主要的机会和挑战。经济发展的历史往往有惊人的相似之处，但未来中国的变化不可能是以往任何国家和自身历史的重复和再现。① 和早期发达国家不同，中国面临的挑战是复合型而不是线性的，随着时间推移，挑战不会简单化而是更加复杂，但机会将伴随挑战同时出现。在诸多反复讨论过的课题中，我想特别提到三个长期问题：

（一）国际经济格局的变化和中国经济的定位

无论世界经济格局如何变化，全球化进程都在加快，中国作为大国开放经济与世界经济的互动性都在全面加强，但是目前的世界和中国与30年前已经大不相同。当中国决定对外开放时，世界流行的是多边自由贸易体制、资本自由流动和放松管制，劳动和资本相对价格的变化使全球制造业资本需要找到新出路，中国似乎不需要定位就可以凭借比较优势自然融入全球分工体系。但是今天，暂且不谈政治因素，世界经济生产要素的长期供求格局已发生了很大变化。一方面，新兴市场经济国家的崛起使对初级产品的需求大幅增加，同时，受资源储量、土地面积、地缘政治等因素影响，初级产品供给出现价格刚性制约，这使得初级产品价格变化进入了结构性加速上升期，依赖于少数大国最终市场的亚洲模式受到挑战；另一方面，不断增加的全球生产能力和全球市场空间狭小的矛盾突出，这使得自由贸易体制在越来越多的贸易保护主义冲击下已经残缺不全。另外，发达国家虚拟经济的发展，使投机式的发展模式和急功近利式的公司治理结构

---

① 诺斯对历史的不可重复性和非连续性作了非常精彩的描述。参见《Understanding the Process of Economic Change》，普林斯顿大学出版社。

不断升级，全球金融体系变得十分脆弱，发展中国家特别是经济结构加快升级的国家不断面临金融危机的挑战。更严重的问题是，全球气候变暖成为不争的现实，这个问题解决不好，将引发水源断流、难民剧增、粮食供应不足等涉及人类社会生存的基本问题，这使传统发展模式难以为继。

在复杂国际环境下，中国同时面临自己独特的课题。从宏观格局看，国内储蓄和消费高度失衡使得过大生产能力高度依赖国际市场，这种增长格局的可持续性在新的国际环境下已经不复存在。特别是最近几年，中国的外贸依存度达到约70%的水平，风险和成本都在明显扩大。从长期供给条件来看，过度外向和重化工化的发展模式使中国面临着前所未有的资源和环境压力。石油和部分农产品等初级产品的进口是长期现象，水和土地已经成为最稀缺的自然资源。劳动力成本上升速度加快而拐点出现得过早。

总之，国际市场狭小、初级产品价格上升、国内成本优势变化、资源环境压力加大，这些新的长期趋势说明，传统的粗放增长方式已经难以为继，要求中国在全球经济准确界定未来的动态比较优势，更重视熊彼特增长模式和罗默增长模式的研究，充分发挥知识和人力资本作用，创造条件在国际分工体系中扮演新的合适角色。① 我的基本看法是，在未来我们要做好两件大事：（1）中国要加快调整储蓄和消费的关系，逐步成为内生性的需求大国，为全球提供巨大市场。（2）要促进产业结构升级，加快技术进步和提高投资效率，提升服务业的比重，使产业结构和国内资源禀赋相匹配。在新的环境下，中国要反思赶超型的工业化路径，努力走出一条依靠国内市场需求拉动、建立新的产业体系和形成创新能力的路径，同时用和平方式与资源供给国家形成互惠互利的战略分工。

（二）城市化模式和生产力空间布局

在工业化、市场化、城市化和国际化这四个趋势中，城市化是最核心也是最复杂的命题。主要原因是，城市化是工业化的载体、市场化的平台和国际化的舞台。大量农村剩余劳动力转向城市成为市民，是消除二元结构的根本出路，也是扩大国内需求的主要依托。城市化派生的投资和消费需求是拉动经济增长的主要动力。更重要的是，正确的城市化道路选择是实现国家粮食安全的保证，我国人多地少和缺水的基本国情，决定了在城市和农村同时实现适度规模经济效益和深化分工，是实现可持续发展的客观选择。

记得1993年齐怀远部长带队参加达沃斯论坛，他派我参加经济政要的

---

① 郑必坚：《论中国和平崛起发展新道路》，中共中央党校出版社2005年第1版，第33页。

圆桌讨论。我是职位最低但是被提问最多的官员。会后,新加坡总统李光耀走到我身旁,用一口广东音很重的国语对我说:"刘鹤,中国最大的挑战是城市化,10亿人口的城市化足以改变世界,但是你们的压力将是史无前例的。"李光耀说的是正确的。围绕城市化和大规模人口转移,过去30年我们遇到多少复杂的挑战和难题?粮食安全、农民利益、土地制度、户籍制度、社保制度、转移劳动力素质、政府考核方法、财税制度、社会稳定甚至人权问题。2008年初的南方雪灾表明,由于缺乏区域性的大城市所造成的大规模劳动力长距离流动性就业,是造成雪灾发生后交通堵塞的结构性原因。中国的基本国情使得生产力布局的长期供求关系远离均衡点,城市化模式的战略选择必须是国家行为。但是,自然经济思维和利益分割的实践仍然占据主导地位,在过去30年,我们大约转移了不到3亿的农村剩余劳动力,但却占用了将近10亿亩的农田,城市化付出的代价十分昂贵。在城市化模式选择上的犹豫,使得分工、专业化协作、规模经济、节约资源、保护环境和生态等观念的实践都面临很大困难。

回顾近300年现代化的历史,世界经历了三次城市化浪潮,第一次是大城市的兴起,这是工业化和分工深化的结果,我们没有赶上这次浪潮。第二次是小城市的扩散,这是治理大城市病的自然要求,我们经历了这一次浪潮,但是对此有所误解。目前全球开始了第三轮城市化浪潮,主要特点是通过强化大城市与中小城市的交通和网络联系(city-region and networking),全面提高大城市的国际竞争力。这个趋势在伦敦、巴黎、柏林、法兰克福、阿姆斯特丹、东京、大阪等城市开始起步,大城市获得了更加重要的地位。

面对这些新趋势和国内城市化进程挑战诸多的背景,从战略上,我们需要认清潮流,从我国人多地少的实际出发,按照建立主体功能区和特大城市圈的思路,从资源环境承载能力和生产力合理布局的角度做好城市群发展规划,对混乱的城市格局做一次整合,以大城市为核心,整合中小城市和小城镇,相应做好政府事权划分、财税、住房、教育、社会保障、土地利用等制度设计,培育和创造符合中国在全球经济定位的大城市圈。从战术上,需要接受发达国家和部分发展中国家"大城市病"的教训,审慎和负责地处理各类现实问题,在建立城市功能区、接受大量转移劳动力和治理大城市带来的噪音、空气和水污染、交通堵塞以及解决社会难题等方面走出符合国情的新路径。

(三)提高中等收入者比重和加强教育

经济增长、合理分配和可持续性是发展概念的基本内涵。在收入分配问题上,提高中等收入者比重则是高层面的终极目标。改革开放30年,我们已经实现了一部分人和地区先富起来的阶段性目标,一个人口数量逐步扩大的中等收入阶层正在出现。但是无论从哪个角度衡量,这个阶层的比重还是偏低,可能不足20%,难以支撑国内消费需求扩大和社会长治久安。为扩大"有恒产、有恒心"的中等收入阶层创造条件,是实现国家繁荣稳定的基本保障,也是中国从发展中国家进入发达国家的重要标志。因此我认为,党的十七大对全面建设小康社会的新要求中,最重要的是中等收入者比重占多数的目标。国际经验也表明,建立好的社会阶层结构至关重要,但是难度超过实现高速增长,因为增长的相关变量是快变量,而中等收入者稳步上升需要创造的政治、经济、社会和文化条件更多,有很多是慢变量,在提升中等收入者比重这个过程中甚至充满陷阱。

国内一直讨论拉美教训问题。拉美的情况比较复杂,为此我到智利和阿根廷做过专题调研[①],我发现国内对拉美教训有很多误解。所谓的"拉美教训"并不是被人们轻信的结论和判断,全球化、市场化、城市化不是拉美教训的元凶。拉美国家真正的教训是,在军政府向所谓的民主政府转化过程中,政府普遍采取了民粹主义的办法拉选票,放弃财政纪律和产权保护原则,做出各种超出政府支付能力的福利承诺,致使通货膨胀加剧和外债高筑,造成政治和经济周期的大起大落和两极分化。更为深层次的是,因为缺乏中等收入者阶层的理性制约,才导致了拉美民粹主义的严重情结。在拉美访问时,智利的杰出研究人员们向我介绍,总结以往教训,发现忽视教育是造成中等收入者比重低的根本原因。教育不足使低技能人员大量失业,造成贫困的再生且恶性循环。但随后发现,国家投入大量资金发展公共教育,而富人享受的私立教育质量超过公立教育,教育质量差别又转化为巨大的收入差别。而造成教育质量差别的原因,是公立教师激励不足。他们不无感慨地对我说,一旦进入两极分化的陷阱,要花几十年的时间才能走出来。他们的话是意味深长的。

十分清楚,使广大低收入者转变为有固定职业、有房产和努力向上的中产者,是避免中等国家陷阱的战略举措,是实现社会和谐的重要内容,实现这个目标不是靠补贴和社会同情所能解决的,有时为了劳动者近期利益做的好事反而不利于其长期利益,因为这些做法往往使劳动者把其低收入的原因归于社会,而忽视了自身的努力。[②] 最重要的是使得劳动者具备适

[①] 刘鹤:"拉美经济的主要挑战和经验教训",《比较》第24辑,中信出版社2006年5月。
[②] 格林斯潘:《动荡年代:新世界中的冒险》(The Age of Turbulence: Adventures in a New World),美国企鹅出版集团2007年版。

应市场竞争和全球环境变化的能力和韧性。亚当·斯密在《国富论》中说过："一个哲学家和一个街头搬运夫的差别，似乎不是由于天赋、而是由于习惯、风俗和教育产生的"（当时哲学家处于社会顶层）。改变落后的习惯，加强教育和提高教育质量，是减少贫困和提高中等收入者比重的根本出路。在改革开放初期，没有受过教育的劳动力照样可以在东莞等地找到出路，但是今天和今后的环境将完全不同。

安东尼·吉登斯在《现代性与自我认同》一书中指出："现代性的特征之一，在于外延性和意向性两极之间不断增长的交互关联：一极是全球化的诸多影响，另一极是个人素质的改变。"我们的教育要使个人心理和能力素质适应全球化的变化，应当更加强调两个不可分割的内容，首先是价值观念的教育，使受教育者具备仁爱之心，敬畏和感激大自然。①加强心理教育和引导，使社会公众在经济结构和社会转型加速时期逐步具备心理平衡能力，从自满、焦虑、抱怨、浮躁、急功近利等不利于社会和谐的情节中得以超脱。其次是增强适应国际市场竞争能力的教育和培训，其内容服从国家总体战略定位的调整。这是减少收入差距和适应全球化发展挑战的基础，也是形成国家创新能力的保障。知识界应该增强社会责任，激发劳动者的创业之心，而不是制造对市场机制的恐惧。从国家全球战略角度看问题，发达国家的老龄化和人口萎缩同时出现，人力资源即将成为短缺资源，人力资本是未来国家竞争力的核心。因此，我们要更加相信教育和重视教育。创新是教育的函数，教育发展好了，创新成果将接踵而至。最近，比尔·盖茨提出一个很有意思的观点，他认为美国唯一的优势是通过开放的教育吸引了全球的优秀人才，转化为创新的优势。目前，我们的确看到了发达国家培养的人才向我国回流的趋势，我们需要抓住这个机会，在发达国家享受中国人口红利之后，享受一次发达国家提供的教育红利。

美国次贷危机发生后，我一直密切关注国际经济环境的变化，当我看到美联储不断降息和对金融体系注入大量资金之后，我感到了真正的危机，因为挽救的对象是本应受到惩罚的不道德行为。在全球化曲折发展的形势下②，中国的确要建立起一道安全的防火墙，这就是真正扩大内需，稳步提高中等收入者比重，不断加强教育，推动城市化的有序发展，使中国成为市场规模巨大的创新型国家。这不是门罗主义或孤立主义③，而是在开放前

---

① 爱德华·卢斯：《不顾诸神，现代印度的奇怪崛起》，中信出版社2007年11月。
② 阿瑟·刘易斯提出的"核心国"与"外围国"的概念应当再一次受到重视。参见《增长与波动》，华夏出版社1987年版。
③ 王建在2006年"中国经济50人论坛"年会上提出了"门罗主义"的概念，很引人深思。

提下应对全球化挑战的理性选择。

三、经济学者的历史责任

30年前我们以惊喜的心情迈进大学，赶上了时代的末班车，不觉之间几乎到了花甲之年。展望未来，路途还很遥远。我们正处在实践变化快于理论形成的大变革阶段，出乎意料和不知所措的局面不断出现，这使得很多理论无法经受住历史检验。需要跟踪实践变化、归纳和升华为理性表述，以便更好地面对未来，这是经济学界的社会和历史责任。有三件事是我们这一代人无法回避的责任：

（一）强化社会共识和推动改革开放

深化改革是解决中国全部问题的关键所在。30年前的改革之初，中国与其说存在既得利益，不如说存在意识形态方面的不同价值观念。强大的改革共识创造了增长奇迹。到了今天，新的利益阶层已经出现，得意的群体和失意的群体都希望通过改革获得新机会。① 利益关系的复杂化使思想和政治的复杂程度提高，中国作为大国开放经济的改革和国际利益不可避免交织一体。未来推进改革需要新的社会共识，既有来自左和右两个方面的挑战，也出现了自满的天国情结，最多的电视剧是古老帝国的繁荣，但推动改革和这些自满浮躁情结格格不入，需要建立真实的危机感和自我批判精神，进入思想解放的精神状态，推动形成新的改革共识。

（二）总结历史经验和推动理论创新

30年来世界经历了几次大的变化。历史一度抛弃凯恩斯主义，供给学派和理性预期理论独领风骚，但美国次贷危机使得人们认同的理论受到质疑。正像保罗·克鲁格曼较早指出的，萧条经济学正在回归。而耶尔金则指出，历史拐点的出现，将引发一次新的理论创造。中国的成就不是经典理论预言的结果，不是对历史上任何一种发展模式的复制，总结中国的经验非常重要。作为亲身经历这30年全过程的一代经济学家，这个任务是无法推卸的。总结的重点可能是再认识政府在经济发展中应该扮演的角色和重新定义公共产品，再认识价格机制的重要作用，再认识在全球化条件下战略性产业政策的功能，再认识外部环境变化和内部发展模式调整之间的互动关系，再认识保护产权、完善激励机制等有利于长期经济增长因素的

---

① 拉古拉迈·拉詹和路易吉·津加莱斯：《从资本家手中拯救资本主义：捍卫金融市场自由、创造和机会》，中信出版社2004年6月。

重要作用。在这些问题上，的确是"成也萧何，败也萧何"。如果经济学家们冷静下来，研究一些国家由盛到衰和由衰到盛的历史，研究引起一些中等收入国家落入陷阱的原因，对未来发展将具有很强的现实意义。

（三）思考深化改革的导航图

中国正处于经济结构调整和社会转型的关键阶段，转型的主要含义是，由过度依赖外需向更多依赖内需的变化和支撑这一过程的中等收入者比重的扩大。顺利实现转型的核心问题是，调整储蓄和消费的失衡状况，这是本文第二部分提出三个长期问题的立足点。为了实现这样的目标，从而加快转变发展方式，需要有一张明确的改革导航图。中国的改革已经进入通过总体设计推进局部改革的新阶段，这是推进今后中国改革需要把握好的基本特征。在人类发展的历史上，英国人以擅长制度设计著称于世，现在则进入了中国人发挥想象力和创造力的新纪元。

从全球生产要素价格相对变化的新特点和中国经济的新定位出发，未来改革主要包括调整扭曲的价格和实现内部良性循环两项内容。首先，要针对本轮经济周期中出现的价格扭曲现象不失时机地加快价格改革，使初级产品、土地、劳动、资本的价格能够真实反映均衡的市场供求关系和补偿外部成本，从而使增长具有内生性。其次，要从人的生存和实现社会安全的逻辑出发，抓住四项相互联结的改革：第一，在人口老龄化、劳动力从初级产业向高附加值产业继续转移的条件下，加快养老保险体制全国统筹的步伐和城乡管理体制改革；第二，改革现有的财税体制和合理划分中央与地方政府的事权财权，使中央政府有实力承担实现全国社保统筹的能力，加快公共服务型政府的建设；第三，加快金融体制改革，提高直接融资比重，加快发展中小金融，使资本市场可以实现社保资金的保值增值，使各类优质企业特别是中小成长型企业获得可靠的融资渠道；第四，改革教育体制，提高教育质量的市场适应性，使巨大的人口压力转化为人力资本优势。在完成这些改革之后，中国经济发展内部的制度条件会进一步完善，产业竞争力将得到进一步提升，需要考虑的下一个问题是人民币国际化问题。

在邓小平理论、"三个代表"重要思想指引下，深入贯彻落实科学发展观，我们将实现全面建设小康社会的宏伟目标，届时中国这个历史悠久的文明古国和发展中大国，将基本实现工业化和现代化，成为市场规模巨大、人民生活水平提高、对世界经济发展和人类文明作出更大贡献的国家。① 从现在起到 2020 年还有 12 年的时间，在本文结束的时候，我想特别强调三句话：一是需要真正树立全球视野，善于从宏观到微观，从历史到未来，从正向思维到逆向思维等不同的角度研究中国未来的发展路径（path dependence）；二是必须深化改革开放，不断根据环境的变化，把总体渐进和局部突破的改革方式更好地结合起来，以求适应性的演化（adaptiviness）；三是要果断地把握时机，今天该做的事决不拖到明天（intentionality）。我们将目睹全面建设小康社会宏伟目标实现后的历史繁荣，但即便到那时，增长还没有画上历史的句号，还需要我们的继续努力。

---

① 胡锦涛：《高举中国特色社会主义伟大旗帜，为夺取全面建设小康社会新胜利而努力奋斗——在中国共产党第十七次全国代表大会上的报告》，2007 年 10 月 15 日。

中国经济50人论坛
Chinese Economists 50 Forum

市场开放、竞争与产业进步：
以中国汽车产业为例

刘世锦

刘世锦简历

国务院发展研究中心副主任

1955年1月出生于陕西西安。1982年毕业于西北大学经济系。1986年考入中国社会科学院研究生院，1989年毕业并获经济学博士学位。1989年至1994年，在中国社会科学院工业经济研究所工作，任副研究员、研究室副主任。1994年起，曾任国务院发展研究中心市场经济研究所副所长、宏观经济研究部副部长、产业经济研究部部长、办公厅主任、学术委员会秘书长等，现为国务院发展研究中心副主任，研究员、博士生导师。

长期以来致力于经济理论和政策问题研究，主要涉及企业改革、经济制度变迁、宏观经济政策、产业发展与政策等领域。

先后在《经济研究》、《管理世界》、《中国工业经济研究》、《改革》、《人民日报》、《经济日报》、《中国经济时报》等国内外刊物上发表学术论文及其他文章二百余篇，独著、合著《经济体制效率分析导论》、《后来居上：中国工业发展长期展望》、《国有经济的战略性改组》、《宏观思考》、《改革攻关30题：完善社会主义市场经济体制探索》、《迎接中国汽车社会：前景、问题、政策》、《传统与现代之间：增长模式转型与新型工业化道路选择》等学术著作十余部，一些观点在学术界和社会上有较大影响。撰写诸多内部研究报告，某些观点和建议为中央决策层所重视。曾多次获得全国性学术奖励，包括第四届孙冶方经济科学优秀论文奖，中国社会科学院优秀论文奖，中国发展研究一等奖等。

改革开放以来中国经济所取得的巨大成就是以产业成长和进步为基础的。在影响产业成长的多种因素中，具有决定性的是竞争性市场环境的形成。中国不同产业的进步并不在同一水平线上，甚至不在同一数量级上。从产业竞争力的角度观察和衡量，不同产业之间的差别显而易见，而市场开放和竞争状态可以对此提供最重要的解释。因此，市场开放、竞争和产业进步，是观察和分析改革开放30年来中国产业发展的一条主线。在众多产业中，本文选择中国汽车产业作为典型案例展开分析。其理由，首先是汽车产业成长性好，带动力强，社会影响广泛，被视为"支柱产业"；其次，汽车产业是政府正式公布并推行产业政策的行业，政府管制与市场开放交织在一起，情况错综复杂，较好地体现了中国产业体制转轨过程中的特点；再次，近年来，特别是中国加入WTO以后，汽车产业在数量规模快速扩张的同时，质量、服务、新产品开发、技术和组织创新等方面都出现了长足进步，具体而生动地诠释了"市场开放、竞争推动产业进步"的命题；最后，但并非不重要的是，中国汽车产业也是发展中争议最多的产业之一，期间发生的诸多争论，争论中的观点交锋，不仅对理解这一时期中国汽车产业和其他产业发展中的体制和政策问题，而且对今后中国产业发展道路和发展方式的选择，都是不可多得的"知识资产"。一定意义上可以讲，把这一时期中国汽车产业的发展说清楚了，中国产业发展的重要问题也大体上说清楚了。

一、改革开放以来中国汽车产业的发展轨迹与阶段

从新中国成立到改革开放开始前的近30年时间里，中国汽车产业经历了初创、成长和徘徊的过程。1949年新中国成立伊始，刚刚组建的中央重工业部机器工业局就开始了建设汽车工业的筹备工作。当年年底，毛泽东主席、周恩来总理在莫斯科访问时，商定由前苏联援助中国建设一批重点工业项目，其中包括一个汽车制造厂。1953年，第一汽车制造厂在长春奠基兴建。3年后，第一辆解放牌载货汽车诞生，"一汽"开始批量生产。此后，在北京、南京相继建立了汽车制造厂。"文化大革命"开始后，虽然也进行了第二汽车制造厂和陕西、沈阳等地汽车生产项目的建设，但由于汽车行业和整个国民经济受到严重干扰，汽车年产量多年在10万辆左右徘徊。到1978年，中国的汽车年产量仍然没有超过15万辆。这就是新时期中国汽车产业发展的规模起点。

改革开放后的30年间，中国汽车产业的发展大体上可以分为三个阶段。

第一阶段，从1979年至1991年，汽车生产呈现出恢复增长、波动较大等特点。随着国民经济的恢复和增长加快，对汽车的需求相应增长。而这一时期宏观经济稳定性低、波动大的特点，在汽车生产中也体现出来。1979年至1983年，汽车年产量保持在20万辆左右。1984年、1985年两年，年产量连续递增10万辆以上，1985年还进口35万辆，总数达到80万辆。之后的1986年国内生产和进口均有较大幅度回落，到1988年国内产量又达到64万辆，但进口降到10万辆以下。1991年，国产加进口的总量才接近1985年的水平。

在改革起步的大背景下，80年代初汽车行业开展了"横向联合"为重点的行业管理体制改革。1980年8月原国家机械委发布《全国汽车工业调整改组方案（试行）》，一汽、东风等骨干汽车厂着手筹建汽车工业联营体，对相关企业实行跨省市、跨部门的联合，以扩大生产规模，减少重复生产。1982年5月，国务院批准成立中国汽车工业公司，将当时主要的汽车生产企业都作为其下设的工业联营公司，形成了中汽公司——联营公司——基层企业的三级管理体制。在这一按照当时"计划经济为主，市场调节为辅"原则设立的体系中，中汽公司虽被定位为经营实体，实际上仍是政府行业管理机构，所使用的仍是传统的计划、物资、人事、项目审批等传统手段。

经过这一"整合"后的汽车工业并不能满足迅速增长的需求，中型载货车为主，"缺重少轻，轿车几乎空白"的结构更是与市场需求结构脱节。1985年、1986年两年，汽车进口合计达50万辆。在数量与结构的双重压力之下，政府放松了对汽车行业的管制，提出调整产品结构，注重微型车、轻型车和重型车的产品开发，一批新企业随之兴建。到1987年，汽车整车生产厂、改装车厂分别达到116个、347个，比1980年分别增加了60个、158个。

汽车合资企业的出现是一大突破。突破始于1982年6月改革开放总设计师邓小平"轿车可以合资"的批示。这一被称为一言九鼎的批示打开了中国汽车工业对外开放的大门。在当时的结构调整中，轿车生产是最为薄弱的环节。中国已经远离国际轿车生产水平，而轿车生产集合了汽车工业中最为复杂和先进的技术。结构调整与追求新技术的压力促成了对外开放的契机。1984年1月，北京汽车制造厂率先与美国AMC汽车公司合资组建"北京吉普汽车有限公司"，开始生产切诺基车型系列产品。1985年3月，中德合资组建上海大众汽车有限公司，生产以后二十多年风行于中国的桑塔纳轿车。这一项目经过十多年滚动发展和两期技术改造扩建工程，于1997年形成年产30万辆的能力。也是在1985年3月，广州汽车厂和法国标致汽车公司等机构合资建立了广州标致汽车有限公司，生产标致系列产品。1991年，其在国内市场的占有率曾达到16%，但以后经营不佳，亏损严重，于1997年终止了合资。80年代后期，合资势头不减。1988年8月，德国大众公司又与一汽合资组建公司，总投资超过100亿人民币。1990年12月，二汽与法国雪铁龙公司合资生产富康轿车，由于诸多原因，这一项目直到1997年才试生产。除了上述合资项目外，80年代较大的对外合资合作项目还有日本五十铃集团与重庆汽车制造总厂设立的"庆铃汽车有限公司"，内蒙古第二机械厂与英国特雷克斯设备有限公司合资成立的北方重型汽车有限公司等。这些合资企业的设立，不仅引入了新的设备、工艺和技术，还引入了新的管理方法、组织体系和运行机制。同样重要的是，在原先以国有企业构成、主要以计划经济方式运行的汽车行业，出现了一批面目和行为大不相同的新进入者。

这一时期另一批新进入者是国内民营企业。与国际大型汽车跨国企业不同的是，民营企业尚未有规模地进入整车制造领域，只是在汽车零部件生产上初露锋芒。这既与当时民营企业起点低，技术水平、经济实力差有关，更多地则受限于政府的行业进入政策。进入的民营企业中，有些先是介入维修零部件的生产，以后发展成整车厂的零部件配套供应商；有些先是生产摩托车零部件，以后转入汽车行业。其中著名的有浙江万向钱潮股份有限公司等。

新进入者的出现，竞争一定程度的加强，使1982年成立的中国汽车工业公司框架难以维系。1985年6月，解放、东风、重型3个联营公司实行计划单列。1987年5月，成立"中国汽车工业联合会"（简称"中汽联"），同时取消中国汽车工业公司。1990年2月，组建"中国汽车工业总公司"（中汽总公司），主要管理地方性中小型企业。"中汽联"作为行业协会（1990年7月更名为中国汽车工业协会）挂靠在中汽总公司，转为一个民间社团组织。这一时期汽车行业管理机构很不稳定，几年换一次牌子，反映了在行业发展加快、体制环境迅速变动的形势下，行业管理者在政企关系、政府管理方式等方面的彷徨、困境和探索。

与汽车产品结构调整，特别是轿车工业兴起相伴随的，是行业管理者对"重复建设"的忧虑。几个大的合资企业在生产轿车，一些地方也想上轿车项目，于是，1987年政府主管部门出台了轿车生产项目"三大三小两微"的"定点"政策。1988年12月，国务院发文，再次明确规定，除已批准的一汽、二汽、上海三个轿车生产基地和天津、北京、广州三个轿车生产点外，不再安排新的轿车生产点，各地区、各部门不得擅自洽谈引进轿车制造技术和装配生产线，不得借轻型越野、微型汽车的名义变相上轿车等。这是当时流行的政府对付"重复建设"的办法,在冰箱、电视、洗衣机等家电行业曾实行过,希望以此来解决"一哄而起、重复浪费"的问题。与家电行业相比,汽车行业的定点政策更为"著名","寿命"也更长,直到90年代后期才逐步淡出。

第二阶段,从1992年至2001年。1992年邓小平南巡讲话以后,中国改革开放和经济发展进入一个新阶段。这一年,中国的汽车产量出现一个标志性的重要跨越,净增30万辆,总量超过100万辆。此后的几年,产量增长速度也较快,轿车比重有所上升。

随着建立社会主义市场经济体制目标的确立,1993年汽车行业管理机构和职能再次发生变动。原授权给中国汽车工业总公司的汽车行业管理职能收归新组建的机械工业部,中国汽车工业协会挂靠机械工业部,中汽总公司则进一步"企业化",与一汽集团和东风集团处在同等位置。机械工业部于当年12月组建成立了汽车工业司,行使汽车行业管理职能。1998年,机械工业部撤销,成立国家机械工业局,并入经贸委。国家机械工业局对汽车行业综合行使宏观管理职能,包括拟订汽车行业发展规划,组织研究行业法规和规章、制度、标准,实施行业管理,推动行业机构调整,指导企事业单位的改革等。

原中汽总公司下属的各汽车联营公司各自寻求其发展空间。解放、东风、上海三大联营公司逐步发展成为现在的中国第一汽车集团公司、东风汽车公司和上海汽车工业(集团)总公司。2000年8月,重型汽车联营公司解体,其中的三大部分分别下放到山东省、陕西省和重庆市,分别组建成中国重型汽车集团有限公司(济南)、陕西汽车制造总厂(西安)、重庆重型汽车集团有限责任公司。南京汽车制造厂先是中汽车总公司的直属企业。1995年,南京汽车制造厂改制,以其为主体,组建跃进集团。汽车零部件工业联营公司本来就是一个松散的联营体,管理体制变动后其职能逐渐淡化。

90年代初中期,受制于轿车生产企业"定点"政策,整个合资企业被限制在上海大众和一汽大众、神龙富康、广州标致等少数几个企业范围内,其生产的"老三样"车型在中国长期流行,南北大众所生产轿车在中国轿车市场的占有率达50%以上。1997年以后,这种情况开始变化,出现了第二轮合资浪潮。1997年6月,中美合资上海通用汽车有限公司和泛亚汽车技术有限公司成立;1998年5月,中日合资广州本田汽车有限公司和东风本田发动机有限公司成立;1999年11月,天津夏利和日本丰田合资组建天津丰田汽车有限公司;2001年4月,长安福特汽车有限公司成立,启动了福特公司在华投资生产轿车的进程;10月,德国宝马公司宣布,将与华晨集团合作在中国生产宝马系列轿车。

也是在 90 年代后期和新世纪初期,一批"行业外"、"体制外"的内资企业开始进入以轿车为主的整车制造领域。不过,这些企业没有一家是"名正言顺"地进入的,每个企业进入都有一段发人深思的故事。大体上看,有三种"曲线进入"方式。一种是"挂靠",典型的是安徽奇瑞汽车公司;一种是"借壳",有浙江吉利汽车公司等;还有一种是"转产",如原来生产轻型客车、微型货车、微型客车的"沈阳华晨金杯"、"长安"、"哈飞"、"西安秦川"等汽车公司采取合资、引进或联合开发的方式,拓宽延伸产品范围,开始生产微型轿车。

专栏1

奇瑞汽车"挂靠"上汽集团而名正言顺

奇瑞汽车有限公司成立于1997年,是由安徽省及芜湖市五个投资公司共同投资兴建的国有大型股份制企业,坐落在交通便利的国家级开发区——芜湖经济技术开发区。当时公司想生产轿车却没能拿到国家生产轿车目录许可。奇瑞采取先建厂的行动,于 1997 年 3 月 18 日破土动工,1999 年 12 月第一辆奇瑞汽车下线。由于产品没有上国家产品目录,奇瑞汽车只能在芜湖当地出售。为了能够使自己的产品出现在国家的产品目录上,有两条路可走,一是获得汽车行业主管部门的谅解,事后追认,但被断然否决;二是与国内汽车豪门联姻,从而变相获得。

奇瑞找到了上汽集团,希望能加入上汽集团。经多方的撮合,双方于 2000 年 12 月 24 日签署协议,奇瑞更名为上汽集团奇瑞汽车有限公司,终于名正言顺。奇瑞的代价是无偿划拨 20% 的股权——时值3.5 亿元——于上汽。上汽与奇瑞约定了"四不原则":不投资、不参与管理、不承担债务和不分红。这表明当时上汽对奇瑞的前景并不乐观。

2003 年下半年,媒体上传出上汽与奇瑞要分手的消息,原因是上汽集团的合作伙伴大众公司和通用公司在零部件供应和 QQ 车型设计上对奇瑞不满。2004 年 9 月 30 日,上汽集团新闻发言人发表声明称,上海汽车工业(集团)总公司已将原持有的奇瑞公司 20% 的股份通过无偿划转的方式转让回奇瑞公司的原股东方,上汽集团不再持有奇瑞公司的任何股份。奇瑞公司在国家发展和改革委员会等有关政府部门已完成相关的变更登记,并获准取得独立的轿车生产资格。此时,奇瑞已经发展成为中国汽车自主品牌的领航者,已拥有三大平台四大量产车型,年产能力 35 万辆,发动机产

量达到 43 万台，新近建成的汽车工程研究院使奇瑞拥有了完备的自主研发能力，并成为通过 ISO/TS16949 标准的整车制造企业。

资料来源：奇瑞汽车股份有限公司网站、《上海汽车报》《南方周末》《国际金融报》等资料。

尽管这一时期汽车工业呈现出好的发展势头，关于汽车工业在国民经济中的地位、作用，特别是轿车是否应当进入家庭等问题上，一直存在争议。早在 1984 年 8 月，中央财经领导小组在《关于发展汽车工业问题的会议纪要》中，就已提出"我国汽车工业要有大的发展"。中国汽车工业公司领导在宣布 1985 年中国汽车工业十件大事时，将"汽车工业在国民经济中的支柱产业地位得到稳定"列在首位。1994 年 4 月国务院公布了首个《汽车工业产业政策》，提出到 2010 年使汽车工业成为国民经济的支柱产业。但这一政策的重点，还是通过政府规划和项目审批，"改变目前投资分散、生产规模过小、产品落后的状况，增强企业开发能力，提高产品质量和技术装备水平，促进产业组织的合理化，实现规模经济"。

80 年代中期以后，汽车工业的发展重点开始向轿车生产转移，但当时主要是从调整汽车产品结构、提高技术水平的角度考虑，而对轿车的居民消费多持否定态度。轿车生产出来后，主要是"公用"，而非"私用"。80 年代末期的《中国轿车发展规划》中明确指出，在 2015 年以前家庭轿车不予考虑。1994 年的《汽车工业产业政策》，在这一问题上有了重要突破，提出"逐步改变以行政机关、团体、事业单位及国有企业为主的公款购买、使用小汽车的消费结构"，"国家鼓励个人购买汽车，并将根据汽车工业的发展和市场消费结构的变化适时制定具体政策"，"任何地方和部门不得用行政和经济手段干预个人购买和使用正当来源的汽车，应采取积极措施在牌照管理、停车场、加油站、驾驶培训学校等设施和制度方面予以支持和保障。"但事实上各地限制居民汽车消费的政策甚多。同时，在轿车要不要进入家庭的问题上，出现了一次大的论战。此后几年中，居民个人购买汽车特别是轿车的速度逐步加快。2000 年 10 月，中共十五届五中全会通过的《中共中央关于制定国民经济和社会发展第十个五年计划建议》中，首次写进了"鼓励轿车进入家庭"，从而为居民轿车消费提供了基本的政策依据。

在舆论和政策逐步变化的同时，汽车消费上的诸多政策限制也在改变。1994 年，财政部取消购买轿车控购审批，国家降低小汽车进口关税税率，下放国产轿车定价权，实行指导价格。2000 年，财政部取消 238 项交通和车辆收费项目。2001 年，国家取消车辆购置费，改征购置税；放开国产轿车价格，由市场定价；对低污染排放小汽车减征费税。

这些变化都与当时的一个大的背景有关，即中国加入WTO的进程加快，最终在2001年12月成为该组织的正式成员。从1993年开始，先是"入关"，后是"入世"，在政府谈判的同时，国内的讨论和争论此起彼伏。汽车工业被认为是最容易受到冲击的产业之一，如何应对成为争论的重点。在中国"入世"议定书中，对汽车工业在关税和进口配额调整、国产化率要求、服务贸易准入等方面作出规定，如自2001年起，进口汽车关税逐年减让，到2006年7月1日，将降至25%。"入世"使中国汽车产业的开放度进一步提高。

第三阶段，从2002年至2007年。这一时期，中国汽车产业出现爆发式增长，2002年汽车产量达到325万辆，比上一年增长了90万辆以上；2003年达到444万辆，增量超过百万辆。2004、2005两年增长速度有所减缓，2006、2007两年增长速度再次加快，年度增量均超过150万辆。2006年，中国汽车产量仅次于美国和日本，位居世界第三；而销量超过日本，成为世界第二位（参见图1）。2007年汽车产量达到888万辆。如果这个势头得以保持，2008年有望达到千万辆的目标。

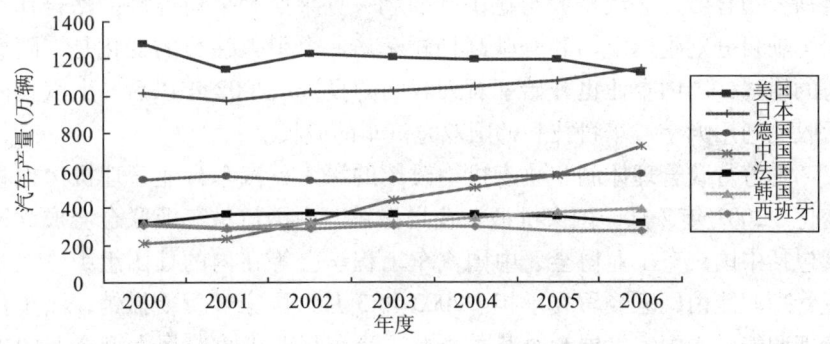

图1 中国与主要汽车生产国的产量比较

数据来源：《中国汽车工业年鉴》（2007）。

2002年以后中国汽车产业的快速发展，是在需求环境逐步改善，生产领域进入者增加、竞争日趋激励的背景下出现的。汽车行业的高速增长、旺盛需求和可观利润，对实力正在壮大的民营资本构成巨大吸引，更多的民营资本开始进入这一行业。由于政府严格的进入管制，民营企业没有整车生产许可证，一般仍要通过入股或协议收购有生产许可证的汽车企业等方式"曲线进入"。进入的重点是各类客车和SUV行业，也有少数进军轿车行业。自1999年吉利汽车开民营企业制造整车之先河以来，先后有西安比亚迪、萧山万通、宁波华翔、江苏中大、上海华普、浙江万向、重庆红

岩、贵州新世纪等近 30 家民营企业进入整车制造领域。2003 年下半年，五粮液集团、波导、奥克斯、美的、格林柯尔、夏新等与汽车行业关联度不大的厂家也纷纷进军或准备进军汽车产业。不过，受 2004 年汽车市场不景气、汽车产业进入门槛高等因素的影响，奥克斯、波导、夏新等企业在短期内又宣布退出汽车制造业。

中国加入 WTO 后，跨国公司加大在中国的投资力度，从而出现的第三轮合资浪潮。与以前有所不同的是，跨国公司在中国的投资更多地着眼其全球战略，注重发掘中国市场的全球性价值。2003 年以来，大众、通用、丰田等汽车跨国公司在中国均实行了积极的扩张计划。由于政策限制，外资没有突破合资企业占有股份 50% 的上限，但充分利用了一家跨国公司可以和两家中国企业合资的政策，并且与中国几家大的国有企业集团的扩张和重组结合在一起。2002 年，德国大众公司与上汽公司合资再延长 20 年；在一汽与天汽联合重组的基础上，一汽与日本丰田公司合作生产高档轿车、微型车和 SUV 车等；东风公司与日本日产公司建立全面合作伙伴关系，并与法国 PSA 扩大合作关系；上汽和通用公司收购山东烟台车身公司。2003 年，处在二线的国企也加强了对外合资、合作。沈阳华晨汽车公司与德国宝马公司合资，北汽控股与德国戴姆勒—克莱斯勒公司开展战略合作，这两个项目分别生产宝马和奔驰高档轿车。一个引人注目的变化是，随着实力的增强，国内企业也开始了对外收购的投资。2002 年以后，上汽集团先后收购通用大宇汽车科技和韩国双龙汽车的股权。

随着行政管理体制和政府机构改革的深入，汽车行业管理机构也相应变化。2001 年 2 月，国家机械工业局撤销，中国机械工业联合会成立，分管包括中国汽车工业协会、中国汽车工程学会等在内的社团组织，汽车行业管理职能由国家经贸委承担。2003 年 3 月，国家经贸委撤销，汽车行业管理职能并入国家发展和改革委员会，汽车行业中央直属大型企业的出资人职能由国家国有资产监督管理委员会履行。中国汽车产业超出预想的高速增长，生产、消费、流通新格局的形成，特别是中国加入 WTO，使原有的汽车行业管理机制和政策不适应性日渐突出。2004 年 6 月，国家发改委发布了新的《汽车工业产业政策》，取消了与世贸规则和中国加入世贸组织所做承诺相违背的部分，提出鼓励自主开发，促进国内汽车企业集团做大做强，创造更好的消费和使用环境等。虽然强调减少行政审批，依靠法规、技术标准引导产业，但在企业准入上，对生产规模和投资额仍然设立了很高的进入门槛（参见专栏 2）。2008 年年初，随着政府换届，汽车行业管理职能转入了新成立的工业和信息化部。

专栏2

2004年汽车产业政策中对新投资项目的进入条件要求

2004年发布的《汽车工业产业政策》中，对新投资项目提出如下进入条件要求：跨产品类别生产其他类汽车整车产品的投资项目，项目投资总额（含利用原有固定资产和无形资产等）不得低于15亿元人民币，企业资产负债率在50%之内，银行信用等级AAA。跨产品类别生产轿车类、其他乘用车类产品的汽车生产企业应具备批量生产汽车产品的业绩，近三年税后利润累计在10亿元以上（具有税务证明）；企业资产负债率在50%之内，银行信用等级AAA。

新建汽车生产企业的投资项目，项目投资总额不得低于20亿元人民币，其中自有资金不得低于8亿元人民币，要建立产品研究开发机构，且投资不得低于5亿元人民币。新建乘用车、重型载货车生产企业投资项目应包括为整车配套的发动机生产；新建车用发动机生产企业的投资项目，项目投资总额不得低于15亿元人民币，其中自有资金不得低于5亿元人民币，要建立研究开发机构，产品水平要满足不断提高的国家技术规范的强制性要求的要求。新建投资项目的生产规模，重型载货车不得低于10000辆；装载四缸发动机的乘用车不得低于50000辆；装载六缸发动机的乘用车不得低于30000辆。

资料来源：2004年5月21日发布的《汽车产业发展政策》。

这一时期汽车行业的研发和其他类型的创新活动显著加强。竞争的加剧，经营收益的增加，对外开放的深化，使得汽车企业有压力，也逐步具有能力开展技术创新，出现了若干不同特征的研发模式。例如，以奇瑞、吉利、长城等企业为代表的"内部驱动，由模仿转向自主研发"模式；以华晨为代表的"自主驱动、大量借助外部资源，逐步形成自身能力"的模式；以一汽集团、上汽集团、长安汽车集团等为代表的"自主驱动，联合开发，逐步形成自我主导能力"的模式；以上海通用、上海大众、广州本田等为代表的"借助全球技术平台开展本土研发"的模式等。汽车产业的研发投入逐年稳步增长，从1998年的38.2亿元迅速跃升至2006年的244.7亿元，保持了年均26.13%的增长速度（参见图2）；自身装备水平稳步提高，用于技术改造方面的投资由2001年的114.2亿元上升至2006年的304.5亿元，年均增长21.67%。研发设计能力的增强，使企业推出新产品的速度大大加快。在2003—2006年期间，共有827种汽车新产品上市，其中2004年达到高峰，一年共有265个新产品推出。2004年和2005年的轿车新产品数量达到60~80个。有的合资企业外方也深感中国汽车市场新产品上市竞争的压力，认为新产品在中国市场上市的数量和速度已经超过发达国家市场。在不长的时间内，中国汽车产业开始了由简单数量扩张到品种、质量和服务竞争为主的阶段性转变。

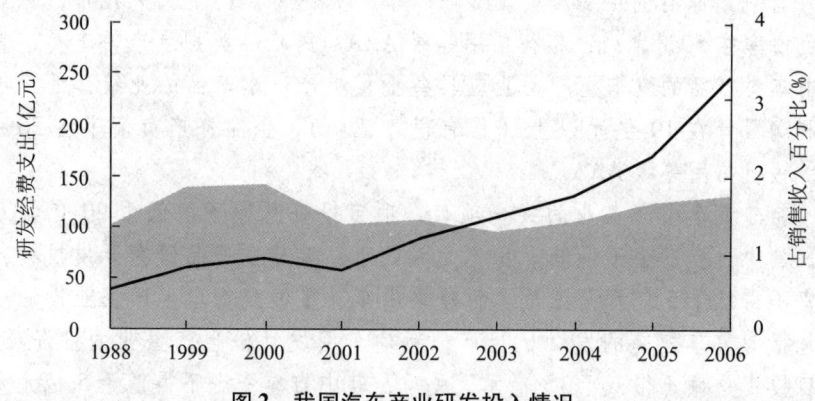

图2 我国汽车产业研发投入情况

数据来源：《中国汽车工业年鉴》（2007）。

中国汽车产业竞争力增强的另一个重要证据是出口超出意料的快速增长。加入WTO以前，对中国汽车产业发展前景有一种相当普遍的悲观预期，认为加入WTO后进口关税大幅下调，国内汽车工业将受到严重冲击，甚至面临崩溃。但实际情况恰恰相反。2002年以后，随着汽车产业的爆发式增长和竞争力的提高，汽车整车和零部件出口也呈现大幅增长态势。汽车出口量由2001年的1.74万辆，增长到2007年的61.27万辆，其中具有显著竞争优势的商用车占50%以上，过去出口量很小的轿车比重也占到30%。加上零部件出口的快速增长，2005年中国汽车产业实现了由进出口贸易逆差到顺差的历史性转变，全年对外贸易顺差为52.6亿美元，2006年达76亿美元（参见图3）。汽车整车和零部件出口已成为中国出口结构调整和升级中的一个新增长点。

二、关于中国汽车产业发展中的几个重要争论

1. 轿车是否进入家庭

对轿车进入家庭持怀疑和否定态度者的理由是多种多样的。20世纪80年代以前，轿车被看成是奢侈品，甚至属于"资产阶级生活方式"。80年

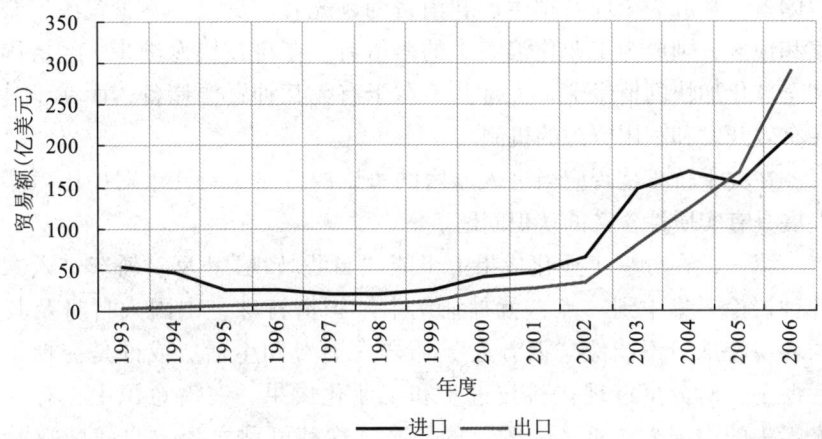

图3　我国汽车产业进出口贸易额变动情况

数据来源：《中国汽车工业年鉴》（2007）。

代以后，国内轿车生产受到重视，但着眼于提高汽车制造技术水平，减少进口，目标仍是机构公用。当轿车进入家庭的呼声渐高时，反对者认为，"中国人多地少，不适合汽车进入家庭"，"中国人收入太低，买不起轿车"，"中国钢铁、能源短缺，支撑不了汽车的大规模消费"，"中国资源、环境压力太大，应当走一条与西方国家不同的道路，主要发展公共交通，不应鼓励汽车进入家庭"，等等。

轿车是否应当进入家庭的诸多争论，带有明显的"时代特征"。时过境迁后，有些争论已经由历史画上了句号。改革开放以前，在温饱未就的水准下，电视、冰箱都被视为奢侈品，拥有轿车更为一个遥远的梦，在"阶级斗争为纲"的氛围中，把私人轿车与资产阶级划在一边也算顺理成章。中国确实人多地少，但世界上还有其他一些比中国人口密度更大的国家和地区，如亚洲的日本、韩国，我国的台湾、香港，以及欧洲的一些国家，"人多地少"并没有使这些地方轿车不进入家庭。收入水平低，买不起轿车，是一个阶段性现象。当总体收入水平提高后，收入水平较高的一部分人将率先进入购买者的行列。轿车作为消费品在全社会的普及，将是一个长达数十年的过程。尤其重要的是，汽车的生产、流通和消费，是经济增长和收入水平提高的重要来源。有些人买不起车，是因为另一些人首先没有买车。能源、资源短缺，曾被认为是中国人不能使用许多耐用消费品的理由。80年代，有人提出电冰箱甚至电扇不能在中国普及使用，原因是"中国电力不足"。然而，国际上率先大规模普及使用家电、汽车的国家与地区，大都不是资源丰富者，如日本、韩国，基本上没有石油和钢铁的资源储备,却成为全球汽车生产和消费的领先者。反之,不少资源丰富的国家和地区,则成为工业化浪潮中的落伍者。在科技快速进步、经济国际化和全球化加快的情景下,关键并不在于有无某种资源储备,而在于是否存在有效开发和利用资源的机制。

在关于轿车是否应当进入家庭的争论的背后,有几个对中国汽车产业发展具有实质性含义的认识问题。

第一,在分享工业化成果上不能"自我歧视"。反对轿车进入家庭的种种议论,集中到一点,就是强调中国国情特殊,中国人自身及其所处的环境特殊,不能像"西方人"那样去消费和生活。或许是穷惯了,落后惯了,对分享近现代科技进步和工业化成果,在潜意识中,有一种挥之不去的中国人"低人一等"的心态。这种可称之为"自我歧视"的心态通常不会直白地表达出来,但潜行在对问题的分析之中。这似乎可以解释为一个长期落后的民族,即使它有了赶上乃至"崛起"的机遇时,依然难以摆脱的自卑感。这种心态对中国人自身在道义、人权上是不公平的,在经济逻辑和现实可能性上,也是不合理的。应当明白无误地确立一个信念:在分享人类科技进步和工业化成果上,中国人与包括"西方人"在内的其他国家和地区的人民的权利和机会是平等的。中国有自身的国情,正像世界上任何一个国家和民族都不可能复制别人的模式一样,在轿车进入家庭这件事情上,中国探索适合自身特点的模式是必须的。做不做某件事情,和如何去做、如何做好某件事情,是必须区分开来的两个问题。

第二,轿车进入家庭是汽车产业成为国民经济支柱产业的前提。在1986年公布的国家"七五计划"中,就明确"把汽车制造业作为重要的支柱产业"。但当时发展汽车工业主要是"生产导向",希望汽车工业在产值增加、技术进步等方面发挥重要作用。汽车工业成为支柱产业的消费目标、市场条件是什么,并不大清楚。有趣的是,有的人一方面认为汽车工业应当成为国民经济支柱产业,另一方面又不主张轿车进入家庭。其实,这两件事情是完全联系在一起的。发达国家的历史经验表明,轿车进入家庭所带动的大众消费,是汽车产业成为整个经济支柱产业的起点。这些国家轿车所占比重通常在70%以上。大众消费才能形成大规模需求,进而带动大规模生产,产生真正意义上的规模经济效应,在经济增长中发挥"支柱作用"。近些年来我国汽车产业的爆发式增长,恰恰也是在大众消费开始后出现的(参见表1)。

表1　　　　　　　我国私人汽车保有量增长情况　　　　　　　单位：万辆

年份	汽车保有量	年增长率（%）	私人汽车保有量	占汽车保有量比重	年增长率（%）
2001	1802	12.0	771	42.8	23.4
2002	2053	13.9	969	47.2	25.7
2003	2383	16.1	1219	51.2	25.8
2004	2694	13.1	1481	52.6	16.3
2005	3161	17.3	1848	58.5	30.3
2006	3697	17.0	2333	63.1	26.2

数据来源：《中国汽车工业年鉴》（2007）。

第三，汽车产业作为国民经济的主导产业，是近些年和今后相当长一个时期国民经济持续快速平稳发展的重要基础。尽管汽车产业的重要性得到认可，在官方文件中也有表示，但这方面的争论——不仅是轿车是否应当进入家庭的争论，也有汽车产业应当摆在什么位置的争论——始终没有停止。这些争论是多个层面的，事实上也影响到某些相关政策的制定和实施。如果一方面对汽车产业的发展抱有疑虑，并不期待它有大的发展，另一方面又不愿意放弃整个经济持续快速的增长——比如年均至少7%以上的增长目标，那就会陷入自相矛盾。所面临的问题是，在中国这样一个大国经济目前所处的增长阶段，离开汽车产业作为主导产业的带动，经济能否达到所期望的增长目标？以保持经济的高增长为前提，能否有其他产业替代汽车产业当前和以后较长时期的作用，简单地说，汽车产业是否具有某种不可替代性？从工业化大国的历史看，并没有提供这样的经验。对20世纪90年代以来经济增长的历史研究表明，对汽车产业发展的疑虑和抑制性消费政策，使中国汽车的大众消费时代推迟了10年左右。若非如此，中国1998年以后连续五年内需不足的局面会大大缓解，甚至不成为问题。2002年下半年开始的中国经济新一轮增长，与汽车产业由大众消费带动的爆发式增长同步出现决非偶然。事实上，在这一轮增长中，汽车产业是最重要的主导产业之一。通过对2005年我国62个部门的投入产出流量表的分析表明，国内汽车制造业每增值1元，将可以有效带动其上下游关联产业2.64元的增值（参见表2、表3）。在假定汽车产业对相关产业的拉动效应基本稳定的前提下，通过计算近几年其对GDP增长的贡献率，表明汽车产业及其关联产业对GDP增长的综合贡献率突出，曾在2002年达到了12.97%，在2006年也保持在9.37%的水平上（参见图4）。若考虑间接拉动作用，对国民经济增长的影响更大。据预测，今后10~15年，GDP每年的新增量中将有16%~17%由汽车产业提供，汽车将成为我国国民经济拉动力最强的产业之一。

表2 汽车制造业对主要上游产业的拉动效应

上游主要相关行业	汽车制造业每增值1元对相关行业带来的增值（元）
煤炭开采和洗选业	0.0633
石油和天然气开采业	0.0481
黑色金属矿采选业	0.0319
皮革、毛皮、羽毛（绒）及其制品业	0.0078
石油及核燃料加工业	0.0780
其他化学原料及化学制品制造业	0.1564
橡胶制品业	0.0436
电力、热力的生产和供应业	0.1448
塑料制品业	0.0763
玻璃及玻璃制品制造业	0.0133
黑色金属冶炼及压延加工业	0.3266
有色金属冶炼及压延加工业	0.1100
金属制品业	0.0528
其他通用设备制造业	0.0644
其他电气机械及器材制造业	0.0461

数据来源：国家统计局，国务院发展研究中心产业经济研究部整理。

表3 汽车制造业对主要下游产业的拉动效应

下游主要相关行业	汽车制造业每增值1元对相关行业带来的增值（元）
运输仓储业	0.1173
批发和零售业	0.0702
住宿和餐饮业	0.0287
金融保险业	0.0384
其他服务业	0.1550

数据来源：国家统计局，国务院发展研究中心产业经济研究部整理。

第四，汽车的大众消费将会带来社会结构的深刻变化。这可能是汽车与其他一些消费品的不同之处，以致有一个"汽车社会"的概念来描述这种变化。汽车的普及，将会大大改变人们的活动范围和机动性，改变他们的工作、生活和人际交往方式，并构成当代开放社会的不可或缺的物质基础。一个人使用汽车，其活动范围和生活质量与以前相比将大不相同。他可以在更大范围内选择工作和居住地点，可以有更多的人际交往和获取信息的机会，可以到更远的地方、并以更自由的方式去旅游、休闲，如此等

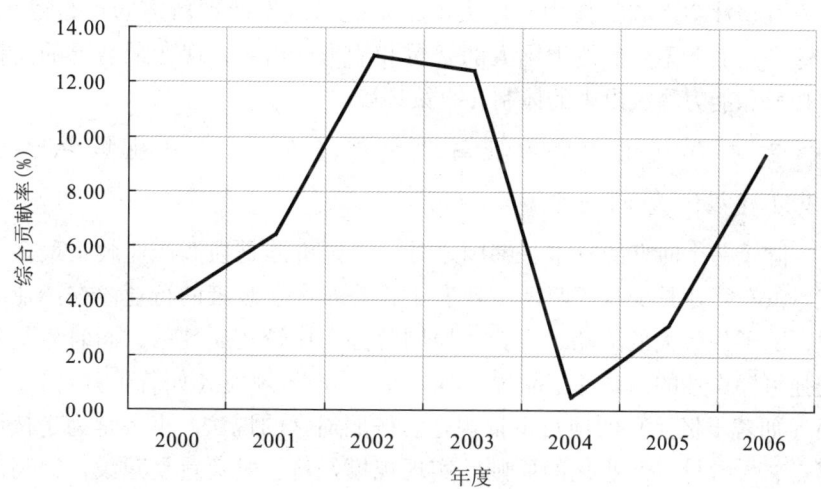

图 4 我国汽车产业及其关联产业对 GDP 增长的综合贡献率

数据来源：国家统计局，国务院发展研究中心产业经济研究部整理。

等。汽车社会的来临与城市化推进融合在一起，以汽车速度为基础的"时间距离"代替了传统的空间距离，一些原先的不毛之地变得炙手可热，大量资产进入"重新估值"。人们容易看到汽车大众消费后带来的城市交通拥堵，而忽略了汽车所带来的比以往大得多的活动和发展空间；容易看到汽车产业发展对产值、利润、税收、就业等方面的贡献，而忽略了其对社会结构变化的深刻影响。对汽车大众消费与开放社会之间的关系，需要有更富于远见的评价。

第五，与汽车大众消费相关联的能源、环境、交通和城市模式等压力，既是挑战，更是机遇。这些压力是进入汽车社会后无法回避的，也是近年来讨论的热点话题。除了对这些压力的来源、严重性等有充分认识外，关键有一个如何认识、理解和应对这些压力的方法问题。面对压力，减少发展，甚至不发展，是一种选择。前面提到的因能源、环境等问题反对轿车进入家庭的就属此类。另一种选择，是用动态的观点看问题，不认为这些压力可以成为少发展、不发展的理由，主张通过变革和创新化解压力，并以此争取新的发展机遇，也就是"用更好的发展方法解决发展中问题"。从国际经验看，上面提到的诸多压力并未阻挡汽车产业的发展和汽车社会的到来。相反，压力往往提供了创新契机。例如，20 世纪 70 年代初的石油危机，促使日本等国积极开发节油型汽车，一批高效节能的新技术、新产品应运而生。近几年来，不论是国际还是中国国内，新能源和环保型汽车技术都是最活跃的领域。在交通和城市发展模式方面，创新也在出现。中国

进入汽车社会面临的压力是巨大的,由此而激发的创新空间也是巨大的。在这一点上,不要低估中国人的智慧和能力。当然,现在最需要的是把这种智慧和能力释放出来的体制和政策环境。

2. 如何认识政府审批与"规模经济"、"产业集中度"和"重复建设"等的关系

除了一个时期的日本、韩国之外,中国可能是强调产业政策最多的国家。汽车行业是少有的两度由政府正式公布产业政策的行业。在产业政策中,除了一些大的战略、方针、原则等外,比较实质性的、同时也是具有较强可操作性的,是基于品种(如轿车)、产量规模(如若干万台)、投资额(如若干亿元)的项目审批规定。按照通常的说法,审批是为了按照高起点、大批量、专业化的原则,实现规模经济,避免重复建设,提高产业集中度。

这种类型审批制度的出现和持续是有其体制背景的。在计划经济"大一统"的体制下,生产什么,生产多少,以至如何生产,都由计划机关规定。像汽车工业这种规模大、专业化水平要求高的行业,通常要由中央计划机关来安排。在全国计划"一盘棋"中,每个企业都有专业分工,相同就是"重复",重复就是浪费。为了防止重复、浪费,在当时的体制框架内,审批是必须的。即便如此,审批也是有灵活性的。中央管的过多、过紧,地方缺少积极性;照顾地方的积极性,又会"一哄而上"、重复建设,中央不得不通过审批收紧,从而出现那个体制下规律性的"收放循环"。

当体制条件发生变化,一批又一批外资的、内资的,有产权约束和预算约束的新生产者和投资者进入后,当行业内的国有企业开始改革,企业自主、市场竞争具有了合法性后,原有的审批制度的那一点合理性的基础也从根本上动摇了。规模经济、提高产业集中度、供求平衡等目标原则上说并没有错,但在变化了的体制条件下,其实现方式已有了本质上的不同。

汽车制造是大规模生产的行业,具有规模经济效应。但是,第一,由于产品品种、技术发展、专业化分工等不同,规模经济所对应的产量规模是一个变量,而非常量;第二,产量规模只是形成规模经济的要素之一,要真正实现规模经济,还需要有生产组织体系、经营管理机制等的配合;第三,即使能够产生规模经济效应,也只构成企业经济能力的一个方面。全面提升企业竞争力,还需要其他诸多方面的进步;第四,从一个较长的历史跨度看,在产业发展的不同阶段,由于供求关系等因素影响,规模经济对企业竞争力和盈利状况的影响差别很大。2007年,全球规模最大的通用汽车公司出现严重亏损,而中国众多汽车企业的生产规模与所谓30万辆

的最优规模相比有不小差距，但盈利状况却相当好。

由于以上原因，所谓规模经济，特别是具体的生产规模指标，其对企业竞争力和盈利状况的影响，具有很大的不确定性。即使在企业生产管理中，定出一个认同度较高的数量规模指标也相当困难。如果硬要定出某些连续若干年不变的所谓规模经济指标，作为政府管制的尺度，其合理性和认同度就更难确定了。鉴于这种困难，诺贝尔经济学奖获得者乔治·J. 施蒂格勒提出了用"生存技术"来确定规模经济，即凡是在长期竞争中得以生存的规模都是最佳规模。[①]

在对规模经济认识误区的背后，是对市场经济中企业竞争力形成的误解。对外开放以后，我们所看到的是发达国家汽车行业由几个大公司构成的集中度很高的市场结构。相比之下，中国的汽车企业规模小、数量多，"散、乱、差"。为了缩小差距，着眼于大企业发展，似乎是一条"赶超"捷径。然而，还需要回答如下问题：发达国家汽车制造业一两家、两三家大公司构成的市场结构从何而来，是生而有之的，还是某种过程的结果？这些大公司之所以有实力和竞争力，除了生产规模大之外，还有哪些支持性要素，这些要素是如何形成的？把这些问题搞清楚了，结论将大不相同。

发达国家高集中度的市场结构是长达上百年市场竞争的结果。在其发展初期，也是小企业群起。1908 年，当亨利·福特推出了他的 T 型车时，全美国有 500 多家汽车厂相互竞争。在竞争过程中，重组、购并、淘汰使生产逐步向少数大企业集中。克莱斯勒公司就是在长达几十年的时间内，通过几十个企业的整合，最终成为一个公司的。其历史图景犹如几十条小溪经过蜿蜒流淌，最终汇聚成一条大河。竞争提供了两种机制，一是学习机制，处在竞争漩涡中的企业都必须认真学习有利于提高竞争力的知识和技能；二是筛选机制，通过竞争使那些优秀企业、优秀元素胜出而存留下来。经过适当长时间竞争后能够生存、富有活力的企业中，沉淀、积累了大量与改进竞争力有关的信息，这些信息以技术、技能、制度、机制、生产组织、关系网络、企业文化等形式得以保留，形成了可称之为"知识资本"、"制度资本"、"文化资本"、"社会资本"等特殊形态的资本。依托这些资本，企业可以更有效地去研发、设计、生产，去融资、销售、创造品牌，去赢得社会的信任。一个拥有现代化设备和生产线，没有竞争经历的

[①] 乔治.J. 施蒂格勒在《规模经济》一文中讨论了厂商的最佳规模及其决定因素。他发现一个企业的活力和发展能力并不仅仅、甚至不是主要取决于生产方面的成本条件，而是取决于许多难以观察并精确计算的因素（如企业家的能力）。他用首创的"生存技术"考察了美国制造业的情况，发现最佳规模是一个范围相当的领域，即多种不同规模都是最佳的。参见乔治·J. 施蒂格勒：《产业组织与政府管制》，上海三联书店 1989 年版。

企业，与另一个拥有同样设备和生产线，但经历长期竞争并胜出的企业，完全不可同日而语。在资本市场有效的情景下，对这两类企业的估值也会相去甚远。由此可以引出一个基本结论：企业竞争力要由也只能通过竞争过程才能获取。

作为一个后起国家，看到发达国家汽车工业历史和结局后，会产生一个朴素想法：既然发达国家的汽车工业经过上百年竞争最终形成少数几家大企业，我们是否发挥"后发优势"，直接建几个大企业，省掉那个由小到大、由多到少的竞争过程，既可以节省时间，也可以减少竞争中的浪费。这种只要结果不要过程的设想虽然"节约"，但不切实际。人们可以预见十几年、几十年的中国汽车产业中，只会留下两三家或三五家大企业，但不可能知道这些企业是谁，也不可能具体地知道这些企业凭借什么赢得竞争优势。这是只能由竞争过程才能解决的问题。由于对外开放和全球化进程的加快，我们可以引进先进技术、设备、生产组织和管理方法，也可以利用日益增强的工业基础，再加上一些好的机遇，或许可以"缩短"竞争过程（与先行者相比），但不可能"省略"之。用行政性办法集中资金，在短期内建成达到某种数量规模指标的大工厂是可能的，但这只是技术和设备含义上的"规模"，由于缺少前面提到的诸多特定"资本"，不可能实现真正意义上的"规模经济"。那些为数不少经过计划机关审批，达到所谓"规模"要求，但建成后亏损，甚至未建成就注定要失败的例子，就清楚地证实了这一点。在产业发展初期，通过政府审批管制，"定点"了几个企业。首先，这些企业未必是当时社会上最好的企业，其次，即便这些企业或其中的某个企业是当时最好的企业，由于竞争不足，它们也不可能成为将来最好的企业。符合市场经济的做法，是给那些有条件、有意愿的投资者、生产者，提供公平的进入机会（当然，这并不意味着没有进入管制，如安全、环保、节能等方面的准入条件）；进入以后，提供公平的竞争条件，让这个社会有梦想、有能力的人经历并分享这个竞争过程。

行业管理者的另一个担心是，如果放开竞争，一哄而上，一方面摊子小，达不到规模经济，另一方面，可能供过于求，出现产能过剩。如果将汽车产业发展作为一个过程观察，这些问题其实并不突出，且属于所谓"发展中的问题"；即使有问题，也主要应由企业自己而不是行业管理者来解决。在大众消费推动的汽车产业起步时期，当消费快速增长时，会出现供不应求的情况，即使企业规模小，仍然可以获取先进入的丰厚利润。2002年、2003年两年汽车产业出现爆发式增长时，一个企业只要能装配出汽车，就能赚大钱，便属于这种情况。对处在成长期的汽车产业来说，在其达到产销峰值以前，所谓产能过剩，只是一个不长的阶段性现象。何况市场导向的企业事实上比其他人更关心供求关系变化，以便及时作出调整。2004年，当汽车行业出现增长回落时，一些进入不久的民营企业又宣布退出。有些企业在行业景气好时所作的扩大产能规划，当景气下降时会有所调整。还有些企业高调宣布的所谓企业扩产计划，很大程度上是一种市场策略，自己并没有当真。那种以为行业管理者比企业自身对企业投资风险更关心、更敏感，因而需要通过行业进入审批防止过剩的假定，在逻辑上和现实中都是无法成立的。

通过审批防止生产过剩有一个事实上的逻辑前提，即认为行业管理者比行业内的投资者、生产者"更富有远见"，能够准确预见到未来行业供求平衡点。由于所处位置不同，行业管理者可能获取更多信息，而且可以假定他们更加"聪明"。但是，在人的"理性有限"这一点上，行业管理者与其他人是一样的。如果试图"管理"或消除行业未来发展中的不确定性，总是会陷入困境。这正是需要市场起作用的地方：通过价格涨落调整供求变动和未来预期。人们可以利用自身的智力和经验预测未来的变动，而且好的预测必定要以市场提供的信号为依据，但不可以替代市场在这方面的基础作用。

事实也一再证明了这一点。2001年6月，当时的国家汽车行业主管机构出台"十五"时期中国汽车发展规划，提出计划结束时的2005年，中国汽车产量达到320万辆，轿车产量达到110万辆。由于汽车产业爆发式增长，这一指标在2002年底就被打破了，到2005年底，实际汽车产量达570万辆，轿车则达277万辆。这种规划指标与实际产量呈现很大差距的情况，也发生在钢铁、电力、煤炭等产品上。尽管人们对这些重要产品的如此规模和速度的增长有不同看法，但行业管理者，再说宽一点，也包括政策研究者，包括企业生产者、投资者，对中国现阶段经济发展的规模和潜力，存在着估计严重不足的问题。行业管理者的预测出现偏差是完全可能和正常的，问题在于把这种预测放在什么位置：仅仅是一种观点或看法，还是作为政府管制的依据。如果是后者，一些人预测上的失误或不确定性将要求整个社会付出代价。

3. 如何认识和评价外资企业在中国汽车产业发展中的作用

在这个问题上的意见分歧也相当大。正面评价为主的意见认为，外资企业总体上说发挥了积极作用，中国汽车产业的对外开放基本是成功的。负面评价者则把汽车行业看成国外企业及其技术、品牌主导的行业，并由此严重影响了中国企业自主发展技术和品牌的机会。

与其他行业类似，在这个问题上的观点冲突，涉及中国经济对外开放

中一些基本问题的争论。中国对外开放的实践,应当说对大部分争论已经给出了结论。这里我们讨论一种典型的批评意见,即中国汽车行业对外开放"只形成了制造能力,没有形成自主研发、设计能力",从而开放的意义大打折扣。

汽车工业是现代工业中具有代表性的以流水线方式体现的大规模生产体系。当借助合资办厂,形成国际上流行的汽车流水线生产体系时,其中包含了两种不同类型的信息和知识。一种是以机器设备、工艺流程、组织管理等体现出的技术或知识,它们可以文字等形式表达出来,可称其为"显性知识"。另一种类型则是需要人们在工作过程中逐步体会和学习的知识,如生产线上某个工人具体的操作流程、班组成员和班组之间的合作、竞争与协调等,其中既有技术问题,也有人们之间的关系和组织问题,这类知识虽然有时也可以文字等方式表达出来,但主要依赖于"干中学",我们可称其为"隐性知识"。同样一条流水生产线,"隐性知识"积累不同的员工的工作业绩相差很大。所谓"丰田生产方式"的奥妙所在,就是生产管理现场"隐性知识"的持续改进和创新。有些企业,包括丰田公司海外合资或合作企业"学不会"丰田生产方式,因为它们将丰田生产方式当作显性知识的载体,而不是隐性知识的学习和创新机制。通过合资办厂,不仅引进了先进的设备、技术、工艺流程等,而且给中国员工提供了学习生产流程中隐性知识和能力的机会,以及形成这些隐性知识创新机制的机会,而这些知识和能力对汽车工业的发展是基础性的。不通过合资办厂,就没有现场操作和管理的机会,也就不会有学习、获取这些知识和能力的机会。

合资办厂的另两个"副产品"是零部件配套能力的形成和社会汽车消费体系的培育。汽车工业多部件、模块化、深加工、高组装度等特征,要求众多的零部件企业与总装企业配套。汽车工业专业化分工的深化,使更多的生产环节从总装企业分离出来。汽车行业合资企业的主体是总装企业,这些企业的发展带动了一批零部件企业的出现和扩张。由于合资企业技术水准较高,所提出的配套要求有效拉动了配套企业的技术、管理水平的提升。而配套企业的发展,一些重要车型配套体系的初步形成,对后起的自主品牌总装企业起到了重要的支撑作用。例如,奇瑞、吉利等企业自主品牌车型在短期内能够推出,一定程度上借助了已形成的配套体系。汽车作为消费品进入家庭是一种社会现象,与汽车购买和使用相适应的汽车服务业,如信贷、保险、维修、保养、加油等行业的发展,城市发展战略和布局结构的调整,良好汽车消费文化的形成等,都可以大大降低汽车消费者的社会成本。合资企业产品作为先行者,在汽车消费体系培育上,也发挥了积极作用。

那么，如何评价跨国公司在汽车研发、设计能力向中国转移上的行为？这就涉及对汽车行业对外开放特别是合资政策得失的评价。从实践效果看，汽车行业合资政策较为成功的有两条，一是总装企业外方股比不能超过50%；二是开放初期的国产化（本地化）比率要求。前者对中方投资者在技术、管理以及资金处于劣势的情况下，避免全面受制于对方，争取多一些的学习、消化和发展机会，提供了有利条件；后者对带动国内相关产业发展，特别是零部件配套能力的形成，起到了一定的积极作用。当然，对这两条一直是有争议的，随着时过境迁，其适应性和必要性也在降低，如国产率比例要求在中国加入WTO后就终止了。不过，这时合资企业对国内产业的依赖已成为其内在要求。

如果从汽车行业合资政策存在的问题看，主要也有两条，而这两条与跨国公司向中国的技术转移和国内企业研发、设计能力的提高直接相关。一是在开放初期的十余年间，即20世纪80年代中期到90年代中后期，合资对象主要限于两三家跨国公司，"老三样"长期流行并主导着中国轿车市场，形成了一定程度的垄断局面。虽然政府对合资企业外方提出了技术转让的要求，由于竞争不足，跨国公司主要将中国视为其全球布局中的加工制造基地和销售市场，所转让的基本上是适应本地市场要求的改进性技术，拿到中国市场的多是"次新"乃至过时的产品。从中国汽车行业开放的进程看，这个阶段似乎是必须的，但如果这个阶段能缩短一些，或者在开放初期更多地考虑市场的竞争性，跨国公司的技术转让状况可能有所不同。90年代后期，特别是中国加入WTO后，国际上主要的汽车跨国公司基本上都进入中国后技术和新产品转移速度显著加快的事实，也证实了这一点。面对白热化的市场竞争，跨国公司纷纷在中国设立研发中心，新产品拿到中国市场，一些新车型在中国"全球首发"，以增强自身的竞争实力。即便没有政府的强制性要求，跨国公司也会主动采取这些措施。由此可见，一个充分竞争的市场对跨国公司的技术转让至关重要。

另一个问题是汽车行业对内开放滞后于对外开放。尽管对外开放存在着竞争不足，或者说阶段性开放不够的问题，对内开放——不仅包括"体制外"的民营企业，也包括对"行业外"的国有企业——不足的问题要更为突出。严格的进入限制在将潜在投资者挡在门外的同时，也将未来"自主创新"的驱动者和"自有品牌"的创造者挡在门外。可以设想，如果不合理的进入限制少一些，"自主创新"、"自由品牌"出现的概率理应高一些。有些批评者的逻辑是很奇特的：一方面要制止"重复建设"，把众多内资企业或"民族企业"挡在门外，另一方面又在抱怨自主创新、自主品牌不行。那么，这两者之间有何种逻辑联系？一个连出生"资格"都拿不到的企业，何以提升研发能力、培育自有品牌？国内家电、电信设备制造、计算机等行业的经验表明，影响内资企业的研发能力提高和品牌发展的主要因素，主要不是外资企业的"挤压"，而是缺少对内资企业充分开放并使其中的优势企业脱颖而出的政策环境。

三、中国汽车产业发展中具有一定普遍性的重要经验

改革开放以来的30年间，很少有哪个产业像汽车产业这样出现如此之多的争议，而且这些争议往往是"实质性"或有"全局意义"的。争议反映了产业发展中不同力量之间的博弈。不能说那些代表性的观点都反映了某种特定利益关系，但观点与利益关系之间的联系确实在增加。① "社会意识形态"的力量是强大的。有的观点并非出自具体的利益，而是源于信念，而且是当时的社会主流意识形态，或者说是社会上大多数人的想法。如果拉开距离，仅从一个观察者的角度来看，争议只是中国汽车产业发展中的一个部分。我们不仅关注人们说了些什么，更重要的是实际上发生了什么。把二者结合起来，可以发现大量在中国特定历史背景下产业成长和进步的信息，从中可以概括一些有普遍意义的重要经验。

第一，行业开放和充分竞争可以解决产业和企业发展中"基本面"的大多数问题。竞争是经济学的核心概念，关于竞争及其优势的文献不胜枚举。在中国产业发展的特定情景下，对竞争仍有一些"认识"问题。首先，竞争提供了公开的、大家认同的信息。竞争需要比较，而比较需要同一尺度，这个尺度包含的信息是竞争参与者都"知道"和"同意"的，即所谓"公开性"和"公认性"。其次，这个尺度中包含了消费者偏好，而消费者偏好在某些方面是高度个性化的，因此，这个尺度应当有很大的弹性和包容性。政府的行业管理者很容易犯的一个错误，就是以自己的偏好替代消费者的偏好，而且坚持认为自己代表了社会和公众的利益。最后，在消费者导向的同一尺度下，作为生产者的企业必然出现差别，优胜劣汰，优秀企业、优秀的元素出现并活了下来。这里面临的问题是，这些优秀企业、优秀元素是否是在社会潜能得到充分动员的基础上出现的，是否是在个人独特知识得以充分利用的前提下出现的。这里涉及我们对所谓"竞争充分性"的理解。如果只是部分企业和个人有机会参与竞争，更有甚者，这些企业和个人的竞争很不够，受到人为限制，那么，从整个社会来说，就存

---

① 不能"贬义"地理解观点和利益关系之间的联系。虽然存在着反映某些不合理、不正当利益关系的现象，同时也有大量观点反映了正面、积极的利益关系，如促进国民经济的持续发展，鼓励积极而有效的竞争等。

在着相应的竞争潜能损失。这时就会出现一个实际竞争力与潜在竞争力的差距。在位企业的竞争力代表性往往受到质疑。当说到中国某个行业、某个企业竞争力"不行"时，人们提出的问题是：是中国企业乃至中国人"不行"，还是那些在位的企业不行？"能行"的企业有过机会吗？

  构造一个充分竞争的环境很不容易，对处在转型期的经济尤为如此。但这样的环境一旦形成，产业和企业发展中的大多数问题，特别是那些"基本面"的问题，如优秀企业涌现、产业集中、自主创新、自有品牌、外资向中国转移先进技术等，都可以而且只能通过竞争来解决。对旨在提高企业和产业竞争力的政府来说，相对于那些直接干预和扶持的办法，促成一个好的竞争环境其实是成本较低的，较为"省事"的。但这一点往往被忽略了。除了其他诸多原因外，一定程度上与对市场竞争与产业成长关系理解上存在的问题有关。

  第二，把企业成长理解为一个过程，不同阶段解决不同的问题。如果将"过程"的概念引入对企业成长的观察，不难发现企业面临的问题有着明显的阶段性。比如，在企业和产业发展的初期，大量进入、"重复建设"、集中度低、经营管理粗放、技术研发能力不强、缺少信用等问题突出；当发展到"中等"水平后，提升技术和组织创新能力、培育品牌、购并、反垄断等将成为紧迫问题。这种"问题"的时间序列似乎不难理解，但遇到实际问题时并非如此。经常出现的情况是对处在初级阶段的企业提出了中级或高级阶段才可能解决的问题，比如抱怨集中度过低、研发能力差等。提出一些企业长期发展目标是无可指责的，但如果缺少将企业成长看成一个过程的理解，问题就出来了。关键还不在于所提出的问题、目标的"时间错位"，而在于对企业成长过程的忽视和误解。企业成长不仅是数量上的简单扩张，更重要的是一个自然进化过程，需要在技术、管理、制度、文化等方面知识特别是隐性知识的积累，这种积累是通过竞争所提供的学习机制实现的。这样，"时间"、"历史"等概念就有了特殊的重要性。对企业成长过程的忽视乃至忽略，很容易使人们难以在正确的时间、以正确的方式解决正确的问题。

  第三，与产业高成长相伴随的改革红利预期是改革成功的重要条件。改革是利益驱动的。虽然理念也很重要，有的改革依托于理念推动，但在大多数情况下，除非改革能够给当事人带来可预期的好处，否则改革将难以成功。从产业发展的角度，可以观察到一个现象：那些增长前景广阔、盈利预期良好的行业，市场化改革更容易取得成功。存在着"高成长前景预期——场外投资者进入意愿强烈——大量进入后充分竞争——体制改革和重组加快——新体制有效运转并具可持续性"的因果链条。汽车行业是

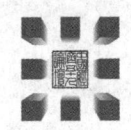

其中的典型案例。增长前景预期对"场外"企业,不论是外资企业还是"行业外"的国有和民营企业,都提供了很强的进入激励。即使是在汽车行业这种受到严格进入管制的行业,"场外"企业也会想方设法"曲线进入",尽管要付出更高的进入成本。而一旦进入者多了,竞争性的市场结构自然就形成了。众多的进入者往往使高增长行业同时成为竞争最激烈的行业。为了在竞争中生存和发展,原有的国有企业"被迫"或主动地加快了改革。一些年来,汽车行业的几大国有企业,经过合资、重组、改制和上市等方式,在体制和机制转换上取得了长足进展。尽管这些企业的问题仍然不少,一些深层的体制和结构问题仍待解决,但与其他行业相比,体制进步的速度还是比较快的。与此同时,新进入的企业,包括合资企业、内资为主的股份制企业、民营企业,在技术、管理、组织和制度创新上也加快了步伐,促使中国汽车市场在较短时间内开始进入品种、质量、服务竞争为重点的阶段。

第四,市场开放和地方竞争促使地方政府转换角色,在地区资源配置、竞争力提升等方面较为稳定地发挥某些积极作用。在中国,对地方政府作用的负面评价往往较多,如政企不分、地区保护等,但同时我们也观察到地方政府在经济增长中的作用确实在加强,而且这些作用较以往有了很大变化。于是,人们对地方政府作用的认识和评价经常处在一种矛盾之中。这种现象并非中国独有。在国际范围内,可以观察到政府角色定位和业绩的很大不确定性,从"很好"的政府到"很差"的政府都能找到。直接的影响因素有政府领导人的素养、公务员队伍的质量、文化传统等。这些因素多数随机性强,"好政府"似乎要靠"运气"。然而,一种制度性因素正在改变这种状况,即不同地区政府之间的竞争。市场化和全球化进程的加快推进,使不同层级、不同地域之间政府的经济边界变得比以前清晰,更加容易竞争。一旦政府确定了增长的目标,同时存在吸引外部可移动资源的压力,改善本地投资环境,提高本地不可移动要素的质量,改进公共服务等,就有了必然性。而要做到这一点,就必须努力改进政府服务,使自己成为"好政府"。可以观察到的是,地方政府行为的一致性(相似性)在提高,质量也在改进。解释中国经济的快速增长,地方政府之间竞争是一个重要变量。其中,增长目标激励、地方分权(特别是财政分权)和地区间市场开放是几个关键性因素。在汽车产业发展中,地方政府通常给予所在地汽车企业以特殊支持,多数地方的汽车产业被作为支柱产业来培育。在奇瑞汽车的案例中,当地政府主要负责人发挥了创业者的关键性作用。尽管这种情况并不普遍,也从一个角度说明了地方政府在产业发展中可能起到的特殊作用。

第五，处在过渡期的政府行业管理方式变迁具有很大的不确定性。改革开放 30 年来，政府特别是中央政府对汽车行业的管理变动很大。在逻辑上，我们可以理解为政府管理方式从计划经济到市场经济的变迁。实际上，处在两端的情况很少，大部分处在过渡状况——迄今为止，依然是处在过渡状态。行业管理的内容和方式的变化是互动和逐步演进的。一方面是企业数量、类型和行为方式在变化，市场结构在变化；另一方面政府主管机构相继变换，管理方式也主动或被迫地作出调整。经常的情况是，企业和市场的变化快于政府行业管理方式的变化。这本来是正常的，因为行业管理方式是对企业和市场已经发生变化反应的结果。但在现象形态上，行业管理者更多是以指导者的身份出现，试图表现出超过企业的远见和洞察力，而且能够相当精确地预测未来某个时点的生产规模、结构，并以此作为"调控"行业进入的依据。其前提假设与搞计划经济时并无实质性区别。在国际上，政府对行业管制呈现出由"经济性管制"转向"社会性管制"的趋向，即由管企业、管项目、管投资，转向管安全、节能、环保、技术标准等。中国汽车行业的政府管理似乎也在跟随这种趋向，以适应转向市场经济的要求。但经验也表明，除了这些"一般项目"外，还会有一些"特殊项目"。以产量和投资数额为依据的进入管制仍在延续；支持企业合并，以形成大企业集团，支持"自主创新"等，又成为行业管理新的内容。有的目标看起来是无可争议的，但在新的体制背景下采取何种机制和手段向正确的方向推进，则不大清楚。与汽车行业未来的发展前景相比，政府行业管理方式的变化似乎包含了更多的不确定性，而这种不确定性反过来又会对企业预期产生影响。

参考文献

1. 陈清泰、刘世锦、冯飞等：《迎接中国汽车社会：前景、问题、政策》，中国发展出版社 2004 年版。
2. 国务院发展研究中心产业经济研究部等：《中国汽车产业发展报告》(2008)，社会科学文献出版社 2008 年版。
3. 刘世锦等：《传统与现代之间：增长模式转型与新型工业化道路的选择》，中国人民大学出版社 2006 年版。
4. 刘世锦等执笔：《经济全球化背景下的政府改革：中国的经验、问题与前景》，载于《经济全球化与政府作用》，人民出版社 2001 年版。
5. 刘世锦：《我国正在进入新的重化工业阶段及其对宏观经济的影响》，国务院发展研究中心调查研究报告，2003 年版。

6. 乔治·J. 施蒂格勒：《产业组织与政府管制》，上海三联书店 1989 年版。

7. 查尔斯·德普雷、丹尼尔·肖维尔主编：《知识管理的现在与未来》，人民邮电出版社 2004 年版。

8. 青木昌彦：《比较制度分析》，上海远东出版社 2001 年版。

9. 卡丽斯·鲍德温、金·克拉克：《设计规则：模块化的力量》，中信出版社 2006 年版。

10. 罗斯托：《经济增长的阶段》，中国社会科学出版社 2003 年版。

11. H. 钱纳里等：《工业化和经济增长的比较研究》，上海三联书店 1996 年版。

12. 西蒙·库兹涅茨：《现代经济增长》，北京经济学院出版社 1991 年版。

13. 《中国汽车工业全记录》（2005 版），中国汽车报社编

14. 中国汽车技术研究中心等：《中国汽车工业年鉴》（2007），中国汽车工业出版社 2007 年版。

中国经济50人论坛
Chinese Economists 50 Forum

外汇管理体制改革的制度性飞跃

楼继伟 高剑虹

The Past 30 Years

A Review and Analysis by 50 Chinese Economists

楼继伟简历

中国投资有限责任公司董事长

1950年12月出生。浙江义乌人。1982年毕业于清华大学计算机系，1984年毕业于中国社会科学院研究生院数量经济系。1982—1988年主要从事经济体制改革和宏观政策研究，曾任国务院价格领导小组办公室成员、国务院体制改革方案领导小组财税改革组成员、国务院办公厅调研室副处长、中国社会科学院财经物资经济研究所成本价格室主任。其后历任上海市体改办副主任、国家体改委宏观司司长、贵州省副省长、中国财政部常务副部长、中国会计准则委员会主席、国务院副秘书长，现任中国投资有限责任公司董事长。

研究员，清华大学经济管理学院兼职教授、博士生导师，财政部财政科学研究所博士生导师。研究领域主要有经济分析、财税、金融等。《建立一个规范、有效的财政新体制》获1994年孙冶方经济科学论文奖。

发表学术论文数十篇。主要学术著作有：《宏观经济改革——1992—1994背景、设想、方案、操作》，企业管理出版社1995年版；《中国改革：波浪式前进》，中国发展出版社2001年版；《中国政府预算：制度、管理与案例》，中国财政经济出版社2002年版；《税式支出：理论创新与制度探索》，楼继伟、解学智，中国财政经济出版社2003年版；《中国政府预算改革五年》，项怀诚、楼继伟，中国财政经济出版社2003年版；《波浪式前进——楼继伟文集》，中国经改历程丛书，香港和平图书有限公司2005年版。

新中国成立后,经过国民经济恢复时期,我国全面实行高度集中的计划经济体制,外汇管理体制与之适应,再加上外汇资源长期短缺,一直实行严格的外汇管制。改革开放以后,随着我国经济体制沿着逐步缩小指令性计划、培育扩大市场机制的方向不断改革,国民经济对外开放程度不断提高,对于高度集中的外汇管理体制也相应逐步进行改革,朝着与市场经济和对外开放相适应的外汇管理体制转变。从1979年开始,逐步实行具有双轨制性质的外汇管理体制;1993年底,又对过渡性体制进行了重大改革,实现了制度性飞跃,到1996年12月实现了人民币经常项目可兑换,初步建立了适应社会主义市场经济的外汇管理体制。近年来又进行了进一步改革与完善,以市场机制发挥基础性作用的新体制更加稳定与有效,为推动我国积极应对经济全球化机遇与挑战提供了有力的保障。

一、改革前期双轨制性质的外汇管理体制

(一)改革开放前我国外汇管理体制的特点

从20世纪50年代初开始,我国进入了社会主义改造与建设时期,实行全面的高度集中统一的计划经济体制,1956年底完成了私营进出口商和私营金融业的社会主义改造,外贸和外汇实行国家垄断统制,逐步形成了高度集中、计划控制的外汇管理体制。

国家对外汇收支实行全面的高度集中的指令性计划管理。一切外汇收入必须卖给国家,需用外汇按国家计划分配和批给。全国外汇由国家计划经济委员会综合平衡和统一分配使用,实行统收统支、以收定支、基本平衡、略有节余的方针。进出口由对外贸易部所属外贸专业公司统一经营,外汇业务由中国银行统一经营。中国人民银行负责外汇管理全面工作,制定与颁布人民币汇率、管理外汇指定银行,以及管理地方、企业和私人外汇收支等;对外贸易部负责对外贸易外汇收支的管理;财政部负责中央部门的非贸易外汇收支的管理。

人民币汇率作为计划核算标准,基本保持稳定。对外贸易由国家外贸专业公司按照国家计划统一经营,采取"进出统算、以进贴出"的办法,外贸的盈亏主要由国家财政负担与平衡,人民币汇率实际保持在对各国货币汇率的中间偏上水平,处于高估状态,同进出口商品价格脱节,实际上对进出口贸易起不到调节作用。

从1953年到1978年26年间,全国出口收汇总计783亿美元,进口付汇总计820亿美元,非贸易外汇收入109亿美元,非贸易外汇支出35亿美

元,贸易逆差37亿美元,非贸易顺差74亿美元,收支相抵,略有节余。1978年底,国家外汇储备只有1.67亿美元,当年出口额为99.55亿美元,进口额为111.31亿美元,进出口逆差11.76亿美元,对外贸易和国际收支状况很不令人乐观。

我国实行高度集中的外汇管理体制,使有限的外汇收入集中在国家手中,在保证国家经济建设重点项目外汇资金,维护国家对外支付信誉等方面,发挥过一定的积极作用,但也存在严重弊端。传统体制过分强调集中管理,完全依靠行政手段,忽视市场调节作用,人民币汇率作为计划核算工具,脱离进出口贸易的实际,形成汇率高估,缺乏灵活性与应变能力,外汇使用效益低,不利于调动创汇企业和出口地区的积极性,不能适应改革开放形势的要求。

(二)改革开放的新局面推动外汇管理体制改革

1978年底召开的中共十一届三中全会,作出了把全党全国的工作重点转移到社会主义现代化建设上来的伟大战略决策,在邓小平理论指引下,我们找到了一条适合中国国情的建设有中国特色社会主义的道路。在经济体制改革模式的探索上,在经历了"计划经济为主、市场调节为辅"、发展"有计划的商品经济"等阶段后,1992年邓小平同志视察南方发表重要讲话,对市场导向的改革目标作出强有力的支持,这一年的中共十四大确定了我国经济体制改革的目标是建立社会主义市场经济体制。

从1979年到1993年底,我国经济体制改革在探索实践中不断向前推进,在农村经济改革率先取得重大突破后,1984年中共十二届三中全会决定将经济体制改革的重点由农村转入城市,针对过去高度集中统一的计划经济管理体制,主要采取放权让利的政策和措施,单项改革渐进和区域试点相结合的办法,调动地方和企业的积极性。在对外贸易和经济往来方面,外贸体制和经营机制不断改革,对外贸易经营权逐步下放,由外贸部所属专业公司统一经营、统负盈亏、财政补贴,向多种外贸企业和生产企业自主经营、独立核算、自负盈亏转变。逐步扩大对外开放,积极利用外资,鼓励外商来华投资,举借外债,设立经济特区和开放城市,引进先进技术和管理经验,积极参与国际分工与国际合作,融入世界经济一体化进程。

(三)1978—1993年期间外汇体制改革的主要措施

从1979年起,我国外汇管理体制逐步进行改革,实行计划管理与市场调节相结合的双轨制管理模式,逐步缩小指令性外汇计划,扩大指导性外汇计划,加强市场调节的作用。

1. 实行外汇留成制度。从1979年开始实行外汇留成办法,区别不同情况,外汇收入上缴国家后,国家分配给创汇的地方政府和企业一定比例的外汇额度,实际使用时可按额度,以官方汇率从国家银行用人民币购买外汇。外汇分成比例经历了复杂的变化,1991年全国实行统一比例。有留成外汇额度的单位如不需用外汇,可以通过外汇调剂市场卖给需用外汇的单位。1988年以后,对经济特区和一些开放城市,曾试行过现汇留成,即允许创汇单位按规定的比例留成现汇,在国内银行开立外汇账户,按规定的用途使用。

2. 建立和发展外汇调剂市场。1980年10月起中国银行开办外汇调剂业务,允许持有留成外汇的单位把多余的外汇额度转让给缺汇的单位。调剂外汇的对象和范围逐步扩大,开始时仅限于国营企业和集体企业的留成外汇,以后扩大到外商投资企业和国内居民的外汇。调剂外汇的汇率,原由国家规定在官方汇率的基础上增加一定的幅度,1988年3月放开汇率,由买卖双方根据外汇供求状况议定,中国人民银行适度进行市场干预。

外汇交易形式最早由买卖双方通过中国银行进行柜台交易,1985年11月深圳经济特区首先设立外汇调剂中心,1988年3月以后,为配合外贸系统推行承包制改革,各省、自治区、直辖市、经济特区、计划单列城市都设立了外汇调剂中心。1988年9月,上海首先开办外汇调剂公开市场,实行会员制,采用公开竞价交易和集中清算制度。到1993年底,全国有18个外汇调剂公开市场。

3. 实行汇率双轨制,人民币汇率逐步减低计划核算工具色彩。针对人民币汇率实际高估的状况,为扩大出口,从1981年起实行双重汇率,对进出口实行贸易外汇内部结算价,按出口换汇成本加10%利润确定,同时继续公布官方汇率。随着官方汇率逐步接近贸易外汇内部结算价,1985年1月1日起取消了内部结算价,恢复单一的官方汇率。1988年到1991年,外贸体制进一步改革,外贸企业独立核算,自负盈亏,取消对外贸公司的所有直接出口补贴,人民币汇率应该成为调节进出口贸易的主要手段。但是物价上涨在一定程度上使得人民币汇率几经调整仍然高估,单一的官方汇率不能解决取消财政补贴后的外贸亏损问题。所采取的措施是扩大外汇留成比例,放开外汇调剂市场汇率,通过外汇调剂弥补外贸亏损,从而形成了官方汇率与调剂市场汇率并存的汇率制度。

4. 允许多种金融机构经营外汇业务。在外汇业务领域中引入竞争机制,允许国家专业银行业务交叉,并批准设立了多家商业银行和一批非银行金融机构经营外汇业务;允许外资金融机构设立营业机构,经营外汇业务,形成了多种金融机构参与外汇业务的格局。

5. 放宽对境内居民的外汇管理。从 1985 年起，对境外汇给国内居民的汇款或从境外携入的外汇，准许全部保留，在银行开立存款账户。1991 年 11 月起允许个人所有的外汇参与外汇调剂。个人出国探亲、移民、留学等外汇需求，可以凭出境证件和有关证明向国家外汇管理局申请，经批准后可购买一定数额的外汇，但批汇标准很低。

二、双轨制管理模式的局限性

1979 年到 1993 年底的外汇管理体制改革措施，基本上是为了适应改革开放后地方、部门和企业的要求而制定的，对于调动出口创汇企业的积极性，鼓励外商投资，推动我国对外贸易和经济合作的迅速发展，都起到了积极的作用。由于这一阶段的改革措施在很大程度上具有适应性调整的特征，是针对不同时期出现的不同问题和要求而采取的，不可能解决各种局部改革措施的配套问题，传统的计划管理与控制色彩依然浓厚，而且在改革过程中不自觉地采取了一些看似超前，但实际上不符合国际通行做法的措施，如允许人民币合法携带出境、允许相当一部分企业开立现汇账户等，在我国对外贸易迅猛发展、对外经济交流日益扩大的情况下，这种独一无二的外汇管理体制的弊端也暴露得越来越明显。这些弊端主要表现在以下几个方面。

1. 外汇留成额度制依然保留计划分配稀缺资源的特点，限制市场机制发挥作用。中央和地方政府通过外汇分配掌握外汇资源，虽然有利于保证国家战略需要和重点建设项目需求，但也容易造成地方和企业对国家掌握的低价外汇的过度或不合理需求，降低外汇资源的利用效率，而且容易滋生管理中的不公正与腐败现象，不利于进出口企业转换经营机制、提高经济效益。

在额度管理中也存在很多困难和问题，外汇额度留成只是给创汇单位留有外汇使用权，实际外汇在结汇时已卖给国家银行，进入了国家外汇结存，由国家安排使用，外汇额度形成了一种虚拟的外汇资源。一笔外汇由国家和创汇单位重复使用，容易导致外汇资源的超分配。1985 年，国家外汇结存急剧下降，国家不得不用额度加指标的办法，控制留成外汇的使用；1988 年，外汇留成额度超过国家外汇结存额度，国家又不得不采取外汇额度挂账的办法，冻结 160 多亿美元外汇留成额度；1993 年上半年，外汇调剂市场的外汇供不应求，汇率急剧上升，持有外汇额度单位居奇惜售，增加了国家调控市场的难度。

2. 多种汇率并存，汇率形成机制严重扭曲。由官方汇率、调剂市场的议价汇率和黑市的自由汇价所形成的"三轨"汇率并行的格局,外汇价格信号紊乱,由此产生大量摩擦和漏洞,并助长了各种投机活动。汇率形成机制的扭曲使官方汇价已很难发挥调节国际收支平衡的作用,在对外经济贸易活动中真正起作用的是以调剂汇率为中心的"影子汇率"。

汇率双轨制是当时恢复我国在关贸总协定的缔约国地位的重要障碍。我国是国际货币基金组织的成员国,关贸总协定有关货币汇率制度的规定是以国际货币基金协定的有关条款为准的。国际货币基金组织敦促我国取消双重汇率,承担《国际货币基金协定》第八条义务,即禁止成员国实行歧视性汇率安排或采取复汇率制。复汇率制往往被视为对外贸易补贴的一种政策,不利于实现贸易自由化,不符合关税及贸易总协定的宗旨。在"复关"谈判中,缔约国要求我国实行统一的单一汇率,这也使得人民币双重汇率的并轨成为必须解决的问题。

3. 外汇调剂市场不规范,地区分割严重。由政府外汇管理部门直接操作,以外汇留成额度的交易为基础的外汇调剂市场不是符合国际惯例的真正的外汇市场。外汇调剂市场从1985年在深圳开始设立的外汇调剂中心,到1988年上海开始设立的会员制的外汇调剂公开市场,都是地区性的,参与主体是地方、部门、企业等非金融机构,银行等金融机构并不能介入交易当中。能够进入外汇调剂市场交易的外汇额度实际上主要由地方和企业掌握,地方利益保护的需要客观上驱使地方行政管理部门进行各种干预,造成严重的市场分割,全国市场不统一,调剂价格不一致,外汇交易与资金流通受到限制,市场机制的作用未能充分发挥,使外汇价格波动很大。

4. 外汇管理政策存在混乱现象,有效性降低。额度管理本来对出口有严格的结汇要求,但由于监督执行很弱,加之现汇留成试点的不断扩大,使实际结汇率逐年下降,逃汇现象日趋严重。与此同时,由于我国对经常项目支出管理非常严格,而对本应严格管理的资本项目支出却存在严重疏漏,导致巨额资本外流。1990到1992年,我国资本流出连续三年大大超过资本流入,成为国内外汇紧张的主要原因,其中1992年资本净流出高达100亿美元。由于默认外币进入国内一些地区流通的事实,加之居民较早就获得持有外汇现钞和存款账户的自由,使黑市外汇禁而不止,人民币的地位受到严重损害。据不完全统计,当时港币在内地的流通量达140亿港元以上,占港币现金发行量的近1/3,境内居民持有的外汇存款也高达100亿美元以上。1993年开始实行的允许人民币合法携带出境的政策,结果使人民币在境外的可兑换先于境内而实现,客观上也给走私集团提供了合法套汇的途径。

从上述分析可见,我国当时的外汇管理体制,与国际通行做法差距很大，不仅严重损害了人民币的信誉，不利于我国进一步扩大对外开放和吸引外商投资，也不符合建立社会主义市场经济体制的客观要求，不利于我国调整国际收支结构，保持宏观经济大局的稳定，已经到了迫切需要进行根本性改革的时候。

三、深化外汇管理体制的路径选择

1993年，相关各方面都认识到了进一步改革外汇管理体制的必要性和迫切性，改革的长远目标是走向人民币完全可兑换。从国际经验来看，首先实现人民币在经常项下可兑换是平稳地实现完全可兑换必不可少的一步。走向这一步的关键并不主要取决于一国外汇储备的多少，关键在于要切实稳定国内通货，允许汇率水平真正体现供求平衡压力。国际上成功的做法基本上是，严格实行出口结汇制，严格管制资本项目下的流出，在实行有管理的市场浮动汇率的基础上，放松对国际收支经常项目下的管制。

对于改革的路径选择出现不同的思路，其中一种观点是依然采取已有的双轨制改革模式，改革步骤是在保留外汇留成与外汇额度制的基础上，不断扩大现汇规模，扩大现汇市场交易，控制非现汇额度，形成自由现汇与外汇额度并存的格局，通过自由现汇逐步取代外汇额度而走向人民币在经常项目下可兑换，直到走向人民币完全可兑换。

这种改革思路主要是针对额度制造成外汇超分配等缺陷提出来的，也反映出当时一些部门、企业实际上对于统一市场和制度承诺没有信心，对于政府能够控制住通货膨胀没有信心，对于维持既有利益格局较为热心，仍希望将外汇继续作为稀缺资源进行计划分配。

1992年由于经济开始出现过热苗头，特别是通货膨胀预期的推动，在外汇调剂市场形成了一股强劲的价格上涨风，使外汇调剂市场价格从原来的1美元兑6.30元人民币，上涨为1美元兑7.70元人民币。为抑制汇率投机性上涨，曾一度采取限价措施，但并不能真正解决问题，反而造成外汇调剂市场有行无市、场外交易和变相的行政分配。1993年5月，取消外汇调剂限价，市场汇率一度骤升至1美元兑11.2元人民币，面对严峻的市场形势，有的部门建议恢复采取限价措施，但是国务院从坚持改革与维护稳定相结合的战略高度出发，要求中央银行采用抛售外汇的手段干预外汇市场，在国家整顿金融秩序，加强宏观调控的大环境下，迅速稳定了市场汇率，年底回落到1美元兑8.72元人民币。这一阶段所采取的稳定市场措施实际上是国家通过市场化方式稳定汇率的预演，体现了中央推进外汇改革的决心和信心。

1993年上半年，针对我国出现的经济过热、明显通货膨胀和金融秩序混乱等问题，中共中央国务院及时提出了加强和完善宏观调控的十六条措施，并着手对宏观经济体制进行全面改革，在价格、财政、税收、金融、外汇等方面研究制定综合配套改革方案。决策者从充分发挥市场在资源配置中的基础性作用，真正建立社会主义市场经济体制的战略高度出发，统揽全局，高屋建瓴，不为眼前困难和局部利益诉求所动摇和困扰，坚决地选择了符合市场发展规律和国际惯例的改革道路。1993年11月，中共十四届三中全会通过的《中共中央关于建立社会主义市场经济体制若干问题的决定》中明确要求，"改革外汇管理体制，建立以市场供求为基础的、有管理的浮动汇率制度和统一规范的外汇市场，逐步使人民币成为可兑换货币"。

纵观国际上大部分成功实现本币可兑换国家所走过的路径，在初期阶段都是首先实现外汇严格管制基础上的本币在国际收支经常项目下可兑换，待国家经济实力和国际收支状况根本改观后，再逐步实现完全的本币可兑换。就其具体步骤而言，大体上经历了三个阶段。

第一阶段的通行做法是：

（1）较大幅度调整官方汇率，使其基本上能反映外汇资源稀缺程度，一般要使本币适当低估。在此基础上，根据供求状况，实行有管理的浮动汇率；

（2）实行严格的出口结汇制度，所有外汇全部由中央银行收购，个别国家对某些境外需求给予开小口子的政策；不允许外币在国内作为支付手段；

（3）放松对国际收支经常项目贸易项下的管制，即对进出口贸易、与贸易有关的服务项目及劳务输出所需外汇，凭合法的单据向银行支付本币，由银行兑成外汇给予汇出；

（4）严格管制容易导致资本输出的用汇项目，即对直接投资利润汇出，对外借款、投资要严格审批，对个人用汇、出入境旅游等用汇明确规定范围和携款限量。

第二阶段的通行做法是：

（1）继续实行严格的出口结汇制度，但外汇收入不是由中央银行独家收购，而是按市场浮动汇率结售给出口企业自主选择的若干家外汇银行；不允许外币在国内作为支付手段；

（2）银行之间买卖外汇，由银行间无形外汇交易市场形成市场浮动汇率，并由此实现均衡汇率；

（3）中央银行对商业银行外汇设定可进入市场买卖的头寸比例，以防

止个别银行操纵外汇市场,并确保中央银行掌握一定数额的外汇资金。中央银行通过外汇买卖,保持市场浮动汇率的稳定;

(4) 进一步放宽对国际收支经常项目贸易项下的管制,使这个范围能充分实现可兑换。与此同时,继续限制容易导致资本输出的用汇项目。

第三阶段的通行做法是:

在国家经济实力和主要产品的国际竞争力达到一定水平后,逐渐放松对资本账户的控制,允许一定范围的资本流出。待本国经济完全国际化、国际收支状况根本改观后,允许企业和居民自由持有外汇现钞和外汇存款,但不允许外币在国内作为支付手段,实现本币和外币的完全可兑换。

从我国当时生产力发展水平、经济开放程度和国际收支状况等方面看,我国已基本具备世界许多国家进入本币在贸易项目下可兑换第二阶段的条件,而且由于我国在外汇自由化方面已不自觉地采取了许多超前措施,如公民在持有外汇现钞和外汇存款账户,允许一定额度内的本币合法携带进出境,相当一部分出口企业可以有现汇账户等做法,这是日本、韩国、中国台湾等国家和地区在20世纪80年代后才敢采取的措施,我国已很难再遵循国际上本币可兑换的一般道路,从第一阶段开始,一步一步往前走,而是考虑通过有收有放的外汇政策调整,创造人民币直接走向国际收支贸易项目下可兑换第二阶段所必需的条件,使我国外汇管理体制向前跨越一大步,这是既考虑到与长远目标相衔接,又充分考虑当时政策连续性的一种最佳选择。

四、全面建立以市场机制为基础的外汇管理体制

经过充分酝酿和深入论证,国务院决定从1994年起对外汇管理体制进行重大改革,实现汇率并轨,实行以市场供求为基础的、单一的、有管理的浮动汇率制度;实行银行结售汇制度;建立统一的银行间外汇市场,并生成人民币汇率;取消外汇留成和上缴,取消外汇收支的指令性计划,国家主要运用经济、法律手段实现对国际收支的宏观调控,初步建立起在国家宏观调控下以市场机制为基础的外汇管理体制,实行人民币经常项目有条件可兑换。

1. 汇率并轨,实行以市场供求为基础的、单一的、有管理的浮动汇率制度。1994年1月1日,人民币官方汇率与市场汇率并轨,实行以市场供求为基础的、单一的、有管理的浮动汇率制,并轨时的人民币汇率为1美元兑8.72元人民币。人民币汇率由市场供求形成,中国人民银行按照前一交易日外汇市场形成的加权平均汇率,公布当日人民币汇率的中间价,市

场外汇买卖允许在一定幅度内上下浮动。

2. 实行银行结售汇制度，取消用汇的指令性计划和审批。从1994年1月1日起，取消各类外汇留成、上缴和额度管理制度，对境内机构经常项目下的外汇收支实行银行结汇和售汇制度。境内机构经常项目外汇收入，除国家规定准许保留的外汇可以在外汇指定银行开立外汇账户外，都须及时调回境内，按照市场汇率卖给外汇指定银行。

除实行进口配额管理、特定产品进口管理的货物和实行自动登记制的货物，须凭许可证、进口证明或进口登记表，相应的进口合同和与支付方式相应的有效商业票据（发票、运单、托收凭证等）到外汇指定银行购买外汇外，其他符合国家进口管理规定的货物用汇、贸易从属费用、非贸易经营性对外支付用汇，中资企业凭合同、协议、发票、境外机构支付通知书到外汇指定银行办理兑付。

3. 建立统一的银行间外汇市场。从1994年1月1日起，中资企业退出外汇调剂市场，外汇收入都要卖给外汇指定银行，外汇指定银行成为外汇交易的主体。各地外汇调剂中心继续运行，主要为外商投资企业服务。1994年4月1日中国外汇交易中心在上海成立，4月4日，交易系统正式运营。中国人民银行根据宏观经济政策目标，对外汇市场进行必要的干预，以调节市场供求，保持人民币汇率的稳定。

4. 禁止在境内外币计价、结算和流通。1994年1月1日，我国重申取消任何形式的境内外币计价结算，禁止外币境内流通和私自买卖外汇，停止发行外汇兑换券。从1995年1月1日起，已发行的外汇兑换券停止使用，由银行按并轨前的官方汇率兑回。到1995年6月30日停止收兑，外汇兑换券从此正式退出我国经济生活的历史舞台。

5. 对外商投资企业外汇管理政策保持不变。在对境内机构实行银行结售汇制度时，对外商投资企业的外汇收支仍维持原来办法，允许保留外汇，自收自用，自行平衡。外商投资企业之间的外汇买卖仍须委托外汇指定银行通过当地外汇调剂中心办理，统一按照银行间外汇市场的汇率结算，各地外汇买卖原则上要求自我平衡，中国外汇交易中心统一调度，对各地外汇交易余缺进行适当调节。

上述各项改革措施的落实，使我国顺利实现了人民币经常项目有条件可兑换。1996年对外汇管理体制进行了调整和完善，在1996年3月至6月江苏、上海、深圳、大连试点基础上，从7月1日起对外商投资企业实行银行结售汇制度。外汇局核定外汇结算账户的最高金额，外商投资企业在核定的限额内保留经常项下的外汇收入，超过部分必须结汇。外商投资企业经常项目下的对外支付，凭规定的有效凭证可直接到外汇指定银行办理，同时，继续保留外汇调剂中心为外商投资企业外汇买卖服务。1998年12月1日外汇调剂中心关闭以后，外商投资企业外汇买卖全部在银行结售汇体系进行。允许外资银行、中外合资银行办理外商投资企业的结售汇及付汇业务。

提高居民用汇标准，扩大供汇范围，取消尚存的经常性用汇的限制。1996年7月1日，大幅提高居民因私兑换外汇的标准，扩大了供汇范围。1996年底，我国还取消了出入境展览、招商等非贸易非经营性用汇的限制，并允许驻华机构及来华人员在境内购买的自用物品、设备、用具等出售后所得人民币款项可以兑换外汇汇出。

经过上述改革后，我国取消了所有经常性国际支付和转移的限制，达到了国际货币基金组织协定第八条款的要求。1996年12月1日，我国正式宣布接受第八条款，实现人民币经常项目完全可兑换。

五、1994年外汇管理体制改革的成功经验

我国从1993年下半年开始酝酿外汇管理体制改革，借鉴国际经验，确定了以人民币走向完全可兑换为改革的长远目标，以人民币经常项目可兑换为阶段性目标。1994年起推出的新一轮外汇管理体制改革，经历了15年时间，经过不断调整与完善，实践证明是成功的，取得了举世公认的成就，对于建立和完善社会主义市场经济体制，促进国民经济持续快速健康发展，妥善应对国际市场风浪具有重要意义。

1. 中央高度重视外汇改革，实施坚强有力的领导

外汇管理体制改革在1994年的宏观经济整体改革中具有重要地位，关系到我国对外开放的大局，中共中央国务院高度重视，成立了国务院外汇管理体制改革工作小组，由时任国务院副秘书长的何椿霖同志任组长，中国人民银行、国家外汇管理局、国家经济体制改革委员会、国家计划委员会、财政部、对外经济贸易部、中国银行等负责同志作为成员，对各项改革措施进行研究设计，最后由国务院领导决策。

国务院领导同志对外汇管理体制改革倾注了大量心血，多次召开专题会议讨论改革中的重大问题，并亲自深入实际进行调查研究，在关系到改革方向的重大问题上，坚定地支持符合建立社会主义市场经济体制方向的积极建议，特别是在关系新体制根本的银行结售汇制度与汇率并轨问题上，高瞻远瞩，表现出极大的勇气和魄力。在深入研究论证的基础上，抓住了难得的历史机遇，果断决策，推出了新一轮外汇体制改革措施，这是改革成功的关键所在。

2. 大胆借鉴国际经验，坚持市场化改革方向

在改革方案研究设计过程中，有关部门与人员坚定不移地以党的十四大关于建立社会主义市场经济体制总体目标为指针，使市场在国家宏观调控下对资源配置起基础性作用，在充分考虑我国国情与承受能力的前提下，大胆学习借鉴已被许多国家的实践证明是行之有效的一些基本原则、普遍做法和成功经验，及时提出了在三五年内实现人民币在国际收支经常项目一定范围内可兑换的外汇管理体制改革近期目标及相关改革措施建议。对在改革过程中形成的一些体制与做法，由于其自身的过渡性质，仍然面临着进一步改革的任务。但是在过渡性体制下，同样形成了新的利益格局，也就存在以中国国情为借口来保护既得利益，想使过渡性体制和措施固定化、永久化，从而把建立规范体制的努力说成是脱离实际的理想化的现象。面对来自于不同理论观点与实际利益角度的各种争论意见，决策者牢牢把握市场化、规范化、国际化改革大方向不动摇，这是外汇管理体制改革成功的根本保证。

3. 宏观经济综合配套改革，外汇体制改革整体推进

外汇管理体制改革作为价格、税收、财政、金融、外贸配套改革的有机组成部分，有效性和规范性大大提高，改变了过去局部改革的分散与被动，实现了体制的新飞跃。20世纪七八十年代的外汇体制改革主要配合外贸体制改革，对促进对外贸易发展和鼓励外资流入起到了一定作用，但由于财政金融体制改革滞后，出现几次通货膨胀，经济大起大落，国际收支逆差，人民币汇率贬值，外汇体制改革效果受到影响。1994年财税、金融、物价、外贸改革出台了相互协调的措施，继续实施以抑制通货膨胀、稳定币值为目标的适度从紧的财政政策和货币政策，国内信贷扩张、消费和投资需求得到了较好的控制，人民币汇率并轨、一次性对外较大幅度贬值，抑制了进口外汇需求的膨胀。增值税改革、出口退税政策的实施，有力地促进了出口的快速增长。1994年和1995年两年，进口分别保持了11%和14%的适度增长，大大低于出口分别增长32%和23%的幅度，根本上扭转了1993年外贸逆差121亿美元的局面，分别实现顺差53亿美元和167亿美元。国内过热需求的有效紧缩，外贸收支状况的改善，为人民币汇率的稳定，为外汇管理新体制的有效运行，创造了有利的条件。财税体制改革的推进，使得财政收入大幅度增加，极大地提高了中央政府应对和调控外汇市场异常变化的能力。其他各项宏观经济改革与政策措施的密切配合，是我国外汇管理体制改革成功的重要保证。

4. 以建立规范化体制基础为核心，尽力保持方案的整体一致性

在改革方案研究设计阶段，对取消外汇留成与外汇额度制基本达成共识后，对于结售汇制方式的选择又出现较大争议，是实行强制结汇、全额结汇，还是实行意愿结汇、部分结汇？有的意见主张意愿结汇，认为全额强制结汇，企业会将外汇留在境外，从而汇率稳定不下来，等等。实行经常项目下可兑换，代表了政府的承诺，关键并不主要取决于一国外汇储备数量的多少，关键是表明政府要决心抑制通货膨胀，并使市场机制发挥作用，允许汇率水平真正体现供求平衡，而不使用行政性的外汇管制手段来恢复国内的平衡。人民信任政府的承诺，是外汇改革成功的基础，而规范化体制的建立与完善又是真正能够使人民信任政府承诺的根本保证。从国际经验看，在实现经常项目下可兑换的每一阶段，都是严格实行出口结汇制，严格管制资本项目下流出，使政府承诺具有市场机制的保证。我国推进外汇体制改革，也必须首先严格实行出口结汇制，通过尽快建立统一的银行间外汇交易市场，使人民币汇率市场化形成机制发挥作用，稳定市场预期，防止出现在意愿结汇情况下，两个市场并存所造成的混乱。

5. 充分考虑各方承受能力，灵活采取改革措施

在实际方案操作中，中央决策者也考虑到有关地方、部门和企业的承受能力和利益要求，允许对主要改革措施缺乏信心的有关方面有适应的时间，在不影响改革全局的前提下，采取了一些辅助的补偿性和过渡性措施，使改革能够平稳进行并逐步达到预定目标。首先是充分照顾有关部门的既得利益，如对于国家外汇使用主管部门掌握分配的外汇额度，按并轨后汇率与原官方汇率的差价，中央财政从当年增加的财政收入中安排相应支出，结束了国家直接分配使用外汇的历史，同时不影响有关部门的预算安排能力。

对于原有的留成外汇额度余额，允许继续使用到1994年底，可按1993年底官方汇率向指定银行购买外汇。此后剩余的留成外汇额度由指定银行按1994年底汇率减1993年底官方汇率的差价收购。除新规定准许保留的外汇账户外，原有的现汇账户可使用到余额用完时为止。

对外商投资企业采取了两步走的办法，直到两年半以后才将其逐步纳入银行结售汇体制，这是因为部分外商投资企业仍希望维持原有的外汇管理特殊政策不变，决策者考虑到1993年我国外商投资企业出口额在总出口额中所占的比重为27.5%，暂时不进入新体制也不会影响改革的大局，新体制的成功自然会吸引他们主动进入。实行强制结售制和汇率并轨后，并未出现很多人担心的外汇流失、人民币汇率失控的局面，反而是在财税金融综合配套改革、适度从紧的财政政策与货币政策的支持下，通货膨胀预

期得到控制，国内外汇持续供大于求，人民币汇率很快出现升值趋势，由并轨初期的8.70元升至1994年底的8.48元人民币兑换1美元，至此，外商投资企业保留现汇已没有实际经济意义，对于银行间市场供求不会产生直接影响，对人民币汇率形成机制也不会产生实质性影响，所谓外商投资企业留在银行结售汇体制之外很快名存实亡，改革全面成功已成为定局。

6. 银行间外汇市场建设以规范化为导向，不断深化改革

与全额强制结汇、银行结售汇制相对应的是双层次外汇市场：客户同银行之间是按各行的挂牌汇率买卖；银行之间是集中的外汇头寸交易。因而就不应存在外汇调剂中心，也不应存在全国的分中心联网、统一报价系统，并实行类似股票交易的撮合成交制度。这种系统波动大，占用外汇多，投机性强，不经济，还有瘫痪的可能。

集中的银行间外汇市场运行的基本做法，每天各银行汇集各分行外汇绝大多数交易的头寸情况，由总行汇总得出全行头寸。各指定银行总行、指定的外汇自营商、中央银行之间交易外汇，形成人民币汇率的基准价格，由人民银行公布。有一种意见认为，因各指定银行做不到及时汇集全行结售汇头寸，以及应对中国银行在外汇市场上份额很大而可能产生的垄断问题，因此应搞分散的调剂市场。这种意见是不对的，外汇清算在国外进行，本身就是总行汇总头寸，统一在国外摆布头寸，集中调度的，总行每天汇总外汇交易的头寸是不成问题的。如果某银行做不到汇集分行的头寸，说明它的分行不应有结售汇的资格。不宜为迁就落后，而使整个系统高风险、高成本。市场上有多个参与者，各指定银行、自营商每天允许的自营规模是可以核定的，央行也在参与，完全可以限制垄断。如果让分行进市场来制约垄断，会使分行更加独立银行化，总行没有办法控制全行的风险状况，会进一步肢解银行系统。

在改革的过程中，虽然前期阶段外汇交易中心采取了会员制、全国分中心联网的模式，但随着商业银行改革的深化，加强了总行对分行的资金调度与风险控制能力，已形成的市场模式很快就失去了生命力与影响力，银行间外汇市场还是最终走向了总行集中交易的模式。

六、外汇管理体制改革的成就与深化措施

1994年外汇体制改革措施全面实施后，加之国家宏观调控措施得力，各项配套改革同步推进所产生的制度创新综合效应，当年就产生了预期的积极效果，国家外汇储备持续增加，从1993年底的211.99亿美元，增加到1994年底的516.20亿美元，当年增加304.21亿美元，人民币也持续升

值,从1993年底1美元兑8.72元人民币,升至1994年底的1美元兑8.48元人民币。到1997年底,国家外汇储备进一步增加到1399亿美元,对抵御亚洲金融危机、维护香港繁荣稳定发挥了巨大的支撑作用,新体制成功地经受住了前所未有的考验。

这一轮外汇管理体制改革同时为进一步深化外贸体制改革、扩大对外开放创造了良好的条件,80年代和90年代初外贸体制改革过程中所遇到的外汇管理上的诸多问题迎刃而解,极大地促进了国内企业对外贸易与经济合作的发展,对于我国充分利用境内境外两个市场、两种资源产生了深远影响,有效地促进了吸引外商直接投资,引进先进技术与管理经验,扩大出口与国内就业,对外贸易成为经济增长的重要推动力,我国经济融入全球化的程度不断提高,国际应变能力不断增强。

2001年底加入世界贸易组织以来,我国对外经济迅速发展,国际收支持续较大顺差,改革开放进入了一个新阶段。外汇管理主动顺应新的形势变化,进一步深化改革,继续完善经常项目可兑换,推进贸易便利化,稳步推进资本项目可兑换,积极培育和发展外汇市场,完善有管理的浮动汇率制。2005年7月21日,改革人民币汇率形成机制,实行以市场供求为基础、参考一篮子货币进行调节、有管理的浮动汇率制度,并针对发展中所遇到的新情况不断深化与完善改革措施。

纵观过去30年我国外汇管理体制改革的历史,1994年推出的整体改革措施无疑是最为浓墨重彩的,实现了制度性飞跃,为近十几年后续的各项改革措施奠定了规范稳定的制度性基础,并为人民币最终实现完全可兑换开辟了广阔的道路。

参考文献

1. 楼继伟主编:《宏观经济改革:1992—1994 背景 设想 方案 操作》,北京:企业管理出版社1995年版。

2. 周小川、谢平等:《实现人民币可兑换》,《改革》1993年第1期。

3. 陈全庚等:《中国外汇管理体制改革和建议》,江苏:江苏人民出版社2001年版。

4. 刘仲藜主编:《奠基—新中国经济五十年》,北京:中国财政经济出版社1999年版。

5. 刘光灿、孙鲁军、管涛:《中国外汇体制与人民币自由兑换》,北京:中国财政经济出版社1997年版。

6. 吴晓灵主编:《中国外汇管理》,北京:中国金融出版社,2001年版。

中国经济50人论坛
Chinese Economists 50 Forum

中国三十年财税改革的回顾与展望

楼继伟

The Past 30 Years

A Review and Analysis by 50 Chinese Economists

楼继伟简历

中国投资有限责任公司董事长

1950年12月出生。浙江义乌人。1982年毕业于清华大学计算机系,1984年毕业于中国社会科学院研究生院数量经济系。1982—1988年主要从事经济体制改革和宏观政策研究,曾任国务院价格领导小组办公室成员、国务院体制改革方案领导小组财税改革组成员、国务院办公厅调研室副处长、中国社会科学院财经物资经济研究所成本价格室主任。其后历任上海市体改办副主任、国家体改委宏观司司长、贵州省副省长、中国财政部常务副部长、中国会计准则委员会主席、国务院副秘书长,现任中国投资有限责任公司董事长。

研究员,清华大学经济管理学院兼职教授、博士生导师,财政部财政科学研究所博士生导师。研究领域主要有经济分析、财税、金融等。《建立一个规范、有效的财政新体制》获1994年孙冶方经济科学论文奖。

发表学术论文数十篇。主要学术著作有:《宏观经济改革——1992—1994背景、设想、方案、操作》,企业管理出版社1995年版;《中国改革:波浪式前进》,中国发展出版社2001年版;《中国政府预算:制度、管理与案例》,中国财政经济出版社2002年版;《税式支出:理论创新与制度探索》,楼继伟、解学智,中国财政经济出版社2003年版;《中国政府预算改革五年》,项怀诚、楼继伟,中国财政经济出版社2003年版;《波浪式前进——楼继伟文集》,中国经改历程丛书,香港和平图书有限公司2005年版。

自1978年中共十一届三中全会以来，中国的改革开放已经走过了30年的路程。30年来，中国改革朝着市场取向的总体目标"摸着石头过河"，改革目标在艰难的探索过程中逐步清晰，国民福利不断增进的事实又使得改革能够不断为自身开辟道路。正如胡锦涛总书记在中共十七大报告中所指出的那样，从那时以来，"中国人民的面貌、社会主义中国的面貌、中国共产党的面貌发生了历史性变化"。

财税改革作为经济体制改革和政治体制改革的交汇点，30年来进行了多次重大变革，并与价格、国有企业、货币金融等各领域的改革相配合，推动了中国经济体制的根本性转变。财税改革触及的问题很多，几乎涉及各个方面利益关系的调整，但改革的主线和根本落脚点仍是资源配置问题。[①] 同时，财税改革的实施离不开中国经济和社会的大环境，不同阶段的财税改革重点有着明显的时代烙印。对这30年的财税改革进行回顾和总结，理清其脉络和下一步要完成的道路，无疑对新形势下财税改革的继续深化具有重要意义。

一、改革的起点：计划经济资源配置方式在财税制度上的反映

追溯改革历程，首先要说明改革是从哪里起步，要到哪里去，即改革的起点与目标。1978年，经历了十年浩劫的中国经济百废待举，百业待兴，特别是基础设施、基础产业严重滞后。在经济管理体制上则是明显的计划经济：94.4%的农产品和97%的零售产品是按计划价格交易的[②]；企业几乎全部是公有制经济；企业生产按计划进行，由于成本和价格都由国家确定，折旧和大修理基金由财政控制，定额流动资金由财政无偿拨付，企业利润仅仅是计划的结果；国家统管一切经济活动，集中全社会的剩余产品通过指令性计划进行国民收入再分配；国有单位的就业全部是永久性的，职工拥有"铁饭碗"。

---

① 从1992年党的十四大提出市场对资源配置起基础性作用，之后中共历次重要会议和文件中在经济体制问题上反复强调了资源配置的转型：1993年十四届三中全会指出"市场在资源配置中的作用迅速扩大"；1995年十四届五中全会就正确处理"市场机制和宏观调控的关系"强调"应主要由市场配置资源"；1997年江泽民在十五大报告中总结五年"市场在资源配置中的基础性作用明显增强"；2000年中共十五届五中全会指出"社会主义市场经济体制初步建立，市场机制在配置资源中日益明显地发挥基础性作用"；2003年十六届三中全会就"完善社会主义市场经济体制"问题，强调要"更大程度地发挥市场在资源配置中的基础性作用"，之后又多次进行了重申；2006年十六届六中全会研究了构建社会主义和谐社会的若干重大问题，提出"优化公共资源配置"；2007年胡锦涛在中共十七大报告中指出，要"从制度上更好发挥市场在资源配置中的基础性作用"。

② 资料来源：《中国改革与发展报告（1992—1993）：新的突破与新的挑战》，中国财政经济出版社1994年版。

计划经济的最大特征是高度集中、强调政府统一计划的作用。与这种资源配置方式相一致,财政体制在这方面的特点尤为突出:财权高度集中在中央,尽管经历数次变动(从集中到较为分散又到集中),但财政统收统支的框架没有打破。在中央统一领导下,地方财政是作为中央财政计划的执行单位加以考虑和设置的,其自身的利益主体地位未受重视,也不具备对自身行为负责的基本条件。财力分配上实行平均主义,吃"大锅饭"。财政收入上,大量依赖于国有企业的上缴利润,1978年财政收入占GDP的比重为31.1%,企业收入占当年财政收入的50%以上。税制方面单一与混乱并存,从建国初期以多种税、多次征为特征的复合税制,经历两次大规模的简化后,工商税制只设7种税,而且几乎都是流转税,对国有企业只征一道工商税,对集体企业只征工商税和工商所得税,同时减免随意、税率难定,税收的调节功能缺失。"大计划"导致了"大财政",国家计划是资源配置的主角,财政作为计划控制的基本手段,以资产所有者身份直接参与社会生产和消费各个领域,渗透到从企业管理乃至个人消费等微观经济的各个方面。由于国家强调重工业的发展,财政在固定资产投资方面的支出较大,1978年基本建设支出占财政支出的40%,经济建设费占总支出的64%。① 总之,在传统指令性计划处于中心支配地位的经济体制下,财税制度只能是计划经济资源配置方式的反映。

二、改革的目标:建立适应资源配置方式转变的现代财税制度

中国改革从整体上一直以市场为导向,但"社会主义市场经济"的改革目标并不是在改革起步时就确立,而是在改革实践过程中逐步明确的:从"以计划调节为主,同时充分重视市场调节的辅助作用"②,到"计划经济为主,市场调节为辅"③,再到1984年十二届三中全会提出"有计划商品经济",直至1992年"十四大"才最终确立建立社会主义市场经济的改革目标:"我们要建立的社会主义市场经济体制,就是要使市场在社会主义国家宏观调控下对资源配置起基础性作用"。④ 八届人大一次会议通过宪法

---

① 资料来源:《中国统计年鉴(2007)》,中国统计出版社2007年版。
② 陈云率先提出计划经济与市场调节结合的观点,1979年4月李先念在中央工作会议提出"以计划调节为主,同时充分重视市场调节的辅助作用"的口号。参见《新时期经济体制改革重要文献选编》(上),中央文献出版社1998年版,第18页。
③ 参见胡耀邦在中国共产党第十二次全国代表大会上的报告:《全面开创社会主义现代化建设的新局面》,1982年9月1日。
④ 参见江泽民在中国共产党第十四次全国代表大会上的报告:《加快改革开放和现代化建设步伐夺取有中国特色社会主义事业的更大胜利》,1992年10月12日。

修正案，规定"国家实行社会主义市场经济"，为更深层次的经济体制改革提供了法律基础。政府从直接配置资源的角色逐步改变为让市场发挥作用的秩序维护者为主的角色，与之相适应的现代财税体制通常具备以下特征：

——政府职能：主要是调节总需求，促进社会总供给和总需求的基本平衡和宏观经济稳定；向全社会提供税收、会计、预算等财经行为规范；作为政府活动的公共账户，接受社会的监督；弥补市场缺陷，直接配置社会公共资源，为全国不同地区、多种经济成分及多元化市场主体提供均等化的公共产品，创造公平竞争的市场环境和有序的市场经济秩序。

——政府间财政关系：在中国通常称为财政管理体制，包括合理划分财权与事权，建立分级负责政府体系；按税种划分收入，中央控制收入的大头，用以调节地区间收入分配和进行宏观调控；完善的转移支付制度。

——收入方面：企业由国家的直接管理对象转变为税收提供者，个人也从单一的消费者成为纳税人，国家财政收入主要来源于多种所有制形式的企业和广大居民依法缴纳的税收，税收占财政收入的绝大部分，财政收入更具有广泛性和公共性；税收制度以要素收入为基础，保持税收"中性"，不扭曲市场资源配置下的价格信号；高效的征管体系。

——支出方面：企业和居民作为纳税人在依法纳税为国家尽义务的同时，必然要求国家担负提供公共产品的责任，为企业营造良好的市场环境，为个人提供更好的公共服务。这就在政府和纳税人之间形成了一个类似于股份公司的委托代理关系，财政分配要体现国家发展战略和社会经济发展所确定的优先顺序，也更多地考虑人们多样化的需求，而不再主要取决于政府决策者的偏好。

——政府预算：覆盖全部政府收支，并反映政府收入的来源、数量和政府支出的用途、方向和数量，约束性强，且规范、公开、透明、高效。为实现这些要求而建立的预算编制、批准、执行、决算的方法和制度即为现代公共财政预算管理体制。

回首看来，中国经济体制改革是整体推进和重点突破相结合①、波浪式前进的，财税改革采取了财政、税收、外汇、投资等领域相结合的"整体推进式"改革，在所有制、结构组织框架建立和社会形态的转变等方面采取了逐步试验的渐进办法。在以市场化为导向的改革进程中，我们的领导层一直清醒地认识到，在中国这样一个发展中大国，不可能依靠"大爆炸"或"休克疗法"一举成功。要坚持改革开放这样一个艰巨长期的过程，必

---

① 参见江泽民在中国共产党第十四届中央委员会第三次全体会议上的讲话，1993年11月14日。

须首先保证几个前提条件，它们包括：宏观经济的稳定，地区间的平衡发展，为市场主体（包括各级政府、企业、个人）建立正确的激励机制。市场主体的决策自由度和收入提高，会确保每个阶段的改革从整体上提高整个社会的国民福利，使市场主体支持改革，也只有这样，改革才能为自身开辟道路。

资源配置方式的转变带动了价格格局的变化，而这必然会对税收收入产生重大影响。计划经济时代中国的价格体系长期是农产品、矿产品等初级产品价格过低，加工制成品价格过高，且与国际市场脱轨。税收收入则基本都是价内税、流转税。1978年，改革首先从农村启动，从提高农副产品价格开始，在价格逐步理顺和国内外价格不断拉平的过程中，含税低的产品的相对价格在上升，而含税高的产品的相对价格在下降。这时如果税制不做变化，财政收入比重必然下降，财政收入的不稳定必然影响宏观经济和社会的稳定，财税制度如果不改变必然会阻碍新的资源配置方式的形成。改革的同时我们还进行对外开放。由于地理位置的差异，沿海地区开放步伐快、发展快，逐渐成为财政收入的主要来源，而内陆地区开放步伐慢，东中西部地区的经济发展和财政状况出现不平衡。这些因素都为财税改革带来了非常大的困难。放权让利在改革之初是必然的选择，也确实发挥了极大的作用；但改革开放到了一定阶段，必须破旧立新。只有通过整体性改革，财税制度才能从最初适应计划经济体制转到适应社会主义市场经济体制，而改革本身困难重重，改革进程中还要保证宏观稳定等上述前提条件的实现，在总目标的指引下分步实现若干子目标，改革的顺序和道路选择就显得至关重要。30年的财税改革取得了如此辉煌的成就，这里我们不得不感叹改革设计者们的"大智慧"。

三、改革的阶段性目标取舍和顺序选择

与中国总体的市场化改革道路相一致，中国的财税改革同样走的是波浪式前进、阶梯式上升的道路：财政体制从行政性分权走向经济性分权，税收制度从侧重于对流转征税转向偏重于对要素征税，预算管理从高度机密逐步公开透明。事实上，财税改革促进了财政收入的快速增长，稳定的收入增长机制保证了社会经济的稳定和中央宏观调控能力的提高，也支撑了其他方面的各项改革；先收入改革后支出改革的顺序选择，一定程度上缓解了矛盾的激化，获得了社会和政治支持；会计制度、税收制度的建立和完善为企业、个人和政府提供了适当的激励机制。总之，财政力求在稳健中改革，并通过改革为宏观稳定提供更为有力的财力保障和财税制度保

障。这里,我们将 30 年的财税体制改革历程分为三个阶段,回顾改革的阶段性目标取舍和顺序选择。

(一) 1978—1992 年期间:被动适应

十一届三中全会确定了改革开放的总方针,随后中国的改革率先在农村启动,农村改革的三条主要措施是实行联产承包制、取消种植计划、大幅度提高粮食价格同时放开其他农产品的价格。这些措施是在农村和农业领域引入市场经济,这实际是改变了农村地区的资源配置方式。改革极大地调动了农民的积极性,粮食产量增长迅速。与此同时,以"双轨制"为特征的价格改革也拉开了序幕,国家大幅度提高农副产品价格,缩小工农产品的剪刀差。配合价格调整和逐步放开的是财政补贴政策:国家财政加大了对农业生产资料和农产品收购的价格补贴,对当时的农村社队企业在税收、价格、补贴等方面给以政策优惠,还放松了对国有企业工资的管制,普遍实行了奖金制度和副食品价格补贴制度。1981—1990 年期间,财政价格补贴支出占当年财政支出的比例都在 10% 以上。①

1984 年进入整体改革之初,城市改革还并不全面,关于是价格改革优先还是企业改革优先,20 多年前有过很深刻的讨论。一种观点是价格改革优先,认为首先必须让价格反映供求,进一步要让价格自由,让市场发挥作用,从而导致资源配置效率的提高和国民财富的积累。另一种观点是企业改革优先,认为即使价格给出信号,但如果企业(当时还是以国有企业为主)不改革,企业对价格信号不敏感、不反映价格信号,价格引导也就不起作用,所以必须首先要对企业进行改革。当时的决策者认识到,冒很大的风险而效果又不确定的改革是不可取的,因而在 1986 年开始了以价格、税收和财政为主的改革,主要在企业展开。在实行了利润留成和企业基金制度之后,国家于 1983 年和 1984 年实行了两步"利改税"②,1985 年实行"拨改贷"③,1988 年推行企业承包制④,并采取了一系列减税让利的措施扩大企业的财权和决策权。在此过程中,1984 年税收体系初步搭建,形成"以税代利"的财政收入体系。国营企业按 11 个税种向国家缴税:把原工商税按性质划分为产品税、增值税、盐税和营业税,对国有大中型企

---

① 资料来源:《中国统计年鉴 (2007)》,中国统计出版社 2007 年版。
② 参见国务院批转财政部关于利改税工作会议的报告和《关于国营企业利改税试行办法》的通知 (1983-04-24);国务院《国营企业第二步利改税试行办法》(1984-9-18)。
③ 参见国家计委、财政部、建设银行计资 (1984) 2580 号文《关于国家预算内基本建设投资全部由拨款改为贷款的暂行规定》。
④ 参见国务院《全民所有制工业企业承包经营责任制暂行条例》(1988 年 2 月 27 日)。

业征收调节税。这时，内外资税收不同的"双轨制"特点进一步凸现：对内资企业个人征收个人收入调节税和奖金税，对外国个人则开征了个人所得税，形成按企业的所有制性质设置税种的多重企业所得税制。① 流转税方面由于对内资企业实行承包制而变成"一户一率"的混乱局面，征收产品税、营业税以及"能源交通重点建设基金"和"预算调节基金"（即两项基金）② 等，对外资企业则征收增值税。由于当时计划价格仍占主导，以税代价、赋予税收过多的经济调节功能成为当时难以避免的选择。随着"指令性"、"计划性"的松动，中央与地方政府间财政关系同样以"放权让利"为主调：财政体制于1980年、1985年和1988年进行了三次分级包干改革，形成了六种财政包干形式并存的局面。"分灶吃饭"打破了原来财政统收统支、"吃大锅饭"的局面，增强了地方的财权和财力，也激发了地方政府促进经济发展的积极性。

财政体制的频繁变动，反映了在原有资源配置方式打破后，财政制度的一种被动适应。财政管理体制的不稳定助长了地方政府的短期行为；政府间财政分配关系一对一谈判方式确定的财政包干体制缺乏必要的公开性和控制监督手段；保护既得利益使得中央政府缺少促进横向公平的财力。面对微观经济快速的市场化，中国的宏观经济管理体制明显滞后。财政政策内含顺周期的内在机制，包干制造成在通货膨胀时财政收入比重却快速下降、而通货紧缩时财政收入比重却快速上升的局面。承包制进一步削弱了税基，税基过窄，这些都与资源配置方式的根本转变不相适应。这一时期实行的财税体制还表现出因"两个比重"急速下降、财政难以平衡而不断打补丁的尴尬境地。加之80年代宏观经济的不稳定，对财税体制进行根本性变革的呼声日益高涨。1986年分税制改革方案未能实施成为许多人的遗憾，实际上当时社会经济环境没有要求实施分税制的动因，也不具备实施分税制所要求的市场经济体制。

市场化的改革带来了经济的快速发展，而财政、特别是中央财政却因此做出了巨大的牺牲（参见图1）。一系列放权让利改革的直接结果就是财政收入的减少，而各项经济建设和财政补贴政策使得财政支出不减反涨，导致财政赤字的快速累积。资金不足促使了预算外资金的膨胀，1992年预

---

① 包括国营企业所得税、国有企业调节税、集体企业所得税、私营企业所得税、城乡个体工商业户所得税、中外合资经营企业所得税、外国企业所得税，其中后两项外资企业所得税在1991年合并为外商投资企业和外国企业所得税。

② 参见国务院《国家能源交通重点建设基金征集办法》（1982-12-15）、《国家预算调节基金征集办法》（1989-2-17）、国发〔1983〕131号、国发〔1989〕13号、财综字〔1995〕12号文件等。

算外资金达到3854.92亿元，占当年全国财政收入的110.67%。①中央财政收入比重逐年下降，甚至到了靠向地方借款弥补资金缺口的境地。名为借款，是因为超出中央政府与地方政府签订的包干合同，实际是地方做贡献。此外，国家与企业关系的转变及一系列的企业改革虽然扩大了企业的财权和经营自主权，但并没有真正实现"政企分开"，由于政府实质上对企业还承担着无限的责任，无形中增加了财政的隐性风险。

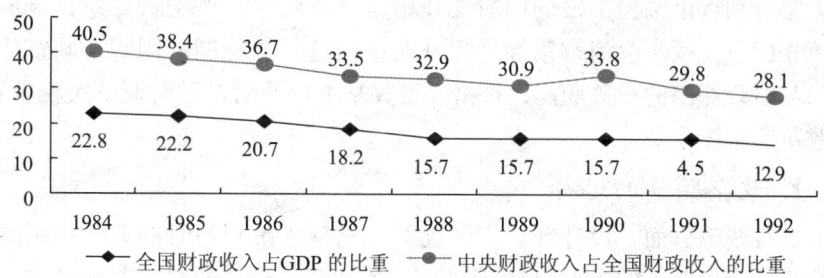

图1　1984—1992年的"两个比重"

资料来源：《中国统计年鉴》，2007年版。

1992年，宏观经济一改前两年高度紧缩的局面，开始出现通货膨胀趋势。但价格放开的趋势并未停止，1992年在社会商品零售总额中，市场调节价的比重由1978年的3%提高到75%。②这时，摆在决策者面前的是一个重大的选择：是回复原来计划经济时代控制价格的方法，还是用新的宏观调控方式控制需求，同时建立长期起作用的工商税制和财政管理框架。在邓小平南巡讲话和中共十四大精神的指引下，1994年的改革实际是选择了后一条道路，进行了价格、税收、财政和金融体制的配套大改革。

（二）1993—1997年期间：破旧立新

1992年着手设计、1993年方案出台、1994年正式推开的宏观经济体制改革，其根本出发点是要给中国社会主义市场经济的发展提供一个相适应的体制性框架，以期从根本上解决中国经济周期性波动和政策变动的问题。通过这次涉及价格、税收、财政、金融、外贸、投资等多个领域的整体性改革，我们基本建立起了市场配置基础上的国家宏观调控新体制，它也因此成为改革开放以来最为重要的一次制度建设里程碑。"这是一个长治久安的基础，是建立社会主义市场经济体制的基础。有了这个基础，目前存在

---

① 资料来源：《中国统计年鉴（2007）》，中国统计出版社2007年版。
② 资料来源：《中国改革与发展报告（1992—1993）：新的突破与新的挑战》，中国财政经济出版社1994年版。

的困难可以得到缓解、甚至于基本解决，大好形势就可以继续发展，经济发展速度还可以保持在一个较高的水平之上。"①

在1994年整个宏观经济体制改革中，财税体制改革处于中心地位，主要任务是总结十四年改革开放的实践，尽快建立适应社会主义市场经济要求的财政税收体制，其核心就是实行分税制和分别征收。②同时财税改革也与其他领域的改革紧密相联：价格改革与税收改革大体同步推进；在改革中央银行和货币调控手段的同时，开始建立财政性长期融资体系；与价税改革相配合，逐步取消政策性亏损补贴；在进行分税制的同时，调整计划部门与财政部门的相关职能；价格、税收基本理顺后，及时调整关税设置，并改革汇率体系。

1. 改革顺序的选择

财税改革方面，设计者们审时度势，充分考虑到当时的条件和利益矛盾冲突，指出改革的主要目标是建立一个坚实、稳定的财政收入基础，在改革的顺序上做出了理性的选择：

（1）财政改革：先税制和财政收入分配，再财政支出的结构与管理

当时的情况是，财经秩序混乱，地方政府减税竞争，"两个比重"下滑。如不首先解决税制、税收征管和中央地方分配关系问题，就无法提高"两个比重"，极不利于驾驭当时的通胀形势，社会主义市场经济的基本框架也无从确立。因此，税制、税收征管以及分税制改革是最为迫切需要解决的问题，而财政支出结构与管理问题，包括预算外资金问题当时基本没有触动，在几年之后才成为改革的重要内容。

（2）税制改革：先流转税改革，再所得税改革

把流转税改革作为第一顺序有若干考虑，其中最重要的原因是从保证财政收入的角度考虑的，流转税税基较宽，下力气改革流转税可以使财政收入更为牢靠。之后十几年来财政收入的健康快速增长也有力地证明了这一点。此外，当时十分复杂的产品税是与计划经济固定价格配套设立的，已经不能适应价格放开的局面，市场定价要求中性、一致化的流转税。总之，不改革原有的流转税，会阻碍市场的形成，而且无法保证财政收入。相对而言，所得税改革的难度较大，需财务会计制度改革先行（1993年进行了财务会计制度改革），以使成本真实化、所得税税基一致化，同时所得税的征管难度较大，因此宜作为第二顺序。企业所得税当时只是分别合并

---

① 朱镕基：《整顿财税秩序　严肃财经纪律　强化税收征管　加快财税改革》，1993年7月3日。参见《十四大以来重要文献选编》，人民出版社1998年版。
② 同上。

了内资企业所得税和外资企业所得税,而把内外并轨和打破按隶属关系划分收入归属作为未尽事宜,留待以后改革再予以完成。

增值税具有流转税的形式,但实际上是对要素收入课税。选择以增值税作为主体税种的原因主要是增值税具有税基广泛、避免重复征收、相互交叉稽核和征管相对简便等优点,有利于公平税负、稳定财政收入。事实上改革之后增值税也的确成为最重要的财政收入来源,1994年约占当年税收收入的45%,2006年约占当年税收收入的37%。① 在增值税的改革上,当时也有"转型扩围"的考虑,即增值税由生产型转为消费型、扩大征收范围。但消费型增值税相对复杂,当时宏观经济又面临着通货膨胀的压力,因此最终选择了生产型增值税的模式。增值税的征收范围扩大到全部服务业,由于这涉及与营业税的合并,会增加改革难度,为了确保改革的成功,当时也没有进行。

2. 改革的内容与效果

1994年的分税制改革的一个重要原则是"根据事权与财权相结合的原则",先分事权再分税。但实际是事权划分先不动,中央与地方政府的事权基本上延续过去《宪法》及其他法律之规定;中央与地方的收入划分不是跟着事权走,而是遵循市场经济国家的一般做法。即:维护国家权益、涉及全国性资源配置、实施宏观调控所必需的税种划归中央,中央收入占全国财政收入的大头。这样相对稳定的中央地方收入分配关系确定后,地方的自有财力与其支出责任之间的差距很大。为了解决这种不对应问题,我们当时采取了"保基数"办法,相应调整了政府间转移支付的数量和形式,着重建立了中央对地方的税收返还制度。随着财政收入的快速增长,基数部分在地方财政收入中所占的比重越来越低。从1995年起借鉴国际经验实行过渡期转移支付办法,即后来的一般性转移支付。

分税制的实施取得了良好的运行效果,突出表现在:一是初步建立了适应社会主义市场经济体制要求的财政体制框架,为新体制下政府实施宏观调控奠定了制度基础;二是建立了财政增收机制,基本实现了财政收入的规范化和制度化②,"两个比重"逐年提高,中央的宏观调控能力得到了增强(参见图2)。新体制还推动了统一市场的形成,地区封锁和割据问题得到了缓解,同时促进了经济结构的调整与优化。

1994年的税制改革将"统一税制"作为主旋律,建立了以增值税为核

---

① 资料来源:《中国统计年鉴(2007)》,中国统计出版社2007年版。
② 参见李岚清:《建立与社会主义市场经济相适应的公共财政》,《学习时报》2000年4月17日第29期。

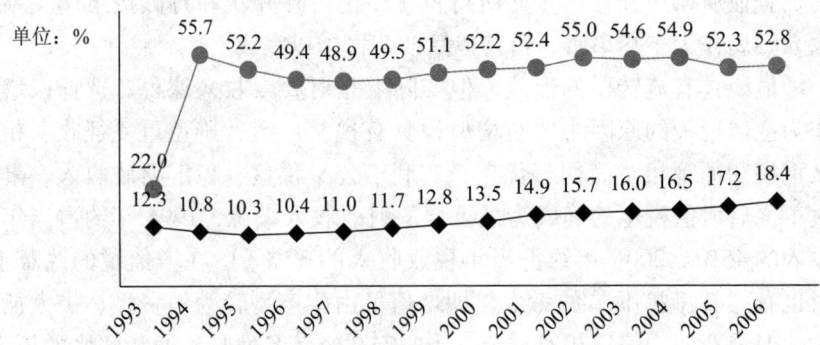

——全国财政收入占GDP的比重 ——中央财政收入占全国财政收入的比重

图 2 1993—2006 年的"两个比重"

资料来源:《中国统计年鉴》,2007 年。

注:从全国财政收入占 GDP 的比重看,2006 年的"18.4%"与 1978 年的"31.1%"是不可比的,因为涵盖范围不一样:1978 年的财政收入包含了大量的企业收入,其中企业折旧、利润金等均包括在内,是一种计划经济的财政概念;而 2006 年的财政收入仅有很少量的企业分红,不包括社会保障缴费,也不包括政府性基金,还不包括一些使用者付费,因而也不是一个完整的国家财政能力的概念。

心的新的流转税制,同时辅之以消费税和资源税,以实现引导消费行为、纠正过低的资源价格、保护环境等目的。分别统一了内资和外资企业所得税制,取消了"两项基金",统一了内外有别的个人所得税制,并对其他一些税种进行了改革。在公平企业税负的基础上,进一步规范了国家与企业的分配关系,规范了政府的分配行为,这也有力地促进了现代企业制度的建立。

在基本形成了一个适应社会主义市场经济要求的财税体制基础框架后,我们也进行了改革开放后第一次成功的利用经济手段完成的宏观调控:1993 年 6 月中央决定通过实行适度从紧的财政政策和货币政策,对当时出现的经济过热现象进行治理整顿。实质上,这次财政政策发挥作用的本质来自于 1994 年财税改革的内在机制:改革带来了财政收入的大幅增长,同时严格控制支出增长,财政赤字没能扩大,体现了财政上的从紧控制;税制的统一,特别是增值税主体地位的确定,有效地堵住了减免税的漏洞;中央与地方税务机构分设,强化了税收征管,等等。经过三年的时间,1996 年国民经济成功实现了"软着陆",1996 年国内生产总值增长 9.6%,

物价指数比上年增长6.1%，形成了"高增长，低通胀"的良好局面。①

（三）1998年至今：公共财政的建立与完善

1998年政府正式提出建立"公共财政"框架。在市场经济条件下，要求市场在资源配置中逐步发挥基础性作用，同时政府也要运用财政、货币手段进行宏观调控。作为政府职能的财政不能再大包大揽，要转变财政、经济工作观念，加快建立与中国国情、历史及市场发育程度相适应的公共财政，为社会主义市场经济体制的建立和完善提供应有的公共服务和必要的保障。② 公共财政就是为满足社会公共需要而进行的财政收支活动模式，是与社会主义市场经济发展相适应的一种财政运行机制。其突出特点：一是公共性，即满足社会公共需要，解决社会公共问题；二是公平性，即平等非歧视；三是公益性，即公共财政追求的只能是社会公益目标，而不能是利润目标；四是规范性，即公共财政的理财方式必须规范、透明，不能主观随意。这一期间中国的经济实力显著增强，社会主义市场经济体制和与之配套的宏观调控体制初步建立，同时，社会和经济发展面临的一些深层次矛盾和问题突现，党中央先后提出"建设社会主义新农村"、"五个统筹"、落实"科学发展观"、建设"和谐社会"等目标。这一期间的财税领域继续沿着1994年改革的思路和路径，进行了一系列改革和完善，并把改革重点转移到财政支出领域，内容相当丰富，但无外乎两大类：一是收入方面改革，二是启动财政预算管理体制改革，并优化财政支出结构。

1. 收入方面改革

在分税分级的财政体制基本框架搭建完成之后，收入方面着力进行的改革包括：

（1）预算外资金管理方面。从公共财政的角度看，要满足社会公共需要、提供公共产品，必然要求政府占用的一切资源，包括公共部门的收费等预算外资金纳入政府预算进行统一支配，要求所有财政资金的全部收支都要进入公众监督的视野、展现在公众面前，实行规范化、科学化管理。历史地看，我们不能一概否定收费的作用，政府在为特定对象提供服务时收取适当费用是政府取得财政收入的重要补充形式，居民对政府提供的非普遍性服务交纳适当的费用，既可以防止滥用公共资源，对全体纳税人也是公平的。关键是要通过改革予以规范，不能过多过滥，不能有游离于政府预算之外、不受社会公众监督的财政性收支。要坚决清理取消不合理、

---

① 资料来源：《中国统计年鉴（2007）》，中国统计出版社2007年版。
② 同上。

不合法的收费；对不体现政府职能的收费，转为经营性收费，并依法征税；对合理合法的收费，通过实行彻底的"收支两条线"管理，逐步纳入预算，实行规范管理；对少数具有税收性质的收费，实行费改税。1996 年以后，中国政府下大力量清理整顿预算外资金和体制外资金，逐步扩大"收支两条线"管理模式的实施范围。① 随着部门预算改革的不断深入，预算内外资金逐步统一纳入部门预算编制范围。2002 年起配合国库管理制度改革的推进，逐步建立了新的非税收收入收缴管理机制，提高了财政监管水平。②

（2）农村税费改革方面。随着城市改革的深化，城乡差距不断扩大，三农问题日益严重，2000 年中央决定进行农村税费改革试点，2003 年在全国推开③，中央财政配之以专项转移支付。2004 年改革粮食流通体制④，对农民实行直接补贴⑤，提出逐年降低农业税税率，2005 年 12 月全国人大正式废止了《农业税条例》，彻底改变两千年来中国农民因从事种植业而缴纳"皇粮国税"的历史，国家与农民的分配关系发生根本性变革。从 2006 年起，改革又步入了以乡镇机构改革、农村义务教育体制改革、县乡财政管理体制等各项配套改革为主要内容的农村综合改革的新阶段。⑥ 2007 年全面推开农村义务教育经费保障新机制⑦，在全国农村普遍实行免除学杂费的义务教育，将义务教育全面纳入了公共财政保障体系。

（3）分税制方面。从国际上看，绝大部分国家把所得税作为中央税，少数国家作为中央得大头的共享税。1994 年进行分税制改革时，我们曾设

---

① 参见国务院批转财政部等部门《关于清理检查预算外资金意见的通知》（1996 年 4 月 7 日）、《国务院关于加强预算外资金管理的决定》（1996 年 7 月 6 日）、财政部《预算外资金管理实施办法》（1996 年 11 月 18 日）、财政部《财政部关于印发中央预算外资金财政专户管理暂行办法的通知》（1996 年 12 月 13 日）、财政部、国家计委、审计署、中国人民银行、监察部《关于继续开展清理检查预算外资金工作的通知》（1997 年 3 月 14 日）、财政部、监察部、中国人民银行关于印发《行政事业单位预算外资金银行账户管理的规定》的通知（1999 年 6 月 11 日）、财政部、中国人民银行关于印发《中央单位预算外资金收入收缴管理改革试点办法》的通知（2002 年 6 月 28 日），等等。

② 参见财政部关于印发《财政监察专员办事处实施中央财政非税收入监督管理暂行办法》的通知（2004 年 1 月 13 日）、财政部关于加强政府非税收入管理的通知（2004 年 7 月 23 日）等。

③ 参见国发〔2003〕12 号《关于全面推进农村税费改革试点工作的意见》，2003 年 3 月 27 日。

④ 参见国务院令第 407 号《粮食流通管理条例》，2004 年 5 月 26 日。

⑤ 参见《粮食直补工作经费管理办法》（财建〔2004〕698 号，已废止）、《国务院关于进一步深化粮食流通体制改革的意见》（国发〔2004〕17 号）、《关于进一步完善对种粮农民直接补贴政策的意见》（财建〔2005〕59 号）、《财政部关于推进中国农民补贴网建设进一步加强种粮农民补贴管理的通知》（财建〔2006〕406 号）、《对种粮农民直接补贴工作经费管理办法》（财建〔2006〕975 号）。

⑥ 参见国发〔2006〕34 号《关于做好农村综合改革工作有关问题的通知》，2006 年 10 月 8 日。

⑦ 参见国务院《关于深化农村义务教育经费保障机制改革的通知》，2005 年 12 月 24 日。

想改变所得税收入按隶属关系和税目划分的办法。但考虑到当时机构改革尚未进行，政府职能尚未转变，政企关系还没有理顺，同时财务会计制度改革刚刚实行，所得税基数计算也有一定困难，为集中精力先把收入体制框架建立起来，决定暂缓所得税的改革。随着社会主义市场经济体制的逐步建立和经济社会的不断发展，所得税按隶属关系和税目划分收入的负面影响逐渐凸现出来。特别是企业所得税按隶属关系划分收入归属，一定程度上助长了一些地方政府为追逐税收利益搞地方保护主义和重复建设，阻碍了企业的兼并、重组，制约了经济结构调整，特别是不利于平衡地区间财力差距。中央从中国政治、经济和社会发展全局的实际需要出发，决定按公共财政原则和国际惯例进一步完善财税体制，从2002年1月1日起，打破按隶属关系和税目划分所得税收入的办法，实施所得税收入分享改革，把企业所得税和个人所得税变成了共享税。对2002年的所得税增量，中央和地方各分享50%；对2003年以后的增量，中央分享60%，地方分享40%。中央增收的收入主要用于对中西部地区的一般性转移支付，以缩小地区差距。①

（4）税收制度方面。2008年新的企业所得税法在全国实施②，内外资不同的企业所得税终于得以合并，这必将促进企业间的公平竞争和统一市场秩序的建立。增值税的改革思路是先转型、再扩围，由生产型向消费型转变的试点工作正在稳步推进，试点范围不断扩大。③ 为了促进经济增长方式的转变和结构优化，还调整了消费税、资源税、关税以及出口退税政策，出台了一系列促进自主创新、节能减排和新能源开发利用的政策。

2. 启动财政预算管理体制改革，并优化财政支出结构

作为国家政治体制的重要组成部分，政府预算与一个国家政府职能活动和公众生活密切相关，政府财政活动主要通过预算来反映，纳税人对财政资金的分配和使用的监督必然体现为对预算的监督。建立民主、高效的财政制度和预算运行机制，提供满足政府活动和公众需要的公共产品和公共服务，既是建立社会主义公共财政最基本的任务，也是建设社会主义政治文明的必然要求，同时也是中国市场经济体制改革不断深化的必然选择。中国从1998年开始启动部门预算、收支两条线、国库集中收付制度及政府采购制度等预算管理制度改革，从预算编制、执行到绩效考评各个环节对政府预

---

① 参见国发［2001］37号《关于印发所得税收入分享改革方案的通知》（2001年12月31日）、国发［2003］26号《关于明确中央与地方所得税收入分享比例的通知》，2003年11月13日。

② 参见主席令第63号《中华人民共和国企业所得税法》，2007年3月16日。

③ 参见财税［2007］75号《关于印发〈中部地区扩大增值税抵扣范围暂行办法〉的通知》，2007年5月11日。

算管理制度进行改革与创新,初步建立起一套编制有标准、执行有约束、绩效有考评的较为科学规范的现代预算管理制度,同时调整政府与财政职能,优化财政支出结构,以满足市场配置资源和社会经济持续发展的需要。

就预算管理体制改革来看,围绕提高财政资金分配与使用的规范性、安全性和有效性这一主线,进行了大量改革。一是在分配环节,全面推行部门预算改革①,将部门的各种财政性资金及所有支出项目在一本预算中予以反映,实现部门预算的完整与统一,建立和完善基本支出和项目支出管理办法,深化收支两条线管理②,推行综合预算编制。二是在执行环节,加强对预算资金使用过程、使用情况的监控,推行国库集中收付和政府采购制度。③ 2007年,所有中央部门以及省级政府都实行了国库集中支付。政府采购的规模从1998年的31亿元增加到2006年的3681亿元,资金节约率在11%左右④。三是在支出监督环节,对政府预算分配和执行结果进行监督,稳步推进绩效考评试点工作。⑤ 预算管理体制成为内部监督和外部监督相结合,教育、制度、监督并重的惩治和预防腐败体系的重要组成部分。四是在基础环节,深入研究并积极推进政府收支分类体系改革。⑥ 上述改革措施不单纯是财政分配的规范透明,也是社会主义政治民主与政治文明在财政管理领域的具体体现。

就财政支出政策来看,支出结构不断优化(参见图3),对一般性竞争领域的投资减少,对公共管理和公共服务领域的财政投入增加,向"三农"倾斜,向薄弱环节、弱势群体和基层倾斜。2006年十六届六中全会提出把"完善公共财政制度,逐步实现基本公共服务均等化"作为保障社会公平正

---

① 参见财政部《关于编制2001年中央部门预算的通知》(2000年8月8日)。
② 参见中共中央办公厅、国务院办公厅关于转发《监察部、财政部、国家计委、中国人民银行、审计署关于1999年落实行政事业性收费和罚没收入"收支两条线"规定工作的意见》的通知(1999年6月6日)、国务院办公厅转发财政部《关于深化收支两条线改革进一步加强财政管理意见的通知》(2001年12月10日)等。
③ 参见财政部、中国人民银行关于印发《中央财政国库集中收付代理银行招投标管理暂行办法》的通知(2003年3月7日)、财政部《关于深化地方国库集中收付制度改革的指导意见》(2007年5月21日)、财政部《政府采购管理暂行办法》(1999年4月17日)、全国人大常委会《中华人民共和国政府采购法》(2002年6月29日)、财政部关于印发《中央单位政府采购管理实施办法》的通知(2004年7月23日)等。
④ 资料来源:财政部网站。
⑤ 参见财政部关于印发《中央部门预算支出绩效考评管理办法(试行)》的通知,财预〔2005〕86号。
⑥ 参见财政部、中国人民银行、国家税务总局《关于进行政府收支分类改革模拟试点的通知》(2005年2月25日)、财政部《关于印发政府收支分类改革方案的通知》(2006年2月10日)、财政部《关于修订2007年政府收支分类科目的通知》(2006年7月26日)。

义、构建社会主义和谐社会的重要内容。之后，财政部门加大了对"民生"领域的投入。一是支持建立社会保障体系，增加社会保障投入，支持城镇社会保障体系改革试点，落实就业和再就业政策；二是在保证教育支出法定增长的同时，重点支持农村义务教育；三是支持公共卫生体系建设，建立和完善突发公共卫生医疗救助体系、疾病信息网络、卫生执法监督体系，加强重点疾病防治，支持新型农村合作医疗制度改革试点和城乡医疗救助制度建设；四是加大支农力度，增加农民收入，保障国家粮食安全，促进农村地区发展。

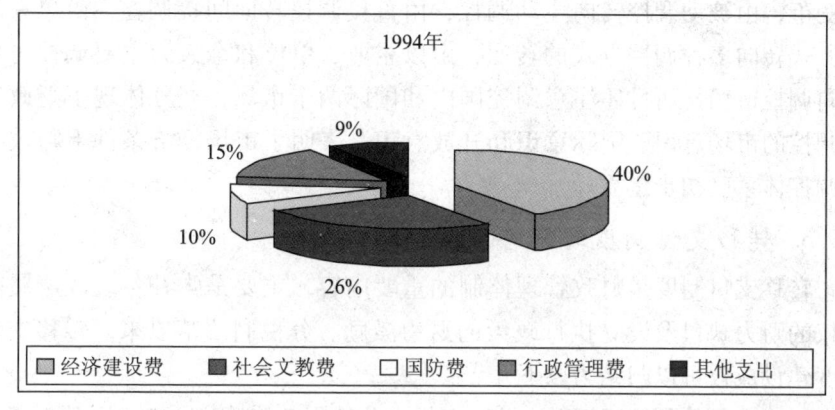

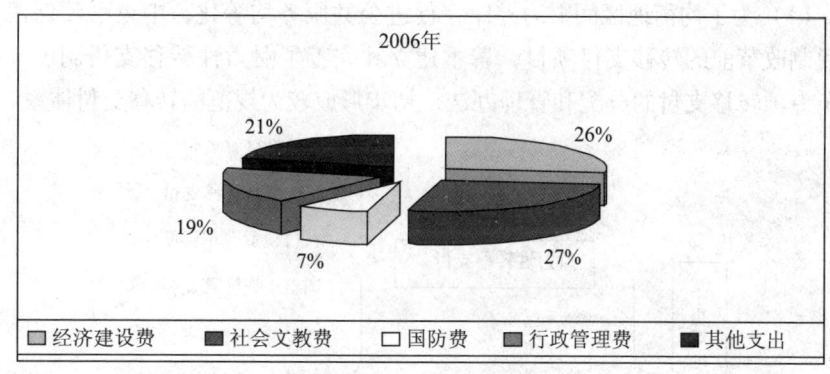

图3 财政支出结构的优化

资料来源：《中国统计年鉴》，2007年。

1998年以来的10年间，财政宏观调控也进入了一个新的发展阶段。1998年，由于受亚洲金融危机的影响，中国经济面临着前所未有的极其复杂的国内外经济环境，国内市场需求不旺，外贸出口增幅下降，居民储蓄倾向增强，银行货币回笼大幅度增加，已经出现了某些通货紧缩的迹象，单纯依靠货币政策支持经济增长越来越受到限制。综合各种因素分析，扩大预算赤字,增发国债,加大基础设施建设力度,是扩大国内需求、实现经济增长目标的最有效措施。为此,中国政府采取了市场经济条件下政府调控经济的通常做法,果断实施了积极财政政策①,主要通过扩大预算赤字,增发国债,增加财政支出,以实现增加投资、促进消费、扩大出口的目的,进而拉动经济增长。积极财政政策一直持续至2003年,实施效果明显,既成功拉大了"三大需求",又促进了经济结构的调整,同时也丰富了我们进行宏观调控的经验。2004年后根据经济发展的需要,财政政策转为稳健的财政政策。在财政政策实践过程中,财政宏观调控方式发生了根本性变革,由被动调控转向主动调控,由直接调控转向间接调控,由单一调控方式转向多种调控方式的转变,由以企业、单位和个人为主要调控对象转向调控市场,而且还注意调控国内和国际两个市场,充分体现了财政宏观调控的市场意识、国际意识和开放意识,表明了市场经济条件下财政宏观调控体系已初步建立。

3. 转移支付制度的完善

转移支付制度是财政管理体制的重要内容,主要是弥补各级政府履行事权的财力缺口及设立执行政策的财力激励。分税制改革以来,转移支付制度建设成效可以归结为以下几点:

(1) 为了均衡地区间财力差距,促进公共服务均等化,中央财政保留了分税制改革前的转移支付项目,着重建立和完善了财力性转移支付制度,改进了专项转移支付的分配和管理办法,初步形成较为规范的转移支付体系。

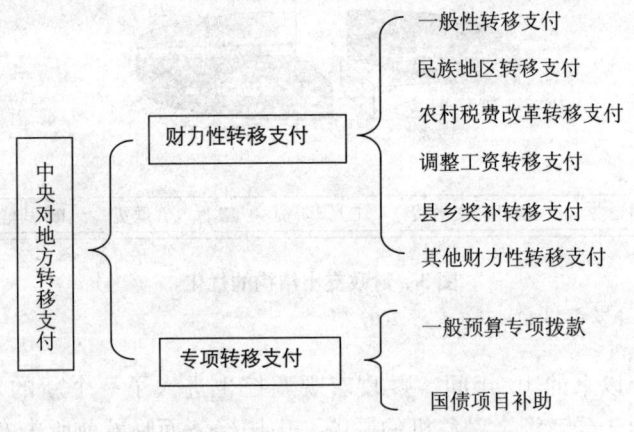

图4 中央对地方转移支付体系

---

① 详见朱镕基总理关于提请审议财政部增发国债用于加快基础设施建设和1998年中央财政预算调整方案(草案)的议案。

（2）转移支付力度逐步加大。2005年中央对地方转移支付总额达到7330亿元（不含税收返还），占地方支出总额的29.4%，其中，财力性转移支付3813亿元，专项转移支付3517亿元。分项目看，民族地区转移支付主要是针对民族省区和民族自治州，有利于促进民族地区发展和维护国家统一；农村税费改革转移支付主要是减轻八亿农民的负担，为广大农村的基本公共服务提供资金保障；一般性转移支付主要是弥补地方标准收支缺口，财政越困难的地区补助越高。

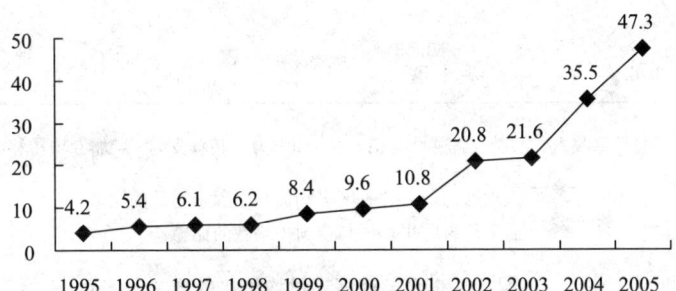

图5　1994—2005年一般性转移支付系数

注：一般性转移支付系数表示中央政府一般性转移支付规模对于地方政府标准财政收支缺口的满足程度，即一般性转移支付额/（地方政府标准财政支出－地方政府标准财政收入）。

（3）转移支付结构不断优化。近年来，中央财政致力于控制专项转移支付增长，加大财力性转移支付力度，财力性转移支付比重大幅上升。

单位：亿元

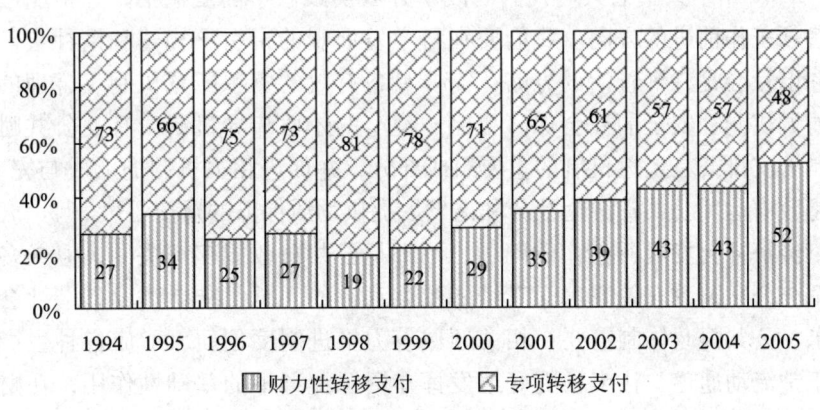

图6　1994—2005年中央对地方转移支付

（4）均等化效果日益明显。总体上看，财力性转移支付一般都考虑了各地的财政困难程度进行规范化分配,专项转移支付也对民族地区以及财力薄弱地区给予了倾斜,转移支付在均衡地区间公共服务能力的效果较为明显。这实际也加强了各级政府财力与事权之间的匹配。

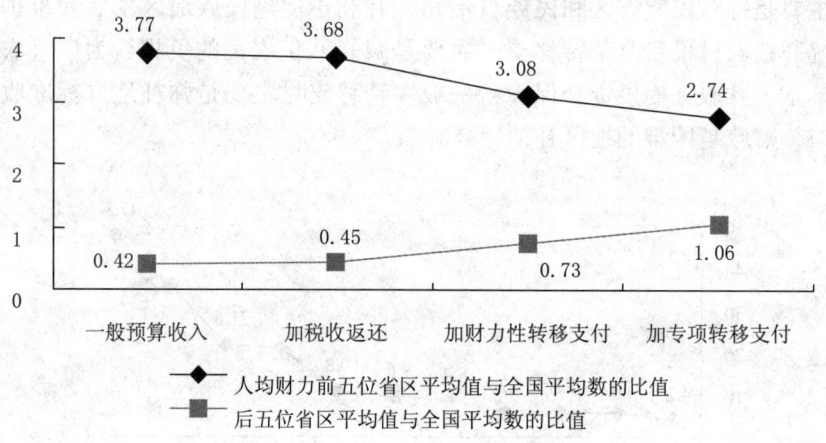

图7 2005年转移支付均等化效果

四、总结与展望

中国30年的改革开放实践证明,任何一个单项的结构性改革都绕不开财政体制。有了好的财政基础,加上正确的改革顺序,转轨国家才能完成向现代国家的转型。财税改革必须配合资源配置方式的转变,经济社会才能实现长期持续健康的发展。

2007年中共十七大对我们的改革开放实践做了高度概括,并指明了我们各项工作前进的方向。我们要在科学发展观的指引下构建和谐社会。构建和谐社会是一种善治的方略,需要具备有效的资源配置机制、合理的利益协调机制、安全的社会保障机制、健全的矛盾疏导机制。有关公共财政的制度安排既是上述机制的重要组成部分,并促进相关机制的形成与完善,又是政府运用公共资源为社会和谐发展提供物质保障的重要手段。

经济社会发展所存在的问题,不都是公共财政能够解决的,但或多或少都与公共财政有关联。面对经济社会存在的问题,结合建设和谐社会的要求,公共财政体制需要在相关领域着力推进制度创新,形成各种生产要素正常流动通道,让市场更好地发挥在资源配置中的基础性作用;在财税领域,则应该优化政府支出结构,改善税制结构,改革财政管理体制,更为有效地补充市场配置资源的不足,提高行政效率。具体讲:

(一) 收入方面改革

财政收入仍是整个财政体制的基础,它不仅决定着国家财政的稳定,也是分配政策的重要着眼点。今后,我们要特别重视要素收入的税收问题,只有这样才能改善中国的税收结构,并提供一个比较完整的收入分配基础。这方面的要点包括:

1. 改革税费体制,理顺资源价格

仅仅通过市场自由竞争而形成的资源类产品价格,一般会低于资源持续利用的长期成本价格。资源价格不能仅仅反映市场的供求情况,而应反映资源的长期可持续利用成本,包括环境保护、安全生产、提高资源利用效率等诸多因素。矿产资源的开发者不会主动去保护资源、补偿环境,甚至也不会主动关心安全生产。单靠竞争的出厂价格,只反映短期的、资源掠夺性的开采成本,这种价格不是资源类产品供给的可持续价格,它不会促进节约使用资源,也不会鼓励替代能源和可再生能源的开发使用,比如风力、太阳能等。这就需要政府的干预,通过管制手段或经济手段来改变资源产品价格形成机制,理顺各类能源产品的比价关系,引导和激励节能行为。近年来,中国政府在这方面采取了若干措施以纠正国内资源类产品长期基于短期供求的价格,包括强化并提高强制性的环保要求和安全生产要求,推行排污权交易,对石油开采企业征收石油特别收益金,等等。土地、水及水面、矿产资源等自然要素,中国人均占有量低,但浪费严重,重要的原因是自然生产要素价格远低于可持续利用成本。在这一领域理顺价格关系,需要科学评估自然要素价值,并将其量化到税费体系中。

2. 个人所得税改革

个人所得税改革的目标是综合税制,即由目前的分项征收改为综合征收,但关键是征管条件和征收能力。综合税制对信息的搜集、处理能力要求很高。它要求代扣代缴、个人申报,车行、银行、房地产商等涉及个人大额支出的机构必须审核交易的真实姓名、真实证件、限定支付方式,并将这些信息都依法提供给税务部门。中国目前还不具备这样的条件和法律依据。短期内个人所得税的调整方向是调整累进级距和降低最高边际税率,随着条件的成熟,逐步过渡到综合税制。

3. 物业税改革

土地是重要的生产要素之一,而物业税的征收对象就是土地和房产。它以市场价格为基础,定期评估房产的价值,主要是土地价值,并以此作为税基进行征税。物业税在各国都是比较大的税种,且在绝大多数国家为

地方税。物业税也是一个较难征收的税种,需要财政、税务部门审慎设计、周密准备。物业税的开征不仅会为地方政府在城市、环境等方面的支出找到一个收入来源,而且有助于引导和改善地方政府的行为,使其更加关注于公共服务和基础设施的改善,追求可持续发展。

4. 不断完善其他方面的税制

2008年我们正式实现了企业所得税的"两法合一",下一步的重点是增值税的转型扩围。即随着试点范围的逐步扩大,在全国统一实行消费型增值税,将设备投资纳入增值税抵扣范围。之后,应扩大增值税的征收范围,将之与营业税进行合并,以支持第三产业的发展。此外,还包括进一步降低关税水平、完善出口退税制度,建立相对统一的社会保障体系并进一步将缴费统一于税制。

(二)政府间财政关系改革

作为处理政府间财政关系基本制度的财政管理体制,在某种程度上反映国家权力纵向配置的状况。1994年的改革没有改变事权划分,之后对事权进行了多次微调,结果是大量事项由中央和地方共同负担,这就免不了造成效率低下或目标难以实现的问题。在谈论政府间财政关系问题时,2006年中共十六届六中全会提出要"进一步明确中央和地方的事权,健全财力与事权相匹配的财税体制"。这是十分准确,也是符合现代市场经济要求的。在收入的划分上,税种的划分应以各个税种自身的特征为依据,1994年的改革也正是这样做的。支出责任的划分是与中央地方政府职能的划分联系在一起的,而职能的划分应按照适宜性、受益范围等原则进行明确界定。各级政府自有收入与支出责任之间的缺口应由政府间转移支付制度解决。目前看,仅仅依靠修补性的调整已经不能解决我们目前所面临的深层次矛盾和问题,因此,有必要对政府间财政关系进行一次基础性的改革,其中的根本是科学合理地划分中央与地方的政府职能。中国在这方面存在的问题很多,一个明显的例子是社会保障。世界上没有其他任何一个国家把社会保障划为地方事务,绝大多数国家把社会养老保险作为中央事务;医疗问题由于不确定性大,信息收集适于就近原则,一些国家对医疗保险采取中央与地方合作的方式。但中国的社会保障却由地方管理,出现支付问题后中央又承担了很大部分的责任,这种混乱的局面亟待解决。类似的问题还有如司法体系的中央与地方间职能划分等。

在明确划分政府间职能后,还需对政府的行政管理体制进行一次大调整。中国拥有世界上规模最小的中央政府,中央公务员仅占全部政府雇员的 6%，而世界平均水平在 1/3 左右。如果把社会保障等职能划归中央，必须相应调整中央地方人员机构，使管理组织结构与职能划分结构相匹配，同时调整财政支出责任和保障机制。

构建和谐社会，要求政府完善公共服务体系，促进劳动力要素合理流动和素质提高。在这些方面，国家财政要发挥重要作用，要推进建立公共服务可持续发展的机制。理顺政府间财政关系，应结合对公共财政推进"基本公共服务均等化"的要求，加大地区间公共服务能力均衡的力度，探索更有效的转移支付方式。

（三）支出领域改革

当前，中国政府预算改革基本上还处于从传统粗放的分项排列预算向细化的绩效预算的过渡阶段，预算执行制度也处于从分散账户管理向集中收付管理的转化阶段。未来应继续坚持公开透明、科学规范、监督有力的改革方向，深化预算管理改革，提高预算透明度。逐步实现政府资源统筹管理，建立新型国有资产管理体制，完善国有资本经营预算制度，延伸国库集中支付范围，增强支出决策的透明度与公开性，提高社会公众的知情权与参与权，建立健全适应公共财政管理体制要求的法律体系。随着政府职能和行为方式的转变、预算管理制度的完善以及信息系统与会计制度的建立，我们还应积极推进更为有效的、以结果为导向的绩效预算改革，将政府部门的行为目标与有效提供公共产品和公共服务结合起来。

总之，未来的财税改革仍要符合资源配置和政府职能转变的需要，以建立长期、稳定、可持续发展的财税体制。要完成上述改革，我估计还需十年左右的时间，也就是说，经过 30 年的改革开放，我们才能完成资源配置的转型和政府职能的转型，公共服务型政府才能基本形成，也才能建立起适合成熟市场经济的财政税收体制。改革任务仍十分艰巨，需要决策者目标坚定、措施得当。我们对此充满信心。

参考资料

1. LOU Jiwei, WANG Shuilin, Public Finance in China: Reform and Growth for a Harmonious society, published by the World Bank, 2008.

2. 楼继伟：《中国改革：波浪式前进》，中国发展出版社 2001 年版。

3. 楼继伟：《宏观经济改革——1992—1994 背景、设想、方案、操作》，企业管理出版社 1995 年版。

4. 项怀诚、楼继伟：《中国政府预算改革五年（1998—2003）》，中国

财政经济出版社2003年版。

5. 吴敬琏、周小川等：《中国经济改革的整体设计》，中国展望出版社1988年版。

6. 《中国改革与发展报告（1992—1993）：新的突破与新的挑战》，中国财政经济出版社1994年版。

7. 吴敬琏、周小川、荣敬本主编：《建设市场经济的总体构想与方案设计》，中央编译出版社1996年版。

8. 楼继伟：《波浪式前进：楼继伟文集》，"中国经改历程"丛书，香港和平图书有限公司2005年版。

中国经济50人论坛
Chinese Economists 50 Forum

三十年巨变

——国有企业改革进程简要回顾与评述

马建堂

The Past 30 Years

A Review and Analysis by 50 Chinese Economists

马建堂简历

1958年4月生，汉族，山东滨州人，毕业于中国社会科学院研究生院，经济学博士，1985年3月参加工作，1983年7月加入中国共产党。现任国家统计局局长。

1978年9月—1982年7月山东大学经济系本科生，1982年9月—1985年7月南开大学经济研究所硕士研究生，1985年7月—1986年2月南开大学经济研究所研究人员，1986年2月—1988年12月中国社会科学院研究生院脱产攻读经济学博士学位，1988年12月—1993年8月国务院价格研究中心工作人员，1993年8月—1995年1月国务院发展研究中心市场所副所长（主持工作），1995年1月—1996年4月国务院发展研究中心宏观调节部部长，1996年4月—2002年5月国家经贸委综合司司长，2002年5月—2003年3月国家经贸委副秘书长，2003年3月—2004年2月国务院国资委副秘书长，2004年2月—2004年12月青海省省长助理，省政府党组成员（挂职），2004年12月—2007年12月青海省副省长，省政府党组成员，2007年12月至2008年9月青海省省委常委、副省长。2008年9月任国家统计局局长。

自1982年起，先后出版《中国产业结构研究》等专著10余部，其中《结构与行为》一书，获1996年孙冶方经济学著作奖。2001年3月至2002年1月，中央党校第17期中青班学习。期间在暑假调研的基础上，执笔撰写《关于我国军工企业改革重组和发展若干建议》。该报告被中央党校评为优秀调研报告。在《经济研究》等杂志发表《经济机制与企业行为》等论文200余篇。

在中国共产党的领导下，我国人民30年来高举邓小平理论伟大旗帜，励精图治，上下求索，锐意进取，一个根植于华夏大地，又吸收一般市场经济文明的社会主义市场经济正崛起在世界东方。在这个过程中，国有企业改革以其重要性和复杂性一直在相当长的时期内处于我国经济体制改革的中心地位。

各种机遇使然，笔者在1996—2004年有幸参与了波澜壮阔的国有企业改革（当时供职于专门负责国有企业改革的国家经贸委和后来的国务院国资委）。当"转岗"到地方政府工作近四年后，受中国经济"五十人论坛"之邀，再次对这一问题进行较为系统的回顾和分析时，我们不禁惊喜地看到这个当年极为复杂、甚至在很多人看来在社会主义体制内不能解决的基本部分，已经在主动的不屈不挠的攻关和时间流逝、环境改变等因素共同作用下基本解决了，其基本标志是：

1. 在数量上占多数的地方国有企业，大部分已经在"抓大放小"战略下，通过各种形式（产权与身份双置换是一重要途径）转变为非国有企业（不一定是非公有），个别的较为重要的则基本上转变为国有相对控股的股份制企业。

2. 中央所属国有企业相当一部分骨干企业成功实施了境内外公开上市。有些由于企业的性质和行业所限，仍为国有控股，但其行为也大致上是一种与市场经济环境相适应的企业行为，人们将其称为"新国企"。

所以尽管国有企业，特别是中央所属国有企业，在国有资本布局调整、产权多元化和公司法人治理结构完善等方面还有不少的路要走，但任何一位没有偏见的人士都会认同，中国的国有企业改革确实取得了巨大的、实质性的进展。国有企业产权结构实现巨大调整，国有企业的经营环境明显改变，管理体制和经营机制得到深刻转换，国有企业的竞争活力和整体实力得到不断提高，国有经济在我国体制转轨和国民经济发展中的主导作用进一步增强，这是中国社会主义市场经济得以基本确定的微观基础。下面，就让我们简要回顾一下这一伟大改革的历史进程吧。

一、1978—1992年攻坚前奏：扩权让利与承包制

中国的经济体制改革始于1978年，主要从扩大企业自主权、调整国家与企业之间的利益分配关系开始。但这并不意味着1978年前没有进行过体制的调整。但之前的几次调整，本质上都是政府系统内行政权力的调整，主要体现为在中央和地方之间行政权力的上收、下放和集权、放权的交替变换。在维持集中计划体制的前提下，企业改变的只是隶属关系，企业的

产权结构、激励机制都没有明显改变。

针对以前变革中只看重行政权力的收放而忽视企业自身权利的状况，1978年12月召开的中国共产党十一届三中全会指出：我国经济管理体制的一个严重缺点就是权力过于集中，应该有领导地大胆下放权力，让企业在国家统一计划指导下享有更多的经营管理自主权。1978年四季度，四川省选择重庆钢铁公司等六家地方国营工业企业，在全国率先进行了"扩大企业自主权"的试点。试点从发动职工群众讨论企业的增产节约计划入手，确定在增产节约的基础上，企业可以提取一定数额的利润留成，职工个人可以得到一定数额的资金。这种试点调动了企业和职工的积极性，结果超额完成了第四季度计划指标。根据试点企业的经验，四川省制定了14条扩大企业自主权的办法，允许企业在完成国家计划的基础上，在生产计划、产品销售、劳动人事、技术改造等方面有一定的机动权力，如企业在完成国家计划的前提下，可以增产市场需要的产品；可以自销国家商业和物资部门不收购的产品；企业超计划完成的利润可以分成。

1979年5月，国家经委、财政部等六部委根据四川省试点经验，决定在京、津、沪三地选择首都钢铁公司等八家企业进行扩大企业自主权试点。同年7月，国务院颁发《关于扩大国营工业企业经营管理权的若干规定》《关于国营工业企业实行利润留成的规定》等五个改革企业经营管理体制的文件。到1980年底，全国进行试点的企业扩大到6000多家，户数占当时全国预算内工业企业的15%，产值占60%，利润占70%。[①]

针对"扩权让利"中出现的某些企业多占多分、财政上缴任务难保证、财政赤字增加（1979年、1980年相继出现了近300亿元的财政赤字）等问题，1981年11月和1982年11月，国务院分别批转了国家经委等部委拟定的《关于实行工业生产经济责任制若干问题的意见》和《关于当前完善工业经济责任制的几个问题》等文件，决定在全国实行企业经济责任制。

工业经济责任制的主要内容有两个，一是国家对企业实行经济责任制，处理好国家与企业的关系，尤其是分配关系，实践中的形式主要有利润留成、盈亏包干、以税代利等；二是建立企业内部的经济责任制，处理好企业和职工的关系特别是分配关系，实践中的主要形式有计分计奖，计件工资、超产奖、浮动工资等。到1982年底，工业经济责任制在相当大的范围实施推广。在县属以上国有工业企业中，80%的企业实行了工业经济责任制。

工业经济责任制对于规范国家与企业间的分配关系，调动企业和职工

---

① 汪海波：《新中国工业经济史》，经济管理出版社1986年版，第437页。

的生产经营积极性起到了积极作用,但由于企业外环境、行业状况差异很大,企业内部条件、历史基础也千差万别,所以在实行责任制的过程中,划定国家与企业的责权利,很难找到一种比较客观的统一的标准。为此,1983—1984年,国家借鉴工业经济责任制实施中部分企业实行的"以税代制"的经验,决定对国营企业实行两步"利改税"。第一步利改税,采取税利并存制度,即在企业实现的利润中先征收一定比例的所得税和地方税,然后对税后利润进行分成。第二步利改税的主要内容是调整税目和税率,国家对国营企业实现的利润先征所得税,然后根据所得税后利润多少再征收调节税,调节税后利润为企业留利。

针对两步"利改税"中暴露出来的价格、税收、信贷等宏观体制不配套的问题,1984—1985年国家开始酝酿以价格、税收、财政为中心的配套改革。由于这一时期出现了严重的投资、信贷失衡,这一改革方案虽已由国务院讨论通过并得到中央批准,但最终未能推开,而是在价格、外汇等方面采取了双轨制的过渡办法。改革的重心转向承包制的推广。

工业企业承包制的提出很大程度上是源于农村家庭联产承包责任制的巨大成功。根据农村家庭承包责任制的成功经验,有人提出"包字进城,一包就灵",主张在国有企业改革中引入承包制。作为一种探索,国家于1981年实行扩大企业自主权试点,选择首都钢铁公司等企业进行承包经营试点。到1983年,作为一种重要的改革方式,以利润包干为主要内容的承包经营责任制在全国发展很快。尽管一定程度上一度被两步"利改税"所代替,但仍在改革实践中得到了进一步的探索和完善。特别是1983—1984年的两步"利改税"暴露出一些缺陷后,承包责任制从1986年底起,成为一种主要的企业改革形式,1980年12月底,国务院在《关于深化企业改革,增强企业活力的若干规定》中提出:"推行多种形式的承包经营责任制,给企业经营者以充分的经营自主权。"1987年3月,全国人大六届五次会议通过的《政府工作报告》强调,要把企业改革的重点放到完善企业经营机制,实行多种形式的承包经营责任制上来。承包经营责任制作为一种主要的改革形式,在全国迅速推广开来。1988年2月,国务院发布《全民所有制工业企业承包经营责任制暂行条例》,对国有企业实行承包经营责任制作出了具体规定,并逐步推广。当年实行承包经营责任制的企业已占到全国预算内工业企业的90%。[①]

承包制这一制度安排是以所有权与经营权分离理论为基础的,承包合同不再以原来计划体制下的产量、产值为承包的关键指标,而以反映企业

---

① 王珏:《国有企业改革新探》,上海远东出版社1996年版,第113页。

生产经营综合状况的利润为承包合同的核心内容,其基本内容是包上缴国家利润、包完成技术改造任务、实行工资总额与经济效益挂钩。在国家与企业的分配关系上,确立了"包死基数,确保上交,超收多留,欠收自补"的原则。承包制主要有五种形式:1. 上缴利润递增包干,主要适用生产稳定增长、利润受原材料价格影响较小、增长潜力较大的企业;2. 上缴利润基数包干,超收分成,这种形式主要适用于生产比较正常、人均上缴利润水平较高的企业;3. 上缴利润定额包干,这种形式主要适用于那些低利、微利而产品又为社会急需、技术改造任务重的企业;4. 亏损企业减亏包干,这种形式主要针对亏损企业;5. 国家批准的其他承包形式。

承包经营责任制通过合同形式界定了国家与企业之间的权、责、利关系,跳出了行政性收权和放权的怪圈,使企业与国家之间的关系由传统的行政隶属关系转变为以盈利为核心内容的经济契约关系,这是国有企业改革的一大进步。承包经营责任制在保证国家利益的前提下,对调动企业经营者的积极性、促进国民经济的发展有着积极的作用。然而也要看到,这一制度安排尚未真正能触及国有企业的产权关系,或者说没有触动国有企业的所有权,没有改变国有企业所有制内部所有者相对虚置的根本弊端,再加之承包制所固有的承包指标确定的随意性、承包人的行为关系短期化因素,它被更加深刻的制度变革所替代则是必然的。

二、1992—2002 年改革攻坚:建立现代企业制度与"三年脱困"

1992 年召开的党的十四大在中国经济体制改革史上所占有的地位不亚于 1978 年的党的十一届三中全会。党的十四大正式提出了建立社会主义市场经济体制和国有企业建立现代企业制度的目标。以此为标志,中国的国有企业改革不再限于经营权的调整,而是深入到产权制度改革层面,它的主流是以股份制改革为主要内容的现代公司制度建设。

从承包制为主的改革发展到以股份制或以公司制为主的改革倒也不是突变的。这早在 1986 年 12 月国务院颁布的《关于深化企业改革增强企业活力的若干规定》中,就决定在推行多种形式的承包制的同时,在少数国有企业进行股份制试点。到 1991 年底,全国约有 3220 家不同类型的企业进行了股份制试点,其中大部分是职工内部持股。

党的十四大后,1993 年十四届三中全会通过的《中共中央关于建立社会主义市场经济体制若干问题的决定》,进一步明确了国有企业建立现代企业制度的目标与步骤,并将现代企业制度特点概括为"产权清晰,权责明确,政企分开,管理科学",从此国有企业改革进入转机建制、制度创新的新阶段。

1994年国务院出台了《关于选择一批国有大中型企业进行现代企业制度试点的方案》，以此为标志，国有企业建立公司制度的试点在全国正式推开。该方案提出："国有企业实行公司制，是建立现代企业制度的有益探索。公司制企业以清晰的产权关系为基础，以完善的法人制度为核心，以有限的责任制度为主要特征。"《方案》强调建立现代企业制度应着重解决：

1. 企业法人制度。即国有出资人按照持股比例依法享有股东权利，以出资额为限对企业承担有限责任。企业享有法人财产权，以全部法人财产独立享有民事权利、承担民事责任、依法自主经营、自负盈亏，对出资人承担资产保值责任。

2. 明确试点企业国有资产投资主体，按照政府的社会经济管理职能和国有资产所有者职能分开的原则，国家授权投资的机构或者国家授权的部门是国有资产的投资主体，依法对企业中的国有资产实行股权管理。

3. 确立企业改建为公司的组织形式，生产一般产品的企业可改为股份有限公司，生产特殊产品的企业一般应为国有独资公司。

4. 建立科学、规范的公司内部组织管理机构，股东会、董事会、经理层和监事会各司其职，有效行使决策、监督和执行权。

5. 改革企业劳动人事工资制度，取消企业管理人员国家干部身份，打破不同所有制职工之间的身份界限，建立企业与职工双向选择的用人制度。

6. 健全企业财务会计制度，全面实行《企业财务通则》和《企业会计准则》及国家有关规定。与此同时，国家进行了转变政府职能、调整企业负债结构、建立社会保障制度、减轻企业办社会负担、解决企业富余人员、促进存量国有资产优化配置和合理流动、发展和规范各类中介组织等各项配套改革。到1998年底，全国共确定了近3000家企业进行建立现代企业制度试点。试点企业在改革产权制度，规范法人治理结构等方面都取得了一定进展。一是初步建立了现代企业制度的基本框架，找到了国有企业从工厂制向公司制转变的方式和从政府附属物向市场主体转变的途径。二是企业经营机制有所转变，企业活力和适应市场的能力有所增强。三是推进了企业投资主体多元化，拓宽了企业融资渠道，促进了企业的发展。四是初步建立起了企业法人治理结构的基本框架，进行了企业经营者管理体制改革的尝试，企业管理和内部制度建设有所增加。五是采取建立国有资产管理公司、国有资产授权经营等多种形式进行了国有资产管理体制改革探索。六是在精简机构和人员、改革劳动用工制度、分流富余人员和企业办社会职能、完善社会保障体系、增资减债等难点问题上进行了多方面的尝

试。试点还加深了对现代企业制度运行机制的认识，进一步明确了建立现代企业制度的必要条件、可行途径及重点、难点问题，为在更大范围内推进建立现代企业制度的建设创造了条件。可以说，建立现代企业制度是国有企业改革十几年经验的总结，是改革认识水平的一次巨大飞跃。

攻坚阶段的国有企业改革，不能不提到国有企业的三年脱困。

1998年的东亚金融危机，改变了全球经济增长的态势，使我国经济进入需求不足的经济周期。宏观经济的变化给国有企业的运行环境带来了极大的变化，很多行业、许多产品都出现了产能过剩、产品过多、价格下滑的情况，国有企业的财务状况陷入了谷底。就在这种背景下，党的十五届一中全会提出：用三年左右的时间使大多数国有大中型亏损企业扭亏增盈，摆脱困境。到2000年，使大多数国有大中型骨干企业基本建立现代企业制度。

为了实现这一双重目标，党中央、国务院出台了多项加快国有企业改革与重组的措施。最重要的是以下几项：

1. 推进劣势企业的破产关闭。对那些严重亏损、扭亏无望以及资源枯竭的矿山企业，使之退出市场，强优汰劣、调整结构。为了把淘汰落后与安置职工结合起来，国务院对破产关闭企业的清算资产的清偿顺序作出了特殊安排，即破产企业的清算后资产优先用于安置职工，而不是清偿国有银行的债权。这项政策实施以来，到目前为止，全国共实施政策性关闭破产项目4251户，安置人员837万人。①

2. 实施债权转股权。为使那些部分产品有市场、发展有前景、管理基础好，只是由于负债过重而陷于经营困难的国有大中型企业摆脱困境，结合国有商业银行集中处理不良资产的改革，国家采取果断措施，三年间把600多户、近5000亿银行债权转为国有资产公司对借款企业的股权，在很大程度上改善了国有大中型企业的债务结构，也促进了国有商业银行坏账的认定和处理。现在不少原"债转股"形成的四大资产管理公司的股权已成为优质股权。如青海盐湖集团公司的"债转股"股权，被不少大企业青睐。

3. 实施国债投资项目贷款贴息。三年脱困期间，按照增加品种、改善质量、提高效益和替代进口的原则，国家选择重点行业、重点企业，共安排3880个投资贴息项目，总投资2400亿元，其中国家给予贴息195亿元。

4. 推进企业重组上市。在加快现代企业制度建设期间，307家国有企业在境内上市，共筹资2723亿元，22家在境外上市，共筹资267亿美元。

---

① 李荣融：《关于国有企业改革的几个问题》，《中共中央党校报告选》2007年第8期。

通过上述措施和全国国有企业广大干部职工的共同努力，国有企业三年脱困的目标基本实现。标志是：到2000年底，国有及国有控股工业企业实现利润2392亿元，为1997年实现利润的2.9倍；在当时监测的14个行业中，有12个行业扭亏为盈或盈利继续增加，尚未扭亏的煤炭、军工企业亏损额也大幅下降；全国31个省市自治区国有及国有控股企业全部实现扭亏为盈；大多数国有大中型亏损企业实现脱困。1997年亏损的6599户企业，已通过破产、重组、扭亏等各种形式减少了4799户，占6599户的72.7%；全国进行建立现代企业制度试点的2770户企业，绝大部分实现了公司制改革，国务院批准试点的520户企业中的514户国有企业，有430户进行了公司制改革。

尽管对国有企业三年脱困的进程，大家的认识还不尽一致，对所采取的手段也还褒贬不一，但三年脱困期间力度不断加大的企业重组、负债结构调整、富余人员安置、社会保障等方面的工作极大地促进了国有企业改革进程，并直接引发了下一轮的国有资产管理体制的改革。

三、2003年以来攻坚延伸：国有经济战略性调整与国有资产管理体制改革

如果说第二阶段的国有企业改革与第一阶段最大的不同，是从所有权与经营权分离前提下的放权让利跃进到产权变革和多元股东下的现代企业制度建设的话，第三阶段的最核心变化，是从单个企业的改革转向整个国有经济的战略性调整和重组。到党的十六大和十六届三中全会前，应该说，经过25年的艰辛探索，国有企业改革取得了以下明显进展：

1. 着眼于转换企业经营机制，建立现代企业制度，国有企业基本上完成了从政府附属物向相对独立的市场竞争主体的转变；

2. 立足于提高国有经济整体素质，国有经济的战略性调整与改组取得一定进展，一个符合中国国情的所有制结构正在形成；

3. 致力于改善企业外部环境，大力推进配套改革，市场机制已逐步成为资源配置的基本调节者。

但与社会主义市场经济的要求相比，国有企业改革的任务远未完成，尤为突出的是以下两个问题，一是国有经济战线仍然过长、过散，国有经济战略性调整与改组的力度还需要加大。由于国有经济布局过散、战线过长，使有限的国有资本难以支持庞大的国有经济盘子，造成国有企业数量过多、规模偏小、资本金不足，既影响了国有经济的主导作用，又不利于国家的监管和国有经济运营效率的提高。二是国有资产管理体制不顺，国

有股权仍然过分集中，国家所有权缺乏统一而负责任的代表。无论是国家层面还是地方层面的国有资产管理机构，职能都是多头参与、无人负责，在谁代表国有股的权益与谁来进行国有资产的监管和运营、如何监管和运营等方面一直没有在制度上确立起来。为了更好地解决上述问题，党的十六大和十六届三中全会对国有企业改革作出新的部署。

2002年11月召开的党的十六大和2003年10月召开的十六届三中全会相继指出："继续调整国有经济布局和结构，改革国有资产管理体制是深化经济体制改革的重大任务。"（就是从这时起，党的正式文件不再提国有企业改革是经济体制改革的中心环节）以此为标志，我国国有企业改革跃进第三个阶段。

（一）改革国有资产管理体制，设立所有者权利、义务和责任相统一，管资产和管人、管事相结合的国有资产出资人代表。

根据党的十六大部署，经十届全国人大一次会议批准，从2003年3月份开始，国家实施了国有资产管理体制改革，主要内容是：（1）撤销过去专司国有企业改革的国家经济贸易委员会，以及中央企业工委，设立国务院国有资产监督管理委员会；（2）将财政部、中央组织部等部门行使的部分产权管理、人事任免等职能划入国务院国资委；（3）将197户中央所属国有企业（非金融类）划归国务院国资委，由国务院国资委代表国家对上述企业统一行使国有资产出资人职能，初步实现了管资产和管人、管事的统一；（4）31个省市区和部分地级单位也在2003年底和2004年上半年相继设立了对各自所有的国有企业履行出资人职责的国有资产监督机构。

各级国资委的成立，从体制上确定和加强了所有者或出资人的职能。一是从机构设置上实现了"政资分开"、"政企分开"，弱化了过去行政部门对企业的干预。二是国有资产监管得到了切实加强。过去国有企业很多部门都在管（所谓的九龙治水），但又没有任何一个部门对国有企业的保值增值负责任。国资委成立后，国有企业的出资人统一了，同时责任和义务也明确了。国资委加强了对所属企业的业绩考核、产权转让和投融资决策的管理，在很大程度上解决了国有企业"多头管理、无人负责"的状况。三是推动了所属企业的调整重组。国务院国资委成立以来，共有76家中央企业进行了40次重组，企业户数从196家减少到157家。同时企业的资产总量和竞争力有了提高。到2006年底，中央企业主管业务超过千亿元的有19家，比成立之初增加了10家。①

---

① 李荣融：《关于国有企业改革的几个问题》，《中共中央党校报告选》2007年第8期。

（二）深化国有经济战略性调整与重组。

这部分的改革主要围绕以下几个方面进行：

1. 收缩战线，加强重点，促进国有资本向关键领域和重点行业、优势大企业集中。

坚持有进有退，有所为有所不为，从战略上调整国有经济布局。通过调整和改组，使国有经济需要控制的行业和领域得到进一步加强和壮大，对国有经济不需要控制的行业和领域逐步退出和搞活。从国际经验和我国实际情况看，国有经济需要控制的行业和领域主要包括：涉及国家安全的行业，自然垄断的行业，提供重要公共产品和服务的行业，以及支柱产业和高新技术行业中的重要骨干企业。其他行业和领域，可以通过资产重组和结构调整，逐步退出。通过调整和改组，实现两个"集中"，一个"分散"，即实现国有经济向重点行业集中、向优势企业集中和产权结构的分散化。2003—2006年，全国国有及国有控股工业企业户数从3.66万户减少到2.61万户，但资产总额从9.54万亿元增加到13.4万亿元，平均增长12%。销售收入从5.81万亿元增加到10.09万亿元，年均增长20.2%，利润总额从3784亿元增加到8072亿元，年均增长28.7%。利润增长幅度大大超过资产增幅，尽管这里有产品价格因素，但资产的质量和盈利能力的确也在明显提高。特别是国有资产向军工、航空、通信、能源等重点领域、关键行业的集中力度加大。据《中华工商时报》2007年8月27日引述国资委的统计数据，国有资本向能源、原材料、交通、军工、重型装备制造业等集中态势明显。中央企业80%以上的国有资产集中在军工、能源、交通、重大装备制造、主要矿产等领域，承担着我国几乎全部的原油、天然气生产，提供了全部的基础电信服务和大部分增质服务，发电量占全国的55%，民航运输周转量占全国的82%，水运货物周转量占全国的89%，汽车运输周转量占48%，高附加值优质钢材占全国的60%，水火电度占70%以上。

2. 加大中小企业退出国有经济的力度。

从现实情况看，我国的国有中小企业大多处于竞争性领域，规模小、技术含量低，没有明显的竞争优势。国有资本从这些领域退出来，不仅不会影响国有经济功能的正常发挥，而只会使国民经济的整体效益得到明显提高。如果中小企业搞活了，将能解决国有经济问题的一大半，国家将容易解决国有大企业的注资、剥离和安置富余人员等问题。近年来，国有中小企业的产权改革和退出国有经济取得了很大进展，尤其是省属中小国有企业基本上已通过"双重"转换形式（在产权上，从国有产权转化为各种形式的非国有产权；在身份上，从国有企业职工转换为非国有企业职工，俗称"买断"工龄），改制为非国有控股的企业。2003年以来，全国国有

企业总户数从 15 万户减少到 2006 年的 11.9 万户，平均每年减少 8%。

3. 鼓励非公有制经济的发展。

集体、个体和私营等非国有经济是社会主义市场经济的重要组成部分。大力发展非公有制经济，不仅是发挥一切经济潜力、活跃城乡经济、发展社会生产力的需要，更重要的是，它对促进国有经济战略性调整和改组具有重要意义。我国国有经济的战略性改组，国有企业自身改革的深化和企业行为的转变，在很大程度上还有赖于它的竞争伙伴——非公有制企业的发展。国有经济收缩的战线和退出的行业，需要由非公有制经济来补充；国有经济调整分离出来的富余职工，需要非公有制企业吸纳。正是非公有制企业的大量出现并不断发展壮大，才形成了良性的市场环境，并逼迫国有企业不断调整自己的市场行为。特别需要指出的是，笔者在国家经贸委时期曾倾注了不少心思（当时国家经贸委综合司一度联系非公有制企业），经过我的一些出色同事们到国家发展改革委更大力度的工作后，终于以《国务院关于鼓励支持和引导个体私营等非公有制经济发展的若干意见》的形式，于 2005 年 2 月 25 日正式颁布。文件共有 36 条，突出解决了行业准入问题和公平服务问题，对促进非公有制经济的发展有着重要的意义和推动作用。

※　　※　　※　　※

大变无形，大变无限。尽管 30 年改革后，国有经济仍然存在不少问题，如战略性调整的任务很重，现代企业制度仍需不断完善与创新，负债冗员问题仍然困扰着一些竞争力不强的企业，但相对 30 年前而言，确实已发生了翻天覆地的变化，从而为社会主义市场经济基本上打造了相应的微观基础。再过 20 年，等我们总结中国五十年改革的经验时，一个布局更加合理、竞争性更强的新国企结构将会出现在世人面前。

我们期待着！

（本文一些内容转引自笔者和刘海泉同志合著的《中国国有企业改革的回顾与展望》，以及笔者和黄达教授、林岗教授合作主编的《世纪之交的国有企业改革研究》，谨向黄达老师长、林岗教授和刘海泉同志表示感谢。）

中国经济50人论坛
Chinese Economists 50 Forum

中国经济改革开放三十年：
历史与国际视角

钱颖一

The Past 30 Years

A Review and Analysis by 50 Chinese Economists

钱颖一简历

清华大学经济管理学院院长
伯克利加州大学经济系教授

生于北京，祖籍浙江。1981年清华大学数学专业本科（提前）毕业。毕业后留学美国，分别于1982年获哥伦比亚大学统计学硕士学位，1984年获耶鲁大学运筹学/管理科学硕士学位，1990年获哈佛大学经济学博士学位。

1990年至1999年任斯坦福大学经济系助理教授，1999年至2001年任马里兰大学经济系教授，2001年至今任伯克利加州大学经济系教授，2006年10月起任清华大学经济管理学院院长。

研究领域包括比较经济学、制度经济学、转轨经济学、中国经济。在《美国经济评论》、《政治经济学期刊》、《经济学季刊》、《经济研究评论》等国际学术期刊上发表论文多篇。中文书著包括《转轨经济中的公司治理结构》（与青木昌彦共同主编，1995年中国经济出版社出版）、《走出误区：经济学家论说硅谷模式》（与肖梦共同主编，2000年中国经济出版社出版）、《现代经济学与中国经济改革》（2003年中国人民大学出版社出版）。

目前担任国际学术期刊《转轨经济学》共同编辑，国际学术期刊《中国经济评论》和国内学术期刊《经济学报》编委。还担任亚太商学院联合会（AAPBS）会长、国际商学院联合会（AACSB）理事会理事、哈佛商学院（HBS）顾问委员会委员、中国网通集团（香港）有限公司独立董事、中国工商银行股份有限公司独立董事。

2008年是中国经济改革开放的30周年。认真回顾和思考中国这30年历程，对于中国未来的发展十分有益。但是更重要的是，思考要有一个合适的视角，因为不同的视角会对同样的事实作出非常不同的解释，并且会得出截然不同的结论。我认为，如果要对中国改革开放30年的历程有一个比较深入的而不是肤浅的认识，对中国未来的进程有一个比较准确的把握，就应该采用历史的和国际比较的视角来观察和分析中国经济改革和开放的实践。

用历史的和国际的视角来分析中国的经济改革和开放，我得出三个基本结论。第一，中国在改革开放以来的经济增长在中国历史上是史无前例的，是应该引以为自豪的。但是，与东亚其他一些国家和地区在它们高速增长时期相比，中国的经济增长速度并不特殊。第二，中国的市场经济体制的制度基础还相当不健全，社会不稳定因素也不少。但是，不少问题（诸如腐败和收入分配不平等）的程度大致与中国目前的发展水平相对应，也并不特殊。第三，推动中国经济增长的根本动力也不特殊，那就是改革和开放释放出来的三种并不特殊的力量：把激励搞对、让市场起作用、实行对外开放。

这三个结论传递了同一个信息。我们通常会觉得，中国经济增长很快，是独特的。同时我们也会觉得中国问题很多，引起我们的忧虑。我们也会认为中国的成功原因太复杂，并且都是别国不具备的。但是本文的分析表明，在某种意义上看，中国经济的增长速度，中国经济和社会中出现的问题，以及中国至今为止经济成功的原因，其实都不特殊。需要说明的是，我并不否认中国确实有它的特殊性，但是它并不是人们通常想的那些因素，而是在其他方面。我将在其他文章中论述中国的特殊性，而在本文中，我将集中论证中国的不特殊性。

一、中国的经济增长并不特殊

中国经济在过去的30年的增长举世瞩目。下面的这张图为我们从历史的角度展示出这一增长的情况。

在这里我用经济史学家的数据，大致勾画了过去一千年按1990年购买力平价的不变价格来计算的中国人均GDP。我们从这个图里看到了一个重大的历史性事件，就是从1978年开始的中国经济改革后中国出现了过去一千年历史上从未见到的快速增长。当然我们要再仔细看一下，会发现有两个拐点，一个是1950年左右，但是最重要的拐点是1978年，所以我想从这一年开始的中国改革开放是中国历史上，也是在20世纪的世界经济史上

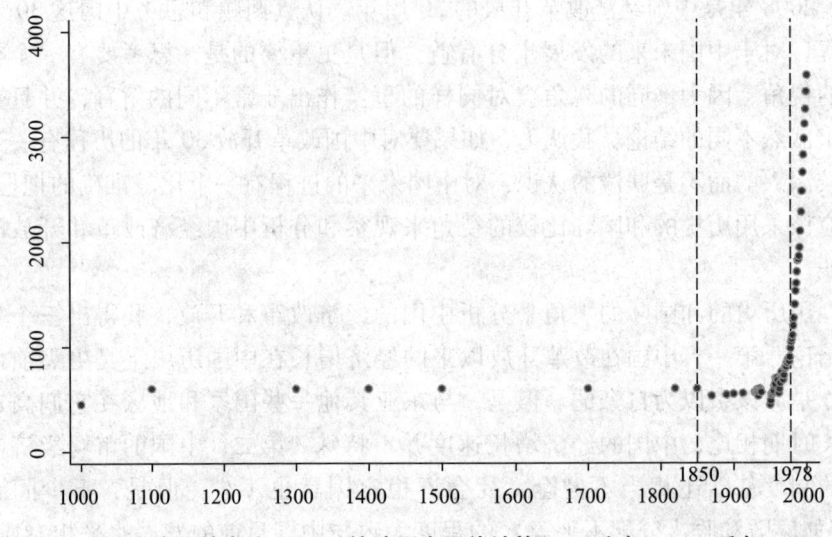

图1 中国的人均GDP（按购买力平价计算）：三十年 vs. 一千年

的一个标志性事件。

上面的图显示了中国的经济增长令人惊喜，也非常引以为自豪，特别是作为中国人，特别是在过去人们并不认为中国可以做出这样成绩的情况下。但是作为一个经济学家，需要冷静分析数据和观察事实。我们发现，中国经济增长的速度，如果从国际比较的角度看，并不是独一无二的。

这个观察并不是显而易见的，因为如果我们拿中国同世界上其他的转轨国家做比较的话，比如波兰和俄罗斯这两个典型的转轨国家，我们的结论当然就是中国很特殊，中国的增长遥遥领先。尽管波兰和俄罗斯也都在衰退之后有了明显的起色，但还是不及中国的增长。中国的增长似乎是很特殊的。

但如果把中国分成东部、中部和西部，另外在这三个部分之外加上越南，你会发现，实际上这四个地区增长的态势是很类似的。这就给我们一个启示。中国不同的地区加上越南与东欧国家相比有两点不同，第一点不同是中国和越南都处于东亚，地理位置上的不同。第二个不同是这两个国家与东欧国家发展阶段上的不同，这两个国家在改革初期是低收入国家，而东欧的国家已经属于中等收入国家。所以这就给我们一个启示，也许这两个因素或许能够起到一些解释作用。

但是也不这么简单。如果我们拿世界上在过去三四十年发展最快的一组国家或地区来对比的话，当然他们是东亚国家和地区。如果从1978年开始来计算增长，中国同韩国、中国台湾、日本来比较，仍然可以看到中国是增长最快的,这也是我们通常所得到的结论。下面这个图上是以1978年为起点,韩国、中国台湾、日本和中国的增长情况。

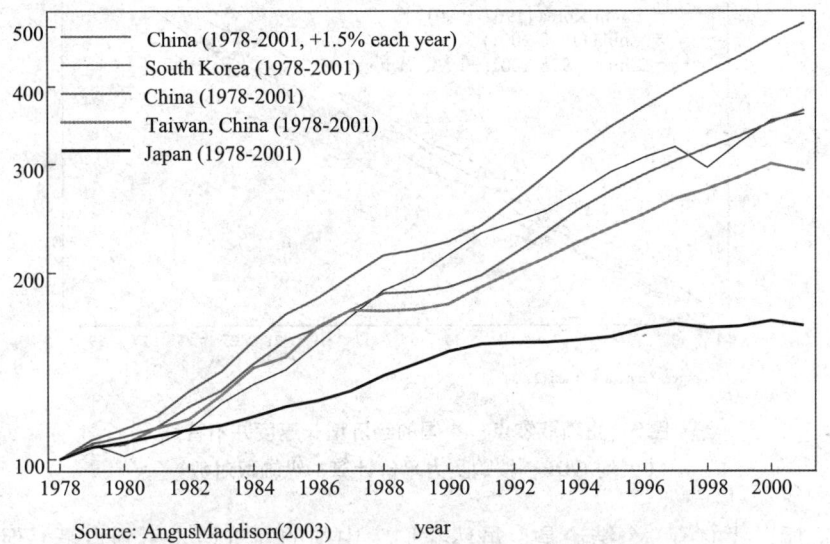

图2 中国经济增长似乎是最快的(人均 GDP,按购买力平价计算,纵轴取对数):与其他东亚国家和地区比较

中国的数据有两条线,可以把它们看作是对中国 GDP 的一个范围的估计,上可能不会超过上面这条线,下可能不会低于下面的这条线,因为对它的估计总是有不同的争论。从这里我们可以看到中国是增长最快的,即使是同增长最快的国家和地区比。

但是经济学家需要稍微想得仔细一点,不能简单地把一个图或者统计数据拿来,就能够相信从中得出的结论,因为这往往会被误导。事实上我们需要一个正确的视角。并不是每一个国家都在1978年有十一届三中全会,也就是说,每一个国家的发展的起点在时间上是不同的,他们的人均的收入和发展的阶段也是不同的。

如果我们重新画一张图,日本以1950年为起点,中国台湾以1958年为起点,韩国以1962年为起点,中国以1978年为起点,那就很有意思了。这个调整主要是想说明人均收入的起点,发展的起点在各个国家是不一样,需要有所控制。还是同样的刚才的数据,只是把起点重新调整,我们就会发现,虽然中国的经济增长确实令人振奋,我们也引以为自豪,但是在这一组的国家和地区中没有什么特殊的。所以按照这样的一个简单的分析,我们发现,中国非常令人振奋的经济增长并不是独一无二的。

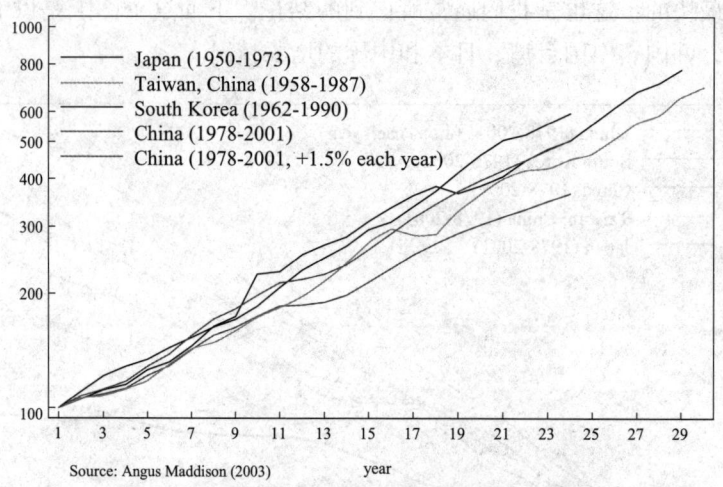

图3 重新取零点：中国的经济增长速度并不特殊
（人均 GDP，按购买力平价计算，纵轴取对数）

所以我的第一个结论是，虽然我们为中国的经济增长感到自豪，但是我们如果采用一种比较合适的国际视角，我们发现这里面有并不特殊的一面。

二、中国出现的问题并不特殊

中国经济体制的制度基础在目前来看仍然相当的不健全，社会不稳定的因素也不少。但是如果我们采用国际比较的方式，我们也会发现，这一种制度的不健全或者社会不稳定的因素，它们的程度大致与中国目前的发展水平一致，并不是一个非常特殊的现象。尽管我们希望我们的制度更好，希望我们的社会不稳定因素更少，但是如果我们把它放在一个适当的比较中，我们会发现这些问题有它的一般性。

举三个例子。一个是法治指标，是世界银行每年都公布的法治指标。中国 2004 年得分是 40.6 分，满分是 100 分。比我们好的有墨西哥、巴西、印度，比我们差的有俄罗斯、秘鲁、乌克兰等。当然对于这样一个分数我们并不感到满意，但是这个分数可能就是反映了我们现在的大致情况。

第二个就是腐败感受指标。按照这个指标，最清廉的有芬兰、新加坡、中国香港等，中国 2004 年排到第 71 位，在 100 多个国家和地区当中比较靠后。像墨西哥、泰国这些国家在中国之前，但土耳其、罗马尼亚、俄罗斯在中国之后。这个也反映了中国的现实，也是我们感到中国在廉政方面还有大量的工作要做。

第三个是描述收入分配不平等的基尼系数指标。我们都知道我国的基尼系数，无论在农村之内还是城市之内还是总体，都在上升，而且程度还较大。总体的基尼系数，1988年为0.39，1995年0.44，2002年0.45。

我们当然希望是能够使收入更加平等，我们希望的是腐败更加少，我们希望法治更加健全。但是我们自然想问一下，跟我们周围或者世界上其他国家和地区相比，我们的问题是不是很特殊呢？

这里有非常重要的一个考虑的因素，就是我们目前的发展阶段。我们用购买力平价计算的人均GDP来代表发展阶段。我们目前的人均GDP仍然低于世界的平均水平。经过改革开放30年，我们的巨大进步是从当时跟肯尼亚差不多的低收入的水平上升到了低中等收入的国家，这是一个了不起的成就，但是另一方面，我们确实仍然处在初级阶段，具体的表现是我们的人均收入仍然低于世界的平均水平。这也是基本上刻画了我们现在的发展阶段。

考虑到中国现在的发展阶段，如果跟其他的国家来做比较的话，我们会发现有趣的现象。首先我们来看法治指标与人均GDP的关系，我们发现两者是正相关的。当然我们不知道里面的因果关系，只知道越发达的国家，对应的法治程度越好，越落后的国家，对应的法治程度越低。中国基本上是在回归线的稍微偏下一点点。

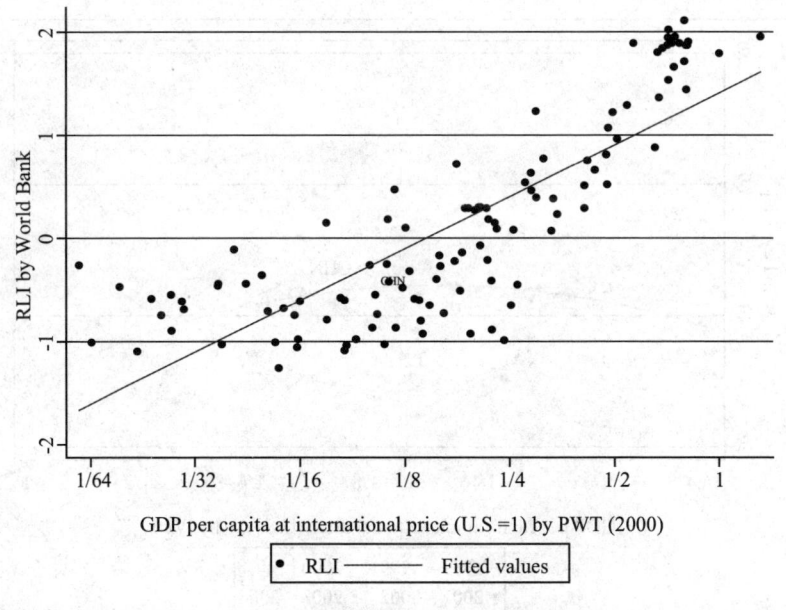

图4　法治指标与人均GDP

再看腐败感受指标与人均 GDP 的关系，中国的数据在回归线上。

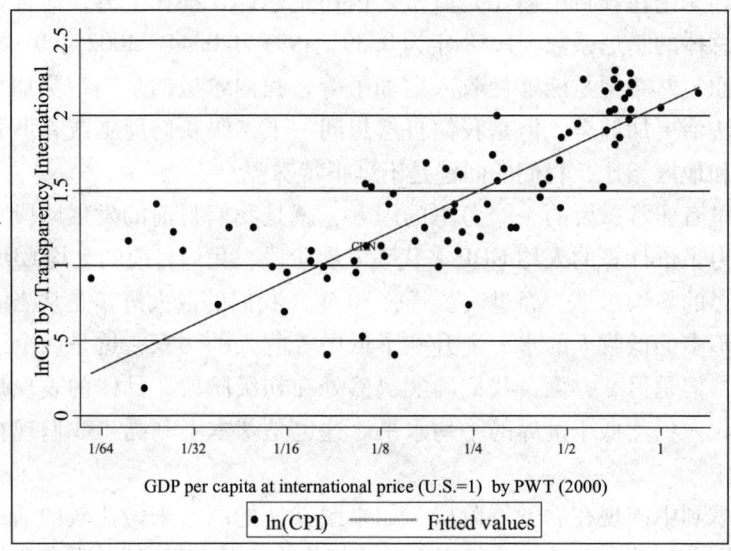

图 5　腐败感受指标与人均 GDP

再看基尼系数与人均 GDP 的关系，这就是"库兹涅茨曲线"。中国在这个里面是略在曲线的上面一点点。

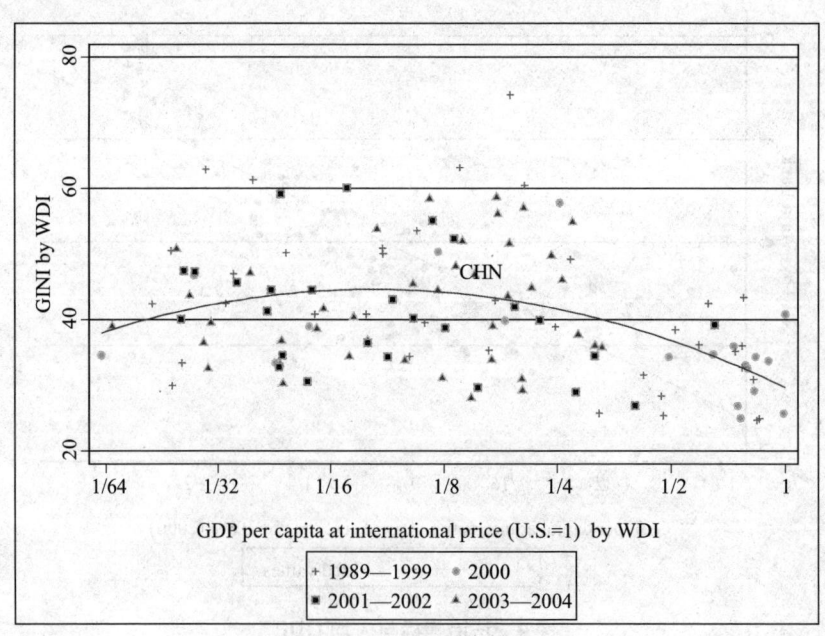

图 6　库兹涅茨曲线：基尼系数与人均 GDP

这三个图表示，虽然中国目前有许多问题，很多制度不健全，但是同其他国家相比，它们大致同我们现在的人均收入和发展水平是相一致的，并不特殊。这一个观察很重要，因为很多的国外的经济学家、政治学家、评论家，经常会抓住中国发展中间的一些问题，就很快得出结论，说中国经济即将崩溃。我想这些问题多数是对的，比如腐败的问题，收入差距的问题。但是我们的分析说明了，从国际比较看，在目前，中国的问题并不是这么特殊。

三、中国经济成功的原因并不特殊

中国至今为止取得的成就是非常不容易的，特别是作为一个转轨中的大国，这里面有非常复杂的因素。但是在我看来，其基本推动力是三条并不特殊的经济的根本规律：一是把激励搞对，二是让市场起作用，三是实行对外开放，前两项正是改革的内容，后一项正是开放的内容。所以，我们纪念改革开放30年是有道理的。

根本规律之一是把激励搞对，这也是构成了改革的两条主线之一。把激励搞对有很多种形式，比如放权让利是一种形式，承包是一种形式，产权是一种重要的形式，公司治理是更为复杂的形式，但是所有这些最终都体现成一种制度安排，这种制度安排是为了为经济人提供有利于生产发展的激励。我们强调产权，强调制度安排的作用，最终它体现在把激励搞对上。在中国的改革中，把激励搞对不仅是对个人的激励，对家庭的激励，对企业的激励，也包括对政府的激励。我们不能否认地方政府积极参与地方经济的发展，是中国经济成功的重要因素之一。所以把激励搞对应该说在中国体现得非常清晰。

根本规律之二是让市场起作用，这也是改革的主线之二。什么是让市场起作用？就是用看不见的手，即由市场的供给和需求决定的价格，来引导资源配置。这里面也是有不同的实现方式，比如中国曾经采取的价格双轨制，看上去离标准的市场有距离，但是在边际上确实是起到了有效的资源配置的作用。中国的劳动力市场，产品市场，资本市场，虽然每一个市场发展的程度是不一样的，但是都在发挥日益增长的作用。我特别想提到的是，中国到目前为止有世界上最灵活的劳动力市场，它是中国经济快速发展的重要原因之一。

根本规律之三就是实行对外开放，这是改革开放中的重要组成部分。有趣的是我们发现中国的对外开放的程度往往超过对内改革的程度。比如，我们发现在衡量自由贸易程度时，中国同最开放的国家比较接近，而其他反映对内改革的指标,中国大概在中等位置。中国的外贸总额与 GDP 之比 2006 年大约在 66% 左右。虽然中国香港、新加坡超过 100%,但是它们是小的经济体。大国的这一比例自然比较小,因为省和省之间的贸易不计入国际贸易之内。美国进出口总额与 GDP 之比是 25% 左右。我们可以看到,开放与改革相比,我们的开放的力度比改革要大。

四、对中国经济未来走向的判断

如果说过去 30 年中国取得的成绩在 30 年前没有预料到的话,那么今后 30 年将会比过去的 30 年有更丰富多彩的结果,但是也将会有更多的不确定性。

这种不确定性是基于三条主线上。第一是在发展这条主线上。过去的 30 年,中国从一个低收入国家变成了一个低中等收入国家。在未来的 30 年,中国将从低中等收入跨越世界平均水平而成为高中等收入国家,尽管还不是一个富裕的国家。第二是在改革这条主线。我们经济体制改革在未来 30 年将从初步的市场经济体制发展到基于法治的成熟的市场经济体制。第三是在开放这条主线上。中国经济将从部分开放的经济发展到融入全球的经济。

这三条主线中的任何一条,我们都会想到有相当大的不确定性。

首先,发展到高中等收入国家意味着多数人口将成为城市居民,而不再是农村人口,意味着多数人口将成为中等收入者,这正是十七大提出的希望在 2020 年达到的目标。而大量的其他国家的经验表明,这不是一件容易的事情,中间会出现很多困难和挑战。

第二,我们的市场经济要建立在法治的基础之上,经济改革不能倒退或停滞,制度水平要与经济发展同步。经济学家们对一些倒退停滞的迹象表示了忧虑,对改革进一步发展的动力表示了担忧,所有这些都是在向我们说明,进一步改革的难度相当大。最后,经济体制改革同政治体制改革如何协调推进?这也是亟待解决的问题。

第三,我想最具有挑战性的一条,就是中国作为一个开放的大国,如何融入全球经济。中国是继美国之后的第一例崛起中的开放大国。虽然东亚一些国家和地区是开放的,但它们不是大国。前苏联是一个大国,但谈不上开放。那么在 100 年前美国超过英国成为世界上第一大国家,也是开放的大国以后,中国将是第一例正在崛起的开放大国。

中国作为一个开放的大国在全球经济中如何调整自己和如何影响世界,将是未来 30 年中国面临的巨大挑战。这其中国将会经历不同于许多国家和地区,甚至也不同于美国的历程。这里会有特殊性。

中国经济50人论坛
Chinese Economists 50 Forum

从企业改革的配套措施到基本公共服务均等化

——社会保障制度改革三十年

宋晓梧

The Past 30 Years

A Review and Analysis by 50 Chinese Economists

宋晓梧简历

国务院振兴东北地区等老工业基地领导小组办公室副主任

1947年12月出生，1983年毕业于北京经济学院，获经济学硕士，研究员（享受政府特殊津贴）。

现任国务院振兴东北地区等老工业基地领导小组办公室副主任。曾任国家发展和改革委员会党组成员兼宏观经济研究院院长；国务院经济体制改革办公室党组成员兼秘书长、机关党委书记、宏观体制司司长；国家体改委分配和社会保障司司长兼国务院职工医疗保险制度改革领导小组办公室主任；中国劳动科学院常务副院长，劳动部国际劳工研究所副所长；中国厂长（经理）工作研究会副秘书长等职。

长期从事经济理论研究与改革的实践，在企业改革和劳动体制、社会保障体制改革方面撰写了一些有理论创新和应用价值的论著和文章。

主要著作：《改革：企业·劳动·社保》、《我国收入分配体制研究》、《中国社会保障体制改革与发展报告》、《完善养老保险确保老有所养》、《中国社会保障制度改革》、《中国社会保障基金营运管理》、《中国社会保障制度建设20年》、《我国人力资源开发与就业》、《养老保险制度改革》、《中国市场经济建设全书（劳动力市场）》、《产权关系与劳动关系》、《通过市场实现就业》、《国际劳务合作与海外就业》、《劳动力市场》、《劳动科学大辞典》、《人口、劳动力、教育、医疗保健中长期预测技术》、《企业劳动管理》、《中国厂长学》、《厂长负责制讲话》等。

有关研究成果曾分获2000年度孙冶方经济学奖、劳动部1997年度科学技术进步一等奖、1995年度二等奖，改革十周年论文奖，1986年度全国企业管理优秀论著奖等。

兼任中国劳动学会顾问、中国医疗保险学会顾问、中国企业联合会（中国企业家协会）执行理事、中国人力资源开发研究会常务理事；国家行政学院、人民大学、社会科学院研究生院、暨南大学教授、博导。

社会保障制度是工业化革命和社会进步的产物，也是现代国家重要的经济社会制度之一。我国的社会保障制度始建于新中国成立，大体符合当时计划体制下的经济社会需求。改革开放以来，随着经济体制改革的深化、城市化进程的加快、人口老龄化进程的加速，以国家出资、现收现付、覆盖公有、单位管理为主要特征的社会保障制度弊端日益凸现，改革的必要性和迫切性日益突出。而当我们打开国门，学习其他国家经验时，原苏东社会主义国家都抛弃了斯大林模式的社会保障体制，同时发达市场经济国家面临社会保障负担过重等问题，正相继推出各种改革措施。国外的社会保障制度也在变动之中，可以借鉴的经验不少，但没有任何一个国家的制度模式可以简单照抄照搬。我国的社会保障制度改革就是在这样的国际、国内大背景下"摸着石头过河"，经过初步探索（1978—1992年）、框架构筑（1993—2002年）和全面推进（2003—至今）三个发展阶段，保障理论逐渐明晰，权利义务逐步理顺，运行体系日臻成熟，覆盖范围日渐扩大，管理机制日益完善，初步构建了符合社会主义市场经济体制要求的多层次社会保障体系。

同时应看到，我国社会保障制度仍存在城乡发展不平衡、覆盖范围窄、统筹层次低、制度不完善等诸多问题。群众和理论界对当前社会保障制度的不满和质疑很多。迫切需要以科学发展观为指导，深入总结多年来社会保障制度改革的经验和教训，将社会保障制度建设纳入规范化和法制化轨道，以公共服务均等化为基本保障的努力方向，坚持广覆盖、保基本、多层次和可持续的方针，兼顾当代人福利和后代人权益，加快建立和完善以社会保险、社会救助、社会福利为基础，以基本养老、基本医疗、最低生活保障制度为重点，以商业保险为补充的社会保障体系。这对促进经济社会全面协调可持续发展，全面建设小康社会和构建和谐社会具有重要意义。

一、社会保障制度改革的初步探索阶段（1978—1992年）

党的十一届三中全会标志着我国进入改革开放新阶段。改革从农村起步，首先影响到农村的合作医疗，对于主要适用于城镇职工及其家属的社会保障制度冲击不大。1984年，党的十二届三中全会通过了《中共中央关于经济体制改革若干问题的决定》，以国有企业改革为中心的城市经济体制改革拉开序幕。国有企业改革必然冲击计划经济体制下形成的社会保险制度。这一阶段社会保障制度改革主要集中在与国有企业改革紧密相关的养老、失业、医疗领域。

（一）养老保险制度

1951年政务院颁布《中华人民共和国劳动保险条例》，在全国城镇职工中建立起养老保险制度。企业雇主按工资总额的3%缴纳劳动保险基金，实行分级管理、全国统一调剂使用。企业所缴保险费的70%用于支付养老金，30%转为国家总基金。1969年开始停止筹集劳动保险基金，退休费用改由企业自行负担，养老保险实际上蜕变为企业自保。当企业是政府机构附属物时，国家对企业实行统包统配，这种企业自保方式还可以维系。当改革把企业推向市场，要求企业实行自主经营、自负盈亏时，企业自保的模式就彻底破产了。

20世纪80年代初，"企业自保"的办法已经造成企业之间养老负担畸轻畸重。纺织、粮食、制盐、搬运等行业中的老企业，退休费用相当工资总额的50%以上，个别企业甚至超过工资总额；而在一些新兴行业和新建企业中，如电子、仪表、化工等企业，退休费用不到工资总额的5%。随着老企业退休人员逐年增加，退休金支出增大，新老企业之间退休费用负担畸轻畸重的矛盾越来越突出，退休费用由企业支付的办法，已经无法保障退休人员的生活。特别是一些严重亏损的企业，因无力支付退休费用，不得不减发、停发养老金。还有一些企业，为了照顾在职职工的利益，降低甚至取消退休待遇，引起退休人员及其家属强烈不满，四处上访，影响社会安定。针对以上情况，养老保险制度探索出以下改革措施：

1. 实行企业退休费用社会统筹

1983年政府有关部门提出开展全民所有制企业退休费用社会统筹。1984年，国有企业职工退休费用社会统筹首先在广东省江门、东莞，四川省自贡，江苏省泰州、无锡以及辽宁黑山等市（县）开始试点，初步取得了成功。1986年1月国家体改委、劳动人事部联合印发《转发无锡市实行离退休职工养老保险统筹制度的通知》，要求各地扩大试点。到1987年5月全国已有600个市县实行退休费用社会统筹，有关部门要求全国有条件的市县在两年内实行退休费用社会统筹。国有企业养老保险社会统筹是养老保险从"企业自保"走向社会化的重要一步，尽管当时是在市县范围内实行统筹，统筹层次低，共济程度差。

2. 建立劳动合同制职工的养老保险制度

1986年，国务院发布改革企业劳动制度的四项规定，决定国有企业新招工人一律实行劳动合同制，并规定了劳动合同制工人退休养老保险办法。企业按劳动合同制工人工资总额的15%左右、劳动合同制工人按不超过本人标准工资的3%缴纳退休统筹养老费。这项制度的实施,保障了合同制职工退休后的生活,解除了劳动合同制职工的后顾之忧。

3. 实行企业和职工个人缴费

针对传统养老保险完全由企业负担费用的弊端,在1986年规定国有企业合同制职工个人缴纳一定养老费的基础上,1991年国务院颁发了《关于城镇企业职工养老保险制度改革的决定》,规定所有参加基本养老保险的职工,个人都要缴纳一定的养老保险费,改变了传统养老保险制度由国家和企业包揽费用的做法,实行了国家、企业、个人三方负担费用的政策。这扩大了养老基金的来源,增强了职工的个人保障意识,也符合市场经济国家的惯例。当时多数地方职工从本人工资的1%起步,根据经济发展的情况逐步提高。

4. 探索建立企业补充养老保险制度

传统养老保险制度的弊端之一是保险层次单一,只有国家法定的养老金。为了发挥企业和职工在养老方面的积极性,一些地区在80年代初期开始探索建立企业补充养老保险。最初是一些地方为了解决街道小集体企业职工养老问题,设计了基本养老保险加企业补充养老保险的办法。补充养老保险由企业根据自身经营情况确定是否举办。政府有关部门总结了这方面的经验,提出建立国家基本养老保险、企业补充保险和个人储蓄性养老保险的改革设想。当时探索企业补充养老保险还远未形成规范的办法,有的企业为在职职工举办补充保险,有的企业为退休职工举办补充保险,关于补充保险的经办机构、基金的保值增值等问题,都还极为缺乏经验。但应肯定,这些探索对后来构建我国的三层次养老保险体系起了重要作用。

(二)失业保险制度

为了解决旧中国遗留的失业问题,1950年政务院发布《关于救济失业工人的暂行办法》。社会主义工商业改造完成后,1957年我国宣布消灭失业。此后30年,我国社会保障制度中没有失业保险这一概念。尽管上世纪60年代初和70年代末曾出现过严重的失业现象,但当时大家都认为那是自然灾害和"文化大革命"失误造成的,不是制度性问题。改革开放初期,关于社会主义初级阶段是否存在失业的理论争论尚未平息,国有企业改革的实践已经把失业问题尖锐地提到了议事日程。

1. 失业保险制度的建立

1986年,有两项重要的国有企业改革措施促使失业保险产生:一项是用工制度的改革,1986年国务院颁布了《国营企业实行劳动合同制暂行规定》，要求企业对新招收的职工实行劳动合同制，以改变过去长期实行的终身就业体制，这必然产生合同期满后职工可能面临的失业问题；一项是1986年通过了《中华人民共和国企业破产法（试行）》，其中规定国家通过各种途径妥善安排破产企业职工重新就业，并保证他们重新就业前的基本生活需要，这必然产生破产企业职工可能面临的失业问题。由于当时对于社会主义社会是否存在失业，理论上仍有较大争论，所以1986年的暂行规定回避了失业的概念，而用待业一词来表述失业。尽管1986年颁布的《国营企业职工待业保险暂行规定》只适用于职工中很小的一部分，但它事实上开启了我国失业保险的先河，在我国社会保障体系建设中起了填补空白的作用。

2. 失业保险制度建设的探索

1986年到1993年是我国失业保险制度建设的探索时期。这一时期，国家有关部门相继发布了失业保险相关规定近10个。1989年，劳动部发布了《国营企业职工待业保险基金管理办法》；1990年，为了妥善安置治理整顿期间关停企业的职工生活，劳动部发布《劳动部关于使用职工待业保险基金解决部分企业职工生活问题的通知》。1991年，劳动部和国务院生产办公室下发了《关于对关停企业被精简职工实行待业保险的通知》，要求对经省、直辖市、自治区人民政府或其授权的市人民政府，或国务院有关产业主管部门批准关停的，已缴纳失业保险基金的企业被精简的职工，比照《国营企业职工待业保险暂行规定》有关对濒临破产企业法定整顿期间被精简职工的规定，实行失业保险。上述关停企业在法定整顿期间，为组织职工开展生产自救和转业训练确需失业保险基金扶持的，可以给予扶持。1992年，劳动部在给国务院《关于待业保险工作情况的报告》中提出，"八五"期间失业保险工作的任务是，逐步扩大实施范围，确保失业职工的基本生活，促进失业职工再就业，支持企业深化改革。

这一阶段是我国失业保险制度初建和探索的重要时期。一是在各省市从无到有建立各级失业保险管理机构，大多数地区是在劳动就业服务机构内设立失业保险管理机构的，这就使我国的失业保险从建立之日起就比较好地和促进就业工作联系在一起。二是为失业保险机构选派管理人员，进行培训，初步建立起一支从事失业保险工作的队伍，同时建立健全各种规章制度，逐步使失业保险工作制度化、规范化。三是坚持"足额收缴、及时入库"，保证失业保险基金的发放和合理使用。四是加强了对失业人员的管理，对国有企业改革和社会稳定起到了一定作用。

（三）医疗保险制度

1951年政务院颁布的《中华人民共和国劳动保险条例》规定，国营企业职工享受劳保医疗，县以上城镇集体所有制企业职工可参照执行。职工患病所需的基本医疗费用由企业负担，职工直系亲属患病所需的基本医疗费用由企业负担一半。劳保医疗经费由企业按工资总额的5%~7%提取，1969年改由职工福利基金支付。劳保医疗经费在"统包统配"的计划经济体制下，由于亏损国有企业可以由其主管部门补贴，所以能够享有与盈利企业大致相同的医疗保障待遇。20世纪80年代中期，国有企业逐步走向自主经营，自负盈亏，虽按规定企业可以按工资总额的一定比例提取医疗和福利费，但经营效益差时，职工医疗费支付就发生困难。不少企业采取低额包干做法，如每月给职工3元或5元作为医疗包干费用，或者拖欠职工医疗费，职工的基本医疗得不到保障。尤其是困难企业，医疗费严重不足，职工以及离退休人员的医药费无法报销。一些地方还出现一个重病职工拖垮一个企业的现象。

面对传统医疗保险制度难以适应企业改革需要的状况，这一阶段医疗保险制度改革主要在以下几方面进行了初步探索：

1. 普遍实行职工就医适当负担部分医疗费用

1984年，卫生部、财政部发出的《关于进一步加强公费医疗管理的通知》指出："公费医疗制度的改革势在必行，在保证看好病、不浪费的前提下，各种改革办法都可以进行试验，在具体管理办法上，可以考虑与享受单位、医疗单位或个人适当挂钩。"一些省市在部分医疗单位试行了公费医疗经费与享受者个人适当挂钩的办法，此后不少企业也试行了劳保医疗费用与个人挂钩。一般做法是门诊医疗费采取定额包干使用或门诊、住院时个人自付一定比例的医药费。个人负担的比例各地规定不同，大多为医疗费用的10%~20%，同时还规定了自付限额。1989年后这一办法逐步在全国推广并加以完善。到1993年末，全国公费医疗单位普遍实行了医疗费用和职工个人挂钩的办法，80%以上的企业劳保医疗也实行了这一办法。

2. 改革公费医疗管理制度和经费管理办法

在公费医疗经费管理方面，各地探索了一些新的办法，由原来公费医疗管理部门统一管理经费发展到多种管理形式并存，试行了权力与利益相结合，经费分配、管理、使用相联系的费用控制机制。主要有三种形式：一是将医疗费用包给医院直接管理；二是由享受单位管理医疗经费；三是由享受单位、医院、公医办、市、县财政共同管理医疗费用，共同承担责

任。多数省市采取了将公费医疗费用包给医院的管理办法。

3. 部分省市开展了离退休人员医疗费用社会统筹

1989年以前,只有极少数市、县实行企业离退休人员医疗费用社会统筹。之后,随着国有企业改革的深化,统筹的覆盖面逐年增加。实行离退休职工医疗费用社会统筹的市县,1992年为88个,1993年扩大到134个。实行离退休人员医疗费用社会统筹体现了社会保险的互助互济性,加强了对离退休人员的医疗服务和管理,有利于社会的稳定。但当时统筹的层次低,基金的收缴率低,抵御风险的能力还不强。

4. 试行职工大病医疗费用社会统筹

职工大病医疗费用社会统筹最早从丹东、四平、黄石、株州等城市开始试行,以后逐渐在部分地区推广。1992年劳动部颁发了《关于试行职工大病医疗费用社会统筹的意见》,要求各地结合实际情况试行。但大病统筹的办法还不够科学合理,操作上也存在一定困难。在大病范围的界定上各地看法不同、标准不一。对大病医疗基金的拨付起点各地规定也不一样,有的地方起点定得太高,一些企业反映超过了自身的承受能力,增加了企业负担。

回顾这一阶段的社会保障制度改革,从总体上看,是国有企业改革迫切要求养老保险制度、医疗保险制度进行改革,并推动建立失业保险制度。主要成绩是在与企业改革紧密相关的一些项目上突破了计划经济的束缚,如养老保险和医疗保险探索社会统筹,实际上承认社会主义初级阶段存在失业,失业保险初步建立,在为国有企业改革排忧解难的同时,也揭开了社会保障制度改革的序幕。

主要问题是社会保障改革的理论准备严重不足。十二届三中全会通过的"决定"把国有企业改革确立为经济体制改革的中心环节,这在当时的历史条件下是完全正确的。但其后20多年,国有企业改革中心论一直左右我国的改革路径,对于应当面向全体国民的社会保障体系建设产生了一些负面影响,则值得认真反思。现在重温这一重要文献,人们仍然会有一种社会经济面临重大转折的历史紧迫感,可是从中很难找到有关社会保障制度改革的指导思想和大政方针。在1985年著名的"巴山轮"会议文件中,在80年代末社科院、国务院发展研究中心等八家单位提出的八种总体改革方案中,在总结改革10周年的理论文献综述中,都很难找到社会保障制度这一词汇,更不用说深入系统的论述了。由于缺乏理论准备,这一阶段的社会保障制度改革一直处于被动状态,有的项目走了较大的弯路。如1984年中央财经领导小组会议决定,全民所有制企业职工养老保险由劳动部管理，城镇集体所有制企业职工养老保险由中国人民保险公司管理。现在总结，不按基本保险和补充保险分类，而按所有制分类，把国家立法实施的部分基本养老保险划归商业性保险公司经办，显然是不妥的。实践证明，这样划分造成集体企业基本养老保险与国有企业职工的难以衔接，严重影响劳动力的合理流动。这一不合理的分工直到90年代中后期才最终解决。此外，农村的社会保障问题未被纳入视野，农村合作医疗在人民公社解体后基本瓦解，农村医疗卫生水平呈下降态势。

二、社会保障体系的制度框架构建阶段（1993—2002年）

1993年，党的十四届三中全会通过的《中共中央关于建立社会主义市场经济体制若干问题的决定》将社会保障制度作为构筑我国社会主义市场经济的五大子体系之一，提出建立包括社会保险、社会救济、社会福利、优抚安置、社会互助和个人储蓄保障的多层次社会保障体系，社会保障制度改革进入体系框架构建阶段。按照中央和国务院的要求，这一阶段改革的重点是养老、医疗、失业保险和城镇居民最低生活保障，社会保障管理体制改革也取得了显著进展。

（一）养老保险制度

这一阶段企业职工养老保险制度改革主要是转变养老基金模式，从现收现付转变为社会统筹和个人账户相结合的部分积累基金制。

1. 探索"统账结合"的基本养老保险制度

1994年国务院组织社会保障专题调研组，对我国养老保险基金模式从现收现付转向部分积累模式进行研究。经过反复论证，各有关方面基本统一了认识。1995年3月国务院颁发《关于深化企业职工养老保险制度改革的通知》，明确实行社会统筹与个人账户相结合的企业职工基本养老保险制度，并附上两种实施办法，供各地选择。当时上海等七个省市实施了16%左右的大账户方案，北京等五省市实施了5%左右的小账户方案，湖北等15省实施了11%左右的中账户方案，还有一些不参加地方统筹的行业也实行了中账户方案。由于个人账户不同，致使职工流动受阻，一个典型的例子是武汉市采用了16%的个人账户，而湖北省却采用了12%的个人账户，结果在武汉市的市属企业和省属企业之间职工调动都发生了困难。

2. 统一企业职工基本养老保险制度

对于实施不同的统账结合养老保险方案所产生的问题，企业和职工反应强烈。经过调查论证，国务院于1997年7月颁布了《关于建立统一的企

业职工基本养老保险制度的决定》，统一规范企业和职工个人的缴费比例、统一个人账户规模、统一养老金计发办法。要求各地都应按企业职工本人工资的11%为职工建立个人账户，个人缴费全部记入个人账户；不足部分由企业缴费中划入，随着个人缴费比例逐步提高到8%，企业划入部分相应降到3%。

3. 调整和做实个人账户

针对个人账户与统筹基金混账管理，不少地方透支个人账户用来发放当期养老金，个人账户出现严重空账，养老基金部分积累模式有可能实际蜕变为现收现付模式的问题，2000年国务院发出《关于印发完善城镇社会保障体系试点方案的通知》，首先在辽宁省进行试点，将个人账户从11%调整为8%，全部由职工缴费。由于历史等原因所产生个人账户基金缺口，由中央财政和地方财政按75:25的比例给予补助。设立了全国社会保障基金理事会，受托投资运营中央财政补助的个人账户部分基金。同时将补充养老保险正式更名为企业年金，在税收政策上明确缴费在工资总额4%以内的部分可以在成本中列支，企业年金基金实行市场化管理和运营。

围绕企业职工基本养老保险基金模式的转变，在扩大养老保险覆盖面、提高基本养老保险统筹层次、实行基本养老保险属地化管理、推动退休职工社会化管理、试行企业年金制度等方面都取得了一定的进展，多层次、广覆盖的企业职工养老保险制度框架初步构建。

这一阶段，虽然全国20多个省区市不同程度地开展了机关事业单位养老保险改革试点，企业化管理的事业单位纳入企业养老保险制度，但公务员的现行养老保险制度仍维持不变。公务员管理的事业单位和全额拨款事业单位在职工养老保险制度上也没有实质性改变。农村的社会养老保险制度走了一段弯路。1992年民政部印发《县级农村社会养老保险基本方案（试行）》，提出以个人缴纳为主、集体补助为辅和国家政策扶持相结合的筹资原则，坚持社会养老保险和家庭养老保险相结合，在全国部分县乡建立了统筹基金和个人账户。由于试行过程中在安全性和有效性等方面出现了诸多问题，1999年农村社会养老保险被清理整顿。

（二）医疗保险制度

总结上世纪80年代中后期各地医疗保险制度改革的经验，1993年党的十四届三中全会通过的《关于建立社会主义市场经济体制若干问题的决定》提出，城镇职工医疗保险金由单位和个人共同负担，实行社会统筹和个人账户相结合，医疗保障制度改革进入框架构建的新阶段。

1. 探索统账结合的医疗保险模式

1994年国家体改委等四部门印发《关于职工医疗制度改革试点意见》，决定在江苏省镇江市和江西省九江市进行试点，探索建立统账结合的医疗保险制度。1996年在总结"两江试点"改革经验的基础上，国务院批准下发《关于职工医疗保障制度改革扩大试点的意见》，在全国范围选择50多个城市进行扩大试点。根据国务院有关文件确定的改革目标和基本原则，全国许多城市对统账结合方式进行了探索，出现了镇江等地的"三段通道"模式、海南等地的"板块结合"模式、青岛等地的"三金管理"模式等丰富的实践经验。

2. 统一城镇职工基本医疗保险制度

在对各地不同统账结合模式进行调查研究和反复讨论修改的基础上，1998年国务院颁布《关于建立城镇职工基本医疗保险制度的决定》，统一了城镇职工医疗保险的制度框架。决定提出，城镇职工医疗保险制度的覆盖范围为城镇所有用人单位及其职工。基本医疗保险基金由用人单位和职工共同缴纳，用人单位缴费率控制在职工工资总额的6%左右，职工缴费率一般为本人工资的2%。基本医疗保险基金实行社会统筹和个人账户相结合，职工个人缴纳的基本医疗保险费全部计入个人账户，用人单位缴纳的基本医疗保险费分为两部分，一部分用于建立统筹基金，一部分划入个人账户，划入个人账户的比例一般为用人单位缴费的30%左右。统筹基金和个人账户分别对应各自的支付范围，并对统筹基金设定起付标准和最高支付限额。提出建立多层次的医疗保障体系，国家公务员享受医疗补助政策，企业建立补充医疗保险，鼓励发展商业医疗保险。

3. 同步推进医药卫生体制改革

医疗保险基金的支出在很大程度上受制于医院财务制度和医生医疗行为，而由于种种原因形成的"以药养医"机制促使医院、医生追求医疗保险基金支出最大化，为此，2000年国务院转发了国务院体改办等八部门《关于城镇医药卫生体制改革的指导意见》，决定与医疗保险制度改革相配套，同步推进城镇医药卫生体制改革。医药卫生体制改革重点抓四个环节：引入竞争机制，提高医疗服务质量；多种形式办医，满足不同层次需求；实行卫生工作全行业管理，进行医疗资源优化重组；推进药品生产流通体制改革，整顿药品流通秩序。

4. 研究制定建立新型农村合作医疗制度

1997年5月国务院批准《关于发展和完善农村合作医疗若干意见》，

在一定程度上促进了农村合作医疗的恢复发展，但其仍举步维艰。1999年国务院组织有关部门对农村卫生状况进行深入调研，2002年10月，党中央、国务院做出进一步加强农村卫生工作的决定，提出中央财政补助10元、地方财政补助10元、农民自己出资10元，建立新型农村合作医疗制度，并开始在一些省市进行试点。

（三）失业保险制度

随着国有企业改革的深化，特别是全员劳动合同制的推行，1986年颁布的待业保险暂行规定覆盖面显然过窄了。这一阶段，失业保险制度的覆盖面不断扩大，制度框架基本完善。

1. 失业保险覆盖所有国有企业职工

1993年4月国务院颁布《国有企业职工待业保险规定》，与1986年的暂行规定相比，在实施范围、基金筹集、基金使用和发放标准等方面都有很大发展。最重要的是基本上把覆盖面扩大到所有国有企业职工。失业保险费的缴纳基数由全部职工的标准工资改为工资总额，失业保险基金实行县市级统筹，建立省级调节金，失业救济金的发放标准由失业职工本人原工资标准的一定比例改为相当于当地民政部门规定的社会救济金的120%～150%。一些地方在制定失业保险实施细则时，把实施范围扩大到城镇所有经济类型企业的职工。

2. 失业保险覆盖城镇所有企业事业单位职工

1999年1月国务院发布《失业保险条例》，首次在法规上明确将待业保险正名为失业保险，待业救济金正式改为失业保险金，进一步将保险对象扩大到城镇所有企业事业单位及其职工，并对失业保险金的领取条件、领取年限以及领取标准做出明确规定。失业保险基金在直辖市和设区的市实行全市统筹，其他地区的统筹层次由省、自治区人民政府规定，但要建立省级失业保险调剂金。失业保险金按照低于当地最低工资标准、高于城市居民最低生活保障标准的水平发放，具体标准由省区市制定。失业保险金实行收支两条线管理，由劳动、财政、银行三家相互监督制约。

3. 建立下岗职工基本生活保障制度

考虑到把大量国有企业冗员一步推向社会可能造成较大震荡的后果，1998年6月中共中央国务院发布了关于做好国有企业下岗职工基本生活保障和再就业工作的通知，要求凡是有下岗职工的国有企业都要建立再就业服务中心。中心的主要任务有三条：一是给下岗职工发基本生活费，缴纳养老、医疗、失业等社会保险费；二是组织下岗职工进行职业或转业培训；

三是进行再就业指导,帮助下岗职工找到较为合适的工作。下岗职工在再就业中心一般为三年,三年后未就业者与原企业解除劳动关系纳入社会失业保险。2000年下岗职工人数高达657万,大于当年失业人数595万。从2001年起,不再设立企业内部的再就业服务中心。辽宁省完善社会保障体系试点工作的重点之一,就是实行下岗职工基本生活保障与失业保险的并轨。这是我国经济转轨期间过渡性质的特殊失业保障制度。

(四)最低生活保障制度

社会救济制度是社会保障体系中的最后一道安全网。在计划经济体制下,中国实行高就业,低工资政策,一般情况下,只要有工作,就能保证基本的生活。在这样的背景下,传统社会救济制度所覆盖的对象,仅仅局限于无劳动能力、无工作、无赡养人的极少数人。随着我国经济体制改革的进程,"大锅饭"、"铁饭碗"的分配制度被打破,20世纪90年代以后,一些企业严重亏损,下岗职工大量增加,失业率逐年增高,使得一部分职工生活困难,失业人员领取失业金期满后,生活无来源。面对这些新的贫困群体,传统的社会救济制度难以发挥作用。为此,在一些地方政府探索改革传统社会救济制度的基础上,国家逐步建立和完善了城市居民最低生活保障制度。

1. 各地探索改革传统城市社会救济制度

1993年起,一些地方政府开始进行社会救济制度改革,主要内容是建立城市居民最低生活保障制度。上海率先试点,厦门、大连等沿海开放城市逐步建立了最低生活保障制度,随后沈阳、抚顺等内地工业城市也相继开始建立这一制度,到1995年全国有20多个大中城市建立了居民最低生活保障制度。由于当时还没有国家的统一规定,试点城市在探索最低生活保障制度的过程中做法不同,如多数城市以民政部门为主负责最低生活保障制度,有的城市规定以工会为主负责最低生活保障制度。各地的探索为国务院制定全国统一的城市居民最低生活保障制度积累了实践经验。

2. 全国建立城市居民最低生活保障制度

1996年批准的《中华人民共和国国民经济和社会发展"九五"计划和2010年远景目标纲要》中提出,建立城市居民最低生活保障制度是国家社会经济发展的一项重要任务。在总结一些省市试点的基础上,1997年国务院发布《关于在全国建立城市居民最低生活保障制度的通知》,决定在全国建立城市居民最低生活保障制度。1999年国务院颁布《城市居民最低生活保障条例》,对城市居民最低生活保障制度进行规范。规定城市居民最低生

活保障遵循保障城市居民基本生活的原则,坚持国家保障与社会帮扶相结合、鼓励劳动自救的方针。规定城市居民最低生活保障所需资金由地方人民政府列入财政预算,纳入社会救济专项资金支出项目,专项管理,专款专用。明确民政部门是负责最低生活保障制度的行政部门,各地最低生活保障标准由当地民政部门会同财政、统计、物价等部门按照该城市居民基本生活所必需的衣、食、住费用,并适当考虑水电燃煤费用以及未成年人的义务教育费用确定。

全国城市居民享受最低生活保障的人数从1998年的266万人增加到2002年的2054万人,其后多年大致稳定在2200多万人的水平上,说明这一制度框架已经确立,体系趋于完善。与其他社会保障项目相比,城市居民最低生活保障制度争论最少、推行最快、花钱不多、收效显著。

(五)社会保障管理体制

1951年的《中华人民共和国劳动保险条例》规定,中华全国总工会是全国企业劳动保险事业的最高领导机关,统筹管理全国劳动保险事业,劳动部为全国企业劳动保险业务的最高监督机关。1968年各级工会组织陷入瘫痪,改由劳动部门统一管理企业劳动保险。1982年组建劳动人事部,下设保险福利局,统一综合管理企业社会保险。1988年成立劳动部和人事部,分别管理企业和机关事业单位的社会保险。民政部负责社会救济、社会福利、优抚安置和农村社会保障。随着上世纪90年代我国各项社会保障制度改革的深化,社会保障管理体制也相应做了较大的调整。

1. 相对集中社会保障管理机构

1991年《国务院关于企业职工养老保险制度改革的决定》颁布后,劳动部管理城镇企业社会保险,人事部管理机关事业单位社会保险,民政部管理社会救济、社会福利、优抚安置和农村社会保障,社会保障管理体制形成"三驾马车"的基本格局。此外,中国人民保险公司管理集体企业的养老保险,卫生部、财政部管理机关事业单位的公费医疗,中华全国总工会负责管理职工互助保障,铁道、邮电等11个行业分别负责管理本行业内实行养老保险行业统筹的有关事务,社会保障呈现多头管理、"多龙治水"的混乱局面。为解决这一问题,先是停止保险公司经办基本养老保险,接着统一交劳动部管理。1998年政府机构改革,在原劳动部的基础上组建劳动和社会保障部,将机关事业单位社会保险、农村社会保险、城镇职工医疗保险等原分散于其他部门管理的项目,集中统一于该部,社会救济、社会福利和优抚安置等保障仍由民政部负责管理。与此同时,停止实行养老保险行业统筹，各行业企业统一纳入所在地区实行属地化管理。

2. 相对分离社会保障管理职能

针对过去一个部门既负责政策制定、又负责基金收缴、还负责基金运营监管所产生的弊端，1994年财政部和劳动部发布的《关于加强企业职工社会保险基金投资管理的暂行规定》明确指出，养老保险基金的结余额应用于购买特种定向债券，其他社会保险基金的结余额购买各类国债。1996年国务院下发的《关于加强预算外资金管理的决定》明确要求，对各项社会保险基金按预算外资金管理办法管理，纳入社会保障基金财政专户，实行收支两条线管理。财政部主要负责社会保障方面财政支出的预算，对社会保障基金财政专户进行管理和监督。1999年国务院发布《社会保险费征缴暂行条例》，在征收机构、登记制度、缴费申报制度和处罚措施等方面规范了社会保险费的征收工作。社会保险基金收缴与监管职能分离，大大减少了一些地方社会保险经办机构违纪、违法使用社会保险基金的现象。

回顾这一阶段的社会保障制度改革，构建体系框架是突出成果。20世纪90年代中后期，探讨社会保障制度改革的文章、专著大量涌现，国外社会保障理论与政策被广泛介绍，有关国际组织参与的社会保障研讨会多次举办，在建立适应社会主义市场经济要求的社会保障体系框架方面，理论研究取得明显进展。实际工作中，建立社会保障制度曾连续几年被列为国务院重点工作的第一、二位，城镇职工养老、医疗、失业保险和城镇居民最低生活保障制度的建立，生育保险、工伤保险制度进一步完善，标志着我国城镇社会保障体系的制度框架基本形成。

这一阶段存在的主要问题是，理论上明确了社会保障制度是社会主义市场经济的一个独立的子体系，实际工作中却延续以国有企业改革为中心环节的改革路径，仍然把它作为国有企业改革的配套措施。《新时期劳动和社会保障重要文献选编》收入了20世纪90年代中期两位国务院主要领导人的讲话，题目分别为《建立社会保障体系是国有企业改革最重要的配套措施》《要围绕企业改革，进行以养老和失业保险为主要内容的社会保障体制改革》。在打国企改革攻坚战的历史条件下这是正确的，但在社会保障领域长期坚持国有企业改革中心论难免产生以下弊端：第一，政府以及各方面的注意力主要集中在国有企业职工身上，对城镇其他人员顾及不够，造成城市中不同人群基本保障待遇不平等。例如，在研究医疗保险制度改革时，企业职工家属的问题都放到下一步考虑，城镇居民的医疗保险更难提上议事日程了。第二，国有企业绝大多数设在城镇，农村的社会保障制度改革长时期难以进入视野。2002年研究建立农村新型合作医疗制度时，连

"农村社会保障"这一词汇都不能使用,似乎社会保障只能适用于城镇,一提农村社会保障就是给中央财政施加压力。这两个重大问题,侵害了社会保障最基本的原则——公平性,也造成社会保障的覆盖面窄。低水平、广覆盖这一构筑我国社会保障体系框架的原则早就提出来了,但实际工作中由于政府的注意力长期集中在国有企业,广覆盖进展的十分缓慢。

此外,在构筑体系框架的工作中,曾提出把"独立于企事业单位之外的社会保障体系"作为目标。这一提法多次被中央、国务院重要文件使用。当时很多学者并不赞成这一提法。首先,社会保障体系包括基本保障、企业补充保障以及个人储蓄性保障等多个层次。企业补充保障层次就不可能独立于企业之外。其次,基本社会保障项目包括缴费、基金管理、基金发放、人员管理等诸多环节,也不可能"独立于企事业单位之外"。现在这一不准确的提法已经淡出理论研究与政策文件用语中。

三、社会保障体系的全面建设阶段(2003年至今)

党的十六届三中全会之后,中央明确提出了以人为本,全面、协调、可持续的科学发展观。国有企业改革为中心环节的提法逐步淡出,政府职能转变日渐成为改革的主线。在这一大背景下,社会保障体系建设突破了长期以来作为国有企业改革配套措施的局限,进入以政府基本公共服务均等化为主线的全面建设新阶段。统筹考虑城乡,着力扩大覆盖面,以社会保险、社会救助、社会福利为基础,以基本养老、基本医疗、最低生活保障制度为重点,以商业保险为补充,建立覆盖城乡居民的社会保障体系是这一阶段的主要任务。同时,社会保障制度建设迈入规范化和法制化的阶段。

(一)养老保险制度

1. 扩大企业职工基本养老保险覆盖范围

2005年国务院发布《关于完善企业职工基本养老保险制度的决定》提出将城镇企业职工基本养老保险的覆盖面进一步扩大到个体工商户和灵活就业人员。企业职工基本养老保险参保人数从2002年的14737万人增加到2007年底的20107万人,增长36.4%。据2007年6月的一项统计,企业参保职工中,农民工约占12%,个体灵活就业人员约占11%。2007年全国基本养老保险基金总收入7818亿元,总支出6105亿元,累计结存6574亿元。2005年至2007年连续三年提高了企业职工养老金水平,月人均收入增加270元左右。

2. 进一步完善统账结合的基本养老保险模式

党的十六届三中全会通过的《中共中央关于完善社会主义市场经济体制若干问题的决定》提出"完善企业职工基本养老保险制度,坚持社会统筹和个人账户相结合,逐步做实个人账户"。总结辽宁省做实个人账户的经验,国务院于2004年又在黑龙江、吉林两省扩大试点。2005年国务院发布《关于完善企业职工基本养老保险制度的决定》,提出扩大做实个人账户试点,将个人账户规模统一由本人缴费工资的11%调整为8%,并相应调整基本养老金计发办法。建立基本养老金正常调整机制,并加快提高统筹层次,实现省级统筹。中央财政对中西部地区、老工业基地和新疆生产建设兵团给予补助。到2006年底,全国累计做实个人账户基金500亿元。个人账户逐步做实,标志着"统账结合"的养老保险模式真正开始建立。

3. 发展企业年金

2004年劳动和社会保障部先后发布《企业年金试行办法》和《企业年金基金管理试行办法》,对企业年金的建立条件、方案设计和基金管理等作出相关规定。企业年金步入快速发展轨道。据统计,到2006年底建立年金的企业有24000多户,覆盖职工960多万,基金规模达910多亿元。2007年企业年金总规模将达到1300亿元。企业年金的发展,为构筑多层次的养老保险体系奠定了基础。

4. 探索农村养老保险

2003年的《中共中央关于完善社会主义市场经济体制若干问题的决定》指出,农村养老保障以家庭为主,同社区保障、国家救济相结合。2003年劳动和社会保障部发布《关于认真做好当前农村养老保险工作的通知》,要求全国各地认真研究农保工作中的突出问题,将农保工作的重点放在有条件的地方、有条件的群体以及影响农民社会保障的突出问题上,以促进城乡养老保险协调发展。被征用土地的农民、进城务工经商的农民、乡镇企业职工、小城镇农转非人员、农村计划生育对象以及有稳定收入的农民等是农保工作的重点,并针对不同群体的特点制定相应的参保办法。

(二) 医疗保险制度

1. 扩大城镇职工基本医疗保险覆盖范围

2003年劳动和社会保障部发布《关于进一步做好扩大城镇职工基本医疗保险覆盖范围工作的通知》,要求在坚持权利和义务相对应原则的基础上,将城镇符合参保条件的用人单位和职工纳入基本医疗保险范围,大中

城市参保率要达到60%以上,其中直辖市和省会城市要达到70%以上,其他城市也要在2002年参保人数的基础上有所突破,统筹地区的参保人数要达到50%以上。对只有部分缴费能力的单位,可按照先建立统筹基金、暂不建立个人账户的办法,纳入基本医疗保险范围内。城镇职工基本医疗保险参保人数从2002年的9401万人增加到2007年的17983万人,增长91.3%。

2. 推动农民工参加医疗保险

2006年劳动和社会保障部颁布《关于开展农民工参加医疗保险专项扩面行动的通知》,要求以省会城市和大中城市为重点,以农民工比较集中的加工制造业、建筑业、采掘业和服务业等行业为重点,以与城镇用人单位建立劳动关系的农民工为重点,全面推进农民工参加医疗保险工作,争取2008年底将与城镇用人单位建立劳动关系的农民工基本纳入医疗保险。按照"低费率、保大病、保当期、以用人单位缴费为主"的原则,制定和完善农民工参加医疗保险的办法,同时积极探索完善农民工参加医疗保险和新型农村合作医疗的衔接办法,探索农民工异地就医的医疗费用结算方式,确保参保农民工享受相应的医疗保险待遇。

3. 开展城镇居民基本医疗保险试点

2007年国务院发布《关于开展城镇居民基本医疗保险试点的指导意见》,决定开展城镇居民基本医疗保险试点,争取2009年试点城市达到80%以上,2010年在全国全面推开,逐步覆盖全体城镇非从业居民。试点工作坚持低水平起步,合理确定筹资水平和保障标准,重点保障城镇非从业居民的大病医疗需求,坚持自愿原则,实行属地管理。城镇居民基本医疗保险以家庭缴费为主,政府给予适当补助,国家对个人缴费和单位补助资金给予税收鼓励。截至2007年底,全国城镇居民基本医疗保险参保人数已达4068万人。

4. 大力发展新型农村合作医疗

2003年国务院办公厅转发卫生部、财政部、农业部《关于建立新型农村合作医疗制度的意见》,提出到2010年在全国建立基本覆盖农村居民的新型农村合作医疗制度。新型农村合作医疗制度要遵循自愿参加、多方筹资、以收定支、保障适度、先行试点、逐步推广等原则,实行个人缴费、集体扶持和政府资助相结合的筹资机制。截至2007年底,全国2448个县(市、区)已建立新型农村合作医疗制度,覆盖农村居民7.3亿人,参合率达到85.7%,累计支出合作医疗基金220亿元,累计受益2.6亿人次。新的农村合作医疗制度的筹资标准从2003年试点时的30元提高到50元,一些地区提高到 70 元。2007 年财政补助资金 114 亿元，同比增长 167%。农村因病致贫、因病返贫的状况有所缓解。

（三）最低生活保障制度

1. 建立农村最低生活保障制度

2002 年以来，一些省市已经探索建立了农村最低生活保障制度。总结这些省市的经验，2007 年国务院颁布《关于在全国建立农村最低生活保障制度的通知》，决定在全国建立农村最低生活保障制度，将符合条件的农村贫困人口纳入保障范围内，重点保障病残、年老体弱、丧失劳动能力等生活常年困难的农村居民。地方各级人民政府要将农村最低生活保障资金列入财政预算，中央财政对财政困难地区给予适当补助。农村最低生活保障标准由县级以上地方人民政府按照能够维持当地农村居民全年基本生活所必需的吃饭、穿衣、用水、用电等费用确定，并随当地生活必需品价格变化和人民生活水平的提高适时进行调整。2007 年 4 季度，全国农村最低生活保障人数为 3451.9 万人，保障户数为 1572.5 万户，平均标准为 70.0 元/人、月。

2. 提高城市最低生活保障标准

2002 年以来，享受城市最低生活保障的人数始终维持在 2200 多万人，基本做到应保尽保。随着社会经济的发展，各地不断提高保障标准。如北京市已经从 1996 年的 170 元、2002 年的 290 元提高到 2007 年的 310 元。城镇最低生活保障平均支出水平，从 2002 年的 52 元提高到 2006 年的 83.6 元，提高了 61%。2007 年 4 季度，享受全国城市最低生活保障的人数为 2270.9 万人，保障户数为 1065.6 万户，平均标准为 182.4 元/人、月。

（四）失业、工伤和生育保险

1. 失业保险

2006 年劳动和社会保障部发布《关于适当扩大失业保险基金支出范围试点有关问题的通知》，决定自 2006 年 1 月起在北京、上海、江苏、浙江、福建、山东、广东七省市开展适当扩大失业保险基金支出范围试点，试点地区的失业保险基金可用于规定的职业培训补贴、职业介绍补贴、社会保险补贴、岗位补贴和小额担保贷款贴息支出。截至 2007 年底，全国参加失业保险的人数从 2002 年的 10182 万人提高到 11645 万人，增加 14.6%。2007 年全国失业保险基金收入 468 亿元，基金支出 221 亿元，累计结存 962 亿元。

2. 工伤保险

2003 年国务院颁布《工伤保险条例》，规定各类企业和有雇工的个体

工商户必须参加工伤保险,用人单位缴纳工伤保险费,职工个人不缴费。同时对工伤认定、劳动能力鉴定和工伤保险待遇作了较为详细的规定。2005年劳动和社会保障部等部门联合发布《关于事业单位、民间非营利组织工作人员工伤有关问题的通知》,要求事业单位、民间非营利组织工作人员因工作遭受事故伤害或者患职业病的,其工伤范围、工伤认定、劳动能力鉴定、待遇标准等按照《工伤保险条例》的有关规定执行。全国参加工伤保险的人数从2002年的4406万人提高到2007年的12155万人,增长176%,其中参保农民工为3966万人。

3. 生育保险

2004年劳动和社会保障部发布《关于进一步加强生育保险工作的指导意见》,要求各地逐步建立和完善与本地区经济发展相适应的生育保险制度,到2010年城镇职工生育保险覆盖面达到90%。要求各地充分利用医疗保险的工作基础,以生育津贴社会化发放和生育医疗费用实行社会统筹为目标,加快推进生育保险制度建设。全国参加生育保险人数从2002年的3488万人提高到2007年的7755万人,增长122%。

(五)社会保障管理体制

1. 加强对社会保障基金的征缴、运营监管

2003年劳动和社会保障部发布《社会保险稽核办法》,对《社会保险费征缴暂行条例》进行补充和完善。2004年劳动和社会保障部、中国证监会先后联合发布《关于企业年金基金证券投资有关问题的通知》和《企业年金基金管理机构资格认定暂行办法》,前者对受托人、托管人、投资管理人在企业年金基金证券投资管理中的权利义务进行了明确界定,后者对法人受托机构、账户管理人、托管人和投资管理人等企业年金基金管理机构的资格条件给出了详细要求。2006年劳动和社会保障部发布《关于印发加强社会保险经办能力建设意见的通知》,要求按照实现社会保险经办管理规范化、信息化、专业化的要求,逐步形成与社会主义市场经济体制相适应,运转协调、业务规范、操作便捷、信息畅通、服务优质的运行机制;与统筹层次相适应、事权划分清晰、机构设置科学、人员管理规范的管理体制。

2. 完善社会保险经办机构

全国各地普遍建立了专门的社会保险经办机构,与劳动保障行政部门实现了政事分开。制定了社会保险基金财务制度和会计制度,由经办机构统一对基金进行会计核算,同时建立了相对完善的内部控制制度。企业退休人员的基本养老金实行社会化发放,2003年以来全国的社会化发放率一

直保持在99%以上。推行企业退休人员的社会化管理服务，截至2006年底，全国纳入社区管理的企业退休人员有2833万，社区管理率为69%。随着社会保险事业的发展，社会保险经办队伍不断壮大。截至2006年底，经办机构总数达到7455个，工作人员达到12.5万人，全国已有6700多个街道和2.7万个乡镇建立了劳动保障事务所、站，分别占全国街道和乡镇总数的98%和77%，有5.9万多个社区建立了劳动保障事务所、站，占全国社区总数的89%。

四、对当前我国社会保障体系的评估与建议

经过1984年到1992年的改革初步探索阶段、1993年到2002年的制度框架构建阶段，当前我国社会保障制度正处在体系全面建设阶段，五年来已经取得了突出进展。一是在制度设计层面上基本建立了覆盖城乡的社会保障体系。城市居民基本医疗保险制度和农村最低生活保障制度的建立填补了过去的制度空白，农民工工伤保险、医疗保险、养老保险制度的探索也在逐步完善。二是在实际工作层面上扩大了社会保障覆盖面。近五年来，养老、医疗、失业、工伤、生育保险的参保人数大幅度提高，特别是农村新型合作医疗从2003年的少数地区试点已经迅速扩展到全国，覆盖了七亿农村人口。（见下表）

社会保障覆盖面有关数据（2002—2007） 单位：万人

项目 \ 年份		2002	2003	2004	2005	2006	2007
基本养老保险		14737	15490	16353	17444	18766	20107
其中	在职	11128	11638	12250	13082	14131	15156
	离退休	3608	3852	4103	4362	4635	4951
基本医疗保险		9401	10902	12404	13783	15732	22051
其中	企业职工	9401	10902	12404	13783	15732	17983
	城镇居民						4068
失业保险		10182	10373	10584	10648	11187	11645
工伤保险		4406	4575	6845	8478	10268	12155
生育保险		3488	3655	4384	5408	6459	7755
城镇最低生活保障		2054	2235	2200	2233	2241	2271
农村最低生活保障							3452
农村新型合作医疗						41000	73000

资料来源：《2007年国民经济和社会发展统计公报》、《劳动和社会保障事业发展统计公报2006》、民政部有关统计资料。

随着社会保障覆盖面向国有企业职工以外的群体迅速扩展，社会保障基金收支规模和财政社会保障总支出规模也迅速扩大。2007年，城镇五项社会保险基金总收入首次突破1万亿元，达到10724亿元。2006年，全国财政社会保障总支出从1998年的596亿元增长到4362亿元，年均增长28.3%，大大高于同期GDP增长速度。此外，由财政拨款支持的全国社会保障基金理事会所支配的基金，截至2007年底按市值计算可达到5000亿元。社会保障已经成为关系国计民生的一项重大经济社会制度，在我国剧烈经济转轨和高速经济发展过程中，发挥了安全网和稳定器的重要作用。

（一）完善社会保障体系需要研究的主要问题

从为全体国民提供基本社会保障，使基本社会保障服务均等化的理念出发，我国社会保障体系建设仍然任重而道远，一些重大问题亟须研究解决。

1. 如何看待城乡之间的社会保障差异

我国城乡二元经济长期存在，加之多年来社会保障制度建设侧重城市中的国有企业，致使目前城乡社会保障制度差异过大。例如，城镇企业职工基本养老保险制度与农村社会养老保险制度在建构理念和制度模式上完全不同，前者强调风险共担和社会公平，充分体现社会保险原则；后者与农村地区的养老保障理念相对应，即以土地保障和家庭保障为主，突出个人的养老保障责任。又如，城镇实行职工和居民基本医疗保险，农村实行新型合作医疗制度。城镇职工基本医疗保险由用人单位和个人以工资额为基数按比例共同缴费，实行社会统筹和个人账户相结合的管理模式；城镇居民基本医疗保险由个人缴费，财政给予相应补贴；新型农村合作医疗制度由个人、集体和国家三方出资。

面对城乡社会保障制度的过大差异，一些人提出尽早统一制度，实行大一统的城乡社会保障体系，以利于城乡劳动力的合理流动，缩小城乡差别。我认为，建立覆盖全体国民的社会保障体系，并不意味着社会不同群体都必须享有整齐划一的制度，可以而且也应当针对城乡经济社会发展的具体情况分别制定相应的制度。国际经验说明，城乡社会保障的制度差异和水平差异，是随着工业化过程和城市化进程逐步消除的。我国目前还不具备统一城乡社会保障制度的条件，但应当把农村社会保障提到重要议事日程，与城镇社会保障统筹规划，并在基本社会保障服务方面向农村倾斜。一些经济比较发达的地区，可以率先探索城乡社会保障制度的衔接。

2. 如何看待城镇不同群体之间的社会保障差异

社会保障项目有的实行就业关联原则，如失业保险；有的实行普遍关联原则，如最低生活保障。因此，城镇就业人员和非就业人员之间在就业关联的社会保障项目上存在一定差异是正常的。目前社会反映强烈的问题，集中在同为就业关联项目，不同群体之间基本保障待遇水平差距过大。一是制度分割造成企业职工和机关事业单位职工之间基本养老保险待遇差距过大。从全国看，职工人均养老金水平，1990年机关是2006元、企业是1664元，相差1.2倍；2005年机关是18410元、企业是8803元，相差2.1倍。有些地方这一差距达到三倍。不合理的基本养老保险差异，引发了许多群体性事件。二是职工基本医疗保险待遇在机关和企业之间实际差距过大。1998年《国务院关于建立城镇职工基本医疗保险制度的决定》明确提出统账结合的医疗保险制度应覆盖城镇所有用人单位，但中央国家机关至今未被覆盖。已经参加基本医疗保险的政府机关和事业单位，很多仍通过各种名目的医疗补贴给予经济补偿，实际与过去的公费医疗并无多大差别。另有数据显示，政府投入的医疗费用中有80%是为850万以党政干部为主的群体服务的。党政干部过多占用公共医疗资源，是公众对我国当前医药卫生体制不满的重要原因之一。

对于基本医疗保险虽然制度统一而执行不力的问题，各方面认识比较一致，就是要加大在社会保障领域的反特权力度。有些人看到我国医药卫生体制改革存在不少问题，主张恢复计划经济体制下的医疗保险制度，理由之一是东欧国家还保留了计划经济的医疗保险制度。而东欧的学者自己在《转轨中的福利、选择和一致性》一书中却说，"关于'经典'社会主义医疗保险体制，应该强调该体制在任何东欧国家都没有原封不动地保留下来，但我们仍然可以在许多方面看到其残余"。他们还指出："对于'列入名单'的高层人士而言，有安静的条件、更好的特殊医院或特殊病房。在经典社会主义制度下，不可能期望医疗保健服务可以避免腐败和特权"（科尔奈，2003）。要实现我国基本医疗服务均等化，回到计划经济年代不是南辕北辙吗？

对基本养老保险因制度不同造成的待遇水平差距过大问题，各方面认识还不一致。一些人坚持公务员应实行独立的养老保险制度，如果机关与企业之间养老待遇差别过大，可如近年来政府所做的那样，通过相应提高企业职工养老金来弥补。我认为，与其扬汤止沸，不如釜底抽薪，美国、日本是以私营企业为主体的市场经济国家，分别在1984年和1986年统一了企业人员和公务员的基本养老保险制度，我国社会主义市场经济是以公有制为主体的，国有企业人员，特别是企业领导人和政府公务员经常相互调动，企业老职工也是当时国家分配去的，更应当建立统一的城镇职工基本养老保险制度，从根本上解决两种不同制度下养老金水平相互攀比问题。

3. 如何看待社会统筹与个人账户相结合的基本养老、基本医疗保险模式

在由代际转移的现收现付制向统账结合的部分积累制转型中，我国基本养老保险制度改革没有对隐性债务给出合理安排，曾设计通过提高企业缴费率来达到制度运行中的自行消化。然而在人口老龄化日益严重的背景下，养老保险缴费率居高不下，企业难承重负，隐性债务没有被消化，以社会统筹账户透支个人账户、个人账户空账运行的尴尬局面凸显出来。近年来做实个人账户取得了实质性进展，但全国空账规模累计已达近万亿。按劳动社会保障部、国家体改委等部门以及世界银行等组织的课题组分别测算，企业职工基本养老保险的隐性债务大致为三万亿左右。如何逐步填补隐性债务从而根本解决个人账户空账问题仍需进一步研究。对于医疗保险这类即时支出的保障项目，建立个人账户积累基金的必要性也存在较大争议。

针对统账结合模式当前存在的问题，一些人提出把基本养老保险个人账户做空，实行名义个人账户。我认为虽然国外也有实行名义账户的先例，但更有做实账户的经验，我国已经确定了统账结合的模式，且在今后约30年的模式转型过程中逐步填补三万多亿隐性债务，对财政压力并不太大，应当坚持逐步做实个人账户的现行政策，并加大做实的力度。至于职工基本医疗保险个人账户，作为需要即时支出的项目，与养老保险积累到退休年龄才能提取，两者性质并不相同，其必要性确实值得研究。且即时支付的个人账户大大增加了管理成本。许多地方为了减少管理成本，已经把它交给职工个人自由支配了。绝大多数国外研究机构和学者主张取消医疗保险个人账户。国内许多人也认为可以考虑将个人账户转到补充医疗保险，并适当调整个人账户比例，以有利于提高基本医疗保险共济水平，减少基金管理成本。

4. 如何看待基本社会保障统筹层次

我国的社会保障制度改革是从打破"企业自保"起步的，当时实行县级统筹就是很大进步了。但现在仍维持低水平的统筹层次则妨碍了社会保障关系的转移接续，不利于建立统一的劳动力市场。统筹层次低使得基本保障能力与统筹地区的经济发展水平相联系，经济发展水平高的地区能够提供较为优越的保障待遇，这种待遇差距形成后，发达地区就更不愿意与落后地区实行基金统筹，从而降低了基本保障的互济能力。例如，在养老保险制度的实际运行中，由于统筹层次过低，不同统筹层次的基金无法调剂使用，造成基本养老保险基金赤字和结余并存的局面。一部分地区基本养老保险基金出现大量盈余，另一部分地区基本养老保险基金出现巨额赤字。大量农民工退保，也和基本养老保险统筹层次过低，异地接续困难直接相关。

是否可以一步到位实行基本社会保障项目的全国统筹？我认为实际做到很难。一是有的项目不必实行全国统筹，如失业保险，其领取期限最多2年，不存在异地接续问题。二是不宜笼统提基本保障项目全国统筹。如职工基本养老、基本医疗保险项目实行统账结合，其中个人账户基金归个人所有，不存在统筹问题，但基础养老金和医疗保险社会统筹基金亟须提高统筹层次。三是社会保障制度受到财政体制制约，在财政分灶吃饭，中央与省、省与地市县的财权、事权还有待理顺的情况下，过早实行全国统筹，可能损害地方政府管理社会保障事务的积极性。

（二）完善社会保障体系的几点建议

1. 加快推动社会保障法制建设

经过30年来的不断调整与变革，我国社会保障制度在构建理念、体系建设和制度框架等方面已经基本成型。加快推动法制建设，应当成为当前和今后一段时期内完善社会保障体系的着力点。

社会保障制度关系国家长治久安，世界上大多数国家都以立法形式进行制度安排。我国应抓紧出台社会保障相关立法，使社会保障体系建设步入法制化轨道。由全国人民代表大会或者其常委会对社会保障进行立法，可以提高社会保障制度的法律层次，增强社会保障制度的权威；可以规避行政立法的部门利益导向，保证社会保障立法的公正，提高公众对社会保障制度的信心；提高立法层次还有助于实现社会保险关系在全国范围内转移接续。

社会保险是社会保障体系中的核心组成部分，尽管各种社会保险制度已实施多年，却没有一部专门的综合性法律加以规范。社会保险制度中以养老保险和医疗保险的重要性更为突出，但二者目前均以国务院"决定"和"通知"的形式来规范。失业保险和工伤保险的法律层次相对高一些，通过"条例"的形式来体现。历经13年反复酝酿的《社会保险法》目前仍处于审议阶段，备受社会广泛关注。应加快《社会保险法》的出台，以推动社会保障的立法步伐。

2. 大力促进城乡社会保障制度统筹发展

城乡社会保障制度统筹发展的重点是坚持城乡并重、相互协调的发展思路，尽快建立和完善农村社会保障制度。当前要从制度建设上实现农民

的基本社会保障，在此基础上考虑城乡居民之间的社会保障待遇差别以及城乡人口流动过程中的待遇衔接问题。

一是要整体规划，重点推进农村的社会保障制度建设。将城乡社会保障制度作为一个有机整体，进行科学合理地规划设计，包括项目结构、保障水平、筹资模式、管理制度和监管机制等，以有助于城乡社会保障制度的有效衔接。考虑到当前城乡经济社会发展的不平衡，农村社会保障制度应向制度相对先进、运行相对成熟的城镇社会保障制度靠拢，如养老保险、最低生活保障等，尽量避免二者在基本构成要素方面的偏差，为将来城乡社会保障制度的统一做好准备。

二是要以农民工和失地农民为重点，实现城乡社会保障制度的合理衔接。农民工和失地农民是介于传统意义上城乡居民之间的两个特殊群体，妥善解决他们的社会保障问题，将为实现城乡社会保障制度的有效衔接提供宝贵经验。尽量创造条件让农民工和失地农民参加城镇社会保障制度，在保障标准、筹资模式和待遇发放等方面给予一定的灵活性安排。灵活性安排只能作为过渡性安排，待时机成熟后应完全纳入城镇社会保障体系，在此基础上引导农村社会保障制度向城镇社会保障制度接轨。

三是强化政府在城乡社会保障制度统筹发展中的主导地位。政府在推动社会保障立法过程中，要对城乡社会保障制度的统筹发展予以重视；在制定社会保障事业的发展规划过程中要将城乡社会保障统筹发展作为其中的重要战略目标，并调动相关社会资源保证这一目标的顺利实现；还要加强对社会保障事业发展的监督，及时发现并解决城乡社会保障统筹发展过程中出现的各种问题。

3. 完善基本社会保障的公共财政投入机制

基本社会保障是国家立法强制实施的，公共财政必须保证合理的投入。

一是要合理界定各级财政在社会保障方面的事权和财权，明确各级政府的社会保障责任。通过规范转移支付制度，强化中央政府在社会保障事务中的主导权，中央政府主要负责全国性社会保障事业发展规划的制定，统筹各地社会保障的协调发展，通过财政转移支付帮助贫困地区，监督各地社会保障事业的财政投入和运行管理。地方政府主要负责本地社会保障事业的执行与实施，保证社会保障发展的财政投入，负责社会保障的日常事务。

二是要提高各级政府公共财政用于社会保障支出的比重，推动经济建设型财政向公共服务型财政的转变。各级财政应不断调整支出结构，加大对社会保障的支持力度，逐步形成与经济发展水平相适应的社会保障待遇调整机制，在保证全体社会成员基本社会保障的同时，努力使人们合理分享经济社会的发展成果。根据我国的经济发展水平和公共财政实力,逐步提高社会保障支出在财政支出中的比重,以增强政府的公共管理职能。

三是建立和健全社会保障预算,增强社会保障财政支出的权威性和稳定性。各级政府应分别建立社会保障预算,逐步将社会保障支出作为中央财政和地方各级财政的主要支出项目确定下来。将缴费(税)、财政拨款、社会捐赠、国有资产转让和发行彩票等途径形成的社会保障资金纳入社会保障预算,使社会保障收支活动受到严格的预算监督。各级政府不得挪用、侵占社会保障的公共财政投入资金,不得随意改变社会保障资金的法定用途。

4. 改进社会保障基金的投资管理

这里主要指社会保障积累性基金的投资管理。

一是对社会保障基金投资实行竞标管理。当前由社会保险经办机构负责社会保险基金的投资管理,只能投资于国债和银行存款,社会保险经办机构缺乏市场投资经验的消极影响已经开始显现出来,单一投资管理机构缺乏有效监管的制度弊端也很明显。应参照全国社会保障基金理事会的投资做法,邀请优秀的专业基金投资管理公司参与进来,社会保险经办机构可以作为招标人的身份与其开展合作。

二是逐步拓宽社会保障基金的投资领域。养老基金投资一般分为金融投资和实业投资两个方向,金融投资工具包括银行存款、国债、企业债券、股票、证券投资基金、贷款合同以及衍生金融工具等,实业投资领域包括房地产和基础设施等,不同投资工具具有不同的优势与劣势。一般来说,银行存款的安全性和流动性较好,但盈利性较差,只能作为短期投资工具以满足流动性需要。国债的安全性最高,盈利性偏低,是较理想的规避风险工具。企业债券的盈利性较好,但面临的坏账风险也较大。股票及其衍生金融工具的收益率显著高于其他投资工具,但其风险也相当高,是社会保障基金实现增值目标的主要投资渠道。实业投资的优势是能够在一定程度上防范通货膨胀风险,劣势是投资期长而且流动性差。在我国资本市场尚不完善的情况下,政府可以探索社会保障基金介入交通、电力、石油等高利润行业,或者一些大型基础设施建设项目等领域,将原由政府基本建设性支出承担的一些投资项目转由社会保障基金投资,这样既有利于政府财政支出结构的调整,又能保证基础设施建设的资金需要。可以通过一定的制度安排让财政承诺社会保障基金投资于基础设施建设的最低收益。

参考文献

1. 陈佳贵主编：《中国社会保障发展报告（1997~2001）》，社会科学文献出版社 2001 年版。
2. 成思危主编：《中国社会保障体系的改革与完善》，民主与建设出版社 2000 年版。
3. 戴蒙德和巴尔执笔，中国经济研究和咨询项目组："中国社会保障体制改革：问题和建议"，《比较》第 24 期，中信出版社 2006 年版。
4. 马丁·费尔德斯坦："中国的社会养老保障制度改革"，《经济社会体制比较》，1999 年第 2 期。
5. 焦凯平主编：《养老保险》，中国劳动社会保障出版社 2005 年版。
6. 李绍光：《深化社会保障改革的经济学分析》，中国人民大学出版社 2006 年版。
7. 宋晓梧：《中国社会保障制度改革》，清华大学出版社 2001 年版。
8. 宋晓梧主笔：《中国社会保障体制改革与发展报告》，中国人民大学出版社 2001 年版。
9. 宋晓梧：《改革：企业·劳动·社保》，社会科学文献出版社 2006 年版。
10. 王东进主编：《中国社会保障制度的改革与发展》，法律出版社 2001 年版。
11. 王梦奎主编：《中国社会保障体制改革》，中国发展出版社 2001 年版。
12. 郑秉文主编：《社会保障体制改革攻坚》，中国水利水电出版社 2004 年版。
13. 郑功成等：《中国社会保障制度变迁与评估》，中国人民大学出版社 2002 年版。
14. 劳动和社会保障部、中共中央文献研究室编：《新时期劳动和社会保障重要文献选编》，中国劳动社会保障出版社 2002 年版。
15. 雅诺什·科尔奈和翁笙和：《转轨中的福利、选择和一致性》，中信出版社 2003 年版。

中国经济50人论坛
Chinese Economists 50 Forum

产权制度改革与
混合经济体制的形成

魏 杰

The Past 30 Years

A Review and Analysis by 50 Chinese Economists

魏杰简历

清华大学中国经济研究中心副主任

1952年生于西安市长安区。1974年西安师范政教科毕业后参加工作，曾在西安市教育局及西安师范工作。

1977年恢复高考后考入西北大学经济管理学院。1979年大学未毕业提前考取西北大学经济管理学院研究生。1982年9月研究生毕业后留西北大学任教。1984年考入中国人民大学经济系博士生。1987年毕业后留中国人民大学任教，曾任中国人民大学副教授、研究生导师、教授、博士生导师，经济研究所副所长、经济系主任等职。1991年被评为国家级有特殊贡献的中青年专家。1992年成为中国最年轻的博导之一。

1996年6月起任国家国有资产管理局科研所所长，中国国有资产学会副会长等职。1999年调入清华大学，任清华经管学院教授，博导，中国经济研究中心副主任，企业战略与政策系主任。

主要研究领域：着重研究宏观经济问题，计划与市场关系、国有经济改革、企业财产制度、非国有企业问题和公司治理结构，包括企业制度、企业战略与企业文化问题等。最近研究方向：企业制度创新及企业技术创新的制度保证，企业产权制度与资本市场的内在结合及互动性，企业中货币资本与人力资本内在结合的产权制度体现，宏观经济对企业经营战略的约束性的体制表现等。主张微观放开，注重产权制度建立，宏观调控走向科学化；强调市场制度及财产制度的完善与发展，有效缩小政府对经济的过多干预；强调思考和研究企业问题要着重于企业制度安排、企业战略选择和企业文化塑造。

主要研究成果有《企业前沿问题》、《市场经济前沿问题》等20本专著，主编的著作有10本，发表论文300余篇，曾获得全国性大奖多次。

兼任十余家杂志的编委和顾问，十余家大学的兼职教授。

产权制度改革是我国经济体制改革的一项基础性改革，其改革内容主要包括两个方面：一是改革原有的传统公有经济体制，例如改革国有经济和改革集体所有制经济；二是大力发展非公有经济，通过发展非公有经济而形成混合经济体制。对于改革原有的传统公有经济体制问题，例如改革国有经济的问题，别的专家另有专论，因而我们这里着重研究产权制度改革的后一个内容，即大力发展非公有经济，实现混合经济体制。大家知道，我国传统体制下的财产制度有一个最大的人所共识的弊端，这就是排斥和消灭非公有经济，脱离生产力发展水平而追求单一的公有制经济，而且错误地理解公有经济的含义，排斥公有经济的各种现代形式，因此，在改革开放以后，我们在财产制度改革上，针对这一大弊端进行了重大的改革，其主要方法是大力发展非公有经济，形成了混合经济体制。可以说，大力发展非公有经济，是中国经济改革的重大内容。非公有经济对于中国社会经济发展的巨大贡献，以及它对于中国经济体制改革的重大推动，已成为人所共识的历史实践，因而在纪念中国改革开放 30 周年的今天，用不着我们再去重复描述，我们现在的着眼点应该放在总结经验教训上，放在如何进一步推动非公有经济的快速发展和如何完善混合经济体制的基点上。纪念改革开放的目的不在于评功摆好，也不在于邀功请赏，而在于如何更好地推动中国的经济体制改革。基于这种认识，我们在纪念中国改革开放 30 周年的今天，就非公有经济的发展与混合经济体制的形成，讨论如下几个问题。

一、非公有经济的发展历程与理论创新

如上所述，非公有经济在我国传统经济体制下的命运是被改造而直至全部被消灭的，尤其是到了"文化大革命"时期，我们甚至荒唐到连老百姓养的鸡鸭也要作为"资本主义尾巴"割掉。直到改革开放之后，我们才开始慢慢承认非公有经济。从改革开放到现在，我们对非公有经济的认识，大致上经历了三个阶段：

第一个阶段是"必要补充阶段"。对于这个阶段，一般的文章都从党的十一届三中全会开始算起，但科学的计算方法应该是从党的十二大算起，因为在党的十一届三中全会以后，虽然我们已经开始在不同程度上承认非公有经济，但直到 1982 年党的"十二大"，我们才正式在党的文件中开始承认非公有经济是社会主义经济的"必要补充"。从不承认到承认是必要补充，这是巨大的进步，但是这个时期的非公有经济还是被限制在很小的范围内，也就是被限制在小生产和小流通的范围内，尤其是当时一开始还并

未完全承认非公有经济的重要形式即私营经济，而仅仅承认非公有经济的个体形式，一直到了1984年在党的《关于经济体制改革的决定》中才开始承认了私营经济，这当然是非常不利于非公有经济的快速发展的。但是，非公有经济作为生命力极其强大的经济成分，往往不会依据某些人的意志为转移，而是要按照经济规律顽强地为自身发展创造条件和开辟道路，也就是它是不会被人为地限制在某种范围内的，只要我们一旦承认了它，它就会快速地自我发展，冲破各种框框和限制，最大限度地进行扩张和发展，尤其是到了1992年小平同志南巡讲话以后，它实际上就已经不再是作为"必要补充"的身份而存在了，而是作为支撑中国经济的"半壁江山"的力量而存在了，已成为中国经济发展的强劲动力。只不过是当时我们还没有从理论上真正承认它的这种新的地位罢了，还在文件中将它称之为"必要补充"而已。从资料上看，我国现在不少的知名的非公有经济企业，大都成长于这个阶段。看来，当时的"必要补充"并没有能限制住非公有经济的强有力的冲动力和生命力。

第二阶段是"重要组成部分"阶段。这个阶段从1997年党的十五大承认非公有经济是社会主义市场经济的重要组成部分开始。较之"必要补充"，"重要组成部分"有了很大进步，尤其是我们在这时候真正承认了作为非公有经济的重要形式的"私营经济"。但是因为这个时候我们提出的"重要组成部分"，是被限定在市场经济这个范畴上的，即认为非公有经济仅仅是"社会主义市场经济的重要组成部分"，而并没有把非公有经济作为社会主义经济的内在构成因素来讨论，没有明确承认非公有经济是社会主义经济的重要组成部分，因而非公有经济的发展实际上仍然是被束缚的。因为，社会主义经济与社会主义市场经济并不是一个完全相同的范畴，只承认非公有经济是社会主义市场经济的重要组成部分，而不承认非公有经济是社会主义经济的内在构成因素，这当然是远远不够的，因而这个时候的非公有经济实际上还仍然是被作为与公有经济相对立的经济成分来看待的，是处于被歧视的框架内的，其发展当然还有很多限制。也就是说，这个时候我们还仅仅只是从就业、GDP贡献、税收等方面承认了非公有经济的作用，但还并没有从社会主义经济的内在规定性上承认非公有经济，给人的感觉是"无奈的承认"，而并不是积极主动地真正承认。在这种有深层次原因限制的条件下，非公有经济的发展当然还是有很大的阻力的。但是非公有经济也就是在这种不利的条件下，仍然顽强地发展，并且获得了巨大的发展，出现了众多的知名企业和企业集团，尤其是中共十五大提出了对国有经济战略布局进行调整的思路，强调在有些经济领域内要实行民进国退，因而这个时候非公有经济借机开始了与公有经济的相融合和相互重组兼并，从而使得非公有经济进入到一个新的发展阶段。

第三个阶段是"国民待遇"阶段。这个阶段从党的十六大开始，党的十六大明确提出了"两个坚定不移"，即："坚定不移地发展公有经济"，"坚定不移地发展非公有经济"，并同时强调了非公有经济与公有经济在法律上、政治上、社会上拥有相同的地位，这就标志着非公有经济与公有经济取得了相同的平等的地位，具有了同公有经济相同的"国民待遇"。可以说，中共十六大政治报告集我们改革开放以来关于发展非公有经济的理论与实践之大成，创新出了一套全新的非公有经济理论，实现了理论的飞跃，对于我国非公有经济的发展有着前所未有的推动力。尤其是中共十六大之后，相继出台了保障非公有经济的国民待遇的各种法规和政策，例如推出了关于大力发展非公有经济的"三十六条"，从而全方面落实了非公有经济的国民待遇地位。中共十七大在总结十六大以来的非公有经济大力发展的实践的基础之上，再次强调非公有经济与公有经济具有相同的国民待遇，指出它们之间要真正实现法律上的平等和竞争上的平等，并在这两个平等的基础上，形成混合经济体制。由此可见，中共十七大之后，非公有经济将要进入一个更为繁荣的发展阶段。

由上述三个阶段可以看出，非公有经济在中国发展的30年，也是我们不断解放思想，不断冲破传统社会主义经济理论束缚，在理论与实践上不断创新的30年。正是在这种不断地进行理论创新和与经济实践不断相磨合的过程中，我们终于形成了一套新的非公有经济理论。这套新的非公有经济理论是对我国30年非公有经济发展实践的经验和教训的科学总结，对于我国非公有经济发展有着根本性的指导作用。具体来说，这套新的非公有经济理论有如下十大要点。

第一，非公有经济与公有经济并不是相对立的，而是可以融合于社会主义经济建设之中的。如上所述，我国在改革开放以前根本不承认非公有经济，将非公有经济作为资本主义经济范畴，从而把消灭非公有经济当做社会主义革命的最主要内容。改革开放以后，我们终于承认了非公有经济，开始注重发挥它的作用，首先是提出非公有经济是社会主义经济的必要补充，后来在党的十五大报告中提出非公有经济是社会主义市场经济的重要组成部分，所有这些，都是我们对非公有经济理论的创新。但是，这些理论创新似乎还没有从根本上解决非公有经济的问题，因为这些理论创新只是从非公有经济的作用上来说明非公有经济的重要性的，只是指出社会主义经济建设需要有非公有经济的发展，但并没有从根本上对非公有经济的社会经济性质作出清晰而明确的界定，因而由于受传统社会主义理论的长期影响，人们在思想深处实际上还是把非公有经济与公有经济看成是在性质上相互对立的经济形态的，姓社姓资的问题没有解决，发展非公有经济还是心有余悸，这就使得对非公有经济还有严重的政策歧视。党的十六大报告明确指出，公有经济与非公有经济不是相互对立的，而是完全可以统一于社会主义经济的建设之中的，因而我们必须既要毫不动摇地发展公有经济，还要毫不动摇地发展非公有经济。在改革开放以来，我们虽然多次强调要注重非公有经济的作用，但是非常明确地提出公有经济与非公有经济并不是对立的经济形态，党的十六大政治报告则是首创。明确提出公有经济与非公有经济不是相对立的，对于大力发展非公有经济和确立非公有经济的完整法律地位，具有非常重要的作用和意义。不承认公有经济与非公有经济不是对立的，就是仍然把非公有经济当做剥削经济，既然是剥削经济，当然就谈不到应有的法律地位问题，因而只有承认公有经济与非公有经济不是对立的，才能解决非公有经济的剥削性质问题，才能使非公有经济有完整的法律地位。

第二，非公有经济是要长期发展的，其发展的时间界限不是由某个导师或领袖决定的，而是由生产力决定的，因而不宜再提50年不变或100年不变的提法，而是应该在非公有经济的发展上以生产力为标准。如上所述，传统社会主义经济理论认为只有公有经济才是社会主义，而且公有的程度越高，社会主义经济制度也就越完善，因而我们在改革开放之前搞"穷过渡"，强调从低级的公有制即集体所有，过渡到高级的公有制即国有制，结果使我国的国民经济越来越缺乏活力，人民的生活极为贫穷。改革开放以后我们虽然承认了非公有经济，但是对于为什么要发展公有经济的问题，我们则主要是偏重于从增加就业机会，缓解国有企业压力，提高人们收入，增加税收的角度，来说明发展非公有经济的必要性，而并没有把非公有经济同社会主义经济联系在一起，仍然只是把公有经济作为社会主义经济，并没有承认非公有经济的社会主义性质，因而给人的感觉是：只有公有经济才是社会主义经济，非公有经济并不属于社会主义，我们现在发展非公有经济是无奈的选择，因为不发展非公有经济就无法解决国民经济中当前所存在的问题，但我们的最终目标是要发展公有经济，因而发展公有经济才是我们的最终目标，一旦条件成熟，我们就会放弃非公有经济，而是要发展公有经济。这种无奈选择和最终目标的关系，被有的人通俗地形容为：是不是一旦将非公有经济这只羊养肥，我们就要宰？因此，我们虽然承认了非公有经济，但给人的感觉是发展非公有经济并不是长期的任务，而只是短期的一种迫不得已的选择。党的十六大报告明确提出发展非公有经济是长期的，并不是临时性举措，非公有经济同公有经济一样，都是长期存在的经济形态，统一于社会主义经济建设之中。任何一种经济形态的存在，都不是由任何一个人的价值取向所决定的，而是由生产力的发展状况所决定的。也就是说，任何一种经济形态，只要它能够促进生产力的高效发展，它就会必然存在，这是不依任何人的意志为转移的。因此，只要非公有经济能容纳生产力的发展，能满足生产力发展的内在要求，它就必然存在和发展。我们过去习惯用姓社姓资的原则来评价各种经济成分，似乎凡是姓社的，就可以长期发展，而凡是姓资的，就要马上消灭，这种左的思维方式甚至发展到"宁要社会主义的草，也不要资本主义的苗"。实际上，评价和判断一种经济形态能否存在和发展的唯一标准，就是生产力标准，只要一种经济形态能够促进生产力发展，这种经济形态就会必然存在。因此，非公有经济在它能促进生产力发展的长时期里，必然会长期存在和发展。由此可见，非公有经济的存在和发展不是由某些领袖人物的判断和价值取向决定的，而是最终由生产力所决定的。

第三，承认非公有经济中的资本的贡献，强调按要素的贡献分配社会财富，因而不仅要按劳分配，而且还要按照资本的贡献分配财富。非公有经济发挥自身作用的最为重要的要素，就是资本，资本是非公有经济存在的现实载体，可以说，没有资本，就谈不到非公有经济对生产力的推动作用，但是，传统社会主义理论恰恰是忽视或者否定了资本的作用，认为只有劳动者的劳动最为重要，资本不仅不创造财富，而且还具有剥削性质，甚至成为压榨人的劳动的工具。党的十六大报告明确提出，我们要充分发挥各种生产要素的作用，要让劳动、技术、知识、管理及资本，都充满活力，充分发挥它们在财富创造上的活力。承认和尊重资本的作用，是十六大报告的重要创新之处，我们必须要建立新型的资本理论。承认资本在财富创造上的作用，当然就要承认资本在财富分配上的地位，因而十六大报告明确提出按要素分配的原则，不仅强调要尊重劳动的贡献，还要尊重知识、技术、管理及资本的贡献。我认为，十六大报告提出尊重资本的贡献，并指出要按要素贡献分配社会财富的理论创新，可以使我们重新正确认识非公有经济的所谓剥削问题，把非公有经济从剥削性质中解脱出来。我们应该看到，非公有经济的资本不仅创造了应归自己所有的资本的收入，而且同时也为人们创造了就业机会，为政府创造了税收，为社会创造了产品和服务，如果再考虑到有的资本所有者把资本的一些收入捐献给社会，那么资本实际上还在为社会创造着福利，因而不能随意将非公有经济划入剥削范畴。如果将非公有经济界定为剥削经济，那么非公有经济就不可能拥有完整的法律地位，而非公有经济也就难以真正快速发展。

第四，承认非公有经济中的各种劳动，而且评价劳动的标准不再是体力劳动，而是市场，即劳动的市场稀缺程度。传统社会主义经济理论只注

重体力劳动和简单劳动，不注重甚至歧视脑力劳动和复杂劳动，因而忽视知识、技术、管理的作用，把知识分子当做需要改造的"臭老九"，从而严重阻碍了我国国民经济的高效发展。党的十六大报告明确提出要尊重各种形式的劳动，不仅不能歧视脑力劳动和复杂劳动，而且要高度地重视脑力劳动和复杂劳动，在工业化和信息化为特征的现代化进程中，脑力劳动和复杂劳动具有举足轻重的作用，甚至可以说是现代化所依赖的基础。因此，我们必须尊重脑力劳动和复杂劳动。党的十六大报告关于尊重各种形式的劳动的论述，是我们对传统社会主义经济理论的重要创新。我们过去对于非公有经济的不正确认识，就理论根源来讲，是与我们对于劳动的不正确认识有深刻联系的。由于非公有经济的所有者和经营者主要从事的是非体力性的复杂劳动，例如主要是从事管理、经营、技术等形式的非体力复杂劳动，因而当我们把非体力劳动与体力劳动对立起来，把复杂劳动与简单劳动对立起来，歧视脑力劳动和复杂劳动的时候，必然会将非公有经济的所有者和经营者的劳动当做剥削性质的劳动，从而将非公有经济纳入剥削经济的范畴。因此，要真正为非公有经济正名，就必须对脑力劳动和复杂劳动正名。正是从这一点出发，党的十六大报告对于脑力劳动和复杂劳动作出了科学的评价。我认为，尊重各种形式的劳动的理论，是非公有经济理论的重要组成部分。非公有经济中的各种劳动是相互联系和共同发挥作用的，不同形式的劳动的收入是由市场根据不同形式的劳动各自的贡献而决定的，因而不能因为脑力劳动和复杂劳动收入多，而认为这是社会不公平，甚至认为脑力劳动和复杂劳动具有剥削性质，更不能人为地在脑力劳动和复杂劳动的收入，与体力劳动和简单劳动的收入之间，确定差别的比例，例如不能认为非公有经济的经营管理者的劳动收入不能超过多少个体力劳动者的收入。各种不同形式的劳动的收入是由市场自行确定的，市场会自动地根据不同劳动的贡献确定各自的收入，不能人为地以某个价值理念去确定。我国有句成语叫"三个臭皮匠顶一个诸葛亮"，这句话的含义是指要集思广义，除了这个含义，这句话是不对的，因为诸葛亮就是诸葛亮，臭皮匠就是臭皮匠，他们之间是不具有可比性的，不是几个顶一个的问题。因此，不能将不同性质的劳动作数量上的比较，它们是由市场来评定的。总之，只有将非公有经济的所有者和经营管理者的非体力劳动和复杂劳动，界定为同体力劳动和简单劳动一样，都是具有同等地位的劳动，而且前者比后者更为重要，那么非公有经济才能具有真正的地位。劳动没有姓社姓资之分，评价劳动的标准是看劳动的贡献，有贡献的任何劳动都应该受到尊重，非公有经济的所有者和经营者的劳动具有极大的贡献，因而应该得到承认。

第五，承认非公有经济中的各种收入，而且评价收入的标准不再是劳动，而是法律。传统社会主义经济理论只注重劳动这种生产要素的作用，不承认劳动之外的别的生产要素的作用，因而更多地强调了劳动收入，而不注重甚至歧视非劳动收入，把非劳动收入划入所谓剥削收入范畴之中，似乎只有劳动收入才是阳光性收入，是光荣的，而非劳动收入则是非阳光性的收入，拥有非劳动收入是不道德的甚至是可耻的。正是因为如此，所以从非劳动收入的理论上就把非公有经济打入了另册，因为非公有经济的收入主要表现为非劳动收入。因此，要真正承认非公有经济的合法地位，就必须对非劳动收入作出正确的解释，如果将非劳动收入作为与劳动收入相对立的范畴，不承认非劳动收入的真正地位和作用，那么非公有经济就不可能真正成为我国经济的重要组成部分，而是被作为临时性的迫不得已的举措而已。党的十六大报告明确提出必须要尊重合法性非劳动收入，无论劳动收入还是非劳动收入，只要是合法的，就必须要受到尊重和保护，这就从根本上奠定了非公有经济的合法地位。传统社会主义理论着重于以劳动为基点而评价收入，因而往往把劳动收入当做社会主义性质的，把非劳动收入当做非社会主义性质的，由此为社会主义经济发展带来了严重的阻滞。党的十六大报告在这方面有了很大的创新，调整了评价收入的基点，不再把是否是劳动收入作为评价收入的基点，而是强调各种要素的贡献，按贡献分配收入，指出按贡献收入就是合法的，从而将法律作为评价收入的基点，强调收入的合法性，认为凡是合法性收入，都应受到尊重和保护。

第六，为非公有经济放开充分的要素获取市场，形成开放和公平的要素市场。非公有经济创造社会财富需要有各种生产要素，因而非公有经济必须同任何社会经济成分一样，能够顺利地获得各种生产要素，包括土地、劳动力、技术、资金等，这就要求我们应该全面地向非公有经济开放要素市场。例如，要为非公有经济放开融资市场，非公有经济的投资及经营活动不能仅仅使用自己的资金，而是还需要融通债务资金和资本金，因而非公有经济需要有充分的融资方式，即：既要有融通债务资金的间接融资方式，又要有融通资本金的直接融资方式，因此，我们要全方位地为非公有经济放开银行融资和资本市场融资。总之，我们应该向非公有经济放开全部的要素市场。对此，在中共十六大后有了重大变化，几乎所有的要素市场都逐渐开始向非公有经济放开。在这方面，我国的经验和教训都是很深刻的，例如1997年以前不允许非公经济企业上市融资，结果是严重地影响了非公经济的体制创新和发展，因而在这方面实际上付出了重大代价，好在十六大之后，我们逐渐放开了对非公经济融资的各种不合理限制。

第七，全方位向非公有经济放开投资领域，形成公平而有序的充分竞

争性投资体制。市场经济的内在规律就是以效率配置资源，任何高效的资源都可以选择自己的投资经营范围，在竞争中求得发展。但是我们过去却是按照是否是非公有经济来确定投资经营范围，规定有些领域只能由公有经济来投资经营，而不允许非公有经济投资经营，因而严重阻碍了非公有经济的发展和国民经济的发展。党的十六大报告明确指出应该充分放开所有投资经营领域，允许非公有经济充分发挥自己的作用。应该说，这是我们在非公有经济理论与实践上的又一个重大突破，对于非公有经济及国民经济的发展起到了不可估量的作用。大家知道，我们对于非公有经济的投资经营范围，在改革开放之初只局限于拾遗补阙的领域内，例如只允许经营小商小贩和小餐饮等经营活动，后来慢慢放开了一些竞争性领域，例如放开了一些加工制造业，但是对于所谓涉及国计民生的领域，却仍然限制非公有经济的介入。十六大之后，我们按照市场配置资源的原则，开始全方位地向非公有经济放开所有竞争性行业，而且对于垄断性行业，也开始向非公有经济逐步开放，从而使市场逐渐发挥了配置资源的基础性作用。如上所述，决定资源流向的准则，不是资源的性质，而应该是资源的效率，因而只要非公有经济具有效率，就可以向任何领域投资。实际上，对非公有经济限定投资经营范围，不仅不符合公平竞争的市场经济原则和国民待遇的世贸组织原则，而且也是我们并没有完全抛弃姓社姓资的极左思想的重要表现，因而我们必须全面放开非公有经济的投资经营范围，非公有经济可以合法地从事任何经营项目。行政性垄断必然导致其活力下降，按照经济成分性质规定投资经营范围，是最大的行政性垄断，其结果必然是既造成腐败，又导致经济效益低下，因而只有彻底放开非公有经济的投资经营范围，才能使所有经济主体都只有通过技术创新及管理创新而获得利益，从而使所有经济主体在创新中推动国民经济高效率发展。

第八，承认非公有经济的政治和法律地位，实现政治上的平等和法律上的平等。传统社会主义经济理论根本否认非公有经济的所有者与经营者应有的法律和社会政治地位。改革开放后的一段时间中，我们虽然逐渐强调要发挥非公有经济的作用，但对非公有经济的所有者与经营者的法律及社会政治地位并未清晰地加以界定，并未公开承认他们也是社会主义经济的建设者，似乎他们只能有经济地位而不能有完整的社会政治地位，例如，即使是他们中的优秀分子，也同样不能加入共产党，因为他们是有产者。党的十六大报告在这方面进行了伟大的创新，明确指出财产的拥有量并不决定人的政治觉悟和思想品德，关键是要看财产是如何获得的和如何使用的，因而非公有经济的所有者和经营者也是社会主义经济的建设者，他们中的优秀分子也可以加入共产党。可以说，党的十六大报告真正使非公有经济的所有者和经营者获得了完整的法律和社会政治地位。传统社会主义经济理论把个人所拥有的财产数量作为判断一个人的政治觉悟和思想品德的标准，似乎只有无产者才拥有政治觉悟和高尚的思想品德，甚至得出了穷则光荣，越穷越光荣的极左教条，把斗争富人和防止人们富有的阶级斗争作为社会活动的中心内容和一切活动的"纲"，因而为我国的经济建设带来了无法估量的灾难。党的十六大报告在深刻地总结这一教训的基础上，彻底抛弃了这套极左理论，不再把财富的拥有量作为评价人的政治觉悟和思想品德的标准，而是强调把人们对社会发展的贡献作为评价人的政治觉悟和思想品德的标准，提出了对社会经济发展有贡献的所有人，都是社会主义经济建设者的英明论断，这就从根本上杜绝了极左思潮产生的温床。穷则光荣，富则可耻的时代已经一去不复返了，任何通过合法方式而富有起来的人，都是社会中坚力量，必须承认他们的完整的法律及社会政治地位。穷富不是对立的，富者是穷者的学习榜样，富者要帮助穷者脱贫，从而使整个社会的人都成为富有的人。成为无产者已经不是我们的社会目标，我们的目标是使所有人都成为有产者，共同创造富有的社会。正因为如此，所以我们为非公有经济提供了完整的政治和法律地位，政治地位的标志就是中国共产党党章承认了非公有经济的优秀分子，可以加入中国共产党，法律地位的标志就是在宪法提出保护私人财产和民法典中增加了物权法，即保护合法私人财产的法律。

第九，承认非公有经济的社会地位，尊重财富，形成现代财富观念。非公有经济不仅要有完整的法律地位，要有完整的社会政治地位，还要有应有的思想文化地位，即人们在价值理念上必须承认非公有经济，整个社会在意识形态上完全认可非公有经济，因为非公有经济的发展需要良好的社会环境。党的十六大报告在这方面有了重大的突破：不仅承认了非公有经济的法律地位及社会政治地位，而且鼓励人们通过自己的各种创新而致富奔小康，在意识形态上承认财产不是决定人的政治觉悟和思想品德的准则，在价值理念上承认人们都应该成为合法的有产者，指出有产不是剥削和罪过，而是勤奋努力和吃苦肯干的标志，任何人都应该以合法的致富为光荣，国家要完善保护私人财产的法律。应该说，非常明确地在意识形态和价值理念上承认个人财产，强调致富，承认非公有经济，提出从法律上保护私人财产，十六大报告是第一次。由于传统社会主义经济理论的长期宣传，人们虽然在改革开放以来看到了非公有经济的重要作用，但是在价值理念上并没有完全接受非公有经济，因而在社会上还存在着严重的仇富心理，似乎富人大都是坏的，认为为富必然不仁。这种仇富思潮有时甚至表现在我们的各种媒体中，有人往往以各种方式对富人进行贬低，在有些

人看来，富人基本都是诚信不在，生活方式充满低级趣味，贪图享受，靠剥削别人而使自己致富。应该说，这种仇富心理及思潮非常不利于非公有经济的发展，因而必须要从理论上给以彻底纠正。实践表明，传统社会主义经济理论关于有产者与无产者的有关理论是不对的，试图通过将所有资产都收为国有和公有，使任何人都成为无产者，使人们在财产的拥有上是平等的，从而解决社会公平及社会发展的路子，是根本行不通的，人们之间的财富差别并不完全是因为财产的私有而引起的，因为，即使人们在财产上没有差别，也会因为人们在能力上的差别，而使人们在现实中有穷富的差别。因此，我们不宜不加分析地宣扬平均主义公平理念，我们应该认识到，正确的公平理念主要是强调机会的公平，竞争过程的公平，而不是结果的公平，即平均主义的公平。在现实生活中，人们之间的能力差别是很大的，这种能力差别必然会引起人们之间的财富的差别，但是人类的理想又是要实现人人都应该一样的均贫富大同社会，因而人类本身就是一个矛盾体。对于人类的这种矛盾，我们应该追求共同的富有，但是我们应该承认财产上的差别，尤其是不能有仇富心理和为富不仁的观念，更不能有打富济贫的思想。因此，我们应该为非公有经济创造良好的社会环境。

第十，非公有经济需要在发展中不断提升自我，在自我奋进中提升竞争力和创新能力。我们应该为非公有经济创造良好的外部环境，但是非公有经济在发展中也要自我提升和完善。我国非公有经济在发展中的有些问题，并不是因为外部环境引起的，而是由于非公有经济内部的某些内在原因造成的。因此，党的十六大报告在强调为非公有经济创造良好环境的同时，也为非公有经济的自我提升和完善提出了要求和方向。我认为，非公有经济理论的重要组成部分，是非公有经济如何提升和完善自己，我们不能忽视对非公有经济理论的这方面的研究。也就是说，我们不能只强调如何为非公有经济发展创造良好环境，而是必须要看到非公有经济自身的内在不足及矛盾，并研究和解决这些内在不足与矛盾的办法及措施，从而有效促进非公有经济的自我提升与完善。如何解决非公有经济发展中的外部环境问题，与如何解决非公有经济在发展中的内部问题，都是非公有经济理论不可缺少的两大重要构成部分，缺一不可，因此，我们应注重探讨非公有经济不断自我提升的问题。从目前来看，非公有制经济出问题的一个极为重要的原因，就是非公有制经济不能正确对待财富。有人在有钱之后把握不住自己，不能正确对待财富，所以就出了问题。目前我们强调非公有制经济的自我提升问题，主要是指非公有制经济要能够正确对待财富，如果不能正确对待财富的话，最后就会出各种问题。怎么样正确对待财富？一是拥有财富而不能无视法律，二是拥有财富而不能无视人权，三是拥有财富而不能无视责任，四是拥有财富而不能无视公德，五是拥有财富而不能无视学习，六是拥有财富而不能无视使命。

二、非公有经济的发展与混合经济体制的形成

我们承认并大力发展非公有经济之后，我国社会经济生活中出现了混合经济体制，也就是出现了各类经济成分共存并共同发展的经济体制。这种混合经济体制在我国改革开放后的30年中，先后出现了两种形态，一种是社会形态的混合经济体制，即整个国民经济中共存着各种经济成分，这种社会形态的混合经济体制，自十一届三中全会我们承认并开始发展非公有经济时就有了；另一种是企业形态的混合经济体制，即一个企业内部共存着各种经济成分，这种企业形态的混合经济体制产生于1997年的中共十五大之后，也就是我们提出调整国有经济战略布局，大规模推动非公有经济与公有经济的重组和股份制之后，这种企业形态的混合经济体制开始大规模出现了。在经济体制改革的30年中，我们既大力发展了社会形态的混合经济体制，也大力发展了企业形态的混合经济体制，尤其是我们在实践中已经看到，企业形态的混合经济体制是混合经济体制的最基本形态，而且也是社会形态的混合经济体制的最基本载体，因而我们更加推动了企业形态的混合经济体制的发展。正是基于这种认识，中共十七大政治报告强调：要在现代产权制度的基础上，进一步推动混合经济体制的发展。

1. 社会形态的混合经济体制

如上所述，自十一届三中全会我们承认并开始发展非公有经济之后，社会形态的混合经济体制就开始出现了，也就是在整个国民经济中共存着各种经济成分，既有各种形态的公有经济，也有各种形态的非公有经济，它们共存并共同发展。社会形态的混合经济体制，是非常有利于经济体制创新和国民经济高效发展的，它对于生产力的推动作用和经济体制改革的促进作用，已为中国改革开放以来的实践所充分证明。在社会形态的混合经济体制中，公有经济与非公有经济表现为四种相关关系：第一，互补过程，其互补性既表现为不同生产力水平的要求，也表现为它们各自的特点的互补，也就是它们各自发挥自身的比较优势，表现为优势互补的过程；第二，相互之间激烈竞争，表现为互为动力和相互促进的竞争过程，这种竞争对于双方的体制创新、技术创新、管理创新等，有着巨大的作用，有效提升了它们各自的竞争力和创新能力；第三，在竞争中出现了相互融合的趋势，具体表现为股份化的过程，这种既包括公有经济，又包括非公有

经济的股份制经济,是最为典型的股份制经济形式,它有效实现了公有经济与非公有经济的内在融合;第四,在竞争中出现了相互收购和重组,表现为相互兼并和重组的过程,这种兼并重组既包括非公有经济对公有经济的兼并重组,也表现为公有经济对非公有经济的兼并重组,从而使得生产要素超越经济成分的约束而实现了最佳配置。所有这些,都有效推动了国民经济的快速发展和经济体制的重大创新。这也正是混合经济体制的魅力所在。

我国30年的实践表明,发展社会形态的混合经济体制,关键在于要平等对待各种经济成分,使各种经济成分获得法律上的平等地位和竞争上的平等地位,也就是说,国民待遇原则是维系各种经济成分的相互关系的最基本原则。因此,各种经济成分要在融资方式、经营领域、产业选择等方面,拥有平等权利,要在政治地位、法律地位、社会地位上具有平等待遇。在改革开放后的一段时间内,我们虽然承认和发展非公有经济,但我们对于非公有经济采取了明显的歧视政策,使得非公有经济在融资方式和经营领域等方面被严格限制,例如1997年以前不允许非公有经济上市融资;同时,非公有经济也没有与公有经济相同的法律地位和政治地位、社会地位,其结果是严重地阻碍了非公有经济的发展,从而阻碍了整个国民经济的快速发展。后来随着我们对非公有经济的歧视性政策的调整,强调国民待遇原则,才逐渐使非公有经济在法律及竞争上,同公有经济有了一定程度的平等地位,从而有效地推动了非公有经济的发展,带动了整个国民经济的快速发展。

由此可见,为了推动社会形态的混合经济的快速发展,就必须对各类经济成分实行国民待遇原则,使它们在法律上和竞争上拥有平等地位,从而实现相互竞争和共同发展。应该说,目前从形式上讲,我们似乎对于非公有经济已不再采取歧视政策,强调国民待遇原则,但实际上非公有经济还并没有在法律上和竞争上真正获得充分的平等地位,主要表现在:第一,不平等地对待非公有经济还作为"潜规则"而仍然存在,例如有人还强调要使国有经济在各个产业中占据前三名的地位,有人还强调要发挥国有经济的"控制力"。为什么非要国有经济占据各个产业的前三名,为什么国有经济要发挥控制力?很显然,就是在骨子里还将非国有经济打入另册,似乎只有国有经济才是"亲儿子"。在这种思维逻辑下,非公有经济是不可能获得平等的法律与竞争地位的。第二,非公有经济在法律地位和竞争地位上是形式上的平等而实际上不平等。例如,在产业准入问题上,虽然我们现在对各类经济成分实行的是同一标准,但因为国有经济在一些产业上长期处于垄断地位,实际上已经垄断了某些产业,而非公有经济才刚刚积累了30年左右，其力量当然不可能同具有垄断地位的国有经济相抗衡，因而虽然是同一准入"门槛"，但却并不平等，充其量是形式上的平等，而在实际上并不平等。因此，我们目前必须消除歧视非公有经济的"潜规则"，消除实际上的垄断，按照国民待遇原则平等对待各类经济成分，使非公有经济拥有真正意义上的法律平等和竞争平等，从而推动国民经济又好又快发展。

2. 企业形态的混合经济体制

如上所述，企业形态的混合经济体制，是我国非公有经济发展到1997年之后才开始大规模出现的，也就是非公有经济与公有经济相互融合于同一企业中，才有了企业形态的混合经济体制，因为在这种体制下，企业内部才开始存在着各种不同的经济成分，不同种类的经济成分共同创办和共同经营着某个企业。企业形态的混合经济的最典型形式就是股份制，最完善形态是上市公司。我国30年的实践证明，企业形态的混合经济体制非常有利于企业和整个国民经济高效发展。第一，企业形态的混合经济体制是一种开放的产权结构，可以以股东形式吸纳社会上的任何经济成分进入企业，从而有利于企业的规模扩张和技术创新，有利于增强企业的竞争力和抗风险能力；第二，企业形态的混合经济体制有利于发挥各类股东的比较优势，使各种不同股东的比较优势在企业中形成一种合力，从而有利于提高企业经营活力；第三，企业形态的混合经济有利于实现经营权与所有权的分离，有利于形成职业经理人阶层，有利于实现现代公司治理，从而能够实现货币资本与人力资本的最佳组合；第四，企业形态的混合经济体制有利于全体人民享受改革开放的好处，因为企业形态的混合经济体制能使人们以股东的方式进入企业，享有企业的经营收益，从而有效提高人们的财产性收入，使人们在享有劳动性收入的同时，增加自身的财产性收入；第五，企业形态的混合经济有利于实现和谐社会，因为和谐社会的形成有赖于协调劳动与资本的关系，而当每个人都可以通过企业形态的混合经济获得资本性收益的时候，资本收益与劳动收益就会同时体现在一个人的身上，在这种条件下，劳动与资本不会是对立的，而是相互和谐的。总之，企业形态的混合经济体制不仅有利于企业高效发展，而且也有利于整个国民经济和社会的发展。

企业形态的混合经济体制的构建方式，就是现代公司治理。现代公司治理的核心问题，是要处理好股东之间的相互关系，处理好企业所有者与经营者之间的相互关系。在股东之间的相互关系的问题上，既要防止大股东借机侵犯小股东利益，也要尊重大股东应有的权益；在处理企业所有者

与经营者的相互关系上,既要尊重经营者应有的权益,也要防止经营者违害企业所有者的利益。总之,应该使上述的各种利益相关者之间形成有利于企业发展的合力。从实践经验来看,建立良好的公司治理的重要制度保证有三:一是形成清晰的契约关系,公司治理的各种内容是各个利益相关者共同认可的,从而用契约方式界定各个利益相关者之间的相互关系;二是各个利益相关者权责利相对称,各个利益相关者的权责利的边界极为清晰,具有可操作性的边界界定;三是各种利益相关者之间充分实现了信息的对称性,在信息对称条件下各个利益相关者进行有效的选择,从而杜绝信息不对称所带来的利益相关者之间的利益损害。

在企业形态的混合经济体制中,有一个人们经常讨论的问题:谁应该成为企业的实际控制者?对于这个问题的回答,似乎流行的观点是:从股权结构上讲,应该是公有经济成分,尤其是国有经济作为控股者最好;从经营过程的权力构成来讲,应该是企业所有者具有对企业的实际控制权。这种观点是不对的。在股权结构中强调公有经济尤其是国有经济的控制力,实际上仍然是没有从法律平等和竞争平等的国民待遇观点来看待各种经济成分,对非公有经济有严重的歧视倾向;在经营权力结构中强调企业所有者的控制权,实际上是仍然停留在资本决定一切的传统公司治理理论基础上的,并没有从权力相互制衡的现代公司治理理论上看问题。现代公司治理理论表明,在企业控制权问题上,有两个原则必须遵守:第一,企业高效运行原则,也就是说,谁能使企业高效运行谁就控制企业,选择企业控股股东的标准并不在于是公有经济还是非公有经济的问题,如果作为控股股东的国有经济不能保证企业增值保值,照样可以通过相关制度而终止其对企业经营的控制权;第二,权力制衡原则,也就是说,在企业经营权力的构成上,并不是强调是所有者说了算,还是经营者说了算,而是在于强调权力相互制衡,只有在权力相互制衡的条件下,才能保证企业的高效运行。总之,只有在企业高效运行原则和权力制衡原则充分作用的条件下,才能保证企业形态的混合经济体制高效而稳定地运行。

3. 两种形态的混合经济体制的发展逻辑

如上所述,在中国改革开放的初期,随着我国非公有经济的形成和发展,混合经济体制主要表现为社会形态的混合经济体制,即:各类公有经济与各类非公有经济并存,也是各种经济成分在"空间"上并列。在社会形态的混合经济体制中,公有经济与非公有经济相互补充和共同发展,当然它们之间也有着激烈的竞争。它们之间的这种竞争有两个后果,一个是相互兼并,即一方重组掉了一方;另一个是相互融合,即形成包含有各种经济成分的混合经济公司，包括责任有限公司和股份公司，当然，最典型的相互融合形式应该是股份制公司。这种不同经济成分在企业内部的相互融合，就是企业形态的混合经济体制。由此可见，企业形态的混合经济体制是社会形态的混合经济体制的必然发展结果，不同种类的经济成分会在利益机制作用下在同一企业内部相互融合。

企业形态的混合经济体制不仅是混合经济体制的必然发展结果，而且也是混合经济体制的最典型的形式和最基本形式。因为，在现代生产力条件下，虽然从整个社会的角度抽象地看，确实存在着公有经济和非公有经济，但是这些不同种类的经济成分绝大部分并不是自我孤立地从事经营活动的，除极少数经济成分以独资形式存在外，基本上都是在经营中实现了相互融合的，表现为混合经济体制的企业。企业发展的实践表明，混合经济体制的企业，要比某种经济成分独资的企业更有效益，因而企业形态的混合经济体制也可以看作是混合经济体制的最现代形式。因此，一般来说，当我们强调发展混合经济体制时，实际上指的就是发展企业形态的混合经济体制。

既然企业形态的混合经济体制是混合经济体制的最典型形式和最现代形式，而混合经济体制又是我国经济体制改革的基本方向，因而大力发展企业形态的混合经济体制，就成了我国经济体制改革和企业改革的重要内容，我们应该将我国企业的绝大部分改革成为混合经济体制的企业。按此要求，我们国家的国有独资的中央企业，都应该走向混合经济体制。如上所述，发展企业形态的混合经济体制的最主要问题是建立完善的公司治理，因而我们应该将现代公司治理作为中国企业发展的最基本制度，并不断推进公司治理的完善。

三、非公有经济发展与财产制度改革的新突破

非公有经济在中国30年的巨大发展，使得中国形成了包括公有经济与非公有经济在内的混合经济体制。如何评价这种财产制度？人们通常的讲法是：公有制经济为主，多种经济成分并存。这种提法是人们对我国目前财产制度的一个较为经典的概括，也是较为流行的提法，而且人们也认为这是我国社会经济制度的一个最基本要点。这个提法在十余年前是符合我国所有制体制的现实状况的，但现在似乎有些与现实情况完全脱节。为什么这样说呢？因为，当我们判断某种经济成分是否在社会所有制体系中占主体地位的时候，主要是看该种经济成分在社会经济发展中的四个方面的作用：一是对经济增长的贡献，二是对就业的贡献，三是对税收的贡献，

四是对技术进步的贡献。只有当一种经济成分在上述四个方面的贡献上都占主体地位时，才能说该种经济成分在所有体制中占主体地位。但是当我们用这四个方面的指标体系分析我国现有公有经济时，发现它并没有在这四个方面的贡献中占主体地位。

第一，从对经济增长的贡献上看。我们分析了 2005 年以来的有关 GDP 增长的相关资料，发现个体私营经济占 GDP 的比重已达到 45% 以上，外资（包括我国港澳台的资本）占 GDP 的比重已达 15%，两者相加已占 GDP 的比重的 60% 以上，因而公有经济对 GDP 的贡献似乎并不占主体地位，因为它已降至 40% 以下。如果考虑到我国不少国有控股企业中存在大量非公有股份，那么公有经济对 GDP 的贡献实际上就还要少于这个比例，因而公有经济在经济增长的贡献上并不占主体地位。在 GDP 的统计上，人们认为收入法可能更为确切一些，但在我国目前的收入统计上，恰恰是对非公有经济的统计往往会出现疏漏和"逃漏"，因而若考虑这种情况，非公有经济对 GDP 的贡献可能还要大，所以公有制经济在 GDP 贡献上的主体地位实际上已不复存在。

第二，从对就业的贡献来看。根据我们对于近几年就业状况的分析，我们发现公有经济对就业的吸纳力明显在下降，例如作为公有经济重要组成部分的国有经济，不仅没有增加就业岗位，而且还在减少就业岗位，例如十五期间最少减少了 15000 个就业岗位，而非公有经济则不仅分担了国有的"减员增效"的后顾之忧，而且还吸纳了更多的新增劳动力。据我们估计，个体私营经济及外资对就业的贡献最少在 80% 左右，而公有经济贡献可能仅占 20% 左右，因而在就业贡献上公有经济并不是主体。在就业统计上，我们对非公有经济就业的统计疏漏比较多，例如非组织就业，即没有经过中介机构的就业，在统计上往往就很难统计到。因此，在就业贡献上非公有经济要远远超过公有经济。

第三，从税收贡献上看。过去我国公有经济一直是纳税的主体，但近几年非公有经济已成为纳税主体。从近几年的税收状况来看，作为公有经济重要组成部分的国有经济的税收贡献一直在下降，已下降到了 20% 左右。考虑到作为公有经济的重要组成部分的城镇集体所有制，实际上大都改制，成为各种非公有企业，因而城镇集体所有制这部分公有经济的税收贡献实际上已经很少。正因为作为公有经济的主要组成部分的国有经济和城镇集体经济的纳税贡献一直在下降，所以现在公有经济的税收贡献最多在 30% 左右。但个体私营经济和外资经济对税收的贡献却在一直上升，现在已达到三分之二左右。在有些地方，个体私营经济和外资经济对税收的贡献已超过 70%～80%，甚至更高，已经成为地方财政的主体财源。因此，在税收贡献上公有经济实际上已经并不是主体。

第四，从对技术进步的贡献上看。大家知道，个体私营经济在过去普遍存在的问题是技术含量低，因而对技术进步的贡献几乎谈不到，但近几年以来，非公经济对技术进步的贡献却越来越大，例如2004年全国工业企业拥有的发明专利数为30315件，私营企业占了21.4%，港澳台企业占了8.9%，外资企业占了12.8%，非公有经济已差不多占了一半左右。尤其是应该看到，近几年我国个体私营经济中出现了一种新情况，这就是许多创办个体私营经济的人，都是具有高学位的技术创新型人才，他们创办企业时，就已拥有某项技术专利，而且创业后仍然将技术创新作为企业发展方向，这类个体私营企业对技术创新的贡献实际上是很大的。因此，到目前为止，非公有经济已成为推动技术进步的主力军，很难说公有经济在这方面是占主体地位。

从上述分析可见，公有制经济实际上已经不在我国社会经济生活中占主体地位。既然这样，那么为什么我们还要强调公有经济的主体地位呢？我查了有关文献资料，基本的解释是：因为公有经济能充分调动人的积极性，而且可以通过财产公有制而防止两极分化，实现社会公平，从而使人们走上共同富裕的道路，所以我们要坚持公有制经济为主的体制。对于我们之所以要强调公有制经济为主体的这个原因，我想我们不用花太多的笔墨去作理论上的分析，只要稍微回顾一下我国改革开放以前的实践，就可以找到答案了。应该说，当时我们的公有化程度够高的了，人们的所有财产几乎都姓公了，但这种高程度的公有化并没有使国民经济充满活力，更没有带来经济上的快速发展，而是使中国长期处于严重的短缺经济之中，人们不仅没有过上共同富裕的好日子，而且连温饱问题也没有解决，甚至出现了饿死人的现象，否则，我们为什么要改革？因此，不要把公有经济等于社会主义，似乎只有公有制经济才是社会主义。其实，社会主义就是要让人们过上共同富有的好日子，目前的目标就是"小康"。因此，我们应该继续解放思想，要突破只有公有制经济才是社会主义的传统理论束缚，不宜提公有制经济为主体的提法了。

而且，从政治的角度来看，公有制为主体的提法似乎也极为不妥当了。因为，第一，中国改革开放中已经形成了数量达1亿之多的拥有较多私人财富的新的社会阶层，如果将公有制经济作为社会主义标准，似乎他们就应该在非社会主义之列；第二，改革开放中人们几乎都已或多或少地开始拥有私人财产，如果将公有制经济作为社会主义标准，我们将如何面对拥有个人财富的公众；第三，我们在宪法及物权法上已均承认了私人财产，如果我们还将公有制经济作为社会主义的标准，我们将如何面对法律体系。

总之，我们在所有制体系上应该讲实行混合经济，不宜再提以某种经济成分为主了。混合经济中的各种财产制度都有自己的比较优势，我们充分发挥各种经济成分的比较优势，就能实现人们的共同富有。在混合经济中，我们对所有经济成分一视同仁，实行国民待遇，从而可以创造出和谐社会的经济基础。如果我们非要对不同经济成分区别对待，其结果就很难保证存在于不同经济成分中的不同社会阶层，实现真正的和谐。人的和谐，有赖于各种财产制度的和谐，甚至可以讲，不同经济成分的和谐，是社会和谐的经济基础。

有中国特色的社会主义，是中国人民在改革开放中的伟大创举，这个伟大创举带来了中国经济的繁荣和发展。有中国特色的社会主义之所以能带来中国经济的繁荣和发展，就是因为它冲破了传统社会主义的束缚，放弃了传统社会主义中死的教条，按照我国的具体国情而调整和改革原有经济体制，例如打破了传统社会主义将计划经济作为社会主义"信条"而否定市场经济的教条，推动了市场经济体制，从而极大地解放了生产力，推动了中国经济和社会进步。因此，坚持有中国特色的社会主义道路的关键，是要敢于按照中国的具体国情而抛弃传统社会主义的那些教条。既然非公有经济在中国显示了巨大的活力，而且其已经在社会经济生活中发挥主体作用，那么我们就应该放弃公有经济为主体的提法。从中国的实践来看，公有制经济并不是有中国特色社会主义的标准，有中国特色的社会主义的标准是生产力的解放和人民的共同富裕。因此，不宜再强调公有制经济为主体的提法。有中国特色社会主义的思想路线是实事求是，坚持实践是检验真理的唯一标准的原则，按照这样的思想路线，我们应该放弃公有经济为主体的提法。在传统社会主义条件下我们盲目追求"一大二公"的脱离实践的公有经济，其结果是严重阻碍了生产力的发展，并没有带来人民的共同富裕，因而导致了我国改革开放的伟大变革，这种变革的重要内容是发展非公有经济，正是这种大力发展非公有经济的实践，才使中国经济获得了快速的发展，我们应该面对和承认这种实践，不要再将公有经济作为有中国特色的社会主义的标准了，否则，我们将无法解释和面对实践。可以说，放弃公有经济为主的提法，不仅没有表明我们要放弃社会主义，而且恰恰说明我们要坚持有中国特色的社会主义。放弃公有经济为主的提法，是说明我们要放弃传统社会主义的教条，坚定不移地走具有中国特色的社会主义道路。

四、非公有经济发展与社会和谐

非公有经济的发展，必然会使非公有经济的所有者的收入有较快的增长，从而会拉大社会收入差距，因而有人担心非公有经济的发展会不利于社会和谐。这种担心实际上没有必要，因为我们在现实中已非常关注和解决这个问题了。例如：第一，在初次分配过程中，我们开始注重提高劳动收入；第二，在再分配中，我们要通过转移支付等形式注重提高低收入者的收入；第三，在第三次分配中，要通过道义形式即慈善事业而注重向弱势群体实行有效的扶助；第四，大力推动混合经济体制的形成，使人们以各种方式将自身的财富投资于企业经营中，获得动产性收入和不动产性收入，从而提高人们的财产性收入，等等。总之，我们已很注重收入差距和社会和谐的相互关系。在这种条件下，非公有经济的发展是不会不利于社会和谐的。

在这里我们需要讨论的是，有人对私营企业法人收入的理解存在一定的偏差，误认为私营企业法人收入会拉大收入差距，有损于社会和谐。因此，我们这里重点要讨论应该如何正确对待私营企业法人收入的问题。

1. 私营企业法人财产收入不同于所有者个人收入

目前社会上有种倾向，这就是将私营企业法人财产收入作为私营企业所有者的个人收入，并将此作为评比个人财富的标准之一。这很明显是有问题的。私营企业法人的收入主要来自于其所提供的产品和服务，但这些收入一开始并不是表现为"纯收入"。这些收入在除去了企业的固定成本，员工的工资和法律所规定的各项税费之后，才能成为私营企业法人的"纯收入"，也就是我们通常所说的企业利润。显然，私营企业法人的收入和我们通常所讲的个人收入在概念上有着明显差别。而且，我们也不能将作为私营企业法人收入的利润，等同于企业所有者的个人收入。这主要表现在：

第一，私营企业所有者并不直接拥有私营企业法人的财产收入，包括税后利润。根据现代企业制度，企业法人拥有出资者投资所形成的全部财产权，或者说由出资者（私营企业所有者）投入到企业中的投资及其衍生出来的权益都是归企业法人所有，与自然人（包括企业所有者）无关，即私营企业的利润只属于企业法人，也只有企业法人拥有对私营企业利润进行处置的权利。而私营企业所有者没有权力处置属于企业法人的相关财产，只拥有与其出资额相对应的企业所有者权益，包括资产受益、重大决策和选择管理者等权利。如此一来，私营企业所有者并不能直接处置企业法人的利润，更不能将私营企业的利润等同于个人收入。这种行为也是我国法律所明令禁止的，我国刑法中就有"职务侵占"和"挪用资金"等条款约束私营企业所有者的这类行为。现实中，也有这方面的实际案例，如金正公司原董事长，也是公司所有者之一的万平因职务侵占罪被处以刑罚。

第二,私营企业利润转为所有者个人收入难度很大。上面提到,企业所有者拥有资产收益、重大决策和选择管理者等权利,那么拥有了这些权利,是否就意味着企业所有者可以间接地将企业法人的财产转化为自己的个人收入呢?这里要按照私营企业所有者的几种可能的行为,分情况进行讨论:

一是通过企业分红,将企业利润转变为所有者个人收入。如果是占企业控股地位的企业所有者,可能可以通过控制企业董事会或其他相应的企业管理决策机构,进行分红派息等企业利润分配活动,很多西方国家的公司每年都有高比例的分红计划。但是,在我国目前的情况下,类似的高比例分红计划却很少,原因在于,首先私营企业所有者还要兼顾其他股东的利益,并不是每个股东都会赞成高比例的利润分配;其次,我国近几年的经济发展形势良好,私营企业有很多的投资机会,有良好的发展前景,实行高比例的利润分配,会使得企业的发展后劲不足,最终仍然是损害了私营企业所有者的利益,并且也违背了投资企业以获得资本回报的初衷;最后,即使有利润分红,还需要交纳高额的个人收入所得税,实际上出资人得到的个人收入并没有想象中的那么多。所以,如果不是为了建立企业的信誉或其他方面的原因,即使作为占控股地位的私营企业所有者,其最优选择也并不是将企业利润大幅度地转变为所有者个人收入。占控股地位的私营企业所有者况且如此,那些不占控股地位的所有者就更不会选择这种方式来获得所有者个人收入了。

二是私营企业所有者转让其所拥有的企业股份。首先,按照法律,并不是每个私营企业的所有者都可以转让其所拥有的权益,只有股份有限公司的所有者才能转让股份,而一般的有限责任公司或是其他类型的企业,所有者转让股份将受到很严格的限制。其次,转让股份可能会面临潜在购买者的折价收购;如果是上市公司的话,所有者转让一定数量的股份,还需要上报到相关政府管理部门,并进行公告,这些都使得私营企业所有者所能获得的转让收益具有很大的不确定性。另外,和上面的情况相类似,转让收入同样会面临个人收入所得税的调整。

三是私营企业所有者通过私营企业解散或破产,获得企业法人的财产收入。按照相关法律,如果企业解散或者破产,将会面临清算。清算后的财产收入首先解决企业员工的工资和应交纳的税费,其次是偿还债权人的债务,最后才是所有者能够得到的收益。此时,私营企业所有者最终能够得到多少个人收入与私营企业的财产收入也不相同。

上述这几种所有者可能的将私营企业法人的财产收入转换为个人收入的行为,都有很大的难度。一般而言,除去那些所有者特别需要资金或企业发展面临困境的情况，所有者不会采取这些行动以获取个人收入。事实上，与我国数量庞大的私营企业法人数量相比，每年发生的高额利润分配、股份转让和私营企业破产与解散的案例数量很少，也正说明了这个问题。

总之，将私营企业法人收入作为所有者个人收入，并将其与社会普通群众的劳动收入作比较，是极其错误的。事实上，企业法人财产的功能并不在于增加所有者的收入，而是在于发挥社会功能。企业作为现代社会的一种重要组织形式，在发展社会经济的过程中占有重要的地位。而在我国20多年的改革开放过程中，私营企业的发展速度高于整体经济发展速度，其在经济活动中的作用显得越来越重要。根据第一次全国经济普查的统计，私营企业数量占全国企业总数的61%，增加值占全国GDP总量的40%，而且发展速度高于全国平均水平。私营企业在社会经济方面所起的作用主要体现在以下几个方面：一是吸收社会劳动力，提供就业岗位；二是提供税收；三是吸收社会资本；四是为社会提供优良产品和服务，等等。由此可见，私营企业法人财产收入更多地是发挥社会功能。

2. 私营企业法人收入与经济利益和谐

按照上面的分析，私营企业法人收入并不等同于私营企业所有者的个人收入，而且私营企业在我国的经济活动中占有重要地位。如何理解私营企业法人作为一种市场中的社会组织与构建经济利益和谐中的关系？

显然，要达到经济利益和谐，必然要求一个社会组织能够做到两方面的和谐：一方面是组织内部的经济利益和谐，另一方面则是与外部的其他各个层次社会组织之间的经济利益和谐，对于私营企业法人也是同样的。

私营企业法人的组织内部经济利益和谐主要体现在，企业的所有者或投资者与企业雇员之间的经济利益和谐。私营企业所有者将个人资本投入到企业中，肯定是希望所投入的个人资本能够获得最多的资本回报；而私营企业雇员受雇于一个企业，也当然希望个人劳动能够带来更多的个人收入。这两个可能产生矛盾的方面要达到经济利益和谐，应主要通过市场加以解决。由市场确定合理的雇员工资收入和所有者的资本回报水平。如果由于市场失灵或者市场的某些固有缺陷，这两方面仍不能达到和谐状态，应该由政府根据经济的发展趋势和社会需要，通过制定适当偏向雇员或所有者的法规和政策加以解决。

私营企业法人组织内部经济利益和谐还可能体现在，企业的现实经济利益与企业的未来经济利益方面。私营企业法人的收入中，很重要的一部分是企业未来发展所需要的再投入。这种再投入的多少直接关系到企业所有者和企业雇员所能得到的现实经济利益。这两者之间的和谐一是需要通过私营企业自身有良好的企业发展战略，另一个则需要政府和社会加强外部引导。

私营企业法人的外部经济利益和谐则主要体现在：一是与其他企业之间的市场竞争；二是为社会提供税收。

在市场中，每个企业都希望利润最大化，能够在市场中获取更多的收入。这种优胜劣汰的竞争行为是由市场的内生规律决定的。但是在经济利益和谐的状态下，企业之间的竞争不应该是恶意竞争，也不能是损害第三方利益的竞争。当市场的力量不足以防止上述情况出现时，政府应对竞争加以规范。

私营企业法人在获得其收入的同时，使用了各种社会资源。所以为使用这些资源，交纳相应的税收是私营企业法人的义务。但是很明显，交纳税收是会和私营企业法人的自身经济利益产生冲突的。这时候，应该通过国家法律和各种社会规范制约私营企业的企业行为，避免偷税漏税的情况出现。

总之，私营企业对我国的经济发展作出了重要贡献，我们不能简单地认为企业的法人财产收入等于企业所有者的自然人收入，否则就混淆了企业法人制度的基本概念。在构建和谐社会的过程中，应该充分理解私营企业法人收入和经济利益和谐的关系，政府和社会应结合市场，引导和规范私营企业法人收入的获得和使用，而不是要限制私营企业的大力发展。

中国经济50人论坛
Chinese Economists 50 Forum

解读"中国经验"与"比较优势"

温铁军

The Past 30 Years

A Review and Analysis by 50 Chinese Economists

温铁军简历

温铁军，祖籍河北昌黎，1951年5月出生于北京。教授、博士生导师。

1979—1983年，中国人民大学新闻系，获法学学士学位。1995—2000年，中国农业大学农业经济管理学院，管理学博士。

1985年末调入中央农村政策研究室、国务院农村发展研究中心从事农村调查研究工作。1987年调入中央农村政策研究室农村改革试验区办公室，1988年任监测处副处长，1993年任调研处长，1995年任副主任，2000年任中国经济体制改革研究会副秘书长，2001年任中国经济体制改革杂志社总编，2004年任中国人民大学农业与农村发展学院院长兼乡村建设中心主任，2005年任中国人民大学校学术委员会副主任，2005—2006年被聘为国家环境咨询委员会委员、国家环保总局战略环评专家、农业部、卫生部、水利部等部委研究中心特聘专家，国家自然科学基金委员会管理科学部评审专家，2007年当选中国农业经济学会副会长。

1998年获国务院授予的"政府特殊津贴专家"证书，1999年获部级科技进步一等奖（第一获奖人），2000年获长江读书奖（优秀论文奖），2003年获CCTV年度经济人物奖，2005年获杜润生基金会农村发展研究奖（优秀论文奖），2006年获中国环境大使称号。

主要研究领域：国情与增长、农村发展与制度变迁、农村金融体制与税费改革、乡村治理与乡村建设，以及发展中国家比较研究等。

主要著作：《中国农村基本经济制度研究》、《解构现代化》、《我们到底要什么》、《三农问题的世纪反思》、《认识与实践的对话》等。

本文表达的观点，几乎完全来自于"中国的"话语环境之中，充满了对于"中国的"问题意识和争论的关切；以往也只在有关"中国的"发展及其周边环境问题的内部讨论中起了些作用。因此，远离这种话语环境的域外学者或从事规范理论研究的书斋学者，其实大可不必认真看待本文观点。

一、中国经验的另类解读①

要讨论30年，不能不涉及60年和100年。因此，本文首先简述我最近十多年来一直坚持的对于所谓"百年中国"的不同于意识形态的解读：

自清朝末年以来，在被帝国主义列强侵略和周边地缘政治环境长期高度紧张的条件下，中国人所做的有重大历史意义的事情，无外乎是先后开展了四次代价极大的工业化建设：一是清朝末年籍湘、淮两军崛起而坐大之地方为主的"复制翻版"式的洋务运动；二是民国时期在第二次世界大战全面爆发前短暂的民族工业化及利用战争机会初步形成的国家工业化；三是新中国之初在解殖斗争中必然壮大的民族主义和接踵而至的国家主义工业化原始积累；四是完成工业化原始积累之后以改革推进的产业资本高速扩张。无论朝代怎样更迭、政党如何演变，意识形态如何解读，也无论怎样转移代价；总之是中国终于成为所有"原住民"人口过亿的第三世界国家之中唯一全面地完成了工业化的国家。②

其次，由于这种后发型的快速工业化是在资源短缺、人口最多的大陆型国家里，又只能、且有条件靠内向型资本原始积累进入工业化；而其中最为关键的机制，就是以社会主义的名义和国家资本主义的实质来集中使用了中国最丰富的劳动力资源、替代了稀缺程度接近于零的资本要素、大规模投入于政府作为所有者的国家工业化所必需的大型基本建设；以及利用集体化和统购统销相结合来成规模地集中了小农经济条件下不可集中的农业剩余用于国家资本的原始积累。

其三，这种中国特色的工业化及其内向型资本原始积累进程中所形成的基本制度，必然与主要靠殖民主义对外扩张完成工业化的西方国家的自由市场制度完全不同——不靠民族主义革命来集中劳动力投入于国家基本

---

① 温铁军："百年中国，一波四折"，参阅温铁军著：《我们到底要什么》，华夏出版社2004年第一版。

② 亚洲发展中国家人口过亿的是中国、印度、印度尼西亚和孟加拉，其中只有中国形成了结构完整的工业体系。非洲至今没有一个工业化国家。拉美国家中已经完成工业化的、人口过亿的只有巴西，但巴西的原住民占比很低。

建设的西方（除了奴隶制时代和殖民地奴役劳动之外），在劳动力分散条件下只能先有个体化的作坊手工业时代，再逐渐形成地域集中的"工场手工业"，然后才能逐渐积累进入机器工业的资本。西方这个进入工业化的原始积累三阶段，如果与中国 20 世纪 50 年代初在战争压力下直接进入国家资本主义工业化建设的快速进程相比，虽然都属于资本主义所创造的人类文明，但由于两者形成的经济基础存在显著的异质性，当然会对上层建筑的不同起决定作用。

经济学教科书把要素的稀缺性作为市场经济发挥看不见的手的作用的前提条件，但那是指要素的一般性"相对"稀缺。可在 1957 年苏联作为"宗主国"突然停止投资之际，中国不得不立即面对的最大困难却是资本要素的突然"绝对"稀缺。而在这种外资投入为主的工业化进程中，一旦出现起主导作用的资本来源中断，那些按照市场经济构建其经济基础和按照自由民主理念构建其上层建筑的发展中国家，一般都会出现工业化中断。①

不仅如此，宗主国投资工业化期间，受援国通常会按照宗主国的要求来构建符合这种工业化经济基础的庞大上层建筑；并且，这种上层建筑及其内涵社会教化功能的意识形态往往在受援国上层知识界成为不容置疑的主流话语；确实很难随投资中断、经济基础不得不改变的客观变化而主动地自我变革，反倒必然因其内在利益结构固化而走向经济基础变革的反面！

于是，大多数发展中国家至今还在不断发生宗主国撤资或减少资助之后因上层建筑成本过高难以维持而导致的社会动乱，甚至是种族冲突等人为灾难……

这，可能是那些同样以过剩的劳动力资源作为"比较优势"的一般发展中国家大部分至今没有完成工业化的主要原因之一。

既然其他人口过亿的发展中国家也都理所当然地具有劳动力资源丰富的比较优势，那么，这就不能成为解释中国完成工业化和经济高速增长的理由；亦即，中国真正具有的很可能不是教科书给定的比较优势。

进一步看，中国之所以在 1957 年宗主国撤资之后得以实行"独立自主、自力更生、艰苦奋斗、勤俭建国"的大规模调整的经济方针，推动以工业化为实质、以通俗化的阶级斗争和理论上的继续革命为动员手段发动全体民众参与的"地方化（localization）"的工业化进程，之所以能用比西方国家明显短得多的时间完成了国家工业化，主要原因在于其以"全民所有制"为名的资本原始积累方式不同。由于 1960—1980 年是几乎整个中华

---

① 之所以指称其为"宗主国"，依据的是中国 1970 年代提出的关于苏联"社会帝国主义"的论断。

民族都艰苦奉献的时代，所以在很多普通人心目中是值得纪念的。

需要正视的历史事实是：中国从1957年苏联停止投资之后，公开宣布第二个五年计划停止实施——苏式的技术官僚型计划经济被迫停止。由此，中国事实上已经不可能再按照斯大林模式搞中央政府占有收益的大规模国家主义工业化，遂于1958年开始推进地方化的中小型企业为主的地方工业化——发动人民公社大办"五小工业"就是这种新战略的内容之一。

当时的执政党领导集体都认同并且发出文件推进"调动地方积极性"之后，出现了地方政府大干快上，出现了各地几乎没有任何工业化经验的遍地开花，这种"大跃进"式的工业建设，虽然无论在经济上还是政治上的代价都比中央政府接受苏联投资的工业化更大；但这个巨大代价却基本上不由政府承担。

大多数"中国经验"研究的缺憾在于：不大注意分析这种发展主义增长中形成的制度成本承担和制度收益获取的严重不合理；也几乎没有把发展中国家的广大民众事实上承担了国家工业化制度成本的实质问题作为政策研究的基本理论依据。我一向认为：不同的原始积累方式导致不同的制度、形成不同的制度成本和收益，并且决定着后来以"改革"为名的制度变迁的路径依赖。①

中华民国的奠基者孙中山倡导的三民主义"想象"（imagination）最初同样地源于西方话语体系，在难以据此发动民众参与革命的困境中不得不演化为实质上的民族主义和利用帮会。第二次世界大战之后新中国再次形成的同样源于西方的社会主义"想象"，也演化为把高度集体化作为国家资本原始积累的主要组织载体。期间，发生了多次以这种"想象"为目标发起的政治运动，可大致归因于"宗主国"短期投资快速形成了斯大林模式的官僚主义部门叠加于土地革命战争期间从"土围子"演变而来的宗派主义的过渡型上层建筑，基本上不能适应宗主国撤资之后客观上不得不改变的经济基础……②

二、中国改革的另类解读

因此，20世纪80年代以后的中国改革，无论上层建筑怎样风云变幻，意识形态如何瓦缶雷鸣，本质上仍然是国家工业化的资本原始积累阶段形成的"公司主义"的政府在历次财政危机压力下转嫁制度成本、从不经济

---

① 参阅温铁军著：《中国农村基本经济制度研究——三农问题的世纪反思》，中国经济出版社2000年第一版。

② 在如今西方话语主导的舆论条件下，这些斗争已经被认为是"社会动乱"了。

的领域逐渐退出的结果。这本来不过是政府作为一种特殊经济主体遵循了经济规律，无可厚非。

在中国特色的集中体制条件下政府是最有权力进入或退出的——在1978—1980年的高赤字危机压力下政府最早退出的是农业，广大农民就恢复了以"家庭承包制"为名、以乡土中国"土地均分制＋定额租"为实的小农村社制的农村经济基础；但同期，却把本来应该恢复自治的农村上层建筑简单化地直接改变为有"自收自支"权力的乡村政权！于是，这种强加的上层建筑不能适应农民的经济基础的基本矛盾，表现为干群冲突日益复杂尖锐。当然，小农经济的农村与工业化的城市之间的二元对立的基本体制矛盾和城乡差别也日益严重。①

由于政府退出农业生产造成的制度成本——与九亿高度分散的农民之间交易费用过高——只能由政府所属的农资流通和金融等涉农经济部门承担，逐渐出现这些部门大面积亏损和政府从这些涉农部门的进一步"退出"；这就顺理成章地出现了20世纪90年代中期开始的供销社、信用社等涉农部门的改制。而至今被垄断控制的金融保险和通过资源直接资本化来获利的大型国有经济，则属于仍然有利润的、政府也坚持不退出的领域。

三、乡土中国的试验研究

中国在宗主国中辍投资之后建立了典型的城乡二元结构社会，并在向乡村转嫁国家工业化中付出了巨大代价。二元结构体制内部的城乡对立性质的矛盾，是人口与资源关系紧张条件下短期快速完成工业化进程留下的、长期性地制约着中国社会经济发展的主要体制矛盾。在其制约下，市场配置要素的结果就是农村的土地、劳动力和资金等要素长期净流出；工业化和城市化越快，净流出就越多。因此，几乎所有存在这种体制矛盾的发展中国家，都有三农问题。

根据我在农村调查研究20多年的教训，中国的问题根本上是农民问题。包括中日韩在内的整个东亚，本来就没有西方语境中的单纯的农业问题，有的其实是农民生计、农村可持续和农业稳定这"三农问题"。于是，我于1996年提出了"制约三农问题的两个基本矛盾"的观点以质疑中国当时一度照搬美国为主的西方农业政策思想，以及其必然造成的严重后果；东亚国家如果坚持把美国的平均占地数百公顷的农场主（farmer）错误地翻译为我们这种兼业化的小农经济条件下的细碎化的"农民"，那么，这种基

---

① 温铁军："'三农问题'：世纪末的反思"，原载《读书》，1999年第12期。

本概念错误必然会导致一系列严重的理论和政策误解。①

基于调查研究和反思，我和海内外一些思想界的同仁结合起来，指导、培训了很多青年志愿者，在中国各地开展了体现社会渐进改良思想的、内容广泛的"新乡村建设"试验，参与者何止成千上万。这些社会工作被中国的媒体称为继 19 世纪 20 年代中国新儒家代表人物梁漱溟、世界平民教育之父晏阳初、以实业救国为己任的爱国企业家卢作孚等人发起的"乡村改造"（rural reconstruction）运动之后的第二次"新乡村建设"。②

其实，我们之所以历经困难而坚持试验，不过是比较早地认识到，在三农问题的化解上，存在"市场失灵"和"政府失灵"的双重困境罢了。但愿，我们主张的温和改良能够在"全球资本化"造成的大变局中有利于维持大多数中国人生存其中的乡土中国的稳定。③ 诚然，我一直以来就知道，这种思考和行为早年曾经被领导人斥为"妇人之仁"！

四、结语："比较优势"的另类解读

几十年来，我在基本上解读了中国近现代史的发展规律之后，又把调研深入到其他第三世界国家——越深入研究作为内部第三世界的乡土中国，也就越关注外部第三世界的问题。于是，我尽可能利用各种机会开展中国与其他发展中国家的比较研究，先后多次分别去了墨西哥和印度的游击区、巴西的贫民窟；并对古巴、北朝鲜等热点国家，以及金融危机之后的阿根廷、泰国等做了考察。

以一个在中国做了 20 年政策研究的学者的眼光去观察比较，综合分析，逐渐形成了不同于一百年来中国从西方引进的两个对立的主流思想——俄国人改造过的社会主义和美国人改造过的资本主义——的另类思考；斗胆质疑农业现代化所依赖的规模经济：世界上有数的几个大农场国家，哪一个是靠学者"想象"的土地市场交易形成规模农业的？哪一个不是通过占领殖民地、掠夺杀人、跑马圈地，才形成规模农场经济和种植园经济的？

我曾经多次在纽约的大都会博物馆、巴黎的卢浮宫、伦敦的大英博物馆、墨西哥城的国家博物馆、罗马的意大利博物馆等著名的人类文明遗迹

---

① 这些文章均可参阅温铁军：《三农问题与世纪反思》，三联书店出版社 2006 年第一版。

② 我们在既无权又无钱的条件下，靠成千上万学生与农民结合起来而推进的另类实践活动，引起大量海内外媒体的广泛报道，甚至被 CCTV 等媒体戏称为"市场派"之外的"乡建派"。

③ 温铁军："改良思想、乡村建设与 NGO 的组织成本"，参阅温铁军于 2001 年 7 月 10 日在北京郊区参加"中国社会发展研究服务中心"、"社区伙伴计划"等香港 NGO 举办的"金钱、生计及发展"座谈会时的发言；"我们还需要乡村建设"，参阅温铁军主编：《新农村建设/理论探索》、《新农村建设/实践展示》，北京出版集团文津出版社 2006 年第一版。

前流连忘返,为的是比较人类从蒙昧进入文明的时候到底有哪些不同的路径,以及这些不同路径的演化轨迹。经过十多年的观察与思考,我终于感悟到:不同的资源环境约束下的古代人类,进入文明的路径本来就具有显著的"异质性"。不同的生产方式也必然会导致不同的社会政治形态。今后,如果东亚的学者不再教条化地非把马克思历史唯物主义归纳为"五个阶段论",再生搬硬套到延续数千年的古玛雅、印加文明和古中国文明的解释上去,那表明我们至少在世界观的讨论上加深了对马克思自己曾经强调的"亚细亚形态"的理解。

而在近代殖民主义全球化中相对处于非主流的、几乎被边缘化或自我边缘化了的东方文明,则由于早年地处相对于欧洲而言过于遥远的"远东"、完成殖民化的成本太高,且原住民人口过于庞大。总之,中国人作为东亚原住民不仅没有在殖民化时代由于西方列强大规模杀戮而被殖民者及其后裔做惨烈不堪的"人种替代",而且在两个方面的近代国家政治建设(state building)——通过艰苦卓绝的民族独立战争和国内革命战争,以及战后摆脱列强控制的维护主权斗争——得到加强的制度建设中,在城乡二元结构客观上维护了几千年传统灌溉农业形成的群体文明的同时,形成了东方特色的集中体制内部两个能够整合社会资源的有效机制:

其一,借助几千年农户经济内在具有的"不计代价的劳动替代资本投入"的机制来缓解突然出现的资本极度稀缺问题。

其二,借助漫长历史遗产中的核心——群体文化,能够在不得不承担国家凭借城乡二元结构把工业化代价转移到农村时"内部化处理市场经济的严重的外部性问题"。

这两个从宏观政治经济体制到微观经济主体内在机制的所谓"中国特色"的归纳,也许是中国完成工业化并且维持经济长期增长的真正的"比较优势"之所在!在这两个机制的作用下,中国就有了比"完全实现了西方人殖民化占领的、即使获得独立也仍然传承了西方构建的上层建筑的一般第三世界国家"更易于、也更快地进入工业化的条件。

尽管,如果仅仅从一个通常具有自由主义特征的学者的个体角度,我并不愿意积极地讨论这种只在资本主义问世以来才由于所谓全球竞争而被广泛重视的比较优势分析。①

因为,如果人们都认同马克思关于人类社会进入了资本主义文明的历史观,和资本主义经济的主要矛盾的主要方面仍然是资本的辩证观;那么,

---

① 本着人之区别于"丛林法则"才成为人的天赋良知,我在痛苦反思自己不舍涓滴才做出的这一切逻辑解释之余,热切地企盼着本文建构的解释逻辑土崩瓦解的那一天!

从 21 世纪国际金融资本主导全球竞争的巨大压力和挑战出发，中国作为跟进发展的国家，必须跟着从产业资本阶段跃升到金融资本阶段，必须谨慎地刻意保持在参与全球资本化竞争中不至于落败的能力。因此，无论西方政治家所代表的金融资本集团怎样挑战，中国人自己对这种在中国内部和外部都受到强烈批评的、以强大的集中体制支撑的国家信用及其不断高速扩张货币信用的、垄断的"自我货币化"和"自我资本化"体制，实在难以作出简单化的是非判断。①

然而，即使中国人在保证国家货币主权和金融垄断的前提下完成了"自我资本化"，并且得以在全球金融资本已经严重过剩的情况下参与 21 世纪的泡沫化的主流竞争，也难以根本地避免"覆巢之下岂有完卵"的结局。

---

① 温铁军："从纸到纸的循环：重新认识美元主导的国际金融资本"、"全球经济危机与中国粗放型增长的趋势性问题"，参阅温铁军著：《我们到底要什么》，华夏出版社 2004 年第一版。

中国经济50人论坛
Chinese Economists 50 Forum

三十年回眸：中国金融结构及其资源配置效率

吴晓灵

The Past 30 Years

A Review and Analysis by 50 Chinese Economists

吴晓灵简历

中国人民银行原副行长

全国人大财政经济委员会副主任。中国人民银行原副行长。同时担任中国金融学会常务副会长,中国金融会计学会会长。中国人民银行研究生部货币银行学专业硕士。中国人民银行研究员,中国人民银行研究生部教授、博导,兼任中央财经大学、中国人民大学、中欧国际工商学院等七所高校的兼职教授、博导,中国体制改革研究会特约研究员。1994年获"孙冶方经济科学奖"。主要著作有《银行信用管理与货币供应》、《银行与企业债务重组问题研究》等。

改革开放30年,中国金融业走过了从单一银行到多种金融机构并存,金融资产从简单的现金、存款、贷款到多种金融资产并存的变化,金融资源的配置从计划行政分配逐步走上了向市场配置的转型之路。这种政府主导的渐进式改革保持了经济金融的平稳发展,避免了大起大落对社会经济的冲击,但也付出了代价,积累了一些矛盾。如何疏导金融资源配置中潜在的矛盾,提高资源配置的效率将是今后金融业面临的挑战。

一、中国金融改革的起点:大一统银行和行政配置资源

20世纪50年代中期,中国完成社会主义改造后,实行高度集中的计划经济。在这种体制下,银行信贷是实物经济的附属物,商业信用、消费信用甚至国家信用均被停止运用。国家统一分配社会的一切资源,包括财政资金、信贷资金和实物。企业的简单再生产、扩大再生产均由国家计划决定,货币在整个生产过程中仅起一个核算的作用,没有计划指标,企业就没有资金,也无法买到任何生产资料。因而在改革开放之初,中国金融业曾存在存款是不是货币的争论。①

计划经济中的信贷理论是马克思政治经济学中的借贷资本理论,以存款决定贷款的思维考虑信贷计划。银行部门每年要匡算企业、财政和居民可能有多少存款,经济发展需要多少贷款,消费增长和农产品收购需要多少现金投放,基本上按"存款增长+现金投放=贷款增长"的关系做信贷计划。"社会主义银行信贷的基本原则是:按计划发放贷款和使用贷款,贷款要有足够的短期周转性物资作为保证;贷款必须按期如数归还。"② 即贷款的原则是"计划性、物资保证性、偿还性"。

在这种体制下计划是组织一切经济活动的龙头,工业按计划生产销售,商业统购统销,物资统收统配,银行资金统存统贷,没有计划任何人得不到贷款,即使是名义上的合作金融组织——农村信用社对农业的生产贷款也基本纳入国家银行的信贷计划。当时对农信社的提法是"既是农民的合作金融组织,又是国家银行的基层机构"。

到1978年改革开放之前,计划经济中金融资产的特点是中国的金融资产只有银行存款、贷款和现金。银行存贷款有如下的特点:

第一,在1966年之前,银行各项存款与财政一年的总收入比,小于或略高于财政收入,说明社会历年货币财富的积累还不及财政一年的支配量。

---

① 黄达:《黄达文选》,山西人民出版社1988年版,第114页。
② 同上,第124页。

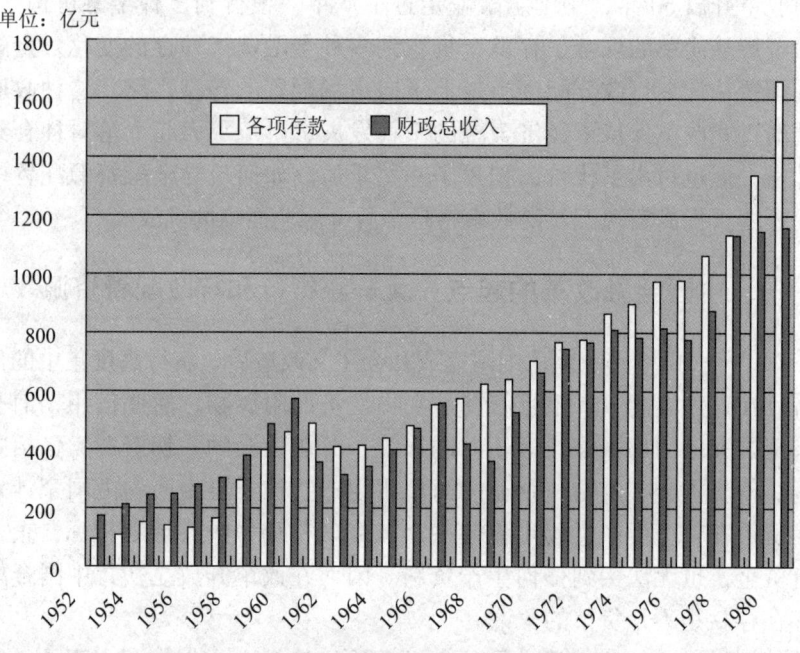

图1　1952—1980年各项存款与财政收入对比图

第二，在1976年之前的存款中财政性存款①大于企业存款，到1978年在存款份额中财政性存款约占40%左右，说明政府在社会财富中占支配地位。

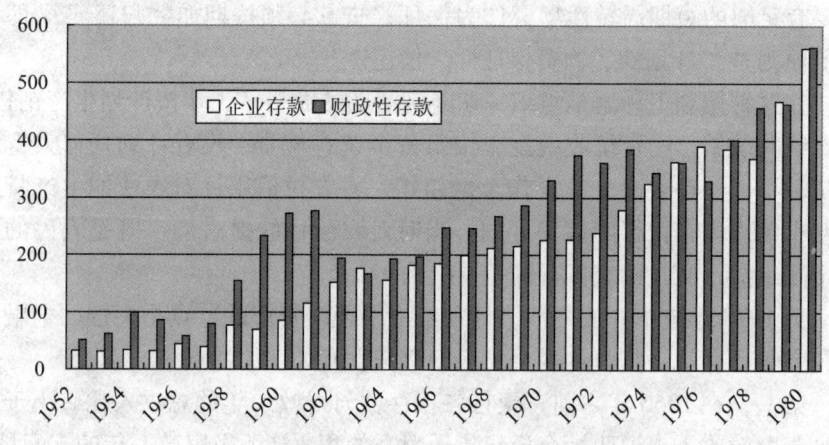

图2　1952—1980年企业存款与财政性存款对比图

---

① 财政性存款＝财政存款＋基本建设存款（反映政府投资的情况）＋机关团体存款。

第三,在贷款中流通领域的商业企业和物资供销企业的贷款大于工业贷款,说明在信贷资产的配置中流通领域的资源大于生产领域的资源。

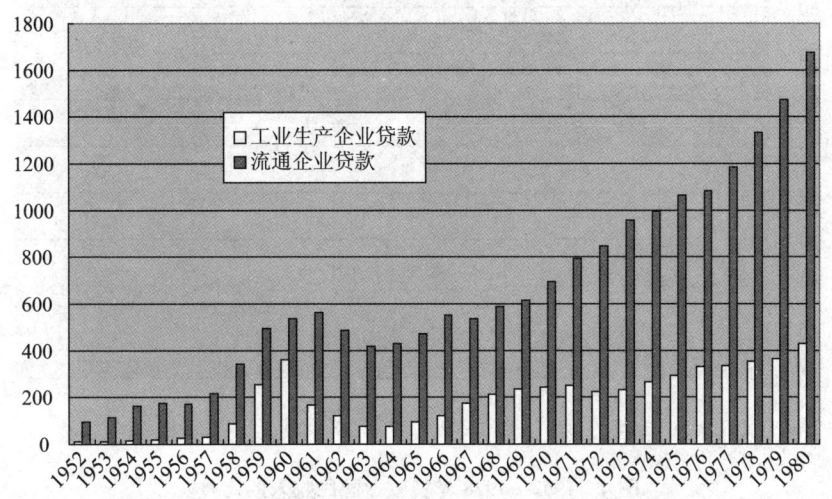

图3 工业生产企业贷款与流通企业贷款对比图

到1978年中国金融资产的结构如表1、表2所示。

表1 1978年银行存款的结构 单位:亿元,%

存款		各项存款	企业存款	财政性存款	储蓄存款	农村存款
	数额	1155.01	368.43	456.80	210.61	119.16
	占比	100.00	31.90	39.54	18.23	10.32

表2 1978年银行贷款的结构 单位:亿元,%

贷款		总额	流动资金贷款	工业贷款	商业贷款	农业贷款
	数额	1890.42	1734.48	616.83	32.63	155.94
	占比%	100.00	91.75	3.26	1.73	8.25

到1978年之前贷款占GDP的比重平均在50%左右。

二、改革开放中金融资产和金融机构的变化

十年"文化大革命"把中国经济推到了濒临破产的边缘,物资极端匮乏,人民生活水平下滑。为了改善民生,在1978年召开的十一届三中全会上,中国共产党决定改变以阶级斗争为纲的极左路线,把全党的注意力转移到以经济建设为中心上来,并强调要尊重价值规律,充分利用经济杠杆促进国民经济发展。银行和信用的作用逐步受到重视,金融工作逐渐摆脱

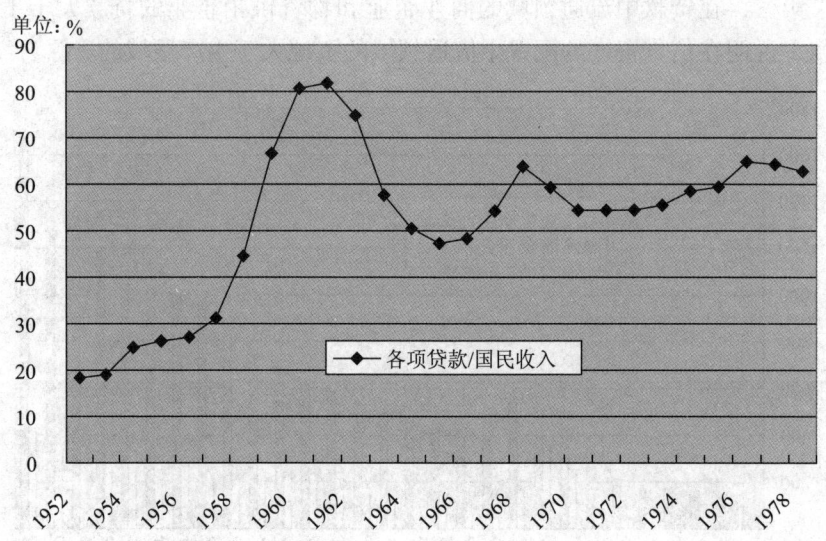

图4 1952—1978年贷款占国民收入的比重

财政的附属地位得到了快速的发展。信用关系从单一银行信用逐步恢复到国家信用、商业信用、银行信用、消费信用并存的局面;金融机构由单一银行机构逐步建立起遍及银行业、证券业、保险业和各类金融中介业务的多种所有制的金融机构组织体系;金融资产从简单的现钞、存款、贷款逐渐扩展到有价证券、保单、期货、外汇资产等在内的多种金融资产,金融机构和金融资产结构都发生了重大的变化,金融资产的配置效率也得到了提高,金融业的变化促进了中国经济的转型和社会经济的发展。

(一)信贷理念的变化提升了信贷的作用,促进了信贷结构的变化和数量的增长

1. 银行进入固定资产贷款领域

1978年之前银行信贷的投放领域非常狭窄,仅限于超定额流动资金和商业贷款。当时经济结构很不合理,重工业比重在工业中占57.3%,积累率在国民收入中占36.5%。吃饭难、穿衣难、住房难成了政府面临的最大挑战。为解决消费品不足的问题,国家提出了优先发展轻工业的方针。1979年10月邓小平在中共省、市、自治区党委第一书记座谈会上的讲话中提出:"对投资小、见效快的企业,要采取不用财政拨款,而用银行贷款的办法，很多厂，只需要几千元或几万元、十几万元的钱，就能解决问题"。① 小平同志的这个讲话对银行突破只贷流动资金的禁锢起了很大的作用。于是从1979年开始，由中国人民建设银行开始在轻工、纺织、铁路、交通、旅游等部门试行基本建设贷款，效果较好。1980年为了尽快把轻工、纺织工业尽快搞上去，国务院批准了国家经委等七部委《关于请批准轻工、纺织工业中短期专项贷款试行办法的报告》，提出了对轻纺工业发放人民币中短期贷款和外汇贷款的办法，并对运用这些贷款的全民所有制企业和集体企业在还贷时给予税收优惠。② 1981年起国家对实行独立核算，有还款能力的企业单位的基本建设投资实行拨款改贷款。

贷款在轻工业的发展中起到了重要的推动作用。1981年，政府的纺织工业和食品工业的投资为29.12亿元，而银行的中短期设备贷款就增加了47.51亿元，其中20亿元投入轻纺工业，此外还有3亿美元的外汇贷款专项用于轻纺工业的设备进口。银行介入工业生产投资，极大地提高了中国轻工业生产的能力，使得中国能在1982年宣布取消工业券。在此之前许多工业品需要凭票证供应，买家具要凭结婚证定量供应。1984年在农业生产力大幅提高的情况下取消了粮票和油票，从此中国告别了生活用品按票证供应的时代。到1984年中国的轻工业在工业中的比重上升为50.1%，1988年上升为51.3%，改变了重工业过重的格局。

2. 银行统一管理国营企业流动资金

改革开放之后，随着财政体制和国营企业的改革，国民收入分配格局发生了重大变化。1979年以前国营企业实现的利润80%以上集中于财政，此后随着企业自主权的扩大，到1986年财政集中的比例下降为40%。③ 生产的快速发展和财政财力的下降，使得财政很难满足国营企业的资金需求。在固定资产投资由拨款改为贷款之后，1983年国务院又同意并批准了中国人民银行《关于国营企业流动资金改由人民银行统一管理的报告》。银行统管国营企业的流动资金其本意是在用企业利润留成补充流动资金的基础上，利用利率杠杆促进企业加强资金管理，提高资金利用率，让银行根据企业的产品销售和生产情况运用信贷杠杆"使扩大再生产中固定资产投资和流动资金安排保持合理的比例"。④ 但实践的结果是企业并未有足够的财力补

---

① 中华人民共和国金融大事记编辑委员会：《中华人民共和国金融大事记》，中国金融出版社1993年版，第311页。
② 同上，第317页。
③ 刘鸿儒、王佩真：《1978—1991年中国改革全书·金融体制改革卷》，大连出版社1992年版，第16页。
④ 《中华人民共和国金融大事记》，中国金融出版社1993年版，第368页。

充流动资金,银行统管流动资金成了银行统包国营企业的流动资金供应。在以后的几年中国营企业的资产负债比例迅速提高,据国家国有资产管理局提供的资料显示,1980年国有工业企业的资产负债率仅为18.7%,其中流动资产的负债比率为48.7%,而到1994年国有企业的资产负债比率为67.9%,其中中型工业企业和小型工业企业的资产负债率分别为75.7%和74.2%。① 此后甚至出现过100%用银行贷款建成的企业,天津大无缝钢铁公司即是典型案例。

3. 银行支持乡镇企业、城市集体企业和个体经济发展

在银行信贷支持国营企业发展的同时,国家也开始鼓励银行、信用社向集体企业、乡镇企业和个体经营者发放贷款,生产国家急需的轻工业品。② 乡镇企业在银行信贷的支持下得到迅速的发展,其灵活的经营机制和迅速扩大的轻工产品市场占有率对国营企业的改革起到了催化作用。此后银行又陆续对私营企业和三资企业发放贷款,进一步促进了非国有企业的发展。

表3 乡镇企业有关经济数据　　　　　　　　单位:亿元,%

	固定资产净值	占用流动资金	银行贷款	银行贷款/(固定资产净值+占用流动资金)	总收入
1980年	266.00	177.00	56.00	12.6%	596
1986年	743.16	769.81	408.25	27.0%	2223

数据来源:《中国统计年鉴》1981年,1987年。

表4 农信社对乡镇企业贷款情况　　　　　　单位:亿元,%

	1979年	1986年
乡镇企业贷款	14.2	265.31
全部贷款	215.9	568.33
乡镇企业贷款占比	6.6%	46.70%

注:乡镇企业除农信社外还有其他银行的贷款。
数据来源:《中国金融统计1949—2005》。

4. 信贷理念的突破和国民收入分配格局的变化促进了贷款的增长和存贷款结构的变化

1980年以后,随着信贷领域的扩展和信贷的增长,银行存款余额稳定

---

① 吴晓灵:《中国国有经济债务重组研究报告》,中国金融出版社1997年版,第1页。
② 中国人民银行(1981)银发字第411号:《关于城镇集体工业、个体手工业贷款的若干规定》。

地高于每年的财政收入并从1989年以后银行每年新增存款量也高于当年财政总收入，金融在国民经济领域的影响力逐渐大于财政对经济的影响。

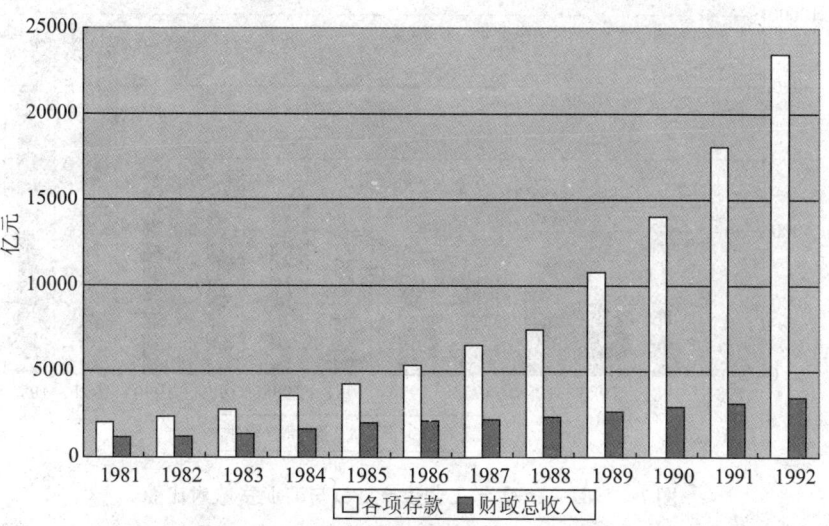

图5　1981—1992年各项存款与财政总收入对比图

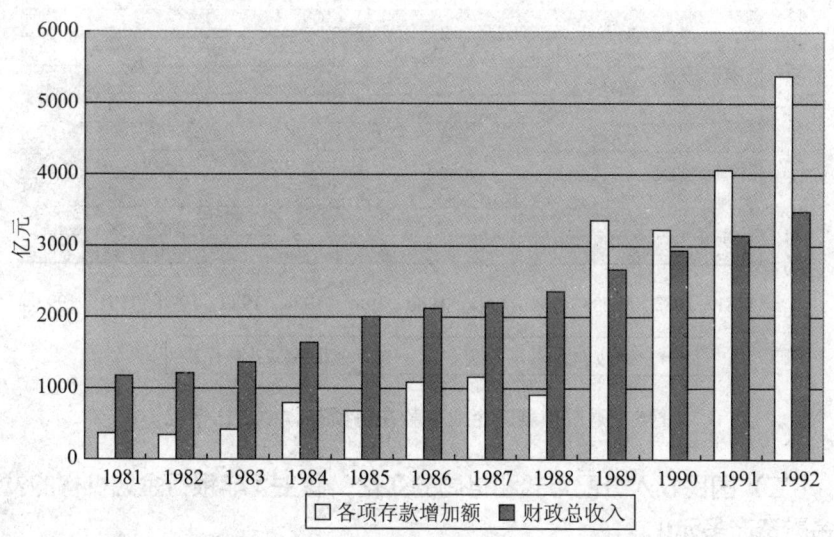

图6　1981—1992年各项存款增加额与财政总收入对比图

当银行信贷进入生产领域，特别是固定资产领域后，贷款结构中商业贷款的比重逐渐下降，财政存款在总存款中的比重不断下降，贷款和存款与国民收入的比例逐年扩大。

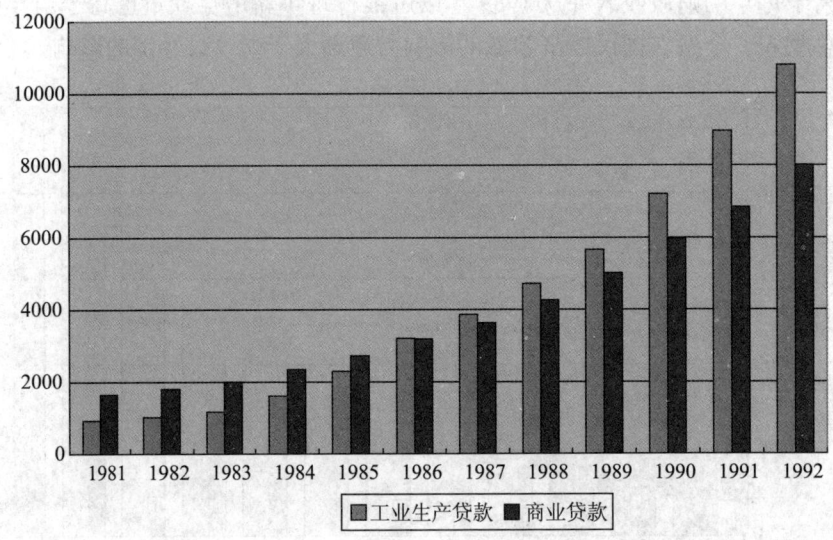

图7　1981—1992年工业生产贷款与商业贷款对比图

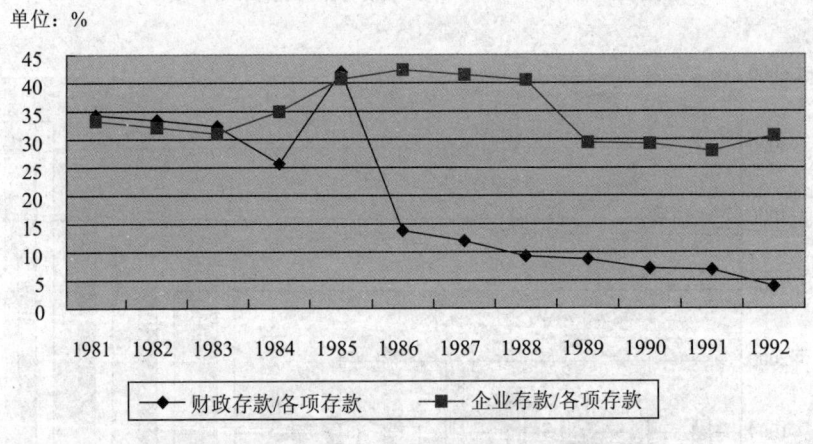

图8　财政存款、企业存款在各项存款中占比情况

（二）国民收入分配方式和格局的变化，催生了非银行金融机构的发展和金融资产多元化

新中国成立后，中国共产党开辟了一条适合中国特点的社会主义改造道路，实现了生产资料的社会主义公有制。但由于认识上的偏差，过分强调"一大二公"，同时，在改造私营金融业过程中，把所有的金融机构统一为全民所有的一家大银行——中国人民银行。这与我国坚持以社会主义公有制为主体的多种经济成分并存的所有制结构不相适应，因而，不利于促

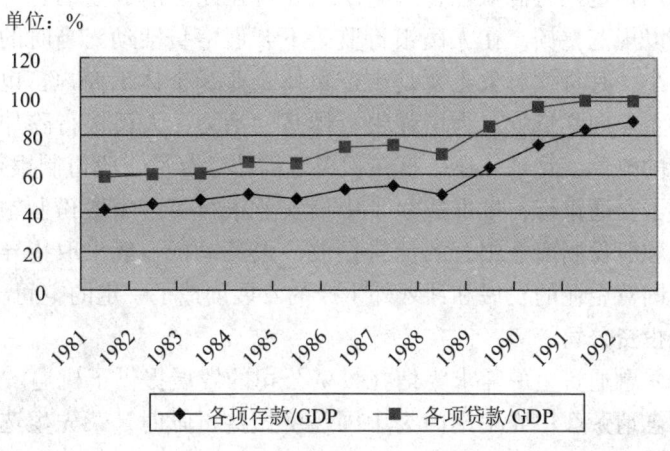

图9 存款、贷款占 GDP 比重图

进生产力的发展。

金融是经济发展的推动力,也是经济体制改革的推动力。经济体制改革要求金融体制进行配套改革。农村经济体制率先改革,实行以家庭为单位的联产承包责任制,与之相适应的乡村企业、农村个体、家庭多种经营也得到了发展。随着城市经济体制改革取得进展,在生产、流通、分配领域都进行了不同程度的改革,在所有制结构方面,在保持全民所有制经济占主导地位的前提下,积极发展集体经济、适当发展合资企业和个体经济、引进中外合资企业和外商独资企业,出现了多种所有制的联营企业。计划体制、价格体制也进行了改革。扩大了指导性计划和市场调节的范围,增强价值规律的调节作用;逐步改革过分集中的价格管理体制;改革了统购统销的商品购销体制;改变了由国家集中统分统配的物资体制。财政由高度集中的统收统支体制向放权让利、"分灶吃饭"方向转变。

经济体制全面改革和发展对金融体制改革提出新的要求,要求放松金融管制,实现金融机构和筹资渠道的多样化。

1. 信贷资金供给的双轨制

缩小指令性计划的范围,扩大企业的经营自主权一直是改革开放初期的基本政策取向。在银行信贷资金仍实行较强的计划管理的时候,放开一些非银行类金融机构的经营便成为一种政策选择。

城市信用社和股份制商业银行

改革开放初期,政府一直把银行看作是国家管理经济的工具,对国家银行信贷实行计划管理,为适应商品经济发展的需要,一些城市设立了城市信用社,1986 年中国人民银行发布《城市信用合作社管理暂行规定》,

将城市信用社定性为群众性合作组织,并对在此之前成立的各种类似金融的组织加以规范整顿,在人民银行监管下开展信贷活动。当时的信用社规模都非常小,其贷款对象主要是街道集体企业和个体工商户,也有一些国营、私营企业向其贷款。为增强银行体系的活力,人民银行除加强对国家专业银行的改革、管理,还一直在积极地推动综合性、股份制银行的发展,先后恢复了交通银行,批准成立了中信实业银行等多家股份制银行。对城市信用社和股份制商业银行的信贷投放,人民银行一般采取指导性计划管理,为非国营企业的发展和计划外生产的发展创造了一定的空间。

信托投资公司

计划外融通资金的需求为信托投资公司的发展提供了机遇。1979 年当邓小平同志请荣毅仁先生出山为中国经济做些贡献时,荣先生选择了组建中国国际信托投资公司(简称中信公司)的道路。中信公司是一个集金融与商贸功能为一体的集团公司,其金融业务涉及银行、信托、保险、租赁,开创了中国金融业综合经营的先河。为了增加金融的灵活性,1980 年中国人民银行允许各分支行开展信托业务,受理企业、机关委托,办理信托存款、信托贷款、投资等业务。信托为企业和政府开辟了一条计划外获取资金的渠道,于是在短时间内信托业获得了极大的发展,各国家专业银行、各部委和地方政府纷纷成立信托投资公司,最多时各类信托公司曾有近 2000 家。1982 年经人民银行批准的信托公司达到 620 家,1988 年最高时曾达到 745 家。[①] 从信托公司获取的计划外资金绝大多数被用于扩大基本建设,因而每当经济过热,国家要控制基建规模时便会对信托公司的业务加以整顿。也因为 1987 年制定的《信托投资管理办法》规定的资金来源非常有限,为满足地方政府的投资需求,信托公司违规吸收资金成为行业的通病。盲目的投资和不规范地吸收资金蕴藏了极大的金融风险,国家从 1981 年到 1998 年对信托公司进行过五次整顿,信托公司的机构数从最高时的 745 家减少到目前的 54 家。信托资产在金融机构的总资产份额由 1998 年的 3.07% 下降为 2006 年的 0.8%。信托公司一直由于主营业务定位不准而在发展上备受挫折。

财务公司

企业现金管理的需求催生了企业集团财务公司。在严格的计划经济体制下,企业的折旧资金除当年的零星维修资金外全部上交财政,企业除购买原材料的资金外并无多余的存款。在企业财务制度改革后,企业拥有了绝大部分的折旧资金和部分用于扩大再生产的发展基金,企业存款迅速增

[①] 吴晓灵:《新一轮改革中的中国金融》,天津人民出版社 1998 年版,第 140 页。

加。这些资金可以用于技术改造和固定资产购置和投资。在企业进行技术改造和固定资产投资时，他们发现了一个矛盾，即每个企业技改和投资时资金均不够用，需要向银行贷款，银行贷款因额度有限很难及时获得，而与此同时许多企业集团发现他们的各个子公司（下属工厂）所拥有的资金如果集中在一个子公司（下属工厂）使用是可以尽快解决一些问题的。于是许多集团公司和大企业提出了开办内部银行的设想，想通过集团内、大企业内的资金集中清算和相互调剂余缺提高资金运作效率，节约向银行借贷的成本，把融资产生的利润留在企业和集团内。以现在的眼光看这是企业法人和集团法人资金配置的自主权。从成本效益考虑，每个企业或每个集团各自办金融机构是不经济的，金融机构应该为企业提供现金管理的服务。但在当时的金融观念下，尚无这样的服务意识，从技术上也不具备为企业提供集中账户清算的手段，因而产生了为企业集团服务的财务公司。1987年5月7日，第一家财务公司"东风汽车工业财务公司"批准成立，由于财务公司一直定位于为集团内企业服务，虽然最新的财务公司管理办法扩大了公司的营业范围，但因其客户群的限制，该类金融机构也遇到了挫折，发展较为缓慢。

2. 多种金融工具和股份制经济的发展开辟了资本市场发展的新纪元

建国初期在统一金融业管理的同时也关闭了上海、天津等地的证券交易所，停止了除公债外的所有有价证券的发行。改革开放后在银行信用不断拓展领域的同时，国家信用、商业信用和消费信用也在逐渐发展。1981年1月，国务院通过并颁布了《中华人民共和国国库券条例》，当年7月向社会发行了48.66亿元的国库券。此后，历年发行的国债成为我国金融市场上最重要的金融工具。当时国债的特点是期限长（10年）、不可转让，对企业支付较低的利息，对居民支付较高的利息，发行方式基本上是行政摊派。这种方式增加了国债的发行成本，也阻碍了国债市场的发展，1988年财政部允许国库券在全国61个城市分两批试行流通转让，奠定了国债二级市场发展的基础，也促成了证券公司的发展。

1985年针对1984年的信贷失控和通货膨胀形势，人民银行加强了信贷规模控制。为了在加强信贷控制的同时，不对在建项目造成过大冲击，人民银行允许没有获得足额贷款的在建项目发行企业债券，也允许专业银行以高于存款利率的价格发行金融债券，以高价特种贷款的方式，贷给效益好但自有资金不足的企业。① 1994 年以后金融债券主要由政策性银行面向机构投资人发行。

表 5 债券市场和股票市场规模　　　单位：亿元人民币,%

年份	债券余额 B	股市总值 S	GDP	B/GDP	S/GDP
1992	2558.99	1048.31	26638.1	9.61	3.93
1993	2759.20	3531.01	34634.4	7.97	10.20
1994	3355.00	3690.62	46759.4	7.18	7.89
1995	4300.70	2474.00	58478.1	7.35	5.94
1996	6114.05	9842.37	67884.6	9.01	14.50
1997	9658.75	17529.23	74772.4	12.92	23.44
1998	13563.76	19505.64	79552.8	17.05	24.52
1999	17768.11	26471.17	82054.0	21.65	31.82
2000	21264.91	48090.94	89404.0	23.78	53.79
2001	25161.11	43522.19	95933.0	26.23	45.37
2002	30727.83	38329.12	102398.0	30.01	37.43
2003	35945.23	42457.72	116694.0	30.80	36.38
2004	51625.16	37055.57	136975.9	37.69	27.05
2005	72100.48	31095.16	182321.0	39.69	17.06
2006	91938.10	89404.00	209407.0	43.90	42.69

资料来源：各期《中国金融年鉴》《中国证券期货统计年鉴》《中国债券市场分析报告》《中华人民共和国 2006 年国民经济和社会发展统计公报》。

注：债券市场包括国债、企业债和金融债。

　　1987 年中共十三大确定"逐步建立社会主义有计划商品经济体制"的改革目标后，多种经济成分在中国发展速度加快。股份制曾先在农村突破，继而推向城市，许多城市自发地发行股票并试办了股票市场。1984 年 7 月 26 日第一家国营企业改制的股份公司"天桥百货股份有限公司"成立。其后在全国成立了许多股份公司，除向社会募集股份外，许多公司也向内部职工募集股份。但最初多为内部发行的很不规范的股票，也不能流通。自 1987 年 9 月上海飞乐股份有限公司首次向社会公开发行了规范化的股票之后，股票的发行逐渐增加和规范，成为中国金融市场上最引人注目的金融工具。1987 年 3 月国务院下发了《国务院关于加强股票、债券管理的通

---

① 刘鸿儒、王佩真：《1978—1991 中国改革全书·金融体制改革卷》，大连出版社 1992 年版，第 49 页。

知》,对股票债券的行为加以规范。为增加证券的流动性,1986年下半年,沈阳、上海试办了债券和股票的转让业务,其后在许多城市开办了证券的柜台交易,进一步促进了证券公司的发展,并于1990年12月19日正式成立上海证券交易所,1991年7月3日深圳交易所正式开业。1992年10月26日国务院证券委员会、中国证券监督管理委员会成立,证券业得到快速的发展。

3. 多种经济成分和养老保险制度改革培育了中国的保险市场

保险业是一个运用大数法则,为市场主体分散风险进行经济损失补偿的行业。在计划经济中国家统管生产、分配和消费,可以说国家承担了一切风险。从这种理念出发,保险的经济补偿与财政拨款救济没有本质的差别,因而在改革开放之前中国没有保险业发展的理论基础和经济基础。建国初期中国政府对旧社会的保险业进行了整顿并于1949年10月成立了中国人民保险公司,但伴随着经济社会主义改造和农村集体化运动的发展,中国于1953年停办了农业保险,于1958年停办了城市的保险业务,仅留下一些进出口保险业务由人保公司办理。而就是仅有的涉外保险业务在"文化大革命"中也险遭停办,业务大量萎缩。1979年4月在改革开放的背景下,国务院批准了中国人民银行分行长会提出的恢复国内保险业务的建议,并于当年11月召开了全国保险工作会议,从此保险业在中国得到了恢复和发展。保险业的发展是伴随着市场经济的发展而不断深化的。在大锅饭、铁饭碗制度没有彻底改革的形势下,人们的风险意识非常淡薄,花钱买保险在许多人看来是一种奢侈,因而保险业恢复之后尽管增长速度很快(因为基数低),但在整个金融业中的比重是很低的。到1993年保险深度仅为0.98%,保险密度仅为42元,保费收入占当年新增金融资产的比重为0.44%。

随着多种经济成分的发展,特别是国有企业改革的深化,企业逐渐成为自负盈亏的市场行为主体,市场风险被越来越多的人所感受。财产保险获得了社会越来越多的认可,发展速度加快。1993年中共十四届三中全会《关于建立社会主义市场经济体制若干问题的决定》提出了建立多层次的社会保障体系的改革目标,确立了社会统筹、个人账户和自愿养老金三个支柱的社会养老保险体制。1995年以后的国有企业改革和国有经济的重组,特别是国有企业破产过程中的安置问题引起了社会对养老保障、医疗保障等问题的高度关注,人身保险也随之获得了社会的认可与重视。人们在市场经济的环境中更加认识到,除了社会提供的基本保障之外,要想生活得好,还需要有商业保险的补充,人身保险也迎来了发展的春天。

表6 1980—2007年我国保费收入、保险密度与保险深度发展状况

单位：万人

	GDP增速（%）	保费收入（亿元）	保费收入增速（%）	保险密度（元/人）	保险深度（%）
1980年	7.8	4.6	—	0.47	0.10
1981年	5.2	7.8	69.56	0.78	0.16
1982年	9.1	10.3	32.05	1.01	0.20
1983年	10.9	13.2	28.16	1.28	0.22
1984年	15.2	20.0	51.52	1.92	0.29
1985年	13.5	33.1	65.50	3.13	0.39
1986年	8.8	45.8	38.37	4.26	0.65
1987年	11.6	71.1	55.24	6.51	0.67
1988年	11.3	109.5	54.01	9.86	0.72
1989年	4.1	142.4	30.05	12.64	0.77
1990年	3.8	177.9	24.93	15.56	0.85
1991年	9.2	235.6	32.43	20.35	0.90
1992年	14.2	367.9	56.15	31.39	1.00
1993年	13.5	499.6	35.80	42.16	0.98
1994年	12.6	600.0	20.09	49.00	0.97
1995年	10.5	683.0	13.83	56.39	1.17
1996年	9.6	777.1	13.78	63.49	1.15
1997年	8.8	1087.9	39.99	88.02	1.46
1998年	7.8	1261.6	15.97	101.12	1.61
1999年	7.1	1444.5	14.50	114.84	1.76
2000年	8.0	1599.7	10.74	126.21	1.79
2001年	7.3	2112.3	32.04	168.98	2.20
2002年	8.0	3053.1	44.59	237.64	2.98
2003年	9.1	3880.4	27.10	287.44	3.33
2004年	10.1	4318.1	11.28	332.16	3.39
2005年	9.9	4927.3	13.95	375.64	2.70
2006年	10.7	5641.4	14.50	429.18	2.66
2007年	11.4	7035.8	24.70	532.49	2.82

数据来源：1980—2005年数据来源于吴定富：《中国保险业发展蓝皮书》（2004—2005），中国广播电视出版社2006年版；2006、2007年数据来自CEIC数据库。

（三）改革开放以来中国金融机构和金融资产的新格局

1993年，中国共产党第十四次代表大会确定了深化经济体制改革、建立社会主义市场经济新体制的目标。1994年国务院做出了《关于金融体制改革的决定》，提出了"建立一个适应市场经济要求的、在国务院领导下，独立执行货币政策的中央银行宏观调控体系；建立政策性金融与商业性金融相分离，以国有商业银行为主体，多种金融机构并存的金融组织体系；建立统一开放、有序竞争、严格管理的金融市场体系"的目标。按照这一目标模式，我国自1994年以来增加了改革开放的力度，金融改革进一步深化，金融结构进一步多元化。

根据1994年金融体制改革的方案，中国人民银行执行金融监管、金融宏观调控和金融服务三项职能，拥有四项权限（货币发行权、资金调控权、利率调整权和金融机构市场准入权）。1995年颁布的《中华人民共和国中国人民银行法》，以国家立法形式确定了中国人民银行的中央银行地位。

自1992年中国证券监督管理委员会成立后，中国金融业监管陆续进行了一系列组织结构调整和机构改革，进一步完善监管体制。1998年11月成立保监会，对保险业实行专业监管；2003年，银行业监管职能从中国人民银行中分离出来，成立了银行业监督管理委员会。至此，中国人民银行作为中央银行的职能转换为金融稳定、金融宏观调控和金融服务，以间接调控为主的宏观金融调控体系基本确立；金融监管职能进一步调整，分业监管体系初步形成。

在改革开放的推动下，金融机构纷纷建立和快速成长，金融产业结构进一步多元化。1994年成立国家开发银行、中国进出口银行、中国农业发展银行3家政策性银行，分离了政策性金融与商业金融。国家专业银行逐渐打破专业分工的界限，明确其商业银行性质，按市场化原则改革并向国有商业银行转化。建立了以国有商业银行为主体、股份制商业银行、城市商业银行在内的多层次商业银行体系。证券业和保险业迅速发展，新组建和重组了一批证券公司和保险公司，新成立了许多期货公司和基金管理公司。同时，金融业对外开放不断深化。一方面，外资金融机构的数量持续增长，种类逐渐增多，包括引入合格的境外机构投资者；另一方面，中资海外金融机构的数量与种类也得到适度增长。

截至2006年底，全国共有银行业金融机构19 797家，包括：3家政策性银行，5家国有或国家控股大商业银行，12家股份制商业银行，113家城市商业银行，78家城市信用社，19 348家农村信用社，13家农村商业银行，80家农村合作银行，1家邮政储蓄银行，54家信托公司，70家企业集团财务公司，6家金融租赁公司，以及14家外资法人金融机构。共有证券公司108家，基金管理公司57家，期货经纪公司193家，期货经营机构97家，证券投资咨询机构105家，证券登记公司3家，证券期货交易所5个。共有保险控股集团6家，财险公司39家，寿险公司53家，再保险公司5家，保险资产管理公司9家，保险代理机构1684家，保险经纪机构319家，保险公估机构258家。

1. 金融机构的资产结构

金融机构的资产结构是指金融资产在金融业内各自行业之间的分布情况。

表7 我国金融机构资产的分布（%）　　　单位：亿元,%

金融机构	2003		2004		2005		2006	
	资产额	占比	资产额	占比	资产	占比	资产	占比
商业银行	204732.0	72.91	220543.80	72.12	279597.2	74.71	328195.6	74.89
政策性银行	21247.0	7.57	24631.80	8.05	29779.7	7.96	35387.9	8.07
农村信用社	26509.2	9.44	31013.38	10.14	31754.3	8.48	34987.8	7.98
城市信用社	1468.3	0.52	1799.80	0.59	2050.3	0.55	1850.4	0.42
证券公司	4895.7	1.74	4768.65	1.56	5685.0	1.52	7498.0	1.71
保险公司	9123.0	3.25	11853.55	3.88	15226.0	4.07	19731.0	4.50
信托租赁	9100.0	3.24	5467.34	1.79	4783.5	1.28	3878.4	0.88
财务公司	3734.5	1.33	5736.08	1.88	5378.4	1.44	6715.7	1.53

说明：商业银行，包括四大国有商业银行、股份制商业银行和城市商业银行；政策性银行，包括国家开发银行、进出口银行和中国农业发展银行；信托租赁，包括金融信托投资公司和金融租赁公司。

资料来源：各期《中国金融年鉴》。

表7显示，截至2006年底，存款类金融机构资产在金融资产总额中占83.29%，处于绝对优势地位。银行类金融机构中，四大国有商业银行资产规模又处于绝对优势。保险机构资产规模增长迅速。而其他非银行类金融机构的资产额尽管有所增长，但增幅不一，所占比重也显著偏低；其中，证券公司资产占比仅为1.71%。

2. 金融工具创新与金融资产的多元化

在金融改革开放中随着市场竞争的开展，各类金融机构比较注意金融工具的创新：商业银行不断推出新的存款种类，证券市场上股票、债券的种类也在增加，更重要的是多种基金证券的发行，丰富了投资者的金融资产品种；保险业近10年来发展很快，不断推出各种险种的保险单，日益成为各经济主体重要的金融资产。与10年前相比，中国目前金融资产的种类和结构均发生了较大的变化。

表8 金融交易账户资金流量表 单位：亿元，%

	1995年		2000年		2006年	
	金额	占比	金额	占比	金额	占比
资金运用（来源）合计	36401.7	100.0	44742.6	100.0	174525.0	100.0
通货	596.7	1.6	1197.2	2.7	3041.0	1.7
存款	13414.0	36.8	16962.4	37.9	50806.0	29.1
贷款	9946.4	27.3	13770.9	30.8	33452.0	19.2
证券	2062.5	5.7	6149.3	13.7	26207.0	15.0
保险准备金	137.8	0.4	1299.3	2.9	4607.0	2.6
直接投资			3254.6	7.3	7647.0	4.4
其他对外债权债务			3797.3	8.5	12377.0	7.1
国际储备资产	1877.4	5.2	873.2	2.0	19692.0	11.3

由表8可以看出，货币性资产占金融资产的比重很大，是中国金融资产的主体。我国的金融资产结构中货币化资产显著增加的原因，首先是经济转轨中出现了大规模的货币化过程。货币化指标（M2/GDP）由1978年的32%上升到1994年的97.4%和2007年的161.7%。其次是中国的直接融资相比银行信贷而言发展缓慢，致使社会资产结构以货币资产为主。尽管近年来直接融资发展迅速，但在整体中比重仍然偏低。在证券性资产中企业债比重较低、股票市值低于国债和金融债，这种融资格局不利于实体经济的发展。

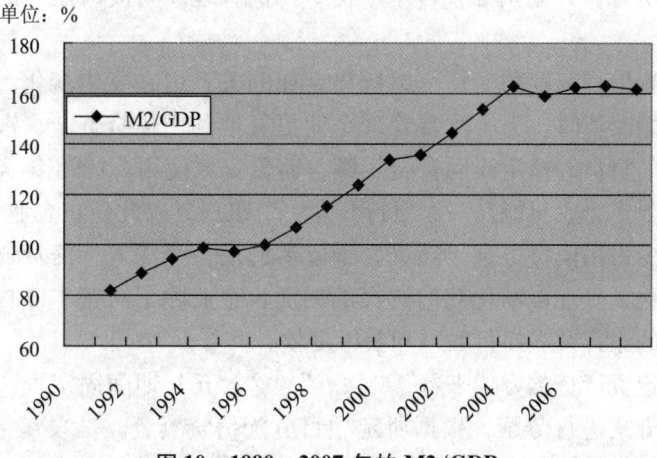

图10 1990—2007年的M2/GDP

四、中国金融资产的配置效率

我国金融体系资源配置从单一的银行信贷发展到以银行信贷为主、资本市场融资为辅的多元化配置，配置方式走过了从行政到市场逐步过渡的过程。

（一）金融资源的配置方式：从行政分配走向市场配置

1. 信贷资源的配置变化

20世纪80年代前，银行信贷基本上实行计划管理体制。1979年人民银行开始实行"统一计划，分级管理，存贷挂钩，差额包干"的信贷资金管理办法，打破传统的"统存统支"集中分配信贷资金的体制，给了基层分行在不突破存贷差额的基础上的贷款自主权。1985年随着中央银行体制的建立，信贷资金管理体制随之过渡到"统一计划，划分资金，实存实贷，相互融通"，中央银行根据扩张和收缩银根的需要，灵活地向各专业银行发放贷款。各专业银行开始独立核算，向企业化经营迈进。在信贷计划总量控制下，专业银行在流动资金发放上有了较大的自主权。1993年国家明确了专业银行向商业银行转型的改革方向，在信贷方面，国有商业银行内部全面推行"贷款规模控制下的资产负债比例管理"的新体制，要求国有商业银行对存款和贷款进行结构上的匹配，并强调信贷业务的"安全性、流动性、收益性"及其三者的协调。同时，对设定不良贷款标准值、存贷比例、中长期贷款比例等进行约束。从1998年1月1日起中国人民银行取消对国有商业银行的贷款限额控制，在银行资产负债比例管理和风险管理的基础上，实行"计划指导，自求平衡，比例管理，间接调控"的信贷资金管理体制。

伴随着信贷制度的变迁，银行与企业的关系也在发生变化。当计划管理体制开始改革时，为了监督管理企业更好地利用信贷资金，银行向企业派驻驻厂信贷员，核定流动资金定额，监督贷款使用。1996年实行了贷款证制度，限定企业只能在一家银行开立一个账户，以此防止企业多头贷款，促进企业少占用信贷资金。随着金融改革的进一步深入，信贷资金的分配愈趋市场化，呈现市场化双向选择的局面，企业除了有基本账户行，还可以在不同的银行开立银行账户和获得贷款。

从固定资产贷款方式来看，"六五"、"七五"期间固定资产贷款完全按指令性方式进行分配，根据所定项目分配信贷资金。"八五"、"九五"时期，根据国家计委的固定资产投资总规模，中国人民银行与国家计委和经贸委协调平衡后确定固定资产贷款指导性计划,报国务院批准后,由银行掌握实施。商业银行发放固定资产贷款,不得超过其中长期贷款比例,在总贷款规模范围内,银行可以自主选择企业。"九五"后期和"十五"期间,在确定国债支出的项目时,首先要有银行自主审贷后的确认函,计委(后来是发改委)才能决定将某一项目列入国债资金支持计划,除此之外的信贷则完全由银行自主决定。

除四大国有商业银行信贷分配方式不断变革外,其他股份制银行和信用社的发展,也改变着社会信贷分配的格局,国有银行在信贷资产中的份额从1978年的97.9%变为2007年的60.6%,这种变化为更多企业的发展创造了条件。

信贷制度从计划到市场的变迁过程,是与经济体制改革的过程相适应的。它为经济体制的其他改革如国企改革、农村经济体制改革等提供了较大的支持。虽然目前信贷资金未能完全商品化,信贷资金配给的行政性干预现象仍然存在,但随着国有企业改革和商业银行改革逐步取得成功,信贷资金配置方式终将充分市场化。

2. 股票发行制度从审批制到核准制

20世纪90年代初,中国资本市场处于建立和发展初期,意识形态领域对于股票市场尚存"姓资姓社"的争论。在此情况下,股票发行的试点工作是按照审批制和计划指标管理的办法进行的,中央各部门和地方政府承担起推荐公司的职责。1993—1995年股票上市发行实行资金额度管理,证监会将发行额度下达给各部委和地方政府,在额度内由他们推荐企业。那时为了争取更多的企业上市,在有限的额度内只能是让每个企业少发股票,从而导致了上市公司规模过小的问题。1996—2000年,证监会实行总量控制、限定企业个数的办法,向省、部委下达股票发行企业个数指标,这解决了企业规模过小的问题,但并不符合市场经济发展的要求。2001年证监会对股票发行实行"通道制",即由主承销商推荐上市企业,由券商对推荐的企业进行排队,并在限额内向证监会申报。2004年取消"通道制",实行"保荐制"。"保荐制"强调了券商和保荐人对上市公司质量所承担的责任。

2001年3月,证监会对新股发行从审批制转向核准制。企业有均等的申请发行股票的机会。由主承销商培育、选择和推荐企业,加大了主承销商的权力和责任。企业根据资本运营的需要确定发行规模,以适应企业按市场规律持续成长的需要。发行审核逐步转向强制性信息披露和合规性审核,充分发挥股票发行审核委员会的独立审核功能。发行人与主承销商协商定价,并充分反映投资者需求,使发行价格真正反映公司的内在价值和

投资风险。在股票发行方式上,提倡并鼓励发行人和主承销商进行自主选择和创新,建立最大限度地利用各种优势、由证券发行人和承销商各担风险的机制。确立了以强制性信息披露为核心的事前问责、依法披露和事后追究的责任机制,并初步建立起证券发行监管的法规体系,提高了发行审核工作的程序化和标准化程度。同时,股票发行定价制度由行政主导转变为市场主导。

股票发行体制改革的实践表明,资本市场的制度安排逐步从"政府主导型"向"市场主导型"方向转变,增强市场约束机制,提高市场运作的透明度,将定价过程更多地交由市场参与主体决定。这样,不仅能够增强定价的准确性,使市场的发展得以顺利推进,也能使市场参与主体在获得各自利益的同时承担相应的责任和风险,并有利于证券经营机构在市场化的环境下增强风险防范能力,提高核心竞争力,从而充分发挥股票市场的资源配置功能。

(二)与企业改革相适应的金融资源配置方式支持了中国近三十年的经济发展

30年来中国经济创造了持续高速增长的奇迹。金融体制的配套改革为经济发展提供了强大动力,但也为之承担了很大部分的转轨成本。正是与企业改革相适应的金融资源配置方式支持了中国经济近30年的年均9.6%的高速增长。

从1979年到1993年间中国进行了以放权让利为主线的企业改革,1993年11月,中共十四届三中全会通过的《关于建立社会主义市场经济体制若干问题的决定》提出,深化国有企业改革必须"着力进行企业制度的创新"。这标志着国有企业改革的思路由放权让利转向了企业制度创新,即建立"产权清晰、权责明确、政企分开、管理科学"的现代企业制度。1994年7月《中华人民共和国公司法》的实施,使大型国有企业的公司化改制工作得以推进。1999年中共十五届四中全会《关于国有企业改革和发展若干重大问题的决定》进一步明确了公司化改制的要求,国有大型企业的公司化改革真正进入了按照国际通行规范建立现代公司的阶段。在此过程中,金融体系支持了国有企业改革和国民经济的发展。

1. 动员储蓄向投资的转化

改革开放以来,随着政府的放权让利,国民收入分配格局发生了很大变化。财政掌握的资源逐渐减少,而企业及居民掌握的资源逐步增多,经济剩余从原来的国家集中控制逐步转化为民间分散拥有。储蓄主体在改革中发生了根本的转变,由政府和国有企业变为居民。据世界银行专家估计,中国改革前政府积累占总积累的比重一直在 70% 以上。以 1978 年为例,该年国内储蓄占国民生产总值的 35.5%,其中居民储蓄占 1.2%,政府储蓄占 15.4%,企业储蓄占 18.9%。也就是说,1978 年社会总储蓄的 96.7% 来自政府和国营企业。1978 年末,中国居民的累积总储蓄余额只有 210.6 亿元,占当年国民生产总值的 5.9%,占当年社会存款总额的 16.2%。①

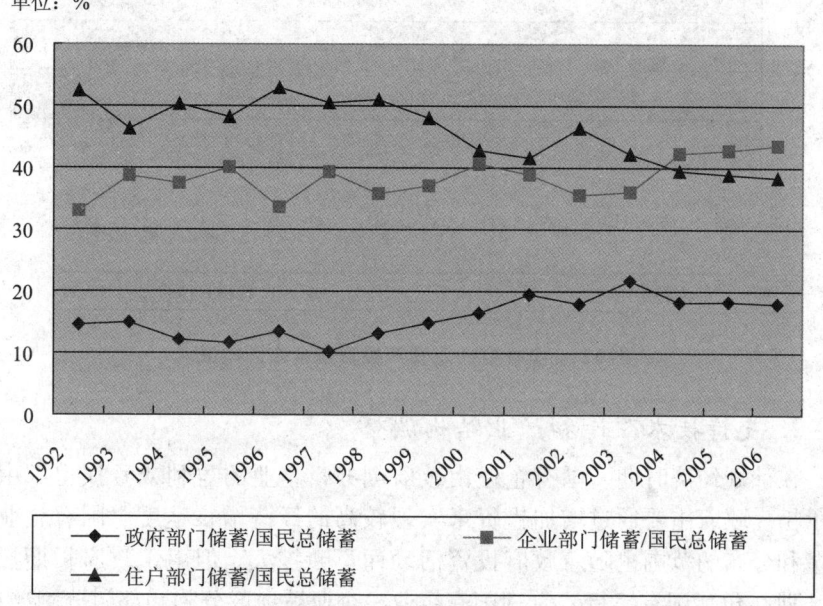

图 11 各部门储蓄所占比例

改革开放以后,政府储蓄占国民总储蓄的比例逐年下降,1997 年达到最低点 10.2%,近几年政府储蓄的比重有上升的趋势;居民储蓄占国民总储蓄的比例逐年上升,1996 年达到峰值 52.9%,但近几年居民储蓄的比重有下降的趋势。

随着国民储蓄结构的变化,银行在储蓄转化为投资中的作用也发生着很大的变化,从图 12 可以看出在全社会固定资产投资资金来源中,财政预算内资金占比自 20 世纪 80 年代以来呈现逐年下降的趋势,银行信贷呈现

---

① 数据来源:易纲:《货币银行学》(与吴有昌合著),上海人民出版社 1999 年版,第 408 页。

了一个由低到高又回落趋稳的态势。①

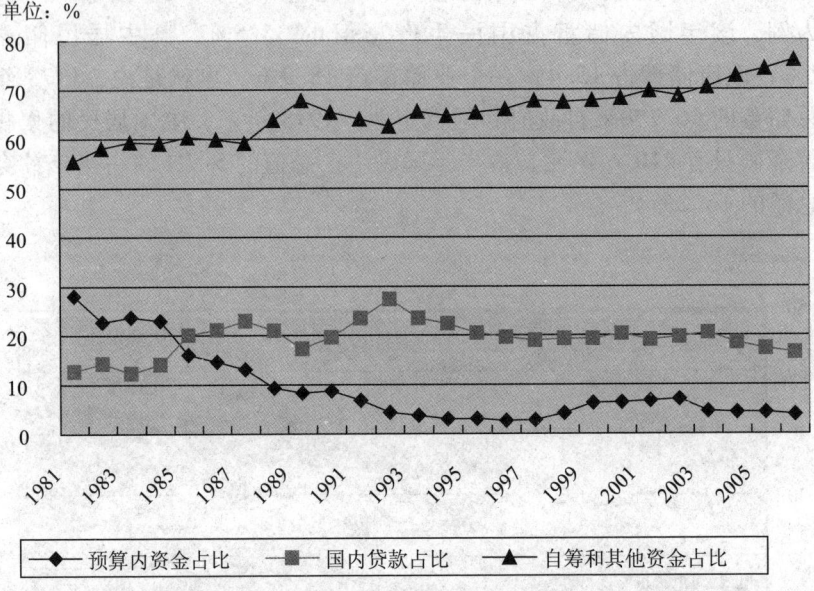

图12　全社会固定资产投资资金来源构成

2. 支持技术改造和产业结构调整

在计划经济时期，国有企业由政府创办，企业的盈利或亏损也都由政府承担。政府主要通过增加投资来实现较高的经济增长速度。国有企业的数量和分布的范围也随着政府投资活动而不断扩大。但由于政府长期按行政区划（包括国有银行）管理国有企业，企业被地区分割和部门分割严重，投资决策和投资资金相对分散，且低水平重复投资、重复建设，造成部分行业（如纺织、机械等加工工业）或产品的生产能力严重过剩，大量生产设备闲置、投资的效益差、亏损的情况严重。在主要工业品中，曾出现过80%以上的产品生产能力利用不足或严重不足②，与此同时国家每年还要花大量外汇进口国内短缺产品，一般产品相对过剩与技术含量高、附加值大的产品短缺同时并存。行业和产品结构不合理的矛盾十分突出。随着企业改革和市场竞争机制的形成，国有企业在市场上的垄断地位遇到了乡镇企业、"三资"企业的严峻挑战。许多企业生产工艺、技术装备落后，资源利用率低，企业技术开发力量薄弱，自身投入不足，以至于企业的落后设备

---

① 自筹资金比重大幅上升主要反映了企业内源融资比重的上升，另一方面也包含一些预算外资金和银行贷款转化来的资金。直接来自资本市场的股本融资比例并不大。

② 甘智和："促进工业结构调整和产业升级"，《中国城市金融》2001年第5期。

不能及时得到改造或更新。为了适应市场竞争，改进落后的生产设备和技术，企业普遍需要增加投资，面临"二次创业"的艰巨任务。

在调整产业结构、加大技术改造中，银行起到了不可替代的作用。银行在信贷资金使用上，贯彻"区别对待，扶优限劣"原则，促进经济结构的调整；在贷款投向上，实行重点倾斜，突出重点支持重点行业和其他行业的一批重点企业的技术改造，促进了工业结构优化升级，重点企业的发展后劲、竞争能力和经济效益有较大增强；在技改项目中，以国营大中型项目为重点，有力地支持了我国工业企业特别是大中型企业的技术进步。"六五"期间银行技改贷款的投入占全部技术改造资金投入的30%，"八五"期间占到36.1%。国家对纺织行业的限产压锭、技术改造极大地提升了中国纺织业的竞争力。纺织成为中国出口商品的主要产品。技术改造还对某些机电产品的跳跃式发展和军工企业民用化改造发挥了重要作用，消费类产品的有效供给迅速增加，中国出口产品的竞争力也大幅提高。

3. 支持国有企业向现代企业制度转变

经过承包制、利润分成、租赁、利改税等企业改革尝试，国有企业改革的思路由放权让利转向企业制度创新，即建立现代企业制度。1986年开始，一些国有企业开始进行股份制改革试点，公开发行股票。1993年十四届三中全会通过的《决定》指出，"规范股票的发行和上市，并逐步扩大规模"。作为中国改革开放政策的一部分，中国证券市场成立之初就被赋予了为国有企业改革脱困服务的历史使命。1996年12月，中国证监会发布了《关于股票发行工作若干规定的通知》，指出："各地、各部门在执行1996年度新股发行计划中，要优先考虑国家确定的1000家特别是其中的300家重点企业，以及100家全国现代企业制度试点企业和56家试点企业集团。"1997年9月，中国证监会又发布了《关于做好1997年股票发行工作的通知》，进一步重申了企业上市的这一标准，并明确指出："为利用股票市场促进国有企业的改革和发展，1997年股票发行将重点支持关系国家经济命脉，具有经济规模，处于行业排头兵地位的国有大中型企业。国务院有关部门及直属总公司报送的企业，必须是其直属或控股的企业。"这两个《通知》的下达，标志着政府不仅在实践中而且在政策上，已明确将股票市场作为国有大中型企业改革的重要手段。

一方面，股票市场为企业拓宽了外部融资渠道，改变了其原来单纯依赖银行贷款和财政拨款的局面，通过股票市场筹集资本金，在一定程度上降低了企业的负债率。另一方面，股票市场有力地推动了企业重组和产业结构调整，促进了国有企业公司化改造，使公司股权结构多元化，并建立

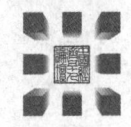

有效的公司治理结构,以此促进了国有资产的保值增值。

表9显示了1997—2007年在上海证券交易所以及2004年中小企业板新发行上市公司中国有企业①的数量占比、发行股份占比及融资金额占比等方面的数据。从统计数据可以发现,1997年以来,我国新发行上市公司中,国有企业的数量占比呈现出较为明显的下降趋势。但在国有企业发行股份占比、国有企业融资金额占比等指标上,并没有呈现出同步下降的趋势,这中间虽然部分年份波动较大,但基本上保持稳定,最低年份也在50%以上,年平均仍然高达75.82%和80.91%。这表明,在证券市场的准入限制上,所有制色彩逐渐淡化,但证券市场在支持国有企业尤其是国有大型、超大型企业方面发挥着重要作用。在此过程中,资源的优化配置效率在逐步提高,推动了一批企业的壮大,宝钢、中石化、工商银行、中国人寿、中国平安、中国石油、大秦铁路等规模大、盈利能力强的国有企业日益成为产业中坚力量;上市公司的行业布局日趋丰富,产业结构由以传统工商业为主转向以机械制造、电信、电子、能源、钢铁、化工、金融、交通等基础和支柱产业为主的新格局,资本市场对国民经济的支持作用逐步显现。

表9　新发行上市的国有企业数量、发行股份及融资金额的占比　　单位:%

年　份	国有企业数量占比	国有企业发行股份占比	国有企业融资金额占比
1997	70.59	79.57	78.81
1998	81.03	87.42	88.32
1999	54.76	63.60	67.14
2000	60.87	63.02	69.24
2001	66.67	75.94	84.39
2002	67.19	85.31	92.12
2003	57.81	81.85	86.88
2004	46.46	53.23	61.57
2005	46.67	61.40	76.65
2006	49.95	93.73	96.96
2007	35.92	88.99	87.95

资料来源:根据《中国证券期货统计年鉴》、沪深证券交易所数据整理计算。

注:数量指标中,1997—2003年为沪市数据,而2004—2007年则包括了深圳中小企业板数据。

---

① 统计中,界定国有企业,以上市公司第一大股东为国有股东或国有法人股东为标准;如果上市公司第一大股东不属于国有股东或国有法人股东,但第二、三大股东属于国有股东或国有法人股东,且其持股总量大于第一大非国有股东,我们也视之为国有企业;如果上市公司第一大股东属于国有股东或国有法人股东,但第二、三大股东属于非国有股东或非国有法人股东,且其持股总数大于第一大国有股东,我们视之为非国有企业。

从对1993年上市的51家公司上市前后的纵向比较看，公司上市前两年人均年产值18863元，上市后四年人均年产值48185元，是上市前的2.55倍。从国有企业总体情况的横向比较看，1997年国有上市公司市场销售利润率为8.17%，净资产收益率为9.5%，分别是国有大中型企业的3.7倍和3.36倍。国有上市公司资产总额占国有工业企业资产总额的8.78%，而实现利润却占64%。① 这表明上市公司的效益普遍高于非上市企业。表9中的样本中，根据我们之前界定国有企业的标准，在753家样本公司中，国有上市公司476家，占比63.21%，非国有上市公司277家，占比36.79%。在每股收益、净资产收益率、资产负债比率等经济效益指标上，国有上市公司的经济效益指标明显优于非国有上市公司，说明利用资本市场为国有企业改革服务取得了成功。

表10　2006年各种类型上市公司的经济效益数据

划分类型		上市公司经济效益指标		
		每股收益（元）	净资产收益率	资产负债比率
上海证券市场上市公司（753家）		0.26	8.03%	50.98%
行业	工业类上市公司（476家）	0.28	8.20%	49.75%
所有制	国有上市公司（476家）	0.29	8.46%	50.94%
	非国有上市公司（277家）	0.21	7.28%	51.04%
股权结构	股权相对集中（404家）	0.31	8.86%	50.21%
	股权相对分散（349家）	0.20	7.06%	51.86%

资料来源：上海证券交易所、深圳证券交易所。

与此同时，金融机构的自身经营效益也大大改善。表11显示国有银行在1998年时总资产利润率和净资产利润率仅为0.13%和2.04%，到2006年这两个指标分别提高到0.62%和11.20%。股份制商业银行在经历了1997年、1998年的快速发展后，逐渐稳定在相对较好的经营水平上。

表11　银行的经营效益　　　　　　　　　　　　　　　单位:%

年份	国有银行		股份制商业银行	
	净利润/总资产	净利润/净资产	净利润/总资产	净利润/净资产
1995	0.40	9.77	0.42	6.94
1996	0.28	6.90	0.46	8.05
1997	0.21	4.53	1.33	18.40
1998	0.13	2.04	1.02	15.48
1999	0.17	3.10	0.50	10.52

---

① 陈耀先：《中国证券市场的规范与发展》，中国金融出版社2001年版，第8页。

续表

年 份	国有银行		股份制商业银行	
	净利润/总资产	净利润/净资产	净利润/总资产	净利润/净资产
2000	0.18	3.45	0.40	9.15
2001	0.20	3.64	0.37	13.48
2002	0.30	13.49	0.31	10.80
2003	0.41	10.59	0.31	10.25
2004	0.53	7.06	0.33	11.97
2005	0.60	11.30	0.34	11.11
2006	0.62	11.20	0.46	12.99

1. 数据来源：《中国金融年鉴》各期。
2. 样本中国有银行包括中国工商银行、中国农业银行、中国银行、中国建设银行、交通银行；股份制商业银行包括光大银行、兴业银行、民生银行、招商银行、中信银行、广东发展银行、华夏银行、浦东发展银行、深圳发展银行。
3. 表中的数值为算术平均值。

（三）政府主导的金融改革也付出了高昂的成本

1. 银行体系的不良贷款

国有企业的不良资产

从20世纪90年代以来，国有企业的债务困境问题成为制约国有企业改革和发展的一个突出问题。

在资产负债状况方面，据国家国有资产管理局提供的资料显示，1980年国有工业企业资产负债率仅为18.7%，其中流动资产的负债比率为48.7%；经过十多年经济体制环境的变化，到1994年国有工业企业的资产负债比率为67.9%，其中中型工业企业和小型工业企业的资产负债率分别为75.7%和74.2%。截止到1994年对12.39万户国有企业（含商业、金融企业）清产核资时，国有企业的资产负债率为75.05%；若扣除实际的损失挂账，国有企业的资产负债率高达83.3%。约63.9%的国企处于高负债经营（资产负债率在60%～100%之间）的状况，约22.5%的企业已进入资不抵债的境地，并孕育着巨大的支付不能的风险。①

在亏损情况方面，企业改革之前，国有企业处于1/3亏损、1/3微利、1/3盈利的格局；企业改革初期，亏损问题受到了一定程度的控制，1979—1980年和1983—1984年期间两次出现企业亏损下降的局面。但1985年后，亏损企业和亏损额开始呈现持续增长的势头，并影响到宏观经济的稳定与发展。

---

① 吴晓灵：《中国国有经济债务重组研究报告》，中国金融出版社1997年版，第1页。

表 12 国有工业企业亏损额数据

年　份	亏损额（亿元）
1988	81.9
1989	180.2
1990	348.8
1991	367.0
1992	369.3
1993	452.6
1994	482.6
1995	540.6

数据来源：《1995 年中国统计年鉴》和《中国统计摘要 1996 年》。

国有企业财务状况和资金困难问题持续恶化的原因是，在高负债经营情况下，财政和银行相继强化了税收和利率等经济杠杆对企业的约束，加上企业内部管理效率低，经营机制不活，"企业办社会"所带来的负担，导致企业盈利状况不佳，偿债能力较差。这一点可以从流动比率、速动比率和资产负债率三项财务指标情况中看出。

表 13 中国国有工业企业流动比率和速动比率情况

年　份	流动比率%	速动比率%
1991	132.1	72.7
1998	105.3	69.8
2005	100.9	63.4
2007	103.4	63.7

数据来源：中国人民银行 5000 户企业调查。

表 14 1996 年发达国家制造业流动比率和速动比率情况

国　家	流动比率%	速动比率%
日　本	140.04	108.08
美　国	139.44	89.28
德　国	116.59	72.55

数据来源：《国际统计年鉴》（1996）。

表 15 1995 年各类型工业企业的资产负债率

企业类型	资产负债率 %
独立核算工业企业	64.86
其中：国有经济	65.62
集体经济	70.86
股份制经济	54.90
外资、港澳台投资经济	58.51

银行的不良贷款

与国有企业债务困境问题密切相关的是国有商业银行的不良资产状况。改革开放以来,我国银行与企业信用关系的发展与银行不良资产的形成,大体经历了四个阶段。

- 1983年以前。在当时的体制下,银行在国民经济中的作用不大,唯一的中国人民银行被视为财政部的出纳。这一阶段,银行因银企信贷关系而形成的不良资产非常少。

- 1984年至1990年。城市经济体制改革初期,"拨改贷"作为一个重要的改革举措,在计划经济体制向商品经济体制的转变中发挥了积极作用。此举使企业所需流动资金来源转为主要依靠银行贷款,财政不再拨付,于是,企业贷款迅速增加,不良贷款也随之出现。根据业内人士测算,这段时间内各年份的不良资产贷款大多在10%,直到80年代末接近15%,也就是说,当时国家银行不良资产总额按照一逾两呆定义不会不超过2000亿元。这一阶段可以看作是不良资产的初步形成时期。

- 1991年至1998年。这是银行不良资产急剧增加的时期。导致这一时期银行不良资产增加的主要因素有两个:一是1992、1993年经济过热,并严重泡沫化,大量信贷资金被用于滥设开发区、房地产炒作和证券市场投机,1993年下半年政府实施宏观调控,整顿金融秩序,泡沫破灭,一部分信贷资金被套牢在房地产和股市上,成为银行的不良资产。据测算,由此形成的不良资产总额在2000亿元以上,二是在向社会主义经济体制转轨过程中,部分国有企业不适应新的体制,停产半停产甚至破产,企业偿还不了银行贷款,由此形成3000亿元以上的不良资产。[①]

- 1999年以后,由于国家政策的支持,银行经过一系列的财务重组,不良资产经历了一个增量下降到不良资产率下降,再到总规模逐年下降的过程。

表16 1999—2004年全社会金融机构贷款情况表   单位:亿元

年份	1999	2000	2001	2002	2003	2004
金融机构贷款余额	93734	99371	112314	131293	158996	177363
不良贷款余额	30623	29136	27247	25969	24151	23429
不良贷款率(%)	32.67	29.32	24.26	19.78	15.19	13.21

资料来源:李德:《我国金融资产管理公司运营状况和发展方向的分析》,《经济要参》2005年第3期。

---

① 中国信达资产管理公司:《中国银行业不良资产成因及对策研究》,2005年。

处置银行不良资产的巨额成本

中国国有商业银行的改革有两次大规模的不良资产剥离。1999年剥离13 939亿元的资产，扣除2400亿元的债转股金额后不良资产的金额为11 539亿元。2003年12月启动国有商业银行股份制改造以后，国家先后冲销中国银行1400多亿元资本金、建设银行800多亿元资本金、工商银行1200多亿元资本金，加上2003年和2004年银行的利润和原有的拨备；工商银行、中国银行、建设银行和交通银行四家合计处置了1.4万亿元不良资产，其中通过市场化方式处置了7800多亿元。据估计农业银行的改革还将有近8000亿元的不良资产。这些不良资产大部分是改革过程中的经济转型成本。据信达资产管理公司对其接受的不良资产进行抽样分析，体制性原因导致的不良贷款占26.09%，政策性原因和法律法规性原因导致的占21.93%。

2. 国有银行之外的金融机构的改革成本

改革进程中，中国出现了许多非银行金融机构，他们的发展为企业的计划外融资和非国有经济的发展提供了有力的支持。但由于一些机构市场定位不准、经营管理机制不到位、治理结构不完善等原因，出现了许多金融风险，有些金融机构不得不停业整顿或破产清算。自1995年中国农村信托投资公司停业整顿以来，全国共关闭了535个城市信用社、322家信托投资公司、31家证券公司，为兑付这些机构的个人债务，中央政府共垫付资金1400多亿元。为化解农村信用社历史形成的亏损，支持农信社改革，人民银行发行了1650亿元的央行票据，用以收购农信社的不良资产。

3. 股票市场的曲折发展

中国股票市场是在向市场经济转轨过程中由试点开始而逐步发展起来的新兴市场。从正式诞生起就肩负着国有企业改革的重任。中国的股票市场走过了一段曲折的道路。

从图13、14中可以看出，90年代中后期股票市场曾经有过一段快速发展时期。随着1998年《证券法》的颁布，相关法规体系和会计规则日益完善，上市公司数量快速增长，交易所交易和登记结算体系效率得到提高，二级市场交易日趋活跃，股票市场得到较快发展。但是，从2001年开始，市场步入持续四年的调整阶段：股票指数大幅下挫，新股发行和上市公司再融资难度加大、周期变长；证券公司遇到了严重的经营困难，到2005年，全行业连续四年总体亏损。股票市场几乎丧失了融资功能。

这些问题产生的根源，一方面有新兴市场配套制度不健全等因素，另一方面，由于承担国有企业改革任务所遗留的问题、制度性缺陷和结构性

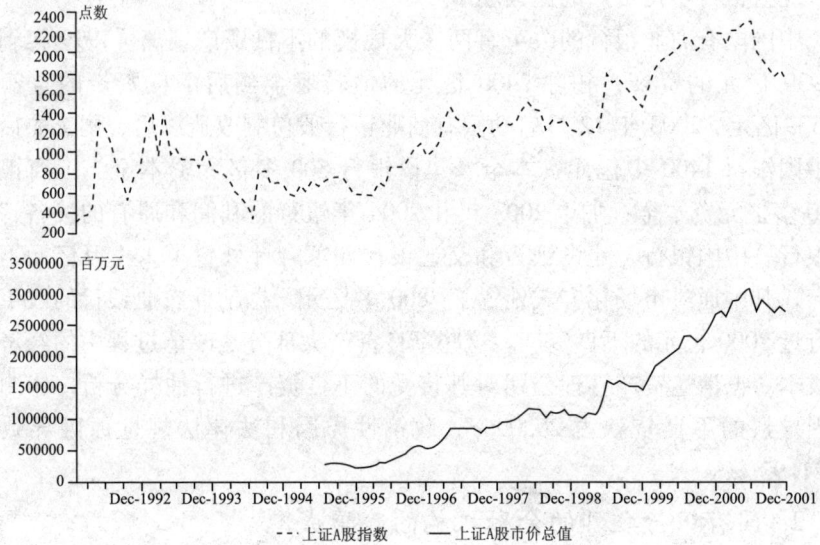

图 13　1992—2001 年上证交易所有关指标

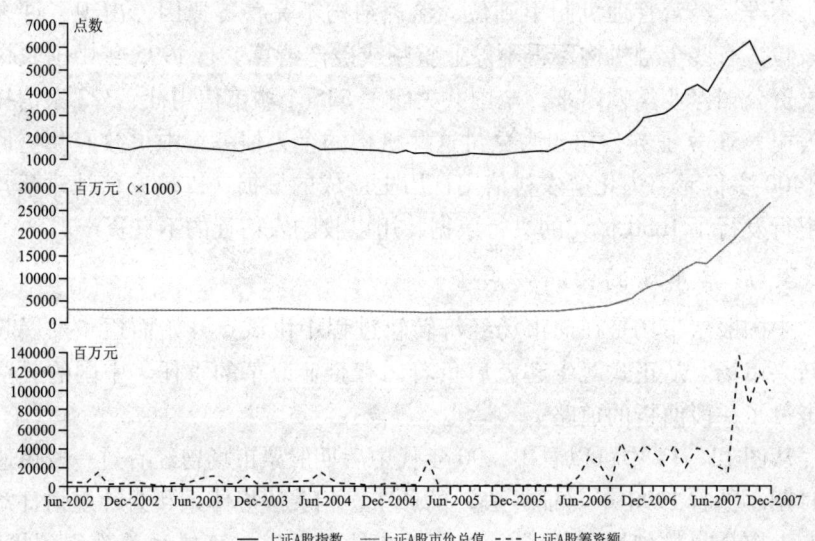

图 14　2002—2007 年上证交易所有关指标

矛盾逐步演变成市场进一步发展的障碍。主要包括股权分置、国有股一股独大等问题。

股权分置是指 A 股市场上上市公司的股份被分为两类性质：一类是社会公众购买的公开发行股票，可以在证券交易所挂牌交易，称为可流通股，另一类是上市公司公开发行前股东所持股份，其中绝大多数是国有股，只能通过协议方式进行转让，称为非流通股。非流通股的形成与早期的股份制改造具有试验性质以及当时对国有股上市是否会导致国有资产流失、导致私有化等争论的历史背景有关。

1992年5月原国家体改委发布的《股份有限公司规范意见》规定："国家股、外资股的转让需按国家有关规定进行"；1993年4月国务院发布的《股票发行与交易管理暂行条例》规定："国家拥有的股份的转让必须经国家有关部门批准，具体办法另行规定。"

但是，在实际运行中一直没有出台国有股份流通的"有关规定"和"具体办法"，国有股事实上处于暂不上市流通的状态，其他公开发行前的社会法人股、自然人股等非国有股份也做出了暂不流通安排。同时，公司上市后通过配股、送股等派生的股份，仍然根据其原始股份是否可流通划分为非流通股和流通股。据此，形成了股权分置的格局。

国有股一股独大，产生了较为严重的公司治理结构问题和大股东占用上市公司资金问题。大股东占用上市公司资金，在我国有很深层的原因：为了实现上市融资的目的，原国有企业把优质资产和盈利性强的业务都集中到了上市公司，而非经营性资产、盈利能力很差的业务以及退休职工和在职冗员都放到存续企业，这个存续企业就是上市公司的国有大股东。数据统计分析发现，截至2006年底，在完成清欠的326家占用资金的上市公司样本中，197家上市公司为国有企业，占比60.43%，非国有企业129家，占比39.57%。这一结果说明，由于"存续企业"问题，上市公司中国有大股东比非国有大股东更倾向于占用上市公司资金。

2005年4月证监会启动了股权分置改革，并着力提高上市公司质量，清理股东占用上市公司资金问题。股权分置改革在2007年底基本完成，清理股东占用上市公司资金问题也基本得以解决。但按股改协议留下的非流通股解禁问题和国有股比重过高带来的公司治理结构问题及其对资本市场的发展的影响还有待观察。中国股市效用的正常发挥还面临许多新的挑战。

五、改革任重而道远

中国的金融改革走过了30年的历程，金融机构和金融资产的结构都发生了巨大的变化，但在资源的配置效率上仍不尽如人意，要提高中国金融业的竞争力，还有许多难关要去攻破，我们还面对许多的挑战。

第一，社会对金融功能的认知还有待加深，金融机构的市场定位还有待厘清。

金融机构是金融市场中的中介机构，它媒介着社会资金的运行，在资金的运行中实现着金融资源配置，从而引导生产要素的配置。

金融机构媒介社会资金的运行和配置有两种方式，即我们通常所说的直接融资和间接融资。

银行和保险是间接融资的中介机构，投资人将资金以存款或保费的形式交给银行或保险公司，约定给予其一定的回报（息利）或保障，投资人承担机构倒闭的风险。银行和保险公司将筹来的钱变成自己对投资人的负债，并取得了资金运用的自主权。银行和保险公司资产配置的方式和效率决定了这些社会资金的配置效率，因而银行和保险公司的治理结构、风险控制能力决定着社会资金的配置效率。银行和保险公司有对投资方向信息进行加工的优势，但其高杠杆的负债也决定了他们相对保守的运作风格。这种运作方式并不利于一些巨额资金需求的项目和高风险而又有发展前景的项目筹资。

证券公司（投资银行）和资产管理机构是直接融资的中介机构，他们通过代客证券发行和代客证券买卖或以职业投资人的身份代客进行组合投资，从而实现投资人与筹资人的资金融通，实现社会资金的配置，风险由投资人承担。直接融资有高风险高收益的特点，其由市场收益率引导的资金配置和基于直接投资基础上的企业收购兼并对提高资金配置效率有着积极的促进作用。提高直接融资的比例一直是中国金融改革的方向。但改革开放30年来，特别是20世纪90年代以来尽管政府一直在推进，但直接融资的比重仍然很低，除股票市场股权分置的障碍和债券市场企业债发行认识上的障碍外，金融机构的市场定位不准，功能发挥不够也是其中的原因之一。典型的是信托投资公司的市场定位和资产管理类业务的发展问题。

直接融资的高风险性决定了小投资人直接入市风险过高，市场上散户多了容易产生羊群效应不利于市场的稳定，因而委托专家组合投资是较好的选择。但我们的法规不允许信托投资公司直接管理公募投资基金，各类金融机构做代客资产管理遵循不同的监管规范，对培育资本市场的机构投资人和代客资产管理业务的发展有着制约，也蕴藏了由于市场规则不清而带来的风险。信托投资公司一直没有正确的市场定位是其屡遭整顿的体制原因，它们面临的是制度性风险。整顿代客资产管理市场是发展直接融资的重要条件。

第二，需进一步厘清监管理念，适当放活信贷市场。

在中国以间接融资为主的背景下，信贷市场的垄断也是其配置效率低下的原因。间接融资形成的债权债务的转换决定了存款类机构有着被挤兑和酿成系统性风险的可能，对其进行严格的审慎性监管是应该的，这些机构特别是吸收活期存款的商业银行和寿险公司，要有一定的规模才有利于资产分散，防范风险。但是这些机构大了也会产生信息处理成本上升的问题，因而信贷市场的适度分权有利于提高信贷配置的效率。国际上的非银行金融机构如财务公司、租赁公司、按揭公司、信用卡公司、贷款公司等就是利用其在特定领域中的信息优势做放款业务的金融机构。而我们把信贷业务视为金融机构甚至商业银行的专利，就大大降低了信贷市场的配置效率。

在严格管理零售存款市场的同时，适当放活吸收大额定期存款的非银行金融机构或根本不吸收存款的信贷零售机构，给民间资本进入信贷市场的机会，对这些机构进行非审慎监管，有利于维护金融秩序，有利于中小企业的融资，也有利于提高信贷资金的配置效率。

第三，健全金融安全网，尊重市场主体的交易自主，鼓励金融创新，提高中国金融业的竞争力。

中国金融市场上金融工具不丰富，直接融资比重不高，与政府和监管机构的过分谨慎相关。在以往的风险处置中政府承担了过多的责任，特别是对自然人债权保护的责任，致使监管部门对所有的金融业务，金融产品均采取了极为谨慎的态度，这可能会减少一时的风险。但金融不发展，在面对世界经济的挑战时我们可能面临更大的风险。毕竟中国经济30年的发展得益于改革开放的政策，当今的中国已在很大程度上嵌入了世界经济体系，想关起门来自成一统已不可能了，除非我们愿意付出巨额的代价。因而实现中国经济与世界经济的有机结合是不可逆转的改革方向，在此前提下金融业与国际金融的结合也是必然的。在国际金融领域中不学会别人已运用的工具，在竞争中是要失利的。

在加速金融业与国际金融接轨的过程中我认为有两点是重要的。第一，要充分保护小投资人（即小额存款人、投保人和小额证券投资人），加大对国民的金融知识普及和建立对小额投资人的保护制度。加大信息披露的监督、风险揭示的监督和建立对小额投资人在金融机构破产后的补偿制度是对小额投资人的最大保护。稳定了小额投资人即可稳定社会。第二，要充分尊重市场合格的投资主体的交易自主权。对小额投资人政府有保护相应地就应有所限制，对某些高风险、高收益的金融活动是不能让他们进入的，这是权、责、利的对称安排。而对于合格的投资人，监管部门应给予其充分的金融交易自主权。这包括大额的自然人和有一定规模的金融机构。这些投资人应具备风险的识别能力和风险控制力、承受力。他们本身没有这种能力时完全可以用购买服务的方式获取这些能力，也只有这样中介服务才能得以发展。监管机构对金融机构的监管重点应从监管资产投向，转

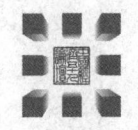

向以资本充足率和清偿率为核心上来，通过风险资产的权重和风险拨备的要求来实现风险控制。在这种理念下不是哪件事能不能做，而是让市场主体自己进行成本与收益的分析和风险承受力的考量。

按是否是合格的投资人对市场主体进行有区别的监管是鼓励金融创新，提升中国金融业竞争力的有效途径。

金融是一个知识密集型的行业，金融业和金融改革面临的问题更为复杂，普及金融知识，更新金融理念，寻求和凝聚市场共识是未来改革开放的基础。中国经济改革任重而道远，中国金融改革更是道远而任重，但前途是光明的。

中国经济50人论坛
Chinese Economists 50 Forum

成功实践背后的理论突破

——关于建立渐进改革有效理论框架的认识

夏 斌

The Past 30 Years

A Review and Analysis by 50 Chinese Economists

夏斌简历

国务院发展研究中心金融研究所所长

现任国务院发展研究中心金融研究所所长，研究员、博士生导师，享有国务院特殊津贴。

曾长期在中国金融决策与金融监管部门工作。20世纪80年代中、后期与90年代初期，在中国人民银行总行任金融研究所副所长，从事中国金融改革初期货币政策与金融改革的研究工作。1993年初，任中国证监会交易部兼信息部主任，参与中国股票市场的开拓性工作。后调任深圳证券交易所总经理，力将一个地区性股票交易所成功扩展成全国性的股票交易所。后回中国人民银行总行主持负责政策研究室工作，协助决策者研究制定中国金融改革与发展的政策，参与中共中央国务院关于金融改革与发展重大文件的起草工作。1998年任中国人民银行非银行金融机构监督司司长，主持负责亚洲金融危机后中国有问题的金融机构处置政策的制定和实际处置事务。目前兼任若干个省、市政府的金融顾问，国家行政学院和数所著名大学的兼职教授，中国金融学会常务理事和《银行家》杂志编委会主任等。

主要研究方向为宏观经济政策、货币政策、金融监管和中国资本市场发展政策等。有关学术论文曾获中国孙冶方经济学奖，并多次获中国金融学会全国优秀论文奖。

主要著作有：《转轨时期中国金融问题研究》、《金融控股公司研究》、《中国私募基金研究报告》、《证券大辞典》等。

占全球人口近五分之一的中国，在连续的 30 年内 GDP 以年均 9.4% 的速度高速增长，人均 GDP 由 1978 年底的 280.4 美元提升到 2007 年的 2460 美元，这是人类经济史上的伟大奇迹。目前，不仅是国人，海外不少专家都在试图解密中国奇迹的内在规律和理论。

对中国奇迹如何进行总结？一种是成就与经验的总结，成就总结侧重于事实与数据。经验总结毕竟不是理论总结，更多的乃是基于中国国情的特殊性，对成功经济转轨中的政策与制度选择方式的分析和判断，但是不具有全球意义。另一种是按照理论思维应有的方式进行纯理论的总结，即试图从 30 年中国奇迹的各种表象中抽象出一组概念，进行理论的概括与演绎，形成与"华盛顿共识"相媲美的"北京共识"，以解释人类经济史上由一种经济体制大规模地向另一种经济体制成功转化、变迁的内在逻辑，并且以期具有全球意义。本人能力有限，拙文并非想就理论总结的全部内容做出回答，只是仅就如何形成渐进改革有效理论的框架？该框架内容应包括哪些基本的内容？谈一些粗浅认识，以抛砖引玉。

一、问题与意义

总结中国 30 年奇迹的理论，首先碰到的是总结视角的差异：是总结经济增长速度快慢的原因，还是总结由计划经济体系向市场经济体系转化、变迁中又能保持经济增长速度相对较快的原因？因为就前者而言，可以基本不涉及经济体制的变化。如当今"金砖四国"中的印度、巴西等国，是在已有的市场经济体制下，同样出现了较高速度的经济增长。就后者而言，是在两种经济体制的转化中，由于转化方式不同，出现了增长过程中速度的显著差异。本文的总结，侧重于如何由于"转化方式不同"而带来经济增长速度的显著差异，如中国与俄罗斯、东欧等国的比较。如果是确实存在较优的"转化方式"，那么其背后有没有理论？若有，是什么？

由社会主义高度集中的计划经济模式向市场经济模式的转化中，不同的转化方式集中于两条：即中国的"渐进改革"道路，同行的是以俄罗斯为代表的一些东欧国家，走上了"休克疗法"的道路。因此总结中国奇迹 30 年的理论，又不可避免地会碰到关于"休克疗法"和"渐进改革"两条道路到底孰优孰劣的讨论。此讨论目前在国际学术界是相当的热闹。① 我估计，这场在中国境内基本没有市场的讨论在国际上并不会马上结束，也许还会无休止地争论下去。这是因为不同环境下生存的人们，对于人类历史文化与累积知识获取的内容和方式的不同，自然对历史事件的认知是永远不可能相同的。同时，笔者潜意识地认为，也许30年的时间还短，如果从50年、100年，甚至更长的时间看，这场争论的结论及意义也许会比我们这一代人更容易清晰地得到。

因为，如果我们不是从仍处于改革过程中所取得的成就数据而是从改革最终制度目标角度看，"休克疗法"和"渐进改革"两条道路的选择，从更长的历史时间看，我相信，其最终结果可能是相同的，不同的是后者艰难地渡过了一个相对的过程（因为走休克疗法的道路，同样存在一段时间内由于产出下降、失业率上升而进行制度不断调整的渐进的过程），最终较彻底地建立了"彼岸"的市场经济体制。因此在后人看来，我们这一两代人围绕改革道路选择的讨论，也许都是多余的。进一步说，我们如果沿着新制度经济学家、诺贝尔经济学奖得主道格拉斯·诺思，其思考人类经济史一万年间仅有两次经济革命这样一种大历史跨度的制度变迁思路分析，即以更长时间的历史眼光思考，当今的全部讨论内容，几乎更是无意义的。因为当今这场讨论的内容似乎都可以囊括在诺思基于新古典经济学方法基础上的产权理论、国家理论和意识形态理论之中。因此，上述的讨论，似乎显得更是苍白、毫无多余的信息。

但是尽管如此，我认为仍需要认真指出的是，世界经济在经过第二次世界大战后近30年的稳定发展，世界经济矛盾已经逐渐凸显，此时如果出现一个后来居上的国家，由于最初改革道路选择的不同，相对于资源有限的地球上的其他国家（不管是原有的市场经济体制国家还是计划经济体制国家），在比较短的历史时期内，实现了人均产出的快速、惊人的发展，及时惠及了全体国民的福利，自然对这一国家获利的一代国民而言，其意义肯定是不言自明。不仅仅如此，更重要的历史意义也许还有：对不同的国

---

① 因为关于"渐进改革"与"休克疗法"两条改革道路孰优孰劣的讨论，在世界上仍难以有定论。在中国也许已是不言自明的结论，但得到世界顶级大学的著名经济学家 Lawrence Summers 以及 Paul Krugman 等的支持，并转而成为国际组织政策建议所指向的，往往仍都在肯定"休克疗法"、"大爆炸式"的改革道路。一些赞同华盛顿共识的经济学家基于华盛顿共识对世界上穷国改革内容开出的政策清单，仍在孜孜不倦地扩充，已由原来的仅仅几条扩展、补充到20条。在看到根据华盛顿共识进行改革的国家经济增长令人失望的窘局，他们的结论仍是：问题不在于改革本身，而在于改革没有走得足够深足够远。这方面的详细论述可参见美国哈佛大学教授丹尼·罗德里克（Dani Rodrik）近年内写的《寻找可行的经济发展战略——对"1990年代的经济增长：十年改革之得失"的评论》，译文见《经济社会体制比较》2008年第2期。

家而言（人口大国或资源大国，也可包括后来居上的经济大国），如果由于最初改革道路选择的不同，在较短时间内迅速提升了一国的经济实力，其结果，基于不同国家的历史、文化诸因素，最后以不同的方式影响了世界政治、军事、文化等人类文明因素，从而在相对较短的历史时期内，改变了世界格局及其发展趋势，当然对全球经济发展甚至对人类历史的演变，可能有着当代人难以估量和预期的其他意义上的历史性影响。由此看，对改革道路选择上的讨论，或许我们不能太近视，不能仅仅局限于当事国一两代人的经济利益。

因为重要的是，人类文明的历史本身又不仅仅是由经济因素所组成的。尽管经济因素决定、制约人类文明社会的其他因素，但人类社会文明的进步往往又是在经济因素与其他因素交错复杂的关系运动中实现的。因此探究人类经济发展史中的重大事件及其影响，同样对探究人类文明史有着重要的意义。尽管一个大国决策者在改革道路选择的当初也许并没有经过这样深思熟虑的考虑。但是历史是不管你是否考虑过，仍在按照客观的进程不断地续写。由此可见，尽管当代人讨论当代事，结论不易显现，尽管上述两条改革道路到底孰优孰劣的讨论，短时间内肯定不会有令人满意的结论，但是作为身经 30 年中国奇迹的中国经济学家和他国对此有兴趣的经济学者，仍有责任去求解发生于 20 世纪末的人类重大经济事件背后的理论。

二、如何研究渐进改革有效理论

如果存在渐进改革的有效理论，就是相对于休克疗法，旨在揭示渐进改革道路中制度是如何变迁的，在制度渐进变迁中又是如何同时确保了产出高速增长，即指明渐进改革道路的有效性。在这方面，我是更倾向于借鉴新制度经济学及其最新研究成果所揭示的分析框架。因为正如诺贝尔经济学奖得主道格拉斯·诺思所说（2005）[①]：

"经济学范式——新古典理论——并非为解释经济变迁的过程而创立。我们生活在一个不确定的并且不断变化的世界，这个世界不停地以全新的方式演化。标准理论在这种背景下解释力有限。"

"新古典经济理论能够解释发达国家的市场运行情况，但是没有解释市场和整个经济是如何演化的。要更好地理解经济变迁的过程，需要弥补新古典经济学的三个缺陷。新古典经济学认为经济是无摩擦的、静态的，没有考虑人类的意向性问题。"

[①] 道格拉斯·C. 诺思（Douglass C. North）：《理解经济变迁过程》，中国人民大学出版社 2008 年版。

"……对于变迁过程的理解清楚地表明了赶超是一个复杂的过程。我们仍然不知道该如何创造将经济规则与正确的激励恰当地配置在一起的政治制度。我们对于复杂制度和政治经济在技术上相互依赖的结构的理解还很不充分。"

"经济学家所坚持的理论是用来处理19世纪发达经济体所面临的问题,那个时期的问题是资源配置。经济学家总是试图将那个理论进行修订以适应发展的基本问题,对于解决本研究(指经济变迁——引者注)所要解决的问题而言,这个理论是完全不适当的。"

可以看出,诺思对于运用迄今为止的经济学范式知识来理解经济制度的变迁是不满意的。道理很简单,新古典理论及其后来的发展,是对市场经济长期发展中复杂经济现象进行高度概括后的抽象,使用以解释经济现象因果变量间的关系,是纯而又纯的经济分析。而人类经济的发展绝不是纯经济因素的单维发展。同样,经济制度的演变是包括经济因素在内等各方因素交互作用的结果。

因此,新制度经济学认为,既然经济学是一门关于人们在稀缺的社会如何进行选择的理论,在一个不确定极为普遍的世界,人民需要通过认知科学、经济学、政治学、法学、社会学以及相关的分析来解决不确定的问题(诺思,2000年)。新制度经济学是想整合相关的社会科学学科,构建一个反映真实世界的经济学理论体系。当然,其中不乏包括了经济学前人所阐述的新古典理论等产权理论。在这方面,诺思从新古典出发,走向研究人的心智结构和认知科学,由此进一步挖掘对制度变迁和经济变迁的理解。阿夫纳·格雷夫(Avner Greif)则是从博弈论角度为研究制度变迁的建构提供了一个新的分析框架。①

中国30年奇迹及其背后的制度演化逻辑同样清楚地表明,近30年内的经济变迁绝非是纯经济制度因素所能概括。所不同的是,诺思等辈经济学家所探索的是整个人类经济史变迁的解释科学(不仅仅是局限于经济学),今天,我们所探索的不是从人类更长的历史跨度,而是从短短的几十年中,并仅仅限于两种不同经济体制过渡过程的特定领域,研究"制度供给"问题,即要从理论上回答,一个计划经济的社会"为什么"以及又是"如何"内在地不断提供相对新的市场导向的经济制度,并同时推动了13亿人口大国人均产出能够保持持续的高增长。这里相同之处,即基本相同的思维与分析框架。也有不同之处,我们当今的探索更是侧重于两种经济

---

① 详尽分析与阐述见阿夫纳·格雷夫著:"自我执行的制度:比较历史制度分析",载《经济社会体制比较》杂志 2008 年第 2、3 期。

形态过渡的特定领域这一较狭窄范围内的制度变迁问题。这恰恰是总结中国奇迹 30 年中与新制度经济学不同的理论要义。

多少年来，中国许多出色的经济学家基于中国的转轨经验，都在努力探索渐进改革理论。[①] 例如，樊纲关于"非帕累托改变和补偿问题"的讨论（1990 年）；盛洪基于科斯"社会成本"理论衍生的"计划权利交易"的观点（1991 年）；张军从中国价格双轨制入手解决中国改革的经济学逻辑（1997 年）；林毅夫关于应放弃现有古典经济学体系中企业具有自生能力的暗含前提的讨论（2002 年）；李稻葵关于渐进改革中政治官僚的合作与激励问题（2002 年），以及其他包括华裔经济学家在内的一批海外优秀经济学家，也在从新古典经济学或新制度经济学的某一角度探索改革经济学理论。对上述一批优秀经济学家观点的评论，我基本同意复旦大学张军教授和盛洪博士的判断。张军教授认为：

"我们还没有关于'如何改革'的全面知识，我们还需要研究'过渡'的经济学"。"从根本上讲，西方经济学只告诉一种最优均衡的结果和状态，但他从来没有面临一个设计、营建新体制的问题（也就是过渡问题），特别是由中央计划经济向市场经济过渡的问题"。"在我们还没有一个现成的改革经济学或过渡经济学的时候，直接从新古典经济学中推论出改革的方式和政策的建议的做法（正如渐进改革的倡导者那样）无论逻辑上还是方法上都犯了'理性的自负'的错误"。[②]

盛洪博士认为：对于正统经济学家来说，近年来在原计划经济国家中发生的市场化改革，与其说是胜利，不如说是挑战……尽管亚当·斯密本人有着深远的历史眼光，在他之后逐渐形式化的正统经济学家却缺少动态特征，它只告诉人们应该怎样，却没有告诉人们如何这样……不少人误以为只要选择对了目标模式，改革就大功告成了。但不同国家的改革实践及其不同后果，提醒我们认识到，市场化改革更为重要的问题，是如何改革的问题。这正是正统经济学所不能解释和没有解决的问题。[③]

那么，具体如何构建较为完整、系统的改革经济学（transformation economics）或称转型经济学（transition economics）、过渡经济学（transitional economics）？早在经济学史上有"演进的理性主义"和"建构的理性主义"

[①] 盛洪主编的《中国的过渡经济学》（上海人民出版社，1994 年第 1 版），较集中地汇集了中国经济学家从新古典理论、公共选择理论、制度变迁理论、产权理论等出发，多视角探索中国经济改革成功的理论。应该说，这些探索都是很出色的。

[②] 张军：《"双轨制"经济学：中国的经济改革（1978—1992）》，上海人民出版社 1997 年版。

[③] 盛洪编：《中国的过渡经济学》，上海人民出版社 1994 年版。

的争论，这场争论的深刻性，最终曾升华到了哲学层面。① 其中，美国马里兰大学彼得·默雷尔（P. Murrell）教授从哲学和世界观的方法论角度充分肯定了渐进式改革的道路。② 近 20 多年来，海外一批学者在这方面也做出了不懈的努力，包括东欧的经济学家和西方的经济学家。在转轨经济研究领域中颇具影响力的美国伯克利加州大学教授热若尔·罗兰（Gérard Roland），曾对两种不同的改革道路选择做过详细的总结性论述。他在挖掘、阐述"休克疗法"（或称华盛顿共识）和"渐进改革"（或称渐进——制度观点）两种道路选择背后的知识和哲学方法基础上，以当代经济学发展新动态为基础③，试图通过描述渐进改革中激励与市场的关系、产权与激励的关系、法律与社会规范的关系、政府与经济组织的关系以及改革中的利益集团关系，以建立转型经济学。但是，罗兰教授在对转型经济学做出一系列理论贡献的同时，却又在怀疑：转型经济学是不是一个专门的研究"领域"？他认为经济学研究可以从三个领域界定，一是对特定问题的限定的特定方法论的研究，如博弈论。但是博弈论的讨论又不仅涵盖了经济学的多数内容，同时也可以涵盖政治学与社会学等多种学科。因此，可以说这只是经济学的一个次领域。二是由特定的现实经济世界领域界定的，如讨论一般均衡、公共财政、宏观经济学等。三是制度经济学，包括发展经济学和经济史。如果把转型经济学定义为一个领域，它显然属于这一组。然而，罗兰教授转而又认为，转型的面显然更窄，甚至可以看做是这些领域的次领域。因为转型是一个正在形成中的历史，迟早又会成为经济史的一个次领域。因此，可以把转型看成具有特殊初始条件下的发展经济学的次领域。④

罗兰教授这一席话，无非是表示了对处于渐变"过程"之中的"非稳态"的经济状态，能否建立与此相对应的、可以完全解释"非稳态"状态

---

① 详细的分析可参见方颖：《俄罗斯式改革与中国式改革的比较：哲学、经济学和改革速度》。载于《世界经济文汇》，1997 年第 3 期。
② 有关这方面内容的中文文献的详细解读，可参见张军与方颖的文章。
③ 罗兰教授认为，"好的转型经济学研究，应当总是得出对经济学具有一般意义上的结论。这一观点之所以是正确的，主要是因为好的模型可以适用于许多不同的情况，还因为经济学家使用共同的工具去分析不同的情况，这些工具有共同的语言。没有理由相信转型经济学所研究的经济的种种相反作用，是与其他的经济的相互作用完全分离的。"为此，他的研究不仅遵循新古典经济学的一般均衡理论，同时尽可能运用经济学研究中的新成果来解释渐进改革的理论基础，例如，不完全合同理论、市场信息不完备理论，等等。
④ 见热若尔·罗兰（Gérard Roland）的《转型与经济学》（Transition and Economics：Politics, Markets and Firms），麻省理工学院出版（2000 年）。文中有些论述又可见《比较》（Comparative Studies），中信出版社 2002 年第 3 辑。

又区别于当代经济学的转型经济学的怀疑。因此，其在几年后的2002年中国人民大学的一次演讲中，索性将其勾画的转型经济学所涵盖分析的政治、市场和企业三大块内容中首要的一块内容称之为"改革的政治经济学的新理论"，并进一步指出，如果要构建这个理论体系，主要包括三个基本要素。一是改革的总和不确定性（aggregate uncertainty），即强调转型经济走向并收敛于市场经济模型并不一定是清晰的。而且，这个不确定性不是一个假设，是一个现实。正是由于对此的不同认识，才产生了"休克疗法"和"渐进改革"具体不同的改革策略。二是改革的互补性。即发达的市场经济国家，其制度已经存在几十年甚至几个世纪，市场经济处于"稳定状态"，不需要竭力去理解市场体制中多项要素的联系性问题。而转型过程中的经济，劳动力市场与商品市场、市场与激励、金融市场之间，政府组织与经济之间，都存在一个经济相关性如何？如何联系与制约的问题。由此，存在一个对大爆炸式改革和逐步改革中改革顺序优劣的评估。三是政治约束。即包括事前的政治约束（改革的可接受性）和事后的政治约束（改革的不可逆转性），两者间要取得均衡，又涉及改革的成本、收益问题的讨论，等等。

笔者认为，如果对在此领域研究颇深的罗兰教授的思想作一主观概括，可以说，其充分运用了现代经济学及其最前沿的理论成果，对渐变的改革过程确实做了大量的精彩的理论解释。但是，罗兰教授同时仍在对转型经济学这个"狭窄的课题"能否建成独立的理论表示怀疑。因为他同时承认：一般均衡理论是我们非常了解彼此依赖的市场之间的相互关系，但是我们仍然不太了解市场经济体系的制度要素之间重要的相互作用关系……在转型过程中，这些关系都在以不同的速度，各式各样的变形，先后不同的顺序以及不同的初始条件演化并逐渐形成。

而且，笔者认为罗兰教授概括的改革新理论的三要素，仍然是静态的，而非动态的分析。因为其更多的仍是在阐述包括政治制度变量在内的各项经济制度变量间的关系，即只是回答了制度动态变迁中的"是什么"（即改革过程理论应包括的"三要素"），并没有回答"为什么"，即各种新的制度变量哪怕是局部的制度变量，为什么会以各种不同的变形状态、不同的顺序、不同的速度，甚至在与其他制度有时不衔接的状态下逐渐的演化？而这恰恰是渐进改革有效理论的内核，是讨论渐进改革过程动态的重要内容。就此出发进行思考，笔者认为，罗兰教授的分析内容尽管可以给人以许多新的启发，但是仍然可以说，其讨论的内容几乎已囊括在道格拉斯·C.诺思的丰富的经济制度变迁理论框架中。

三、理论的边界：过程理论

相对于休克疗法，中国渐进改革强调的是改革的逐步推进。这意味着，由计划经济向市场经济的过渡、转型，需要有一个在时间上不确定的过程。因此可以说，研究渐进改革理论，实质是研究过程理论。

既然是"过程"，其状态肯定是非完全的过程始点前状态，也非完全的过程终点后状态，即非完全的高度集中的计划经济状态，也非完全的市场经济状态。是一个相对于"过程前与过程后"的两种不同状态的中间不稳定状态（非稳态）。此状态完全可以被中国改革 30 年中无数的经济现象所证实与覆盖。因此，作为对这一"非稳态"过程的理论解释，肯定是既非过去的马克思主义政治经济学所能完全解释，也非新古典经济学所能完全解释。

由于"过程"本身是一个渐变的特定过程，是一个由计划经济特质所含的一系列制度向市场经济特质所应含的一系列制度逐步的、局部的变迁过程。因此在这一收敛于市场经济制度体系之前的变迁过程中的任何时点上，往往是某些新制度与某些旧制度的同时并存。自然，以成熟市场经济的结果状态抽象出来的新古典经济理论来解释正处于不同质的"动态过程"的状态，毫无疑问，一定有其局限性。或者，会遇到某些理论假设条件的不成立；或者，会遇到诸如用"公共选择理论——应用于政治学的经济学——在解决政治决策方面其成功充其量是有限的"（诺思，1981 年）等的故事。

讨论到这里，作者似乎感到，要研究解释渐进的、在时间上又具不确定性的改革过程理论，也许不存在与改革过程前与改革过程后相应的马克思主义经济学与当代主流经济学可以相提并论的、能够自成体系的改革经济学理论。如果要说是称得上改革经济学的理论，无非是在改革过程的初期或者中期，在对当代经济学包括新制度经济学在内的经济理论的假设条件或部分内容做出调整后，可以对改革中非稳定状态做出当代经济学的"补充性解释"。然而，随着改革进程中市场制度要素的逐渐增加、转型经济体制中市场成分的逐渐扩大，一些曾经能得到实证解释的"补充性解释"的概念、理论往往又显示其苍白性、短暂性，转瞬即逝，最终仍不得不让位、收敛于逻辑严密的当代经济学。例如，中国改革中承包制为现代产权制度与公司治理制度所替代，原先的 B 股制度转化为现在的 QFII 制度，等等。当然，其中不排除在改革非稳定状态中运用部分经修改调整后的当代经济学逻辑做出的分析，仍是有力的、具有一定时间维度上的现实指导意义。也不排除有的局部性理论解释本身已可基本归结于当代经济学理论的逻辑分析框架。作为这样一种判断，是因为在解释中国经济改革 30 年成功的理论文献中可以列举许许多多的事例。因此，应该可以进一步判断，要研究和形成改革经济学，重要的不是寻找解释"非稳态"过程中经济变量之间能被当代经济学理论解释的"稳态"情景下的因果关系理论，而是应该要寻找解释"非稳态"过程中为什么一项推出不久的新制度会不断地过渡到另一项新的制度，同时又逐步地收敛于最终能被当代经济学完全能充分解释的"稳态"状况下的因果关系理论。

从此意义上讲，本文认为，如果要抽象渐进改革的有效理论，按照渐变的动态过程特质，在新制度经济学的分析框架下（包括运用认知科学和博弈论），重要的是要回答：

1. 为什么在不同阶段（注意，在改革过程中可以不断划分新的不同阶段）的初始条件下，引入市场制度 A 而不是制度 B（这其实是在回答一定的市场制度选择的客观环境条件是什么）？

2. A 或者 B 局部制度的引入，对经济发展与稳定意味着什么？会不会带来什么新的矛盾和新的"非稳态"（这其实是在回答即使选用某项市场制度，当代经济学的解释为什么仍会面临窘境）？

3. 是由于什么原因，或在迫于考虑什么新的制度因素其积极效应后，需要进行什么样的纠错？或者说又为什么必须进一步引入新的市场制度来克服"非稳态"（这其实是在回答当代经济学有力解释的覆盖面在逐步的扩大）？

4. 局部的市场制度的持续引进，最后是如何以及为何必定收敛于成熟的市场经济制度体系（这其实是在回答此时已不存在所谓改革经济学的解释，而是完全可以让位于当代经济学的解释）？

之所以如此思考渐进改革理论框架的重点，是因为迄今关于改革过程的理论基本是局限于运用当代经济学的概念在解释渐进改革，但是渐进改革却又是一个过程，是一个既不能完全被当代经济学理论所解释、又不断收敛于能被当代经济学理论解释的过程。所以，如果说存在渐进改革有效理论的话，重要的肯定是要回答一系列的渐进改革内容为什么会不断收敛于成熟的市场制度体系？并且是如何不断收敛的？这就是要研究的过程理论。

回答上述一系列问题，也许正是建立改革过程理论需要探讨的全部内容和价值所在。因此，从上述问题的提法和括号中提示的内容可以看出，建立该理论体系，重要的不应该是从当代经济学理论框架中去衍生改革经济学理论[①]，而是必须对渐进改革有效性理论自身进行原创性的探讨。重要

[①] 这里无非是想表示对形成独立的、自成体系的改革经济学理论的怀疑。但是丝毫不排除在研究改革过程理论中出现的如软预算理论等（Janos Kronai），不仅对社会主义计划经济模式进行理论分析的贡献，同样对分析当今资本主义现象有着重大的理论意义。

的不是去证明人类经几百年经济活动演化抽象的经济学理论能否有力解释渐进改革过程中经济制度的变迁（只要假设条件具备，经济学理论肯定能解释），而是要寻找转型过程中制度是如何变迁的轨迹理论。就此意义上讲，这一理论特征如上述罗兰教授所说，是对特定问题的特定方法论的研究（如同博弈论），更多的也许是方法论上的意义。

在这方面，其实十几年前，中国共产党决策者基于中国经济体制改革取得的经验，曾经做过经验式的探讨，并且用非经济学的语言做出了精彩的且具东方智慧的总结，即：要处理好改革、发展与稳定的三者关系。[①] 尽管这是非经济理论的语言，但是仔细琢磨，与经济学大师诺思等人有关经济制度变迁的理论解释，背后有着极为相似的思维方式与过程，即思索经济制度的变迁，同样离不开产权制度、政治框架、广义的意识形态理论。这对于亲身经历中国30年奇迹的经济学者来说，这一思维似乎更能体现中国奇迹的真谛和主旋律，更能贴近于解释过去的30年历史，也似乎更能给予我们进行理论抽象以启发。

四、假设的不完全讨论

毫无疑问，大规模的动态的制度变迁过程，一定是在特定的初始条件下开始的。这一特定的初始条件既包括一定的经济制度，也包括一定的政治架构、文化理念、人们的习惯和决策者的认知能力等。如果严格按照道格拉斯·诺思的制度变迁理论中的产权理论、国家理论和意识形态理论分析中国渐进改革过程，则改革过程中的初始条件及其分析的要求将相当复杂。因为，就中国渐进改革最初的1978年以及后来又表现为不同阶段的相对的初始条件而言，都存在特定的政治制度、文化理念、习惯、经济制度以及不同的经济形势环境。就时间维度看，特定的内容条件及其以后分别不同的发展进程而带来的相互作用后的结果，对下一阶段的改革进程其影响意义又是不同的。特别是随着中国渐进改革在20世纪末进一步融入全球化之后，各国经济、政治战略博弈下的世界经济环境的新变化，则情况更加复杂。因此，为了便于渐进改革有效理论阐述的简洁需要，恐怕设定一定的前提条件甚为必要。特别是要在非国人面前清楚阐述在中国共产党执政下解释中国奇迹的渐进改革理论是成立的，而且该理论是存在被其他国家借鉴可能性的，则更需要对假设前提条件有一个交代，特别是对中国共产党执政的问题。因为其他正处于经济体制转型的国家未必是共产党执政。

---

① 即经济体制改革是动力，经济发展是基础，社会稳定是前提，三者是有机的统一。

因此，抽象中国 30 年奇迹背后的渐进改革有效理论，本文首先提出两点假设。

假设 1：国家权力为了追求全体国民经济利益的不断提高，始终愿意主动、不断地修正阻碍国民经济利益提高的有关政治制度以及与政治相关的其他法律制度，并有效地组织不断的市场化改革。

在这里，国家权力可以表示为一党执政，同样也可以暗含不同程度的民主制度和公众投票机制下产生的国家权力。尽管代表国家权力的政治架构的不同，意味着对渐进改革的发动及其进程的推进如同改革中的产权制度一样重要。但是，理论讨论中如果是舍掉了政治架构的具体内容，假设一定政治架构下的国家权力是始终确保追求全体国民经济利益的不断提高，这并不影响而是有利于理论讨论的简洁。在现实生活中，当然不排除在一定时期内肯定存在国家权力同国民经济利益提高的追求发生矛盾的现象。如果存在短时间的矛盾，无非意味着会耽误改革的进程，但是最终仍会以国民经济利益提高为目标而改善国家权力。但是，如果此矛盾激化并长时间得不到解决，尽管本文下面要提出的渐进改革有效理论框架内容可以存在内在逻辑的一致性，但并不意味在该国的改革过程中得到实证，即只是表明该国的渐进改革最终是不成功的。

关于国家权力的理论，按照诺思研究人类一万年经济史后归纳的国家理论解释，包括契约理论和掠夺与剥削理论。诺思是倾向于以契约理论方法解释，产权是能够促进经济的有效增长，能够减少交易费用，以促进社会产出的最大化。[①] 事实上，30 年来中国经济渐进改革初步成功的故事也在不断证明：迄今为止的中国政治架构（为分析方便起见，也包括国家权力主导下的意识形态和非经济的法律制度），确实是推进了中国 30 年经济总产出举世瞩目的发展。30 年中，中国在经济领域不断引入市场制度的同时，也在不断修订与完善有利于产出增长的政治、法律制度；目前中国国家权力机器倡导的意识形态，也是充分地意识到要为适应经济体制改革需要不断推进民主政治体制的改革，并且在实践中也在不断地择机实施。因此，在讨论渐进改革有效理论框架时，设定上述假设，基本上是能够体现理论逻辑与迄今为止中国 30 年历史事实的一致性。展望未来，如果由于假设条件的中断或者不具备而导致渐进改革进程的不彻底、最终的不成功，这并不意味着理论本身的非有效性。

所幸的是，迄今为止中国 30 年改革历史在不断地证明，不仅上述的假设条件与历史事实是相吻的，而且重要的是，30 年改革中国的民福利的明

---

① 道格拉斯·C. 诺斯著：《经济史上的结构和变革》，商务印书馆 2007 年版。

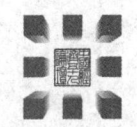

显改善，使得民众在中国必须进一步改革包括政治改革，才能真正实现中华民族的全面复兴，国民利益才能全面提高这一认识上，已经取得了高度一致的共识。这进一步增强了上述假设的客观性，进而进一步强化了制度变迁的内生性。这是中国渐进改革最终取得成功的根本保证。这也是本文提出的渐进改革有效理论可能得以成立的最大支撑。当然，这同样进一步暗示，中国要不断推进渐进改革，确保中国奇迹的轨迹继续延伸，实现中华民族的真正复兴，还必须为适应经济体制的变化而不断推进民主政治的改革。否则，已取得伟大成绩的渐进的经济改革仍将会面临中途夭折的危险。

假设2：渐进改革的市场导向始终是确定的，但是渐进改革具体的过程内容和顺序是不确定的。

中国共产党作为执政党，在引领13亿人口的大国启动这次大规模的持续的改革时，就是想通过确立市场导向性的制度体系以全面提高全体国民的福利，就目标而言，这是毫无疑义的。尽管表现为与经济发展成功的美国、日本、德国等国的市场经济制度体系不完全一样，但是中国共产党基于长期计划经济下"穷社会主义"的深刻反思，对运用市场机制能有效配置资源的信念，是确信无疑的（各个时期的表述可能会不一样）。这一理念的确立，是基于1949—1978年执政近30年的深刻教训，还是一种理念、信仰追求的改变，在此的讨论也不重要。但是，改革从何开始？分几个阶段实施？每个阶段包括哪些内容？多个经济领域的改革顺序如何排列？改革在何时宣布结束？一句话，改革的路途如何曲折，最初是不清楚的，这一切始终体现着不确定的原则。

改革过程内容的不确定假设，表面上看与决策者的思考相关，因为面临13亿人口大国的大规模变迁中经济及必然引致的政治、文化诸制度变迁的复杂性，同时又要担心一国的政治社会稳定，反映了人的认知能力的局限和执政者的某种担忧。其实这种不确定假设，本身又是只要选择"渐进改革"道路而不是"休克疗法"道路的必然，是与"渐进改革"过程的特质充分地相吻。因为整个改革过程中的可能的偶然因素导致的不同阶段、不同领域的局部改革，其结果必然会排列出多种的组合。因此，不确定原则与华盛顿共识的确定原则①正好相反。他客观上容忍被"华盛顿共识"看来似乎是错误的改革顺序。

不确定原则始终贯彻于渐进改革的每个阶段，是一种客观存在，而不是脱离改革实践的幻想假设。因为不将其包括在抽象"渐进改革"有效理论的概念范畴范围内，而予以假设形式存在，有利于概念理论的演绎。例

---

① 华盛顿共识强调"休克疗法"带来的是确定的效率改进。详尽分析可见热若尔·罗兰著《转型与经济学》。

如，最为典型的是，几乎贯彻于长达30年的改革过程中，关于计划经济与市场经济的争论与表述，以及有中国特色的社会主义的表述，始终在争论（相信仍会延续下去）。但现在回头看，似乎又不影响产出的不断增长和国民福利总体水平的提高。当然，此时有人会说，恰恰是因为由于争论才推动了产出的不断增长等。对此，本人想回答的是，第一，这也正说明此假设不是幻想的，是客观存在的，反映了人的认知过程对经济与制度变迁的影响力。该争论是有意义的。第二，从30年改革史看，此类的争论不仅仅局限于计划与市场的争论，还可以举出很多很多的例子。争论——实际上是决策前的人的认知过程——的结果，才体现在可被经济理论概念抽象的大量的经济制度的演化上。是原因导致的结果，而不是结果本身。在此重点是要讨论"结果"间的演化，舍掉原因的讨论并不是否认原因的存在，只是为了"结果"讨论的简洁。因此将类似争论的不确定性设定为假设，只是为了集中从经济制度变迁中的矛盾——演化层面而不是从决策者的认知层面阐述渐进改革有效理论的内在逻辑。

以上是为了理论阐述的抽象需要，做出不确定的假设。其实在中国渐进改革史的背后，在"中国奇迹"的骄人数据背后，客观上也存在似同假设的非经济理论的影子，即就是邓小平"摸着石头过河"的著名表述。这一经典表述的实质，就是对不确定性假设最好的形象解释。要"过河"的目标是确定的，"如何"过河，"摸哪块石头"过河？并不确定。但是这一指导性思想始终隐隐约约贯彻于中国的渐进改革史，又成就了渐进改革奇迹的不断出现。

这里需要补充的是：本文提出的不确定性假设与经济学大师道格拉斯·诺思指出的不确定性不同。诺思提出的不确定性是从人类认知的局限性，从人类学习、人类意识、人的心智结构的高度，指出人类在参与经济变迁过程中形成的外部世界的不确定性。[①] 是最为广义的不确定性。本文假

---

① 诺思教授关于不确定性的论述非常丰富与独到，我才疏不敢随意解释。为便于读者了解其思想，仅摘录几段：

"经济学家自己在这个主题上表现出了很大的模糊性，在很大程度上好像不确定性是一种不同寻常的状态，因而通常的不确定性状态能够保证建立优美的数学模型，二者恰是正统经济学家的特征。但是，不确定性并不是一种不同寻常的状态；它一直是形成整个历史和史前的人类组织的结构变化的潜在条件。"

"社会科学还没有出现可以与物理科学中的定理相媲美的基本'公理'。一个更为基本的原因是我们不断加以改造的世界的非多态经历的本质。"

"随着时间的推移，知识会贬值。"

"在一个不完美感知的世界里，不确定性是知识和制度的函数。"

"我们所构建并试图去理解的这个世界是人类心智的建构物。""人类的建构是'理性'信念和'非理性'信念（迷信、宗教、神话、偏见）的混合体，他们共同影响人类做出的选择。"

详见道格拉斯·C. 诺斯：2007：《理解经济变迁过程》。

设的不确定性,不排除渗透大师的思想方法,但是在此主要专指在探索由计划经济制度向市场经济制度演化的一个特定经济领域内的、短暂阶段上,面临的经济制度演化内容和顺序的不确定性。

本文提出的不确定假设,同样与热诺尔·罗兰教授所讲的不确定性也有差异。罗兰所讲的不确定性是相对于"华盛顿共识"强调的"休克疗法"、"大爆炸式"改革会必然带来产出增长、效率改进而言,指出转型改革是"结果的总体不确定性。即使照搬较好的模式,也可能出错"、"怀疑社会工程"。① 本文所指不确定性,不是指渐进改革总体的结果不确定性(结果体现的方向是确定的),而是仅仅指"过程"的不确定性,包括改革每一阶段性的改革内容和顺序。由此推导出与罗兰教授的不同看法,即并不认为渐进改革是否有效性,"一切取决于改革的顺序"等观点(详细分析见下文)。

五、粗浅认识:概念与演绎

理论,是在对现实世界中一系列繁杂现象抽象出若干概念的基础上进行的逻辑推论或者实证推论。因此,要建立渐进改革有效理论,同样首先要从中国经济改革 30 年中繁杂的、时而是倒退、时而又是循环的繁杂的历史事实中,抽象出能概括上述大量现象的特征概念,才能由此展开不管是实证的还是理论的逻辑演绎。

目前,海内外不少经济学家已经对中国 30 年改革总结做出了相当大的努力,对渐进改革现象有着许许多多的概念抽象,譬如:双轨制、二元制、增量改革、体制外改革、计划权利交易、非帕累托改进、企业内在自身能力质疑等。但是,理论或者说理论规律是人们对经济现象的抽象,是人的感官直接感觉不到的。感官能感觉到的不是理论。例如,抛向空中的苹果、石头等任何物品都自由落地,眼睛能看到,但地球的万有引力规律是感官感觉不到的,是思维的产物。例如,某村相对去年,今年西瓜产出减少 1 千公斤,市场购买量增加 500 公斤,价格就上涨,这是经济现象,理论规律是供需决定价格。又如,中国改革中突出的事例有,最初乡镇企业的崛起、价格的双轨制等,这些都是渐进改革中的制度现象,而不是促进渐进改革成功背后的制度变迁理论,即理论要回答的是,价格双轨制度为什么以及如何变的,其结果为什么能促进渐进改革的成功?所以,实事求是地说,如果要对上述概念进行评论,首先,要看这些反映经济现象的特征概

---

① 热若尔·罗兰著:《转型与经济学》,北京大学出版社 2002 年版,第 307、308 页。

念，能不能全部囊括解释改革过程中频频出现的、实体经济和虚拟经济中大量的繁杂现象？也就是说，是不是真正体现了理论概念应具的高度抽象特征？从系统理论角度看渐进的改革，这些概念同时是不是具备了反映客观经济系统在渐进改革过程中应该存在的改革动力、信息反馈与决策改善三个重要环节的内在联系性？对此，可以说仍存在可以进一步推敲的余地。

其次，我们知道，一个理论体系，是包含若干个概念，应该存在若干概念间内在的可演绎的逻辑。过程理论则要求概念能够体现改革从始点向终点演绎的全过程特点，即能不能反映"过程"改革中一概念向另一概念演绎中必然收敛、逻辑一致这一最显著的特点？如果由此看，可以说迄今涉及渐进改革过程理论的文献，提出的一些概念似乎又多少显示出是零星的、断裂的、不够完整的。某个概念确实在解释经济中某一个领域、改革中某一侧面、某一阶段是成立的，但仍不能囊括改革全过程的内在逻辑。

所以，本人认为，如果试图建立渐进改革有效理论，对经济学家既是挑战又是几乎接近机遇边缘的事。首先，要能抽象出一组能够囊括解释整个改革过程现象的概念，即每个概念自身应能基本抽象反映改革的全过程，而不是短暂的、片断的。例如承包制能反映20世纪80年代的企业改革特征，却不能反映当今企业改革的全部内容。例如双轨制，即使在解释迄今为止的商品价格现象仍有空间，但在描述资金价格上已显示其解释力不足了（起码与商品价格比）。其次，运用这组基于大量经济现象抽象出的概念能做出哪怕是自圆其说的逻辑演绎，即能解释从计划经济的始点必然能过渡到市场经济的终点。而且，由于是研究渐进改革过程的有效理论，重点是过程，所以可以想象，这些概念应该肯定是有别于当代成熟经济学的常用概念。作者下文以大胆而且可能粗浅的探索，试图先提出若干概念，以概括中国30年奇迹背后渐进改革的全部现象，并展开理论的演绎。

概念1：非一致性。非一致性是指相对于马克思主义经济学和当代主流经济学体系的内在逻辑的严密一致性而言，渐进改革过程中的诸种经济制度之间，往往在理论逻辑上存在矛盾的、阶段性的非严密性。

就是说，如果我们不从价值判断的是与非出发，即不管是马克思的经济学由劳动价值论、剩余价值论推演至资本主义经济的困境及其破灭，还是当代主流经济学的产权理论、新古典价格理论、推演至一般均衡理论，两者都存在严密的逻辑体系，而贯彻于整个渐进改革过程中不同阶段的经济现象非一致性的制度特征，往往既是计划的又是非计划的，既带有市场属性，又带有非市场属性。例如早期改革中的承包制，中期改革的股份制，当前改革中的金融市场体制，等等，往往表现为既是对计划经济制度的一种改革，却又带有非彻底改革的特征。为什么会产生这一特征？其原因是

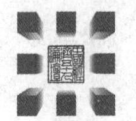

"渐进"、"过程"的特质本身所决定。只要一旦是选择了渐进的而不是一次性"大爆炸式"的、局部的而不是整体的改革道路，此特征现象的出现就是必然的。因此，一国经济在打破了马克思经济学指导下的均衡但又尚未完全归属于另一当代经济学指导下的均衡之前，其经济制度难以简单为某一接近完美的理论逻辑体系所能解释。而进一步理解非一致性的特征，需要关注以下若干命题：

第一，非一致性是渐进改革理论的首要特征和初始条件。在上述假设2的前提下，改革的最初和改革过程中的某一阶段，如何启动改革，并不是确定的。决策者往往是基于对市场经济最初的初浅认识、从过去计划经济下长期被压抑的人的积极性以增加产出出发，又基于转轨中可能产生大量问题的担忧、政治社会基本稳定的考虑，博弈（尽管主观上并非是刻意在运用博弈理论）并寻找能解决当期问题的制度突破。即由于往往是选择了突破口而不是全部，即选择了部分制度改革，而不是全部制度的改革，打破了原有的均衡，自然产生了非一致性特征。而这一特征本身又酝酿了下文所说的纠错性特征以及渐进改革可能产生的全部矛盾，所以非一致性是渐进改革的首要特征。这一状况，似乎在中国改革30年中，在企业、金融、贸易、财税、价格等任何领域都可以举出生动的例子。同时，非一致性又是渐进改革的初始条件。因为从纯经济制度的本质特征而言，形成非一致性特征前的经济就是计划经济，如果由此再去讨论初始条件到底是什么，就"过程理论"边界起点而言，即讨论非一致性前的计划经济的初始条件是什么？是没有任何意义的。

第二，非一致性带有一定的偶然性。尽管非一致性是贯彻改革全过程的特征。但是，当决策者基于一国政治、文化和经济状况自身条件等各种因素，在改革最初阶段或改革过程中非一致性矛盾充分体现的某一阶段，在经济体系的相关领域选择何种改革措施，往往是在平衡社会稳定、经济产出关系之后，选择对社会震动最小、短期产出最大的经济制度矛盾焦点进行改革，加上均衡博弈中决策者的认知局限，最终选择的改革措施完全可能不一样（遗憾的是社会发展无法实验与重复），是带有一定的偶然性。因此，不管是何种不同的措施，由于是渐进、局部的改革，加上是特定的动态的各种因素博弈的结果，非一致性必然具有一定的偶然性。就此意义讲，决策者最初选择何种改革方案并不是至关重要，因为从一理论体系的概念演绎角度看，毕竟选择的任何改革措施都可以容忍非一致性的存在，意味着是渐进改革的首要特征和初始条件。由此进一步从实际改革分析，判断渐进改革的成效大小，理论上可以存在一个先后的顺序，但是实际经济变迁中偶然的带有非一致性的非最优选择并不可怕，也是客观的存在，按照理论逻辑其又是暂时的、过渡性的。

第三，非一致性特征不仅贯彻于渐进改革的全过程，同样也体现在渐进改革过程中的方方面面。它既表现在企业改革、价格改革、金融财政改革、会计制度改革等领域之间制度的非一致性，也表现为企业改革、价格改革、金融财政改革、会计制度改革等领域自身内部各项制度间的非一致性。而且在不同的改革阶段，非一致性的程度又是不同的。但是随着改革深入，非一致性是逐渐趋于一致性。

第四，非一致性恰恰是渐进改革的持续动力源。相对于过去的计划体系，部分制度的演进尽管重视与激发了个人出于物质追求的生产积极性和分散决策的能动性，可以表现为总体产出的阶段性增长，但是与此同时，因为是部分制度演进的同时存在部分制度的原封不动，结果必然表现为总体制度体系内显现矛盾、冲突的特性，表现为相对的低效应和经济稳定的内在风险性，例如改革初期的高通货膨胀。此时，在假设1的条件下，决定了必须进行进一步的改革，才能克服总体制度体系的矛盾与宏观经济的不稳定，由此又推动了改革。因此可以说，不断改革的动力种子本身已深埋在非一致性中，是内生的。

第五，非一致性并不影响总产出的增长。只要总体制度体系的矛盾、冲突的负面影响小于部分制度演进后累积的正面效应，总产出仍能延续阶段性的增长。

第六，非一致性意味着宏观经济运行隐藏着不稳定的风险因素。由于在渐进改革过程中始终存在程度不同的制度性矛盾，表现在实际经济运行过程中，必然存在宏观经济均衡上不稳定的潜在危险。可以说这也同时始终贯彻于中国奇迹30年的历史中。也正因为如此，在经济总产出上中国可以表现为全球的最优，但在以"华盛顿共识"为代表的西方理论逻辑解释上，中国的改革往往表现为非最优的，或者甚至是不及格的、解释不通的。

"摸着石头过河"，既是渐进改革不确定性假设的最形象的表述，严格说，又是渐进改革策略的指导思想，或者说是一种改革方式，是一种方法论。而非一致性恰恰是这种渐进改革策略、方式下的必然结果。例如说增量改革、双轨制、非彻底产权改革的承包制以及股市上A+B股、股票非全流通等制度现象，都是上述"石头论"的体现与表象。在理论特征上都可以归属于非一致性。

概念2：纠错性。纠错性是指不断地对渐进改革过程中经济制度之间显现的矛盾及其表现的总体经济运行不稳定的解决与矫正。

渐进改革中纠错性特征产生的原因，就本质而言，不完全取决于改革

决策者的认知能力（当然不否定某一时段上改革决策者的认知能力出现明显的错误而导致纠错的需要），而是渐进改革自身内生的，是由上述第一特征所决定的。由于渐进改革是制度的部分演进而不是整体经济制度的同时改革，存在着非一致性，所以必然引起改革中整体制度内多项制度间的摩擦、矛盾，从而引起总体经济运行的不稳定，这就决定了由一国改革中政治、社会稳定所要求的，经济要稳定发展，必须进行及时的纠错。其实，中国渐进改革中各项试点及特区的设立，是理解纠错特征的最好案例。

而且，中国30年改革过程在不断表明，纠错的直接动因，绝不是因为改革的措施与"近乎理想"的当代经济学优美逻辑发生矛盾时需要纠错，而往往是为了解决当时经济运行中的稳定与产出的矛盾，迫不得已进行纠错。由于是由上述的直接动因决定了纠错时具体的市场制度的选择，因此，其结果必然不存在按华盛顿共识看来是唯一最优的内容和顺序。往往是有什么问题，就解决什么问题。什么问题突出，就先解决突出的问题。因此，鉴于假设2的存在和渐进改革首要特征——非一致性——的内生性，纠错的结果，又会产生新的阶段性的非一致性，即又埋藏了进一步纠错的内在需求。从表象看，纠错的结果本身与成熟市场制度体系比，似乎可能又是扭曲的。然而，因为纠错是间接性的连续。尽管没有一步到位，但是从整个改革过程看，在制度体系的市场导向属性方面，纠错的需求和频率却逐步趋于减少。从总体趋势看，不断纠错的结果，整个制度体系中的市场属性成分在不断地向前迈进。纠错特征是内生的，同时不间断的纠错本身又推动了改革的进程。

由于整个改革过程存在纠错性特征，今天再回顾30年的过程，必然产生以下的结论，就不会感到奇怪：

第一，从改革的市场导向看，30年的改革进程往往是走走停停，反反复复。因为具体在纠错的某一时点上，当宏观经济运行出现不稳定，过去实施的部分改革性措施可能暂时停止实行，恢复原有的制度措施；或者是新的制度改革措施暂时搁浅，不敢及时推出；或者以暂时的补充政策制度扭曲了正在执行的市场制度。

第二，纠错的过程中在多大程度上掺有非最终市场导向性改革意愿所指向的非市场化制度与政策，这是基于假设2，以及基于先期部分制度改革中带有偶然性的制度间衔接的复杂程度及其决策人的认知能力有关。因为不能排除在每个改革阶段上，最初部分市场制度的引入，往往是始于引入当代经济学抽象理论本质意义上的制度（即照搬西方国家部分制度），或者是误解了市场经济，如仅从产权、价格市场化入手，又鉴于世上缺乏渐进改革经验可供借鉴，忽略了应同时引入配合关键性市场制度引入所需要的其他要素、中介因素等制度，引起了改革结果的事与愿违或总体经济的不稳定，事后不得不采取暂时的"矫枉过正"的临时行政措施，或者以推出新的制度措施予以补充纠正。

第三，纠错特征所呈现的另一重要现象，是为海外人士所经常批评的中国法治的不健全现象。其实这是误解。在过去的30年中，中国各级政府、各个部门在探索市场制度体系中，并不是没有追求法律层面的制度规定，可以说曾制定过成千上万、几十万种法律、法规、规章、暂行条例和暂行规定（在此方面国人没有人能精确统计清楚，海外人士更是几乎不甚了解）。无非是在追求法治经济过程中，不断地废止原规定，推出新规定，不断地进行修订包括法律层面的约束制度。新旧制度无数的交替，是如此的频繁，在法治健全的成熟市场经济中也是难以理解与碰到的。

第四，纠错的具体时点选择，往往取决于前阶段部分改革的制度体系扭曲程度的集中暴露时间、暴露程度和决策人的认知能力、决策机制。此种现象在30年中可以举出大量的事例。而这种状况的优劣，又放大了渐进改革纠错内生特征所引起的改革"走走停停"、"反反复复"的现象。

概念3：收敛性。是指由一致性和纠错性特征所决定，渐进改革过程中的经济制度总和是不断地收敛于成熟的市场经济制度体系。

由于渐进改革过程中某一时点上总体经济制度体系中各项制度的非逻辑一致性，迫于经济总产出增长和社会稳定的压力，即纠错是内生的，必然产生纠错的需要。纠错的过程中不管出现何种曲折，存在何种程度的不确定，但由于方向始终是明确的（假设2），就是要不间断地以体现资源配置效应最大化原则的、新的也许仍是局部的市场制度，不断地替代原有的计划制度，其制度不断更替的累积结果，整个经济制度体系必然会逐渐收敛于体现社会资源配置效应最大化的市场制度体系。因此，这一特征，可以说是上述假设与两个特征的逻辑必然。

目前，中国渐进改革到了2008年，仍处于收敛尚未达到终点的过程之中。但是从30年过程现象可以充分证明（见图1）。第一，收敛是一个连续不断的对非市场制度纠错的过程。那是因为纠错不是一次结束，而是表现为一个在时间维度上连续的间断的点，是不断纠错的集合。第二，在纠错、收敛过程中，不排除在某一时段上非市场制度因素成分时而会放大（实际经济现象中似乎表现为改革的倒退），但总的趋势是不断趋于市场制度体系。例如图中表现为A点体现的阴影部分比B点体现的阴影部分要大。也就是说，在收敛于市场制度体系前，实际运行中可能存在个别制度在相对某一定时点前是不充分的体现市场因素，但从较长的时间历程看，个别制度的加总仍是体现收敛于市场制度体系，即纠错的方向是收敛的。第三，总体经济中各个领域的制度收敛速度可能是不一样的,具体表现为总体制度体系中局部制度之间的改革次序、速度的不一样,但由于上述纠错过程是不间断的,因此最终仍会表现为总体的收敛性。第四,部分制度的收敛结果,不断暴露渐进改革中的新的非一致性,从而推动了新的纠错过程的产生,这是不断累积的制度变迁的动力,增强了总和收敛的势能。最后,与当代经济学的关系而言,在最终收敛时点上,制度变量间的因果关系,可以为当代经济学静态式的充分描述,理论解释的可信度基本确立。但是在此之前,阶段性的收敛点从总体上说,C点比D点往往体现更多的非一致性特征和纠错的内生性或者进行适当的补充性解释。如果此时运用当代经济学进行理论解释,往往需要增设更多的假设条件。与此同时,从B点(以及更多的B点)出发,开始了新的改革阶段,开始了趋于A点(以及更多的A点)的新的收敛循环过程。正是由于上述的收敛特征,决定了整个渐进改革的过程是阶段性递进的、反复的和有效的。

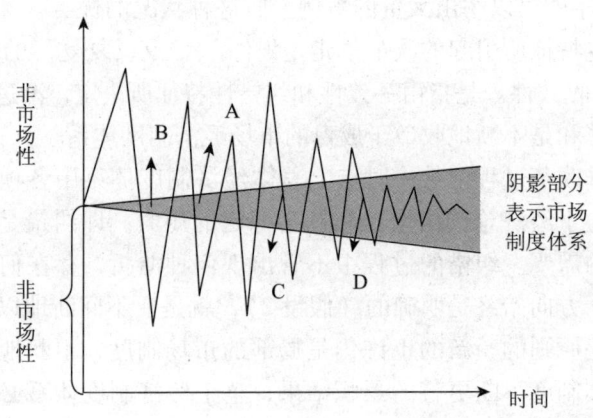

图1 渐进改革收敛图

当然,收敛是有条件的。从本文阐述的过程理论看,不确定假设下的渐进改革必然内生非一致性特征;非一致性产生新的改革动力;必须进行在时间维度上表现为间断性的内生性纠错,不管在纠错过程中会否出现暂时扭曲性的纠错,从总体结果趋势看,仍是逐渐趋于市场制度体系总和。因此,从理论上可以说,只要改革一经启动,就容易走上不归之路。问题的关键,改革能否持续下去,最终能否成功,不仅仅取决于经济制度演化的内在动力,同样需要有政治的推动。因此,收敛必须有假设1的条件,要有国家权力不断推动的保障。当然这里不展开关于国家权力内容本身是个动态发展过程的讨论,即随着市场经济制度的变迁和市场因素的增多,必然会对国家权力内容发生冲击与改善,假设1的条件因素构成发生变化,目标市场制度体系变迁中的内生性和自我执行能力在不断的放大。但是，在渐进过程中，一般而言，如果缺失假设1的条件，不排除在一定时点上尽管已经历经不间断纠错的累积，整个经济制度体系最终仍不会收敛于市场制度体系。

六、需要进一步回答的三个问题

（一）理论演绎与实证论证的关系

汇总上述两个假设和三大特征性理论概念及其演绎，应该可以说基本可以抽象反映整个渐进改革可能呈现的全部经济现象，基本可以反映渐进改革是一个不间断递进且收敛的过程，从而是有效的过程。但是，因论文篇幅关系，上述的讨论还仅仅局限于理论概念的粗浅演绎，缺乏详细的实证演绎，包括可能的数量建模。

中国30年的改革过程是极其丰富的。抽象理论如果能够确立，自然为实证演绎和数量建模提供了基础。当然详细丰富的实证演绎和精确的数量模型，能进一步佐证理论的演绎，使得国人与海外人士能够更深入了解占全球人口近四分之一的中国30年奇迹，绝非是人类经济史中的偶然片段，绝非一切都是歪打正着，而是背后存在理论的必然。本文撰写的目的之一，是希望有更多的人士能参与渐进改革有效理论的创建研究之中，特别是进一步丰富实证的演绎和建立数量模型。

（二）理论与经验的关系

抽象理论的讨论不同于经验、启示的讨论。理论具有一般性，可以不分国别，是事物现象的本质抽象，具有普世价值。经验是人们不断趋近于理论本质的主观选择行为。不同国别情况不同，基于理论，自然有一般的经验与特殊经验之区别。这里结合中国奇迹30年的实践，也试图对中国渐进改革成功经验以初步的、概略性总结，从另一意义上以区别理论与经验的差别。

1. 有力的领导保证。[①] 假设1本身是极其重要的经验。假设1表明，渐进改革的成功，决策者的气魄、战略思维、务实态度至关重要。在中国，

---

① 由2001年诺贝尔经济学获得者迈克尔·斯彭斯（Michael Spence）和罗伯特·索洛教授（Robert Solow）参与2006年4月成立的世界"增长和发展委员会"，历经两年工作，对全球第二次世界大战后13个经济体、连续25年、保持年均7%的经验研究，概括普遍存在的五条经验是：高效政府、市场机制、参与全球经济、高储蓄率和教育、医疗和住房等基本服务。

迄今为止30年渐进改革中共产党执政的正确，以及改革之初邓小平的第一推动作用、伟人在历史上的地位与作用，需要认真的评估。

2."摸着石头过河"是体现了人类认知的科学真理，是推进渐进改革最有效的指导原则。假设2的客观存在表明，面对巨大且长时间持续的改革工程，改革知识的缺乏是必然的，但并不可怕，关键是要有正确的认知。不教条主义，不迷信抽象成熟市场经济制度背后的静态的书本知识。特区试点是个极其丰富的案例。

3.渐进改革中改革内容和顺序的具体选择要从实际出发，切忌从书本出发。不管是改革的最初时期还是改革中又一新阶段的开始，选择什么内容、遵循什么顺序进行改革，最优的方案绝对不是从最优经济理论体系中的逻辑起点开始，绝对不是从"华盛顿共识"的最优顺序开始，而是以提高国民福利待遇为目标，从平衡改革、发展、稳定三者间关系出发，寻找最容易解决、社会震动最小的现有制度矛盾焦点，瞄准市场化方向，选择改革措施。如中国早期的农村改革、外贸外资政策的开放和面向居民消费品生产企业融资激励政策的首先实施。这是上述第二条经验在具体改革政策选择中的延伸。

4.渐进的改革要正确处理好市场与政府干预的关系。务实的渐进改革特征决定了，市场化改革不可能一步到位。因此，为了保障改革过程中的宏观平衡，不必在乎世人议论市场与非市场的混合弊端、改革的不彻底性。要鼓励区别于"华盛顿共识"的各国制度渐进式的创新。"双轨制"、"增量改革"、"政府部分干预"、"部分行政管制"等制度安排，恰恰是中国渐进改革某一阶段上最优的策略选择和"亮点"。

5.要正视改革中必然产生的谬误与倒退，这是渐进改革的必然。是纠错性特征所决定的，是副产品，不必大惊小怪。关键是要坚定不移地以改革的态度、市场化的思维，不失时机地解决改革中的问题；以全球化的视野、开放的态度、在参与全球化中壮大一国实力。

6.取得改革与发展、稳定的均衡博弈，是渐进改革操作艺术的灵魂，是中国渐进改革的主旋律。改革为了发展，是手段，发展是第一要务，是目的。只有经济的不断发展，才有实力解决渐进改革所必然带来的问题，才能保障社会的稳定，才能引导更多的人拥护改革，推进改革。改革又必须兼顾宏观的总体稳定和社会的稳定，稳定是基础，是保障，社会不稳定，改革将难以深入，最终将影响到发展这一根本目的。

7.经济学的基本问题是解决公平与效率的关系。效率有动态效率与静态效率。渐进改革相对于"休克疗法"，从表象上更容易产生利益主体分配的不公平。① 因此，阶段性地不断调整利益分配以及人均 GDP 达到一定水平后及时解决居民教育、医疗、住房和社会保障等问题，是渐进改革持续性的源泉和保证。

8. 大国改革（人口或资源大国）不同于小国改革。一旦大国改革启动且经济实力明显提高后，将影响世界经济格局，包括产业格局、产品格局、进出口格局以及由此到来的投资格局和货币格局，引起世界多方面的摩擦与冲突，从而又反过来影响大国自身改革与发展策略的选择。因此，为了确保改革的持续性，在进一步的改革步骤、政策措施选择上，既要确保连续性改革中的自身利益，又要兼顾国际经济秩序相对稳定中的他国利益，为此，在保持全球经济秩序相对稳定的过程中，必须寻找有利于自身持续发展利益的新的改革着力点均衡。

（三）渐进改革有效理论与当代经济学的关系

当代经济学中新古典理论是对成熟市场经济制度下经济现象间因果变量的理论抽象。渐进改革有效理论要解决的是，对完全收敛于成熟市场经济制度之前的经济制度变迁过程的理论抽象。前者专注解释静态下经济现象之间的因果关系。后者专注解释计划制度"为何"、"如何"演化为市场经济制度的制度变迁的因果关系。可见理论研究的对象与着眼点并不完全相同。经济制度决定经济现象，不同的经济制度决定了不同的经济现象。由于渐进改革本身又意味着在持续不断地引入市场制度，在表现为改革的一定时点上，经济制度体系总和往往是混杂的，因此如前面所述，当需要解释渐进改革中的经济现象间因果关系时，需要在对新古典理论的假设条件或部分内容做出调整后，仍可以对改革中"非稳态"状态做出合理的"补充性解释"，而且不排除有些解释是有逻辑分析力的。特别是当一国经济制度体系中市场经济制度成分日益增大的时候。

相反也应该看到，抽象转轨经济与渐进改革经济现象的一些经济概念中，同样又在不断地丰富新古典理论。这些概念未必是渐进改革制度变迁现象的精确抽象，但是对解释一般的经济现象间因果关系仍是有力的。例如科尔奈（1980 年）提出的软预算约束概念，从银行救助问题（美国 20 世纪 80 年代的储贷危机、瑞典 90 年代早期的银行危机）到东南亚危机，这类研究对更好地理解存在软预算约束的资本主义体系也是有贡献的，其解释力已远远超出转轨国家和渐进改革的范围。② 上述正反两方面的事例，

---

① 在华盛顿共识看来，局部改革即渐进改革为给特定集团带来寻租机会，滋生腐败。
② 热若尔·罗兰著：《转型与经济学》，北京大学出版社 2002 年版，第 319 页。

在全球许多转轨国家研究中可以举出很多。

当代经济学中的新制度经济学及其结合认知科学、心理学和博弈论的前沿研究框架,对于专注研究动态制度变迁过程的渐进改革有效理论而言,无疑在分析框架上,是丰富的宝藏。尽管本文在阐述渐进改革有效理论时,把政治制度因素作为前提引入假设条件,在阐述三个理论特征时没有从认知科学、心理学和博弈论理论展开对决策者认知的详细分析,但并不是否定与排斥这一系列因素的客观存在。应当承认在这方面,中国30年的改革实践,同样可以举出许许多多的事例。本文只是专注于表现经济制度自身变迁的分析框架。

但是,新制度经济学及其前沿研究成果,毕竟是以人类经济变迁和制度变迁为对象,是从最为广义的、更为抽象的、全视角因素进行研究,试图构建综合的社会科学。其重点不在于封建制度向资本主义制度、向社会主义制度如何过渡转化的过程,也不在于计划经济制度又如何向市场经济制度过渡转化的特殊过程。而本论文阐述的渐进改革理论恰恰是基于新制度经济学的分析框架,探索上述的"特殊过程"理论。由于研究的着眼点不同,自然在分析的框架和运用的概念范畴上会有所差异。

当然,仍然不能排除渐进改革有效理论的研究,有助于丰富新制度经济学理论。例如,强调市场和价格理论转向合同理论、重视社会和政治环境因素,可以激发对市场经济体系中不同制度互补性的重新认识。[①] 以非一致性、纠错性和收敛性为特征的渐进改革理论同样可以丰富制度变迁理论的动态性研究。

最后,毫不回避地说,不管是谁,如果能够对中国渐进改革30年伟大奇迹案例构建出理论逻辑框架,肯定有助于丰富当代经济学。本论文仅仅是做出初步的探索。

---

① 热若尔·罗兰著:《转型与经济学》,北京大学出版社2002年版,第319页。

中国经济50人论坛
Chinese Economists 50 Forum

我所经历的一场"财政革命"

——财政国库管理制度改革出台前后

肖 捷

肖捷简历

国家税务总局局长

1957年6月出生，辽宁开原人，博士研究生，1976年3月参加工作，1985年8月入党。1976年3月到北京市机械局机械研究所、机电研究所当工人。1982年9月毕业于中国人民大学财政系。

从1982年9月起，历任财政部综合计划司长期计划处干部、财政部综合计划司长期计划处（长期计划预测处）副处长（1987年11月至1989年4月赴联邦德国进修）；财政部综合计划司长期计划预测处处长（1991年10月至1992年10月挂职任辽宁省阜新市计划经济委员会副主任）；财政部综合计划司副司长；财政部综合与改革司副司长（1992年9月至1995年7月，财政部财政科学研究所财政专业在职研究生学习，获经济学博士学位；1994年9月至1995年7月，在中央党校一年制中青年干部培训班学习）；财政部综合司司长；财政部国库司司长；2001年9月任财政部副部长、党组成员，中国红十字会副会长（2004年10月任），中央保健委员会委员（2002年7月任）；2005年7月任中共湖南省省委常委、常务副省长。

2007年8月至今任国家税务总局党组书记、局长。

在30年波澜壮阔的改革开放历程中，财税改革始终是经济体制改革的主战场。从1998年开始，财税改革从以往侧重于收入分配制度转向以支出管理制度为重点，陆续进行了部门预算、国库集中收付、政府采购等项制度改革。由于工作关系，我亲身经历了国库集中收付制度改革，深切体会到这场"财政革命"① 给我国财政支出管理制度带来的前所未有的巨大变化。

一、新世纪面临的新任务

1998年，在改革开放20年之际，我国政府机构进行了一次重大调整。九届人大一次会议后，国务院各部委机构改革按照中央的统一部署有条不紊地进行。当时我任财政部综合与改革司司长，主要职责是研究宏观财政政策、制定中长期财政发展规划，以及从事综合性财政改革等工作。在新千年到来之前，我曾先后接手负责两大综合改革的具体工作，一个是交通税费改革，主要是准备出台燃油税取代养路费等相关收费，规范政府收入分配秩序；另一个是农村税费改革，旨在减轻农民负担，进一步解放农村生产力。燃油税改革在完成方案制定和立法程序后，由于种种原因至今尚未出台；农村税费改革在取得良好开端后，于2006年实现了我国历史上第一次全面取消农业税。

新的挑战曾让我忐忑不安

进入新世纪后，财政部根据建立和完善公共财政框架的需要，为继续理顺内部工作关系，再次进行了内设机构调整。2000年6月上旬，财政部主要领导和分管领导通知我，部内准备成立国库司，将调我任国库司司长，一方面要把财政国库工作重新整合起来，另一方面要准备推进国库管理制度改革。随后，部党组宣布了内设机构调整和任免决定。接受这一任务，对我来说是一个全新的挑战，我感到压力很大，主要是对国库管理制度改革缺乏概念，不知从何下手；同时，由于还有两大改革任务在身，担心可能顾此失彼。

6月中旬，财政部分管领导就如何开展好这方面工作又给我做了交代，总的精神是，在市场经济条件下，财政支出管理的重要一环就是国库管理。过去我们对市场经济条件下如何运转国库不太了解，近几年收集了一些国外信息，知道了大概情况。部里成立专门机构负责国库工作在我国是开创性的。明年改革要起步，方案要整体设计、分步实施，选择好突破口。要考虑可能遇到的风险，并充分估计改革的阻力会很大，责任也很重。这番

---

① 财政国库管理制度被经合组织（OECD）称为"财政革命"（Fiscal Revolution）。

谈话，对我们深刻理解为什么要进行这项改革和怎样推进改革，提供了十分有益的启示。

财税改革重点的逐步转移

回顾十一届三中全会以后财税改革的发展历程，经过初期不同时段的过渡性安排和多年准备，1994年进行的税制和财政分税制改革奠定了我国现代税制和各级政府间财政关系的基础。这场改革的巨大成就和历史意义，已经从近15年来我国经济发展的辉煌历程中充分展现出来。同时，新的税制和分税制财政体制的实施，缩小了我国与发达市场经济国家在政府收入筹集和政府间财政分配关系上的差距。比较之下，财政支出管理制度改革明显滞后，原有的财政国库管理制度已经适应不了市场经济条件下公共财政的发展需要，粗放式管理的弊端越来越凸显。一是预算单位自行、分散和多重设置财政资金银行账户，各单位的财政资金账户与财政国库账户互不关联，相当于一级政府不止一个国库，而是有成千上万个大大小小的国库；二是大量政府性收入由征收机关和执收单位通过设置过渡性存款账户收缴，多层次、多环节管理财政性资金；三是财政支出通过各级预算单位设置的银行账户层层拨付，各预算单位分散持有和管理财政支出现金流量。概言之，这种制度安排虽然可以调动收入执法部门和预算单位参与公共资源管理的积极性，但必然会导致资金管理分散，收付效率不高，缺乏有效监管，乃至滋生权力寻租问题。

在现代社会，政府公共支出管理始终是民众关注的焦点。由于公共品具有非营利性、外部性和非排他性等特征，社会发展需要政府以适当的方式掌握必要的资源为社会提供公共产品和服务，以实现维护社会秩序、促进社会公平、为实现经济长期稳定发展提供动力等目的。在市场经济条件下，政府所期望的目标能否实现，或者说政府的行为是否有效，首先取决于政府在参与配置资源时，是否能为社会健康发展提供支持，即财税政策是否正确。同时，还取决于政府的各项政策在通过预算安排来体现的过程中，公共支出管理是否有效，包括支出的有效性控制，资源的有效性利用，管理的有效性运作。财政国库管理在很大程度上决定着公共品提供过程的有效性。因此，市场经济国家都注意通过改进国库管理方式来完善公共财政管理，进而更好地履行公众赋予的受托责任。在我国前20年的财税改革中，公共支出管理制度基本没有进行大的调整，财政国库管理也处于制度安排落后和主体功能缺位的状况。因此，随着市场经济的发展，财税改革的重点必然会逐步转移到公共支出管理制度上来。这也映射出在我国改革开放进程中，人们的认识在不断深化的历史特征。

二、研究借鉴发达国家财政国库管理先进做法和成功经验

在中国特色市场经济体制下，现代国库制度究竟如何建立和发展，无论是着眼于制度设计还是操作实施，都需要首先了解这项制度的基本内涵和运作功能。这对所有参与这项改革的同志，都是必须尽快熟悉的工作。按照通常的做法，对一个新概念或新事物的理解，都应全面掌握相关信息，避免出现盲人摸象，以偏概全。但是，最初收集到的有关资料让我们感到有些失望，多是一些零散的、含糊其辞的介绍。我的一位同事曾对我说，看了这些资料后，感觉他知道的我已知道，我不知道的他也不知道。所以，仅仅依靠手头掌握的资料来设计这样一项责任重大的改革是有很大风险的。经过研究，并请示部领导同意，我们决定采取派人走出去和把人请进来的办法，力求通过面对面地交流沟通，系统地了解发达国家在国库管理方面的具体做法。

全面了解财政国库管理理念的基本内涵

走出去考察由我本人带队。当时在国家的选择上颇下了一番工夫。由于时间紧、任务急，容不得去西天而取不到真经。经过权衡比较，最终确定到英国进行实地考察。在英国，我带领几位同事拜访了英国财政部和英格兰银行（中央银行），以及国债发行与国库管理执行机构和商业银行，就财政国库管理事务进行了交流。这次考察一开始曾遇到一件有意思的事，当我们与对方谈及国库集中收付制度时，他们开始竟显出有些茫然，不知为何物，通过进一步沟通才知道，所谓国库集中收付制度，他们更习惯的称谓是国库单一账户制度（Treasury Single Account）。① 在这次考察中，我们详细了解了英国财政国库管理的具体做法，包括国库单一账户体系的设置，财政收支运行管理制度和流程，以及国债和国库现金管理等。感到最大的收获是，对现代国库制度的理念和功能有了一个虽然粗浅但比较全面的认知。新的概念与我们对国库的传统理解迥然不同。② 事实上，在市场经济条件下，财政国库管理在公共支出管理中扮演着不可或缺的重要角色，

---

① 国库单一账户制度（Treasury Single Account）：在发达的市场经济国家也称为国库统一账户（Consolidated Account），普遍设有国库统一账户管理体系，统一管理各预算单位财政资金账户。具体做法是，由财政部门在中央银行或商业银行设立国库单一账户，并建立与之相关联的国库分类账册体系，所有财政资金都通过国库单一账户核算。财政收入直接缴入代理财政国库业务的银行，并及时通过银行清算系统划入国库单一账户。财政支出实行财政直接支付或授权预算单位支付，通过代理银行直接将款项支付到商品和劳务供应者或用款单位。

② 1985年发布的《中华人民共和国国家金库条例》规定，国库是国家金库的简称。国库的基本职责是办理国家预算收入的收纳、划分和留解，办理国家预算支出的拨付等。

是财政部的一项主体职责。财政国库管理具备控制预算执行、进行政府资金理财和为政府宏观调控提供信息等三大功能。正是基于这些基本职能定位,目前一些发达国家将预算编制和执行职能分开、机构分设,财政部的英文直译就是国库部(Treasury Department)。

国际成熟的财政国库管理经验

请进来交流,是借助于国际货币基金组织(IMF)的帮助。为了解更多国家财政国库管理制度的具体做法,请国际货币基金组织选派了一个六人专家组,与我的同事进行了为期两周封闭式研讨。这一次的收获,是对多国实际操作有了广泛了解。通过交流给大家留下的印象是,这项制度的设计原则是基本一致的,在其具体操作安排上,各国又有多种做法。比如,国库管理有三大目标:第一是有效地监督控制预算执行,使之符合立法部门批准的预算法案;第二是及时准确地提供财政运行状况信息,保证预算执行的透明度;第三是提高财政资金运行效率和使用效益,降低财政筹资成本,并与货币政策相互协调。关于财政国库管理,主要有三个基本做法:一是建立国库单一账户体系,所有政府资金都在国库单一账户体系运行;二是预算收支实行国库集中收付,收入直接缴入国库单一账户体系,支出通过国库单一账户体系直接支付到向政府提供商品和劳务的供应者或最终用款单位;三是各国财政国库都是财政管理的主体职能,设有专门机构和充实的人员。在交流中,我的同事们还与专家组对国际上财政国库管理的多种模式①进行了讨论,包括改革将会涉及的技术性细节问题。

---

① 据专家组介绍,国际上实行国库单一账户制度的国家大体有五种操作模式:第一种是财政部通过中央银行直接进行零售式的支付,如法国等国家。这种方式的特点是财政部能有效控制国库现金,资金支付和担保之间联系直接,所有分账户都在央行,现金余额汇总比较容易,但需要财政部安排大量人力办理操作(法国有3000多人)。第二种是财政部通过中央银行进行批发式支付,并通过商业银行进行零售式支付,中央银行与商业银行之间的资金清算采取"先收后付"的方式,如巴西等国家。与第一种方式比较,这种方式更好地利用了商业银行的结算功能,并可通过竞争机制选择服务优质的商业银行具体办理财政支付业务。第三种是财政部通过中央银行进行批发式支付,通过商业银行进行零售式支付,中央银行与商业银行之间的资金清算采取"先付后收"的方式,如意大利等国家。这种类型的支付与第二种类型相似,支付的时效性更高,但由于是商业银行"先付后收",存在资金支付与支付担保之间的结算时间差别,在一定情况下会与政府产生某种借贷关系。第四种是财政部通过中央银行进行批发式支付,由用款部门和单位通过商业银行进行零售支付,并通过对单位用款账户进行"隔夜清零"的方式控制国库现金,如英国、澳大利亚等国家。这种方式不仅利用了商业银行的支付结算资源,还很好地利用了部门财务管理资源,可以节省财政部负责进行支付管理的人员。第五种是财政部直接通过电子或国库支票进行零售支付,如美国联邦及各州政府。这种支付方式能够对现金流量进行有效控制,但需要财政部投入大量人力(美国联邦财政部有2000多人)进行零售式支付,有劳动密集型特点。

比较分析产生出强烈忧患意识

根据发达市场经济国家财政国库制度的实践，回过头来观察，使我和我的同事对我国传统制度的弊端有了更加深刻的认识。首先是预算执行和资金运转缺乏监控机制保障，难以对预算执行实行有效控制和保证财政资金管理规范与安全。财政收入通过多层次过渡性账户收缴，支出通过多层次银行账户支付，资金大量滞留在财政国库主账户之外，挤占、挪用的现象屡见不鲜。第二是财政资金运行信息反馈迟缓，透明度不高，难以为财政经济分析和政府宏观调控提供及时准确的决策参数，也无法向公众披露政府履行受托责任的完整情况。第三是财政资金运行效率和使用效益低，各单位分散管理财政资金的现金流量，财政资金调度能力受到制约，筹资成本高，不利于实现与货币政策的有效配合。

不言而喻，传统的国库管理制度及其伴生的种种弊端，是财政财务管理面临许多难题的制度性根源，也是阻碍我国财政管理步入国际先进水平的机制性障碍。这不禁使我和我的同事产生很强的忧患意识，更加感到积极推进改革，建立现代国库制度的极端重要性。大家一致认为，在财政支出管理领域将要进行的一场改革，与以往收入分配制度改革具有同样重要的意义。我们必须与时俱进，摆脱传统观念束缚，努力缩小与发达国家在国库管理制度上的差距。

三、财政国库管理制度改革方案的提出

在了解国际通行做法的同时，我们也在抓紧着手研究设计适合中国国情的改革方案。2000 年 8 月中旬，财政部主要领导向国务院领导报送了《关于实行国库集中收付制度改革的报告》，将改革的基本思路和主要原则等问题向国务院领导作了汇报。

通过专项资金改革试点寻找推进改革的突破口

根据国务院领导指示，为了积极稳妥地推进改革，在方案设计初期，大家希望能有一种有效办法试试这潭水究竟有多深。为此，提出了先选择两项资金进行财政直接拨付的改革试点。这两项资金分别是中央粮库建设资金和车辆购置税交通专项资金。① 选择这两项资金进行试点，主要是考虑

---

① 粮库建设资金：在粮库建设方面，国务院要求利用国债专项资金进行粮库建设，增加国家粮食储备。传统的建设资金拨付，采取层层转拨的方式，中间环节多，容易出现资金沉淀甚至挤占挪用等问题。粮库建设专项资金实行财政直接支付，是由中央财政通过代理银行将资金直接拨付到粮库建设项目。车辆购置税交通专项资金的前身是车辆购置附加费，是交通税费改革的产物，是交通基础设施建设的重要资金来源。

当时粮库建设是国务院确定的重要任务，国务院领导要求财政部必须加强建设资金管理；安排车辆购置税交通专项资金进行改革试点，不仅能够与正在进行的交通税费改革结合起来，还可以为今后改革覆盖所有财政性资金积累经验。

经过各方共同努力，2000年8月19日，财政部会同有关部门联合发布了粮库建设资金财政直接拨付改革试点方案和管理办法，决定对四川、湖北、山东、河南等省44个新建的中央直属粮库项目建设资金进行财政直接拨付改革。车辆购置税交通专项资金财政直接拨付试点方案和管理办法也于当年12月发布，并决定从2001年1月起试点。2000年11月28日，第一笔中央粮库建设资金按新办法顺利直接拨付到项目建设单位，各方面反映良好，专项资金改革试点获得成功。应当说，这是个值得纪念的日子。从这一天起，实行了50余年的传统拨付方式逐步开始改变。

中央纪委和监察部给予了强有力支持

伴随着专项资金改革试点工作的开展，整体方案研究设计工作也在紧锣密鼓地进行。为了充分估量改革可能遇到的困难，减少改革风险，从2000年9月份开始，我们通过多种方式，分别与中央部门和地方财政交流沟通，听取意见。反馈意见的中央部门基本上表示支持这项改革，有的部门还提出了有益的建议；当然，也有一些意见听起来像原则赞成，仔细琢磨却是具体否定。地方财政部门对这项改革多持赞同态度，但也有相当一些地方同志对这项制度感到陌生，甚至怀疑这项系统复杂的改革能否取得成功。可以说，在改革准备阶段，各方面认识并不完全统一，相关当事人还不愿摒弃传统习惯，其中也不排除有人担心权力会受到限制。这让我不由地联想起哈耶克讲的一句话：最危险的敌人是思想观念，而不是既得利益。

为了减少改革阻力，我们基于这项改革最终所能达到的目的，感到应尽早向中央纪委和监察部汇报，请其给予支持。财政部主管领导专门就此事与中央纪委和监察部领导同志交换意见，详细介绍了改革背景、主要目标和基本内容。中央纪委和监察部的同志在详细了解了相关情况后，认为这项改革可以从制度规定上对财政收支实施有效监控，是一项有利于从源头上建立预防和惩治腐败长效机制的重大举措，表示将给予积极支持。从那以后，每年中央纪委和监察部在部署党风廉政建设和反腐败工作时，都对实施和深化这项改革提出了明确要求。现在回想起来，当时如果没有中央纪委和监察部的大力支持，改革就不可能顺利推进。至今，我仍对他们的敏锐观察力十分敬佩。

改革方案正式提出并获得批准

进入2000年11月下旬，改革方案的研究制定和征求意见工作大体完成。2000年12月6日，财政部党组专门听取了财政国库管理制度改革工作汇报。财政部主要领导认为我们改革准备工作做得比较细，方案本身也基本完整，原则上具备向国务院汇报的条件，并要求再进一步扩大听取意见的范围，尽早确定试点单位。同时，要对新制度与老办法在交替中可能出现的问题准备应对预案，对可能遇到的阻力要有充分估计，分步推进过程中各时段和各环节要衔接好，确保不断扩大试点和改革范围。按照部党组的要求，会后我们抓紧进行相关工作，并于2001年1月12日，向国务院报送了"关于报请审批《财政国库管理制度改革方案》的请示"。

2001年2月28日，国务院召开总理办公会议，审议《财政国库管理制度改革方案》。会上，财政部领导汇报了改革方案的主要内容及实施意见。列席会议并准备进行试点的部门主要负责人都表示赞同，同时也对本部门的特殊问题作了说明，希望得到妥善处理。与会的国务院领导同志以政治家的睿智一致赞成这项改革，认为这是国际通行做法，有利于规范预算执行，加强财政管理与监督，提高资金运行效率和使用效益。会议原则同意改革方案，并确定了水利部等6个试点单位，要求各项配套措施抓紧落实，加强内部审计和外部监督，注意中央与地方衔接，并在试点中总结经验，不断完善。

2001年3月15日，《国务院办公厅关于财政国库管理制度改革方案有关问题的通知》正式印发，提出如下要求：（1）改革要按照总体规划、分步实施的原则，逐步推进，争取在"十五"期间全面推行财政国库管理制度改革。（2）财政国库管理制度改革涉及面广，政策性强，为确保改革顺利进行，要选择适量的、有代表性的部门进行试点，不断总结经验，对方案进行优化和完善。各地可根据改革方案，自行确定改革的时间和步骤。（3）要会同有关部门抓紧落实各项配套措施，修订相关法律法规，推进预算编制改革，建立健全财政管理信息系统和现代化银行支付系统。要切实加强内部监督和外部审计，建立健全监督制约机制。

财政国库管理制度改革的主要内容

随后财政部和中国人民银行印发了《财政国库管理制度改革方案》，阐释了这项改革的基本框架和实施步骤。作为一项全新的财政国库管理制度，在核心内容的架构上作出了不同以往的安排：

——在财政资金的账户设置及管理方面，建立了国库单一账户体系。

包括财政部门在中央银行开设的国库单一账户,用以核算管理政府性收支;财政零余额账户和预算单位零余额账户①,用以收缴和支付结算;财政专户,用以管理预算外资金和财政代管资金;特设专户,用以管理特殊性质资金。改革后国库单一账户通过中央银行与商业银行间资金清算与其他账户成为主账户和分账户关系,能够保证政府性资金一本账,资金在账户体系内运行。这种制度安排改变了以往由各单位自行、分散设置各类存款账户,不能形成政府性收支一本账,财政性资金现金流量分散管理的局面。

——在财政资金收付流程方面,收入通过执收单位零余额账户直接缴入国库单一账户或财政专户,取消了过渡性存款账户和中间环节。预算支出实行财政直接支付或财政授权支付。财政直接支付即对工资类和大额购买性等支出,由财政直接支付到商品和劳务供应者或最终用款单位;财政授权支付即对一般购买性支出,授权预算单位通过单位零余额账户自行支付。这两种支付方式都取消了支付的中间环节,并要求预算单位先制定用款计划后再用款。

——在财政资金现金流量持有和管理方面,所有未最终支付的财政资金现金流量均由财政部门统一持有和管理。改变了过去各单位通过自行设置的存款账户持有和管理现金流量的做法。资金调度能力大幅增强,使用效益明显提高。

——在财政国库管理功能方面,财政部门可以监控所有预算单位最终支付环节的预算执行,改变了以往仅能对一级部门拨款的预算执行状况进行监控的局面。通过控制财政资金现金流量实行国库现金管理,将填补我国财政理财功能空白。

为保证改革顺利实施,方案提出七个方面相关配套措施,包括进一步推进预算编制改革,修订和制定相关法律法规和管理办法,建立财政管理信息系统和国库管理操作系统,建立健全现代化银行支付系统,建立财政国库支付执行机构,负责办理财政直接支付和国库现金管理业务,加强监督制约机制等。尽管改革方案和相关配套措施的某些方面带有过渡性色彩,但毕竟新制度的框架已经建立起来。

在改革的时间安排上,方案明确2001年由国务院确定的几个有代表性的部门率先进行改革试点,地方可根据本地情况自行决定改革试点的时间

---

① 零余额账户管理:零余额账户是国库单一账户体系的重要组成部分,包括由财政部门在代理银行开设的零余额账户,用于办理财政直接支付并与国库单一账户进行支出清算;由财政部门为预算单位在代理银行开设的零余额账户,用于办理财政授权支付并与国库单一账户进行支出清算。我国采取先由代理银行按指令支付资金,然后从国库单一账户清回资金,每日营业终了保持账户的余额为"零"。

和步骤。2002年进一步扩大改革试点范围，争取在"十五"期间全面推行财政国库管理制度改革。

粗略算来，从财政部国库司成立到改革方案获准发布，前后用了不到10个月时间。工作效率自不待言。在那段日子里，我的同事们怀着改变我国财政国库管理制度落后状况、建立现代国库制度的责任心和使命感，不辞辛劳，团结奋进，始终未向困难低头。

四、"财政革命"开始实施

按照国务院的要求，2001年3月28日，财政部和人民银行负责同志主持召开了国务院法制办、财政部、科技部、水利部、中国科学院、国家自然科学基金会等六个试点部门会议，对改革试点工作进行部署和安排。这次会议还答复和解决了试点部门普遍关心的一些问题。比如，财政部是否会借改革削弱预算单位财务管理职能，影响资金安排使用，今后单位财务会不会无所作为。对此，我们强调了改革坚持"三个不变"的原则，即不改变预算单位资金使用权、预算执行主体地位和会计核算职能，改革后预算单位还要继续加强财务管理。又如，改革前不少预算单位吃财政存款利息，担心改革后资金汇划手续费无法安排。我们为此采取了由财政部统一负担的办法，等等。

精心做好改革试点的各项组织工作

在第一批六个试点部门中，情况最为复杂的是水利部，预算级次有五级之多，所属预算单位遍及全国。以黄河水利委员会为例，管理黄河防汛等河务岁修事务在明、清时期就是吃皇粮，目前管理范围跨越九个省（区），基层管理单位一直延伸到县以下河务段和测报站。所以，水利部在五级预算单位之外又多了两个管理级次，达到七级之多。虽然情况复杂、工作量大，但由于该部主要负责同志对改革试点工作高度重视，职能司局积极落实，改革得以迅速实施，成为积极推进改革试点的部门典型，带动了整个改革试点工作迅速开展。

其他试点部门的情况要简单一些。对局部个案问题，采取临时解决办法，通过积极创造条件，在以后的改革中再逐步加以规范。由此也得到了试点单位通力配合，都能主动做好内部各项组织工作。

及时制定出台详尽的操作规程

新制度的规范性、操作性很强。在改革方案确定之后，必须要有详尽

的实施办法对每个操作环节作出明确规范。重点是三个方面：一是《中央单位财政国库管理制度改革试点资金支付管理办法》，共作出120条规定，主要包括规范支出支付原则、账户设置、支付流程、支付监督管理、各单位职责权限和法律责任等。二是《财政国库管理制度改革试点会计核算办法》，对改革后财政总预算会计、行政单位会计、事业单位会计和基本建设单位会计核算作出规范，保证改革后各方账务完整。三是《中央单位财政国库管理制度改革试点资金银行支付清算办法》，重点解决改革后资金在中国人民银行与商业银行之间的清算问题。这三个办法都于2001年7月发布，基本形成了满足改革试点初期必须完备的支付管理制度规定。

为改革提供信息技术支撑和智力保障

现代财政国库管理制度的实施，需要建立在先进的管理信息系统基础上，信息系统建设又是现代国库管理制度必备的内容。按照新的制度规范和业务流程，财政国库管理信息系统包含了财政部门、主管部门、代理银行之间的网络化及自动化处理程序。有关资金支付、收入收缴、工资发放、会计核算、执行分析、财政决算等业务都在系统中运行；在与中央预算部门、代理银行联网基础上，实现了全电子化业务处理，实现了预算指标、用款计划、支付信息的完整统一。

改革的实施涉及为数众多的财务人员，每个人都应熟悉掌握这项新制度如何操作，所以，进行大规模人员培训对保证改革成功至关重要。2001年8月初，财政部举办了第一期改革培训班，请中央各部门财务司局、财政部驻各地监察专员办事处和商业银行有关人员共260多人参加。随后又举办了多期业务培训班，培训了一大批业务骨干。同时，大力支持和协助中央主管部门主办本系统业务培训，使预算单位相关负责人和财务人员都掌握了改革的制度规定和管理办法。

财政国库管理的历史翻开了崭新的一页

到2001年8月，改革试点实施的各项组织工作基本就绪。8月30日，根据中国科学院提出的财政直接支付申请，财政部按新制度成功支付了第一笔资金，这是在前期粮库建设资金直接支付改革试点实现破晓之后，我国现代国库制度建设迈出的重要一步，标志着我们与发达国家在财政国库管理制度上差距已经开始缩小。

在中央单位成功实施改革试点的同时，许多地方也在积极主动地抓紧做好改革准备工作。四川、安徽等省在财政部制订改革方案过程中就及时跟踪，按照中央的改革方案，结合本省实际制定改革具体实施办法，并率先于 2001 年 11 月进行了改革试点。

改革已形成不可逆转之势

成功迈出改革第一步后，加快推进就比较有把握了。根据工作需要，2001 年 9 月，中央任命我为财政部副部长，继续负责这项改革。从 2002 年开始，改革试点范围迅速扩大。2002 年实施改革的中央部门达到 40 个，2003 年达到 80 个，到 2005 年基本实现了国务院提出的中央部门全部实施改革的目标。

与此同时，我们也加大了对地方改革的推进力度。2002 年 7 月在安徽召开了全国财政国库管理制度改革工作会议，根据试点的成功经验，调整了由地方自行决定改革时间和步骤的做法，要求地方加快推进改革，并提出要对各地改革进展情况进行督查。这次会议后，地方改革步伐明显加快，到 2005 年，绝大多数省份都实施了改革。

适合自己的就是最好的

毋庸讳言，财政国库管理制度改革充分借鉴了国际先进经验，但没有食洋不化、生搬硬套，因为我们毕竟在其他体制方面不同于西方国家。无论是方案设计还是组织实施，都立足在本国国情基础上消化吸收人类文明的共同成果。正因如此，改革的成功得到各方面的充分认可。一些主管部门和地方财政系统多年从事财政财务工作的同志讲，这是他们经历的一次最为深刻、最有成效的改革。2003 年 11 月国际货币基金组织在其公布的一份报告中认为，"毫无疑问，这项改革的真正意义在于加强对预算支出的总体控制，改进公共资源分配，减少浪费和防治腐败。在没有使用巨大人力物力的情况下，这次国库改革仍然取得了很大的成就。改革的成功表明中国独立进行的国库改革设计具有国际先进水平。包括国库单一账户体系设计，将支付分为财政直接支付和财政授权支付两种方式，继续鼓励预算单位加强财务管理，利用商业银行的网络和业务资源等，都表明中国国库制度的设计不仅吸收了国际上最先进的经验，而且具有符合中国国情的独特性质"。[①] 这可能是从国际视野对这场改革给予的最客观的评价。

五、"财政革命"带来的深刻变化

这场"财政革命"从根本上改变了我国预算支出管理和财政资金运行

---

① 参见：J. Diamond, A. Kester, S. Ramamurthy, and R. Walsh, "developing the government accounting system to support treasury reforms", P. 3, November 2003, IMF.

模式。以国库单一账户体系为基础，财政资金缴拨以国库集中收付为主要形式的财政国库管理制度，奠定了中国特色市场经济条件下公共支出管理的重要基础。这场"财政革命"建立起来的新制度带来了一系列前所未有的深刻变化。

确立了与时俱进的财政国库管理理念

这场"财政革命"，首先是财政财务管理理念的革新。在传统的财政国库管理制度下，现代国库应当具有的职能基本没有体现。改革建立起来的新制度，带来了全新的管理理念。按照新制度的要求，使用和管理财政资金必须从"重分配、轻管理"转为分配和管理并重；必须从法制观念不强转为严格依法行政；必须从粗放管理转为精细理财；必须从不透明的操作转向公开透明的运转。管理理念的革新将会激发新的制度创新。

建立了现代国库制度体系基本框架

这场"财政革命"打破了传统的预算执行和资金运行管理的旧模式，建立了现代国库管理的新体制。形成了国库单一账户体系、收入收缴制度、支出支付制度、收缴和支付结算制度、银行间资金清算制度、各环节会计核算制度、国库现金运作制度等制度性安排，现代国库制度使预算执行和公共支出管理更加科学、规范，效率也相应提高。

健全了财政国库管理主体功能

这场"财政革命"赋予了财政国库管理较为丰富的职能空间。包括控制预算执行、为政府宏观决策提供财政信息、管理政府银行账户和公共债务、通过实施国库现金管理为政府宏观调控提供新的手段等，使我国公共财政管理职能进一步得到完善。

改变了我国预算执行和财政资金运行机制

这场"财政革命"使财政运行管理机制发生了根本性变化。在预算执行监控方面，财政部能够实时监控预算单位每一笔支付交易的电子记录，实现预算执行事前和事中管理与监督有机结合，这在旧的管理制度下是无法实现的；在预算执行信息生成方面，单位财政资金支付运行信息由过去采取层层报表方式，改为实时从用款账户每一笔支付交易直接生成，财政运行信息的及时性、准确性和完整性发生了质的变化；在财政资金现金流量控制方面，未支用的财政资金现金流量由过去分散管理改为由财政部门集中管理，使财政能够通过国库现金运作有效降低财政筹资成本①，中央和地方财政库款调度能力实现了前所未有的提高，过去常有的资金调度困难问题已经一去不复返。

篇后语

时过境迁。根据中央的安排，2005年7月我由财政部调到湖南省工作。听我原来的同事讲，"十一五"以来，改革继续深入推进，到2007年底，中央各部门及所属9300多个基层预算单位实施了改革；地方省市级，300多个地市，1300多个县，超过23万个基层预算单位实施了改革。当初的"星星之火"，已经形成熊熊燎原之势。这项改革的成功已经没有悬念。改革建立起的新制度对我国公共支出管理产生的影响也是毋庸置疑。当然，任何一项制度在方案设计时都试图尽善尽美，但在实际操作中可能与现有体制产生摩擦而使得科学的理念不能成为现实。由于部门间扯皮和利益冲突，致使某些制度的实施或是受到扭曲，或是不能完全到位。公共支出管理其他方面改革跟不上，也制约了新制度功能的发挥。这不能不算是遗憾。另外，还有少数地方对改革不积极，不愿自我革命，至今仍将自己束缚于传统体制。如果能够早些时间推进改革，某些领域的腐败问题也可能会得到遏制。

诸如此类的情况，在30年改革开放进程中并非罕见。因此，党的十七大明确提出，改革开放作为一场新的伟大革命，不可能一帆风顺，也不可能一蹴而就。要把改革创新精神贯彻到治国理政各个环节，毫不动摇地坚持改革方向，提高改革决策的科学性，增强改革措施的协调性。推进各方面体制改革创新。就整个公共财政支出管理制度而言，这场"财政革命"还尚无止境，仍然任重而道远。

谨向我的同事及所有支持和参与这项改革的各界人士表示由衷的谢意！

---

① 根据发达国家经验，由财政统一控制国库现金流量之后，在满足正常预算支付的前提下，应使政府储蓄或投资回报实现最大化，交易成本最小化，尤其是通过国库现金管理要将政府筹资成本降至最低。据了解，一些发达国家将财政在中央银行的库款余额规定了在确保支付安全前提下的最低水平，比如，英国保持每日5亿英镑，美国保持每日50亿美元，瑞典甚至通过精细化运作实现每日零余额，目前欧盟许多国家也在追求每日零余额的目标，以使中央银行资产负债表更加"干净"。这不仅是财政国库理财的需求，也是中央银行免受国库存款干扰，有效地实施货币政策的需要。我国目前由于政府部门间扯皮导致国库现金管理举步维艰，现仍有大量财政存款挂在中央银行资产负债表上。

中国经济50人论坛
Chinese Economists 50 Forum

国有商业银行改革三十年

谢 平

The Past 30 Years

A Review and Analysis by 50 Chinese Economists

谢平简历

中央汇金投资有限责任公司总经理

1971年下乡到内蒙古生产建设兵团15团六连；1977年1月到温州造船厂轮机车间当工人、宣传科干事。1985年1月毕业于西南财经大学经济学系，获经济学硕士学位；1988年8月在中国人民大学经济系获经济学博士学位。

从1985年1月起，历任中国人民银行总行调查研究室科员；中国人民银行综合计划司、货币流通处主任科员；中国人民银行利率储蓄管理司、储蓄规划处副处长、处长；中国人民银行政策研究室处长、副主任；中国人民银行非银行金融机构司副司长、司长；中国人民银行湖南分行行长、党委书记；中国人民银行研究局局长兼中国人民银行金融研究所所长；中国人民银行金融稳定局局长；2004年9月至今，中央汇金投资有限责任公司总经理；2007年8月至今，中国投资有限责任公司筹备组成员。

1993年、2000年、2004年三度获"孙冶方经济科学"奖；1998—2004年任中国金融学会秘书长，学术委员会副主任；现任《经济研究》杂志编委；中国社会科学院经济学片职称评审委员会委员；中国人民银行研究生部教授、博士生导师；西南财经大学、中国人民大学、南开大学、南京大学、武汉大学等多家大学兼职教授。

主要学术成果有：《金融腐败：非规范融资行为的交易特征和体制动因》、《中国农村信用合作社体制改革的争论》、《中国金融制度的选择》、《关于中国金融形势的几个问题》等。

回首过去的30年，按照邓小平同志提出"要把银行办成真正的银行"的要求，国有商业银行进行了一系列卓有成效的改革，从大一统金融格局下、配合国家宏观计划执行信贷发放任务的"财政出纳"机构，逐步转变为符合公司治理规范、按照市场规则运作的现代企业，逐渐成长为真正追求利润和效率的市场主体。

今天，在国有商业银行改革30年这个特殊的时点对以往改革历程作一番回顾与总结，相信能为新的历史时期继续深入改革提供一些有价值的历史参考。下面，依据不同时期改革的不同特征，将30年的改革历程划分为三个阶段进行分析。

第一阶段：恢复四大专业银行，开始企业化改革的探索（1978—1993年）

在这一阶段主要是突破过去高度集中型的金融机构体系，确立了二级银行体制。

1979年2月，国务院批准恢复组建中国农业银行，作为从事农业金融业务的专业银行；1979年3月，专营外汇业务的中国银行从中国人民银行中分离出来，完全独立经营；同年8月，中国人民建设银行也从财政部分设出来，专门从事固定资产贷款和中长期投资业务，后更名为中国建设银行。这些专业银行各有明确的分工，打破了人民银行独家包揽的格局。1983年9月，国务院决定中国人民银行单一行使中央银行职责，同时设立中国工商银行，经营原中国人民银行办理的工商信贷和储蓄等经营性业务。这一步骤标志着我国金融机构体系的重大变革，即中央银行体制的正式建立。至此，传统的人民银行"大一统"金融体制被打破，以中国人民银行为核心、四大专业银行为主体的金融机构体系正式形成，这是我国国有商业银行发展的真正起点。

在明确专业化银行身份之后，国家对银行机构施行了一系列以扩大经营自主权为主的企业化改革措施，重点包括：（一）转变银行信贷资金管理体制和财务管理体制。1979年，银行信贷资金管理体制由"统存统贷"转向实行"差额包干"，1985年又改为实行"实存实贷"，财务体制也由"统收统支"改为各银行单独核算、利润留成，逐步实行独立核算、自主经营、自负盈亏，1989年实行了"限额管理，以存定贷"的方针，资产负债管理体制开始逐步建立。（二）开始由机关式管理方式向企业化管理方式过渡的探索。围绕企业化经营方向，建立了各种岗位责任制、目标经营制和单项承包制，同时推行劳动人事制度改革，试行中层干部聘任制、任期目标责任制等。（三）打破专业银行的垄断格局和业务范围限制。在相继成立十余家股份制商业银行的同时，各专业银行之间也出现了业务交叉、相互竞争的局面,为专业银行的企业化转变创造了一定外部条件。

此阶段企业化改革的各项措施确立了银行自主经营的概念,但从实践来看改革的成效并不显著,银行距离真正的企业仍有相当大的差距。四大国有专业银行虽然名义上是按信贷规律办事的独立经济实体,但其全国性银行的地位决定了其必然统揽全国政策性业务,承担执行国家产业政策、保证国家重点建设资金需要的职能;由于金融市场尚不发达,国家难以依靠市场调节经济,专业银行也就成为国家宏观调控的主要传导渠道。从"大一统"金融体系脱胎不久的国有专业银行本身也还带有浓郁的行政色彩,管理体制比照国家机关,过多的行政干预更使其经营自主权无法落实,转变管理方式的改革也难以切实推进。虽然四大国有专业银行在一定程度上拥有了运用信贷资金的自主权力,但前提是必须遵守和完成国家下达的信贷计划。"政企不分"导致"按信贷规律办事"成为一句空话,银行的风险管理、内部控制也就无从谈起。从这一阶段起,国有银行在为经济建设提供金融支持的同时也累积了大量的不良资产,以不良贷款为特征的"历史包袱"从此产生。

第二阶段:"商业银行"概念的提出及商业化改革的开始(1993—2003年)

1993年12月,党的十四届三中全会提出建设社会主义市场经济体制的目标。同时,国务院《关于金融体制改革的决定》正式提出建立以国有商业银行为主体的金融体系,实施由国家专业银行向国有商业银行的战略性转变。为此,国务院先后批准设立了三家政策性银行,承担原专业银行办理的政策性金融业务,力图解决国有专业银行"一身兼两任"的问题。政策性业务初步分离后,专业银行推行了贷款限额下的资产负债比例管理,实行了统一法人制度,逐步建立健全审慎的会计原则,建立了授权授信制度,推行经营目标责任制,实行审贷分离、内部稽核制等。1995年7月,《中华人民共和国商业银行法》正式颁布实施,从法律上明确了工、农、中、建四家银行是实行"自主经营、自担风险、自负盈亏、自我约束"的国有独资商业银行。

从以上改革举措来看,通过剥离政策性业务创造了商业化经营条件,颁布《人民银行法》《商业银行法》等法律法规提供了制度支持,深化内部管理体制改革进一步建立了银行自我约束机制和独立经营意识,可见这一阶段的商业化改革进展较快,四大国有银行的制度体系初步具备了商业银行的特征。

这一阶段同时也是国有企业改革的重要时期,由于新旧体制的变革导致多方面权力和利益关系的大调整,国家需要从全局的角度对国民经济进行宏观调控。在当时国家对宏观经济的控制力不足的情况下,国家仍将四大银行看做是宏观调控的补充工具,以其作为国家实施产业政策和金融政策的主要载体。虽然《商业银行法》从法律上界定了国有独资银行的商业银行地位,但这里的"商业银行"并非现代意义上的商业银行。国有商业银行仍以国家信用为背景,国家还是不愿意把国有商业银行完全放到市场中去,国家对国有商业银行的干预仍然比较多。在这样的背景下,银行各项商业化改革措施无法深化,市场化经营原则难以真正落实,银行自身的经营机制并未有实质性的改善。而且,由于国有银行与国有企业之间存在事实上的资金供给关系,国企改革成本转嫁给国有银行的问题开始在这一时期得到比较集中的体现。

1997年亚洲金融危机之后,国有企业大面积陷入经营困境,致使国有商业银行不良资产剧增,银行脆弱的资产质量甚至影响到国家经济和金融体系的安全。1997年11月,为正确估量经济、金融形势,深化金融改革和整顿金融秩序,国家召开了第一次全国金融工作会议,此后实施的主要改革措施包括:(一)成立金融工作委员会,对全国性金融机构组织关系实行垂直领导,改革四家银行干部任免制度,试图解决地方政府干预银行业务问题。(二)补充资本金,剥离不良资产,提高国有独资商业银行的抵御风险能力。中央政府于1998年发行2700亿元特别国债补充四家国有独资商业银行资本金,1999年成立四家资产管理公司,剥离国有商业银行不良资产约1.4亿元左右。(三)全面推行资产质量五级分类制度以取代原来的"一逾二呆"分类方法,同时要求商业银行按照审慎会计原则提取贷款损失准备金。(四)国务院向四大银行派驻监事会,强化监督制约机制,这说明国家已经意识到国有商业银行在治理结构方面存在问题,并开始着手改进。

上述的改革措施充实了国有商业银行的资本实力,改善了财务状况,也一定程度上减轻了四家银行的历史包袱。随着宏观经济保持稳步增长势头,四家银行在2000年第四季度出现了不良贷款总额和比例"双降"的良好局面。但是,由于国有商业银行计划经济的烙印太深,历史包袱积重难返,管理体制和经营机制等深层次问题没有得到根本解决,有效的资本金补充、风险管理和内部控制机制没有形成,随着信贷规模的不断扩大,风险资产相应增加,资本充足率进一步下降,不良资产再次反弹。按贷款质量五级分类统计,2002年底四大银行的不良贷款总额21350亿元,不良贷款率25.12%。伴随着资产规模的高速扩张,四家银行面对的是赢利水平的低下,2003年平均总资产回报率(ROA)为-0.2%,而国际前100家银行平均水平为1%；平均股本回报率（ROE）为－0.5%，而国际前100家银行平均为12%~14%。在此状况下，1998年充实的资本金已基本消耗殆尽，单独依靠银行自身的经营来化解不良资产、充实资本金几乎没有可能。按照审慎会计原则计算，四家银行2003年底的资本充足率均为负数，最高的中国银行资本充足率也仅为－2.02%，外界因此有中国的国有商业银行早已"技术上破产"这一论断。这样的局面与改革预期存在较大的差距，毋庸讳言，到目前为止的改革难称成功，银行还没有成为真正的银行，进一步的改革势所难免。

对前两个阶段改革的回顾和反思

简要回顾前述两个阶段的改革历程，可以发现前20来年的改革基本上是沿着两条线索推进的：一是银行外部改革，即通过理顺国有银行与外部的关系、改善国有银行的外部经营环境促进国有银行商业化、现代化的改革思路，具体体现为剥离商业银行政策性业务、消除行政干预、理顺商业银行与中央银行、财政部门的关系、组建股份制商业银行引入竞争等改革措施；二是银行的内部体制改革，如优化内部控制、完善财务制度、改革人事制度、化解不良资产等。概而言之，逐步在经营层面引导国有银行走上市场化、商业化之路。这些改革措施于我国经济转轨的大背景下提出，符合经济体制改革的"渐进"逻辑，明确了国有银行的发展方向。但从上文的分析来看，由于客观因素所限，这两个阶段改革的局限性也十分明显，国有银行的商业银行身份虽已确立多年，但经营机制尚未真正实现市场化转换，现代商业银行制度也未建立。

从制度特征方面分析，现代企业制度与现代商业银行制度应具有一致性。现代企业制度的基本特征可表述为"产权清晰、权责明确、政企分开、管理科学"，在四者当中"产权清晰"处于更重要的地位，它是实现后三个方面的前提、基础和必要条件。明晰的产权关系所形成的强有力的产权约束机制，能保证企业内部激励机制与约束机制的有效性，从而形成科学的管理制度和管理机制。应该说，产权明晰是商业化的核心，是其他制度改革（如组织制度和管理制度改革）的前提和基础。

从产权制度的角度审视，可以让我们对国有商业银行经营困境产生的原因有更为清楚的认识。国有商业银行的国有独资产权模式名为独资，实际上所有权由谁代表并未明确，从而导致产权关系模糊、资本非人格化以及所有权与经营权难以分离，由此而来的是责权利不明、缺乏有效的自我约束机制、"内部人控制"问题突出和经营效率低下等问题，现代公司治理机制无从建立。在国有独资产权模式下，国有商业银行很难摆脱来自政府部门的干预，再加上债权债务关系不清，即作为债权人的国有商业银行与作为债务人的国有企业最终都为国家所有，从而无法形成真正的借贷关系或金融交易关系，这才是国有商业银行大量不良资产产生的真正内在机理。综观国有商业银行前20余年的改革实践，单纯围绕着银行经营体制和组织体制着力颇多，深层次的产权制度问题却从未触及。国有商业银行的改革要进一步深入，产权制度改革无疑是一个无法回避的问题。

第三阶段：股份制改造启动，产权改革破局（2003年至今）

前两个阶段的改革并未使国有商业银行从根本上摆脱困境。2001年12月，中国成为WTO正式成员，在约定的过渡期于2006年底结束之后，中国银行业将全面对外开放，国有商业银行将面临更加严峻的经营考验。届时外资银行将不再受业务和地域的约束，其先进的管理、技术和展业经验将对我国国有商业银行形成巨大的挑战。鉴于形势的严峻性，2002年2月，党中央、国务院召开第二次全国金融工作会议，提出要按照"产权清晰、权责明确、政企分开、管理科学"的现代金融企业制度要求，把国有商业银行改造成治理结构完善、运行机制健全、经营目标明确、财务状况良好、具有较强国际竞争力的现代金融企业。其后，国务院成立了国有独资商业银行综合改革专题工作小组，部署人民银行牵头研究国有商业银行改革问题。

改革目标已经提出，但在改革的资源选择上却存有争议。一种选择是延续第二轮改革的思路，即中央财政利用财政发债的方式对国有商业银行进行财务重组。但是自1998年实施积极财政政策以来，我国连续几年出现较大财政赤字，国债发行的余地已经很小，财政部门也明确表示国家财力不足以支持国有商业银行的改革。此外在法律程序上，国债发行需获人大批准，在当时的情况下发债的方案不易获得通过。2003年5月19日，人民银行向国务院提出了动用外汇储备向国有商业银行注资的新思路，其背景是我国已积累了较为充裕的外汇储备。这些外汇储备投资于国有商业银行股权，可在人民银行资产负债表中的"其他投资"应用。经多方研究及论证，国家最终选择了运用外汇储备注资的方案。

2003年9月，中央和国务院原则通过了《中国人民银行关于加快国有独资商业银行股份制改革的汇报》，决定选择中国银行、中国建设银行作为试点银行，运用450亿美元国家外汇储备和黄金储备补充资本金，进一步加快国有独资商业银行股份制改革进程。其后，国务院成立了国有独资商业银行改革试点工作领导小组，领导小组办公室设在人民银行。2003年12

月,领导小组办公室会同各部门经反复研究论证,共同拟定了《中国银行、中国建设银行股份制改革实施总体方案》,并经国务院原则通过,国有商业银行股份制改革正式付诸实施。

在改革具体运作模式的选择上,国家根据产权明晰的原则,于 2003 年 12 月 16 日依《公司法》设立了中央汇金公司,由其运用国家外汇储备向试点银行注资,并作为国有资本出资人代表,行使国有重点金融机构控股股东职责,真正落实出资人对资本安全性和收益性的责任和约束。汇金公司的成立是国有商业银行业改革的一个重大创新,国有商业银行长期存在的产权主体虚位局面由此得到根本性改变。

此后中国银行、建设银行等试点银行的改革工作按照改革总体方案,根据"一行一策"的原则稳步开展。

第一步是财务重组,主要包括核销资产损失、处置不良资产、再注资等三个环节。中行、建行将所有者权益、准备金和 2003 年利润全部转入不良资产拨备,用于核销资产损失,之后将不良资产以市场评估价格剥离给资产管理公司。在工行的财务重组中,财政部创新性地以工行未来的收益冲销工行过去的损失,设立了"特别共管账户"。在核销资产损失、处置不良资产的基础上,2003 年 12 月 30 日国务院通过中央汇金公司向中行、建行分别注入 225 亿美元的资本金;2005 年 4 月,中央汇金公司再向中国工商银行注资 150 亿美元。通过财务重组,三行财务状况得到显著改善,主要财务指标已接近国际大型商业银行的水平。

第二步在财务重组的基础上实施股份制改造,建立现代公司治理框架。中行、建行、工行相继分别于 2004 年 8 月 26 日、9 月 21 日和 2005 年 10 月 28 日由国有独资改组为股份有限公司。三行在创立大会上分别选举产生了第一届董事会和监事会,通过了以公司法和其他相关法律为依据制订的公司章程及一系列配套文件,初步建立了规范的公司治理结构。汇金公司分别向三行派出专职董事,代表行使国有资本出资人职能。

第三步为引进战略投资者。国务院在制订改革总体方案时,将"引进国内外战略投资者,改变单一的股权结构,实现投资主体多元化"作为股份制改革的重要一环。引进战略投资者特别是国外战略投资者有利于优化国有商业银行的产权结构,同时也有利于试点银行引入国际先进管理经验、提高公司治理水平。三行在股份制改造完成之后,根据自身的实际情况和业务发展需要,按照监管部门确定的指导原则严格筛选,分别引入了美国银行、苏格兰皇家银行、高盛投资团等战略投资者。

第四步也即改革总体方案的最后一步是境内外公开发行上市。上市是彻底改造国有商业银行公司治理机制的重要环节。通过发挥资本市场的约束、监督和促进作用,将建立一整套新的市场激励和约束机制,从而促使国有商业银行进一步转换经营机制,成为真正的市场化经营的主体。可以说,只有通过上市,通过施加足够的外部压力,国有商业银行才有可能真正建立和完善公司治理结构,切实切断机关化运行机制,保证改革的最终成功。从2005年10月起三行相继启动首次公开发行工作,均取得了巨大成功,在融资规模、认购倍数、发行价格等方面屡创纪录,这表明股份制改革的前期成果已得到市场充分认可。截至2007年9月,中、建、工三行全部完成A股+H股两地上市,到目前为止三行市值均稳居全球十大银行之列。

在股改过程中和上市之后,汇金公司遵循市场化原则积极履行控股股东的职责,着力做好国有商业银行股份制改革工作,在完善控股银行公司治理、引进战略投资者、确保国有资产保值增值等方面发挥了重要作用:(一)切实履行出资人职责,按现代金融企业制度要求推动试点银行修订了大量公司治理文件,建立起相对规范的公司治理及相互制衡、科学运营的机制。(二)为有效行使国家出资人权利,汇金公司建立了专职派出董事制度,通过向试点银行董事会派驻占据相对优势数目的专职董事参与决策,不仅将国有资本保值增值目标落实到具体自然人,而且最大限度地减少了内部人控制和信息不对称问题,有利于在相互制衡的基础上建立起较为科学的决策机制。(三)在试点银行战略引资和公开发行上市过程中,牢牢把握国家对国有商业银行的绝对控股权,切实维护国家利益。(四)通过参与重大决策,推动试点银行改革人事薪酬体制、加强风险管理体系建设、完善内外部审计体系、规范信息披露制度等,促进试点银行转变经营机制,走上稳健和商业可持续化发展道路。(五)通过股权管理工作落实股东权利,要求控股金融机构压缩费用开支,提高利润目标,合理制定股息分派方案等,将国有资产软约束管理转换为以所有者权益为基础的硬约束管理,促使银行管理层确立股东价值最大化的经营管理目标。截至2007年底,汇金公司直接持有三行股份市值显著提高,与最初的注资金额相比实现增值约5~6倍,较好地实现了国家注资的保值增值。

新一轮国有商业银行改革已取得阶段性成功

股份制改造使国有商业银行的产权关系明晰化,真正实现了银行资产在法律上的所有权与银行的法人财产权的分离,有助于国有商业银行成为真正的独立市场主体,汇金公司行使国有资本出资人权利,强化了对于国有银行的产权约束。通过引入战略投资者和公众投资者打破国有商业银行单一的产权结构，有利于完善国有商业银行的法人治理结构，强化自身的风险约束机制。上市后规范严格的信息披露制度有利于强化银行的外部监督约束，也使银行的经营情况有了客观的市场评价基准。从股改启动至今，国内外均对这轮改革给予了较为积极的评价，改革的成效也已经从银行的方方面面得到了体现：（一）相对规范的公司治理结构已经初步建立，三行的股东大会、董事会、监事会和高级管理层之间已经逐步形成了各司其职、有效制衡、协调运作的架构与机制；（二）内控机制和管理能力不断增强，风险防范体系不断完善，风险文化初步建立；（三）经营理念和经营模式明显改进，银行提供金融服务的效率明显提高；（四）引入战略投资者不仅优化了银行的股权结构，也对改善银行的公司治理、风险管理、业务流程、产品创新、企业文化等方面带来了很多深刻影响；（五）通过公开发行上市，银行建立了市场化的资本金补充机制，规范了信息披露，加强了对高级管理层的履职约束，资本市场对建立现代金融企业制度的促进和监督作用明显增强；（六）财务状况根本好转，已接近国际较好银行水平。截至2007年底，四家银行的资本充足率均超过12%，不良贷款率下降到3.5%以下，税前利润总额超过3000亿元。同时，国家注资获得明显收益，实现了国有资本保值增值。目前来看，这场以产权改革为特征、以建立现代商业银行制度为目的的新一轮改革已基本实现了改革的初衷，改革已经取得了阶段性的成功。

对改革的长期性、复杂性和艰巨性要保持清醒的认识

通过股份制改革，国有商业银行主要财务指标已接近国际较好银行水平，现代商业银行制度初步建立，已具备了可持续发展的基础。但总体来看，改革的成果还是初步的、阶段性的。对今后一段时期国有商业银行深化改革可能遇到的问题和困难要有充分的估计，对改革的长期性、复杂性和艰巨性要有更清醒的认识。从银行内部看，国有商业银行在公司治理结构、经营机制和增长方式、风险防范机制与国际先进银行相比还有很大差距。从银行外部环境看，一方面金融业将进一步对外开放，国有商业银行将面临更加严峻的市场竞争；另一方面，我国正处在完善社会主义市场经济体制的重要阶段，国民经济和产业结构在不断调整，国有企业也在转轨和改制之中，与市场经济相适应的金融法制建设尚待完善，社会诚信体系建设刚刚起步。这些因素都会影响到试点银行的资产质量与财务状况，影响国有商业银行未来的改革和发展。2007年2月召开的第三次全国金融工

作会议在肯定国有商业银行改革已取得重大进展的同时,依然将深化国有银行改革作为下一个时期的最为重要的任务之一。

附录:工商银行、中国银行、建设银行股份制改革相关情况

一、财务重组

表1　工行、中行、建行财务重组一览

	原有资本金	资本金	可疑类贷款处置	损失类贷款处置	次级债	其他
工行	财政部保留原有资本金1240亿元	汇金150亿美元	4590亿元,以减值准备前账面价值卖给四大AMC,其中,4305亿元以五年期特别央行票据对价	2460亿元,财政部以账面价值接受,设共管基金,用未来收益逐年冲销	350亿元(2005),650亿元(2007)	土地所有权以国家作价出资方式注入,约199亿元
中行	所有者权益余额2034.62亿元转入未分配利润,用以弥补因不良资产减值准备所形成的累计亏损	汇金196亿美元和时价29亿美元的黄金	1485.40亿元,以净值734.30亿元卖给信达,全部以五年期专项央行票据对价	1053.8亿元(原始本金1413.99亿元),以零价格出售给东方。	600亿元	向央行出售181亿元政策性资产,以三年期专项央行票据支付
建行	以全部资本金和储备以及累计未分配利润弥补了全部的累计亏损	汇金225亿美元,宝钢30亿元,国家电网30亿元,长江电力20亿元	1289亿元,以账面价值50%(644.5亿元)出售给信达,其中633.54亿元购买了五年期专项票据	569亿元,全部核销	400亿元	分别成立中国建设银行股份有限公司和中国建投

注:根据三行A股招股书相关内容整理。

二、引入战略投资者情况

表2 工行、中行、建行引进战略投资者一览

银行	战略投资者	出资金额	市净率	上市前持股比例
工商银行	高盛	25.82亿美元	1.22	5.75%
	安联保险公司	8.25亿欧元		2.25%
	美国运通	2亿美元		0.45%
建设银行	美国银行	25亿美元	1.15	9.00%
	淡马锡	14.66亿美元	1.19	5.10%
中国银行	苏格兰皇家银行	30.48亿美元	1.17	8.47%
	瑞士银行	4.92亿美元		1.37%
	亚洲开发银行	0.74亿美元		0.21%
	淡马锡	15.24亿美元		4.77%

注：根据三行A股招股书相关内容整理。

三、公开上市

表3 工行、中行、建行A股市场IPO和上市表现一览

简称	A股代码	发行价	市净率	上市日	首日收盘价	发行数量（万股）	募集资金（亿元）
工商银行	601398	3.12	2.23	2006-10-27	3.28	1495000	466
中国银行	601988	3.08	2.23	2006-07-05	3.79	649351	200
建设银行	601939	6.45	3.29	2007-09-25	8.53	900000	581

表4 工行、中行、建行H股市场IPO和上市表现一览

简称	H股代码	发行价（港元）	市净率	上市日	首日收盘价（港元）	发行数量（万股）	募集资金（亿港元）
工商银行	1398.HK	3.07	2.23	2006-10-27	3.52	4069965	1249
中国银行	3988.HK	2.95	2.18	2006-06-01	3.40	2940387.8	867
建设银行	0939.HK	2.35	1.96	2005-10-27	2.35	3045883.4	716

注：如无特殊说明，元、亿元均指以人民币为计价单位。

四、上市后业绩

表5 工行、中行、建行2004–2007年主要财务指标对比
（按照国内会计准则）

简称	年份	ROA	ROE	成本收入比	资本充足率	核心资本充足率	不良贷款比	拨备覆盖率
工商银行	2004	0.65	–	33.80	–	–	21.16	76.28
	2005	0.66	–	37.75	9.89	8.11	4.69	54.20
	2006	0.71	15.18	35.68	14.05	12.23	3.79	70.56
	2007	1.01	16.15	34.48	13.09	10.99	2.74	103.50
中国银行	2004	0.66	11.22	–	10.04	8.48	5.12	68.02
	2005	0.71	11.98	40.85	10.42	8.08	4.62	80.55
	2006	0.95	13.79	38.57	13.59	11.44	4.04	96.00
	2007	1.09	13.85	38.07	13.34	10.67	3.12	108.18
建设银行	2004	1.31	22.99	40.17	11.32	8.60	3.92	61.64
	2005	1.11	21.75	39.29	13.59	11.08	3.84	66.78
	2006	0.92	15.00	38.00	12.11	9.92	3.29	82.24
	2007	1.15	19.50	35.92	12.58	10.37	2.60	104.41

注：上述指标均参照三家银行A股发布的年报。

中国经济50人论坛
Chinese Economists 50 Forum

我所经历的财税改革的回忆片断

许善达

The Past 30 Years

A Review and Analysis by 50 Chinese Economists

许善达简历

许善达，山西省人。

1970年3月毕业于清华大学自动控制系。

1984年获得中国农业科学院研究生院农业经济管理硕士。

1990年获得英国巴斯大学财政专业硕士。

历任财政部税务总局研究处副处长，国家税务局税收科学研究所研究室主任、税制改革司副司长，国家税务总局政策法规司副司长、司长，地方税务司司长、稽查局局长，国家税务总局副局长。

长期从事宏观经济、财政、税收、金融理论研究，担任国家信息化专家咨询委员会委员，中国财政学会副会长，中国国际税收研究会副会长，财政部会计准则委员会委员，中国注册会计师协会审计准则委员会委员，中国经济50人论坛学术委员会委员，清华大学公共管理学院、西安交通大学、中国科技大学、中央财政金融大学、南开大学、浙江理工大学兼职教授，北京大学光华管理学院、北京大学法学院、清华大学经济管理学院中国经济研究中心特邀研究员。

主要著作有：《马克思主义和报酬递减律》（专著）、《国家税收》（主编）、《中国税制改革》（副主编）、《中国税收法制论》（第一作者）、《中国税收负担研究》（第一作者）、《中国税权研究》（第一作者）、《发展中国家的税收理论》（第一译者）、《中国财政政策》（第一译者）、《税收系统工程研究》（主持人）等。

主持金税工程获得2006年国家科技进步二等奖。

之一：1994 年税制改革中涉及承包制的故事

谈 1994 年税制改革，话要从 1984 年说起。1984 年实施了对国营企业第二步利改税以后，本来作为市场经济的基本制度环境之一的税收制度正在稳步推进。1986 年曾经设计过"价税财联动"的改革方案，虽然这个方案仍然没有从根本上改革计划经济的价格体制，但在国家与企业的关系上还是坚持税制改革的方向的。1986 年秋冬，"价税财联动"的改革方案尚未出台就胎死腹中。在这种形势下，在学术界、企业界和政府里出现的一种用国家和企业之间的承包制取代税收制度的主张发展得十分强烈。这种主张的根据是农村联产承包责任制的成功。认为"包"字在农村所取得的成功证明了"包"字是经济改革的真谛。当时农村承包制的通俗表达是："交够国家的，留够集体的，剩下都是自己的"。当时，这个哲学思想十分流行。从某些省开始实行了"中央和省的财政承包制"，很多行政事业单位收费也实行了承包制。面对这样呼声甚高的主张，财税部门赞成在企业内部的管理上实行承包制，但对于企业包税总体上是不赞成的。当时我的行政级别尚低，没有机会参与国务院的决策过程，但在财税部门内部讨论以及与其他一些部门交流看法时也听到有不同意见出现。赞成的意见提出的理由是，当时财政非常困难，收入和支出的压力都很大。而在国家企业分配关系上政府总的基调是"减税让利"，如果企业承包了上缴的税利，不管出台什么"减税让利"的政策，这部分收入都是可以保住的。反对的意见则认为承包的基数由各地政府及财税部门与企业谈判确定，财政部根本无法控制，相当于中央政府放弃了税收政策的制定权和执行权。从改革方向来看，也和第一步、第二步利改税相悖。企业的目标将是在市场外竞争其同政府的谈判能力，而不是在市场中竞争其生产和赢利能力。这和经济体制改革的方向背道而驰。最后，财政部形成的意见是仍然坚持税制改革的方向，不同意实质为"包税制"的国家与企业之间的承包制。但是，国务院还是发布了全面推行承包制的指令。财政部在无可奈何的情况下，退一步向国务院提出，可以承包所得税，不能承包流转税。国务院接受了这个意见，向全国发出在推行国家和企业承包制的过程中不允许承包流转税的指令。但事实上，由于国务院批准的首都钢铁公司的承包方案中就承包了流转税，所以，不允许承包流转税的文件实际效力很低。全国各地承包流转税的企业比比皆是。在这种形势下，原本已经明确的改变计划经济体制下企业税负过重的"减税让利"的正确方向不是通过税制改革的正确轨道实施，而是进入了与经济体制改革方向相悖的承包制的错误轨道。

现在，20 年后，对此进行历史的分析，应该说，承包制的实施不是没有原因的。推行承包制的主张是看清了统收统支的计划经济体制扼杀了企业活力的弊端，他们呼吁搞活企业必须改变竭泽而渔的旧财税制度，这些都是正确的。但是，他们开错了药方。从单个企业来看，通过承包合同定死了上缴国家的利税，而且承包基数总是比税法规定的税收负担要低一点，这样企业有了分配的决策权、投资的决策权，企业确实增强了一定的活力，首钢的实践也可以算是一个证明。这确实和农村联产承包制具有相同的效果。但是，20 世纪 80 年代初期，由于农产品的短缺，同时农民承包合同签订的程序可以基本保证在一个相当范围内，比如一个县或市，甚至省，农民上缴国家和集体的负担相差不大。因此，农民之间总体上不会因为推行承包制就产生优胜劣汰的竞争关系。而对企业而言，则是处于全国范围内的优胜劣汰的市场竞争环境。不同地方的同类企业和其所在地方政府及财税部门签订的承包合同必然形成上缴国家税收负担水平相差很大的局面。这就不可避免地把企业的积极性，或者称之为"活力"，引导到背离提高生产率转而寻求政府给予个别优惠的方向。从增强企业活力的正确目标出发，却走上了把"活力"寄托在政府优惠而不是提高生产率的错误轨道，这就是在国家与企业之间推行承包制这一主张的悲剧。

1988 年，世界银行第一个中国税制考察团来华（从 1985 年就作为世界银行专家研究中国财政税收问题的美国教授罗依·伯尔是考察团成员之一，20 多年来，他成了中国财税界的老朋友，也成为美国乃至世界的中国财税问题专家）。当时我是财政部安排的协助考察团工作的中方工作班子负责人。这个考察团在北京与财政部税务总局、预算司、综合计划司等人员进行多次座谈之后赴江苏和安徽进行实地考察。在考察过程中世界银行的专家们详细地了解了当时中国的税收法律、法规的文件规定，向财政部索要了许多统计数据。我作为中方工作班子负责人参加了他们工作的全过程。我感到，他们作为世界银行第一个中国税制考察团，如果仅仅了解到税收法律法规条文的内容，而对在实际生活中正在执行的承包制一无所知的话，他们的考察就不会是成功的，他们的建议也会因脱离实际而不会对中国税制建设有多大帮助。考察团在江苏期间，我单独安排了一次座谈，由我向他们介绍国家和企业之间的承包制。听了我的介绍，专家们深感意外。他们万万没有料到，中国是按照"合同"收税的。我的介绍，在当时承包制占主流地位的情况下，对他们在考察报告里发表的不赞成承包制而赞成深化税制改革的意见还是产生了一定的影响。

推行承包制这个背离经济体制改革方向的决策严重损害了国民经济的健康发展。具体表现之一就是财政收入占 GDP 的比重急剧下降，政府，特别是中央政府的宏观经济调控能力日渐衰弱。这个问题在今天已经是众所周知,认识统一了,而形成这个认识是付出了巨大代价的。至今在有关经济体制改革30年的回忆录中尚未看到当年全面推行承包制的决策过程的材料。我曾听到一位同志提出他对承包制的分析:"全面推行承包制的实质是中央政府全面放松宏观调控的各项工具。因此,出现1988年秋季的严重通货膨胀是必然的。"我非常赞成这个判断。

可以说,1988年的高通货膨胀和1990年至1992年的经济衰退从根本上动摇了人们对国家和企业之间实施承包制的迷信。人们开始怀疑,在农村成功推行的承包制能否适用于城市改革。而坚持市场经济改革方向的经济学家、国家机关工作人员在理论上、实际工作中为重新恢复税制取代承包制做着各种准备。

在财政部党组的领导下,国家税务局的领导同志一直在部署有关司局研究税制改革的方案。不知道召开了多少次研讨会,有国家税务局和财政部内部的,有与专家学者的,有与国务院、人大、政协及有关部门之间的,有国际间的,包括与外国立法与行政部门、各类智库研究机构和大学及学者教授的,等等。

当时国家税务局的税制改革与法规司在我的主持下一直在反复研究起草税制改革的总体方案,各个税种的改革方案则由各相关业务司局研究起草。在涉及承包制的问题上应该说增值税专用发票的制度在推行新税制取代承包制的工作中发挥了极其重要的作用。而这一点可能至今也并没有被很多人所了解。

80年代初期,一些同志看到增值税的最大优点是避免了重复征税,就提出中国引进欧洲国家(法国为代表)实行增值税的主张。当时,这一主张曾被一些人认为是打开开放之窗以后从西方国家飞进我国的"苍蝇"。经过若干年的讨论,从20世纪80年代中期开始,财政部决定由税务总局进行增值税试点。在试点中,一个特别重要且必须在试点中取得经验来作出最后决定的问题就是我国增值税实行"以发票计算征税"制度还是"查账征税"制度。表面上看这是个税收技术问题,与税制改革的战略无关。事实上并不如此。这个看起来是一个技术问题的发票制度在推行新税制取代承包制的工作中发挥了非常关键的作用。

1993年,外部有前苏联解体的前车之鉴,内部有多年中央政府宏观调控"力(财力是重要之一力)不从心"的体验,"扭转中央财政收入占财政总收入比重下降"这个目标在政治上就取得了上上下下、左左右右一致的意见。当时,中央的核心目标是解决中央财政收入占财政总收入比重下降的问题。要实现这个目的,当然也可以通过中央与各省"一对一谈判"

来实现。但是，在当时全面实行承包制（包括国家与企业之间的承包制和中央与地方之间的承包制）的情况下，即使不能说"一对一谈判"不可能成功，至少是耗时良久，效果有限。因此中央下决心进行财税体制改革，而核心内容就是实行"分税制"这一中央与地方之间新的财政分配制度。既然要废弃"一省一合同"的财政承包制，必须设计出全国统一的"分税制"。而全国统一的"分税制"与旧的税收制度，特别是国家和企业之间的承包制，就成为一对不可调和的矛盾。全国统一的"分税制"要求全国统一的税收制度就成为历史的必然。

如何设计出一个全新的、全国统一的税收制度以满足全国统一的"分税制"的需要，就是摆在全国税务工作者面前的严峻挑战。设计这个新的税收制度要解决的问题很多，但无论税收制度如何设计，从制度上废除国家与企业之间的承包制是不可或缺的内容。

鉴于国务院多次发布的"不允许承包流转税"的指令执行不力，因此，如果没有一个"制度性"的机制，仍然仅仅依赖行政命令去废除承包制是不可能取得预期效果的。新税制的设计必须为中央的政治决策提供税收技术支持手段。而增值税计征办法的选择就完成了这个庄严的政治使命。

增值税的优点是避免重复征税。它如何实现避免重复征税呢？在两种征税办法中，我们选择了"以发票计算征税"的制度。其制度规定是这样的：购货方在完成了合法交易后要求销货方提供增值税专用发票。这张增值税专用发票上会注明销货方应该缴纳的增值税款。购货方可以凭此发票在缴纳自己销售货物后的应纳税款时得到此发票所注明的税款的抵扣。这个制度就形成了一个机制：如果一个销货方企业不能向购货方提供增值税专用发票，购货方就无法从税务机关获得相应税款的抵扣。可以肯定地说，这样的销售方企业就无法销售它的货物。换句话说，一个企业如果要让购买方购买自己的货物，它就必须注册为增值税的一般纳税人，从而有权从税务机关领取增值税专用发票。

这样，企业就面临新税制和承包制之间的选择。或者实行承包制，不登记为增值税一般纳税人，因此也就不能取得增值税专用发票；或者登记为增值税一般纳税人，取得增值税专用发票，而不再实行承包制。实行承包制，没有增值税专用发票，就意味着失去市场。这就是通过税收制度的技术方法形成了废除承包制的强有力的机制。如果我们选择"查账征税"的办法就不会具有这个机制。

1994年初，在全国各地推行新税制的热潮中，在北京市和石景山区税务局的安排下，我和税务总局的几个工作人员搭乘一辆面包车去首都钢铁公司，会见公司负责同志。因为增值税条例是国务院颁布的，而首都钢铁公司的承包合同也是国务院批准的，正像过去首钢并不执行"不允许承包流转税"的国务院文件一样，首钢也可以继续执行国务院批准的承包制，而不执行国务院颁布的新增值税条例。我们会见首钢负责同志就是听取首钢对新税制和承包制的选择。如果首钢选择新增值税，我们就要安排有关一般纳税人登记，增值税专用发票的领购使用等一系列相关工作；如果首钢选择继续实行承包制，这些工作就都用不着了。在路上，一些同志对首钢会不会选择新增值税还有些担心，我提出打一个小赌：首钢一定会选择新增值税。后来，首钢一位负责同志带领财务部门的工作人员会见了我们。果然不出所料，在我们讲清来意以后，这位负责同志告诉我们，经过学习党中央和国务院有关文件，首钢充分地认识到党中央和国务院实施新税制的深远意义，首钢完全拥护，坚决执行。从1994年开始首钢不再执行承包制了，完全按新税制执行。此语一出，原先会议室还多少有一点拘谨的气氛顿时烟消云散。同去的市局和区局的税务人员立即表示，尽快协助首钢办理有关的税务手续，为首钢执行新税制提供最好最快的服务。在回程中，我感到一阵轻松。首钢这个曾经提出过"承包为本"的口号，全国推行承包制的典型都纳入新税制的体系了，其他实行承包制的企业也就不会有什么大问题了。至此，国务院领导同志交给我们推行新税制取代承包制的任务总算完成了。仅是税务系统从领导到最基层的几十万工作人员，为了完成这项改革就花费了多少年的心血！

今天回想起来还有两点感悟：

首先，国务院领导同志在部署推行新税制的过程中反复强调，推行新税制取代承包制要通过具体工作来实现。不要事情还没有做就在报刊杂志上打笔墨官司。回想起来，当时社会各界在对承包制的认识上尚有诸多分歧，旧税制的缺点和弊端还非常严重，新税制是个什么样子还没有被社会所了解。在这种情况下，打笔墨官司确实于事无补，反而有害。承包制虽然降低了企业税收负担，但重复征税的弊端依然存在。当我们设计的新增值税能够解决重复征税的优点被社会了解以后，人们自然会接受新税制。我们在如何计算征税上再设计出一个具有废除承包制机制的办法，改革就可以在潜移默化中完成了。废除承包制而不打笔墨官司确实是一项明智的决策。

第二，税收工作从直观来看是一项经济工作，具有很强的技术性。不少人因此把它视为一项简单的技术工作，以为充其量不过是多收几个钱少收几个钱的事情。其实不然。任何一项具体的税收工作都包含着很深的，往往不易为人们所了解的政治内容。许多税收工作做得好，恰恰是由于把握住了其中的政治内容的结果。比如上述增值税"以发票计算征税"的办

法选择和设计就是一例。而一些税收工作的效果不能令人满意,不是因为税收技术水平不高,恰恰是因为政治水平不高而造成的。这样的实例也不在少数。

之二:1994年税制改革中几个问题的决策故事

新税制实施了十几年,随着时间的推移,对新税制的肯定越来越多了,对新税制的成功的认同也越来越多了。听说,有人把1994年财税改革列为20世纪末到21世纪初中国最重大、最成功的改革。不管这个判断能不能形成社会共识,我是赞成的。也可能有人会说我是因为自己参加的事就高度评价,就算如此,我也宁愿受这个"批评"。

但是,虽然如此,从新税制出台那天起各种对新税制"弊端"的批评就一天也没有停息过,对新税制的争议也一直没有停息过。今天在人们能够回顾过去的时候,我更多的想法是将这些"弊端"形成的原因做一个历史的记录。实际上,可以说,我,作为新税制总体方案的起草人之一,对新税制的"弊端"是最清楚的,也应该说是有一定责任的,因此,在这十几年中我对这些"弊端"的批评也是最尖锐、最"无情"的。下面这些片断回忆记录会有助于人们了解和认识1994年财税改革的历史。1994年财税改革是当时我国政治经济生活的一件大事,每个人参加的活动是其中一部分。我参加的就更有限了。有很多我虽参加并在场但未参与决策过程的事件,还有很多我知道但未直接参与的事件,当然还有很多我不知道更没有参与的事件。我希望能看到更多更高水平的回忆录发表。

1. 新税制设计的原则

新税制的研究可以说从"七五"计划期间就开始了。由于承包制的冲击和相应事件的影响,新税制的研究也经历了一段困难的时期。用理论术语来说,就是"新税制的外部条件难以确定"。税收制度是政治性非常强的经济制度,许多政治前提如果尚未明确,新税制就很难设计。当时在对新税制的研究中,许多争议不是由于对税制设计的分歧,而是由于税制设计前提的不确定性而产生的。比如,计划经济和市场经济之争当然会影响对税制设计方向的选择。如果经济体制改革的方向确定为市场经济,新税制的设计就要更多地借鉴市场经济发达国家的经验;如果经济体制改革的方向确定为以计划经济为主,新税制的设计就不能遵循诸如"市场竞争"等原则。再比如,坚持承包制就不可能设计出"公平税负"的新税制。再比如,中央财政和地方财政的关系当然是新税制设计的重要前提之一,中国搞"分税制"还是继续搞财政承包制,新税制的设计必然是根本不同的。

尽管在这些外部条件未定的条件下新税制是不可能设计出来的，但是，反复对外部条件的讨论也让我对新税制的研究更加深入，可以说只要决策机关设定了新税制的外部条件，新税制方案的设计和起草就有成功的把握。

在1993年明确了新税制的外部条件。这就是：

- 社会主义市场经济体制改革目标的确定为新税制的设计明确了方向。特别是增值税作为主体税种的新税制方案就无可争议地确定下来了。
- 中央财政和地方财政的关系确定为"分税制"，这就为处理新税制设计中涉及中央地方税收关系的问题提供了设计前提。
- 1993年国民经济正处于通货膨胀高峰期，宏观经济调控正在以治理通货膨胀为首要目标。新税制虽然是适应长期需要，但也要和这一当期目标一致。
- 因为实行中央财政和地方财政之间的"分税制"以及为此实施作为"分税制"基础的新税制是1994年财税改革的主要内容，所以，在国家和企业分配关系上，新税制的设计要遵循"总体税负水平不变"的原则，在财税改革中既不加重企业负担，也不搞"减税让利"。

2. 新税制的主体格局

当时对新税制实行所谓"双主体"，即以流转税和所得税为主体，还是"单主体"，即以流转税为主体，是存在争论的。从市场经济的方向出发，新税制应该比旧税制减轻流转税比重，增加所得税比重，实行"双主体"，这在理论上是有共识的。但是，当时的所得税制是以产权关系划分不同税种的，特别是对外商的所得税优惠以及日益增加的"出口转内销"的外商，使得财税部门对所得税收入的稳定性和可靠性没有把握。而且原来允许承包所得税的政策在新税制实施后能不能全面纠正也没有很大把握，另外，征收所得税的难度确实比征收流转税大，能够完全胜任所得税征收的税务干部数量有限。所以，加大所得税比重就会加大税收收入的风险，当然也就加大了整个分税制和税制改革失败的风险。因此，在新税制的总体方案设计中从理论上坚持了"双主体"的提法，而实际上确定了以流转税为主体的具体方案。由于理论和实际的不一致，1994年新税制运行以后，统计数字表明流转税的比重达到百分之七十多，所得税的比重只有百分之十几。学术界对新税制并未实现"双主体"有不少批评，特别是1994年以及以后的几年，巨额出口退税给税收收入带来很大压力时，有一种意见认为如果流转税比重低一点，出口退税的压力就不会那么大了。实际上这种意见是不成立的。出口退税给税收收入造成的压力与流转税比重没有关系。我国增值税税率为17%，第一次实行出口商品零税率，人们对零税率对税收收

人的影响还不了解。一下子比改革以前出口退税增加那么大量，就以为是流转税，当然主要是增值税的比重太大造成的。实际上，由于我们的增值税是生产型的，购进的设备所含税款不能抵扣，当然也不予退税；由于我们是增值税与营业税并立的税制格局，购进中所含的营业税也不予退税。可以说，我们的退税是不充分的退税。比起欧洲实行增值税的国家，在同样17%的增值税率下，我们退的税比他们少得多。因此，出口退税给税收收入形成的压力不应归咎于流转税为主体的税制。

现在回顾起来，当时实际上执行的以流转税为主体的"单主体"新税制是符合当时的形势要求的。虽然增值税的收入在1994年以后的几年里遇到了严重的挑战，但流转税为"单主体"的新税制为保证财政收入的稳定作出了贡献。这个历史结论是站得住的。当然，在深化税制改革中，逐步减轻流转税比重，增加所得税比重也应该是毫不动摇的方向。这也是为这十几年深化税制改革工作所证明了的。2007年所得税（含企业所得税和个人所得税）的比重已经达到四分之一左右。估计今后几年尽管企业所得税税收负担在下降，所得税比重提高的趋势可能比前几年还要快一些。

3. 增值税和营业税并立的流转税制

从我们了解到的欧洲以及世界上绝大多数实行增值税的国家都是对商品和劳务共同征收的。我们也曾设想过同样的方案。但是，为什么1994年的新税制只对商品征收增值税，而对劳务保留了营业税呢？在商品领域否定旧税制中的产品税，就是因为产品税的重复征税所引起的一系列弊端。既然如此，为什么对劳务领域实行的同样是重复征税的营业税却置之不改呢？不是因为别的，其原因就是"分税制"。在旧的中央财政与地方财政的关系中，中央收入只有30%左右，在"分税制"的设计中，确定中央收入比重要在1994年当年达到55%，以后每年增加一个百分点，五年后中央收入比重要达到60%。在这个外部条件的限制下，如果增值税收入在中央和地方之间分配比例确定为75%和25%，那么营业税就只能定为地方税。假如对劳务也改为增值税，为了实现中央55%的收入比重，就要降低增值税中央75%的比例，这会影响1994年以后五年内中央收入每年增加一个百分点的目标。如果商品增值税仍实行中央和地方75%和25%分享的比例，那劳务增值税就要实行另一个比例，这在实际工作中是无法严格划分操作的。在这种情况下，在商品领域推出增值税，在劳务领域暂时保留营业税并基本作为地方收入以保证"分税制"的实施，就是必然的，也是无可奈何的选择了。

虽然是在诸多外部条件限制下对劳务选择了营业税，但是，实事求是地说，对这一选择会给国民经济发展带来何种负面影响，当时的估计是很不充分的。经历了十几年的实践，现在看，至少下述的弊端至今未除，对国民经济负面的影响依然如故：

• 由于营业税保留了重复征税的弊端，因此，劳务领域税收负担总体上高于商品领域。这种税负差别必然影响服务业的发展，而这个结果和我们加快发展第三产业的国策显然是相悖的。这么多年，我国产业结构调整战略中增加第三产业比重的目标始终无法按照规划实现，成为研究国民经济发展战略的一个"永恒"的话题，不能不说，营业税1994年没有改革为增值税是重要原因之一。

• 从80年代开始实行的商品出口退税政策，在1994年全面推向商品领域增值税以后，零税率的退税政策为我国成为"世界工厂"发挥了不可或缺的作用，也为解决困扰我国几十年的外汇储备问题提供了政策前提。这个退税政策的贡献怎么估计也不会过分。但是，劳务出口由于营业税的原因，只对提供劳务的人员在境外提供劳务才享受免征营业税的政策，如果提供劳务的人员在境内，而劳务出口到境外就不能享受免征营业税的待遇。这个政策和商品出口明显存在不一致的问题。商品出口退税并不要求商品制造人员到境外去，而营业税则规定提供劳务的人员在境外才可免征营业税。看起来岂不是荒唐可笑？更令我们这些从事税收工作的人汗颜的是，只是由于文化部门的努力，才允许翻译人员在境内的翻译作品出口到境外可以免征营业税。在商务部的推动下，在若干城市进行的"CALL CENTER"免征营业税试点也是只开花不结果，全面推行遥遥无期。如果我们总结增值税出口退税政策是制造业发展不可缺少的政策前提，那么废除提供劳务的人员在境外提供劳务才免征营业税的政策而只以劳务出口境外为唯一条件实行免征营业税就是不能再拖延的决策了。事实上，即使实行了这项决策，劳务出口的退税仍然是不充分的，因为出口劳务的购进中所含增值税和营业税都未退税。虽然如此，可以预期，能尽快实行劳务出口免征营业税也必然对劳务出口及国内第三产业发展发挥出巨大作用。

• 在经济生活中，商品和劳务是相互交叉的，生产商品需要投入劳务资源，同样，提供劳务也需要投入商品资源。但是，由于商品领域实行增值税而劳务领域实行营业税，增值税实行购进抵扣制度，营业税则不实行购进抵扣制度。这就必然在抵扣问题上引起一些混乱。刚开始确定了两税并存的格局后，就明确了相互不能抵扣的原则。但是，当时经贸委反映制造业的购进中运费占的比重很大，运费营业税如果不能抵扣，相当多的企业会增加税收负担。经过协商，报经国务院批准，根据税务局有关工作人员对运费中所含营业税和增值税的税款占运费7%的比重测算结果，决定以

3%的营业税为依据允许抵扣10%的增值税（允许多抵扣三个百分点是因为不想出现7%的抵扣率），实行一段时间以后，由于税收收入压力较大，又将抵扣率降到7%。10%也好，7%也好，减轻税收负担不是关键，承认购进中非增值税也需要或应该抵扣才是这项政策的价值。实际上，十几年来，已经有几十项营业税允许在营业税中抵扣的政策付诸实施了。但是，由于在原则上没有明确购进中所含税款均应抵扣，所以，除个别政策外，营业税自身不能抵扣，当然更不能抵扣增值税了，而增值税除运费外也不能抵扣其他购进中的营业税。这是一种隐性的重复征税。应该在深化税制改革中予以解决。

● 我想特别分析一下增值税不允许抵扣营业税的政策中对国民经济损害相当大的一项：购进技术、无形资产等所含营业税及增值税不允许抵扣。很多人只看到这项政策不利于企业购进技术的负面影响，其实，这项政策最大的危害在于它极大地限制了我国技术开发企业的发展。可以想象，如果一个制造业的企业销售产品时不能向购买方提供能够抵扣税款的发票，这个企业还有生存能力吗？而我们的技术开发企业就是不能向购买方提供可以获得抵扣税款的发票。从某种意义上说，我们的营业税税制在相当的程度上束缚着技术开发企业的发展，当然，最终必然延缓了我国国民经济转变增长方式的战略的实施。

4. 增值税率的确定

增值税既然成为1994年税制改革的主要内容，除了增值税的各项政策设计外，增值税率的确定就成为一个关系到相关各方利益的焦点问题。国务院已经确定了"总体税负水平不变"的原则，税率的测算就成为财政部、税务局以及经贸委工作人员的重要工作。国务院已经批准了增值税条例，但增值税率尚待最后确定。当时，财政部的工作人员更加担心新税制的收入能否实现测算数，总是倾向于把税率测算得略高一点，比如19%。而经贸委的工作人员则更加担心税率过高，在总体上增加企业税负。税务局负责测算增值税率的工作人员应该说业务水平是相当高的，按照"总体税负水平不变"的原则计算出略高于16%的税率。在几个部门工作人员反复核对、计算、讨论的基础上，财政部、税务局和经贸委的领导最后将税率建议值定为17%，报经国务院领导批准后公布实施。实践证明，17%的税率是适当的，符合"总体税负水平不变"的原则，除少数资源类产品，如：煤炭、原油、矿产品等，因为购进的原材料、燃料、动力比较少而增值税负增加较多以外，总体上各行业均顺利地实行了17%的税率。

5. 增值税类型的确定

推行增值税是税务系统一大批长期研究、试点增值税的人多年来的愿望,当然特别希望能搞出一个漂亮、完美的增值税。但是,1994年,国内从1993年开始的通货膨胀尚未缓解,而且,对我国由投资过热引发的通货膨胀的治理之策,首要的政策就是压缩投资。在这种形势下,增值税不允许抵扣建筑业的营业税当然就顺理成章了。而在增值税选型问题上也只能做了很不情愿的选择:生产型。亦即:不允许抵扣购进设备中所含的税款。

虽然当时选择生产型增值税的原因中有通货膨胀因素,但实际上主要原因是增值税率。很显然,为了实现同样的税收收入,生产型增值税的税率要比消费型增值税低得多。据税务局有关工作人员测算,我国17%税率的生产型增值税相当于23%的消费型增值税。如果营业税也允许抵扣,税率还要比23%高出若干个百分点。这种高税率社会是不可能接受的,也是政府不可能采用的。

同时,过去我们一直把消费型增值税和通货膨胀联系起来,1993年设计新税制时,通货膨胀确实是选择生产型增值税的原因之一,虽然不是主要原因。但经过几年实践以后,我们对这个关系产生了疑问。

1998年我国面临通货紧缩形势的时候,本应果断地推出消费型增值税改革,但是,担心这项改革会给财政收入带来压力的意见成为主流。其实,既然可以发行国债,用财政赤字搞基础设施建设来刺激需求,为什么不能增发国债多搞一点赤字来推出消费型增值税改革呢?给企业增加投资动力以刺激投资需求和基础设施建设刺激投资需求的效果是一样的,而且更符合国家发展战略。以财政收入压力作理由在逻辑上是站不住的。历史不能重演,在1998年反对意见占主流的情况下无法通过实践来验证:在通货紧缩的形势下,究竟增加一些赤字推出消费型增值税改革(或者小范围试点)会不会成功呢?消费型增值税改革会不会鼓励投资?会不会加快治理通货紧缩的速度?

到2003年,国务院在振兴东北老工业基地的决策中决定在东北地区的八个行业实行消费型增值税试点。当时曾有一种担心,消费型增值税改革会不会影响治理通货膨胀的宏观调控。而有另外的人针对这些担心提出:在各项振兴东北老工业基地的政策中,消费型增值税试点是最有价值的一项,如果取消这一项,振兴的力度就大大降低了。最后,国务院领导接受了这个意见,下决心在东北地区推出消费型增值税改革试点。虽然这个决定更多地带有把消费型增值税改革视为税收优惠政策的色彩,但迈出这一步就是税制改革历史的进步。

试点必然导致税收收入的减少,中央和地方如何分担首先成为有关各方关心的焦点。这个问题主要由财政部和东北各省协调明确。当时财政部和税务总局都部署各省财政厅和国家税务局对试点导致的收入减少进行测

算，事实上主要依靠的是各地国税局的测算。东北三省深受前几年出口退税欠账的影响，就担心消费型增值税试点的中央财政补贴也搞指标分配。所以各省财政厅和国税局在测算时都有宁多毋少的心情。仅辽宁就测算出减少收入150亿元的数字。这个数字让财政部和税务总局大吃一惊。当时，税务总局的信息化建设的进展只能掌握增值税专用发票的信息，设备购进的原始信息尚未控制在总局手中。因此，虽然一些同志从感觉上认为地方提出的减收数偏高，但并没有数据支持。最后，为防范风险，财政部和税务总局决定用"增量抵扣"的办法以减轻试点对收入造成的压力，当然中央财政补贴的压力也随之减轻了。几年的实践证明，实际收入减少数只相当于测算数的三分之一左右。据我了解，东北的地方同志对"增量抵扣"的办法是有意见的，我曾和一些地方同志说，你们以为我们这些管增值税的人喜欢"增量抵扣"的办法？谁让你们测算出那么大的减收数字，"搬起石头砸了自己的脚"吧？地方同志无可奈何地说，我们是真怕你们和出口退税一样搞指标分配，再以财政困难为由欠我们的补贴款呀！

除了收入减少以及补贴问题以外，试点推进的障碍就又是宏观经济形势了。2003年，通货紧缩已经过去，通货膨胀的苗头出现了。认为消费型增值税试点会助长通货膨胀的担心又出现了。经过几次不同经济形势下对这项改革的讨论，我们发现，无论经济形势发生什么变化，对这项改革的效果总是有些担心会出现，而且在不同经济形势下的理由也是变来变去的：通货紧缩时担心的理由是经济发展速度慢，税收收入增长速度也慢，消费型增值税要减少收入，自然不能搞；通货膨胀时担心消费型增值税会刺激投资，助长通货膨胀，当然也不能搞。经济发展顺利时又认为不搞消费型增值税也有这么好的形势担心搞改革会自找麻烦。形势千变万化，出现各种担心是自然的、正常的。由于我们了解了这些担心的真正原因，这次，面对消费型增值税会助长通货膨胀的担心，税务局有关工作人员根据多年从事增值税工作的经验提出：消费型增值税改革不会推动通货膨胀。因为消费型增值税鼓励制造业进行设备升级改造，这是符合国家产业发展战略的，设备升级改造过去不是、现在不是、将来也不会是我国发生通货膨胀的原因。它不会鼓励房地产开发，不会鼓励乱占耕地、乱搞开发区、乱搞形象工程等中央治理通货膨胀的要求。而这些才是投资过热的真正原因。国家控制通货膨胀的同时仍然鼓励企业进行技术升级改造，这恰恰是消费型增值税改革的预期效果。幸运的是这次的担心没有影响财税部门执行国务院决定的决心。东北地区消费型增值税改革试点的成功经验表明我们的判断是正确的。东北地区完全没有出现由于消费型增值税试点引发的通货膨胀局面。可以说，东北地区试点彻底打消了长期存在的对消费型增值税改革的各种担心，包括对税务机关有没有能力对消费型增值税改革实行有效监管的担心。由此，在制定中部地区发展战略时，有关部门和中部各省坚决要求比照东北地区把消费型增值税改革试点作为一项优惠政策。其实，税务部门从事增值税工作的人对于各地把这项改革视为"优惠政策"感到有一种说不出的遗憾。本来是一项制度性改革，搞来搞去竟变成了"优惠政策"！还搞什么"增量抵扣"！东北地区是八个行业，但还是在全东北地域内，在中部地区，不仅有行业限制，在地域上也只限26个城市了。但是，试点就比不试点强。至少人们现在相信税务部门是有能力搞好消费型增值税管理的。可以说，试点的成功排除了各方对消费型增值税改革的疑虑和担心。全社会已经形成共识：消费型增值税改革的时机已经成熟。任何时候，只要国务院作出决策，税务机关完全可以顺利地实施这项1994年以后深化税制改革中最重要的措施。

中国经济50人论坛
Chinese Economists 50 Forum

改革开放三十年来
人民币汇率体制的演变

易 纲

The Past 30 Years

A Review and Analysis by 50 Chinese Economists

易纲简历

中国人民银行副行长

经济学博士。1958 年出生，1980 年，毕业于北京大学经济系，1980 年至 1986 年，分别在美国哈姆林大学工商管理专业、伊利诺大学经济学专业学习，获经济学博士学位；1986 年至 1994 年，在美国印第安那大学经济系先后担任助教、副教授，其中 1992 年获终身教职；1994 年回国，与林毅夫等发起组建北京大学中国经济研究中心，任教授、副主任、博士生导师；1997 年至 2002 年，任中国人民银行货币政策委员会副秘书长；2002 年至 2003 年，任中国人民银行货币政策委员会秘书长（正司局级）兼货币政策司副司长；2003 年，任中国人民银行货币政策司司长；2004 年 7 月至 2007 年 12 月，任中国人民银行党委委员、行长助理；2006 年 11 月起，兼任中国人民银行营业管理部党委书记、主任；2007 年 12 月起，任中国人民银行副行长。

主要研究领域：计量经济学、货币银行学和国际金融。多年来一直从事中国经济问题的调查研究，特别是在货币、银行和金融市场等方面，具有多年的货币政策研究、制定和操作经验。

主要著作有《市场经济学普及系列丛书（共十四本）》（与田国强主编），该丛书获 1994 年全国图书奖等四项全国性图书大奖；《货币浅说》（与贝多广合著）；《台湾经验与大陆经济改革》（与许小年合编），《经济学与中国经济改革》（编委会负责人）；《中国的货币、银行和金融市场——现代经济学管理学教科书系列》（与海闻主编）；《国际金融》（与张磊合著），《货币银行学》（与吴有昌合著）；《宏观政策调整与坚持市场取向》；《1998—2000 年中国通货紧缩研究》；《中国的货币化进程》；英文专著《中国的货币、银行和金融市场》等。在《经济研究》和英文国际学术期刊发表论文数十篇。

自 1978 年中国实行改革开放以来，人民币汇率体制改革对于调节国民经济和促进社会主义市场经济体制的建立发挥了重要作用。人民币汇率体制从计划经济时代的高估配给汇率制，到转轨经济时期的双重汇率制，再到单一的浮动汇率制，再从事实上的钉住美元汇率到参考一篮子货币有管理的浮动汇率制。虽然步履维艰，但每一次演变都顺应了我国市场经济体制改革和对外开放的需要。

一、1978 年以来人民币汇率体制演变进程

（一）人民币官方双重汇率体制（1979—1985 年）

建国以来，在"统收统支"的计划经济体制下，我国一直实行单一汇率体制。国家通过"以收定支、以出定进"的指令性计划和行政办法保持外汇收支平衡。此时的汇率呈以下特点：币值高估，有价无市，计划配给。1979 年，我国外贸体制实行重大改革，由过去大一统的国家专营转为由外贸、工贸、大中型企业及三资企业共同经营。由于当时人民币官方汇率有一定程度的高估，出口换汇成本与官方汇率之间出现了"倒挂现象"，出口企业面临亏损。为适应外贸体制改革需要，鼓励出口，1979 年 8 月，国务院决定改革汇率制度，除继续公布人民币汇率官方牌价外，还决定制定贸易内部结算价，用于进出口贸易及从属费用的结算。自 1981 年 1 月 1 日起，国家按照当时全国平均出口换汇成本 1 美元兑 2.53 元人民币加上 10% 的利润计算，将贸易内部结算价定为 1 美元兑 2.80 元人民币；同时，国家公布的人民币汇率牌价为 1 美元兑 1.53 元人民币，主要用于非贸易外汇兑换和结算。这样，官方汇率实际存在两种标价尺度，双重汇率体制正式形成（图1）。

但贸易内部结算价的实际执行效果并不理想。受当时价格改革和出口经营权扩大等因素影响，出口换汇成本连年上升，而贸易内部结算价则未及时进行调整。与此同时，随着美元不断升值，人民币官方汇率逐渐贬值，至 1984 年 12 月已下调为 1 美元兑 2.79 元人民币，基本与内部结算价持平。因此，从 1985 年 1 月 1 日起，我国正式取消贸易内部结算价，重新恢复实行单一汇率体制。

（二）官方汇价和外汇调剂价格（市场汇率）并存的双重汇率体制（1985—1993 年）

改革开放之初，为了进一步调动企业出口创汇积极性，我国还实行了

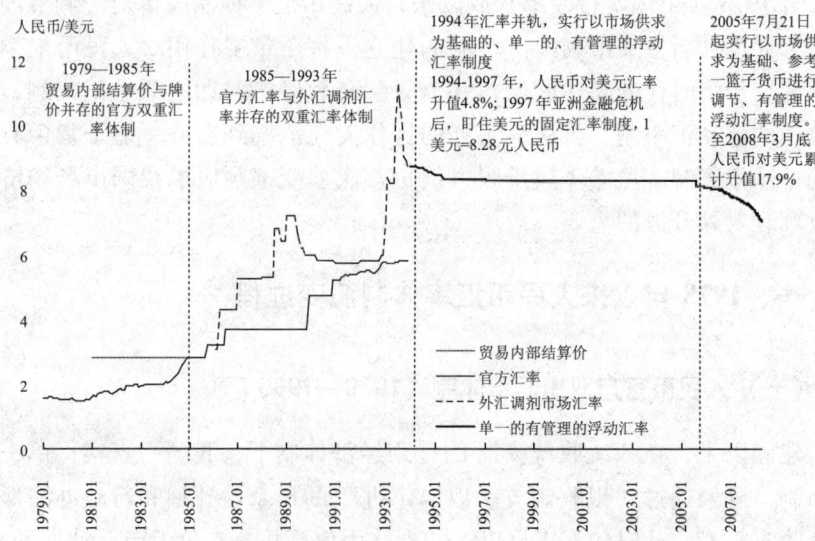

图1 改革开放以来人民币汇率制度的演变

外汇留成制度，即在外汇由国家集中管理、统一平衡的同时，适当留给创汇企业一定比例的外汇，以解决发展生产所需的物资进口。企业留成的外汇称为外汇额度，即外汇使用权指标。同时还规定，如果企业留成的外汇有多余，可通过外汇调剂市场卖给需要用汇的企业。这样，市场机制开始被引入外汇分配领域。

1980年10月，我国在沿海开放城市试办了外汇调剂业务，允许国营及集体企事业单位留成的外汇参与调剂。1981年8月，外汇调剂市场的雏形基本形成。当时，正是我国实行贸易内部结算价时期，按照2.80元的贸易内部结算价上浮10%的幅度，外汇调剂价格定为1美元兑3.08元人民币，额度价则为1美元兑0.28元人民币。1985年11月，深圳经济特区成立了第一家外汇调剂中心。之后，各地先后成立了外汇调剂中心，负责办理本地区中资企业及三资企业的额度及现汇调剂业务。同时，还引入公平竞价的市场模式，建立了更加规范和透明的外汇公开调剂市场。

随着外汇留成比例和三资企业出口规模的扩大，外汇调剂市场的交易量越来越大，在全国外汇供求总量中起到举足轻重的作用。至1993年底，全国共有121个外汇调剂中心，其中18个为公开调剂市场。当时，我国全部进出口收付汇的80%以上是以外汇调剂市场价格结算的。

需要指出的是，1981年实行留成外汇调剂后，当时的外汇调剂价格并未引起人们的重视。这一方面是由于贸易内部结算价的存在；另一方面是当时的调剂市场成交量较小。但自1985年10月后，外汇调剂市场成交量快速增加，调剂价格也开始出现一定程度的变化。因此，严格意义上讲，1985年以后的外汇调剂价格才可称作是另一种真正的"汇率"，官方汇率与调剂外汇价格并存的双重汇率制正式形成（参见图1）。

这一阶段，人民币官方汇率进行了几次大幅度下调，每次调整幅度都在10%~20%左右。后考虑到汇率的一次性大幅调整对国民经济的冲击过大，自1991年4月起，人民币汇率采取了经常性小幅调整的方式，至1993年底，逐步下调至1美元兑5.7元人民币。

（三）1994年汇率并轨

1993年11月14日公布的《中共中央关于建立社会主义市场经济体制若干问题的决定》中明确要求"改革外汇管理体制，建立以市场供求为基础的浮动汇率制度和统一规范的外汇市场，逐步使人民币成为可兑换货币"。1993年12月28日，中国人民银行发布了"关于进一步改革外汇管理体制的公告"，规定自1994年1月1日起，人民币官方汇率与调剂汇率并轨，实行以市场供求为基础的、单一的、有管理的浮动制。并轨后的人民币汇率根据1993年12月31日18家外汇公开市场的加权平均价确定，即1美元兑8.7元人民币。同年4月，全国统一的银行间外汇交易市场正式运行。

此次人民币官方汇率从1美元兑5.7元人民币上调至8.7元人民币，表面上看似乎是人民币一次性贬值33%。但如果按照当时的市场实际交易情况（80%的进出口用汇以外汇调剂市场汇率结算）测算，1993年全年的人民币对美元加权平均汇率为8.35元人民币/美元，因此，人民币兑美元加权平均汇率的贬值幅度仅为4%左右（表1）。

1994年的汇率体制改革还包括实行银行结售汇制和取消外汇留成和上缴等项措施，简化了用汇手续，有利于调动企业出口创汇的积极性，标志着人民币汇率形成机制开始转向以市场供求为基础的新阶段。从此，人民币汇率作为重要的价格调控工具，开始逐步发挥在外汇资源配置中的关键作用。1995至2004年期间，我国经常账户顺差与GDP之比一直保持在4%以内，表明人民币汇率总体上反映了外汇市场的供求状况，基本接近其合理均衡水平。

1994年汇改至1996年，人民币对美元名义汇率累计升值5%，较好地体现了以市场供求为基础的管理浮动汇率制特征。亚洲金融危机后，中国出于对亚洲地区经济负责任的态度，保持了人民币汇率的稳定，人民币对美元维持在8.2765人民币/美元的水平，并持续到2005年。这一阶段，人民币有效汇率走势与美元基本一致。1994年1月至2002年2月，随着美元持续升值，人民币名义和实际有效汇率指数分别累计升值40.9%和58%。

2002年3月至2005年6月,随着美元的持续下跌,人民币名义和实际有效汇率指数分别累计贬值14.7%和18%(图2)。

表1 1993—1994年人民币对美元汇率

	官方汇率 (人民币/美元)	市场汇率 (人民币/美元)	加权平均汇率 (人民币/美元)
权 重	0.20	0.80	
1993.01	5.22	7.00	6.64
1993.02	5.22	8.34	7.72
1993.03	5.22	8.20	7.60
1993.04	5.70	8.20	7.70
1993.05	5.70	8.20	7.70
1993.06	5.70	10.07	9.20
1993.07	5.70	11.20	10.10
1993.08	5.70	10.70	9.70
1993.09	5.70	10.00	9.14
1993.10	5.70	9.00	8.34
1993.11	5.80	8.90	8.28
1993.12	5.80	8.70	8.12
1993年平均	5.60	9.04	8.35
1994年并轨		8.70	
贬值幅度(%)		3.98	

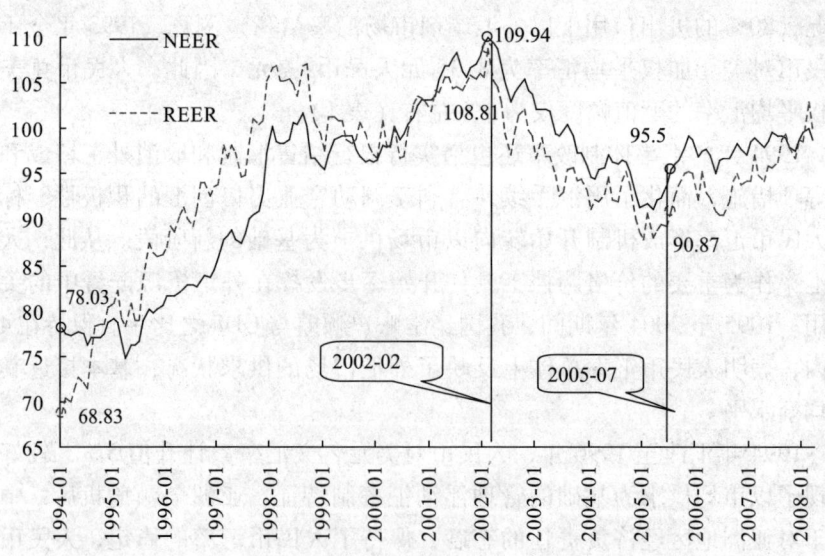

图2 人民币名义和实际有效汇率走势(2000年为基期)

数据来源:www.bis.org。

现在有一种流行的说法：亚洲金融危机时，超级大国要人民币贬值，中国顶住压力没有贬。这里要说明一个事实：亚洲金融危机期间，没有重要的国家和国际组织压人民币贬值，恰恰相反，几乎所有人都唯恐人民币贬值。首先是东南亚国家唯恐人民币贬值，因为多数东南亚国家的货币在亚洲金融危机时对美元都大幅贬值，如此时人民币再贬，将有可能产生第二轮竞相贬值，将使危机加深。在大国中，美国、欧洲、日本都不希望人民币贬值，国际货币基金组织也不希望人民币贬值。因此当1998年朱总理代表中国宣布人民币不贬值时，受到所有国家的欢迎和赞誉。在亚洲金融危机期间，有关金融的外交活动中，外国人一坐下来第一件事就是赞扬人民币不贬值、中国的负责精神等。这件事在逻辑上和事实上都清清楚楚。

（四）2005年人民币汇率形成机制改革

为建立和完善社会主义市场经济体制，充分发挥市场在资源配置中的基础性作用，经国务院批准，中国人民银行于2005年7月21日发布了完善人民币汇率形成机制改革的公告，宣布我国开始实行以市场供求为基础、参考一篮子货币进行调节、有管理的浮动汇率制度。人民币汇率不再钉住单一美元，汇率形成机制更加灵活。美元对人民币交易价从原来的1美元兑8.2765元人民币调整为8.11元人民币。同时，每日银行间外汇市场美元对人民币的交易价仍沿用1994年以来在中间价上下千分之三的浮动幅度。

汇改两年多来，人民银行按照主动性、可控性和渐进性的原则，不断完善有管理的浮动汇率制度。新的汇率体制运行平稳，人民币汇率弹性明显增强，有效汇率稳步上升。汇改至2008年3月，人民币兑美元累计升值17.9%，至7.0190人民币/美元，人民币名义和实际有效汇率分别上升5.5%和11.9%。图3显示，2005年7月汇改后，人民币名义有效汇率明显摆脱了以往钉住美元的格局，充分体现了参考一篮子货币调节的特征。

2005年汇改后，人民币汇率形成机制不断完善，具体包括：一是大力推进外汇市场建设。通过引入国际通行的询价交易方式、做市商制度，改进人民币汇率中间价形成方式，促进银行间即期外汇市场的发展，大力发展银行间人民币远期、掉期市场。二是扩大人民币汇率浮动区间，增强人民币汇率弹性。自2007年5月21日起，银行间即期外汇市场人民币兑美元交易价日浮动幅度由3‰扩大至5‰。三是改进外汇管理，逐步实行外汇流出入均衡管理，促进国际收支基本平衡。

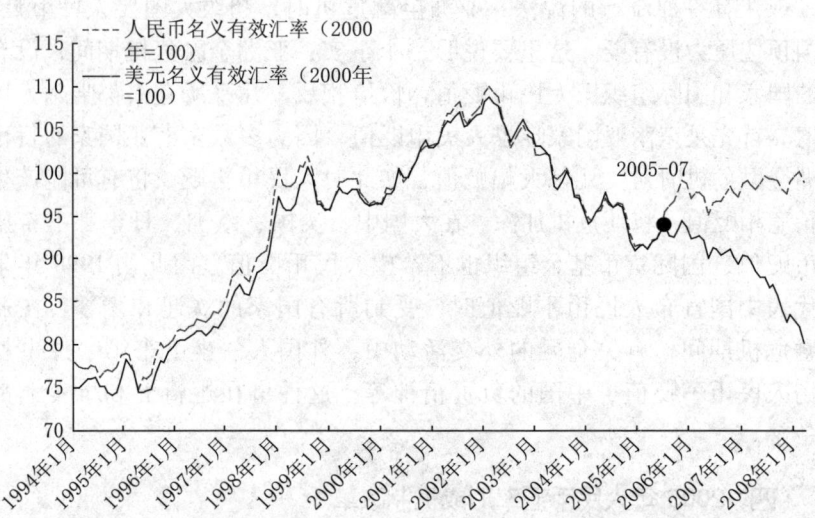

图3 人民币与美元名义有效汇率走势分道扬镳（2000年为基期）

数据来源：www.bis.org。

从微观层面看，经过两年多的调整，我国外贸企业的生产经营和就业基本保持平稳，综合竞争力稳步提高，对汇率变化的适应能力高于预期。多数企业采取了调整产品结构和提高技术管理水平等手段。同时，积极提高出口议价能力，采取扩大进口等多元化经营方式。另外，还主动运用金融工具来增强风险管理能力。除采取调整资产负债币种结构、改变贸易结算方式以及采用非美元货币结算外，积极运用远期结售汇等衍生产品规避汇率风险。各金融机构也抓住汇改的有利时机，推出了各种新型外币理财产品及汇率避险工具等，不断提高金融服务水平。

二、人民币汇率变化的原因和制度性因素

汇率是两种货币的相对比价。汇率水平的高低直接影响着开放经济体货币政策的有效性和宏观经济的内外平衡。近年来，我国社会和经济领域经历了快速发展，经济实力大幅提升，劳动生产率和全要素生产率逐步提高，资源环境保护和法制建设的力度不断加大。加入WTO后，我国外贸经营环境进一步改善，跨境资金不断涌入，国际收支顺差持续扩大，外汇储备快速攀升，为人民币汇率的中长期走势提供了支持。

（一）国际收支持续顺差的格局是人民币汇率走势的决定性因素

汇率的决定理论很多，既包括传统的购买力平价理论，也包括较为流

行的利率平价说。前者描述了长期内汇率变化与通胀差之间的关系,但却无法很好地预测汇率。后者反映了汇率与利差之间的关系,解释力略强,但也无法准确预测均衡汇率的水平。从理论和实践看,最有说服力的均衡汇率应该对应着国际收支的大体平衡或动态平衡(并不一定是数量上的绝对平衡)。

如果仔细探究近年来人民币升值预期的根源,有人可能会将其归咎于人民币升值过快,其实不然。人民币升值快只是印证或强化了人民币升值预期,并可能存在一个自我强化的过程,但决不是产生升值预期的源头。真正的升值预期源头是持续的国际收支顺差格局。一般而言,如果一国存在巨额的国际收支顺差(通常用占 GDP 的比重来衡量),则可能存在较大的本币升值预期。当顺差减小到一定程度时,升值预期则可能减弱甚至消失。当然,一国货币的升值预期与诸多复杂因素有关,如政治稳定、经济增长以及生产率提高等,但国际收支状况的变化是最直接、最显著的影响因素。

国际收支平衡表是一个经济体在一定时期内全部对外经济交往的综合记录,包括经常账户、资本与金融账户、储备资产和净误差与遗漏四个主要项目。经常账户的交易反映了一国实体经济活动的主要内容,是国际收支平衡表的重要组成部分。它具体包括货物贸易、服务贸易、收益和经常转移四部分。资本与金融账户主要涉及一国对外金融资产和负债及所有权变动的交易,根据投资方式具体可分为直接投资、证券投资和其他投资。

表 2 列出了 1982 至 2007 年我国国际收支平衡表主要项目的变化情况,主要体现为以下几个特点:

1. 经常账户、资本与金融账户持续"双顺差",外汇储备快速增长

1994 年以来,我国国际收支经常账户、资本和金融账户均体现为顺差且增长迅速。经常账户顺差从 1994 年的不足 100 亿美元扩大至 2007 年的 3718 亿美元。经常账户顺差占 GDP 之比也从 1994 年的 1.4% 升至 2007 年的 11.3%。资本与金融账户顺差略有波动:1994 至 2004 年,顺差规模从 326 亿美元增至 1107 亿美元,之后略有下降,但 2007 年又增至 735 亿美元。同时,外汇储备呈持续增长态势,从 1994 年的 500 多亿美元增至 2007 年末的 15282 亿美元,位居世界第一。

表 2　1982—2007 年我国国际收支平衡表主要项目（亿美元）

年份	经常账户差额	货物贸易差额	资本与金融账户差额	直接投资差额	净误差与遗漏	外汇储备资产余额
1982	56.70	42.5	3.4	3.9	2.8	69.9
1983	42.40	19.9	-2.3	5.4	1.2	89.0
1984	20.30	0.1	-10.0	11..2	-9.3	82.2
1985	-114.20	-131.2	89.7	10.3	0.9	26.4
1986	-70.40	-91.4	59.4	14.3	-8.6	20.7
1987	3.00	-16.6	60.0	16.7	-13.7	29.2
1988	-38.00	-53.2	71.3	23.4	-10.1	33.7
1989	-43.20	-56.2	37.2	26.1	0.9	55.5
1990	120.00	91.7	32.6	26.6	-31.3	110.9
1991	132.70	87.4	80.3	34.5	-67.5	217.1
1992	64.00	51.8	-2.5	71.6	-82.2	194.4
1993	-119.00	-106.5	234.7	231.2	-98.0	212.0
1994	76.60	72.9	326.4	317.9	-97.8	516.2
1995	16.20	180.5	386.8	338.5	-178.1	736.0
1996	72.40	195.4	399.7	380.7	-155.7	1050.3
1997	369.60	462.2	210.2	416.7	-222.5	1398.9
1998	314.70	466.1	-63.2	411.2	-187.2	1449.6
1999	211.10	359.8	51.8	369.8	-177.9	1546.8
2000	205.20	344.7	19.2	374.8	-118.9	1655.7
2001	174.10	340.2	347.8	373.6	-48.6	2121.7
2002	354.24	41.7	322.9	467.9	77.9	2864.1
2003	458.74	46.5	527.3	472.3	184.2	4032.5
2004	686.60	589.8	1106.6	531.3	270.5	6099.3
2005	1608.20	1341.9	629.6	678.2	-167.7	8188.7
2006	2532.70	2177.5	66.6	569.3	-129.5	10663.4
2007	3718.30	3153.8	735.1	1214.2	164.0	15282.5

2. 货物贸易构成经常账户顺差增长的主导因素

近年来，随着"入世效应"的逐渐显现、外贸经营权的放开以及外需的强劲增长，我国出口增长迅速，货物贸易顺差快速扩大，2007 年比 1994 年增长 40 余倍，成为经常账户顺差增长的关键因素。① 服务贸易项下则一

---

① 国际收支平衡表中的货物贸易顺差与海关统计贸易顺差统计口径不同，其进口和出口均使用离岸价，因此，一般国际收支统计的货物贸易顺差大于海关统计的外贸顺差，多出的部分主要为运费和保费。

直体现为80亿美元左右的逆差。收益项目受外商投资企业利润汇回影响一直保持逆差,但自2005年起开始转为顺差,部分原因是外汇储备投资收益的增加。经常转移项下为持续顺差并逐年扩大,其主要原因是居民个人侨汇收入的持续增长。

面对如此之大的货物贸易顺差,调整是不可避免的。与其遭遇来自外部的压力而被动制裁,不如主动调整,采取自限措施。一般而言,当货物贸易顺差降至占GDP的2%左右时,对我国而言大约有1000亿美元的货物贸易顺差,为可持续水平。我想,我国货物贸易顺差调整的最优路径为,从2007年的2622亿美元顺差,分三年,每年减少500亿美元,到2010年时将降至1000亿美元左右。如果实现上述调整,我国净出口对GDP增长率的贡献率将连续三年为负(需要用扩大内需来弥补),这样不仅可以实现自我平衡,而且可以促进贸易条件的改善。

3. 直接投资净流入构成资本与金融账户顺差主要来源

从资本与金融账户情况看,改革开放以来,外商直接投资净流入逐年增加,从1982年的3.9亿美元增至2007年的1214亿美元,成为资本账户顺差的主要来源。证券投资和其他投资项下受境内外利差等因素影响,波动较大。

从我国国际收支长期顺差的格局可以看出,货物贸易和直接投资项下外汇资金的持续大量流入是近期人民币持续升值的决定性因素。

(二)劳动生产率和全要素生产率的显著提高是人民币走强的基础

1978—2007年,我国GDP年均增长率为9.7%,其中2003—2007年均超过10%。在此过程中,中国的劳动生产率和全要素生产率(TFP)明显提高。

1. 劳动生产率快速增长

表3显示,1978—2007年,中国的劳动生产率增长较快。1978年的劳动生产率为908元/人(按1978年不变价,下同)。2007年已达7098元/人,年均增长率为7.45%。[①] 我国劳动生产率的提高和城市化进程密不可分。20世纪90年代以来,中国城市化进程较快,大量文化水平较低的农村劳动力涌入城市,学习新的谋生技能并接受新的理念,中国社会的总体人口素质有所提高。

---

① 目前计算中国的劳动生产率是用每年的总产出(不变价格)除以当年的劳动力数量,单位是元/人。

表3 1978—2007年中国劳动生产率

年度	GDP实际值 （单位：10亿元， 1978年不变价）	就业人口 （百万人）	劳动生产率 （元/人， 1978年不变价）	劳动生产率 年增长率
1978	364.52	401.52	907.85	
1979	392.22	410.24	956.08	5.31%
1980	422.82	423.61	998.13	4.40%
1981	444.80	437.25	1017.27	1.92%
1982	485.28	452.95	1071.38	5.32%
1983	538.18	464.36	1158.96	8.18%
1984	619.98	481.97	1286.34	10.99%
1985	703.68	498.73	1410.94	9.69%
1986	765.60	512.82	1492.92	5.81%
1987	854.41	527.83	1618.72	8.43%
1988	950.96	543.34	1750.21	8.12%
1989	989.95	553.29	1789.20	2.23%
1990	1027.56	647.49	1587.00	-11.30%
1991	1122.10	654.91	1713.37	7.96%
1992	1281.44	661.52	1937.11	13.06%
1993	1460.84	668.08	2186.62	12.88%
1994	1652.21	674.55	2449.35	12.02%
1995	1832.30	680.65	2691.99	9.91%
1996	2015.53	689.50	2923.18	8.59%
1997	2202.98	698.20	3155.22	7.94%
1998	2374.81	706.37	3361.99	6.55%
1999	2555.29	713.94	3579.14	6.46%
2000	2769.94	720.85	3842.60	7.36%
2001	2999.84	730.25	4107.97	6.91%
2002	3272.83	737.40	4438.34	8.04%
2003	3600.11	744.32	4836.78	8.98%
2004	3963.72	752.00	5270.91	8.98%
2005	4375.95	758.25	5771.12	9.49%
2006	4883.56	764.00	6392.09	10.76%
2007	5464.70	769.90	7097.94	11.04%
1979—2007年劳动生产率平均增长率				7.45%

数据来源：CEIC。

注：1990年劳动生产率增长率为负数，主要是因为1990年起就业人数统计方法调整。1989年及以前，我国就业人数统计采用"三合一"统计结果，1990年起基于人口普查数据，后者口径要大于前者。

2. 全要素生产率明显提高

全要素生产率（TFP）是指在柯布－道格拉斯生产函数中，总产出扣除资本和劳动的贡献后，剩下未被解释的部分。这一概念不仅反映了技术进步的程度，也反映了劳动者技能的改进、管理和组织的改善以及存在规模报酬递增等因素。近年来，许多文献对中国的 TFP 进行了研究。[①] 结果表明，改革开放以前我国的 TFP 较低，改革开放后有所提高，1978 至 2007 年的 TFP 呈明显增长态势。这反映了我国在体制、技术以及人力资本等方面发生的深刻变化，尤其是非公有经济的发展壮大和城市化进程。

表 4 中国全要素生产率（1979—2007 年）

年份	GDP 增长率	TFP 增长率	TFP 指数 1978 = 100
1979	7.60%	2.79%	102.79
1980	7.80%	2.26%	105.11
1985	13.50%	2.45%	118.56
1989	4.10%	－2.57%	115.11
1990	3.80%	－0.38%	114.67
1991	9.20%	3.45%	118.63
1995	10.90%	2.37%	148.10
1996	10.00%	1.77%	150.72
1997	9.30%	2.06%	153.83
1998	7.80%	1.39%	155.96
1999	7.60%	1.75%	158.69
2000	8.40%	0.82%	159.98
2001	8.30%	2.24%	163.57
2002	9.10%	2.09%	166.99
2003	10.00%	1.97%	170.28
2004	10.10%	3.04%	175.45
2005	10.40%	2.66%	180.11
2006	11.60%	1.31%	182.48
2007	11.90%	2.74%	187.48

数据来源：中国人民银行研究局。

表 4 显示了中国人民银行研究局测算的 TFP 增长率和指数。其中，20 世纪 90 年代后半期（1995—1999 年），中国的 TFP 年均增长率为 1.87%；进入 21 世纪以来（2001—2007 年），TFP 的年均增长率增至 2.29%，体现

[①] 可参见 Young（2003），王小鲁和樊纲（2000），任若恩和孙琳琳（2006），郑京海和胡鞍钢（2004）等。

了我国真实技术水平的上升。

3. 巴拉萨－萨缪尔森效应逐渐显现

巴拉萨－萨缪尔森效应（B-S效应）是指由于一国的贸易品部门劳动生产率上升导致非贸易品部门工资上涨，从而带动一国整体价格水平上升，最终导致一国实际汇率升值的现象。

改革开放以来，以制造业为主的我国贸易品部门吸引了大量外商直接投资，投资率较高，拉动了劳动生产率的快速提高。1990—2002年间，我国工业部门劳动生产率年均增长12.5%（Blanchard和Giavazzi，2006）。日本著名经济学家伊藤隆敏（2006）在比较了中日韩三国的经济发展历程后认为，日本在20世纪五六十年代吸引较多外国直接投资，70年代初经济开始加速增长，反映了贸易品部门（尤其是制造业贸易品部门）劳动生产率的快速增长，这一阶段B-S效应体现得较为明显；韩国是通过效仿日本而实现经济高速增长的发展中国家。从1973年至1995年，韩国在亚洲地区的人均GDP增长率最高，同时实际汇率升幅也最大，B-S效应得以充分显现；中国近年来经济高速增长和国际收支顺差的格局与日本70年代非常相似，且中国前些年贸易品部门吸引的外商直接投资比日本当时规模更大，因此，中国的B-S效应比日本更明显。

劳动生产率和全要素生产率的提高以及巴拉萨－萨缪尔森效应的显现，都意味着中国实体经济竞争力的提高，与人民币实际汇率的变化直接相关。

（三）社会主义市场经济体制和依法治国框架的基本形成是人民币走强的制度性因素

如果说劳动生产率和全要素生产率的提高是中国竞争力提升的基本面因素，那么，中国社会主义市场经济的体制建设，特别是依法治国成为主导理念则是中国价值重估的最主要制度因素。

经历了30年的改革开放，我国已初步确立了社会主义市场经济体制，并提出了科学发展观和建设和谐社会的理念。随着改革的继续深入，中国对各类产权的保护力度不断加大。从生产领域到生活领域、从实物资产到金融资产、从传统意义上的有形产权到现代意义上的知识产权，中国的产权界定及交易规则不断明晰，《物权法》的颁布和实施是中国产权保护的一个里程碑事件。产权明晰的结果是促使市场价值的发现、交易成本的降低以及资产的合理定价。例如，1997年北京一套三室一厅的公寓值30万元人民币，但2007年则升至160万元人民币。其主要原因是，随着不动产（房产）的产权不断清晰，房地产交易市场的建立，房产证和房屋中介的出现，以及允许房屋上市买卖租赁等一系列保护产权政策的出台，房地产市场变得有法可依。市场流动性日益增加，交易成本大幅下降，促使房地产价值明显提升。

随着中国政府在整顿市场秩序、节能减排、环境保护、劳动权益保护和社会保障等方面的投入不断加大，执法日益严格，国际社会对我国经济可持续增长的信心与日俱增。稳定的经济增长预期和日益完善的法制环境提升了世界对中国产品、不动产和人力资源的价值评估，使"中国制造"的无形价值不断上升。这也是"中国效应"持续升温并带动人民币走强的重要潜在因素。

三、人民币汇率在货币政策中的作用

（一）"二元冲突"与"三元冲突"

在开放经济理论中，蒙代尔-弗莱明模型是描述汇率政策与货币政策关系的基本框架。它描述了在资本自由流动背景下，固定汇率安排与货币政策独立性之间无法两全的现象，又被称为"二元冲突"模型。在此基础上，奥布斯特费尔德和泰勒（Obstfeld & Taylor，1998）又发展出了"三元冲突"理论，即一国在独立的货币政策、固定汇率制和资本自由流动三个目标中仅能选择两个。

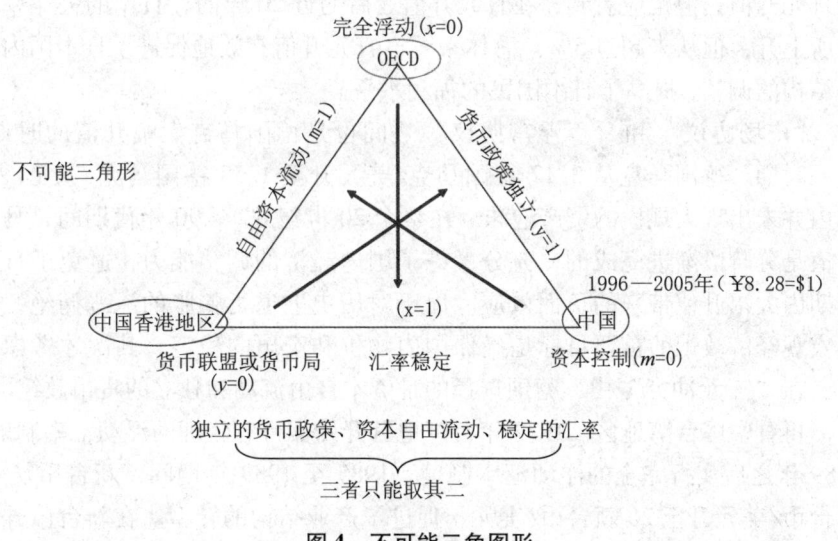

图4 不可能三角图形

但是，"三元冲突"理论无法精确地表述三种极端政策选择之外的中间

组合形态。易纲和汤弦（2001）提出了更具普遍性的扩展三角理论（图4）。他们认为，当资本流动规模较小、金融衍生工具不发达时，政府可以选择"中间制度解"。但随着资本流动规模的增大和金融衍生工具的发展，在防范汇率风险的同时还必须考虑投机攻击的可能性。如果继续采用中间制度安排，由此产生的道德风险和信任危机很可能成为货币危机的根源。因此，当资本流动更加自由时，汇率制度将变得更加灵活，或趋于另一极端，即货币联盟的形式。最终，"角点解"制度将占优势。

作为一个大国，中国不可能放弃货币政策的独立性。因此，中国的问题是要在固定汇率和资本自由流动之间做出选择，一定程度上说就是要在稳定和效率之间进行权衡（易纲，2000）。从长远来看，资本自由流动和浮动的汇率制度将是中国的必然选择。

（二）从国际经验看汇率对经济调整的作用

与中国现在的情形类似，20世纪80年代的日本、德国以及中国台湾地区曾面临本币升值压力，借鉴他们的经验有助于我们正确认识和对待人民币升值问题。

首先看日本。从1985年9月15日的"广场协议"到1987年2月22日的"卢浮宫协议"，日元从230日元/美元升至140日元/美元，在两年多时间里经历了大幅升值。尽管一些人将日本90年代的长期经济低迷部分归咎于日元升值，但也应看到，在日元升值之后的近20年间，日本的失业率虽有所上升，但从未超过5%。总体来看，日元升值有效地促进了日本国内经济结构的调整，提高了日本国民的福利水平。

"广场协议"和"卢浮宫协议"之间也是德国马克大幅升值的时期。这一时期，德国马克从3.17德国马克/美元升至1.58德国马克/美元，而国内并未出现大规模的资产泡沫。在整个20世纪60至90年代期间，马克升值是分阶段渐进完成的，充分考虑了国内经济的调整能力，避免了日元短期内大幅升值带来的负面效应。出于对历史上通货膨胀的深恶痛绝，德国宏观经济政策的首要目标是确保国内物价和产出的稳定，其次才考虑汇率。在"三元冲突"中，德国选择的是资本自由流动和独立的货币政策。

再看中国台湾地区。1979年台湾地区开始实行有管理的浮动汇率制度，1989年之后实行完全的浮动汇率制度。1985至1989年期间，新台币从40新台币/美元升至26新台币/美元，促进了产业结构的转型。在新台币升值后，台湾地区增加了高端产品的出口，同时减少了劳动密集型等低端产品的出口，经济发展继续保持了较为良好的势头。80年代后半期，台湾GDP年均增长达9.1%。

通过日本、德国和中国台湾地区的经验可以看出，在开放经济体中，本币升值不一定会使经济受挫，重要的还是要看汇率升值和国内其他宏观政策、结构性政策是否配合得当。相比较而言，德国处理马克升值的政策更为可取。

（三）人民币汇率在纠正外部失衡中的作用

在当前我国劳动生产率和全要素生产率持续增长的背景下，人民币实际汇率存在持续上升压力。同时，中国经济已在相当程度上融入世界。作为中外资产的相对价格之比，人民币汇率集中体现了全球化背景下中国广义资产的价值评估标准。只要中国的商品物美价廉、资产存在升值或套利的机会、劳务相对便宜，市场力量就会自发地进行调整。而释放这种压力的主要渠道有两个：一是物价上涨，二是名义汇率升值。涨价和升值都能解决不均衡问题。

蒙代尔（Mundell, 1961）、麦金农（McKinnon, 2005）和斯堪的纳维亚模型（Lindbeck, 1979）曾指出，如果一国的工资价格上涨速度与劳动生产率、全要素生产率相适应，那么该国的汇率可以不升值。近年来，中国的劳动力、原材料、能源和资产价格均呈上涨态势，表明现在的人民币汇率比几年前更加接近均衡点。但总体来看，价格调整具有粘性，是慢变量，而在一个市场经济体中，汇率通常可作为快变量，能够对不平衡进行快速调整。作为开放经济条件中重要的宏观调控工具之一，完善人民币汇率形成机制的最有效方式就是继续改革。

从当前我国面临的宏观调控形势看，人民币名义汇率升值可在以下几方面发挥积极的作用：

首先，人民币升值可在一定程度上抑制国内通货膨胀。以当前支持我国经济增长的重要能源商品——汽油和柴油为例，2008年一季度，汽油和柴油的国内价格比国际上低15%～20%左右，这是在人民币对美元累计升值18%（即按照1美元兑7元人民币的比价估算）基础上的价差。如果人民币不升值（即仍按照1美元兑8.28元人民币的比价估算），我国目前的汽油和柴油价格则可能比国际低33%～38%。国内外市场的价格关系将更加扭曲，国内物价上涨的压力也更大，就更加难以为继。我国2007年进口3000万吨大豆，道理是同样的。从这个意义上讲，人民币升值可释放和缓解国内通货膨胀的压力。同时，在当前国外能源和原材料价格快速上涨的背景下，人民币升值有利于增加进口和有效抑制国内的通胀。由于大多数的国产原材料价格也比照国际市场价格确定，总体来看，人民币升值对国内物价的下行传递效应要远大于进口比重。

其次，人民币升值有利于促进扩大内需和第三产业的发展。汇率的变动表明国内外商品和服务比价关系的变化。人民币升值表明国内的东西（不可贸易品）相对于国外变得更"贵"了，其结果是资源向国内服务业部门倾斜，增加服务产品的供给。这样，一方面有利于降低国内储蓄、刺激消费，缩小储蓄投资之差，减少外部失衡；另一方面，可以促进国内第三产业的发展，优化产业结构，使国民经济走上主要靠内需拉动的平衡增长之路。今后，创造新增就业的主力一定是服务业，而不是出口制造业。对这一点要有清醒的认识，并在政策上早做调整。

另外，人民币升值还有助于促进微观产业结构调整。从德国和中国台湾地区的经历看，本币升值的时期也正是实现产业升级换代的时期。汇改以来，我国的现实情况也证明了这一点。正是由于人民币升值，才促使一些传统出口行业的龙头企业更加积极地加大研发力度，不断开发高附加值产品，加快提高技术管理水平和进行产业重组。在这一动态发展过程中，这些不断扩张的龙头企业可以大量吸收消化那些淘汰下来的劳动力和剩余产能，最终带动整个产业向更高端升级。长期以来，我国外贸出口主要依靠"以量取胜"的低附加值和劳动密集型产品，导致国际收支持续顺差。未来持续的经济增长需要靠自主创新和"以质取胜"来拉动。因此，优化出口产品结构、转变外贸增长方式迫在眉睫。在其他调整政策出台的同时，人民币汇率作为调整进出口的价格工具，也发挥着积极作用。汇改以来，人民币对美元已升值18%，对于部分依赖低附加值和劳动密集型产品的微利企业已造成影响。对于单个企业而言，调整的过程是痛苦的。但是没有压力就没有动力，优胜劣汰是市场经济的基本规律。2008年一季度，反映面临汇率压力较大的纺织制品、箱包、服装出口仍分别增长28.1%、22.3%和14.7%，并未出现出口下滑。

总之，解决国际收支失衡需要采取扩大内需、增加进口、实行"走出去"战略和有序推进城市化进程等一系列综合措施，汇率仅是纠正外部失衡的工具之一。很多政策措施实际上是与汇率升值等价的，比如保护环境、提高劳动标准、加大社保力度和严格执法等，都意味着提高成本、降低竞争力、减少顺差，使得经济向均衡状态收敛。因此，应综合运用价格变量和其他实质变量、快变量和慢变量等工具组合，保持国民经济持续平稳发展。

参考文献

1. 白重恩、谢长泰、钱颖一：《中国的资本回报率》，《比较》，第二十八辑，第 1~22 页，中信出版社 2007 年 1 月。

2. 林毅夫、蔡昉、李周：《中国的奇迹》，上海人民出版社 1994 年版。

3. 孙琳琳、任若恩：《中国资本投入和全要素生产率的估算》，《世界经济》，2005 年第 12 期，第 3~13 页。

4. 王小鲁、樊纲等：《中国经济增长的可持续性——跨世纪的回顾与展望》，经济科学出版社 2000 年版。

5. 伊藤隆敏：《寻找内外平衡的发展战略》第 153~162 页。由何帆、张斌主编，上海财经大学出版社 2006 年版。

6. 易纲：《中国的货币化进程》，商务印书馆 2003 年。

7. 易纲：汇率制度的选择，金融研究，2000 年第 9 期（总第 243 期），第 46~52 页。

8. 易纲、汤弦：《汇率制度"角点解假设"的一个理论基础》，《金融研究》，2001 年第 8 期（总第 254 期），第 5~17 页。

9. 郑京海、胡鞍钢：《中国的全要素生产率为何明显下降？》中国经济研究中心讲座，2004 年 4 月 29 日。

10. Blanchard, Oliver and Francesco Giavazzi,《寻找内外平衡的发展战略》，第 70 页。由何帆、张斌主编：上海财经大学出版社 2006 年版。

11. Lindbeck, Assar. 1979. Inflation and unemployment in open economies, Amsterdam: NorthHolland.

12. McKinnon, Ronald. 2005. Exchange rate or wage change in international adjustment? Japan and China versus the United Stated. ZEW Discussion paper No. 05~64.

13. Mundell, Robert A. 1961. A theory of optimum currency areas. American Economic Review 51（Sep.）pp. 657~665.

14. Obstfeld, Maurice, and Alan M. Taylor. 1998. The Great Depression as a Watershed: International Capital Mobility over the Long Run. In The Defining moment: The Great Depression and the American Economy in the Twentieth Century, ed. Bordo, Michael D., Claudia D. Goldin, and Eugene N. White, . Chicago: University of Chicago Press, pp. 353~402.

15. Young, Alwyn. 2003. Gold into base Metals: Productivity growth in the People's Republic of China during the Reform Period, Journal of Political Economy, Vol. 111, No. 6, pp. 1220~1261.

中国经济50人论坛
Chinese Economists 50 Forum

推进形成主体功能区
走上区域协调发展道路

杨伟民
国家发展和改革委员会

杨伟民简历

杨伟民，1956年出生，吉林省长春市人，现任国家发展和改革委员会副秘书长。

1978年进入吉林大学经济系学习，获学士学位。1982年至1989年在北京煤炭管理干部学院任教，1989年调入国家计委，主要从事国家中长期规划和产业政策的研究制定工作。

参与了国家"八五""九五"计划《纲要》的起草，全面负责"十五"计划《纲要》起草和组成协调；是中央"十一五"规划《建议》起草组成员，国家发展改革委"十一五"规划《纲要》起草组组长，全国主体功能区规划编制工作领导小组办公室主任。

促进区域协调发展，是科学发展观的基本内涵和根本要求，也是全面建设小康社会，实现中华民族伟大复兴必须完成的战略任务。但究竟什么是区域协调发展，如何实现区域协调发展，却是一个很有争议的课题。改革开放30年，中国创造了世界发展史上的奇迹，根本原因就是我们开辟和走出了一条中国特色社会主义道路。同理，改革开放30年，如果说中国区域发展还不协调的话，根本原因也正是区域协调发展的道路还没有真正走出来。但是，走出区域协调发展的道路却是至关重要的，不仅对我们当代中国人实现共同富裕、建设和谐社会意义重大，而且对我们的后代，对中华民族的永续发展和国家的可持续发展关系重大。

党的十七大把推进形成主体功能区放到重要位置，分别在全面建设小康社会奋斗目标新要求、推动区域协调发展、完善宏观调控体系三次提到，为我们探求和开辟区域协调发展之路指明了方向。实施区域发展总体战略，推进形成主体功能区，就是新时期我国促进区域协调发展的道路。

一、对区域协调发展若干做法的分析

说到区域协调发展，不能不想起去年8月的玛多[①]之行，那已斑斑点点地呈现"风吹草低老鼠串"的广袤草原；那海拔高达4270米，氧气含量只有60%，人口不足两千，二十分钟可以走个来回的玛查里县城；那室内没有上下水和卫生间，盛夏时节却要点着炉火，盖着两床棉被，仍难以入眠的干部招待所；还有野牛沟居民点那些放下了牧鞭，定居于砖瓦房，充满期待却无法用语言与我们交流的善良牧民们。

促进区域协调发展，是要缩小玛多与昆山生产总值的差距吗，是要在玛多县建设几个开发区从而大力推进工业化吗，是要把县城玛查里也建成烟囱林立、高楼密布、人口密集的大城市吗？亦或是使玛多的大草原重现昔日"风吹草低见牛羊"的美图，恢复玛多"百湖之县"的美誉，并让祖辈生活于此的牧民们同步过上全面小康社会的幸福生活？毫无疑问，工业化、城市化仍是发展中国家的大趋势和发展经济的必然选择，但顺应工业化、城市化的大趋势是不是一个国家的所有国土都要工业化和城市化，是不是生态脆弱地区也惟有本地区的工业化和城市化，才能提高当地人民的生活水平，才能共同富裕？

[①] 玛多县位于青海省东南部，面积2.5万平方公里，人口1万人。境内湖泊众多，素有"百湖之县"之称，属于黄河源头地区。该县上世纪80年代曾是全国著名的首富县，但90年代以后，由于草场沙化、退化、鼠化严重，载畜量锐减，成为全国的贫困县之一。目前，通过实施《青海三江源自然保护区生态保护和建设总体规划》，生态环境得到一定程度改善。

　　我们探求区域协调发展之路，千万不能脱离我们家园的自然本底。我们960万平方公里的陆地国土和广阔的海洋国土，是中华民族繁衍生息的家园，但她不仅仅是我们这一代中国人的家园，也是我们的子孙的，是中华民族永续发展的家园。促进区域协调发展，当然是为了我们这代人的生活更幸福、更公平，但也要给我们的子孙留下更多的"净土"。我国许多生态脆弱地区，由于不当开发、过度开发，生态环境受到严重损害。诺尔盖大草地是我国五大草原之一，过去，在此地骑马，只能见到马背，大人带小孩到草地放牧，要给孩子拴上个绳子，否则，孩子走远，就会淹没在草原中找不到了。目前，诺尔盖草原的沼泽已经难觅踪迹，原来的300多个湖泊已经干涸了200多，湿地面积萎缩了60%，沙化面积则占到总面积的13%，而且还再以每年11.6%的速度递增。① 形成目前的情形，除了全球气候变暖外，主要是我们自己的不当开发。上世纪六七十年代，为提高草地载畜量，在诺尔盖草地开展了"向沼泽湿地要草场"的大行动，在沼泽里挖出了上千条排水沟，把水一直排到黄河。脱水的沼泽湿地，非但没有成为丰美的草场，反而板结硬化、退化直至沙化。当时，可能并没有增加GDP的概念，只是为了多产一些牛羊。现在，这类地区也必须坚持把发展作为第一要务，但应该发展什么，怎么发展，如何增加GDP，并不断缩小与发达地区经济总量的巨大差距呢？

　　大自然对中华民族既公正又不公正。公正的是，给了我们多样化的国土，山地、高原、盆地、平原、丘陵②以及各种类型的地形地貌都有分布。特别是给了我们涵养水源，孕育了黄河、长江的青藏高原，有了长江、黄河才有了我们中华民族。不公正的是，给我们的适宜农耕、适宜大规模、高强度工业化、城市化开发的平原面积太少，又让这些平原主要分布于东部地区。青藏高原、内蒙古高原、黄土高原、云贵高原以及其他海拔较高、地形复杂的生态脆弱地区，过去也承载着一定人口，靠山吃山，靠水吃水。这种生产和生活对生态也许有些影响，但不至于遭到破坏，大自然的自我修复功能在一定程度上弥补了人类活动对生态不很严重的影响。因为在农业社会，人们的消费水平不高，人口又比较少，不高的消费水平和不多的人口与资源环境承载能力基本适应，也就是"一方水土养一方人"。当代，情况不同了，人口总量大幅度增加，消费水平大大提高。"一方水土"再难

---

　　① 诺尔盖草场的沙化面积1995年为24万亩，1999年38万亩，2004年92万亩，2007年扩大到了158万亩。

　　② 我国陆地国土空间中，山地占33%，高原占26%，盆地占19%，平原占12%，丘陵占10%。

负重人口总量不断增长的消费水平不断提高的需求。满足消费需求，就要多载畜，超载放牧，造成草场、湖泊、降水、气候等整个生态系统的紊乱，甚至引发生态危机。

当然，改变满足消费的生产方式，不再通过农牧业，而是通过工业化、城市化，通过发展县域经济，繁荣小城镇经济，通过开发资源的方式等来增加经济总量，也许是一种选择。事实上，我们一直是这样倡导的，许多地区也正是这样做的。但在生态脆弱地区，工业化、城市化就能解决问题吗，就能缩小地区间生产总值的差距吗？

我们一直认为，解决贫困问题，不能输血，要造血，增强贫困地区的自我发展能力，要进行开发式扶贫。以《八七扶贫攻坚计划》为标志，开发式扶贫已搞了15年，在自然条件较好的地区，无疑是有效的，但在生态脆弱地区，效果却很有限，若加上对生态环境的损害，很可能得不偿失。如，有的石漠化地区，为实现人均一亩稳产高产田的开发式扶贫目标，背来林地、草地中少得可怜的土造田，一场暴雨，人造的稳产高产田付诸东流，而由于林地、草地中的土越挖越少，又变成了新的石漠化地区。目前集中连片的西北干旱区、青藏高原、北方农牧交错带、西南干热河谷、南方石漠化地区、秦岭大巴山、大别山、南方山地丘陵带等贫困地区，基本上都是生态极度脆弱的地区。一些地区愚公移山式的扶贫开发，非但没有解决当地的贫困问题，反而使极度脆弱的生态遭到损害甚至破坏，造成生态破坏与贫困的恶性循环。因此，在生态极度脆弱的地区，当地的山山水水难以彻底解决当地人口的脱贫，一些地区尽管实现了低标准的脱贫，也很不稳定，脱贫与返贫交替，更不用说奔小康和致富了。

我们一直认为，工业化和城市化是解决问题的关键，而在许多地方政府甚至部分专家那里，工业化和城市化，就是本辖区的工业比重提高到多少，城镇人口比例达到多少。接下来的逻辑看起来也是顺理成章的，就是发展县域经济，繁荣小城镇经济，解决当地人口的就业、收入和致富问题。这也是目前我们解决"三农"问题的重要措施。

在发展县域经济和繁荣小城镇经济的战略中，农业是摆不上位置的，因为农业受需求弹性从而价格弹性制约，产出GDP的能力十分有限，没有人认为发展农业可以缩小经济总量的差距。发展服务业是一些地区的选择。服务业中的公共服务，其产出规模取决于公共财政支出的规模，不能指望其创造GDP。产业化服务业可以创造GDP，但其产出规模取决于"入门人口"即当地的人口规模，由此决定了县域、小城镇依靠发展服务业创造GDP也是有限的。旅游业的"入门人口"不是当地人口，市场半径可以很大，但在现行财税体制下，旅游可富民，难富县，即使有条件发展旅游业的地区也并不满足仅发展旅游业。

剩下的出路,就是发展工业了。有些县和镇通过发展工业,取得了成功。但绝大多数的县、镇,要么是眼前成功但未来的代价昂贵,要么是眼前就不成功。可能是收获与代价同样丰厚。毫无疑问,GDP 和财政收入也会增加,但要扣掉为招商引资付出的财政成本。就业可以扩大,但收入的增加并不同步。绝大多数的县镇,只能发展那些虽然市场很大,但却是谁都能干的、无差别、可替代的产品。这类产品,市场竞争极其激烈,必须尽可能压低产品成本才能生存。在劳动市场缺乏规则和劳动者缺乏对自己收入话语权的体制下,最有效的手段就是压低劳动成本。①

资源环境的代价是巨大的。提倡发展县域经济、繁荣小城镇经济,在实际工作中就是发展工业。要求发展县域经济、繁荣小城镇经济,就没有理由拒绝每个县、每个镇都搞一个或几个开发区。全国 2680 个县级行政单位,每个县建一个 5 平方公里的开发区,全国占地就是 1.43 万平方公里;上万个建制镇,每个镇建一个 1 平方公里的开发区,又会占地 1 万平方公里。目前,全国 2860 个县级行政区中有 1049 个设有 1 个以上的开发区,其中 881 个开发区是 5 平方公里以下的。我们曾批评过"村村点火,处处冒烟",但发展县域经济、繁荣小城镇经济,无非是把"村村点火,处处冒烟",在空间单元上扩大为"县县点火、镇镇冒烟"。这样的工业化模式,很难想象污染会有效治理。我们一个面积不到 2500 平方公里、人口不过千万的地区,仅污水厂就要建几十个,原因是工业布局太分散了,而每一个污水厂恐怕都难盈亏平衡。农业污染属于面源污染,过于分散布局产生的工业污染也变成了"面源污染",治理成本大大增加。基础设施的代价也是巨大的。过于分散的工业布局,就要蜘蛛网般地、东南西北布满高压电网,因为到处都有需要高压电的工厂。一些地区的缺电,不是没有电力,而是缺乏电网,而电网不足,是因为有限的空间已经密布各种设施和建筑,电网已难寻立足之地。

我们一直认为,开发资源,把资源优势转化为经济优势,可以解决欠发达地区的问题。但也要具体情况具体分析。有些地区,有独特资源,产品不可替代,市场规模相对较大,就业数量较多,水土资源承载能力和环境容量相对较大,而且区位条件比较优越。若能形成从资源开发到最终产品、上下游一体的较完整的产业链,成功的概率就会多一些。如福建的安

---

① 发达国家,法制环境比较健全,工会组织在决定劳动者报酬中拥有较大话语权,就业的扩大会相应带来收入的同比例增加。因此,西方经济理论把扩大就业作为目标。但在我国,,这样的条件并不具备,扩大就业还不能作为政策的终极目标,增加收入才应作为终极目标。

溪县就是通过发展乌龙茶产业发展壮大的,但乌龙茶是不可替代的独特产品,全国2860个县级行政区中有这种独特资源的毕竟是极少数。很多有水电资源的地区要求开发水电,但水电是最终产品,产业链很短,就业容量不大,增加GDP的效果明显,但就业和收入的效果并不明显。若考虑到占用良田,使农民失去就业岗位或变得就业很不充分,长远看或许对当地人口收入增加的效果是负的。① 一些水电资源丰富的地区,已经不满足于单纯地发电,结合本地其他矿产资源的开发,发展高载能产品,变送电为送产品。但却很难实现规模经济,单位产品能耗很高。对全国来看是一种效率损失,因为有限的电力资源不能配置于更有效率的产业和区域。开发煤炭等矿产资源,对当地增加GDP、财政收入和扩大就业都有明显效果。但是不是有矿产资源就要发展成为一个城市,也值得研究。我国许多依托资源开发成长起来的城市,由于资源枯竭或趋于枯竭后,都面临艰难的转型问题。我国的矿产资源多分布于生态环境比较脆弱、水土资源承载能力较差、区位优势不明显的地区。资源枯竭后,解决就业和城市可持续发展问题,必须招商引资,发展其他产业,但其综合的发展条件往往不如其他地区。这是资源枯竭城市转型难的根本原因,而不在于国家给予政策的多寡。

二、区域协调发展的应有之意

区域协调发展的全面含义应该包含以下几个方面:

(一)各地区人民的生活水平大体相当

区域协调发展,不是各地区地区生产总值的均等化或经济发展水平的均衡化,而是实现不同地区之间公共服务的均等化、生活条件的均等化和人民生活水平的均等化。党的十七大报告也指出,"缩小区域发展差距,必须注重实现基本公共服务均等化",这是党的文件对区域协调发展的新注释。

德国是非常讲究区域均衡的国家,德国联邦宪法规定各地区要"保持均衡的生活条件"。对其含义,《德意志联邦共和国空间开发与空间规划》的解释是"'保持均衡的生活条件',并不意味着不同地区之间要保持均衡的经济实力或均衡的发展水平,其实质是指在所有的地区,获得住房、就

---

① 对农民来说,就业岗位是就是耕地。修建水库,必然占用耕地,而且水库淹没区往往是肥沃的河谷地带,属于良田。人均占地减少,意味着就业岗位更加不充分。据笔者对水库移民的调研,水库移民后,由于人均占有耕地减少,特别是良田减少,不考虑移民补助和就业岗位变化,仅靠农业生产,需要二十年才能恢复到移民前的收入水平。

业和教育的同等机会，以及享受商贸、服务、良好的环境条件和娱乐的同等机会。均衡也不是一个绝对的标准，它因各地条件、传统以及价值观不同而异"①。

我国区域不协调的问题是，由于财政支出规模高度依赖于财政收入规模，财政收入规模又高度依赖于经济规模的不合理财税体制，以及劳动人口与赡养人口在空间上的分离，造成地区间公共服务水平的差距过大。虽然我们不再限制劳动人口的转移，但由于户籍制度及其背后的公共服务供给体制的制约，非劳动人口还无法自由迁徙。有劳动能力的人在发达地区和城市就业，但他们的家属，他需要养育的孩子、需要孝敬的父母还必须在原籍，而老人和孩子是不创造GDP和税收的。劳动人口流入地得到了他们创造的GDP和税收，流出地却要负担他们家属的公共服务，加上不合理、不公平的财税体制，这就必然带来各地区人均公共财政支出的巨大反差。我国东部地区财政支出占全国的49.36%，而其人口占全国的39.6%；中部地区人口占全国的32.4%，财政支出占全国的25.6%；西部地区人口占全国的28%，财政支出占25.1%。这意味着东部地区人均财政支出水平高于中西部地区。按省级行政区和人均来衡量，目前人均财政支出最高的省级行政区是最低地区的6.5倍。这才是区域协调发展要解决的迫切问题。

如果这样来理解区域协调发展，对于那些不具备实现均衡的经济实力和经济发展水平的生态脆弱地区，以及不应该主要依靠大规模、高强度工业化、城市化推进经济增长的农业地区来讲，要使本地区的人民获得就业机会，获得大体相当的收入，拥有均等化的公共服务和生活条件，应该"三管齐下"：一是促进人口转移到就业机会多、收入较高的城市化地区；二是发展农产品、生态产品以及其他本地资源环境可承载的少部分工业品，当然，享用生态产品的地区要给予必要的补偿，对农产品要给予适当补助；三是切断财政收入与财政支出高度相关的机制，建立财政支出与人口高度关联的机制，加大对这些地区的财政转移支付。

（二）人口分布与经济布局大体均衡

区域协调发展，不是经济总量在全国各地区的均衡分布，而是经济在很小一部分区域集聚，但集聚经济的区域，也要同时集聚相应规模的人口，既要集聚就业的劳动人口，也要集聚需要就业人口负担的赡养的人口。经济少的区域，人口也稀少。

---

① 《德意志联邦共和国空间开发与空间规划》，联邦德国建设与地区规划办公室，2001年3月。

美国经济规模最大的加利福尼亚州生产总值是怀俄明州的76.6倍，日本东京都的生产总值是鸟取县的46倍。但并没有人认为美国、日本的区域不协调。因为加利福尼亚和东京在集聚经济的同时，也集聚了相应规模的人口。加利福尼亚经济规模是美国最多的，人口也是最多的，分别占美国的14%和11%。日本的首都、近畿、中部三大都市圈，集聚了日本70%的经济，也集中了65%的人口，所以日本各地区间人均GDP的差距一直稳定在1.5倍左右。

我国区域不协调的问题是，经济分布与人口分布在空间上严重失衡。东部地区集中了全国59.7%的经济，人口则占39.6%；中部地区和西部地区的经济规模分别占全国的23.2%和17.1%，但人口则分别占全国的32.4%和28%。京津冀、长三角、珠三角三大经济圈，集中全国40%的经济总量，但其人口仅占全国的12%，如果我们的三大经济圈，不仅占有40%的经济规模，人口也占到全国的40%，还能说区域发展不协调吗？中西部地区已有上亿劳动人口到东部地区务工经商，其创造的GDP被记入到就业地，而创造GDP的人却被记入到户籍所在地。如果我们继续按计划经济的"会计制度"进行市场经济下的国民经济核算，就会夸大地区之间的差距，形成不必要的政治压力和社会压力。当然，这种"会计制度"随着2000年人口统计口径的变化已有所调整①。经济向发展条件好的区域集聚是客观规律，而经济的集聚必然伴随劳动劳动人口的集聚，只要我们在制度上不限制其他人口的流动，按人均生产总值衡量的地区差距会自然而然地缩小。

（三）人口和经济的分布与资源环境承载能力相协调

区域协调发展，不仅要实现经济分布与人口分布的大体均衡，而且集聚经济和人口的区域还要与当地资源环境承载能力相协调，换句话说，就是集聚的人口规模和经济规模及其产业结构不能超出当地资源环境的承载

---

① "十五"时期，北京、上海、天津、广东、浙江的地区生产总值年均增长分别为22.4%、15%、17.5%、17.6%和17.2%（现价），但人均地区生产总值分别增长14.6%、8.4%、14.4%、12.9%和15.2%，均低于地区生产总值的增长。这是因为外地人口的流入抵消了地区生产总值的增长。相反，内蒙、安徽、河南、湖北、湖南、广西、重庆、四川、贵州等地区人均地区生产总值的增长却快于地区生产总值的增长速度，也是因为人口净流出。"十五"期间，上海与贵州两地人均地区生产总值的差距由2000年的12.9倍，降到2005年的9.9倍。但城乡差距的计算口径仍没有改变，农村人口进入城市的打工收入被记入"农民收入"，其本人也被记入农村人口。如果换一种记账办法，打工者的收入计入城镇居民收入，并假定动工者每人带一个家属进入城镇居民，则我国城乡居民收入的差距将缩小。如果户籍制度不改变，城乡居民收入的计算办法不改变，我们将永远面临城乡差距不断扩大的压力。

能力。区域协调发展不仅要以我们当代人为本,还要以我们的后代为本,不能为了我们这一代人的生活更美好、更舒适,就不惜损害我们子孙的生存条件。

我国区域不协调的问题是,没有把人口、经济、资源、环境落到一个空间去统筹考虑,没有从其相互关系中去考虑如何才是可持续的。我国的人口分布与水资源分布是失衡的。淮河以北,水资源为全国的19.5%,人口占46.5%,经济占45.2%,耕地占64.8%。以此为界,经济与人口是相对均衡的,但水资源与人口、与经济、与耕地都是失衡的。从而,才有了南水北调的必要。我国660座城市中,有400座属于缺水城市,110座属于严重缺水城市。这些严重缺水的城市,如果对经济和产业结构不加以限制,结果要么就是因地下水超采导致地面沉降①,要么就要在我们的版图上布满调水网。但是,我们还有那么多水资源可用来跨区域调动吗?

人口、经济与资源分布的不均衡,是形成南水北调、北煤南运、西煤东运、西电东送、西气东输的主要原因。水资源、煤炭资源是可以调动的,但资源调动也要付出成本,这种成本,既包括投资、人力等方面的财务成本,也包括资源调出地生态环境损害的成本。一些地区,尽管严重缺水、缺电,缺环境容量,却仍在上一些高耗水、高耗电、高排放的项目。而负面的社会效果,目前的企业不负担,本届地方政府也不负担,这种社会成本是以后的政府、全体人民承担了。当年受"先生产、后生活"思想的影响,一些城区在煤矿周围发展,城市坐落在煤田之上,随着煤炭采空,一些煤炭城市出现大面积地表沉陷和塌陷区。历史的错误使我们今天要付出几百亿的投资。如果不加以引导,今后,我们将会因地下水采空带来的地面塌陷花费更多治理成本。

(四)国土空间的结构清晰高效

区域协调发展不是全国各地区,各级行政区都要大搞工业,大建城市,大规模集聚经济和人口,现代化,工业化和城市化也不是所有的国土空间都要大开发,而应该是很小一部分国土空间作为建设空间,提供工业品和服务产品,集聚经济和人口,绝大部分国土空间为农业空间或生态空间,以提供农产品为主,或以提供生态产品为主。我们实现现代化,需要占用

---

① 2006年全国有地下水降落漏斗216个,其中浅层120个,深层91个,岩溶5个。浅层地下水降落漏斗主要分布在华北、华东地区,漏斗面积从数十平方公里至数千平方公里;深层地下水降落漏斗主要分布在华北、东北、华东地区,漏斗面积多在100平方公里以上,甚至达数千平方公里。

必要的自然空间，但也要给有限的森林、不多的水源、已经少得可怜的野生动植物，以及保障食物安全的农作物留下必要的空间。

我国区域不协调的问题是，从空间形态来看，国土空间被切割得七零八碎，功能定位很不清晰。到处都有树，但成林的少；到处都有田，但成片的少；到处都有工业区，但形成的产业链并具有集聚经济的少；到处都有居民点，但形成规模的少。反观已经现代化的一些国家，其较大尺度的国土空间，大体上是"四片两线"，一片森林，一片水面，一片农田，一片城市（或农村居民点），一条河流，一条高速公路或铁路。

我国区域不协调的问题是，从空间结构来看，国土空间的结构很不合理，概括起来是"三多三少"。一是生产空间偏多，生态空间偏少。许多本应该作为生态空间的国土被用来开发农牧业，现在又不得不退耕还林、退牧还草、退田还湖，也就是对过去主体功能错位进行纠正。我们的缺水，是因为我们盛水的"盆"太小，湖泊、湿地、河道被大量侵占。二是工业空间偏多、生活空间偏少。全国用于工矿生产的空间有5万平方公里，日本的工业空间只有1600平方公里，而用于人口居住的空间是1.3万平方公里，人均80平方米。三是农村居住空间偏多，城市居住空间偏少。我国农村居民点占用空间16.57万平方公里，人均居住占地220平方米，城镇建设空间3.61万平方公里，按城镇居住空间有关标准测算，城镇人均用于住的空间不到20平方米。

促进区域协调发展，要重整河山，使"树成林、田成片、水成湖，路成网"，要调整空间结构，使产业集聚布局、人口集中居住、城镇密集分布。为此，要构建"三大战略格局"，一是以大城市群为主体的城市化战略格局，让全国不到十分之一的国土空间集聚全国三分之二以上的人口和经济，给农业给生态腾出更多空间。二是构建以全国重点生态功能区为主体的生态安全战略格局，使全国的生态安全得到保障，使水更清、山更绿、天更蓝。三是构建以基本农田为基础的农业生产战略格局，使农产品供给安全得到切实保障。

三、区域协调发展的道路

（一）区域协调发展战略的演变

建国以来，我们一直没有停止过对区域协调发展之路的探索。"一五"计划就注意到了"我国工业原来畸形地偏集于一方和沿海的状态"，要求"在全国各地区适当地分布工业的生产力"。1956年毛泽东发表《论十大关系》，认为工业70%在沿海，30%在内地是历史上形成的一种不合理的状

况,为了平衡工业发展的布局,内地工业必须大发展。同时,也强调,这几年对沿海工业有些估计不足,对它的发展不那么十分重视了,需要改变一下。这实际上是对"一五"时期对沿海工业基础重视不够的一种纠偏。但没过多久,这一思想又发生重大变化,形成了立足于战争,从准备大打、早打出发,积极备战,把国防建设放在第一位,加快"三线"建设,逐步改变工业布局的区域战略。总的看,改革开放之前,虽然提出了沿海与内地的工业布局问题,但没有明确的区域发展思路,区域协调发展被看作只是工业布局问题,而且是摇摆不定的,工业布局先是优先内地,然后又重视沿海,最后又回到内地(三线)。

改革开放以来,我们的区域发展战略是明确而富有成效的。根据邓小平同志"让一部分地区先富起来"的思想,从对外开放的需要出发,实施了沿海开放战略,确定了四个经济特区和14个沿海开放城市,鼓励条件较好的沿海地区先发展起来。这一符合经济规律,符合经济全球化趋势,符合我国自然特点的区域发展战略取得了极大成功,有力地带动了全国的经济发展。但这一战略是在许多方面的体制机制很不完善的情况下实施的,体制机制带来的问题与实施区域发展战略带来的问题混淆在一起,使人们认为,实施沿海开放战略导致了区域差距扩大。在这种认识下,1995年中央关于"九五"计划的《建议》把"坚持区域经济协调发展,逐步缩小地区发展差距"作为一条重要方针,并要求,"从'九五'开始,要更加重视支持内地的发展,实施有利于缓解差距扩大趋势的政策"。但"九五"期间,没有太多实际措施,也没有明显效果。因而,在制定"十五"计划时,很多中西部地区认为本地区的人均GDP没有达到800美元,没能实现邓小平提出的到本世纪末人民生活达到小康水平的目标。在这种压力下,中央关于"十五"计划《建议》对现代化建设"三步走"战略第二步战略目标的实现程度表述为,到2000年,人民生活总体上达到了小康水平,在原目标中增加了"总体上"三个字。此后,区域经济发展不协调,区域发展差距扩大等,成为决策者和学术界的共识。基于这些认识,1999年提出了实施西部大开发,2002年党的十六大提出"支持东北地区等老工业基地加快调整和改造",2003年党的十六届三中全会明确为"振兴东北地区等老工业基地",2004年党的十六届四中全会提出"促进中部地区崛起",2005年中央关于"十一五"规划的《建议》提出了促进区域协调发展的总体战略,就是"推进西部大开发,振兴东北地区等老工业基地,促进中部地区崛起,鼓励东部地区率先发展"。

这一战略,还需要在两个方面进一步深化和明确。一是还不够完整。"开发"、"振兴"、"崛起"、"率先"主要是从经济建设的角度提出的,至少实际工作中各地区是这样理解和实践的,在平均240万平方公里的四大国土空间中没有明确是不是有些区域应该以发展农业或保护生态为主。二是还不够精细。全国960万平方公里被分成四大区域,平均的空间尺度多达240万平方公里,区域内部各地区的差别极大,从满足长远的需要,作为区域协调发展的开发依据、政策单元、规划基础和管理平台还不够深入,在操作层面,也有相当难度。

(二)树立新的开发理念

推进形成主体功能区,是对区域发展总体战略的有益补充和具体落实,可以弥补区域发展总体战略的不完整和不精细,可以使我们的区域协调发展道路更科学、更精细、更可持续。理解主体功能区及其作用,必须转变一些理念,树立新的理念。

第一,根据自然的适宜性开发。不同的区域,自然状况不同,适宜开发的内容不同。海拔很高、地形复杂、气候变化异常的地区以及山地、高原、沙漠化盆地等,不适宜大规模、高强度的工业化城市化开发,甚至不适宜高强度的农牧业开发。然而,这类区域对维护我国生态系统的稳定性具有不可替代的作用,工业和农牧业开发可能会带来一些眼前的收益,但不当或过度开发对生态系统的破坏,对提供生态产品能力造成的损害可能需要几代人的努力才能恢复。因此,应该尊重自然、顺应自然,根据不同区域的自然状况确定不同的开发内容。

第二,区分主体功能进行开发。一定国土空间具有多种功能,但必有一种属于主要的功能。就一定空间单元提供的产品的类别而言,要么是以提供工业品和服务产品为主体功能的,要么是以提供农产品为主体功能的,要么是以提供生态产品为主体功能的。区分主体功能进行开发并不是完全摒弃其他辅助或次要功能,提供工业品和服务产品的城市化地区,也必须保留一定面积的农田和绿色生态空间;农业地区、生态地区也必须提供服务产品和资源环境允许的工业品。但若主次不分,就会带来不良后果。在生态空间,若把提供农产品当作主体功能,把提供生态产品当作次要功能,就会损害提供生态产品的能力;在农业空间把提供工业品作为主体功能,把提供农产品作为次要功能,就会损害提供农产品的能力等。因此,应该区分不同国土空间的主体功能,根据主体功能定位进行开发。

第三,根据资源环境承载能力开发。不同国土空间的自然状况不同、主体功能不同、生产的产品不同,从而提供就业和承载人口的能力是不同的,即使是同类的主体功能,承载能力也是不同的。生态脆弱地区由于不适宜工业化城市化开发,农业地区由于不应该大规模的工业化城市化开发,因而创造就业并承载较高收入和较高消费水平人口的能力有限。因此，必须根据资源环境承载能力确定人口规模，有些地区，必须通过人口转移实现人口致富。同时，一定空间尺度的城市化地区，资源环境承载能力也是有限的，经济和人口的过度集聚也会给交通、环境、资源等带来过大压力。技术进步可以提高一定国土空间的承载能力，但国土空间的总量、环境的容量、开敞绿色空间等是技术进步不能完全解决的。因此，应该根据资源环境中短板来确定人口规模、经济及应有的产业结构。

第四，控制开发强度。开发强度指一定空间中建设空间所占的比重。在一定的空间中，建设空间越多，留给水、林、草等自然空间和农田的面积就越少。我国不适宜开发的国土空间很大，平原及其他自然条件较好的国土空间尽管适宜工业化城市化开发，但这类国土空间同样适宜农业生产，为保障我国农产品供给安全，也不能过度开发。即使是城市化地区，也要保持必要的耕地和绿色生态空间，以满足人们对生态环境的需求。我国有些城市的开发强度已经达到30%甚至40%①，如果达到60%，很可能变成一块不适宜人生存的"水泥板"，未来的发展将是不可持续的。因此，必须有节制地开发，自觉控制开发强度。

第五，提供生态产品也是发展。人类需求不仅包括对农产品、工业品和服务产品的需求，也包括对清新空气、清洁水源、惬意环境、舒适气候等生态产品的需求。生态产品是人类生存和发展所必需的产品。提供生态产品也是生产，也是创造价值的过程，也是发展。生态产品的主要功能是，吸收二氧化碳，制造氧气，涵养水源，保持水土，净化水质，防风固沙，调节气候，清洁空气，减少噪音，吸附粉尘，保护生物多样性，减轻洪涝灾害等。生态产品与农产品、工业品、服务产品的区别是，按目前的经济理论和统计，还难以衡量其价值和价格，因此，对生态地区的"补偿"，实质是政府代表全国人民购买生态地区生产的生态产品，也是一种交换②。总体上看，我国提供农产品、工业品和服务产品的能力迅速增强，但提供生态产品特别是优质生态产品的能力却在不断减弱。因此，国土空间开发中，

---

① 开发强度国际上没有统一的定义，按照大体相近的口径计算，德国的大斯图加特地区，3000多平方公里，开发强度是21.7%；日本三大都市圈5.8万平方公里，开发强度是15.6%；法国大巴黎地区1.2万平方公里，开发强度是21%。我国香港1108平方公里，开发强度为21%。我国部分地区的开发强度为：北京18%，上海29%，苏州19%，无锡237%，深圳403%，东莞38%，佛山30%。

② 美国纽约市900万人口的饮用水中，90%来源于上游的卡茨基尔河和特拉华河流域。20世纪80年代后期，由于微生物污染严重，纽约市决定购买上游卡茨基尔河和特拉华河流域的生态服务。具体方式是纽约市为该流域农场主提供4000万美元，使之采取环境友好的生产方式来改善水质。资金来源包括，政府对用水户征收的附加税、纽约市公债、信托基金三部分。

应该把增强生态产品的提供能力作为发展的重要任务。

（三）主体功能区及其分类

功能区是指承担特定功能的空间单元。根据空间单元的大小，可以划分为经济区、农业区、生态区、旅游区等以及居住区、工业区、商业区、休闲区、自然保护区、水源保护区、基本农田、风景名胜区等。

主体功能区是指基于不同区域的资源环境承载能力、现有开发密度和发展潜力等，将较大尺度的空间单元确定为承担某种主体功能的空间单元。主体功能区是中国的独创，具有鲜明的中国特色。首先，发展是硬道理、发展是第一要务的观念已经深入人心。但在把发展单纯地理解为经济增长的情况下，各地区、行政区就会不顾自身条件地追求经济增长，追求工业化、城市化。其次，区域发展总体战略也已深入人心，各地区、各级行政区认为本地区要么"开发"，要么"振兴"，要么"崛起"，要么"率先"。这两种认识及其基于这种认识的行为，很容易带来生态地区的生态系统受损，农业地区的耕地被大量侵占。因此，在坚持发展是第一要务，坚持区域发展总体战略基础上，必须进一步明确我国960万平方公里的陆地国土空间，或者240万平方公里的大区域中，哪些县级行政区要"开发"、"振兴"、"崛起"、"率先"，在这些县级行政区，坚持发展第一要务的首要任务即发展的内容是什么，引导他们的行为，从而形成若干以提供工业品和服务产品、集聚人口和经济为主体功能的城市化地区。要明确哪些县级行政区不需要或不应该"开发"、"振兴"、"崛起"、"率先"，也就是限制或禁止大规模、高强度的工业化、城市化开发，在这些县级行政区，如何坚持发展第一要务，首要任务和发展内容是什么，引导他们的行为，使之成为以提供农产品、保障国家农产品供给安全为主体功能的农业地区，或以提供生态产品、保障生态安全为主体功能的生态地区。

主体功能区可以按照开发方式分类，也可以按照开发内容分类。按开发方式，可以将全国的陆地国土空间分为优化开发区域、重点开发区域、限制开发区域和禁止开发区域四类；按开发内容，可以分为城市化地区、农业地区和生态地区三类。优化开发区域是指经济比较发达，人口比较密集，开发强度较高，资源环境矛盾突出的区域。提出优化开发区域，既是针对一些经济密集区存在过度开发隐患，必须优化发展内涵的迫切要求，也是面对日趋激烈的国际竞争，增强我国国家竞争力的战略需要。重点开发区域是指有一定经济基础，资源环境承载能力较强，发展潜力较大，集聚经济和人口条件较好的区域。提出重点开发区域，既是落实区域发展总体战略，拓展发展空间的需要，也是避免经济集聚过于依赖少数区域，减

轻其人口、资源、环境压力的需要。限制开发区域是指关系国家农产品供给安全和生态安全，不适宜或不应该大规模、高强度工业化、城市化开发的区域。提出限制开发区域，既是从全局上遏制生态环境恶化趋势和解决耕地减少过多过快问题的迫切需要，也是从根本上提高这些区域人民生活水平的长远之计。限制开发是指限制大规模、高强度的工业化和城市化开发，不是限制其资源环境可承载的产业，更不是限制社会发展。禁止开发区域是指依法设立的各级、各类自然文化资源保护区域，基本农田以及其他需要特殊保护的区域。城市化地区、农业地区和生态地区，是以提供主体产品类型为标准划分的。以提供工业品和服务产品为主体功能的区域为城市化地区，以提供农产品为主体功能的区域为农业地区，以提供生态产品为主体功能的区域为生态地区。

（四）划分主体功能区的目的

推进形成主体功能区的最终目的是，实现城乡、区域的协调发展以及人与自然协调发展，构筑高效、协调、可持续的美好家园。其作用主要是：

第一，开发依据。发展是第一要务，但在不同的主体功能区，发展的内容不同，首要任务不同。划分主体功能区，全国2860个县级行政区都会清楚自己的主体功能定位、发展内容、发展方式和发展方向。一是城市化地区的各个县级行政区，发展经济和集聚人口是主体功能，就要把增强综合经济实力作为首要任务，推进工业化和城市化，尽可能地做大经济总量并吸引外地人口的就业和定居。其中优化开发的城市化地区，要率先转变发展方式，主要通过集约开发增强经济实力，严格控制建设空间，尽可能减少对农田、水面、林地等绿色生态空间的占用。重点开发的城市化地区，则可以适度扩大建设空间，加强基础设施建设，形成较完整的产业链，增强对产业和人口的吸纳能力。二是农业地区的各个县级行政区，主体功能是提供农产品，保障国家的农产品安全，保住耕地。因此，增强农业综合生产能力，就是坚持了发展作为第一要务，而不在于经济总量增加了多少。农业地区的各个县级行政区，要把增强农业综合生产能力作为首要任务。三是生态地区的各个县级行政区，主体功能是提供生态产品，保障国家的生态安全。因此，保护好生态环境，增强提供生态产品的能力，也是发展，也是坚持了把发展作为第一要务。生态地区的各个县级行政区，要增强提供生态产品的能力作为首要任务，而不在于经济总量增加多少和农产品增产多少。

第二，政策单元。划分主体功能区，可以为各项涉及区域发展和国土空间开发的各项政策提供一个统一、公平的政策平台。目前的区域政策，主要按地理位置，即东中西来划分，但即使是东部地区，由于各个县的自然条件不同、主体功能不同，实行同样的政策显然是不公平的。因此，区域政策应该根据主体功能定位来制定。就财政政策来看，城市化地区，不管是东部地区的，还是西部地区的，都应是上解财政收入的地区，农业地区和生态地区应该是接受国家和省级财政转移支付的地区。其他各项财力性补助等也不应该再单纯按照东中西来安排，而应根据不同地区的主体功能定位来安排。在这个基础上，可以再考虑西部、少数民族、贫困地区等因素给予适当倾斜。产业政策也要根据不同的区域来制定和实施。如果需要布局新的钢铁项目，不应再布局到限制开发区域，而应布局到重点开发区域，即便如此，也要区分，对严重缺水重点开发区域，就要严格限制。

第三，**规划基础**。规划作为社会行为的"第二准则"，必须增强各级各类规划间的一致性、整体性以及规划实施的权威性、有效性。区分主体功能区，可以为整合各空间性规划、衔接协调各级各类规划、理顺规划间的关系、完善国家规划体系提供基础。各级各类规划的关系应该是，下级规划服从上级规划，专项规划服从综合性规划，空间单元小的规划服从空间单元大并包含这一空间单元的规划。目前我国各级各类规划间缺乏衔接协调，原因之一是规划体系不完整，缺乏国土空间开发的顶层规划和基础规划。一个城市的定位要从包括这一城市的区域范围来统筹考虑，一个区域的发展方向和定位要从全国国土空间的范围来统筹考虑，也就是从960万平方公里的视野来看一看在全国究竟起什么作用。主体功能区的划分及其全国主体功能区规划可以起到这种作用。省级主体功能区规划、市县空间发展规划以及土地利用、城市规划、生态环境保护等规划，也就有了衔接协调的基础。

第四，**管理平台**。区分主体功能，为建立一个覆盖全国、统一协调、更新及时、反应迅速、功能完善的国土空间管理系统提供了平台。城市建设、项目动工、耕地占用、地下水开采、矿产资源开采等各种开发行为，以及水面、湿地、林地、草地、海洋、自然保护区、蓄滞洪区等的保护，现在是通过庞大的行政系统进行分级、分头管理的，每年仅各部门派出的形形色色检查团就不知有多少个。若每平方公里国土空间的功能定位都十分清晰，并能落实具体的范围，形成电子化的规划图，完全可以采用对地观测技术，在电脑上进行精细化的管理。比如，通过遥感卫星，可以在第一时间发现禁止开发区域的违规项目，就可以立即采取措施制止，大大减少项目建成后再纠正造成的浪费。特别是，明确不同地区的主体功能定位，就可以实行各有侧重的绩效评价和政绩考核，其客观性、公正性将大大增强。

四、走上区域协调发展道路的保障措施

推进形成主体功能区,实现主体功能区定位,走出区域协调发展的道路,明确发展战略固然重要,但更重要的是确立一套各级政府、各类市场主体能自觉自愿沿着这条道路前进的机制和体制,这就需要对现行的一些政策和制度进行深刻改革。

(一) 财政政策

党的十七大提出"围绕推进基本公共服务均等化和主体功能区建设,完善公共财政体系",凸显了财政体制和财政政策对构建主体功能区的关键作用。

实行以县级行政区为单元的上解财政收入和确定支出规模的财政体制。县级行政区财政收入超出当年国家公共服务标准支出的部分应上解省级财政,作为省级财政转移支付的财源,县级行政区财政收入达不到当年国家公共服务标准支出的,就要作为接受财政转移支付的县。全省(自治区、直辖市)各县财政收入总额超出当年全省公共服务标准支出之和的部分上解中央财政,作为中央财政转移支付的财源;小于当年全省公共服务标准支出之和的省级地区,由中央财政进行转移支付。这样,农业地区和生态地区都不会作为财政上解地区,城市化地区将成为财政上解地区。

将以专项财政转移支付为主体的财政转移支付体系调整为以一般性财政转移支付为主体的体系。当前,主要应提高中央财政对国家限制开发区域各县级行政区的转移支付系数,确保其公共服务和社会管理支出。同时,在限制开发区域一般性转移支付标准财政支出中,增设生态保护支出项目。使生态地区的县级行政区比其他地区多一项专门生态环境支出项目,使之有能力提供更多更好的生态产品。

统筹目前各类生态环境保护方面的专项转移支付,设置更为综合的"生态环境修复"转移支付,主要用于增强国家限制开发区域提供生态产品的能力建设。国家限制开发区域的生态环境价值非常高,对保障全国和大区域的生态安全至关重要,但普遍存在生态退化的问题,生态欠账较多。因此,在一段时期内,应该设置"生态环境修复"专项资金,专门用于解决国家限制开发区域的生态产品能力建设。

建立地区间生态补偿机制。生态产品受益十分确定的地区,应该采取资金补助、定向援助、对口支援等多种形式,对提供生态产品的区域因生态环境保护带来的经济损失进行补偿。

(二) 投资政策

目前政府投资主要按产业或领域安排。但全国各地区的情况千差万别，比如，某一地区可能最大的制约是高速公路，急需尽快建成，但得到的资金补助可能难以满足需要，同时这一地区也可能得到了干线公路、铁路、机场、港口的资金，但这些领域的资金是不能用于建设高速公路的。另一方面，有些资金可能是浪费的。尽管有些地区可能这一领域的问题并不突出，但既然国家有这方面的资金，各地区都会本着不要白不要的心态申请，而决策者是很难十分准确地把握各地区实际的。所以，应将政府预算内投资分为按领域安排和按主体功能区安排两个部分，实行按领域安排与按主体功能区安排相结合的政府投资政策。

按主体功能区安排的投资，就是将每五年政府投资总规模的一部分按区域来安排。中央投资主管部门根据各主体功能区的区域规划，根据预算的可能决定每个区域每五年的资金补助规模。在该区域资金总规模中具体哪些领域，哪些领域安排多少资金等由地方决定。

按领域安排的政府投资，也应符合各区域的主体功能定位和发展方向。比如，农业方面的政府投资，主要投向农业地区；生态环境保护方面的投资，主要投向生态地区；基础设施投资更多地投向重点开发区域；高技术和科技方面的投资，可以更多地投向优化开发区域等等。

(三) 产业政策

产业政策应该更细致，既要针对每类主体功能区实行有差别的产业政策，也要针对每个主体功能区资源环境承载能力的大小实行有差别的产业政策。

目前的产业政策还没有做到区域化，鼓励的，全国都鼓励，限制的，全国都限制，很容易造成某一产业生产能力的过剩或不足。要调整制定产业政策的出发点和思路，从内外资不同，转向内外资统一；从既鼓励，又限制，转向仅提出限制和禁止的，不再提出鼓励的；从全国统一的，转向区域性的，提出不同类型主体功能区以及各重点开发区域、优化开发区域中每个区域限制的产业。

提出所有禁止开发区域的限制和禁止的产业。如，自然保护区核心区，应禁止任何开发建设活动；缓冲区严禁必要的科学实验活动以外的其他任何生产建设活动；实验区严禁必要的科学实验以及符合自然保护区规划的旅游、种植业和畜牧业等以外的其他生产建设活动。

提出所有限制开发的生态地区的限制产业，同时，针对不同类型的生

态功能区,进一步明确限制和禁止的产业。如,水源涵养型的生态地区,要限制过度放牧、无序采矿、毁林开荒、草地开垦,限制施用化肥的农业;水土保持型的生态地区,要限制陡坡垦殖和超载过牧,限制耗水多的农业;防风固沙型的生态地区,要严格控制载畜量,限制内陆河流和沙区湿地开发以及新建其他水利工程等,禁止发展高耗水工业;生物多样性维护型的生态地区,要禁止对野生动植物的捕采,限制外来物种,禁止引进外来有害物种等。

对每一个城市化地区,无论是优化开发的还是重点开发的,都要提出针对特定区域的限制产业,没有明确限制或禁止的,就是允许的。如在京津冀地区缺水,就要限制钢铁、纸浆、印染、皮革等高耗水产业;辽中南地区沿海洋环境容量已经没有了,就要限制有可能加剧渤海污染的产业;长三角地区能源、土地短缺,水体环境超标,就要限制高耗能、占地多和对水体环境影响较大的产业等。

(四) 土地政策

基本的思路是根据不同区域的主体功能定位分配建设用地的指标,而不是过去那种按以往占地的基数和行政区分配。严格控制优化开发区域建设用地的增量,适当扩大重点开发区域建设用地规模,严格控制农业地区的建设用地,严禁生态地区改变生态用地用途。要实施"三个挂钩"的土地政策。

第一,实行城乡之间用地增减规模挂钩的政策,城市建设用地增加的规模要与本地区农村建设用地减少的规模挂钩。城市居住用地偏少,农村居住用地偏多,这是导致目前城市房价居高不下,并制约农村人口进城定居的重要因素之一。今后会有几亿农村人口进入城市,若不减少农村居民用地规模,农村人均居住占地还会增加。因此,应将农村人口进入城市后闲置的居住用地进行整理,恢复成耕地或其他生态用地,并与城市建设用地增加的规模相当。

第二,实行城乡之间人、地挂钩的政策,城市建设用地增加的规模要与吸纳农村人口进入城市定居的规模挂钩。我们的问题是人、地脱离,土地城市化的速度大大快于人口城市化的速度。农村人口大量进入城市,但城市规划和土地计划中没有预留进城农村人口的居住空间和公共设施空间,同时,进城务工的人口仍在农村大量建新房,这也是导致我国耕地减少过多过快的重要原因①。若我国目前1.4亿进城务工人员都建设占地180平方米的住房，就要新增2.5万平方公里（3750万亩）的土地，仅此一项就难以确保18亿亩耕地的红线。所以，要避免或减少进城务工人员在城乡之间双重占用空间，就要在制度上保障农村人口进城的居住空间。

第三，实行地区之间人、地挂钩的政策，城市化地区建设用地增加的规模要与吸纳外来人口定居的规模挂钩。以工业化和城市化为主的城市地区，要承担集聚经济和集聚人口的功能，就不可能完全在本行政区范围内实现耕地的占补平衡。所以，要突破行政区界限，在更广的范围实现人、地的统筹，实现耕地的占补平衡。

（五）人口政策

这也是实现区域协调发展的关键性政策。基本思路是，使经济布局适应于自然条件，而不是反过来，通过改变自然使之适应于经济的布局；使人口分布与经济布局相适应，也不是反过来，使经济布局适应于现状人口分布。

城市化地区要增强集聚人口的能力建设，同时，要破除限制人口转移的制度障碍，鼓励外来人口迁入和定居。要防止人口向特大城市过度集聚，但有效的办法不是靠行政命令，而是严格控制特大城市的开发强度，防止经济的过度集聚，适度分散特大城市的功能。

农业地区和生态地区，要加强义务教育、职业教育与劳动技能培训，增强劳动力跨区域转移就业的能力，鼓励人口到重点开发和优化开发区域就业并定居。同时，对区域内其他人口，也要适度引导人口向区域内的中心城镇集聚。

改变人口分布格局，必须改革城乡户籍管理制度，并将现行公共服务供给的制度与户籍制度剥离。

对自然保护区等禁止开发区域核心区的人口，要改变人口转移的内涵，将空间转移变为职业转移，即经培训后将这些原来以农牧林业为生的人口就地转为自然保护区的管护人员。为此，财政投入可能大幅度增加，但这是治本的措施，长远看是值得的。既解决了禁止开发区域管护人员不足的问题，又减少了这些人口原来行为对生态的损害，相当于间接地加强了生

---

① 据有关部门的数据，1996年以来，村庄建设占地为城市建设占地的180%以上。如，据笔者调查，某村新建的20多栋平均占地180平方米的二层小楼，都是进城务工人员建的，水电气路全通，设施很完备。但一年365天中，只有春节的15天有人居住，其他350天都处于完全闲置状态，而这些务工人员在城市就业地的居住条件极差。

态环境保护。

(六) 规划体系

这是实行科学有序开发国土空间, 促进区域协调发展的行为规范。要按照党的十七大关于"完善国家规划体系"的要求, 推进规划体制改革, 尽快形成以国民经济和社会发展总体规划为统领, 以主体功能区规划为基础, 以城市规划、土地利用规划和其他专项规划为支撑, 各级各类规划定位清晰、功能互补、统一衔接的国家规划体系。

第一, 健全国家规划体系。 按层级, 规划分为国家级规划、省级规划、市县级规划; 按类型, 分为国民经济和社会发展总体规划、主体功能区规划、专项规划、区域规划、市县空间发展规划以及土地利用规划、城市规划和镇规划、乡规划、村庄规划等。

第二, 明确各类规划的定位和相互关系。 经济社会发展总体规划是主体功能区规划编制的依据, 但主体功能区规划一经制定, 也是经济社会发展总体规划在国土空间开发、经济布局、人口分布方面的依据。主体功能区规划是以国土空间为对象编制的战略性、基础性、约束性的规划, 是其他各类规划在空间开发和布局方面的依据。区域规划依据主体功能区规划编制, 是总体规划和主体功能区规划在特定国土空间的延伸和细化, 是城市规划和土地利用规划和其他该区域专项规划编制的依据。

第三, 改革市县规划。 市县所辖的国土空间相对狭小, 自然条件差异不大, 面临的空间开发问题比较具体, 应多一些贴近人民生活、具有更强的操作性。因此, 市县可以不再单独编制经济社会发展总体规划和主体功能区规划, 而是编制集经济社会发展规划、空间规划于一体的空间发展规划。在编制方法上, 市县各部门应通力配合, 形成一个各部门认可的综合性、基础性的规划图。规划的对象是市县辖区内的"山水林田路城乡", 明确本辖区的"三片两线", 即城市空间、农村空间、生态空间, 以及交通线、河道的红线, 划定本辖区的各类功能区, 如居住区、工业区、基本农田、园地、林地、水面、湿地等, 明确各功能区的数量、范围、功能定位、发展方向、管制原则, 以及开发时序, 并把经济社会发展的内容融为一体。城市规划主要是规划好城市内部和农村居民点内部地上地下的基础设施、建筑物的大小高低、建筑密度等。土地利用规划主要是根据市县空间发展规划和城市规划划拨年度建设用地指标, 管制开发秩序。

(七) 绩效评价

这是科学开发国土空间的评价导向。应根据不同区域的主体功能定位,实行各有侧重的绩效评价和政绩考核。对优化开发区域，应强化对经济结构、资源消耗、环境保护、自主创新以及外来人口公共服务覆盖面等的评价，弱化对经济增长速度、招商引资、出口等的评价。对重点开发区域，应综合评价经济增长、吸纳人口、质量效益、产业结构、资源消耗、环境保护以及外来人口公共服务覆盖面等，弱化对投资增长速度等的评价，对中西部地区的重点开发区域，还要弱化吸收外资、出口等的评价。对限制开发区域，分为限制开发的农业地区和生态地区两类，分别实行农业优先和生态优先的绩效评价。对农业地区，要强化对农产品保障能力的评价，弱化对工业化城市化相关经济指标的评价，主要评价农业综合生产能力、耕地保护等，不应评价地区生产总值、投资、工业、财政收入和城市化率等。对限制开发的生态地区，应强化对提供生态产品能力的评价，不应评价地区生产总值、投资、工业、农产品生产、财政收入和城市化率等。对禁止开发区域，应根据法律法规和规划要求，按照保护对象确定更细致的评价内容，主要评价自然文化资源等保护对象的原真性和完整性。

中国经济50人论坛
Chinese Economists 50 Forum

打破国有部门垄断
建立政府经济管制*

张曙光

---

* 本文第1、2节的部分内容系由拙文"中国经济的市场化转轨过程：描述和分析"的有关内容改写而来。

张曙光简历

张曙光,男,生于1939年9月8日,陕西长安人,现任北京天则经济研究所理事长。

1959—1963年,在西北大学经济系学习;

1963—1966年,在中国科学院经济研究所读硕士研究生,毕业后留该所做研究工作;

1979年,被评定为助理研究员;

1983—1984年,借调至国务院经济研究中心工作;

1985年,晋升为副研究员;

1988年,破格晋升为研究员;

1993年,被国务院学位委员会评聘为博士研究生导师。

曾四次获孙冶方经济科学论文奖和著作奖,一次获国家科技进步软科学一等奖,两次获中国社会科学院优秀科研成果一等奖和二等奖。

主要研究领域:宏观经济理论和政策、制度和制度变迁理论。

曾参与"六五"经验总结、"七五"国力预测、"八五"改革大思路、2000年的中国、中国以及深圳和海南发展战略、中国宏观经济管理等重大课题的研究;亲自主持了体制变革中的宏观经济稳定、中国社会科学院宏观经济学科、中国贸易保护代价的测算等重大课题,做出了多方面的理论创造。从1977年开始在报刊发表文章,到目前为止共发表论文400多篇,出版著作10多部,英俄文译著5部(篇):

《经济结构和经济效果》(中国社会科学出版社,1982);

《公有制宏观经济理论大纲》(副主笔,上海三联书店,1990);

《中国制度变迁的案例研究》(第1集,执行主编,上海人民出版社,1996);

《个人权利与国家权力》(经济学随笔集,四川文艺出版社,1996);

《张曙光经济学书评集》(中国财政经济出版社,1996);

"中国贸易保护代价的实证分析"(与张燕生、万中心合作,《经济研究》,1997年第2期)。

本文立足于从计划经济走向市场经济一方面要放松计划管制，另一方面要建立经济管制，文章明确提出，中国市场化改革的实质不是放权让利，而是打破国有部门的垄断，放松对非国有部门的政府管制，进一步说明了放松管制的方式和次序决定了市场化的空间范围和发展程度，形成了政府（主导的）市场经济，揭示出建立和实施经济管制中出现的扭曲和变形及其发生机理，即政府间的无序竞争。

30年来，中国正处在一场前所未有的社会经济大变革之中，这场变革的中心和实质就是从计划经济走向市场经济，简称市场化。计划经济的基本特征是国家对社会经济生活的高度垄断和全面管制，政府是唯一独立的经济主体，个人丧失了基本的经济自由权利，而市场经济则是建立在个人的经济自由权利得以确立和保障的基础之上的，同时又少不了政府必要的经济管制。所以，从根本上来说，市场化的过程一方面要打破国家对经济的垄断和管制，建立和发育市场，另一方面要建立政府对市场的经济管制，规范市场的运行。经过30年的改革和发展，中国已经发生了很大的变化，上述两个方面都取得了不小的成绩和进展，但是，前一方面的任务尚未完成，后一方面的工作又存在着很大的扭曲。因此，从这个角度回顾和总结30年的经验，并展望未来的发展，不仅可以抓住要害，也许还会有一些新的发现。

一、放松对非国有部门的管制是开启市场化的第一道大门

按照通常的说法，中国的改革是从放权让利开始的。这种观点有一定道理，但是，分权化并不是市场化，也不必然导致市场化，二者可以分开实施，也可以结合进行。为什么1978年以前的放权让利没有走向市场化，而近30年来的改革却走向了市场经济？其道理也在这里。这既与分权化本身的性质和特征有关，也与中国改革开始时的制度资源和改革方式的选择有关。

分权化按其对象分类有二，一是国家向（国有）企业放权，二是中央（政府）向地方（政府）分权。前者是在国有制的范围内进行的，不论是各种放权的试点，还是各种让利的办法及其实施，其结果是，虽然增强了企业经营者和职工的经济激励，但却没有建立起相应的责任约束，国有企业虽然参与了市场竞争，但却未完全成为一个真正的市场主体。后者完全是一种行政性分权，从"分灶吃饭"的实施到分税制的推行，地方有了独立的经济利益，地方政府成为一个重要的市场主体，在推动中国经济高速增长的同时，形成了政府间和官员间的锦标赛式竞争（周黎安，2007），既

推动了市场化,又扭曲了市场化。

中国经济转轨的中心是市场化,其关键和实质不是中央(政府)向地方(政府)分权和国家向(国有)企业放权,而是打破国有经济的垄断,放松对非国有部门的管制,促进非国有经济的生长和发展。因为,计划经济条件下国有经济的全面垄断,是借助于政府权力取得和维系的,是一种行政(性)垄断而非经济(性)垄断;计划经济中的政府管制是以身份歧视为基础的,是对非国有经济的管制,因而也不是一般的经济管制,而是计划管制。可见,行政垄断和计划管制是计划经济运行的两种基本规则。改革和放弃计划经济,一方面意味着打破国有经济的垄断,另一方面也意味着放松对非国有部门的政府管制。只要把计划经济和市场经济中两种不同的政府管制加以比较,就会对此有一个深刻的了解。

计划经济及其转轨过程中的政府计划管制与发达市场经济中的政府经济管制有着根本的不同。发达市场经济国家通常都经历过一个市场自然发育和自发运行的阶段。在这个阶段中,市场基本上处于自由竞争状态,尚未出现和形成垄断,政府的力量有限,只能充当"守夜人"的角色和作用。竞争引起垄断,垄断破坏了竞争秩序,出于其他市场主体的要求,于是出现了政府管制。政府的力量也随着管制的扩大而增长。由于政府机构具有一种自我膨胀的内在机制,管制制造管制,过度管制影响了市场的活力和效率,在市场压力下和政治竞争中,出现了放松管制的问题。这就是发达国家市场经济发展的历史过程,在这里,政府管制和放松管制都是市场发展的产物。然而在中国,由于政治变革打断了市场自然发展的过程,从20世纪下半期开始,我们实行了计划经济制度,没有市场自生自发的前管制阶段,政府管制先于市场而存在,市场的不发展既是管制的原因,又是管制的结果。因此,建立和发展市场经济,就得从打破国家垄断和放松政府管制着手。不仅如此,市场经济国家的政府管制针对的是市场主体分割市场、价格歧视、卡特尔等非市场和反市场的经济行为,而计划经济中的政府管制是为了保护国有经济和部门利益,管制的对象是非国有部门,特别是私有经济。然而,没有非公有经济的成长和发展,市场经济就无从谈起,就此而论,政府管制与市场发育是矛盾和冲突的。中国经济市场化的特色就在于随着政府计划管制的放松,在国有经济的旁边生长出一个日益强大的非国有经济。与此同时,随着市场经济的发展,又需要建立政府对市场的经济管制,以维护市场秩序。所以,中国的改革过程是一个放松政府计划管制和建立政府市场管制并行互动的过程。二者既有联系,又有区别,在形式上都是政府采取行政手段干预微观主体的行为,但在原则上则有明显的不同,二者作用的方式和实施机制有别,前者是放权,后者是收权;

前者针对的是特殊对象,后者具有普适性;前者是为了建立和发展市场经济,后者是为了校正市场失灵。

从经济市场化的角度来看,中国改革的突破和不足主要有以下几个方面。

第一是农村改革,政府放松对农业生产和农村经济的控制,实行了各种形式的联产承包责任制,并通过《土地承包法》的颁布和实施,逐步落实了农户对农地的承包权,推动了农村经济的发展。但是,政府仍然对农地实施严格的用途管制,农地非农化转用的权力控制在各级政府的手里,政府通过征地垄断了土地一级市场,成为真正的地主,剥夺了农民参与分享城市化和工业化过程中土地增值收益的权利,形成了二元分割的土地权利体系(北京天则经济研究所《中国土地问题》课题组,2007)。

第二是对外开放,放松了对外商投资和对外贸易的限制,出现了一大批外资企业,促进了对外贸易和资本流动的发展,使中国迅速地融入了世界经济一体化的进程。但是,在对外开放上的政府竞争以及重商主义政策的实施,不仅造成了严重的结构失衡,也形成了市场制度中的某些新的歧视和扭曲。

第三是国有企业改革取得一定成效,打破了国有经济一统天下的局面,也使其背水一战,起死回生。其主要表现有,一是抓大放小和民营化(赵晓,2003),一方面缩小了国有经济的范围,很多国有企业退出了竞争性领域,另一方面,把一大批中小企业由国有变成非国有企业。这个过程中也许有贱买贱卖和内幕交易的问题,但其市场化的方向是正确的。二是股份制改造,让一部分外资和民间资本参股国有企业,将一大批国有独资企业逐步改造成一种公众公司,但迄今为止,公司治理结构之类的问题还没有解决。三是通过利改税和分税制改革,划清了利润和税收的界限,解决了国有企业纳税的问题,理顺和规范了国家与国有企业之间的一部分经济关系,但是,租金和利润依然混在一起,加之资源要素价格改革尚未完成,国家还通过租金渠道向国有企业进行利益输送,再加上国企高管的政府任免,政企分开远未实现。特别是在国际竞争的压力下,政府力图通过做大做强国有企业来保障经济安全和赢得经济竞争①,垄断国企已经成为一个特殊利益集团。正因为如此,国有垄断尚未完全打破,计划管制在很多方面

---

① 国资委主任李融荣在接受新华社记者采访时说,今后国有经济将在电力、石油、电信等七大行业保持绝对控制力并提出到2010年在军工、电网电力、石油石化、电信、煤炭、民航、航运等七大行业培育30~50家具有国际竞争力的大企业集团。这里没有提到广播电视和金融保险,是由于国资委不负责管理这些部门。

继续存在。

在中国近30年的改革过程中,分权化和市场化是结合和互动的。例如,由于向国有企业放权让利,企业和职工参与了利润分配,有了一定的积累和储蓄,为投资办企业奠定了物质基础,很多企业将一部分留成利润甚至一部分国有资产拿出来,投资建立非国有企业。由于向地方分权,地方政府便利用手中权力,或者出售国有企业,如,诸城现象,或者提供担保,帮助乡镇企业和其他非国有企业取得银行贷款,或者支持私营企业突破进入壁垒,如,吉利集团进入汽车产业,等等。就此而论,分权化改革既为市场化改革创造了条件,也促进了市场化改革。另一方面,由于融资体制管制,居民储蓄和非国有部门的一部分资源通过金融机构流入了国有部门,支持了国有经济的发展。而非国有企业与国有企业的竞争,也为国有企业的改革和转轨提供了条件和典范。但是,由于政府官员直接掌控着行政权力和很大一部分经济资源,或者直接侵犯一部分红帽子企业和私人企业的产权,或者利用垄断权力,扭曲要素价格,侵犯农民利益,争夺金融资源和融资权。这一切又会阻碍或者扭曲市场化,进而影响经济发展。因此,分权化是促进了市场化,还是抑制了市场化,是有利于经济稳定,还是加剧了经济波动,是一个需要具体分析的问题。

无论是分权化,还是市场化,既不是直线发展的,也是可逆的,既有不足,也有过度,形成某种泛市场化。诸如放权和收权的反复,明放暗不放的做法,以这种方式放松管制而以另一种方式加强管制的操作等,不仅形成了市场化的某种倒退,更导致了市场化的扭曲和变形。

二、经济市场化的方式和次序

既然中国经济市场化转轨的实质是放松和取消政府对非国有部门的管制,那么,放松管制的内容、方式和步骤也就决定了市场化的进展和局限,对此加以描述和分析,也可以从另一个方面对改革的功过进退做出新的评价和讨论。

(一) 放松投资管制和放松融资管制

这里所说的投融资管制并不是一般意义上的金融监管,而是计划管制。因为在计划经济中,个人丧失了经济自由权利,不是财产所有者,只是劳动者和消费者,也就不可能进行投融资活动。由于个人没有了兴产置业的权利,也就不可能为市场经济的存在和发展留下空间。所以,市场化的首要一步是放松投资管制,使个人成为投资者。然而,进行投资就得有投资的领域和对象，要使个人成为实际的投资者，就要开放某些投资领域和投资项目，准许个人进行投资和经营。从这个意义上来说，放松投资管制与放松行业准入限制是同一件事情的不同方面，前者是从资金和货币经济方面来说的，后者是从物质和实体经济方面来看的。因为，所谓市场经济，说到底，就是要给个人以兴产置业的自由和财产权利。放松投资管制和准入管制是个人享有和实施财产权利的基本手段和主要途径。不过，应当明确，投资管制是计划管制的范畴，准入管制是经济管制的内容。

既然放松投资管制与放松行业准入管制密切相关，放松行业准入管制也就决定了投资的领域和项目，从而决定了市场扩展的空间和广度。从中国经济转轨的实际过程来看，行业准入是逐渐放开的，最先放开和私人最先进入的是农业部门和投资规模较小的日用消费品部门，接着放开的是中间投入品和机械设备制造部门。随着私人储蓄和积累的增加，基础设施和公用事业成为市场化的一个新领域。到目前为止，除了军工、重要资源开发、油汽采炼以及金融保险、邮电通信、铁路和航空运输等，已经放松了大部分生产和服务活动的投资和准入管制，虽然某些明放暗不放之类的无形管制仍然存在。如果说营利机构的准入基本上已经放开，那么，非政府和非营利机构的进入仍然存在着严格的管制。这种情况正在成为制约经济转轨甚至导致经济转轨停滞和失败的重要因素。

在计划经济中，既然个人不是也不能成为投资者，自然也就没有融资的需求和可能，个人与银行的关系除了少量的储蓄存款以外，从来没有发生过资金借贷关系，银行的门是向着企业主要是国有企业开的。但在市场化转轨中，投资和准入管制一旦放松，从而个人成为投资者，紧接着提出来的问题就是如何解决投资资金的来源问题，即从什么地方，以何种方式和条件融通资金。在转轨的初期，非国有经济的发展主要依靠自己的积累和内部融资，对放松融资管制的要求并不迫切，随着非国有经济的发展，要投资大型项目，要以多种方式进行投资，要把企业真正做大、做强、做长，仅有内部融资是不够的，而且主要依靠外部融资。不仅如此，在外部融资中，仅仅依靠银行贷款也是不够的，而且要依靠和发展资本市场，发展多种投融资方式。因此，放松融资管制是经济转轨深入发展的必然要求。

正是基于这种情况，在中国的经济转轨中，放松投资管制先于和快于放松融资管制。这也体现在放松金融业投资和准入管制的迟滞上。虽然这样做在转轨初期有其合理性，但在经济转轨深入发展以后，放松投资管制的不彻底，以及放松投融资管制的不对称、不匹配和不适应，不仅抑制了非公有制经济的发展，而且违背了市场经济的基本原则，因而，是有悖于市场化转轨的方向的。

（二）放松产品市场管制和放松要素市场管制

在经济转轨的过程，中国的市场发育和价格改革采取了有先有后、有快有慢、调放结合、双轨运行的方式，产品价格的改革和产品市场的发育先于和快于要素价格和要素市场。到现在为止，除少数几种外，产品价格基本放开[1]，产品市场基本形成，企业和个人在国内外市场上可以买到自己需要的产品，而且价格由交易双方自由议定。就此而论，中国已经基本上建立了市场经济制度的雏形。然而，要素价格的改革和要素市场的开放要迟滞得多，政府管制仍然存在。

资金要素和金融市场。主要由中央政府实行管制。改革初期，贷款规模管制、利率管制和金融业准入管制并行，1993年启动了金融改革。1996年以后先后放开了银行间市场利率，实施和逐步扩大了贷款利率浮动区间，1998年取消了贷款规模限制，2004年放开了商业银行贷款利率上限（中国人民银行货币政策分析小组，2005）。到现在为止，贷款利率下限和存款利率上限仍由央行管制；低利率和高利差政策成为对国有企业和国有银行的补贴。外资金融机构的进入较易，内资金融机构的准入较难，信用社的法人资格也有限制（取消县以下法人资格），非法集资往往是整治民间金融的一大罪名。各大银行机构的负责人由组织和人事部门任命和管理，资金流向也受到政府和官员行为的左右，高校贷款即是突出一例。在资本市场上，争夺融资权的斗争往往破坏了金融市场的独立性和统一性。前期把资本市场定位于为国企改革服务，实行额度管理和审批制，与现在抓紧大型垄断国有银行和国有企业上市[2]，以及证券发行和配售向机构投资者集中，在很大程度上仍是向国有部门倾斜，而企业债券审批制明显抑制了债券市场的发育。从一定意义上来说，形成了放松金融管制和实施金融垄断的奇妙结合。

汇率是两国（种）货币的价格，改革以前和改革初期，我国实施的是严格的外汇管制和固定汇率制度，汇价被严重高估。随着汇率的不断贬值以及外汇留成和外汇额度交易的实行，1994年实现了汇率并轨，并从提出

---

[1] 按照2001年7月4日公布的《国家计委和国务院有关部门定价目录》，政府定价的产品有13种（类），包括重要的中央储备物资，国家专营的烟叶、食盐和民用爆破器材，部分化肥，部分重要药品，教材，天然气，中央直属及跨省水利工程供水，电力，军品，重要交通运输，邮政基本业务，电信基本业务和重要专业服务。

[2] 据报纸报道，国资委主任李融荣11月2日表示，3年内将加快推进中央企业制股份制改革，"支持具备条件的企业加快整体上市和主营业务整体上市的步伐"，《上海证券报》，2007年11月3日。

加入关贸总协定开始，逐步实施经常项下的可自由兑换。亚洲金融危机爆发，政府在宣布人民币汇率不贬值的同时，重新实施固定汇率制度。2005年7月21日的汇率体制改革，放弃固定汇率实施有管理的浮动汇率制度，并开始逐步放开个别资本项目管制，从此，在央行管控下，人民币汇率进入了一个小幅升值的过程。

土地要素和土地市场。主要由地方政府控制。现行土地制度是一种二元分割的权利体系，集体土地和国有土地、农业用地和建设用地是不同权、不同价的。在广大农村，集体地权＋家庭承包的农地制度决定了土地市场基本上无法产生和发育，土地使用权的初次分配和再分配由村级组织按人均分，不能交易，在很多地方，土地承包使用权的流转和交易基本上是有市无价。政府垄断了土地一级市场，农地的非农转用必须经过政府批准，由政府征用，先国有化，再用于非农建设，地方政府垄断了征地和批地的全过程，成为真正的地主。由于基本土地制度和政策的严重扭曲，政府在土地出让方面所进行的一些市场化改革，如出让国有土地使用权的招拍挂等，大多流于形式，而且加剧了土地及其批件的倒卖和炒作，形成了天价"地王"。土地市场价格和土地价格形成机制严重扭曲，征地补偿是损失的对价，不是土地价格，土地出让金和土地使用税也不是土地价格，政府从农民手中取得土地的价格极低，而出让的价格又奇高，形成对地权主体权益的严重剥夺。

土地作为生产要素还包括自然资源。由于各种资源使用者的初始使用权大多是沿用计划经济时代的方式，由政府授予的，没有经过市场交易过程，一些经营机构缴纳的资源使用费，是政府的行政性收费，不是资源价格。石油、天然气、煤炭等各种矿山都是高经济价值的资源，企业只要支付很少的资源使用费就可以开采，很多经营单位使用的土地和水资源没有付费而无偿使用，一些经济价值极高的资源，如电视、广播、无线通信频率等也低价使用（张平，2006）。资源使用权的无偿授予和象征性收费导致资源类产品价格形成机制扭曲，价格构成不全，价格水平过低，比价关系不合理，有的虽经多次提价，但始终处于政府的管制之下，即使采取某些放开措施，如煤价和电价联动、国内油价与国际接轨等，也是放而不开，联而不动。

劳动力要素和劳动力市场。改革开放以来，随着粮食问题的解决和户籍管理的松动，中国出现了大规模的人口流动，促进了城市非正规劳动力市场的发育，但是，由于劳动力供给过剩，再加上城乡二元体制并未根本打破，大规模的人口流动与小规模的人口迁徙并行，造成劳动力市场的严重分割。由于地方政府的企业化和高政绩偏向，很多工厂的安全条件、卫

生条件和劳动条件很差,形成对劳动者的剥夺。在城市正规劳动力市场,虽然经过优化组合、下岗分流、提前退休、买断工龄等改革,单位和个人都有了选择的自由和退出的权利,一般劳动力的价格已经放开,但是,企业家、知识劳动者、技术劳动者的工资依然处于管制之下。于是形成几大奇观,一是灰色收入巨大,二是内部人控制严重,厂长经理的工资虽然不高,但职务消费惊人,三是不同单位之间的工资收入差距巨大。

总之,资金、土地和劳动力三大要素市场和要素价格均处于被管制和被扭曲的状态。如果说中国的市场化改革形成了所谓政府主导型经济或者政府市场经济,那么,它的本质特征就在于政府控制和支配生产要素(张曙光,2007)。

(三) 放松经济管制和放松社会管制

既然转轨过程包括经济转轨、社会转型、政治法律和思想文化变迁,那么,仅仅着眼于经济转轨是不行的,必须同时考虑和兼顾其他方面的转轨问题。如果经济转轨与其他方面的转轨脱节,甚至用经济转轨来代替和挤掉其他方面的转轨,必将葬送整个改革大业。

在中国转轨的初期,各方面的转轨曾经有过很好的配合。比如,如果不是理论上对传统计划经济的批判,如果不是政治上改革开放路线的确立和坚持,经济上的转轨就不可能。但是,转轨过程的发展是不平衡的,在经济转轨推进的过程中,其他方面的转轨的确是大大的滞后了。从社会转型来看,教育、医疗、就业、住房和社会保障的改革落后了,一方面政府放弃了自己在基础教育、公共医疗等方面的责任,另一方面,政府在这方面的管制又相当严格。比如高等教育,不仅高校的校长和领导班子是由组织部门和教育主管部门决定的,并进入官员系列,22名校长晋升副部级就是证明,而且学科设置、教材内容、教授名额、招生数量等都是由教育行政主管部门控制的,学校的自主权力很小,学校和老师的主要精力都放在了资源的争夺上。从政治法律制度的改革来看,放开对集会结社、思想言论自由的管制落后了,对非政府和非营利组织的管制很严,至于宪政改革就更不用说了。这一切都直接影响到经济转轨的深度和广度,也直接关系到市场制度的成败。

三、市场化的界限和泛市场化

在传统计划经济中,除了国有生产和流通企业以外,还存在着众多的国有事业单位。相对而言,这些单位的情况要复杂得多。从能否市场化来看，有的可以市场化，有的不能市场化，即使能够市场化的部分，也与基本经济领域的情况不完全相同。从产品性质来看，有的提供公共产品，有的提供准公共产品，其中的私人性和公共性的情况也不相同；有的提供私人产品，其信息不对称的情况也更加严重，服务质量、产品安全更难监督检查。从供给主体来看，有的由政府供给，有的可以由政府融资私人生产和供给，有的可以由私人供给。总之，这方面的改革也更加复杂和困难，政府管制的方式和程度也不相同。然而，我们对此缺乏认真的思考和研究，简单地比照经济领域的改革，采取了简单的分权化和商业化的方法，造成了放开和管制的严重错位，该市场化的没有市场化，不该市场化的却推给了市场，发生了泛市场化。从改革的进程和目前的现状来看，有两条经验是值得总结和记取的。

首先是财政改革和财政来源。这类组织通常是一种非营利机构，但其生存和发展离不开充足的财力支持。因此，财政改革和财政来源就成了这类机构生命悠关的大事情，而且不同机构的解决办法也不一样。在计划经济条件下，我们采取了经费由财政全部包干的办法，在改革开始以后，我们没有区分哪些单位和事业仍然是国有单位，由财政融资；哪些单位和事业交给私人部门，实行商业化原则；哪些单位实行国有民营的方式，由财政融资，交由私人生产供给，而是仍然维持国有单位性质，但却实行了财政供给和商业化融资相结合的办法。一方面由于改革初期的财政困难，不可能保障这些单位的财政供给，另一方面，随着市场化的进行，这些单位的收入又要向市场化部门的收入水平看齐，于是在政府的允许、放手和鼓励下，形成了全民创收的商潮，甚至包括基础教育、公共保健在内的教学研究机构和医疗卫生部门以及其他事业单位，全都引入了市场机制，形成了"两面人"。一方面他们利用原有的地位和关系，要得到财政供给的保障和取得体制内的好处，另一方面，又要借助市场获得体制外的方便和商业化的利益。不仅造成了现在的上学难、看病难之类的问题，而且其规则的无序、行为的失范、道德的滑落，达到了令人无法容忍的程度。可见，这方面的失误具有根本的性质。

其次是意识形态管制。这类机构提供的产品大部分是一种非政府的服务，所以，凡是私人可以提供的，都可以允许私人进入，即使是政府提供融资的，个人也可以生产和供给。但在计划经济中，这些部门都是国有国营的。因此，在改革中也有个打破国有垄断和放松计划管制的问题。如果说，在基本经济部门的改革中，发展非国有经济一般不存在公开的意识形态限制，而且是放松对非国有部门的管制在先，国有企业的市场化改革在后，非国有部门确实赢得了独立生长的较大空间。那么，在事业单位的改

革中，意识形态考虑往往成为决策的主要因素，一方面不敢大胆地放松准入管制，让民间部门进入，另一方面又实施了很多不必要的管制。如，据教育部网站公布的资料，对学校的招生数量、课程设置和教材内容等有20多种管制，以至于最近把京剧列入小学音乐课这样的事情，也都在管制之列。如果说，在基本经济领域，民营企业进入以后还可以发展，有的还可以做大、做强，那么，在这些与社会生活有关的领域，民间机构的进入相当困难，已经进入的，受到政策歧视和国有部门的挤压，生存空间有限，维继相当艰难。民间机构既不可能对国有单位形成竞争压力，更不可能成为其改革的目标，只能跟着国有单位蹚浑水。目前的现实就是这样。

需要指出的是，方向正确、举措得当的改革会成为进一步前进的基础，而扭曲的改革则会成为进一步改革的巨大障碍。要把这方面出现的扭曲校正过来，决非易事，首先会遇到既得利益者的顽强抵抗，再加上这方面的失误具有根本的性质，我们至今仍然没有清醒的认识和自觉。这才是令人忧虑的事情。

四、政府经济管制的扭曲和变形

市场经济是一种自由交易、自由契约、自由企业制度，但绝不是不要政府的宏观调节和经济管制。这是经济学的常识。问题的关键不在于要不要政府的经济管制，而在于要什么样的政府管制，以及如何建立和实施政府管制。

（一）政府管制的理据及其与宏观调控的区别

政府的宏观调节和经济管制都是基于市场失灵而对经济运行的一种干预。二者的主体相同，目标一致，但区别也很明显。前者主要是运用财政政策和货币政策，改变一些政策变量，间接影响而不是直接限定微观主体的选择和决策，以保证经济的稳定增长，因而宏观政策也被称作稳定政策。后者主要是运用行政法律制度，直接干预市场配置机制的运行和限定微观主体的行为，以改变交易的性质和契约双方的地位以及市场均衡态势和竞争结果，因而，管制政策属于竞争政策。在现实操作中，很多人分不清二者的联系和区别，把政府管制措施说成是宏观调控，甚至把政府直接关闭民营企业的计划管制也作为宏观调控的重要手段和成功案例，造成了很多混乱，也影响到宏观政策的运用和政府管制的实施。应当予以澄清和纠正。

政府管制是校正市场失灵的重要手段，但是，政府管制能不能真正解决市场失灵和改善资源配置，仍然是一个不能确定和存有争议的问题。因为政府也会失灵,虽然市场交易是交易双方私人利益的博弈,但政府管制也是由具体官员实施的,私人利益有可能渗入公共决策,不见得就是和就能维护公共利益。不仅如此,在市场化转型过程中,很多问题的出现与其说是市场失灵,不如说是市场发育不足;与其说是市场失灵,不如说是政府失灵。所以,市场失灵是政府管制的必要而非充分条件。对此需要有一个清醒的认识,并保持一种平常心态。否则,就会对政府管制寄予不切实际的期望,产生不必要的盲从和崇拜。

(二)需要建立和实施什么样的经济管制

按照管制经济学的理论(丹尼尔·史普博,1999),市场失灵和经济管制一般发生在三个方面:一是由于沉淀成本造成的进入壁垒有可能阻碍竞争,例如,对电力、通信和管道运输等具有网络特征的产业所采取的准入、价格和质量管制;二是指由未参与交易的第三方承担交易后果的外部性,最具代表性的是针对环境污染和自然资源枯竭的环境管制;三是针对交易中未加考虑而由其中一方承担成本或者得到利益的内部性,主要是对产品质量、作业场所安全及合同条款的管制。从这个方面来看,以上三类政府管制我们都在建立和实施,既有进步,如《反不正当竞争法》和《反垄断法》的通过和实施,监管机构的设立和运作等,也有问题,主要是既有过度,也有不足,失当之处相当明显。

在进入壁垒方面,主要是管制过度和管制的非经济性。一是很多管制是计划经济时期遗留下来的,关键不在于建立而在于放松管制,或者说如何将原来的计划管制转变成经济管制。二是不少进入壁垒往往以自然垄断为依据,然而,随着技术进步、分工的深化和组织机构的变迁,一方面缩小了自然垄断的范围和程度,另一方面创造了新的竞争领域,如路网的建造与运输服务的提供、电网建设和电力输送与电力生产、通信网的建设运营和信息服务提供商的服务和互联互通,可以分开进行,以前作为自然垄断加以管制的后一方面则具有了竞争的性质和特点,为私人部门的进入创造了条件,而我们仍然将它们作为一个整体,由国有部门加以垄断。铁路部门是最明显的例子。三是由于基础设施和公共服务由公共部门垄断性供给的效果不好,服务差,成本高,为了充分利用这些机会和条件,可以把基础设施和公共服务的融资与它们的运营和供给、公用事业中的竞争性部门和垄断性部门以及社会保险计划和社会援助计划区分开来,让私人参与一般性公共产品的生产和供给。我们目前在这方面虽然有了一些突破,如杭州湾大桥、广深珠大桥的修建以及公用事业民营化的启动,但认识和自觉还不够,管制得多,放松得少。实际上,不能放松现有的管制,也就无

法建立真正的经济管制。四是政府行为的随意性,既不经授权,也没有任何程序,为了寻租而设置进入壁垒。此类事例比比皆是,如郑州的"馒头办"、"西瓜办",国家标准局关于早餐标准中只准有挂靠单位摊点经营的规定,各地城市城管部门的设立及其对沿街叫卖和个体摊点的取缔和驱赶等。

特别值得指出的是,把国家经济安全作为实施政府管制正当性的理由,在现实中有着很大的市场和很强的话语权。其实,经济安全是个大概念,是国家战略应当考虑的问题,将其作为政府实施经济管制的理由是不恰当的。不仅如此,每一种安全问题都有自己的特殊安排,需要具体分析。比如,保障粮食安全是政府加强土地用途管制,严控农地非农转用,实行建设用地的政府征用和国有化的主要理据、甚至唯一理据。然而,从理论上说,粮食安全是个伪问题,发生灾荒的原因不是人多地少、人均粮食可供量不足,而是由于缺少一个防止灾荒的有效的机制,使一部分人突然丧失了他们的经济自由权利。这种机制包括提供合理的价格机制,以促进产出(包括粮食)和收入的增长;扩大就业,使有可能陷入饥荒的人成为防止饥荒的能动的主体;发挥民主的政治激励作用以及"防护性保障"和"透明性保证"功能(阿玛亚蒂·森,1999)。我们不是从这些方面考虑,解决防止灾荒的机制问题,而是力图借助政府的土地管制来解决粮食安全问题。其结果是事与愿违,既侵犯了地权主体的权益,又加速了农地的征用和流失,既造成了管制制造管制的恶性循环,也无法保证粮食安全。

在解决外部性的经济管制方面,我们建立了一些监管机构,制定了一些法规和标准,如环保法和大气、水等污染物的排放标准,采取了一些税收和惩罚措施,取得了一定的效果,特别是在排污权交易方面取得了突破。但是,由于监管机构的权威性和公信力不够,法规和标准的缺失和可行性不足,再加上执法的随意性,总体来看,效果不大,混乱依旧,外部性的相互施加大量存在。为什么江河湖泊的污染进一步扩大,为什么环境破坏不断加剧,为什么恶性环境事件频发?为什么道路收费"三乱"屡禁不止?有的道路收费早已按规定收回,还在继续收取,据审计署审计,16个省市在100条公路上设置收费站158个,以致50公里的道路上竟有三个收费站,到2005年止,违规收费达149亿元。① 这一切难道不是管制政策出了问题?

从解决内部性问题的政府管制来看,虽然有一定成绩,但同样是过尤不足并存,怪胎和畸形俱在。因为,很多管制以解决内部性为名,行寻租

---

① 参见《中华工商时报》2008年2月29日。

之实，管制权力成为管制者手中交易的筹码，起到了逼良为娼的作用，破坏了市场竞争的秩序。比如，卫生部门有关新药认证的监管，一年居然通过了10000多种新药的认证，一个以研究为名的小小牙防组却掌控着牙膏质量认证的大权。再如，教育部本科评估中心所搞的本科评估，说假话、编假材料、形式主义达到了登峰造极的程度，教育者和教育主管部门、老师和学生，大家都在这场皇帝新衣的闹剧中表演得淋漓尽致，中国教育的失败也许就败在教育的监管上。还有，国土资源部门围绕着房地产的监管，左一个监管文件，右一个监管法规，多少是有依有凭、按一定程序制定和实施的，是能够经得起审查和检验的，以至有的地方竟然出台了这样的房地产新政，要开发商出钱出力建造廉租房和经济适用房，无偿地交给政府出租或者出售。这类管制也许有比没有更坏。

（三）如何建立政府的经济管制

由于政府的经济管制能够改变交易双方的地位和契约的条件，改变市场竞争的态势和交易的结果，进而改变交易利益的分配。因此，政府管制建立和实施的过程决不是管制者单方面的行动过程，而是监管者和被监管者（包括企业和消费者）之间的利益博弈和讨价还价过程，监管者只是利害关系的一方。经济管制能否恰当地建立和有效地实施，取决于这种互动和博弈是否充分，各方的利益能否得到充分的表达，能否达成可接受的均衡和互利的妥协。实践证明，政府经济管制的成败得失皆与此有关。

政府要实行经济管制，就得设立管制机构，就得拥有管制的手段，包括法规条例、行政许可、命令执行、处罚和援助等，并运用这些手段采取管制行为，还要对管制的结果进行评议和讨论，以及进一步采取放松管制或者再管制。这构成了政府管制的全部活动和全部过程。概括起来，可以分为建立管制制度和实施管制活动两个方面。

建立管制制度包括设立管制机构和制定管制法规两个内容，这是政府制度中委托代理关系的必然要求和直接结果。管制机构是政府机构的组成部分，必须有正式的法律授权和明确而合理的职能规定。我们的情况不是这样，很多管制机构的设立随意性很大，出一个问题就设一个机构，于是各种各样的办公室、中心、小组之类的"临时"机构多如牛毛，而且一旦设立，就可以长生不老，还可以膨胀和扩大。这也是政府机构改革不断，越精简越多的原因。至于职能规定大多是粗而不细，界限不清，有权利而无责任，无法问责。更有甚者，很多管制机构可以随意越权，也可以自我授权。所以，出现郑州"馒头办"和"西瓜办"以及各个城市的城市管队、卫生部牙防组、教育部评估中心之类的管制怪胎，也就不奇怪了。

管制法规的制定和实施是管制活动的两个密切相关而又不同的阶段，前者是一种抽象的政府行为，具有普适性，后者是一种具体行为，是针对具体案例做出的裁定和行动。无论规则制定，还是规则实施，既是一个信息搜集和利益表达的过程，也是一个利益调整和分配的过程，因而充满了利益相关者之间的互动博弈和讨价还价。这里，有三个问题需要进一步讨论。

一是关于信息搜集和利益表达问题。信息是重要的，但也有成本的，信息搜集过程也是利益表达过程，无论是管制机构搜集和加工信息，还是企业和消费者向管制机构提供信息，都是如此。因此，怎样才能低成本地获得和交流信息，就成为正确制定管制法规和实施监管的关键。在国外，举行立法听证是制定规则和进行裁决的基本途径和重要环节，在举行听证以前，都要把拟制定法规和裁决方案的有关情况向社会公告；在听证会上，也能够让各种意见和诉求充分表达。这就为法规和裁决的相对公正和合理奠定了基础。随着改革开放的深入，立法听证已经引入国内政府管制实践之中，并有所前进，以前举行的铁路票价提价听证和最近关于移动通信话费的收取办法举行的立法听证就是最突出的例子。然而，问题也很突出。首先，我们举行的立法听证太少，可以说是九牛一毛，不要说过去制定的管制法规没有经过立法听证，就是新制定的法规绝大部分也是关门立法，没有举行立法听证，管制部门是大权独揽。其次，已经举行的立法听证和裁决听证究竟有多大作用和实际意义，也值得怀疑。有关方面并不把它看做是自己的需要，而是看做负担；不是认真对待，而是敷衍了事；不是干实事，而是搞形式、走过场。再次，制定的法规和做出的裁决是利益妥协的产物，但是向哪一方让步则是问题的关键。我们的情况往往是向强势一方让步，忽悠百姓成为听证的别名。这也是人们对听证制度失望的主要原因，也是政府被俘获的证明。

二是关于司法审查和法律救济问题。已经制定的法规和做出的裁决是否恰当，如果有问题如何解决，需要有一种纠错机制。司法审查就是这样的纠错机制。我们的问题正是缺乏这样一套纠错机制，一无审查机构，二无审查条例和程序，因而尽管错谬百出、议论纷纷，但管制者我行我素，被管制者无能为力。事实上，所有的管制法规不论是国家法律和政府法规，还是部门规章和红头文件，不论是以前发布的，还是新近制定的，都在司法审查之列，看看是否违宪，是否合乎程序。由于缺乏司法审查机制，我们的很多管制法规明显违宪，如征地拆迁条例和关于小产权房的部门规章侵犯了个人的财产权利，社团登记条例侵犯了个人的自由结社权利，但它们都以行政法律制度的名义堂而皇之地实施。

如果说司法审查能够纠正法规制定中的错误，实现保护良法和淘汰恶法的目的，那么，鼓励个人提起诉讼，对受损者提供法律救济，则可以纠正管制裁决中的偏差。因为，管制裁决无论是针对个人申诉做出决定的非正式裁决，还是履行正式的法院程序做出的正式裁决，都是一种公正的法律过程，就像法庭审讯一样，控辩双方是一种敌对关系，管制机构也只是利益的一方。为了鼓励个人提起申诉，国外反垄断法中都有个人上诉获胜三倍赔偿的规定，目的在于建立社会的监督和制衡。我们的反垄断法没有这样的规定，在管制实践中，我们不仅不鼓励个人上诉，而且压制个人提起诉讼。对于抽象的政府行为，不允许个人提起诉讼，法院一概不予受理；对于管制裁决中具体的侵权行为，个人提起诉讼的也很少，因为基本上得不到法律救济。在媒体和律师的参与下，浙江省龙泉市征地事件行政复议案获得成功，是自行政许可法和行政处罚法公布实施至今仅有的一例①，就是证明。

三是关于对管制活动和过程进行成本收益分析的问题。对管制法规和管制裁决进行成本收益分析是管制理论和实践发展的一个新趋势，经济学特别是管制经济学也积累了一套进行实证分析的方法，甚至博弈论也用来模拟管制过程。这种分析能够促进管制博弈中的互动，甚至有可能将管制博弈推进到一个更高的层次，形成一种政治过程，一方面通过压力集团对当选官员施加政治影响，另一方面，可以促进合法行动或者合法的威胁行动，取消和变更某些特殊的管制措施。这类问题在我们这里还没有提上日程，一方面，我们的一些管制活动往往不惜工本，另一方面，也不愿借此推动管制的政治过程。这是今后需要努力的。

五、政府竞争与管制扭曲

从以上的讨论可以看出，在我们建立和实施经济管制的过程中，其所以发生扭曲和变形，一个重要的原因是由于政府过分强大，而民间力量过小和社会组织未能充分发育。在今日中国，社会国家化和国家社会化的状况尚未根本改变，宪法赋予公民言论自由和结社自由的权利还是写在纸上和挂在嘴上的东西，民间还不能自主地建立非政府组织去表达自己的诉求和维护自己的利益，个人更无法与政府相抗衡，也无法监督官员和制约政府。于是出现了一个见怪不怪的现象，政府官员是国有企业的老板和后台，在一定程度上结成了一个既得利益集团，一枯俱枯，一荣俱荣，垄断国企

---

① 见"浙江农民告赢省政府"，《中国网》，2007年7月11日。

的老板甚至可以威胁和挟持政府官员；民营企业无法要求和促成政府建立和实施一套有效的管制制度来维护自己的权益，于是转而与政府和官员勾结和合谋，借以利用政府资源和寻求官员保护。在这种情况下，管制官员的一般行为方式就是，利用政府的管制权力最大化自己的利益。由此建立和实施的政府管制很难有不发生扭曲的。

政府除了直接掌握着行政权力以外，还掌控着巨大的经济资源，政府及其官员不仅深深地卷入了经济活动，而且直接参与了经济竞争，成为市场主体，大有主导市场竞争之势。在监管者和被监管者合一的情况下，政府间竞争是经济管制发生扭曲和变形的主要原因之一。

地方政府间的竞争发端于"分灶吃饭"的财政改革，而普及和扩大于把政府工作转移到以经济建设为中心的轨道上来。从一个方面来看，地方竞争激发了地方政府和官员发展地方经济和增加地方收入的积极性和主动性，促进了中国经济的高速发展；从另一个方面来看，地方竞争又形成了"诸侯经济"和地方保护，导致了恶性竞争，降低了经济效率，增加了资源消耗和环境污染。这也是环境管制雷声大雨点小、治理赶不上污染的原因。太湖蓝藻污染难道不是沿湖周边地区和城市 GDP 竞争的结果？淮河治理中小造纸厂、小化肥厂先关后开、边关边开，钱花了不少，污染依旧，甚至更加严重，难道不是与上下游地区争相发展经济密切相关吗？一系列环境污染事件在很大程度上都非天灾，而是人祸。在现行体制框架下，地方竞争会使一切关于外部性的管制归于失败，会把外部性的破坏发挥得淋漓尽致，会一而再、再而三地重演那种个人理性而社会非理性的所谓合成谬误。

要解决地区竞争中出现的种种问题，就需要建立和实施一套切实可行的利益分享和成本分担机制，否则无法抑制地方政府追求眼前私利的冲动，也改变不了地区间合作貌合神离、以邻为壑的情况。比如，太湖污染管制，如果按 GDP 征收周边地区的污染治理费，并以污染监测数量扣减各地的 GDP，再辅之以相应的行政问责，情况也许就会改观。再如，土地的用途管制，既然发达地区的土地开发较多，有的地区已经无土地可以开发，现行管制办法不仅侵犯了地权主体的权益，而且是让不发达地区永远处于落后状态。在放开土地流转和交易的情况下，要达到保护耕地的目标就需要做出相应的安排，因为保护耕地是中央政府的行为目标，政府就应当给保留耕地多的地区和农户以补贴；因为发达地区同样负有保护耕地的任务，就应当按照平等原则给代替自己履行保护耕地任务的不发达地区以补贴。再如，长江防洪中地区间的明争暗斗，纵横捭阖，都想御敌（洪水）于"国门"之外，结果是助长了洪水的肆虐，扩大了灾害的损失。要达到合作防洪的目标，可以做出一定安排，比如让安徽多开启一些行洪区行蓄洪，以保护下游江苏和上海等发达地区，与此同时，江苏和上海也要给安徽以经济补偿。这样，就不会发生历次水患中那种荒唐的事情了。

除了地方政府竞争和"诸侯经济"以外，中国还存在着部门政府的激烈竞争和"王爷经济"。如果说地区竞争还有某些生产的性质和创利的作用，那么，部门竞争则只有分利的性质和寻租的功能。大家看到，哪个部门没有自己的宾馆饭店，都有，而且非常豪华。哪个部门没有自己的干部培训中心，都有，而且非常漂亮。各个政府部门下面都有自己的实业单位和事业单位，实业单位和事业单位下面还有挂靠单位，挂靠单位下面还有自己的挂靠单位，比如，像卫生部——牙防基金会——牙防组这样的组织系统和挂靠系列。再加上各种各样的办公室和多如牛毛的中心，可以说子子孙孙无穷。我们的社会进步基本上消灭了"四世同堂"的大家庭，而家族制的身影却在政府机构中复活。这不能说不是一种讽刺。至于各政府部门间的争权夺利也很激烈。为什么2004年末财政部提出两税合一法案两次遭到商务部和地方大员的反对而被搁置，直到2007年才通过？为什么反垄断法搞了十多年，最后通过的法律文件对于反行政垄断这一中国反垄断的实质和要害问题，只是简单提及，而在反垄断机构的设置上又虚晃一枪，言不及义，就是因为部门之间的争夺。为什么各个部门都要争夺政府管制的权力？就在于这种权力是一个设租寻租的工具。为什么各部门热衷于部门立法？因为这不仅可以扩大本部门的权力，还可以实施自我授权。为什么财政部金融司司长、卫生部药检司司长、很多地方交通厅厅长以及大大小小已揭露和未揭露的贪官能够频频得手？利用的正是他们手中掌握的政府管制的权力。为什么各部门都要搞那么多的下属机构和挂靠单位？其秘密也不难明白。下属机构和挂靠单位可以利用政府部门的权势和声誉做事、敛财、拉关系，同时也向政府部门和主管官员进贡、行贿、找靠山，做一些不便和不能由政府部门出面做的事情；上级部门也借以扩大自己的势力范围，增加自己的管制权力，将手伸向其他部门和各个地方，于是形成大大小小的关系网和大行其道的潜规则。因此，政府组织及其下属机构和挂靠单位的膨胀，既挤压了民间部门的生存空间，又扭曲了政府的行为，使得现有的政府管制在很多方面是把过去已经放松的管制和放掉的权力再收了回去。

不仅如此，部门竞争和地区竞争是交织在一起的，这集中体现在宏观调控和房地产管制上，宏观调控在很大程度上不是调控市场，而是调控地方政府，房地产管制不但没有解决房地产投资和价格增长过快的问题，却增加了国土资源部门的管制权力。各个地方在北京设有5000多个办事处，它们除了接待地方大员以外，最主要的任务就做中央部门的公

关工作,跑步(部)前(钱)进。因此,可以毫不夸大地说,政府竞争将直接决定政府管制的成败,进而左右中国市场经济的发展方向和中国的经济运行。

为了削减部门竞争及其带来的危害,我们提出和实施了"大部制"的改革议案,力图通过减少机构、整合职能的办法减少协调成本,提高行政效率。但是,如果不改变现行的决策方式和决策机制,那么,"大部制"得到的有可能不是 $1+1>2$,而是 $1+1\leq 2$ 的结果,同时也免不了重复"精简—膨胀—再精简—再膨胀"的恶性循环。治本之策也许在于,一是削减部门权力,规范部门行为,改变部门立法和自我授权的状态;从机构设置来看,如果真想建立和实施经济管制,不如把国家发改委改成"国家竞争和反行政垄断委";二是加强社会监督和制衡,提高管制决策的公开性和透明度,形成监管者与被监管者的博弈互动和讨价还价,真正解决监管者的监督问题;三是启动司法审查,真正解决法律救济可获得性的问题,不折不扣地实施官员的问责制。

参考文献

1. 中国改革与发展报告专家组:《中国的道路——中国改革与发展报告》(1978—1994),中国财政经济出版社 1995 年版。

2. 成致平:《价格改革三十年》(1977—2006),中国市场出版社 2007 年版。

3. 樊纲(主笔)、张曙光(副主笔)等:《公有制宏观经济理论大纲》,上海三联书店 1990 年版。

4. 李盛霖(名誉主编)、张平(主编):《资源价格改革——总体思路、推进战略与配套措施》,中国市场出版社 2006 年版。

5. 张曙光:"中国经济市场化的转轨过程:描述与分析",《社会科学战线》,2007 年第 4 期。

6. 赵晓:"竞争、公共选择与制度变迁——从'抓大放小'看体制转轨中政策效率改善的原因",《中国社会科学评论》(香港),2003 年第二卷第一期。

7. 周黎安:"中国地方官员的晋升锦标赛模式研究",《经济研究》,2007 年第 7 期。

8. 阿玛亚蒂·森:《以自由看待发展》,中国人民大学出版社 1999 年版。

9. 丹尼尔·史普博:《管制与市场》,上海三联书店、上海人民出版社

1999年版。

10. 北京天则经济研究所《中国土地问题》课题组："城市化背景下土地产权的实施和保护"，《管理世界》，2007年第12期。

11. 中国人民银行货币政策分析小组：《稳步推进利率市场化报告》（《中国货币政策执行报告》增刊），中国金融出版社2005年版。

中国经济50人论坛
Chinese Economists 50 Forum

双轨制与价格改革

张维迎

The Past 30 Years

A Review and Analysis by 50 Chinese Economists

张维迎简历

北京大学校长助理、光华管理学院院长

1959年生于陕西省吴堡县，1982年获西北大学经济系学士学位，1984年获硕士学位，同年进入国家体改委中国经济体制改革研究所从事改革理论和政策研究，1990年9月入牛津大学读书，1992年获经济学硕士学位（M. Phil.），1994年获博士学位（D. Phil.），1994年8月回国到北京大学工作，现为北京大学校长助理、北京大学光华管理学院院长、经济学教授，北京大学工商管理研究所所长，同时兼任牛津大学现代中国研究中心研究员。

1984—1990在体改委工作期间，在国家级杂志上发表数十篇有广泛影响的论文，是国内最早提出并系统论证双轨制价格改革思路的学者。在牛津大学读书期间，师从著名经济学家、1996年诺贝尔经济学奖得主James Mirrlees。和产业组织经济学家Donald Hay，主攻产业组织和企业理论，硕士论文曾获1992年牛津大学经济学研究生最佳论文奖（George Webb Medley Prize for the best thesis）。

张维迎教授的企业理论及有关中国国有企业改革的研究成果在国内外学术界、中国政府有关部门和企业界有广泛影响，被公认为中国经济学界企业理论的权威。据对国内最权威的经济学杂志《经济研究》1995—1997年间论文引证统计，张维迎教授的论文被引证的次数排名第一，其中《企业的企业家—契约理论》名列单篇第一。另据统计，在1997年出版的43种经济学核心期刊文献中共引用《经济研究》历年发表的文献405次，其中张维迎教授的论文占22次，名列第一；被引用4次以上的有16篇，其中张维迎教授占3篇。

主要著作有《企业的企业家—契约理论》、《博弈论与信息经济学》和《企业理论与中国企业改革》。另有数十篇中英文论文发表。主要开设课程：《高级微观经济学》，《产业组织》，《企业理论》，《博弈论》，《信息经济学》。

中国改革开放30年所取得的成就举世瞩目，甚至有些不可思议。记得上世纪80年代初，邓小平提出到2000年国民收入翻两番的目标，不少人（包括政府官员和经济学家）曾抱有怀疑态度，甚至觉得有些"冒进"。但事实证明，中国经济的发展比邓小平预期的还要快。在过去的30年里，中国的人均GDP每10年不到就翻一番，到2007年，已达到2500美元；中国的经济总量在世界上的排名从1978年的第13位上升到2007年的第4位；中国进出口占世界贸易的比例从1978年的第23位上升到2007年的第3位。当初，我们也不可能预料到30年后，人民币汇率会成为国际经济问题；我们更想不到，到2007年的时候，世界市值最大的十大上市公司有5家是中国公司。

中国改革成就如此之大，一个基本的原因是，中国在30年的时间里走了一条以市场化为导向的改革道路。

市场经济与计划经济的基本区别有二：一是产权制度；二是价格制度。在计划经济下，价格是由政府规定的，是一个核算符号，是政府进行收入分配和资本积累的工具，而非资源配置的信号。资源配置由国家计划决定的。在市场经济下，价格是由供求关系决定的，是调节资源配置的信号，也是决定收入分配和激励个人做出最优选择的机制。

从计划价格体制到市场价格体制的转变，是经济体制改革的重要内容，也是理解中国改革30年成就的关键。

中国的价格体制改革是通过双轨制逐步完成的。这是中国经济改革的一个重要特点。双轨制保证了从计划调节到市场调节的平稳过渡，避免了经济的剧烈振荡，由此使得改革与发展并行不悖。双轨制也缓解了改革中的利益冲突，使得中国的改革基本上成为一个帕累托改进，而不是一场剥夺既得利益的革命。

作为经济学家，有机会参与和观察人类历史上如此大的国家的市场化改革过程，是件很幸运的事情。在20世纪80年代上半期，我的研究工作为双轨制价格改革思路的形成产生了一些影响，这是令我自豪的。在这篇文章中，我将对有关双轨制价格改革思路的形成背景及其基本内容作些回顾，并对双轨制在现实中的演进做些评论性描述。最后，我还想对当前社会上弥漫的反市场化倾向和政府出台的价格干预政策提出警告。

一、现实背景和理论背景

有关双轨制价格改革思路，我最早是在1984年4月21日完成的《以价格体制的改革为中心，带动整个经济体制的改革》（初稿）的文章中提出的。这篇文章不仅明确提出了"实行双轨制价格",而且比较系统地论证了双轨制价格改革思路。非常庆幸,文章写好后,我送给了茅于轼先生,由他推荐给当时在国务院技术经济研究中心能源组工作的丁宁宁先生,丁宁宁将全文刊印在他负责编辑的"内部资料"《专家建议》(三)(1984年6月;第3页至第20页)。① 有关这个思路的形成背景可作如下概述。

中国城市经济体制改革是从"放权让利"开始的,但人们很快就发现,在价格体系不合理的情况下,"放权让利"导致的"利大大干,利小小干,无利不干"的企业行为进一步加剧了产业结构的失调和供求的不平衡,各种工业品的黑市交易开始盛行,政府对价格的控制变得越来越困难,计划指标也越来越难以得到执行。到1983年,许多经济学家和政府主管经济的官员已认识到,不合理的价格体系已成为经济改革的"拦路虎",价格改革的重要性已被广泛认知,讨论价格改革的文章越来越多。

但在当时,"计划价格"仍然是一个没有受到怀疑的神话;经济学界的主流观点是,市场价格是资本主义经济的特征,在社会主义经济中,价格必须由国家计划规定,而不能由市场供求决定。在这种主流思想的指导下,人们讨论的所谓"价格改革"实际上是"价格调整",即通过行政手段把价格体系调整到"合理"水平,而不是从根本上改变价格的形成机制。经济学家之间有关价格改革问题的争论,主要集中在"按成本价格定价"还是"按生产价格定价";"大调"还是"小调"。② 在多数人看来,价格体系不合理的主要原因在于国家制定价格时没有遵循"价值规律",而不在于价格形成体制不合理。他们相信,合理的价格体系是可以用电子计算机计算出来的;只要各项准备工作就绪,计算结果(称为"理论价格")一出来,价格问题就解决了。为此,国务院于1981年成立了"国务院价格研究中心",调用了大量的人力和物力用投入—产出方法测算合理的价格体系,试图找到价格调整的参照系。但是,或者因为合理的价格体系迟迟测算不出来,或者因为测算出来的价格体系很难得到普遍认可,加上政府高层对价格调整可能导致的财政赤字和居民承受能力的担忧,结果是,人人都认为价格应该调整,但价格迟迟不能调整。在价格没法调整的情况下,有人提出了用"利润调节税"替代价格改革的方案解决企业之间的"苦乐不均",

---

① 这一期《专家建议》还同时刊印有茅于轼和丁宁宁合写的有关汽车运煤是否合算的文章,张维迎翻译的世界银行经济学家阿伽瓦拉的《价格扭曲与经济增长》,张敢明翻译的英国经济学家约翰·萨里的《定价政策和能源战略》,以及茅于轼的《要充实和调整大专院校经济学的教学内容》。

② 1984年,周小川等人提出"价格改革可以小步调,财政不拿钱"的思路,受到国务院领导重视。

缓解企业追求利润的微观行为与国家的宏观计划之间的矛盾。同时政府又用各种行政手段整顿价格秩序，严厉打击违反国家价格政策的市场交易行为。

1982年春天，我从西北大学本科毕业后又考上了何炼成教授的研究生。开学不久，第一次"全国数量经济学研讨会"在西安进行，西北大学是主办单位之一，我有幸作为工作人员参加了会议，结识了茅于轼、杨小凯等人。茅于轼在会上讲的"择优分配原理"和杨小凯的分工理论给我很大启示，使我对学习现代西方经济学产生了浓厚的兴趣。从这年秋天开始我组织几位志同道合的研究生和本科生办了个"读书班"，系统地自学《微观经济学》。读书会每周一次，使用的教材是从"内部书店"买来的萨缪尔森的《经济学》（英文版）和台湾翻译出版的 John Due 与 Robert Clower 合著的《中级经济分析》，我自己同时给大家当"老师"。这个"老师"的角色迫使我把西方经济学教科书的基本理论进行严格推导，真正搞明白了微观经济学的核心——"价格理论"。到1983年，对市场经济的信念已扎根在我的脑子里。毫不夸张地说，当时，像我这样对西方价格理论有比较透彻理解的人并不多，所以当经济学界还在争论按"生产价格"定价还是按"成本价格"定价的时候，我已是一个坚定的市场价格论者了。所以我的观点表现得比许多人要更"自由化"一些。

在阅读了当时一些有关经济改革的文章和报纸上发表的政府有关整顿价格秩序的报道后，我觉得自己对价格改革的方向有了一些与当时流行的观点不一样的想法。1983年底开始硕士论文的选题，我决定把自己硕士论文的研究方向定在价格理论和价格改革上。春节过后，我就来到北京收集资料。记得茅于轼老师当时在研究能源价格问题，他关于价格不合理导致能源浪费的观点对我有关价格改革思路的形成产生了很大的影响。他交给我世界银行经济学家阿伽瓦拉写的《价格扭曲与经济增长》一文，让我翻译。这篇文章用跨国数据证明，价格扭曲越严重的国家，经济增长越慢，给我很大启发。另一篇对我启发较大的文章是宋国青著的有关经济结构调整的长文。在阅读文献和与茅于轼等人讨论的过程中，我的思路基本形成。到1984年4月，我不仅明确了价格改革的目标模式只能是市场价格，而且有了用"双轨制"的办法完成由"计划价格体制"到"市场价格体制"过渡的基本思路。这样，在基本观点在脑子里形成以后，大概花了两三天的时间，写成了《以价格体制的改革为中心，带动整个经济体制的改革》的初稿。

二、双轨制价格改革的基本思路

《以价格体制的改革为中心，带动整个经济体制的改革》（初稿）全文包括六小节，共11000多字。在文章中，我首先指出，城市经济体制改革成功的关键是找到改革本身的机制，这个机制就是价格改革，就是"放"活市场。这也是农村改革给我们的启示。我认为，农村改革成功的关键不是"包"，而是"放"。接下来，我分析了价格的信息功能和利益导向，僵化的价格体制如何导致价格扭曲，价格扭曲又如何导致各种利益关系的扭曲和经济结构的扭曲。然后，我证明为什么必须把价格改革的重点放在价格制度的改革上，而不能把"宝"押在价格调整上。我认为，价格制度的不合理是因，价格体系不合理只是表现形式；如果不改革价格的形成机制，价格不由市场供求决定，价格永远不可能合理。我把价格比喻为一个"温度计"，计划价格是一个"不胀钢温度计"，价格调整只是用新的"不胀钢温度计"替代旧的"不胀钢温度计"，而我们需要的是随气温变化而自动升降的"水银柱温度计"。再接下来，在论证了"为什么价格体制的改革是经济改革的中心和机制"后，我比较系统地论述了以"放"为主的"双轨制价格"改革思路。其核心内容是：先把各种产品的计划分配指标固定下来不再扩大，计划内按牌价供应，计划外交易全部放开，按市场价格进行交易；然后再针对不同产品，根据供求关系，把计划内的指标分批分步放开，有些牌市价相差过大的产品可以"先调后放"；最后达到统一的市场价格制度。

有关双轨制价格改革思路的文字表述在原文第四节，摘录如下：

"所谓价格制度的改革，就是有计划地放活价格管制，逐步形成灵活反映市场供求关系的平衡的价格体系，以充分发挥价格机制在计划经济中的效能。"

"价格体制改革的具体办法，可以参照农副产品价格改革的办法，实行双轨制价格，旧价格用旧办法管理，新价格用新办法管理，最后建立全新的替代价格制度。与价格调整相比，价格改革是一个连续的逼近过程。问题不在于第一步是否达到合理，而在于每一步是否都在趋向合理。

我们初步设想可采取以下步骤：

（一）核定原牌价定量供应范围，把这个范围按基期年度水平固定下来不再扩大，并强迫供应企业按旧价格保证供应。这里既包括产品品种，也包括定量指标。一切新品种以及对原品种的新增需求不再保证牌价供应。不限量牌价供应的产品，说明牌价符合市场平衡价，牌价自行废除。

（二）冻结牌价定量供应的生活资料价格，严肃价格政策，安定民心。这部分商品的倒挂亏损继续由财政补贴。在正式改为市场价格以前，可以考虑适当程度的调价。但调价的目的是为改价创造条件，而不是堵塞改价的道路。某些只有少数人享受的物品应取消牌价。

（三）开放所有产品的议价市场，作为探索平衡价格的先驱市场。允许个人和企业对牌价供应的商品进行再交易，但对国营企业再交易的收入，应通过税收杠杆将其一部分上缴国家。

（四）划定实行统一价格，协议价格和自由价格的范围。非竞争性商品和公共物品及劳务由国家统一定价，其他商品一律实行供求双方协议价格或自由市场价格。

（五）参照议价市场所形成的价格调整非竞争性产品的价格。允许议价市场长期存在以作为调价的反馈机制。对生产这类产品的大型企业实行国家经营。

（六）逐步放开实行协议价和自由价的生产资料产品市场。对原牌价与市场议价相差过大的产品可以实行分阶段放，或先调后放。

（七）在经济结构有所调整后，市场供求关系将发生变化，一部分定量供应的消费品牌价可能失去意义（如纺织品），牌价就自行取消。随着人们收入的增加，消费结构将发生显著变化，现牌价定量供应的消费品在总支出中所占比重将逐步下降，这样，在适当的时候就采取适当的办法取消全部消费品的牌价供应。这样做并不会引起大的不满情绪，因为人富了是不会计较小小得失的。

（八）在价格制度的改革过程中，国家应该进行灵活的市场经营：低价市场买进高价市场卖出，低价时期买进高价时期卖出。也应该鼓励商业企业和个体经商者进行类似的经营活动。总的目的是抑平价格波动。但同时应采取有效措施制止欺行霸市行为的发生和联合瓜分市场等垄断行为的出现。"

三、"莫干山会议"

大概在1984年7月左右，我看到《经济日报》社等单位组织发起的"中青年经济理论工作者学术讨论会"的征文活动，就把《以价格体制的改革为中心，带动整个经济体制的改革》（初稿）这篇文章投去了，最后以会议论文入选者的身份参加了会议。这次会议共收到应征论文1300余篇，有124人入选为正式代表。我当时是西北大学研究生，陕西共有5位代表出席会议，我是其中之一。

这里有一个小插曲：我在会后看到了会议论文的审稿单，对我的论文初审意见是"不用"，复审意见是"此文很好！"后来知道，复审意见是石小敏写的。在"莫干山会议"前，我与石小敏已相识，他曾读过我的这篇文章，并拿着这篇文章向高尚全推荐我到体改所工作，当时高尚全正在组建体改所。因为当时"为钱正名"事件的阴影还没有完全散去，他向高尚全推荐时说话很谨慎。所以这篇文章可以说是我进入体改所的"敲门砖"。

在参加莫干山会议之前的8月底，我已经有了一个新的版本，这个新版本针对不同产品对双轨制思路做了更细致的描述。① 会议期间，我与郭凡生住在一个房间。会上他在区域发展组，提出了"反梯度理论"，反响很大。会议期间每天晚上，我们俩都聊得很晚，他也认真读了我的文章，非常赞成我的观点。郭凡生当时是内蒙古自治区政策研究室办公室负责人，会后他利用自己的权力为我铅印了300份，并把主要内容以《论价格改革》为题在《内蒙古经济研究》1984年第4期（第5~11页）上发表。

"莫干山会议"使我有机会表达自己的观点，让我成了这次会议上的一个"人物"。我记得会议的第一场是在报到当天的晚上开的，会议分成几个小组，每个小组分别开会。我在第一组，根据我的记忆，这个组一开始好像并不叫"价格组"，而叫"宏观经济组"什么的，可能是因为这个组最有影响的议题是价格改革，并且是所有几个组中争论最激烈、影响最大的，大家就把它叫价格组了。所以我下面也就把它叫"价格组"吧。

价格组的主持人是谁我现在想不起来，但我记得，因为田源当时是国务院价格中心的主任，来自权威部门，会上是第一个发言的，主要讲了价格不合理的实际情况（他领导的中心正在用投入产出表计算合理的价格体系），以及如何调整价格的思路，还分析了"大调"与"小调"各自的利弊。我应该是接着田源发言的，因为我太不能同意他的观点了，又是有备而来，自认为我的观点一定是最新颖的，所以迫不及待地要讲。我第一次发言的内容就是前面提到的那篇文章的内容，比较系统，首先讲合理的价格必须由市场决定，而不可能由政府制定，然后讲如何通过"双轨制"逐

---

① 在这个版本中，我用"双轨价格"替代了初稿中"双轨制价格"；初稿中的八个步骤做了进一步充实，并增加了"（九）应鼓励企业之间进行合同交易（期货交易），并通过经济法庭保证合同的履行。"之后，还增加如下两段话："价格改革不应该搞'一刀切'，应适当给予地方改革的自主权，条件成熟的地方可以先改，各地可以因地制宜地创造适合本地区的改革方法。对消费品价格改革可以采取由高收入地区到低收入地区分梯度进行。这方面，广东、福建等省已有很好的经验，值得其他省很好地效仿。""在价格改革过程中，由于一物多价，会引起一些混乱现象，也给一些犯罪分子提供了可乘之机，但这是不可避免的，没有什么大惊小怪的。我们的态度应该是解决改革中出现的问题，而不应该是停止改革。"这个版本中还增加了"利改税与价格改革"一节。

步"放"开价格的思路。我的发言可以说掀起了轩然大波,因为之前没有人从放开市场的角度考虑价格改革问题。

我在发言中特别批评了"调派"的观点,认为"调"不能解决价格不合理的根本问题。那是1984年,在当时的情况下,提出市场价格的目标模式确实太大胆了,甚至是匪夷所思,因此除田源本人外,还有几位发言者挑战我。接下来我基本上是单枪匹马轮番应战。但随着讨论的进行,我感到有越来越多的人被我的逻辑说服了,至少觉得我讲的有道理,因为我发言时点头的人越来越多,掌声也越来越多,后来也有人还帮助我向大家解释我的观点(我普通话讲的不好,有些人听不懂),我也越讲越兴奋!但田源作为负责价格改革的政府官员,在当时的意识形态气候下,即使认为我讲的有道理,无论如何也不可能接受我的观点的。如果把我放在他的位子上,也是一样的。所以我不可能说服他。这就是所谓的"调""放"之争,田源是"调派"的代表,我是"放派"的代表。我现在确实想不出还有谁是放派了。

这里有必要指出,无论"调派"还是"放派",在具体做法上都包含有"调放结合"的思路,"调派"并不反对有些不重要的产品可以"放"掉,我也不是绝对反对"调",事实上,对那些牌市价相差很大的产品,如何解决计划内产品的价格,我的主张就是"先调后放",这在原文里写得很清楚。

两派之间的真正分歧是:第一,价格改革的基本目标模式不同,田源的价格改革的目标模式是计划价格体制,我的目标模式是市场价格体制。第二,价格改革的主导方法不同,田源强调"以调为主",根据计算出的"生产价格"调出一个合理的价格体系,而我强调"以放为主",逐步放出一个合理的价格体制(市场价格)。

第二个不同是由第一个不同决定的,因为如果你的目标模式仍然是计划价格体制,调整价格就必然是主要的手段,大部分产品是不可能放的,放了还能有计划价格体制吗?而如果你的目标模式是市场价格体制,以调为主就是不可行的,调是不可能调出市场价格的。这个逻辑关系对理解双轨制价格改革思路是非常重要的。一个人无论提出什么观点,如果没有逻辑的话,在学术上是不能被接受的。

这里有必要指出,"放"是双轨制价格改革的核心。无论我提出的改革思路还是后来的改革实践,都是这样的。在我之前,没有人从"放"的角度考虑价格改革。不明白这一点,就说明没有真正理解什么是双轨制改革。如果价格是政府决定的,不论同一个产品有多少种价格,也不能叫"双轨制"。双轨制是从计划经济到市场经济的过渡方式,双轨制的具体办法就是

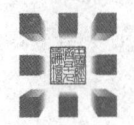

"有计划地放活价格管制,逐步形成灵活反映市场供求关系的平衡的价格体系"。不"放",市场这一轨从何而来?双轨制从何谈起?有些人没有读我的文章,或者没有搞明白我的意思,或者出于其他目的,把"放"与"双轨制"说成是两种不同的改革思路;还有些人望文生义,说我主张"休克疗法",一步到位,以讹传讹,这些都是可以理解的。但任何人只要读读我的文章,或者认真听了我在会上的发言,真正搞明白了"双轨制"的含义,就会明白,我所讲的"放"是逐步的"放",有计划地"放",与"双轨制"是一回事!

"莫干山会议"结束后,有几位与会者留在杭州,讨论和写作会议报告,最后形成了七份专题报告(总报告只是会议情况概要),其中有关价格改革的内容在《专题报告之一:价格改革的两种思路》,该报告归纳的两种思路是:"第一种,调放结合,以调为主";"第二种,调放结合,先放后调"。

专题报告是许多人意见的归纳和提炼,或者套用一句话,"是集体智慧的结晶",主要目的是给上面看,对改革政策产生影响,这也是会议的初衷。我是会后留下来在杭州参与报告写作的几个人之一。我在报告起草过程中的作用主要是把自己的观点讲清楚,参与讨论。以我当时的"西北大学研究生"身份,在文字上是不可能有大的发言权的。事实上,我最擅长的是表达自己的观点,而不是综述别人的观点。在表述观点上我是不会妥协的,逻辑上不通的话我不会说。

有关价格改革两种思路的专题报告是徐景安执笔写的。他是会议主要组织者之一,在中央经济主管部门工作多年,非常清楚当时中央领导人关注什么,如何向他们献计献策,如何触动他们的神经,什么样的话他们可以接受,什么样的话可能不会接受。所以,他在文字和内容的把握上非常有分寸。专题报告中根本没有提价格改革的目标模式究竟应该是什么,或有什么争论。这是故意回避,因为一提要有人搞市场价格,领导人就可能不读后面的内容了,不能把领导人的注意力转移到有意识形态分歧的问题上。报告中也没有使用"双轨制"这个词。这里的"两种思路"很大程度上是徐景安自己的概括,或者说是他自己理解的两种思路。两种思路中都有双轨制的味道,但又都不完全像双轨制,所以我也不好对号入座说第二种思路就是我的。我讲的不止是"先放后调",而是放了计划外之后还要逐步放计划内,要不断地"放",分批分步地"放",直到"放"完为止。

徐景安最近讲,我提出的"放"的思路是革命性的,我认为他点到了要害!过去谈价格改革主要着眼于如何"管好",我把着眼点转向"放开"。这可能是为什么他在两种思路中都写上"调放结合"的原因。不管选择哪一种思路，反正都有"放"这一招，总不会在"调"这一棵树上吊死吧！他的概括能力很强，也非常擅长整合不同的观点，对将双轨制思路转变为改革政策功不可抹。据说领导人读后觉得"很开脑筋"，这样就有了后来承认议价市场，把计划外产品价格放开的做法；计划内的价格有些是先调后放，有些是通过缩减指令性计划指标逐步放开的；即使不放开，随着非公有经济的发展，牌价部分的相对份额也不断萎缩。这就是现实的双轨制改革。

还有一个小的插曲。记得莫干山会议期间有天晚上，徐景安告诉我第二天下午去杭州向国务委员张劲夫汇报，要我也一起去参加。但第二天早晨，他又通知我不去了，理由是我说话太直，太较真，担心万一领导人听了不舒服，就把事情弄坏了。我理解他。我到现在也掌握不好向领导人说话的分寸。

"莫干山会议"后，《经济日报》于1984年9月29日第3版以《中青年经济科学工作者学术讨论会论文摘登》编辑发表了一组文章（共四篇），我提交"莫干山会议"的文章经编辑删节后以"价格体制改革是改革的中心环节"为题在该期发表，在文章中，前面引用的原文中有关双轨制改革思路的那两段话一字不差地保留在那里，但删掉了原文中的八个步骤。这是有据可查的最早的公开发表！同期发表的另外三篇文章分别是周小川、楼继伟和李建阁的文章，田源和陈德尊的文章，以及孙冶方一篇文章的摘要。

《以价格体制的改革为中心，带动整个经济体制的改革》修改后的版本作为我硕士论文的下篇《论价格改革》①，后以《经济体制改革与价格》为题发表于1985年1月出版的《经济研究参考资料》第6期（标注的定稿日期是1984年10月），并被选入《经济学博士硕士论文选》（1985，经济日报出版社）。最后的定稿在改革步骤的细节上比初稿要细致和完善，但基本思想没有什么变化。现将该文"价格改革与放活市场"一节内容摘录如下：

"前面所有的分析，旨在于说明一个问题：经济体制改革，必须抓住价格制度改革这个中心环节。所谓价格制度的改革，就是有计划地放活价格管制，逐步形成灵活反映市场供求关系的平衡的价格体系，以充分发挥价格机制在计划经济中的效能。

价格体制改革的具体办法，可以参照农副产品价格改革的办法，先实

---

① 我硕士论文的上篇是《论价格功能》，发表于《中国社会科学》1985年第3期。

行双轨价格，旧价格用旧办法，新价格用新办法，最后建立全新的替代价格制度。与价格调整相比，价格改革是一个连续的逼近过程。问题不在于第一步是否达到合理，而在于每一步是否都在趋向合理。这里，也不应求"毕其功于一时"。具体设想是：

首先，从原则上讲，将所有产品（主要是工业品）的指令性计划按1984年的基数固定下来不再扩大，相应放开所有产品（当然不包括最后也应实行国家定价的垄断产品及公共品）的议价市场（议价不受幅度限制），基数内的按原牌价进行交易或调拨，基数外的一律脱离牌价体系，按市场价格交易，即：新产品不再规定牌价，对原产品的新增需求不再保证牌价供应，超指令性计划的产品一律投入市场，新办企业的供销不再受旧牌价的管制（重点工程除外）。这样做的好处是：（1）国家在价格问题上不再背新的包袱；（2）牌价保证了宏观经济系统不致因价格变化急剧震荡；（3）市场价格保证了产业结构向合理方向演化；（4）有利于培养企业在竞争的价格制度中的生存能力。

在划清牌市价的管辖范围后，国家需要考虑的仅是基数内产品的价格，步子就可以迈得从容一些，办法可以灵活一些。对这部分产品放活价格管制，可以采取顺水推舟的办法，先从长线产品（牌价接近市价甚至高于市价）放起，逐级深入，让基础产品、中间产品的连锁效应通过市场去表现而不是让国家去计算。

（一）基础工业品价格。

能源、原材料牌价大大低于市价，一下子放开牌价管制对经济的冲击波太大，完全不放开管制又不利于节约资源，理顺国民经济关系，也给管理工作带来很多麻烦。为此，我建议对这些产品采取分批、分步、分类放的办法或采取先调后放的办法。所谓分批放，就是不要四面出击，可以一种产品一种产品地分别加以解决；所谓分步放，就是将原基数每年按一定的百分比放开（如煤炭，每年减少20%的统配量，五年就可以放完）；所谓分类放，就是对同一产品（如钢材）区别不同种类有先有后地放开；所谓先调后放，就是对牌、市价偏离过大的产品在正式放开价格管制之前，先调一步，作为过渡性措施。无论采取何种办法，目的在于使同一产品的价格最后归于一致。任何放开措施、调整措施都应事先通知供求双方，让其做好准备。在价格改革中，对重点工程所需物资，在财力紧张时，应在基数内调剂解决，保证牌价供应；在财力许可后，可以通过追加投资的办法适当削减牌价供应比重，让重点工程也加入竞争的行列。

（二）中间产品价格。

大部分机电产品的价格偏高或持平，在近几年找米下锅的过程中，许多机电产品的实际成交价已脱离牌价,鉴于此,我建议,除重点工程所需机械设备外,一般机电产品的价格实行一决性放开的办法。农用生产资料应区别不同情况,能放开的就放开。

（三）工业消费品价格。

多数轻工产品的牌价偏高,高档消费品的生产能力已处于相对过剩状态,只要允许竞争,价格水平可望降低（过去的办法是靠限产卖高价）,建议将这些产品的价格全部放开。

（四）基本生活资料价格和公共服务收费。

基本生活资料和公共服务过去很大程度上是作为福利品处理的,价格中包含相当一部分转移支付（财政上表现为价格倒挂补贴）。建议对基本生活资料销售价格实行先调后放的办法。调价的主要目的是解决财政补贴问题。调价后这部分产品的价格可以稳定下来,等到整个经济关系基本理顺,人民消费结构有大的变化后再放开。公共服务收费可以分几步调整合理。在调价中,应相应发放福利补贴,保证人员生活水平不受影响。

（五）交通运输产品价格。

汽车运输竞争激烈,价格可以在适当的时候放开。铁路和航运垄断性很强,应采取调价的办法解决价格问题。价格合理化的主要标志应是供求基本持平。

（六）农产品价格。

粮、棉、油等主要农产品应实行定量收购,逐步过渡到实行支持价格下的市场价格制度。其他农产品的价格应逐步取消牌价收购。"

1984年底我进入体改所工作。1985年5月,我与李剑阁合写了《关于实行人民币贬值和开放外汇调剂市场的建议和设想》,沿着价格双轨制思路,又提出了汇率双轨制的改革思路。该文刊印于1985年5月25日出版的体改所内部刊物《经济体制改革研究报告》第6期。之后,我和黄江南受国务院领导委托负责组织了一个"外汇外贸问题研究小组",完成了《关于"七五"时期我国对外贸易发展政策的研究报告》,对汇率双轨制价格和外贸体制改革产生了一些影响。

四、作为制度自发演进的双轨制改革

尽管我本人在1984年4月就提出并系统论证了双轨制的改革思路,但双轨制实际上是随着20世纪80年代初经济结构调整、地方分权及乡镇企业的出现而自发产生的。我的贡献在两点:第一,明确把市场价格制度作为改革的目标模式;第二,把自发产生的双轨制现象从理论上提升为自觉

的价格改革道路。这类似大禹治水中把"堵"转变为"疏"的思路。

初稿在论述完双轨制的八点设想后,我还特别讲道:

"价格制度的改革事实上已经在进行,只是很大程度上是一种自发的行为。目前市场上各种产品的价格管理很混乱,这种混乱表明了旧的价格制度的危机。企图用旧的价格管理办法来解决这种混乱是不会成功的。这种混乱本身并不是什么坏事,关键在于我们对价格改革采取什么态度。如果我们把价格制度的改革作为整个体制改革的一个机制,自觉地利用目前市场上出现的多头价格的局面,坏事就变成了好事。事实上,这种所谓的混乱给我们一个很好的下台机会,为我们有计划地进行价格改革创造了良好的条件。就是说,价格改革的前期工程已经开始,现在该是我们因势利导,乘胜前进的时候了。"

20世纪70年代末期和80年代早期,中国面临两项任务:改革不合理的经济体制和调整严重失调的产业结构。从政策议事日程上来看,这两项任务被看作是短期内相互冲突的。所以这样的问题就出现了:在第一阶段哪一个应该给予更多的重视,改革还是调整?[①] 1980年政府决定在两年的调整期内暂缓改革。然而,从结果来看,改革实际上并没有因为调整而暂缓。相反,20世纪80年代工业产品第一个大的市场扩张就是调整政策的后果。

当政府将计划资源配置的重点从重工业转移到轻工业的时候,重工业和轻工业都产生了过剩的供给。重工业中,类似钢产品这样的原材料也曾发生过一段"过剩"期;由于计划订购取消,机械生产部门的产品更是严重过剩。轻工业方面,在经历了长期短缺之后,手表、缝纫机等传统消费品也出现了生产过剩。过量的供给导致了产品降价和竞争的强大压力。开始的时候,政府力图采取价格调整、限产等计划手段来控制局面。但是问题的严重性不得不让政府最终放弃了这种尝试,因为对企业来说,产品在市场上销售出去才是唯一的活路。因此,调整政策导致了第一次工业品市场的出现。

手表工业就是一个很好的例子。根据Byrd和Tidrick(1984)的记载,

---

① 开始的时候,经济学家分为两派。一派认为,不合理的结构是由不合理的体制造成的,改革是唯一有效解决的办法,因此改革应该是重点。另外一派认为,尽管引进市场机制是和改革相协调的,但是市场能发挥作用的前提是"买方市场";结构问题没有首先解决的时候,改革可能变得更糟。因此在第一阶段,政策应该"重调整,缓改革"。一年多的讨论,经济学家开始达成了共识。即在第一阶段,重点应该是调整,改革为调整服务;整体改革应该在主要的结构问题解决之后才开始。参见吴敬琏:《关于改革初期发展战略与宏观控制的问题》,《人民日报》1985年2月12日。

从 1980 年到 1983 年，政府三次降低手表的计划价格，共计降低了将近 20% 多。虽然如此，比起计划部门制定的产量标准，企业生产的产量远远大于这些。而商业部门只收购那些容易按照计划价格卖出的手表。手表企业只好让工人在大街上摆摊，按照市场价格卖手表。于是手表的计划价格后来逐步消失了。

调整政策不仅仅导致了消费品市场的出现，机电产品市场的出现也是后果之一。其实早在 1980 年，一机部下属企业的计划外直接销售就占到了总销售额的 46%，机器生产的市场销售占到了 33%（Byrd, 1987）。到 1983 年，虽然官方不仅没有废除计划价格，并且不断发文整顿市场秩序，要求企业执行计划价格，但是大多数机械工业产品实际上已经按照市场价格出售了。

与机电产品不同，原材料的计划价格低，所以普遍短缺，供不应求。这就出现了同一生产资料计划价格和市场价格的并存。乡镇企业的发展对生产资料双轨价格的出现起了巨大的推动作用。可以说，从乡镇企业出现的第一天起，非法的双轨制价格就开始存在。按照当时的计划体制，乡镇企业是计划外生长出来的，不能得到国家计划供应的原材料。但它们的效率更高，需求很大，愿意支付更高的价格。当有买方愿意支付更高的价格时，生产原材料的国有企业更愿意把超过计划指标的产量以更高的价格卖给它们，而不是按照官价交给物资部门。这就出现了生产资料的"黑市"和"灰市"。一些得到计划配额的国有企业开始把计划指标在市场上倒卖，甚至国有物资部门也开始倒买倒卖。乡镇企业甚至通过"贿赂"的方式从国有企业获得原材料。在利益的驱动下，一方面，生产厂家要求减少计划指标，或者以种种借口不履行计划指标；另一方面，需求企业则希望增加计划指标，尽量虚报需求。计划指标的制定和执行越来越难。

随着财政"分灶吃饭"体制的实行和大量企业下放地方管理，地方政府变成了产品的需求者和供给者。在计划没有办法严格执行的情况下，为了获得原材料供给，地方政府纷纷成立了"生产协作办公室"，通过地区之间的"串换"交易，解决供求矛盾。串换交易的本质是以计划价格之名行市场价格之实。如 1984 年的时候，上海生产的自行车每辆牌价是 120 元，市价是 200 元；辽宁生产的钢材每吨牌价是 600 元，市价是 1000 元。如果上海要以牌价得到辽宁的 1 吨钢材，相应地必须提供给辽宁 5 辆自行车（400/80 = 5）。如果自行车的市价不变，钢材的市价上涨到 1200 元，上海就得用 7.5 辆自行车才能换到辽宁的一吨钢材（600/80 = 7.5）。类似地，上海也必须用紧俏的自行车和桑塔纳轿车串换山西的煤炭。否则，即使有计划指标，也不能得到计划供应。

在计划价格越来越难以执行的情况下,中央政府不得不适度松动对价格的控制。1984年5月20日,国务院出台文件,允许工业生产资料属于企业自销的部分(占计划内产品的2%)和完成国家计划后的超产部分,在不高于或低于国家牌价20%的幅度内,企业有权自定价格,或由供需双方在规定的幅度内协商定价。但这个规定也很难得到执行,因为大部分生产资料的牌价与黑市价格的差异远大于20%。

正是在这样的背景下,1984年底,双轨制价格思路作为一种政策选择被政府领导人接受。从增量上放开价格比整体调整价格要容易得多,风险也小得多。与其拖着,不如先走一步,看看结果再说。之后不久,1985年1月24日,国家物价局和国家物资局正式出台政府文件:工业生产资料属于企业自销和完成国家计划后超产的部分,取消原定的不高于国家牌价20%的规定,企业可按稍低于当地市场价格的价格出售,参与市场调节。从此,按照市场价格交易不再违法,双轨制价格取得了合法地位。到上世纪80年代后期,整个中国经济成为了一个计划与市场并存的双轨制经济。随着非国有经济的发展,计划调节的比例不断萎缩,市场调节的比重不断增加。1992年邓小平南巡讲话之后,市场化改革加速,到1993年底,绝大部分工业生产资料市场和消费品市场已完全放开由市场调节,基本上完成了从双轨价格向单一市场价格体制的过渡。1994年,汇率双轨制也完成了并轨。

特别值得提到的是,1994年国家取消了粮食的牌价供应,实行了几十年的粮票制度退出历史舞台。这与我1984年原文中提出的理论上的双轨制思路非常一致:"随着人们收入水平的增加,消费结构将发生显著变化,现牌价供应的消费品在总支出中的比例将逐步下降,这样,在适当的时候就可以采取适当的办法取消全部消费品的牌价供应。这样做不会引起大的不满情绪,因为人富了是不会计较小小得失的。"

双轨制随后同样也被大多数其他改革领域所采用,包括外汇市场改革、劳动力市场改革、房改、社会保险改革以及所有制改革。双轨制是中国渐进式改革最重要的特征,它包含了改革中的大多数特点。双轨制改革的关键是,固定存量,放开增量,从边际上引入市场,然后再逐步用市场蚕食计划,最后实现单一市场。举例来说,市场交易最初不是削减计划的配置,而是做出地域或者范围的划分,然后再逐步缩小计划调节的范围,直至完全取消计划指标;所有制的非国有化不是通过对国有企业进行私有化或者解除国有控制,而是放开新企业的进入门槛限制,然后再在恰当的时间对国有企业实行股份制和民营化改制。

双轨制由于其产生的官员腐败后果曾受到广泛批评。[①] 但回过头来看，这可能是制度变革不得不付出的代价之一。如果我们认为改革是必要的，新体制就必须至少应该是一个"卡尔多－希克斯改进"，也就是社会总财富的增加。但如果我们不能把"卡尔多－希克斯改进"转化为一个"帕累托改进"，改革就可能根本无法进行。改革与革命的不同就在于它尊重既得利益，否则，就不可能是一个"帕累托改进"。双轨制的主要特征之一是尊重在旧有体系下形成的各个利益团体的既得利益（得到牌价供应指标是一种既得利益）。这就是为什么从它一开始在一个特殊的起点出现而没有遭到任何强烈抵制的原因。很多经济学家认为，经济改革中因为一些人的境遇必须变坏，所以改革不可能是一个帕累托改进的过程。尤其是政府官僚被看作是改革最主要的损失者，因为他们大多数的特权和寻租行为都将在改革中被减少或者消除。如果事实确实如此，那么改革要想成功必须着重依赖于如何减轻来自拥有权力的官僚部门的抵制。双轨制很好地解决了这一问题。在有些情况下，双轨制事实上使得政府官僚的境遇变得更好而不是更坏，因为现在他们有更好的机会和更有效的方式去获取经济上的利益（寻租）。这一点可以解释为什么越来越多的政府部门转为支持这种改革。在农村改革开始阶段，很多乡村的干部因为失去了特权而反对改革。但是他们不久就意识到他们利用自己的人际关系和对外界的了解，可以比一般的农民更快地致富。今天农村那些最富有的人许多都是那些以前的村干部。城市的改革也是类似的现象，尽管官员们力图按照自己的利益来控制改革。

市场经济的主角是企业家。没有企业家，就没有市场经济。双轨制在保持经济系统基本稳定的前提下，孕育了几代中国企业家，他们是过去、也是未来中国经济高速发展的主要推动力。

在改革30年后，双轨制可以说是寿终正寝了。但这是双轨制的成功，而不是双轨制的失败。

五、价格体制不能走回头路

尽管双轨制价格基本上退出了历史舞台，但中国的价格体制改革并没有彻底完成。如何改革石油、电力、电信、铁路等垄断行业和公用事业的价格体制，是一个亟待解决的问题。特别是，近几年原油价格和煤炭价格大幅度上涨，但成品油和电力消费价格没有做相应调整，形成严重的价格

[①] 对双轨制的另一个批评是它冲击了国家计划，影响了供货合同计划的完成。其实这正是双轨制的优点。如果双轨制不冲击计划体制，双轨制就可能被固化为常轨体制，中国经济的市场化改革就不可能完成。

倒挂，不仅不利于企业正常经营，增加了财政负担，而且导致了资源的严重浪费。随着竞争格局的形成，电信业的价格也该到放开的时候了。

特别令我忧虑的是，在本来已经完成价格改革的竞争性领域，最近政府部门又在重新引入价格管制，在体制上走回头路。走回头路的一个原因是近几年社会上出现的反市场化倾向。2007年兰州市政府物价部门对拉面限价就是一个例子。在这次以抑制通货膨胀为主要目的的宏观调控中，政府已在多个产品市场上引入价格干预措施，甚至具体到某个奶制品企业提价都要得到政府批准（执行起来是"不予批准"）。如果这种政策延续下去，政府可能不得不重新恢复票证制度，对企业下达指令性计划，恢复双轨制。市场化改革将前功尽弃。为了控制通货膨胀就恢复价格管制，不仅违背经济学常识，代价也太大了，会给未来带来更大的麻烦。

在市场经济中，政府为什么要对竞争性产品的价格提出限制？缺乏科学理性思考的人，以为这样会给消费者带来好处。其实，真正能够保护消费者利益的，是市场竞争，而不是政府。如果政府部门一方面限制竞争，另一方面又说要保护消费者免受卖家的剥削，这是不合逻辑的。政府限制价格，企业可以降低质量，消费者最终得不到什么好处。反倒是，一旦价格由政府来规定，就可能变成政府部门寻租的一种办法，企业老板就要找当官的走后门，腐败就不可避免。任何限制竞争的做法，只对少数人有利。资源配置要么按市场，要么按特权。如果不按市场，一定会按特权。任何限制竞争、人为地限定价格的办法，最后只能让少数有特权的人得到好处。

政府对住房市场的价格干预值得商榷。因为房价高，老百姓有怨言。于是，政府出台政策，修建经济适用房，甚至还有限价房，很多人以为，这样就能解决普通人的住房问题。但如果这些房子的市场价值很高，谁能得到这些房子，就是得到一大笔补贴。谁能拿到？除了极少部分是通过排队、熬年头筛选出来的普通人之外，大部分都会分给那些有特权、有关系的人，如政府官员和他们的亲朋好友，普通老百姓根本得不到。帮助低收入者的最好办法是直接给他们货币补贴，也就是上世纪80年代讨论的"从实物福利到货币福利"。

政府对劳动力价格的干预更不可取。劳动力价格（工资）的市场化是中国经济改革的重要成就。中国经济能有这么好的发展，与劳动力市场的充分竞争和灵活性有很大的关系。正是灵活的工资制度使得大量农村过剩的劳动力转入工业，中国才发展成世界制造业大国。2008年开始实行的新的劳动合同法在合同雇用、解雇条件中做出了太多的限制，会使得劳动力市场越来越僵化。这些措施对中国的普通劳动者有好处吗？不会有好处。政府在企业雇用工人、解雇工人和工资水平上的限制越多，企业就越不可能发展，工人找到工作就越难。有些人可能不相信这一点。但各国的经验研究证明，很多美其名曰保护劳动力的法律，结果受到最大损害的是劳动者。保护劳动者的最好办法仍然是推动企业之间的竞争，竞争越充分，劳动者就越能得到公平待遇。上个世纪80年代，知识分子待遇低、受歧视是一个很令人头疼的问题。为什么现在不是个问题了？因为有了用人单位之间的竞争。

最近又不断有一些地方政府出台文件，规定工资的最低增长幅度。这是非常荒唐的做法。如果工人工资的增长不是由市场决定的，而是由政府规定，工资的增长超过劳动生产率的增长，不仅会削弱企业在国际市场上的竞争力，还将导致工资和价格螺旋式攀升，诱发严重的通货膨胀。

所谓竞争，并不是说一个行业有很多企业，而是政府允许自由进入，企业有决策的自主权，包括定价的自主权。在中国，石油、电信等行业经常受到批评，真正的问题在哪儿？是政府没有把行业放开，只允许一部分企业做，不允许另一部分企业去做。要使中国的电信企业、石油企业更好地为社会服务，唯一有效的办法就是解除行业进入的管制，放开价格。这样，即使没有企业马上就真正进入，仅仅由于潜在的竞争威胁，他们也会努力迎合消费者。

这些道理经济学家都明白，遗憾的是现在没有多少人愿意讲。但如果现在社会上对市场经济的误解不断蔓延，演变为更多的反市场政策，政府在价格体制上走回头路，中国的经济发展就会面临非常大的风险，比环境破坏的后果更严重。这时候，需要经济学家站出来，澄清一些错误的观念，捍卫市场经济。

中国的未来最值得担心的是什么？不是能源、环境问题——这些当然很重要，但不是最重要的，因为市场竞争推动的技术进步一定能为我们找到答案。我们没有必要像200多年前的马尔萨斯或30多年前的罗马俱乐部那么悲观。中国的未来发展，取决于我们的信念，我们相信什么，不相信什么。如果我们坚定了对市场经济的信心，不断推进改革，完善市场，中国的未来会非常好。如果我们失去了对市场的信念，制造越来越多的政府干预，中国的未来就面临着曲折和危险。

中国经济50人论坛
Chinese Economists 50 Forum

在发展的实践中建立和完善宏观调控体系

郑新立

The Past 30 Years

A Review and Analysis by 50 Chinese Economists

郑新立简历

中共中央政策研究室副主任

1969年8月毕业于北京钢铁学院。1970—1978年在邯郸冶金矿建指挥部任技术员、副科长、副处长。1978年8月至1981年8月在中国社会科学院研究生院工业经济专业获经济学硕士。1981年8月至1987年12月在中共中央书记处研究室经济组任处级调研员、副组长。1987年12月至1990年7月在国家信息中心任副总经济师。1990年7月至2000年6月历任国家计委政策研究室副主任、主任，计委新闻发言人、副秘书长。

2000年6月至今，任中共中央政策研究室副主任。兼任中国人民大学、中央财经大学、中国社科院研究生院兼职教授、博士生导师。

主要学术著作有《论抑制通胀和扩大内需》（郑新立经济文集一）、《论新经济增长点》（郑新立经济文集二）、《论改革是中国的第二次革命》（郑新立经济文集三）（2001年出版）、《21世纪初的中国经济》（2005年出版）等；发表了《论最终产品与最终产品率》、《建立社会主义市场经济下新型计划体制》、《论投资体制改革》、《扩大内需：一项基本的战略方针》、《坚持以发展为主题》、《实现跨越式发展的机遇与挑战》多篇论文；主编著作有《发展计划学》、《支柱产业振兴方略》、《2020年的中国》、《现代政策研究全书》、《宏观经济政策分析》、《论转变经济增长方式》等。

宏观经济调控体系与全要素的市场体系、市场主体、法制体系，被称为市场经济的四大支柱。缺少了哪个方面，市场经济就不可能正常运转。回顾改革发展30年的历程，我们能够从改革初期高度集中的计划经济体制转变为社会主义市场经济体制，能够先后战胜通货膨胀和需求不足，顶住亚洲金融危机的冲击，保持了经济的持续快速发展，关键的一条就是在发展的实践中建立并不断完善了宏观经济调控体系。由于工作关系，我亲身参与了这一历程，参与了宏观调控体系从提出、创建到完善的全过程。在纪念改革开放30周年之际，回顾往事，历历在目，心潮澎湃。

我国经济体制改革从搞活微观经济开始，而放开微观经济活动又必然涉及宏观经济管理体制，因此，微观体制与宏观体制改革需要同步推进。在破除旧的高度集权的计划管理体制的同时，需要建立与市场经济体制相适应的宏观经济调控体系，作为新的宏观经济管理体制的核心。从放开搞活微观经济到确立宏观调控体系的全过程，伴随着经济的大幅波动和快速增长，宏观调控体系在激发经济活力、实现经济稳定增长中创立并接受实践检验，无效的甚至逆向的调控措施作为教训迅速被淘汰，有效的调控措施作为经验被继续实施并逐步规范化、制度化。由于经济形势和体制机制在迅速变化，面对发展中的矛盾和问题，可以说，用任何国家的固定模式、任何教科书上的理论、任何经验来处理，往往失效甚至南辕北辙。也只有从实际出发，遇到什么问题就解决什么问题，积极探索，大胆试验，才能找到解决问题的正确办法。如果问我在亲历的30年改革实践中最重要的体会是什么，我会毫不犹豫地回答：千万不能凭经验办事，要用新思路、新办法解决新问题。在改革发展的进程中，我们所遇到的矛盾和问题都是以前所不曾遇到过的。离开了实事求是的唯物主义思想路线，离开了具体问题具体分析，我们将会一事无成，更不会有今天的成就。

旧体制的主要弊端，一是管理权限过分集中，束缚了地方和企业的积极性；二是在分配上吃"大锅饭"，企业和劳动者不能从直接的物质利益上关心生产经营成果。宏观经济管理体制改革就从破除这两个弊端展开：实行简政放权，把一部分权力放给地方、企业和市场；调整国家与企业的关系，实行政企分开，打破平均主义，为企业创造平等竞争的环境。与此同时，建立适应市场经济要求的宏观调控体系。

一、打破高度集中的计划管理体制，实行简政放权

实行高度集中的管理体制，是传统经济体制的一个重要特征。这种管理模式的形成，主要的理论根据就是我国已经建立起了生产资料的公有制，

因而政府作为社会经济的管理中心，就可以按照社会需要来直接分配社会劳动，实现社会产品供给与需求的平衡。出于这种考虑，我们把整个社会当作一个大工厂，计划统一下达，产品统购统销，资金统收统支，人员统包统配。我们以为，只要这样做，就能克服资本主义生产的社会化与生产资料私人占有的矛盾，克服生产能力无限扩张与人民群众有支付能力的有限需求之间的矛盾，避免周期性经济危机，实现经济的长期稳定发展。

在新中国建立初期，这种高度集中的管理体制，对于集中力量建设一批工业交通项目，奠定工业化的基础，发挥了重要作用。在第一个五年计划时期，虽然国力非常薄弱，我们能够同时展开156项重大工程，主要得益于高度集中的管理体制。20世纪60年代我国原子弹、氢弹和卫星研制成功，改革开放前30年经济建设的巨大成就，特别是重工业的迅速发展，应当说，都是由于在高度集中的管理体制下发挥了社会主义能集中力量办大事的优越性。

但是，随着经济规模的扩大和生产力的发展，这种高度集中的体制越来越暴露出种种弊端，主要是地方的经济管理权限过小；企业几乎成了"算盘珠子"，政府拨拨动动。严重限制了地方和企业积极性的发挥。同时，随着社会需求的多样化及其不断变化，要求生产结构进行不断的调整才能满足需要。而这种经常变化的多样化的需求，是根本无法准确预测和精确计算的。因而根本不可能把数量庞大、瞬息变化的社会生产纳入一个统一的计划。如果硬要去做实际上办不到的事情，结果必然是出力不讨好。"计划赶不上变化"，成为一种常见的现象。它导致了产品品种单调，技术进步缓慢，产业结构扭曲，加之受政治因素的影响，使国民经济不断出现大的波动，经济发展没有达到预想的目标。实践证明，这种高度集权的管理体制，已经阻碍了生产力的发展。

1978年党的十一届三中全会，恢复了我们党的唯物主义思想路线，深刻分析了经济体制的弊端，明确提出："实现四个现代化，要求大幅度提高社会生产力，也就必然要求多方面地改变同生产力发展不相适应的生产关系和上层建筑，改变一切不适应的管理方法、活动方法和思想方法，因而是一场深刻的革命。"全会指出了改革的方向、原则和主要任务。自此，我国宏观管理体制的改革展开了认识和实践互相推进并不断取得突破的伟大历程。在简政放权方面，主要进行了以下改革。

（一）给农民生产经营自主权

改革首先从农村开始。由于农村人多地少，基本上仍是手工劳动，农作物产量很大程度上取决于农民的生产积极性。因此，农村经济体制改革首先是改变土地经营权和生产计划过度集中的状况。废除了人民公社体制，改变了公社、大队、小队三级所有、生产小队为基础的经营管理体制，实行土地家庭联产承包责任制，农民分户经营与集体统一经营相结合。将农业生产经营的权限下放到农户。1979年前，国家对25种主要农产品产量下达指令性计划，并对这25种产品的播种面积、总产量计划下达分地区的计划数字。到1985年，农业生产指令性计划基本取消，主要农产品产量分别实行指导性计划和市场调节。到90年代后期，国家主要通过按保护价敞开收购粮食的政策，来鼓励农民种粮的积极性，引导农民调整种粮结构。经营自主权的下放，极大地调动了农民的生产积极性。从1978年到1984年，全国粮食总产量由3.048亿吨增加到4.073亿吨，年均增长4.95%；人均粮食占有量由318.7公斤增加到395.5公斤，年均增长3.66%，一举解决了吃饭问题。到1996年，全国粮食产量达到5.045亿吨，人均粮食占有量达到414.4公斤，做到了总量平衡、丰年有余。这一年，国家又大幅度提高了粮食收购价格，激发了农民种粮积极性，到1998年，粮食产量达到5.123亿吨的历史峰值。之后的五年，由于放松了粮食生产，产量不断下降，到2003年下降到4.307亿吨。从2004—2008年，中央连续出台了五个关于解决"三农"问题的一号文件，取消了农业税、农业特产税、畜禽屠宰税，实行粮食直接补贴、农资综合补贴、良种补贴和农机具购置补贴，各级财政加大了对农业基础设施建设的投入，遏制了耕地被大量占用的趋势，粮食生产得以快速恢复，粮食总产和单产连续四年持续增长，2007年总产达到5.015亿吨，成为历史上第四个超过五亿吨的年份。这一系列变化标志着国家对农业的管理已经由指令性计划转变到政策调控阶段。

（二）扩大企业自主权

1984年，党的十二届三中全会作出《关于经济体制改革的决定》，改革从农村走向城市。以扩大国有企业经营自主权为中心，在宏观经济领域进行了计划、物资、劳动工资、金融、商贸、物价、财税等多方面的改革。这些改革，在改变旧体制管理权限过分集中的状况方面迈出了重要步伐。1978年国务院颁布了《关于扩大国营工业企业经营管理自主权的若干规定》，之后又颁布实施了《全民所有制工业企业法》，1992年又颁发《全民所有制工业企业转换经营机制条例》，企业经营自主权逐步扩大并得到不同程度落实。这些自主权包括：生产经营决策权，产品、劳务定价权，产品销售权，物资采购权，进出口权，投资决策权，留有资金支配权，资产处置权，工资、奖金分配权，内部机构设置权，拒绝摊派权。落实企业的这些权限，使企业朝着自主经营、自负盈亏、自担风险、自我发展的方向逐

步前进,增强了企业活力。与此同时,政府机关把本来就应该属于企业的权限下放之后,又为转变政府管理职能提供了条件。经过多年的努力,目前,国有企业已渡过了最困难的阶段,国有资产大幅度增值,企业实现利润大幅度增长,国有经济的控制力、影响力不断扩大,国有企业已经实现了从政府的附属物到市场主体的蜕变。

(三)把能够通过市场解决的事情交给市场

在传统体制下,政府包揽了许多应该由市场调节的事务。如商品价格,应该通过市场竞争形成,这样才能发挥价格作为市场需求信号和竞争手段的功能,发挥市场配置资源的基础性作用。改革以前,绝大多数商品价格由政府决定。在社会商品零售总额、生产资料销售收入总额和农副产品收购总额中,政府定价的比重分别占97%、100%和92%。到90年代中期,由市场形成价格的机制基本形成。在社会商品零售总额中,市场调节价所占比重已达92.5%;在生产资料销售收入总额中市场调节价占82.1%;在农副产品收购总额中市场调节价占79%。一些可以由市场中介机构办理的事务,交给了市场中介机构。目前,除了个别对居民生活影响较大的商品如民用燃料、自来水等,国家尚实行指导价以外,绝大部分商品价格均已放开,实现了由市场价格信号引导生产,市场在国家宏观政策指导下对资源配置已经发挥出基础性作用。

(四)扩大地方经济管理权限

中国人口众多,地域辽阔,一个省的人口、面积往往同欧洲一个国家差不多。如何发挥地方政府在组织经济建设方面的作用,更好地利用各地的条件,在全国统一计划和政策的指导下,发展优势和特色经济,是改革的一个重要内容。改革前,地方政府经济管理权限比较小。随着改革的进展,地方政府管理经济的权限逐步扩大。

在计划管理体制包括生产、投资、流通、价格、外贸、外汇、劳动工资、科技、社会发展等方面,许多属于中央的管理权限,陆续下放到地方。在固定资产投资项目审批上,对内资项目,按投资规模划分,大中型项目由国家计委审批;小型项目由部门和地方审批。按资金限额划分,国家计委审批的项目限额,1985年以前为1000万元以上,1985年提高到3000万元以上,1987年对能源、交通、原材料工业项目审批限额提高到5000万元以上。随着改革开放的需要,国家还陆续放宽了一些沿海开放地区的投资审批权限。国务院1985年决定,广东、福建两省基建项目的可行性研究报告,两亿元以下的一般大中型项目,凡建设条件不需要国家解决的,由省自行审批。1988年决定,海南省总投资两亿元以下的建设项目,凡建设、生产、产品销售、外汇等条件能够自行平衡,并有偿还能力的,均由省自行审批;凡出口产品70%以上,不涉及国家配额的出口型项目,不限规模,都由省自行审批。1992年决定,上海浦东的非生产型项目,总投资在限额以上的,项目建议书经国家计委或国务院批准后,项目可行性研究报告和开工报告由上海市自行审批,报国家计委备案。对总投资两亿元以下的生产性大中型项目,符合国家产业政策,同时不需要解决有关条件的,项目建议书由国家计委审批后,可行性研究报告和开工报告由上海市自行审批。

适应对外开放的需要,国家对一些地区相继采取特殊政策。国务院1985年规定,广东、福建利用外资兴建的非生产性项目,不论规模大小,均由省自行审批。两省利用自筹外汇和留存外汇安排的、投资额在1000万美元以下的技术引进项目,由省自行审批。从1988年起,天津、上海、广东、福建、北京、辽宁、河北、山东、江苏、浙江、广西及经济特区的中外合资、合作经营企业,凡符合国家产业政策、建设和生产经营条件及外汇收支不需要国家解决,产品出口不涉及配额、投资总额在3000万美元以下的生产性项目,由上述地区自行审批。海南省开发能源、交通、通信等基础设施和旅游设施的外商投资项目,建设和生产经营条件不需国家解决的,不限规模,均由省自行审批。其他外商投资项目和自借自还的国外贷款项目,投资额在3000万美元以下,建设和生产经营条件自行解决而不涉及国家配额的,也由省自行审批。内地省、自治区、计划单列市及经济特区的同类项目,投资总额在1000万美元以下的,由各地自行审批。

由于中心城市在经济发展中的特殊地位和作用,国家先后对14个中心城市或沿海开放城市实行计划单列。从1983年2月至1989年2月,国务院陆续批准重庆、武汉、沈阳、大连、哈尔滨、广州、西安、青岛、宁波、厦门、深圳、南京、成都、长春等城市在国家计划中实行单列,并赋予计划单列市省级经济管理权限,其经济和社会发展计划直接报国家计委,在全国计划中单列。为了进一步合理划分中央省、自治区与市、县,直辖市与区、县的职责权限,理顺上下关系,1993年7月,中央决定,除重庆、深圳、大连、青岛、宁波、厦门仍保留计划单列市外,其余省会城市不再实行计划单列,但要继续实行沿海开放城市的优惠政策。

在财税体制改革方面,为了调动地方各级政府理财的积极性,打破财政预算管理上高度集中、管得过死、统收统支的僵化体制,从1980年起,国家先后对地方财政实行了"划分收支、分级包干"、"划分税种、核定收支、分级包干"以及各种形式的财政包干制。在少数民族地区和经济不发达地区、沿海部分开放地区以及计划单列市实行了特殊的预算管理体制。

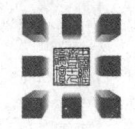

建立和完善了乡（镇）财政预算管理体制。

1985年3月，国务院又颁发了《关于实行"划分税种、核定收支、分级包干"财政管理体制的规定》，以划分税种作为划分各级财政收入的依据，开始改变过去按企业、事业的隶属关系划分收入的做法，为探索实行彻底的分税制迈出了有意义的一步。

1988年7月，国务院颁发了《关于地方实行财政包干办法的决定》，对37个地区分别实行不同形式的包干办法，包括收入递增包干办法、总额分成办法、总额分成加增长分成办法、上解额递增包干办法、定额上解办法、定额补助办法等。这些不同办法，考虑了各地的不同情况，有利于解决苦乐不均的问题。包干基数和分成办法一定几年不变，有利于扩大地方自主权，调动地方增收节支的积极性。但这项改革在收入上不是按科学设计税种，而主要按企业的行政隶属关系；对支出的划分不是按"因素法"，而是按"基数法"，增长部分基本上向地方财政倾斜，随着经济发展，将使中央财政的比例下降。

上述改革对打破财政高度集中的体制、扩大地方财力、调动地方积极性虽有积极作用，但存在的问题日益暴露。一是财政体制很不规范，不能体现公平和效益的原则。二是包干财政体制，容易助长地区封锁和保护，不利于全国统一市场的形成。三是财政与税收不配套，有些地方政府越权减免税收，使国家财政收入流失严重。四是这种体制难以扭转财政收入占全国国民生产总值比重和中央财政收入占全国财政收入比重下降的趋势，国家宏观调控的财力基础难免被削弱。这些问题只有通过实行分税制才能得到较好解决。

实行分税制的主要目标是，建立中央与地方规范的分配关系，从制度上保证各级政府财权与事权的统一，实现责权利有机结合，消除政府间财力分配的随意性；逐步提高财政收入占国民生产总值的比重，适当提高中央财政收入比重，增强中央宏观调控的实力。

分税制的实施大体包括以下五个步骤。

1. 在明确中央和地方事权的基础上，划分各级政府财政的支出范围。中央财政支出的项目主要包括：中央统管的基本建设投资，中央直属企业的技术改造和新产品试制费，地质勘探费等。由中央财政安排的支出，主要包括：国防费、武警经费、外交和援外支出、中央级行政管理费以及应由中央负担的国内外债务的还本付息支出、公检法支出和文化、教育、卫生、科学等各项事业费支出。地方财政支出和项目主要包括：地方统筹的基本建设投资，地方企业的技术改造和新产品试制费，支农支出，城市维护和建设经费，地方文化、教育、卫生等各项事业费和行政管理费，公检法支出，部分武警经费，民兵事业费，价格补贴支出以及其他支出。

2. 在各级政府的事权和财政支出范围确定的基础上，根据财权与事权一致、收入与支出一致的原则，划分中央与地方的收入。

中央固定收入：关税，海关代征消费税和增值税，消费税，中央企业所得税，非银行金融企业所得税，铁道、银行总行、保险总公司等部门集中交纳的收入（包括营业税、所得税、利润和城市维护建设税），中央企业上交利润等。外贸企业出口退税，除地方已经负担的20%部分外，以后发生的出口退税全部由地方财政负担。

地方固定收入：营业税（不含银行总行、铁道、保险总公司的营业税），地方企业所得税（不含上述非银行金融企业所得税），地方企业上交利润，个人所得税，城镇土地使用税，固定资产投资方向调节税，耕地占用税，契税，遗产和赠与税，土地增值税，国有土地有偿使用收入等。

中央财政与地方财政共享收入：增值税、资源税、证券交易税。增值税中央分享75%，地方分享25%。资源税按不同的资源品种划分。海洋石油资源税作为中央收入，其他资源税作为地方收入。证券交易税，中央、地方各分享50%。

3. 合理确定地方财政收支基数。1994年财税体制改革将1993年作为财税体制测算的基期年，保留地方1993年既得财力。

4. 科学核定地方上解和补助地方的数额。在中央财政集中大部分收入的基础上，实行中央对地方的返还或转移支付制度。

5. 与分税制相适应，分设中央税务机构和地方税务机构。中央税种和共享税种由中央税务机构负责征收，其中的共享收入按比例返还给地方；地方税种由地方税务机构征收。

从分税制改革实施的情况看，取得了预期的效果。国家财政收入连续较大幅度增长，中央财政收入的比重开始提高。1994—2006年，我国财政收入由5218亿元增加到38760亿元，年均增长18.2%。财政收入占GDP的比重由10.8%上升到18.4%，中央财政收入占全部财政收入的比重由1993年的22%上升到2006年的52.8%。两个比重的提高，增强了国家财政调控能力，转移支付的规模不断扩大。

随着行政管理体制改革的进展，中央与地方的事权范围进一步明确，各级政府间的财政分配关系逐步规范，为建立稳定的中央与地方的关系，在中央的集中统一领导下充分发挥地方的积极性，奠定了可靠的基础。为了实现党的十六届六中全会提出的基本公共服务均等化的目标，财税体制改革正朝着建立公共财政体制、实现各地区人均公共财政支出大体相等的方向前进。

从简政放权开始的各项改革，使高度集中的计划体制逐渐被打破，经济决策权逐步下移，微观经济主体活动逐渐增强，调动了地方政府发展经济的积极性，为建立社会主义市场经济新体制奠定了基础。1992年党的十四大明确提出了建立社会主义市场经济体制的改革目标。1993年十四届三中全会做出了《关于建立社会主义市场经济体制若干问题的决定》，确立了市场经济体制的框架，改革进入了一个新阶段。

二、打破国家对企业的"大锅饭"，建立现代企业制度

企业吃国家的"大锅饭"，是旧体制的一个主要特征。打破这一体制，在企业之间形成竞争机制，从物质利益上调动企业从事生产经营和技术开发的积极性，是宏观管理体制改革的一个突破口。

进行这项改革，难度较大的是人们的传统观念和习惯势力。因为，几十年来，企业已经习惯于一切由政府安排。企业生产什么，生产多少，听命于国家计划；生产的产品由国家调拨，利润上交国家，所需资金向政府申请，人员由政府分配。企业管理仅仅局限于生产过程的管理。久而久之，企业成了"笼中之虎"，丧失了竞争能力以致生存能力。企业不知道如何适应市场需求，缺乏产品开发和技术开发能力，经营管理落后，富余人员过多。面对"三资"企业、乡镇企业的竞争，显得非常被动，以至于国外有的经济学家在评价中国国营企业的管理体制时，认为中国没有真正意义的企业。与此同时，各级政府为管理企业设置了许多部门，包揽了企业的经营业务，不仅捆死了企业，而且也不可能把主要精力用于研究解决宏观经济领域和公共事业发展方面的大事，形成政府职能与企业职能的错位。

为了打破国家对企业的"大锅饭"，逐步把企业推向市场，1979年，国务院颁发了《国营企业实行利润留成的规定》，允许企业用留成的利润建立生产发展基金、职工福利基金和职工奖励基金。1981年，开始实行多种形式的利润留成和盈亏包干办法，将企业生产经营的好坏与企业和职工的利益挂起钩来，使企业和职工从物质利益上关心企业的经营成果，对"大锅饭"的体制打开了一个小小的缺口。

为了稳定国家与企业的利润分配关系，克服利润上交制度存在的多种弊端，开始探索把所得税引入利润分配的路子。1983年，国务院批转财政部《关于国营企业利改税试行办法》，从6月份开始全面开征所得税。凡有盈利的国营大中型企业，按55%的税率交纳所得税。税后利润一部分上交国家，一部分留给企业。这就是第一步利改税。

1984年9月，进行了第二步利改税改革。改革的内容，除了将原来的

工商税按照纳税对象划分为一些新的税种以外，对盈利的大中型企业按55%的固定比例缴纳所得税，对盈利的国营企业按新的八级超额累进税率计算缴纳所得税；按企业不同情况分别核定调节税税率；同时，盈利企业在征收所得税后，一般由企业自负盈亏，国家不再拨款；适当放宽小型企业标准；继续规定税前还贷和提取"两金"。第二步利改税使企业自有财力大大增加，活力增强，增大了自我发展的能力，稳定了国家财政收入。但由于所得税税率过高，税后又设置于一厂一率的调节税，出现了"鞭打快牛"的情况，而税前还贷和提取"两金"的规定，使国家和企业的关系又复杂化。

在实行利改税的同时，对一些企业和部门继续实行盈亏包干的分配形式，包括上缴利润递增包干、投入产出包干，对亏损企业和微利企业实行盈亏包干，对民航和邮电部门实行利润分成，对石化公司实行投入产出总承包，对冶金部实行投入产出包干责任制，对有色金属总公司实行产量包干等。

在1994年实行的财税体制改革中，取消了调节税、"两金"和多种承包办法，统一了内资企业所得税，实行33%的比例税率，对部分盈利水平较低的企业，在一段时间增设27%和18%两档照顾税率。这次改革，为规范企业与国家的关系，彻底打破国家对企业的"大锅饭"，建立企业之间平等竞争的机制，迈出了重大的一步。

打破国家对企业的"大锅饭"，确立了企业的市场主体地位，极大地调动了企业和职工的积极性，国有企业蕴藏的巨大潜力开始释放出来。从90年代中期以来的十几年，经过改制后的国有企业实现利润增长速度连续保持在20%以上，国有经济不断发展壮大。但是，由于内外资企业实行不同的税收政策，外资企业不仅享受所得税"三免两减"的优惠，而且通过转移利润等办法少缴或不缴税，内外资企业处于严重的不公平竞争环境。因此，统一内外资企业所得税，创造各类企业公平竞争的政策环境，越来越需要提上改革的议程。2003年党的十六届三中全会《关于完善社会主义市场经济体制若干问题的决定》，做出了统一内外资企业所得税的决策，按照国务院的部署，这项改革正有步骤的推进。此外，为了鼓励企业增加技术研发投入和设备更新改造，企业增值税也需要由生产型向消费型转变，即允许企业把技术研发和设备更新投入在税前列支。这项改革正在东北老工业基地和中西部老工业基地率先推行，对调动企业技术创新和设备投资的积极性必将起到重要作用。

党的十六届三中全会通过的《关于完善社会主义市场经济体制若干问题的决定》（后文简称《决定》），是继十年前十四届三中全会决定之后又

一个关于改革的纲领性文献。《决定》提出的关于公有制实现形式、建立现代产权制度、建立健全国有资产管理和监督体制、完善公司法人治理结构和推进垄断行业改革等有关内容，为进一步深化国有企业改革指出了明确的方向，做出了具体部署。

（一）混合所有的股份制是公有制的主要实现形式

《决定》提出，"要适应经济市场化不断发展的趋势，进一步增强公有制经济的活力，大力发展国有资本、集体资本和非公有资本等参股的混合所有制经济，实现投资主体多元化，使股份制成为公有制的主要实现形式。"这是对我们党的重要文件就有关问题论述的继承和发展。十四届三中全会就已经提出，随着产权的流动和重组，财产的混合所有的经济单位越来越多，将会形成新的财产所有结构。十五大提出股份制资本主义可以用，社会主义也可以用，国家和集体控股的股份制具有明显的公有性。十五届四中全会提出，国有大中型企业尤其是优势企业，宜于实行股份制的，要通过规范上市、中外合资和企业互相参股等形式，改为股份制企业，发展混合所有制经济。十六大提出，除极少数必须由国家独资经营的企业外，积极推行股份制，发展混合所有制经济。十六届三中全会《决定》明确提出，使股份制成为公有制的主要实现形式，是我们党探索公有制实现形式的重要成果，反映了我们对这个问题认识上的深化。

提出混合所有的股份制是公有制的主要实现形式，是对改革经验的科学总结。实行混合所有的股份制有利于集中社会各方面的资金，实现资本的积聚，满足大型工程和项目对资金的需求；有利于所有权和经营权的分离，把经营管理能力强的人才选拔到企业领导岗位；有利于维护各方面的利益，调动各方面特别是广大劳动者投资创业的积极性；有利于实现政企分开、政资分开，使企业成为独立的市场竞争主体。改革以来，在许多地方，特别是沿海发达地区，混合所有的股份制经济得到迅速发展，成为当地经济发展中最具活力、发展最快的一部分，成为搞活国有经济的主要途径。如浙江省，2003年混合所有的股份制经济在国内生产总值中的比重已占60％以上。国有企业按照混合所有的股份制进行改制，能够摆脱大锅饭的弊端，显示出无限的活力。集体企业按照混合所有的股份制进行改制，能够有效地摆脱乡村政权的干预，迅速做大做强。私营企业引入股份制，能够跳出家族企业的束缚，迅速提升到现代企业的水平。国有、集体和私营企业都朝着混合所有的股份制的方向发展，大有殊途同归之势。可见，发展混合所有的股份制，符合社会主义市场经济条件下企业发展运营的规律，是一种行之有效的产权组织形式。

应当看到，直到 2004 年，在国有企业中，有相当大一部分还没有认识到实行混合所有的股份制的优越性，许多企业虽然宣布建立了公司制，但距离规范的股份制的要求相差比较远。到 2000 年，我国拥有单一投资主体的工商企业 14.5 万家，占全部国有企业总数的 75.9%。在 520 家国家重点企业中，有 430 家进行了公司制改革，只有 282 家整体或部分改组成为股份公司和股份有限公司，开始形成多元投资主体。即使在产权多样化的公司中，国有股绝对控股（股权占 50% 以上）的又占相当大比例。到 2001 年，全国 3.2 万户国有控股工商企业中，国有股占股本的比重平均为 63%。截至 2001 年 4 月底，全国上市公司中第一大股东持股份额占公司总股本超过 50% 的有 890 家，占全部上市公司总数的 79.2%。大股东中国家股东和法人股东占绝对多数，相当一部分法人股东也是由国家控股的。这种国有股一股独大的局面，不能形成各个股东之间以及股东会与董事会、董事会与经营层之间的制衡关系，往往出现企业由"内部人控制"，中小股东利益受到损害。这种股权结构如果不能加以改变，就难以形成现代企业制度及其所要求的规范的公司治理结构，在这样的体制下，公司也就不可能健康发展。在一些老工业基地，国有企业比较集中，目前各种困难比较多，其主要原因是国有企业改制不彻底，许多公司是所谓的"翻牌"公司，企业的名称虽然换了，但产权结构和公司治理结构没有什么变化，企业的运行机制照旧，因此，原有的矛盾不但没有得到解决，反而越积越多，越积越大，已经到了必须认真对待、下决心改革的时候了。

正反两方面的经验表明，按照混合所有的股份制的要求改革国有企业，真正实现投资主体多元化，是国有企业改革发展的正确选择，也是老工业基地走向振兴的正确途径。

提出混合所有的股份制是公有制的主要实现形式，是探索公有制和市场经济结合的有效形式的重要成果。公有制能不能与市场经济结合，这个问题从改革一开始就成为必须从理论和实践上回答的尖锐问题。国外不少人对我们的探索表示怀疑，甚至断言市场经济只能建立在私有制的基础上，中国要搞市场经济，就只能全面实行私有制。经过 20 多年的改革，我们基本上确立了以公有制为主体、多种所有制经济共同发展的基本经济制度。按照基本经济制度的要求进一步调整优化所有制结构，是深化改革的重要内容。实践证明，公有制经济与非公有制经济一样，都可以与市场经济紧密结合，这个结合点就是股份制。多种所有制经济通过股份制这种资本组织形式，有机地组合在一起，形成企业法人财产，既能发挥各自的优势，又能发挥整体功能，这就顺利地实现了公有制与市场经济的结合，从根本上解决了改革以来始终围绕的一个重大问题，使改革的理论更彻底、更完善了。这一探索是对马克思主义股份制理论的继承和发展。马克思、恩格斯生活的年代,资本主义股份制已经有了长足的发展,他们对股份制给予了积极的评价。在分析资本主义股份制时,马克思指出,股份制是"在资本主义体系本身的基础上对资本主义的私人产业的扬弃;它越是扩大,越是侵入新的生产部门,它就越会消灭私人产业"(《马克思恩格斯全集》第25卷第496页)。马克思把合作工厂看作是对资本主义生产方式的积极扬弃,股份制是对资本主义生产方式的消极扬弃。把股份制企业和合作工厂看作是"由资本主义生产方式转化为联合的生产方式的过渡形式"(《马克思恩格斯全集》第25卷第498页)。当今的股份制比起100多年前有了很大的发展,我们完全可以利用它来为发展社会主义市场经济服务。应当看到,我们的股权拥有者,除了国有、集体单位以外,还有很大一部分是广大劳动者。劳动者持股比例和持股人数的增多,可以促使广大劳动者更加关心企业生产经营,激发他们的劳动热情,有利于增加人民的财产性收入,加快实现全面建设小康社会的目标。

探索公有制新的实现形式,对国有企业改革和发展必将产生重大深远影响。完善社会主义市场经济体制,实现公有制与市场经济的有机结合,关键在于使国有企业真正成为自主经营和具有发展活力的市场主体。经过多年的努力,我国国有企业管理体制和经营机制发生了很大变化,市场竞争力明显增强,但是一些深层次问题还没完全解决,国有企业改革仍然是整个改革的中心环节。深化国有企业改革,要从调整股权结构、解决企业深层次矛盾入手,通过引进战略投资者,包括吸引本行业的优秀企业、民间资本、上下游企业资本等,加快企业重组,优化资本结构。我国的民营企业和国有企业中,都有一批办得很好的企业,应通过招标的形式,选择合作伙伴。要加强监管,避免企业重组过程中国有资产的流失。要鼓励外资企业特别是跨国公司参与国有企业的改组和改革。要把企业改组与技术改造、体制改革结合起来,只有在企业改制工作完成后,政府再酌情考虑给予投资政策支持。企业股权结构的设计要缜密细致,从实际出发,充分考虑各方面利益。涉及减少用工人员,要妥善安排下岗人员的工作和生活。

公有制实现形式的转变,要求我们必须相应转变思想观念。不能认为只有传统体制下的国有独资企业才是公有制经济,应当看到,分布于各个企业中的国有资本都是公有经济,而且与前者相比,更有利于国有资本的增值;不能认为只有兴办为数众多的国有企业,才能保证国家宏观经济政策的贯彻落实,维护人民的利益,应当看到,由混合所有的股份制企业按照市场需求、依法经营,就是对国家宏观经济政策最好的贯彻落实,就是维护广大人民的利益,也只有摆脱行政干预,企业才能真正独立经营,不断增强国际竞争能力。过去,我们常常把国有企业比作关在笼中的老虎。只有从资本结构上对企业进行脱胎换骨的改造,企业才能转变机制,真正放虎归山,把国有企业中蕴藏的巨大潜力发挥出来。通过股份制改造,把我国现有的经营性国有资产全部盘活,使之像民营资本那样能够流动、变现、增值,那么,国有资本就将成为我国国民经济发展的强大推动力量,成为真正为全国人民谋利益的盈利的手段,在全面建设小康社会和实现中华民族伟大复兴中发挥出不可替代的巨大作用。

(二) 建立健全现代产权制度

产权是所有制的核心和主要内容,又称为财产权或财产权利,是以财产所有权为主的一系列财产权利的总和。具体来说,包括所有权及其衍生的占有权、使用权、经营权、收益权、处置权、转让权等权力。随着经济社会的不断进步,财产的内涵也在不断丰富和发展,现代意义上的财产,包括土地、房屋、设备等不动产和存款、现金等动产,还包括股票、债券等证券资产,也包括有专利、商标等无形资产。因此,现代意义上的产权,是指自然人、法人对各类财产的所有权及占有权、收益权和处置权等,包括物权、债权、股权和知识产权等各类财产权。

现代产权制度是关于产权的界定、运营和保护等一系列经济体制和法规的总称。十六届三中全会《决定》提出,要建立"归属清晰、权责明确、保护严格、流转顺畅"的现代产权制度,这就为国有企业建立现代企业制度提供了前提条件,为发展混合所有的股份制经济奠定了产权基础。

首先,提出建立现代产权制度,是对十四届三中全会提出的建立产权清晰的现代企业制度的继承和发展。产权清晰是建立现代企业制度的首要要求。长期以来,国有企业的资产名义上归全民所有,在现实经济生活中,政府各部门都认为自己是国有资产产权的代表,自然有理由干预企业的经营活动;企业领导人则认为自己是由政府委派的企业资产所有者的代表,因此理所当然地要求政府对企业经营承担无限责任,甚至要求同为国有经济的国有商业银行为企业提供贷款而不必还本付息;企业职工也认为自己是企业财产的主人,但对企业经营效果又缺乏从自身利益上的深切关心。因此,国有企业出资人实际上处于政府、企业领导人和企业职工全都代表又全不代表的状况,所有权的管理不能进入到企业内部,导致企业吃国家的大锅饭,职工吃企业的大锅饭,国有企业缺乏必要的激励机制和约束机制,作为国民经济的一个细胞,已经丧失了发展的活力和资本增值的能力。建立现代产权制度,正是针对这一弊端提出来的。由各级国有资产管理委员会及其所属的国有资本投资经营机构对国有企业履行出资人职责,能够解决国有资本出资人真正到位的问题,把国有资产产权主体和责任主体落到实处,切实维护国有资产权益,实现国有资产保值增值。

其次,建立现代产权制度有利于企业真正成为自负盈亏、自主经营的市场主体。按照所有权和经营权分离的要求,国有资产的管理机构行使出资人的职责,作为股东参加企业的股东会,根据股权的多少享有不同的投票权,并享有不同的收益权,承担相应的风险责任。企业作为经营主体,对所有股东出资的法人财产拥有占有权、经营权、处置权,把资本增值和为股东创造更多的利益作为经营的主要目标。这就使国有企业摆脱行政干预和大锅饭的弊端,按照现代企业制度的要求,建立起适应市场经济要求的新的体制和机制。

第三,建立现代产权制度,有利于推动产权的流动和企业重组。产权的流动和企业重组是市场经济发展的必然要求,通过拍卖、收购、兼并、租赁、参股等多种形式,进行产权的交易和流转,有利于实现资源的优化配置,使先进的企业能够得到迅速的充分的发展,有利于提高资产和资本的运营效率,提高资本利润率。在发达国家,凡是经营得比较好的企业,都非常注重提高资本的利润率,实行以财务为中心的企业管理制度,企业闲置的资产马上处理掉,始终使企业资产处于最优状态。而我国的国有企业长期以来资本不能流动,许多设备闲置多年,也不愿意转让出去。通过建立现代产权制度,如果能够使我们的七万多亿元国有经营性固定资产都能够流转、重组、变现、增值,把国有资产激活,国有资本中蕴藏的巨大发展潜力将能够充分释放出来。

第四,建立现代产权制度有利于为非公有制经济的发展创造长期稳定的政策环境。随着我国各类非公有制经济的迅速发展,各类所有制经济相互融合,形成混合所有的股份制经济,将成为主要的产权组织形式。这就不仅需要对公有资本实行保护,对非公有制资本同样要给予一视同仁的保护,使非公有资本的拥有者放心大胆地进行投资,鼓励非公有制企业做大做强,使社会主义初级阶段的基本经济制度不断得到巩固和发展。

(三)建立现代企业制度并健全国有资产管理和监督体制

新中国成立以来,经过几代人的艰苦奋斗和省吃俭用的积累,我们已经形成了一个庞大的完整的具有相当技术水平的国有经济体系。到 2002 年底,全国国有资产总量共计 11.8 万亿元,其中经营性资产 7.7 万亿元,占 65%,非经营性资产 4.1 万亿元,占 35%;中央占有国有资产 5.7 万亿元,占 48%,地方占有国有资产 6.2 万亿元,占 52%。这是全国人民的共同财富,是13亿人口根本利益之所在,是社会主义经济制度的重要体现。建立有利于国有资产保值增值的管理体制,是经济体制改革的重大任务。

1. 国有资产管理机构必须依法履行好出资人职责

国有资产监管机构作为出资人代表,根据国家授权对国有资本进行监管,关键在于要处理好国有资产监管机构和出资企业的关系。国有资产管理机构要通过健全制度、加强监管、调整国有资本的布局,实现国有资产保值增值,防止国有资产流失,保证所有者权益的实现。同时,国有资产管理机构要维护出资企业作为市场主体和法人主体的地位。国有资产管理机构与出资企业的关系是股东与企业的关系,是出资人所有权与企业法人财产权的关系,要维护企业应享有的各项经营管理自主权,不能直接干预企业的经营活动。对关系国民经济命脉和国家安全的大型国有及国有控股和国有参股企业,重要基础设施和重要自然资源领域的国有及国有控股、国有参股企业,由国务院国有资产监督管理委员会代表国家履行出资人职责,其他国有及国有控股、国有参股企业,由省市国有资产监管机构代表国家履行出资人职责。要实现出资人层层到位,建立健全权责明确、上下协调的国有资产管理机构,完善国有资产监督管理的法律法规,落实国有资产保值增值的责任。

2. 建立国有资本经营预算制度和企业经营业绩考核体系

国有资本经营预算,是国有资产监管机构以国有资产出资人身份取得资本经营收入和安排国有资本经营支出的专门预算,是政府预算的重要组成部分。凡是以国有资产出资人身份取得的收入,都应纳入国有资本经营预算收入。以国有资产出资人身份进行的投资支出,都要纳入国有资本经营预算支出。国有资本经营预算收入应当包括资本经营收入、国有资产出售收入、公共财政预算转入收入和政府性基金收入等。国有资本经营预算支出主要包括投资性支出,各项补贴支出等。实行国有资本经营预算制度是强化国有资产监管职能的重要方式,是调整国有经济布局和结构的重要手段,它有利于健全复式预算制度,完善政府预算体系,有利于强化对国有资产经营的监督管理。

建立企业经营业绩的考核体系,是实行国有资产经营目标管理和落实国有资产经营责任制的重要手段,有利于建立国有资产经营管理的激励和约束机制,把国有资产经营的近期目标和长远目标统一起来,从总体上提高国有资产的质量和经营效益。要建立对企业经营业绩的科学的评价指标体系,并把资产经营效益、资产保值增值、偿债风险和持续发展能力等指标与经营者的报酬和任免结合起来。

3. 继续推进国有经济布局和结构的战略性调整

按照十六大的要求,国有资本要更多地分布在关系国家安全和国民经济命脉的重要行业和关键领域,增强国有经济的带动力和控制力,其他行业和领域的国有企业要通过资产重组、结构调整,在市场竞争中优胜劣汰,实现有进有退。重要的企业由国家控股,进一步发展具有国际竞争力的大公司、大企业集团,放开搞活国有中小企业。

(四)完善公司法人治理结构

按照现代企业制度的要求,规范公司股东会、董事会和经营管理者的权责,形成运转协调的权力制衡机制。企业股权结构的设置应当考虑到各方面的利益,避免一股独大。大股东所占有的股权比例不能超过其他中小股东股权之和,避免内部人控制和大股东牺牲中小股东的利益,在股权结构上建立起权力制衡机制。股东会作为企业的权力机构,主要职责在于选聘董事会成员,决定董事长、副董事长的人选。董事会作为企业的决策机构,对企业的重大经营决策负责。董事会一般应当下设投资委员会、薪酬委员会、提名委员会和审计委员会。投资委员会对企业的技术开发、资产购并、资产拍卖、投资发展等重要问题做出决策。薪酬委员会决定企业职工的内部分配,包括对核心层、骨干层人员持股和职工持股的要求和鼓励政策。提名委员会负责企业重要干部的任免。审计委员会负责企业经营、会计的审计监督。各委员会应当由一名董事负责。为了避免董事会被内部人控制,还应聘请若干外部独立董事,由审计、法律、经营等方面的专家担任。企业的经营管理者由董事会聘任。经营管理者负责企业的日常经营管理,处在企业经营的第一线,并依法在劳动用工、人事等方面享有必要的权力。股东会、董事会和经营层三者之间应形成一个既相互协调,又相互制衡的等边三角形,建立现代企业制度所需要的科学的治理结构。有些大型企业还可设立监事会,负责董事会的部分监督职能。

企业党组织要发挥政治核心作用,并适应公司法人治理结构的要求,改进发挥作用的方式,支持股东会、董事会、监事会和经营管理者依法行使职权,参与企业重大问题的决策。要坚持党管干部原则,并同市场化选聘企业经营管理者的机制相结合。

(五)加快推进和完善垄断行业改革

党的十七大提出,要继续深化垄断行业改革。对垄断行业要放宽市场准入,引入竞争机制,有条件的企业要积极推行投资主体多元化。垄断一般可分为三种情况：一是自然垄断，即关系公共利益的有限资源的独占和国有独资经营形成的垄断，例如，供电系统、自来水供应系统等；二是市场垄断或经济垄断，主要指少数市场主体通过合谋行为，或市场兼并控制行为形成的垄断，如若干企业以合同、协议等方式，确定、维持或变更商品的价格，搞价格同盟，限制商品的市场供应量，阻止新的竞争者进入市场，或排挤其他竞争对手；三是行政性垄断，即政府及其所属部门利用行政权力直接从事基础设施建设和经营形成的垄断，如铁路、通信的建设经营等。这些垄断在发展初期有其必要性和必然性，但发展到一定阶段，就会形成对经济发展的阻碍。

经过多年来的改革，我国垄断行业的改革已经取得了有效进展。电信、电力、民航等行业实现了政企分开、政资分开，同一行业形成了多个市场主体平等参与竞争的格局。如电信行业重组后的几大集团公司，可以在对方区域内建设和经营电话业务，并相互提供平等接入等互惠服务，基本形成了市场竞争的局面，价格高、服务质量差的问题得到了一定程度上的改善。电力行业实行厂网分开，发电和电网企业引入竞争机制，电价、电力体制及电力监管体制改革取得进展。民航业通过联合重组，形成了三大航空集团公司和三家民航服务保障集团。一些行业的国有企业通过改制上市，实现投资主体多元化，在建立现代企业制度方面迈出了步伐。对垄断行业的监管体制也正在积极探索，组建了电力监管委员会，实现政府政策制定职能和监管职能的分开，对提高政府监管能力具有重要作用。

当前垄断行业仍然存在的突出问题，一是改革的覆盖面还比较低，有些特殊性的行业如烟草等尚未进行改革，已经改革的行业还停留在行政拆分的层面，尚未形成规范化的准入制度。二是垄断行业有效竞争的环境尚未形成，拆分的结果是部分行业呈现出从独家垄断转换为地域性垄断的倾向。三是企业内部改革滞后，国有资产占居绝对控制地位或完全由国有独资，许多领域对社会资本尚未开放。四是监管制度改革刚刚起步，除电力以外，其他垄断性行业，包括电信、民航、铁路、石油、天然气等领域尚未建立独立的监管机构，许多领域的监管无章可循，决策透明度低，寻租风险加大。五是有关立法滞后，有些行业出现无序竞争，人为设置障碍，垄断行业的普遍服务等配套制度不健全等。这些问题需要在深化改革中抓紧解决。

加快推进垄断行业改革，首先是要转变政府职能，切实实行政企分开，政资分开，政事分开。目前的垄断行业，政府承担着管理者、监督者和所有者的职责，企业从属于政府，造成政府做了应由企业做的事情，而企业则缺乏竞争的压力。因此，推进垄断行业改革首先要解决政府职能越位、

缺位和错位的问题,通过改革国有资产管理体制和运营机制,切断政府与企业的直接关系,理顺政府与企业的职责分工。政府主要是制定政策法规,并监督政策法规的执行,把市场经营交给企业。其次,要推进垄断行业企业的改革。垄断行业的企业也要建立混合所有的股份制,实现投资主体的多元化,有条件的企业要尽快整体上市,完善公司法人治理结构。大型企业集团要理顺内部产权关系,形成规范的母子公司体制。加强对垄断行业收入分配的监管,改革内部分配制度,抑制垄断行业职工收入的过快增长。探索经营者和科技骨干持股、股票期权等激励办法,形成长效激励机制。要建立对垄断行业的准入制度,消除社会资本进入这些产业的体制障碍。第三,要加强对自然垄断行业的有效监管。目前,有些垄断行业还不具备引入竞争的技术经济条件,如全国的输电网络和铁路网络等,必须建立现代监管制度,既维护垄断行业的有效运营,又维护广大消费者的权益。目前,监管机构设置过于分散,统一的监管权往往被分割在行业监督机构与其他执法机构之间,不仅加大了执法成本,还会导致管理秩序的混乱,降低执法效率。随着机构改革的不断深化,应考虑设立综合性的交通、通信等监管机构。要加快制定和出台《反垄断法》,依法规范企业经营行为、竞争方式和监管机构的职责等。

三、围绕实现国民经济的平稳快速发展,建立和完善计划、财税、金融相互协调的宏观调控体系

改革宏观经济管理体制,需要把破和立结合起来,实行先破后立,先立后破,或破与立同时进行。如果说前述简政放权和打破"大锅饭"是对传统经济体制的"破"的话,那么,建立和完善新型的适应社会主义市场经济要求的宏观调控体系,就是非常必要的了。

(一)市场经济需要宏观调控

党的十四届三中全会通过的《决定》,提出了转变政府职能、建立健全宏观经济调控体系的要求,指出社会主义市场经济必须有健全的宏观调控体系。宏观调控的主要任务是:保持经济总量的基本平衡,促进经济结构的优化,引导国民经济持续、快速、健康发展,推动社会全面进步。宏观调控主要采取经济办法,近期要在财税、金融、投资、计划体制的改革方面迈出重大步伐,建立计划、金融、财政之间相互配合和制约的机制,加强对经济运行的综合协调。计划提出国民经济和社会发展的目标、任务,以及需要配套实施的经济政策;中央银行以稳定币值为首要目标,调节货

币供应总量,并保持国际收支平衡;财政运用预算和税收手段,着重调节经济结构和社会分配。运用货币政策与财政政策,调节社会总需求与总供给的基本平衡,并与产业政策相配合,促进国民经济和社会的协调发展。

市场经济需要有宏观调控,这是由市场经济自身的客观规律决定的。在市场经济条件下,价值规律是各类经济活动必然遵循的规则。生产要素的配置主要靠价值的运动。与传统体制下主要靠行政手段配置资源相比,它的效率更高、效益更好。但是,市场不是万能的,而且有着自发性、盲目性的缺点。有关宏观经济总量、经济结构、收入分配、社会保障等方面的问题,依靠市场是解决不了的,必须通过宏观调控来弥补市场的失效,克服市场自身的缺点。同时,市场要正常地发挥调节功能,有赖于稳定的经济和社会环境,如果出现经济的大起大伏,物价忽高忽低,价值杠杆就不能正常发挥作用。作为一个后发展国家,要实施对发达国家的赶超战略,政府的宏观经济政策具有极其重要的作用。因为只有通过有效的宏观调控,才能实施正确的发展战略,制定能够促进经济持续快速健康发展的经济政策。宏观调控的必要性,也已为发达市场经济国家和新兴工业化国家的经验所证明。所有市场经济发达的国家,都有其各具特点的宏观调控。特别是新兴工业化国家和地区,实现经济起飞的重要原因,在于发挥微观经济活力的同时,国家制定和实施了正确的发展战略。我国人口多、底子薄,发展不平衡,只有实施宏观调控政策,才能使市场竞争的活力得以正确发挥,才能协调经济发展中各种矛盾关系,保持宏观经济的稳定,为实现现代化的发展目标创造良好的宏观经济环境。

(二)在抑制通胀、扩大内需的实践中完善宏观调控体系

从传统计划经济体制过渡到社会主义市场经济体制,要求建立新型的宏观调控体系。从1992年提出建立社会主义市场经济体制的改革目标以来,我们先是在抑制通货膨胀、继而又在扩大内需的实践中不断探索宏观调控的方法,建立和完善宏观调控体系,把改革和发展都大大推向前进。

1992年,在邓小平同志南巡讲话和中国共产党第十四次全国代表大会精神指引下,我国经济发展和改革开放的步伐明显加快。1993年上半年,国内生产总值比上年同期增长13.9%,工业总产值增长25.1%,全社会固定资产投资增长61%,社会消费品零售总额增长21.6%。从这些惊人的指标看,显然经济生活出现了过热的现象。存在的主要问题,一是总量失控。总需求增长过快,大大超过总供给能力。二是结构失衡。股票、期货、房地产等迅速膨胀,而基础设施、基础产业发展相对滞后,特别是交通运输对经济发展的"瓶颈"制约矛盾突出。三是金融秩序混乱。乱集资、乱拆

借、乱设金融机构,开发区热、房地产热相互推动,加剧了总供求关系失衡和结构扭曲。四是各种不合理的减免税和偷漏税使正常财政收支大量流失。五是内外经济失衡。出口增长4.4%,进口增长23.2%,人民币大幅度贬值,国际收支平衡压力加大。

针对经济生活中出现的问题,为了制止整个经济状况的进一步恶化,1993年6月下旬党中央及时发出了《中共中央关于加强和改善宏观调控措施的通知》,采取了一系列宏观调控措施。

在金融方面,制止各种违反国家规定的集资;严格控制各项债券年度发行规模,严格控制地方政策债券的发行,限期撤销擅自设立的金融机构,或限期并入经批准的金融机构,取缔有价证券的黑市交易。严格控制货币发行,停止人民银行对非银行金融机构发放贷款,限期收回违章拆借资金,两次提高存贷款利率,取消省级分行7%的贷款规模调剂权,任何集资利率都不得高于同期国库券利率,优先保证国库券和国家重点建设债券的发行。

在财税管理方面,强化税收征管,清理越权审批的减免税,减免能源交通基金和预算调节资金的政策一律无效,控制社会集团购买力的过快增长,压缩预算会议费20%,严格控制出国活动和各种招商办展览活动。

在外汇管理方面,完善外汇上缴办法,严格审批对境外投资和其他外汇资本流出;在国内外汇市场抛售数亿美元,对汇价进行大规模干预;严格限制外币在国内市场流通,取缔炒买炒卖外汇等投机活动。

在控制固定资产投资方面,严格控制投资规模,清理在建项目,从严控制新开工项目;加强房地产市场管理。

在控制物价上涨方面,严格控制国家管理的商品和服务项目提价;停止出台地方管理的物价调价措施;建立粮食风险基金和副食品调节基金。

上述宏观调控政策的实施,取得了明显效果。经济过热的状况得到抑制,金融秩序明显好转,乱集资、乱拆借、乱设金融机构等混乱现象基本得到控制,乱拆借资金收回一半以上。清理整顿房地产和开发区等措施,有效抑制了投机和泡沫经济,股票市场趋于稳定,房地产热降温。

为了巩固宏观调控的成果,使宏观经济管理适应社会主义市场体制的要求,1994年,党中央、国务院果断推出了财税、金融、外汇、价格等宏观经济管理体制的重大改革。虽然改革涉及面广,难度和风险大,但由于改革方案准备充分,改革配套措施同步进行,在实施中又妥善处理了出现的问题,各项改革进展顺利。新体制及时到位,巩固和发展了宏观调控的成果。1995年,又进一步将抑制通货膨胀作为宏观调控的重要任务,并以此为中心,相应采取了一系列措施。主要有:实行适度从紧的财政货币政策。继续严格控制固定资产投资规模,严格控制新开工项目,严格按计划控制固定资产投资贷款，清理在建项目。控制消费基金的过快增长，制止和纠正乱加工资、乱发奖金和津贴的做法。整顿流通秩序，加强对市场价格的调控和监管。发挥国有商业和供销社稳定市场、平抑物价的主渠道作用。建立健全中央、地方两级重要商品储备制度和价格风险基金，增强国家调控市场的经济实力。从多方面采取措施，加强农业，实行"米袋子"省长负责制、"菜篮子"市长负责制和物价控制目标责任制，实施建立城市副食品供应基地为主要内容的"菜篮子"工程。利用进口，增强调剂国内市场能力，健全市场法规，规范市场价格行为，加强价格监管。

经过连续几年的宏观调控，不仅有力地促进了国民经济持续、快速、健康发展，而且有效地解决了在大步前进中曾一度出现的投资、消费增长过快，金融秩序混乱，货币过量发行，物价涨幅过高等突出矛盾和问题，避免了经济可能出现的大起大落，基本实现了"软着陆"。整个经济开始进入适度快速和相对平稳的发展轨道。

随着"软着陆"的成功，经济生活中又出现了需求不足的矛盾。1997年下半年，亚洲金融危机爆发，周边国家和地区货币大幅度贬值，进出口下降，给中国经济发展带来严重影响。为了保持经济的持续快速增长，1998年春天，中央果断决策，采取扩大内需的政策。下半年发行国债1000亿元，吸引银行贷款1000亿元，集中用于农林水利；交通、通信、城乡电网、国家直属储备粮库、城市经济适用房、生态环境和城市基础设施建设。1999年，又进一步增强扩大内需的力度，继续采取积极的财政政策，增发国债，集中用于在建的基础设施项目、企业技术改造、生态环境、扩大大学招生所需要的基础设施等方面。银行采取措施增加货币供应，1998—1999年上半年，中央银行四次大幅度降低利率，取消对商业银行的贷款规模控制，多次发布贷款指导意见，并增加了对农村信用社的再贷款，扩大了对中小企业贷款的利率浮动范围。中国人民银行为增加基础货币投放，改进存款准备金制度，扩大国债、金融债公开市场业务，加大央行在货币市场的操作力度。在物价连续20多个月负增长的情况下，经济仍保持了较快的增长速度。

从抑制通货膨胀到扩大内需，宏观调控体系在实践中不断完善。计划、财政、金融三大调控手段互相配合，协调运作，提高了宏观调控的效率。这一时期是宏观调控体系从建立到走向成熟的时期。概括1993—2000年宏观调控体制和运行机制，有以下几个特点。

1. 通过年度计划确定科学的宏观调控目标体系

宏观调控首先要有明确的目标，各种调控手段围绕目标进行运作，才

能形成合力,达到事半功倍的效果。每年年底,中央召开经济工作会议,分析经济形势,提出新一年经济发展的目标及政策措施,形成年度计划草案,提交全国人大会议讨论。年度计划的核心是八大宏观调控目标,即经济增长速度、全社会固定资产投资、价格上涨幅度、进出口总额、财政收支、货币发行量、城镇登记失业率、人口自然增长率。这八个指标是互相影响互相制约的,它全面反映着经济运行的状况。合理确定这八大目标,必须对经济运行的态势进行深入分析和科学预测,充分考虑宏观经济政策的力度和效果。一般它是由国家计委与财政、银行等有关部门经过反复磋商,并听取专家的意见,经过多次反复论证由国务院确定的。经过全国人大审议批准,它就具有了法律的效力,政府各部门将全力保证各项目标的实现。所以,从这个意义说,计划是宏观调控的依据,是协调各种调控手段的基础。

2. 根据经济运行出现的新情况,及时采取调控措施

在经济运行过程中,经常出现许多意想不到的情况。宏观调控体系必须能够及时发现和跟踪这些新情况,并及时调整政策方向和力度,以实现宏观调控目标。当遇到对经济影响比较大的因素,实现调控目标有困难时,需要经全国人大常委会批准,对宏观调控目标进行修改。能不能对突发性问题做出及时正确的反映,是对宏观调控体系有效性的考验。

1997年下半年东亚金融危机爆发,对我国出口产生了严重影响。1998年以来,国家采取了一系列宏观调控措施,来弥补国际金融危机对我国经济的影响,包括实施积极的财政政策,发行国债,加强基础设施建设;制定鼓励民间投资的政策,改善对中小企业的金融服务;调整收入分配政策,增加工资,提高下岗职工基本生活费、失业保障金和城镇最低生活保障线标准;调整价格,取消不合理收费,开设消费信贷,以刺激消费;加快城镇住房制度改革,培育城镇住宅业成为新的经济增长点;扩大大学生招生规模;提高出口退税率,增加出口信贷支持力度;扩大允许外商投资的领域,采取更积极的吸引外资的政策,等等。这些调控政策措施的及时出台,对解决需求不足的矛盾,支持经济的持续快速健康发展,发挥了重要作用。

3. 财政、货币、投资、消费、出口和分配政策密切配合

宏观调控的多种经济杠杆是互相联系的统一整体,应围绕同一调控目标,配合协调,联合行动。在财政政策与货币政策的配合上,应当说,在1993—1996年抑制通货膨胀的过程中,货币政策发挥了较大的作用。而在之后几年启动经济扩大内需的过程中,财政政策发挥了较大的作用。实施积极财政政策的目的,除了运用财政债券进行一些重点项目建设外,更重

要的在于带动银行贷款和民间投资的增加，带动消费的增长。

4. 宏观调控政策会出现失效现象

宏观调控政策并非都能达到预期的目标，有时调控效果非常灵验，有时则出现失效的情况。从实施宏观调控政策的情况看，一般来说，控制需求的政策效应比较灵敏，而扩大需求、增加有效供给的政策，在短缺经济时代是灵敏的，但在买方市场条件下，往往比较困难。具体表现为，人民银行曾连续七次降低存款利率，希望能启动消费和投资，但居民储蓄仍然大幅度增加，市场销售仍然疲软，投资欲望仍然不强。银行希望增加基础货币投放，增加贷款，但由于受有效需求不足的制约，货币投放难以较快增加，贷款的增长也比较困难。这在新中国几十年的历史上，是从没遇到过的新问题。这说明，宏观调控政策的实施，需要有配套的政策和适宜的经济社会环境，要有政策的传导机制。否则，政策就很难得到社会的响应。

（三）在解决经济运行的具体问题中不断改善宏观调控

2002—2007年，是我国宏观调控走向成熟的五年。这一时期，由于不断改进宏观调控，我国国民经济进入了平稳快速增长的新阶段。五年GDP年均增长速度为10.7%，年均消费价格上涨幅度为2.6%，财政收入年均增长为22.1%，规模以上工业企业实现利润前四年年均增长35.5%。取得这一成就，关键在于通过适时适度的宏观调控，及时化解了经济运行中的不健康因素。从2004年下半年开始，针对经济生活中出现的钢铁、水泥、电解铝、房地产等行业投资增长过快问题，国务院采取了有保有压的调控措施，通过严格控制土地、信贷供给"两个闸门"，抑制了高消耗、高投资、高排放行业投资的过快增长，引导资金投向符合转变经济增长方式要求的方向。2005年，在宏观调控中，除了继续运用好"两个闸门"之外，又增加了"两个门槛"，即提高新上项目的环境和产业政策门槛。新上项目没有通过环境评估和产业政策对工艺技术水平、资源消耗指标等方面要求的，不许上马。通过宏观政策导向，加大了投资结构调整力度，既有效抑制了投资的增长速度，又推动了经济增长方式转变，对实现经济的平稳较快增长，避免出现大起大落，发挥了重要作用，充分体现了运用自如、恰到好处的宏观调控艺术。

2007年下半年，由于猪肉等农产品供给出现波动，引起相关食品价格的上升。2007年消费品价格上涨4.8%，其中因食品价格上涨拉动因素占80%以上，在食品价格上涨的因素中，猪肉及相关食品价格又占50%以上。同时，进口大豆价格上涨带来食用油价格上升。国际石油和铁矿石价格大

幅攀升，对国内能源、原材料价格上升带来较大压力。2008年1—5月，消费品价格同比又上升8.1%，成为经济运行中的一个突出问题。按照2007年底中央经济工作会议确定的方针，2008年宏观调控的重点是"双防"，即防止经济由偏快转为过热，防止物价由结构性上涨转变为全面通货膨胀。为此，中央决定采取稳健的财政政策和从紧的货币政策。财政政策以鼓励短缺农产品的生产、增加低收入人群的生活补助为主，货币政策围绕消化银行流动性过剩，保持较高的利率，同时提高存款准备金率、扩大央行票据吸纳货币。预算到2008年下半年，消费品价格指数有可能下降。在抑制通胀的同时，注重提高消费率，增强消费对经济增长的拉动作用，避免投资增长速度过多下滑。相信通过采取一系列调控措施，将会使五年来良好的发展势头继续保持下去。

随着我国经济规模的扩大和与国际经济的联系日益紧密，经济发展中必然会遇到新的矛盾和问题，针对新情况，需要不断丰富调控手段，提高宏观调控的有效性、及时性、预见性，完善计划、财税、金融相互配合的宏观调控体系，为实现经济的又好又快发展提供体制机制保障。

中国经济50人论坛
Chinese Economists 50 Forum

邓小平领导中国改革的伟大活剧[*]

周其仁

---

[*] 2008年7月14日在芝加哥大学召开了"中国改革30年研讨会",其发起人和主持者是98岁高龄的科斯教授。科斯认为,如果没有一篇关于邓小平的论文,这次研讨会将是不完美的,并且提出"你可能是提供这样一篇论文最合适的人选"。我按照要求完成了科斯教授指定的题目,The Unfolding of Deng's Drama。本人将此文提交给《中国经济50人看三十年:回顾与分析》,以纪念中国改革开放三十年。——作者注

周其仁简历

北京大学中国经济研究中心教授

1982年毕业于中国人民大学经济系。上世纪80年代先后在中国社会科学院和国务院农村发展中心工作，从事改革与发展问题的经济研究。90年代后先后到英国和美国多所大学访问、求学，后获UCLA博士学位。

1995年底后回国到北京大学中国经济研究中心任教。2001—2005年春季在浙江大学经济学院访问任教；2006年春季在复旦大学经济学院访问任教。从2000年起，先后应聘为中欧国际工商学院、中国人民银行总行研究生院和长江商学院开设课程。近年的研究领域包括产权与合约、人力资本与企业理论，垄断、管制与管制改革、医疗体制改革与货币问题。

2008年5月起任北京大学中国经济研究中心主任。

主要学术著作有：《改革面临制度创新》（上海三联1988年版）；《农村变革与国民经济发展（上、下）》（牛津大学出版社1995年版）；《数网竞争》（北京三联2001年版）；《真实世界的经济学》（发展出版社2001年版；香港花千树出版公司2002年版）；《产权与制度变迁》（中国社会科学文献出版社2002年版）；《收入是一连串事件》（香港花千树出版公司2003年版，发展出版社2004版）；《产权与制度变迁（增订本）》（北京大学出版社2005年版）；《挑灯看剑——观察经济大时代》（北京大学出版社2006年版）；《世事胜棋局》（北京大学出版社2007年版）；《病有所医当问谁》（北京大学出版社2008年版）。

第一次看到科斯的名字，是在一本小书上。那是 1985 年夏天，北京四通公司的一位朋友悄悄给了我两本小书。翻开一看，是张五常著的《中国的前途》和《再论中国的前途》，由香港信报出版。但落在我手上的这两本，却显然是盗印的：开面很小，纸质奇差，有照相翻拍的明显痕迹；封皮上没有字，里面印有"内部读物"的字样。

不知道谁是张五常。可是翻开他的书，就不能放下。在《中国的前途》的第 148 页，五常这样介绍："科斯对经济制度运作理解的深入，前无古人，且对中国的经济前途深表关怀"。书中提到了科斯的两篇大文，用产权（property rights）与交易费用（transaction cost）的概念阐释了制度和制度变迁的理论。那时我自己对市场交易没有多少感受，因此对"交易费用"不甚了了，特别是对把交易费用似乎假设为零的"科斯定理"，感到有理解方面的困难。但是，对于"产权界定（delineation of rights）"，却立刻觉得它有非凡的解释力。

为什么独对产权界定别有感悟？容我交代一点背景。我是 1978 年从黑龙江农村考到北京读大学的。此前，我没有机会上高中，不过是 1966 年的一个初中毕业生，经历了三年停课，"文化大革命"后于 1968 年上山下乡。等我拿到入大学通知书的时候，已在邻近俄罗斯的边陲之地上山下乡十年了。对我这样的人来说，邓小平时代的第一页，就是他于 1977 年 8 月做出的恢复高考的决定。这一页改变了我们一代人的命运。

1978 年 10 月后的北京，是中国伟大变革的漩涡中心。我们为重新获得读书机会而奋发学习。不过在那时的北京城，似乎也摆不下一张完全平静的书桌。我们到西单看过大字报，传阅过当时一切可得的有关日本、美国、欧洲、中国香港、韩国、新加坡现代化情况的报道，也聚在一起收听十一届三中全会的新闻公报，以及邓小平对意大利女记者法拉奇的著名谈话。站在那个中国开放时代的端口，为了消化大量扑面而来的新鲜信息，我们在自发组织的读书小组里度过了无数不眠之夜。

不过，最打动我们的，还是在一个聚会上听到的安徽农村包产到户的消息。那是亲到现场调查的人带回的第一手报告：大旱天气增加的饥荒威胁，逼得农民悄悄把集体土地分到了户；结果，粮食大幅增产，但"包产到户"却不合法，农民只在底下秘密推进。这个故事让我们兴奋。在贫困好像与生俱来、无可更改的中国农村，原来也存在迅速改善生活的路径！我们的困惑是：为什么被实践证明可以促进生产、解决农民温饱的生产方式，却得不到"上层建筑"的合法承认呢？

1980 年，以部分北京在校大学生为主、自发成立一个农村研究小组，立志研究中国农村改革和发展面临的种种问题。由于全部有过上山下乡的

亲身经历、其中还有几位本人就是农民出身,大家志同道合,心甘情愿地重新走进农村和农民的生活,观察、询问、调查、分析、研究和辩论,提升了对真实世界的认知水平。机缘巧合,这群"北京小子"的工作,得到了杜润生先生等前辈中国农民问题顶级专家的欣赏、指点和支持,把我们带入改革政策的制定过程。其中个人最离奇的经历,就是身为一个非党人士,也参加了80年代中共中央关于农村改革几个政策文件的准备、起草、修订、成文的全过程——按规矩,这些党内文件一旦下发,是不可以让我这样的党外人士阅读的!仿佛在不经意之间,我们见证了历史:对于8亿中国农民来说,包产到户才是邓小平领导中国改革伟大活剧的第一幕。

一、中国特色的产权界定

包产到户并不是"新生事物"。调查表明,早在1956年下半年,浙江永嘉县就出现了包产到户——刚被卷入高级社的农民发现"大锅饭"带来出工不出力的消极倾向,就把集体土地划分到农户,以此约束集体成员努力劳动。后来我结识当年主政那个地方的县委书记李云河,他因赞成包产到户而被革职、遣返老家务农长达21年之久!1959—1961年间,包产到户出现在"大饥荒"最严重的所有省份,其中仅安徽一地就蔓延到全省40%的生产队,农民把能够有效抵抗饥荒的责任田称为"救命田"。问题来了:既然包产到户不是邓小平主政中国以后才出现的现象,更不是邓小平自上而下"发明"或推行的一种土地制度,为什么要把农村包产到户改革看成邓小平伟大活剧的第一幕?

答案要从包产到户本身寻找。"包产到户"的学名是"家庭承包责任制"(household contracted responsibility system)。在这套制度下,集体的土地分给农户,以农户承担一定的责任为前提。在开始的时候,农户的责任通常联系着"产量"——以相应土地面积的常年平均产量为基线,农户承诺将交多少给国家、多少给集体,以此交换土地的承包经营权。很明白,这是一个"增加的产量归农民"的合约,对生产积极性的刺激作用不言而喻。另一方面,承包到户的土地,并没有改变"集体所有制"的性质——它们还是公有的,只不过按照约定的条件交给农户使用而已。

农民和基层生产队发明了家庭承包责任制,也证明了这套办法能够有效地增加产量、抵御饥荒。但是,农民和基层生产队并不能决定包产到户能不能得到合法的承认。这是苏式中央集权体制的一个派生物:任何经济组织、生产方式的变动,都被看成事关社会主义道路和方向的大事,因而都必须由最高权力当局决定。在中国,从"三条驴腿的合作社"到几万、甚至几十万人组成的超级人民公社，从要不要办集体食堂到可不可以由社员私养集体的母猪，一切皆由中央和中央主席定夺。可是，毛主席对集体土地承包给农户经营的办法抱有很深的成见。有记录说，虽然严重的饥荒也曾逼迫主席默许包产到户，但只要"权宜之计"产生了效果，经济情况有所改善，他老人家就一定高举阶级斗争和路线斗争的大旗予以无情打击。在整个毛泽东时代，包产到户屡起屡背。

自发的合约得不到法律承认和保护，对当事人的预期和行为就有不利的影响。我们看到，自发的包产到户固然可以让农民尝到增产和温饱的甜头，但此种好处究竟能不能持续？未来继续承包的条件有什么改变？以及在什么情况下承包模式又可能被批判？——所有这些疑虑都影响着农户的生产和投资（农地保护和改良）决策。这是来自合约本身性质的一个实质性的困难：作为有待兑现的一组承诺，不稳定的预期无可避免地要增加合约的履行成本。

邓小平的贡献，是把国家政策的方向，转向了对促进生产力的自发合约提供合法承认与保护。这并不是这位伟大政治家一时心血来潮的杰作。据杜润生回忆，早在1962年邓小平就谈到，"生产关系究竟以什么形式为最好，要采取这样一种态度，就是哪种形式在哪个地方能够比较容易比较快地恢复和发展农业生产，就采取哪种形式；群众愿意采取哪种形式，就应该采取哪种形式，不合法的使它合法起来"（见《杜润生回忆录》，第332页）。这说明，邓小平早就明白"合法承认"对特定生产关系（产权与合约）的意义。当历史把他推上了执政地位之后，邓小平就用"这样一种态度"来对待农民和基层创造的家庭承包责任制。

在邓小平路线下，农民家庭承包制获得了长足的发展。家庭承包制由落后边远地区扩展到发达地区农村、进而几乎覆盖了全国所有农村生产队；土地承包的期限由一年、三年、十五年、三十年扩展为"长期不变"；合约的责任从联系产量开始，逐步演变为联系土地资产。农民家庭承包责任制不断得到更高规格的合法承认：从基层的秘密存在，到地方政府的承认，到中共中央政策文件的肯定。最后，2002年，中国的人大通过了《农地承包法》，确立了农户家庭承包责任制的法律地位。按照这部法律，全部农地的使用权、收益权和转让权，都长期承包给了农户；"集体"仍是农地在法律上的所有者，但其全部经济职能就是到期把所有农地发包给农民。随着承包户拥有续订合约的优先权，"长期不变就是永远不变"。

中国人创造的这个经验，让我们想起了科斯在1959年提出的一个命题："清楚的产权界定是市场交易的前提"（中译见《生产的制度结构》，第73页）。我们可以说，产权界定也是合约的前提——要不是双方或多方

各自拥有清楚的资源产权,他们之间怎么可能达成任何一个合约?可是,中国的实践却提醒人们:恰恰是承包合约才界定出清楚的农民对土地的权利,因为在订立承包合约之前,作为集体成员的农户究竟对集体土地拥有何种权利,通常是模糊不清的。这是不是说,农户的产权反而是经由合约才得到界定的?在这个意义上,我认为可以得出一个新的结论:合约缔结与产权界定根本就是不能分开的同一回事。

合约可以经由再合约(re-contracted)得到调整,而经由合约不断界定的产权也就可以不断进一步明确其经济含义、并逐步提升产权的"强度"。我们在中国看得清楚,后来被列入宪法保护范围的私人财产权利,最初就是从城乡公有经济的承包合约中产生并发展起来的。私人承包获得的公有资源在约定条件下排他的专用权,不是私产又是什么?按照承包合约,超出约定产量的部分一般归承包人所有,这难道不正在创造更完备的私产吗?随着承包私产和超越承包形成的私产不断由少增多、由弱变强,公有制成员不断扩大对外缔结合约的范围,循序渐进地积累起更多的私产,也进入更丰富多样的市场合约网络。这套经由合约界定出清晰产权的办法,从农业扩展到非农业、进而扩展到城市,奠定了中国市场经济的基础。

来芝加哥参加这次会议的时候,正是中国春小麦的收割季节。此刻在华北农村的田野上,有一副壮观的画面:成千上万台拖拉机和收割机,顺着庄稼成熟的路线跨村庄、跨市县、跨省份移动。这些拖拉机和收割设备,有私人的,有多个私人拥有并集合到一个合作社或一个股份公司的,也有"公司"承包给私人经营的。他们作业的范围,早就超越了一个个"集体"的狭小范围,唯有一个复杂的市场合约网,才把他们与数目更加巨大的农户、合作社、公司制农场的收割服务需求连到了一起。甚至政府也参加了进来,一道道紧急颁布的命令,不但要求沿途高速公路对这些农机分文不取,而且要求提供良好的服务。这是经历了30年改革的中国经济的一个缩影:产权与合约构成了所有活跃的生产活动的制度基础。

邓小平本人不一定看到过"产权界定"的理论表达。可是,邓的改革之道就是坚持产权界定并寸步不移。这套中国特色的产权界定,一直受到来自不同方向的批评。一种批评说,邓的改革逾越了"一大二公"经济的最后边界,因而背离了经典社会主义。这个批评忽略了继续维系一个不断支付昂贵的组织成本的体制的巨大代价,这一点,人们通过比较改革的中国与拒不改革的那些国家经济表现上的显著差别,就可以获得深刻印象。另一种批评认为,基于承包合约的产权改革远不如"全盘私有化"来得彻底和过瘾。这种批评则看轻了制度变迁所要付出的代价:只要过时的观念和既得利益缠住了相当多的人群,任何"激进和彻底的改革"在实际上寸步难行。甚至,制度选择的"最终目标"也受制于交易费用的状况。例如,这次我们大家到芝大开会,都要借助属于芝加哥市政的"公共通道"。为什么不把天下所有的"公路"都彻底化为"私路"呢?答案是费用。每人一条专用的道路显然太过昂贵,于是社会退而求其次,在保留"公路"的同时约束人们的行路规范。

邓小平不为任何批评所动。他始终坚持一点,无论如何也要容许中国人在实际的约束条件下从事制度和组织选择的探索和试验。任何产权、组织或合约形式,只要被证明可以促进生产的增加和人民生活的改善,邓小平就乐意运用自己的政治威望动员国家机器,在"中国特色社会主义"的总标题下为之提供合法承认。这看起来似乎只是一套非常实用主义的策略。但是,有了科斯以来经济学的进展,我发现在中国改革的实践经验里,包含着具有很高普适性的道理,这就是广义的交易费用决定着制度的存在及其变迁。

二、把企业家请回中国

2006年,我访问了浙江东部台州市松门镇的一家民营公司。创办人叫江桂兰,是位农家女,中学毕业后打工10年,1991年靠私人借贷来的20万元,办起了这家塑料制品厂。四年后,江桂兰在广交会上向别人转租来的六分之一展台上,与外商签订了第一个出口合同。又过了十年,江的公司已成为肯德基全球用餐具的主要供货商。等我到访的时候,江的公司有1000多名工人,每年出口600个集装箱制成品。

江的故事在今天的中国非常平常。比起华为的任正非、阿里巴巴的马云、吉利汽车的李书福、蒙牛的牛根生以及其他大牌明星般的民营公司老总,江桂兰过于普通了。不过,要是在改革前,江的公司就是比现在小一百倍也容易"举世知名"——在那个时代,任何"自由雇佣"工人的企业,绝对都有机会作为"资本主义的典型"而登上政治新闻的榜首!同样是私人办公司,从被看作"资本主义"的洪水猛兽,到被戴上"民营企业家创业"的桂冠,满打满算也只不过30年——中国到底发生了什么?

为了回答这个问题,人们当然要提到来自实际经济生活的压力。一方面,在"短缺经济"下商品和服务的长期匮乏,满足不了城乡居民家庭最基本的生活需要;另一方面,单一公有制经济又容纳不了日益增长的就业要求,特别是不能吸纳包产到户改革后释放出来的巨量"农村剩余劳动力"。两方面压力的汇集,逼迫中国以更灵活的方式组织经济。

于是,在单一的公有制经济的身边,出现了野草般顽强成长的"个体

户"。当年北京的一个标志性事件,就是回城的下乡知青在路旁摆摊出售"大碗茶"。他们自我雇佣或利用家人劳力,靠私下筹集的小资本捕捉种种市场机会。一些个体户取得了成功,而日益扩展的市场要求他们进一步扩大生意的规模。结果,"个体户"开始越出了"家庭劳力加两三个帮手"的规模,向着雇佣更多工人的"私人企业"方向演变。挑战来了:社会主义中国怎么可以容许"资本主义剥削"的复辟?

对传统思维而言,私人拥有生产资料,自由雇佣、特别是雇佣工人超过7人以上的企业,当然就是"资本主义剥削",与社会主义格格不入。这条马克思和前苏联模式划下的铁的界线,中国自1956年完成了"工商业社会主义改造"后,也再也没有逾越过。现在,改革突破了传统戒条,是不是"走资"的疑虑笼罩中国。

同时高举改革开放与坚持社会主义两面旗帜的邓小平,抓住了一颗瓜子破解难题。80年代初,安徽芜湖个体户年广久炒卖的"傻子瓜子"受到市场追捧,生意迅速扩张。1981年9月,年氏父子三人从雇4个帮手开始,两年内发展成一个年营业额720万元、雇工140人的私人企业。"傻子"当上了老板,争议也从芜湖一路到了北京。如何定夺小小一颗瓜子里面的大是大非?

我当时供职的农村政策研究机构是杜润生领导的,他组织了关于"傻子瓜子"来龙去脉的调查,并把有关材料报到了邓小平的案头。记得当时传回来的小平指示,斩钉截铁就是"不要动他"四个大字!其中,最了得的还是那个"动"字,因为这一个字就包含了"运用国家机器的强制手段给予取缔和打击"的全部意思。既然历史经验显示过去那套做法效果不佳,小平的意思就是多看看、多试试,再也不准用专政手段对待像年广久这样的民营企业家。

邓小平的办法就是允许实践、并从实际出发来观察和分析。冷眼看"傻子瓜子",并不难厘清其中的是非曲直:年广久雇佣的140名工人,原本都得不到国有公司的工作机会;年广久付给工人的薪水,不低于当地国有工厂的给付水平;这些工人原本或失业,或从事其他工作但收益还不如给年广久打工。更重要的是,"傻子瓜子"的市场成功,刺激了更多的瓜子供给——老板与老板的市场竞争加剧了,不但是顾客的福音,更是工人的福音!可是,"资本主义剥削"的公案又作何处理?

没有人指出,剩余价值学说的基础是交易费用为零。马克思在理论上坚持,当资本在"流通领域"雇佣劳力时,双方交易遵循的是等价原则。在这里,一切商品包括劳力商品的价格等于价值,因此就排除了资本对劳力的剥削。奥秘发生在其后:当资本家带着雇来的工人进入工厂的大门以后，通过组织、指挥、命令工人生产出高于其劳力价值的产品；最后，企业主带着这些产品回到商品流通领域，再次通过等价交换而完成剩余价值的实现。

很明白，在上述各个环节，都没有交易费用这回事。不是吗？资本家似乎可以不费吹灰之力就发现了顾客及其需求的各种细节，从而决定生产什么和生产多少；资本家也不费吹灰之力就发现了待雇的劳力和其他生产要素，从而决定以什么价格、什么合约形式雇多少要素；资本家甚至无需付出监督和管理的努力，就可以使团队产品自动大于团队成员个人产品的算术之和。在这个前提下——也仅仅在这个前提下——我们当然同意马克思的意见："剩余价值"不但是"多余"的，而且还带有道义上不公正的剥削性质。

问题是，真实世界里的交易费用绝不为零。一般如商品和服务的买家与卖家，特殊如资本家与工人，他们之间在市场上的互相发现、订约和履约，都要付出昂贵的费用。交易费用不为零，就既不存在自动的"等价交换"，也不存在不需要经营、监督和管理的经济组织。从这点看，发现市场、协调供求、组织生产等项职能，绝不是"多余的"。资本家们获取的报酬，部分是投资于企业的财务资本的利息，部分是作为企业家人力资本的服务回报。至于这些收入的水平高低，是由市场竞争——企业家与企业家的竞争、工人与工人的竞争、商品买家与买家的竞争、以及商品卖家的竞争——决定的。

资本家当然要利用自己的相对稀缺性谋求更高的收益。像任何市场中人一样，资本家也可能在履行合约的过程中，侵犯、损害各相关利益方——其他股东、各种债权人、工人、上下游供应商、产品经销商、甚至顾客——的利益。人们可以用"剥削"之名囊括所有这些侵权行为，但是无论如何，"剥削"并不是资本家的唯一职能，正如可能的假冒伪劣行径并不是商贩的全部职能一样。在真实世界里，人们节约交易费用的行为与增加交易费用的行为——两者皆可图利——经常混杂在一起。究竟哪一种行为主导了经济，取决于现实的约束条件——习俗、道德、法律及法律的实际执行。

那么，究竟怎样对待真实过程里的资本家呢？前苏联模式得出的了一个革命的结论——"消灭资本家，消灭一切剥削"。但是，这样一来，把资本家节约交易费用与组织成本的职能也一并消灭掉了。问题是，交易费用并没有随着资本家的被消灭而消失。社会主义经济仍然面临节约建设成本、生产成本、制度成本和组织成本的严重问题。结果，把资本家打翻在地的社会主义国家，只好由自己来扮演"总资本家"的角色，即用"没有资本家的资产阶级法权"（列宁）来管理国民经济。几十年的实践结果表明，中央计划体制不但运行成本奇高，也并没有完全消灭"剥削"——作为等级制替代产权与市场合约制度的产物，官僚特权替代了资本家的剥削；在"大锅饭"的体制下，多劳不能多得的，天天受到"不多劳却多得"行为的剥削。这个结果应该出乎革命家当初的预料，它当然要被反思。邓小平不允许把重新冒头的民营企业一棍子打下去，坚持多试试、多看看，意在探索把复杂问题分开来处理的路径。前苏联和中国自己的历史教训时刻提醒着中国改革的决策者，为什么社会主义经济非要把资本家连同创业精神、市场判断力、组织和协调生产的能力一起抛弃呢？

邓小平把企业家请回了中国。他执掌中国后不久，就高度肯定了历史上"民族资产阶级"的代表荣毅仁，并大胆决策划出一笔国有资本交付荣先生全权打理——这开启了"国有资本+企业家"的新经济模式。邓小平还运用自己的政治权威，多次对"傻子瓜子"这个事件表态，不准再动用国家机器鲁莽地扼杀民营企业家。这位革命老人一次又一次耐心地问：允许这些企业家的存在，难道真的就危害了社会主义吗？

越来越多的人得出了正确答案。随着企业家的存在被广泛认为是"对的"（right），创业当企业家就再次成为中国人的一项权利（the rights）。改革以来，中国发布了多个政策文件、通过了多部法律，并数度修订宪法，逐渐承认并保护了普通人自由缔约、创办各类企业、按投资要素分配收入的合法权利。据一项权威发布，到2007年底，中国的民营经济约占国民生产总值的50%，非农就业的70%，税收的30%~40%。这是改革前无论如何也不能想象的。

三、重新认识看不见的手

从1985年5月开始，邓小平连续几年推动"价格闯关"。这意味着，原来由国家规定和控制的物价，要放开由市场决定。此前，中国已形成了一种"价格双轨制"，即按计划指令生产的产品由国家定价，超计划增产的产品则按市场供求决定价格。这个过渡性的体制，在显著刺激增产的同时，也造成分配方面的混乱：同一个产品的"市场价"高于其"计划价"数倍甚至十数倍，以至于任何有"门路"的人，都有机会把计划轨道上的产品倒卖到市场上而大发横财。一时间，"寻租"盛行，公众反感。邓和他的同事们决心推进价格改革，解决问题。

价格改革之所以被称为"闯关"，是因为此前的波兰，因放开食品价格，影响工人生活，导致大罢工和波兰共产党的下台。中国"价格改革"

的代价究竟有多大，能不能平稳推进，没有谁可以打包票。邓小平决心用自己的权威推进价格闯关。他甚至说，乘我们老同志还在，勇敢闯过这一关。

1988年7月，国务院宣布开放名烟名酒价格。这其实是一次试探性的前哨战。8月中旬，中共中央政治局会议通过了《关于价格、工资改革的方案》。不料，会议公报发表的当天，全国各地就出现居民抢购食品和生活用品、又拥到银行挤提存款的风潮。十天以后，国务院宣布加强物价管理、不再出台物价调整项目、提升银行存款利息、全面整顿市场秩序。9月，中共政治局决定开展全国范围的"治理整顿"。第一波"价格闯关"搁浅。

事后我的理解，在累计发放货币过多的条件下"放开价格"，势必把原先"隐形通胀"转成为群众不可能接受的显形高通胀。这证明，即使得到了政治方面的强力支持，在高通胀环境下也难以顺利推进价格改革。中国进入了为期三年（1989—1991）的"治理整顿"期，政府用行政手段抽银根、压投资、管物价；经济增长减速，经济改革停滞。让中国和世界大吃一惊的是，邓小平在1992年春天再次奋力推进中国改革。他以一个88岁退休老人的身份，发表了著名的南方谈话——"不改革开放，只能是死路一条"。邓小平特别提出了长期困扰中国改革的问题：坚持计划体制是不是就等于"姓社"（会主义）？走市场之路是不是就等于"姓资"（本主义）？他的答案石破天惊：计划和市场都不过是配置资源的方式，社会主义同样可以走市场之路。

在邓小平的推动下，中国于1992年再度勇闯价格关。是年，新放开的生产资料和交通运输价格达648种，农产品价格50种，其中包括在全国844个县（市）的范围内，放开了长达几十年由国家统购的粮食价格，并放开了除盐和药品以外全部轻工业产品的价格。到1993年春，中国社会零售商品总额的95%、农副产品收购总额的90%、以及生产资料销售总额的85%，全部放开由市场供求决定。"价格闯关"最终成行，"用市场价格机制配置资源"从此成为中国经济制度的一个基础。

经济学家通常会不遗余力地推崇市场价格机制。这不足为奇，因为有亚当·斯密以来经济学传统的鼎力支持。可是，为什么邓小平也对"看不见的手"情有独钟？这位曾经指挥过百万野战大军、担任过中共中央总书记和国务院副总理的大政治家，分明拥有一双"看得见的手"！他难道不知道，扩大市场价格机制配置资源的范围，总要在某种程度上收缩"看得见的手"发号施令的范围？大权在手，又坚决推进价格闯关，这究竟是为什么？

要回答这个问题，我认为涉及三个层面。第一，苏联式计划体制的实

质,是把整个国民经济办成一个超级国家公司。这个超级国家公司不得不承受巨大的组织运行成本:收集需求和生产全部信息的成本,决策和指挥的成本,以及发现错误并加以纠正的成本,等等。作为改革前中共第一代领导集体的一员,邓小平多年负责处理国家一线事务,几乎就是这个超级国家公司的执行长。正因为对原有体制不堪重负的成本压力有切身感受,也对原体制的运行效率极不满意,才迫使邓小平比局外批评家更明白,权力过于集中的主要结果,恰恰是无法有效行使国家权力。历史把这位执行长推上了决策人的位置,邓小平决意改革,顺理成章。

第二,邓小平倡导的开放,启迪了一代中国人,也启迪了他本人。作为 1978—1982 年一位北京的在校大学生,我感受到那几年涌动的关于中国经济发展的新想法、新冲动,无一例外都来自多年封闭后对外部世界的观察、比较和思考。无论欧美日本,亚洲四小龙,还是南斯拉夫匈牙利和波兰,所有当时在经济成就方面令中国羡慕的经济体,没有一个套用苏联计划模式的。这些经济体都允许"看不见之手"发挥基础的资源配置作用。他们的经验说明,价格机制并不是洪水猛兽,中国为什么不可以大胆试一试?

最后一个层面最为隐蔽。邓小平的哲学,是相信每个普通人都具有改善生活的持久动力。国家要富强,要推进现代化,就必须充分发挥每一个社会成员和所有基层组织的积极性。正是在这样的思想基础上,才产生了上文提到的中国式权利界定和把企业家请回中国的改革政策。新的问题是,当改革开放释放了个人、家庭和基层组织的积极性之后,如何协调(coordinate)十数亿人口爆发出来的竞争致富冲动,就成为新的经济体制必须解决的问题。邓小平倾心于发挥价格机制的作用,是因为他认识到仅靠国家计划之手,根本不足以应对改革开放后如何协调整个中国经济的新课题。

叙述至此,我们也许要为一件事情而感到遗憾,那就是科斯教授从未访华,因此也没有与邓小平先生谋面的机会。不过,我猜想他们俩可能会互相欣赏。科斯在 1937 年创立的公司理论,出发点是覆盖整个经济的"完备的市场",由价格机制配置一切资源——这也是大多数经济学家的理论出发点。但是,年轻的科斯早在 1937 年就发现,价格机制并不免费,因为完成市场交易的成本常常极其昂贵。为了节约由科斯在科学上首先定义的交易费用(transaction cost),内部似乎不用价格机制、靠企业家的权威和计划来协调的"公司(firm)"就应运而生了。

邓小平的出发点是另外一极,即囊括了整个国民经济的超级国家公司。在这里,国家用"看得见之手"的权威和计划协调整个国民经济,固然因为消灭了一切市场交易而不再受到狭义"交易费用"的局限。但是,科斯定义的另一种成本即"组织成本（organization cost）"，却每日每时困扰着这个超级国家公司。邓小平领导的改革，出发点就是降低超级国家公司的巨额组织成本。为此，他提倡分权改革战略，通过对重新界定权利的合法认定，激发了个人、家庭、基层组织和地方的积极性，还同时把企业家协调和价格机制协调一并请回到中国经济的舞台。

我们有幸目睹了历史性的一幕：一个实事求是的经济学家离开了"看不见之手"支配一切的理论原点，向企业家协调与价格机制协调并用的真实世界出发；一个实事求是的政治家离开了计划经济的教条，向市场与计划并用的体制前进——他们"会面"的地方不是别处，恰恰就是改革的中国！当然，在"看得见之手"与"看不见之手"之间，边界尚没有完全厘定，摩擦和冲突时有发生。但是，"两手"之间充满意识形态敌意、非白即黑的那一页已经翻过去成为了历史。新的认知是，计划组织与价格机制可以在一个经济体里共存并用，并以实际的运行成本为依凭来划清彼此之间的界线。

四、腐败的挑战

邓小平关于中国的许多预言都已经实现了。不过，有一点至今还是例外。1985年春天，我在随杜润生先生前往温州调查的路上，听到传来的邓小平指示，大意是中国不能出现百万富翁，不能走两级分化的道路。到达温州的时候，当地人也正在热烈讨论。他们提出的问题是：温州一些民营企业家的身家财产早就超过了百万，分明已是百万富翁，怎么办？讨论得出的结论是，企业家的私人财产只有很小的一部分用于自己和家人的消费享受，大部分还是用于生产——如果把消费资料与生产资料恰当地分开来，温州和中国就"还不能算已经有了百万富翁"。既然如此，邓小平的指示就不算被违背了吧？

仅仅过了十年，个人的消费性财产超过百万的例子在中国就不胜枚举。数千万的世界级名贵跑车在中国热卖——那可不是"生产资料"。2000年的前后，全球顶极奢侈品的专卖店纷纷在北京上海深圳开张，市场说这里是成长最快的奢侈品市场。由于房地产和股票市场的力量，很多专业人士包括工薪家庭，也进入了百万富翁的行列。所有这些，可以不无理由地被看成经济成就的象征。但与此同时，官方统计和报道、国内外学界的调查、以及对社会生活的直接观察，都表明今天的中国还有不少生计艰难、平均每天收入不过1美元的贫困人口。

学者们用"吉尼系数"描述收入分配差距的状况，发现改革后中国的收入分配差距有拉大的趋向。这类测度可能忽略了一点，即"收入的获取是否合乎公义"并不是定量技术可以描述的。姚明的高收入是一回事，贪官们卖官鬻爵的收入是另一回事——公众舆论真正痛恨的是后者，因为其收入不合公义。可是，关于收入差距的测算并不能划分这个及其重要的区别。其实，真正威胁改革存亡的严重问题是，即使根据反贪部门公开发布的腐败案例，人们也看到利用公权力腐败——显然不合正义的收入——的趋势在中国有增无减。

除了当事人的道德水准外，贪污腐败的趋势到底与什么有关？对此，张五常曾提出过一个理论。在本文开首提及的《中国的前途》里，五常指出，就竞争稀缺资源而言，人类社会形成了两种基本的经济制度。一种以等级制特权来规范和约束人们的行为、防止稀缺资源被彻底滥用。另一种就是产权制度，即以财产权利的界分来划分人们从事经济活动的自由空间，以刺激生产、交换、分工与合作。张五常更推测，当第一种经济制度转向第二种制度即市场经济的时候，腐败将大量发生，因为原来的等级特权无可避免地要争取最高的"权力租金"。这个过程甚至可能形成一种独特的"秩序"，即"制度化腐败"（institutionalized corruption）。后来的中国经验的确表明，腐败不仅仅是改革启动的一种伴随物，也是瓦解公众支持改革的腐蚀剂、甚至是终极改革的致命杀手。转型经济怎样应对制度化腐败，是一项严重的挑战。

邓小平的答案是多手并举：道德教育、党的纪律和法治。我不认为还可以想出更多的办法来遏制腐败。问题是，在上述分权改革、重新界定权利、承认并鼓励民营企业家、大规模利用价格机制的每一个过程中，腐败不但形影相随，且有更快蔓延之势——腐败跑得似乎比改革还要快！1986年9月，邓小平得出了一个重要结论：不改革政治体制，就不能保障经济体制改革的成果，不能使经济改革体制继续前进（《邓小平文选》，第三卷，第176~180页）。为此，他开始部署中国政治体制改革。

政治体制改革远为复杂和困难。最主要症结是，经济改革触犯的经济既得利益，还可以用经济手段补偿，但政治改革触犯的既得利益，拿什么来做补偿？举一个例子，原来"享受低价好处"的居民家庭，一旦价格放开后受到损害，政府可发财政补贴给予补偿。但是，原来主管物价的政府部门，价格放开后就面临权力缩减、部门撤并、甚至官员下岗的现实威胁。对于一辈子管物价的官员来说，他身上的专用人力资本一夜之间全报废，他能接受吗？用经济办法来补偿"丧失权力的损失"吗？出价低，不可能被接受；出价高，国家财政不堪负担——等级制其实是非常昂贵的。听任掌权者自己补偿（贪污腐败是也）？公众不可能接受，而那样"补偿"的结果，一定是更舍不得放弃权力。那么，可以不予补偿就取消权力吗？可以，但改革因此就等于革命。

邓小平多次讲过"改革也是革命"。不过他面临另一项约束。作为"权力过于集中"的派生物，中国的党政骨干系统发达，但其他社会软组织发育不足，行政系统实际上负担着社会经济体系的运转。这本身就增加了消化政治体制改革副产品——重新安排官员——的难度。另一个连带的后果，就是国家权力体系一旦失稳，整个社会就容易动荡。所以，推进"也是革命"的政治体制改革，又不得不以"稳定"为边界。于是人们看到，1986年重新提上日程的中国政治体制改革，并没有实质推进。一年以后的中共十三大，通过了酝酿已久的政治体制改革纲领，但没等到切实实施，"价格闯关"的失败以及随后发生的天安门广场事件，就再也没有给中国推进政改的机会。即使1992年邓小平的南巡讲话，也限于推动经济增长与经济改革，而并不是政治体制改革。中国的政治体制改革，是邓小平未竟的事业。

五、小结

中国经济增长取得的令人瞩目的成就，为邓小平启动的改革开放提供了一个无可更改的背书。如果用最多数人口的日常生活得到显著改善作为评价标准，邓小平领导的中国改革开放一定会被写入历史。当然，伟大成就的成因是复合的，人们对此也常有不同的看法。我的观点是，正是改革开放大幅度降低了中国经济的制度成本，才使这个有着悠久文明历史的最大的发展中国家，有机会成为全球增长最快的经济体。

有观察家以为，"廉价劳动力"是中国竞争力的根本。对此我的问题是，改革前中国劳力和其他要素的价格更为低廉，为什么那时候并没有影响全球市场的"中国制造"？更深入的分析表明，知识扩展才是中国经济成就的基础。不过若问，为什么中国人、特别是年轻一代中国人对知识的态度有了根本的转变？答案是，改革激发了中国人掌握知识的诱因，而开放则降低了中国人的学习成本。综合起来，早已存在的要素成本优势、改革开放显著降低制度费用，以及中国人力资本的迅速积储，共同成就了中国经济的竞争力。其中，制度成本的大幅度降低，是中国经验的真正秘密。

邓小平开启了中国改革开放之路，也开启了中国经济增长之路。不过，他并没有完成中国的改革开放。无论在产权的重新界定，企业家职能的发挥，市场经济框架的完善、还是国家权力的约束与规范方面，中国都有面临大量未完成的议题。作为渐进改革策略的一个结果，很多困难而艰巨的

改革任务留在了后面,并面临改变着的社会思想条件。就在科斯先生主办的本次研讨会举行期间,全球金融动荡和油价高企,正给全球经济增长带来前所未有的新考验。受汇率、利率、资源价格和行政垄断部门等重大改革滞后的拖累,中国经济能不能顺利应对这场新的挑战,保持经济的持续增长,还是未定之数。

前年在深圳,我有幸听到张五常的如下见解:中国人在改革开放以来创立了"人类历史上最好的经济制度"。我自己得到的观察,不容许我像他那样的乐观和肯定。不过,30年来中国的经验的确证明,未来绝不是宿命的。我们有理由相信,中国只要坚持改革开放以来被实践证明做对了的事情,继续推进尚未完成的改革事项,未来的历史将有机会再次证明人们关于中国的乐观断言。

中国经济50人论坛
Chinese Economists 50 Forum

对外开放初期的贸易政策改革与思维转变*

周小川

The Past 30 Years

A Review and Analysis by 50 Chinese Economists

周小川简历

中国人民银行行长

出生于 1948 年 1 月。清华大学经管学院和人民银行研究生部兼职教授，博士生导师。

1975 年，毕业于北京化工学院；1985 年，获清华大学博士学位，主修经济系统工程专业；1979—1985 年间，周小川博士在经济体制改革的政策分析及许多经济课题研究方面做了大量工作；1986 年 11 月至 1991 年 9 月任国家经济体制改革委员会委员，其间，1986—1987 年任国务院体改方案领导小组成员兼中国经济体制改革研究所副所长，1986 年 12 月至 1989 年 12 月任对外经济贸易部部长助理；1991—2002 年先后担任中国银行副行长、国家外汇管理局局长、中国人民银行副行长、中国建设银行行长、中国证券监督委员会主席；2002 年 12 月任中国人民银行行长。2003 年 1 月任货币政策委员会主席。兼任中国金融学会会长。2008 年 3 月连任中国人民银行行长。

周小川博士是 IMF 中国理事、IMF 可持续长期融资委员会成员、世界银行增长与发展委员会委员、BIS 董事、BIS 亚洲顾问委员会主席、非洲开发银行理事、G30 成员和中国经济 50 人论坛成员。他分别于 2001 年和 2004 年获得《Business Week》杂志"亚洲之星"称号；2005 年和 2006 年连续两年获得《Euromoney》旗下《Emerging Markets》报纸"亚洲最佳央行行长"称号；曾被评为"2004 年 CCTV 中国经济年度人物"；2007 年初，被《BANKERS》杂志评为亚洲年度中央银行行长。

周小川博士是享受第一批政府特殊津贴的专家，在国内外发表学术论文上百篇、著作十余部。其中，《企业与银行关系的重建》一文获 1994 年度"孙冶方经济科学论文奖"，《走向开放型经济》一书获 1994 年度"安子介国际贸易著作奖"，《社会保障：体制改革与政策建议》获 1997 年度"孙冶方经济科学论文奖"。

主要著作（或与人合著）有：《中国经济改革的整体设计》、《周小川集》、《外贸体制改革的探讨》、《经济改革中的争议性问题》（编译）、《中国财税体制的问题与出路》、《人民币走向可兑换》、《走向开放型经济》等数十部。

1979年，党的十一届三中全会确定了中国开始推行经济体制改革和对外开放的总方针。从那时起，中国的经济决策即从开始引入市场调节，明确社会主义生产目的，允许使用物质刺激，吸引外资，打破对外贸易的垄断经营，逐渐到在企业、价格、财政、税收、金融、国内贸易，对外贸易等各个方面进行改革，经历了一个在思想上逐步扬弃计划经济，在实践上逐渐深入改革的过程。

1984年十二届三中全会明确了中国经济的目标模式应该是商品经济，即以市场和价值规律为基础的经济，而不再是以实物的计划生产和分配为基础的产品经济。1987年，十三大进一步明确了国家、市场、企业三者之间的相互关系。1992年，十四大提出了更为明确的指导理论，即充分肯定了市场在优化资源配置中的积极作用，把我国经济体制改革的目标，正式定义为建立社会主义市场经济，而不再是"计划经济与市场经济相结合"。1993年，十四届三中全会全面提出了建设社会主义市场经济的框架设计，是落实十四大改革目标的行动纲领。其中明确提出了建设开放型经济的目标与任务。这种转变进程对改革开放的实践和进程产生了深远的影响。

在改革初期，我国对外开放的目标模式并不明确。最初的对外开放是针对传统计划经济下相当封闭的经济而言，经济如何对外开放，开放到何种程度并没有明确的目标模式予以界定。"开放"从形象上讲是把过去基本关闭的门打开，一开始打开一点，然后逐步开得更大一点，究竟开多大，开到什么程度，并没有明确地说明。可以这样理解，对外开放是一个动态的过程和方向，在任何起点上都可以讲对外开放。随着社会主义市场经济模式的确立，相对应的对外开放的模式应该是"开放型经济"。"开放型经济"在经济学上是明确地与"封闭经济"相对照的概念。它强调的不仅是对外开放所包含的经济体制发展的方向和过程，而且还强调把国内经济和整个国际市场联系在一起，充分地参与国际分工，同时在国际分工中发挥出本国经济的比较优势。

开放型经济是厂商在国际市场中自负盈亏、自主经营、放开经营、自由进入的体制，它不仅区别于传统的中央计划经济中国营贸易的体制，也区别于过分搞保护主义、使用关税和非关税壁垒、尽力把国内市场和国际市场隔绝的经济体制。虽然国际市场中还有许多不健全的环节，某些发达国家也搞一定的保护主义，开放型经济在某些方面也会有例外的做法，但就总体而言，开放型经济意味着在相当高的程度上参与国际市场和国际分

---

* 全文摘自周小川、杨之刚《迈向开放型经济的思维转变》，上海远东出版社1996年版，第51～112页，略有删减。——编者注

工,并主张自由贸易制度。开放型经济主要是强调国内经济和国际经济的充分衔接。

中国在市场导向的改革过程中,对外开放已经走了相当一段路程。早期讲对外开放,指的主要是人才交流、技术交流、引进外资和开放特区及沿海城市等方面,从经济学和经济模式角度来讲,估量一国的开放程度,主要还是看它的贸易体制。国际上看一个国家开放的程度也首先是看它的贸易模式,看它吸引外资和技术交流等方面开放的程度,或者说是看其生产要素国际间流动的自由和方便程度,是以贸易制度的市场化为前提,也就是直接依赖于贸易制度的开放程度的。如果贸易管制较多,其他开放领域中就必然有较多的限制。这也是中国改革中的亲身体会。因此,有必要从贸易体制上探讨如何走向开放型经济,从基础上进一步明确对外开放的概念。

从经济体制改革实践,以及外贸发展战略的深化进程可以看出,中国的经济体制改革及战略的确定,均与人们的思想认识及思维模式的转变是密切相关的。外贸体制的改革也同样是随着人们思想解放和思维转变的过程,而逐渐深入和起伏前进的。回顾这一思维转变的过程,对于坚定地走向开放型经济,澄清一些关于外贸体制的重大理论和实践问题,探讨走向开放型经济所需进行的政策转变,都有着重要的理论和实际意义,为此,本文将着重分析和描述走向开放型经济的思维转变过程。并将对在中国所观察到的思维转变进程划分阶段,描述思维转变的各个阶段的主要内容并描述各阶段思想转变对外贸政策和体制改革的影响。

理清理论界和政策制定过程中的思维转变进程,是一项较为困难的工作。由于不同的人、不同的学术流派常常是在不同的思维认识阶段,很难用具体的年代作为阶段的界限,明确地划分思想转变的各个阶段。虽然中国外贸体制和发展的战略在不同的时间里有着不同的特点,但由于各个时期里主流的思维和非主流的思维相互交错,只能标识出各个时期主流思维的特点,但它并不一定能代表思维转轨的进程,因此我们认为,思维转变是相对独立的进程。

从中国经济改革思想及对外开放的过程来看,我们试图把思维演进划分为四个阶段,每个阶段均有其主流的思维特征,并在这种思维特征的引导下产生了具有明显特点的经济和外贸政策。

一、外贸体制改革初期的思维状态

中国的外贸体制大致经历了两个历史阶段,即 1949 年至 1978 年形成的集中型计划体制阶段,和 1979 年以来的改革阶段。在第一阶段的形成和发展中,受国际、国内形势的影响,与国内原有高度集中的计划经济体制相吻合,外贸体制是一种高度集中的体制。其理论指导纲领主要是计划经济理论,和自力更生、自给自足前提下调剂余缺的观念。

（一）外贸体制改革初期的特点

外贸体制改革初期的特点主要是集外贸经营与管理为一体,即高度集中,政企不分,统负盈亏。具体表现在:

1. 外贸经营活动方面,实行的是严格的国家外贸统制原则。进出口贸易的经营权按照严格的专业分工授予带有垄断性的外贸专业总公司及其所属口岸分公司,其他任何企业均无权经营外贸进出口业务。

2. 外贸管理实行的是一套严格的指令性计划,由严格进行分工的垄断性外贸公司去完成,并通过相应的审批许可、保护性关税、货运监管等制度予以监督和保证。

3. 外贸公司的经济核算和国家预算联系在一起,其盈亏由外贸部统一核算,并由中央财政统负。

4. 进口商品的内销价和出口商品的收购价均由物价部门设定,而进口商品的购进和出口商品的外销则按国际市场价格作价。汇率高估并固定不变,两种价格严重脱节。

在这种体制下,尽管进出口总体上可达到平衡并保证国际收支和财政平衡,维持较低的国内价格水平。但这种体制也极大地束缚了外贸事业和整个经济的发展和壮大。

1978 年,中共十一届三中全会提出要实行对外开放政策,打破闭关自守,调整经济发展战略,重视对外贸易在经济发展和经济调整中的作用。在这一方针指导下,中国的外贸易领域从理论认识到实践都开始进入改革阶段。

（二）早期外贸体制和政策的思维转变

在外贸体制和政策方面,早期思想解放取得如下进展:

1. 逐步摆脱了过分强调"自力更生",以及把外贸的作用限于"调剂余缺"的传统理论,更加强调和重视出口创汇与国民经济发展的作用。

2. 逐步从否定和批判国际贸易比较优势理论,转向承认发挥本国优势的重要性,同时注意寻找和实现我国在国际贸易中潜在的比较优势。

3. 逐步认识到高度集中的对外贸易体制和外贸公司预算软约束的状况,是不能适应对外贸易发展和国民经济发展的需要的。认识到需要适当

下放外贸（特别是出口）经营自主权，调动地方、部门和企业的积极性，同时也认识到了生产企业参与外贸活动的必要性。

4. 认识到存在着国内外两个市场、两种价格和国内价格体制不合理的状况，提出了要通过利用经济杠杆来消除不利于扩大出口的因素。

（三）早期认识的缺陷

早期的思想解放主要是建立在对旧的传统观念进行批判的基础上，在这种基础上，人们思想认识的进展并不是系统性的。在改革初期，在理论和概念上并没有明确究竟搞市场经济有什么样的好处。当时理解的市场的好处在于能够调动积极性，能通过它产生竞争压力，优胜劣汰，能够"搞活经济"，而其缺点是会造成巨大的资源浪费。所以，在一些文章和讨论中还经常批评市场经济是盲目的、无政府的，仍然认为只有通过计划手段才能有效地配置资源。一些人仍习惯于用传统的集中型计划经济的思维来解释资源配置的优劣，并把资源配置和激励体制分别开来加以评说。

这一阶段关于外贸体制方面的认识也存在许多缺陷：

1. 虽然在国际贸易上不再简单化地强调"自力更生"和"调剂余缺"的原则，把出口创汇视作国民经济发展战略一个重要环节，但并没有从理论上明确参与国际分工，引入国际竞争对国内经济效益和资源配置的好处。

2. 虽然认识到发展外贸应适当下放外贸经营的自主权，但并不明确自主权应最终下放给谁（是下放给地方政府还是企业，是给工业企业还是仅给外贸企业）；未解决如何强有力地硬化外贸企业的财务约束问题。

3. 从全盘否定批判国际贸易的比较优势理论，向认识本国潜在优势，特别是低劳动力成本优势方向发展，但没有从全球角度分析比较优势分布的格局及其动态转移的规律，也没有设法创造一种以微观经济能够正确判断自己的比较优势的环境和政策条件。

4. 认识到引进外资可能使中外双方均获得利益，但在理论上最初还受到"外资、外商剥削中国人"的困扰，逐渐提出"因对双方有利而欢迎这种剥削"的说法，只有少数经济学家承认要素收入的论点。另外，对于如何评价不同类型的外资项目的经济效益缺乏清晰的认识，也就缺乏切实有效的评价方法，和据此制定的有区别的合理政策。

5. 由于中国是个大国，难于下决心实行全面的改革，于是认识到可利用开辟经济特区的办法进行开放和改革的试点，一方面取得经验，一方面使人民获得信心，以便逐步扩大和推广。但在设计特区的模式及其推广可能性方面，一开始考虑不充分，政策界限和目标不很清晰，干起来再说；这使得一些非议时有发生，改革的传递性不十分令人满意。这样，特区模式随着实践和认识的发展虽有所调整，而已获得的既得利益却很难加以调整。

6. 认识到工贸结合、技贸结合的必要性和重大意义，认识到不断改善出口结构的重要性。但由于没有充分分析工贸脱节的本质原因，没有充分认识工业企业直接接触国际市场的一系列潜在利益，这方面的进展不够显著。

7. 认识到价格体系和汇率应该实现合理化，并消除对出口存在的政策歧视。但未能说明国际市场价格体系与国内价格合理化之间的关系，对国际市场价格仍在某种程度上持抵制态度，特别是在进口上对过度保护政策缺乏分析。这也导致了对如何消除政策上的出口歧视缺乏系统性的考虑。

总之，在引入市场机制的初步阶段，思想解放和观念转变是剧烈的。但尚不能形成较完整的理论体系，也未能充分重视各部门的改革理论的相互关联性和经济分析的逻辑性。较多地依靠试点和走一步看一步的做法，较多地信赖将农业改革的初步成功经验引入工业，有时过分热衷于创造一些缺乏充分论证的独特体制。从某种意义上讲，思想解放初期的上述不成熟的方面是不可能完全避免的，改革一方面取得明显的进展，另一方面也由于这种不成熟性而导致一些失误和反复。能否冷静、客观地总结经验和吸取教训，正是进一步改革顺利发展的重要因素。

十一届三中全会后，随着人们经济思想的逐步转变，中国在外贸体制方面进行了一系列改革，这一时期的外贸体制改革的措施，基本上反映了思想解放的程度和思维转变的过程。同时也反映了初期思想认识的局限性。

二、外贸体制改革与政策制定中的思维转变

（一）基于外贸体制改革实践的思维转变

在逐步发生转变的理论基础和思维方式的指导下，从1979年起，我国的外贸体制进行了一系列的改革：在80年代上半期的外贸体改中，比较突出而集中地反映改革思想的文件是国发〔1984〕122号文件，即《国务院批转对外经济贸易部关于外贸体制改革意见的报告的通知》。在这个文件中，根据国务院确定的"政企分开、外贸经营实行代理制、工贸结合、技贸结合、进出结合"的原则，外贸体制改革方面提出了：简政放权，充分调动外贸企业的经营积极性；实行进出代理制，改进外贸经营管理；改革外贸计划体制，简化计划内容和改革外贸财务体制，加强经济调节手段等五个基本方向。由于在这一时期整个经济体制改革方案的设计缺少整体配

套性，一些外贸体制改革措施不能得到充分的实施，国发〔1984〕122号文件中的某些重要措施未能得到实施。尽管如此，经过前后几年的努力，外贸体制发生了以下几个方面的变化：

1. 在1978年，随着对"自力更生"、"调剂余缺"传统思想的突破，中国明确提出要调整发展战略，打破闭关自守的格局，实行对外开放、提高出口产业的地位，扩大出口，高度重视技术与设备的引进。在这种初步的思想解放指导下的政策改革可以说是有限的，但思维和政策的改变使具有出口潜力的产品很快被挖掘出来，这样，仅在1978—1980年三年期间，进出口总额大约增长了一倍。

外贸发展战略跳出了"调剂余缺"的模式，逐步发生了质的变化。在外贸体制改革的初期阶段，我国的外贸发展战略大致可以概括为：一方面通过扩大出口创汇规模来满足进口和其他对外经济活动的需要；另一方面通过适当参与国际分工、发挥我国的比较优势，通过进口来满足国内工农业生产的增长速度和其他支出。与此同时，通过与国际市场的接触和面向竞争，大力引进新技术、管理经验并提高质量，注重经济效益的提高。在国际市场方面，则主要通过增强出口产品的创汇能力，获取更多的贸易机会和国际交流的机会；同时，辅之以必要的市场结构政策，以改变对某一国别或地区贸易逆差过大、风险过于集中的被动局面。一般来说，这种发展战略侧重于出口创汇能力的扩张，积极实现以开放促进经济增长和国际收支平衡双重目标。与此同时，在纠正过分强调进口替代和自力更生的倾向的情况下，也要注意把进口替代放在公正的、重要的地位。应该承认，对于一个外汇紧缺、国内经济建设对外汇需求压力日益增强的发展中国家来说，这是一个比较现实的发展战略。

这一阶段的外贸发展战略尚处在实现出口创汇增长和满足进口需求的初步阶段。较之改革开放以前，这一发展战略的显著特点是使对外贸易由单纯的"调剂余缺"转变为依靠创汇规模的扩大来实现扩大进口并促进国民经济发展。但同时，由于它还停留在主要依靠计划安排来发展出口，创汇主要用于计划安排的进口，而计划进口仍在很大程度上表现了进口替代型发展战略的水平上，而没有更多地强调参与国际分工，使参与国际分工成为转变我国产业结构的重要依据。也就是说，发展战略还未能明确转向开放型经济，还未能明确认识进口替代型发展战略的严重缺陷。

2. 开始破除了"既无外债、又无内债"的自豪感，适当借债，允许并鼓励外商在华创办合资企业，开始考虑并创办深圳经济特区。政府借款的规模是谨慎的，但在后来下放借贷和引进外资的权力之后，没有及时建立一个有效的监督和管理系统。吸引外商直接投资的政策和法规是在传统观念和国内政策的重重限制之中设法寻找突破口，有的人称"夹缝中求出路"，"用一种扭曲去医治另一种扭曲"。但应该承认，当时能实现那些政策已是相当不容易的事，令人不甚满意之处在于，外资政策和环境在这个起点上本应有更大的发展和改进，但却由于国内经济思想和当时政策上的限制，没有本质性的突破进展。深圳等特区的开办和试验取得了令人瞩目的效果，在思想解放进程中起了重大作用，以至引起国际上不少人士的关注。但对建立特区的目的性不够明确，政策体系的设计不够严密，对其作用期望过高。事后被总结为"四个窗口、两个扇面"，这对中国这样大的国家来说是难以完全实现的。在愿望过多的基础上界定不清的政策体系也引起一些不平等竞争现象，有人称之为"内地向特区输血"，也引起政策效仿和攀比效应。而这种效仿式的发展能否成为全国改革的顺利发展的道路，尚缺乏充分的分析和论证。

3. 部分地下放了外贸经营权。为了调动地方和生产企业发展外贸出口的积极性，一是扩大了地方的外贸经营权；二是原来由外贸部所属进出口公司经营的一些进出口商品，也允许分散到有关部委或地方政府所属的进出口公司经营；三是陆续批准了一批大中型生产企业经营本企业产品出口业务和生产所需的进口业务；四是开展了多种形式的工贸结合试点。

4. 经济计划开始由直接命令转向间接指导。开始运用经济杠杆，包括采取外汇留成和内部结算汇价。外汇留成含有超过官方汇价的购买力，并含有进口先进技术和设备进行更新改造的方便性等货币意义以外的独特好处；虽在一定程度上克服了以往对出口的政策歧视，但由于我国的价格扭曲，无论是对不同行业还是对不同地区给予不同比例的留成，实际上都在较大程度上把外汇留成当作了调整收入分配的政策工具。

5. 1980年底决定实行贸易结算的内部汇价，即双重汇率制。这一经济杠杆的使用显著改善了国际收支平衡，三年内中央政府外汇储备增长了6~7倍（当然不能全归功于这一经济措施）。虽然1981和1982年国际贸易很不景气，但中国的出口也还在上升。由于国内存在一定的通货膨胀，固定未变的内部汇价逐渐失去积极作用，到1984年又呈现为人民币定值过高的局面，1985年取消了双重汇率，随后又有两次官方汇价的调整。可以说，1984年以后开始注重研究经济杠杆的综合运用、政策定位和配合关系，并更多地关注国际惯例和贸易伙伴对我国贸易政策的可接受性。但是也必须看到，在汇率等政策方面仍存在不少背离市场经济基本理论和国际实践经验的论点。当国内宏观经济平衡存在困难时，这些论点不时地抬头并仍能占上风。

（二）外贸政策制定中的思维转变

思维转变促进了外贸体制和外贸发展战略的深化，但是外贸体制和贸易战略的发展并不是一帆风顺的，改革过程中，由于各方面制约条件较多，改革也遇到了一些问题。而改革中遇到的新问题又成为思想认识进一步深化的起点，促使人们反省以往的认识，使其不断成熟。这个过程在外贸经营自主权的下放及下放中出现的问题上，有内容丰富的表现。

1. 改革以前，中国只有十几个按专业分工并设有地方分支机构的外贸总公司，省一级外贸行政管理机构主要听命于中央外贸管理部门。下放经营权大致有三方面的内容：第一，允许特区和广东、福建两省成立新的外贸公司，并逐步扩大到其他省市，经营权力范围也逐渐从小变大，先是扩大进口业务范围，随之扩大出口业务。第二，允许成立一些与工业联系更紧密的工贸公司，随后也逐步批准少数工业企业直接从事本企业的外贸业务，但实际上经营权力落实到生产企业的并不普遍，仍存在工、贸相互抱怨：外贸公司说生产企业制造不出合格的出口品，工业企业说没有直接接触国际市场的机会并缺少透明的出口激励。第三，地方政府逐步具有较大的外贸管理权和外贸积极性，有了自己能控制的地区性外贸公司。地方外贸行政管理机构开始从垂直向上依赖变为双重依赖（各地情况不同），外贸专业总公司的地方分支公司也在某种程度上转向双重依赖。地方政府的局部利益和行政干预常常不能和全国的产业结构愿望相一致，存在着市场分割和妨碍经营权落实到企业的现象。

1983年较明显地呈现出外贸放权经营与国内扭曲的价格体系的冲突。一些初级产品及浅加工产品一贯定价很低，成为各外贸公司竞相出口获利的对象，当时被称之为"对内抬价收购，对外削价竞销，肥水外流"。进口方面的赢利动机也造成对国内制造业及其价格的冲击。政府通过改革部署本可以有效地利用这种价格冲击，却由于思想准备不足，使这些产品出口过多且大部分利润不合理地落入某些公司或个人手中。也有不少人站在另一个角度看此问题，他们自觉或不自觉地假定国内价格体系没有什么问题，于是就认为放权经营带来的价格冲击和按旧价格计算出来的收益损失将严重危害国民经济。事实上，1983年底曾严格限制了放权经营的做法。

当然，限制放权经营会压制企业的活力，因此很快又再次酝酿新的一轮放权经营，并在大约1984年底开始推行国发〔1984〕122号文件提出的"政企分开、外贸经营实行代理制、工贸结合、技贸结合、进出结合"为主导的一系列外贸改革的方针政策。当时，有些学者认为要使外贸体制改革走出"一放就乱，一乱就收，一收就死"的循环，应系统地思考和设计外贸体制。至少应设法解决四个方面的问题：（1）要有一组能正确协调各类微观经济行为的价格、税收体系（或其他临时性替代的经济杠杆）；（2）企业要有硬的或较硬的任务约束；（3）要在企业之间建立平等的竞争条件；（4）要在市场环境中建立起较为合理的企业组织结构。

2. 关于价格体系。从1980年到1981年，一部分经济学家认识到应积极进行价格体制的改革。在这部分经济学家的积极建议下，政府曾考虑过尽早准备和实施价格改革。在1979年至1984年，政府的研究机构曾致力于准备设立一种称为"人工生产价格向量"的理论价格。它是建立在一种以使所有的生产者获得某种平均利润率为条件的大规模投入产出模型的基础之上的。据称，"人工生产价格"符合马克思的经济理论，所以理所当然被认为是价格体系改革的目标。国家物价局曾于1983年按国务院的布置去论证价格改革，在1984年上半年拿出了依据"人工生产价格"的论证，认为拟议中的价格改革未必能得出充分的积极效果，反而导致巨大的财政差额，使国民经济无法承受。因而这一计划被否定了。与此同时，1982年到1984年，曾有一些经济学家强烈批评这种"人工生产价格向量"，他们认为，如果说需要一个价格改革的目标向量的话，应该使用可计算一般均衡（CGE）模型求解得出的一般均衡价格向量，而不是"人工生产价格向量"。这就意味着让供求平衡价格去实现市场出清。在1984年夏天，最高决策层接受了这种新的概念，即合理的价格主要取决于市场供求关系。随后，新的认识逐步得以扩散，但仍有一些经济工作者拒绝这种提法。

3. 关于平等竞争和企业的改造。当时人们逐渐认识到外贸工作不是单纯依靠某一部门、几家公司就够了，而应调动各方面的积极性，因此要广泛地下放权力。这样，必然要允许竞争并建立竞争秩序。尽管对竞争的利弊有不同看法，但理论研究和实践表明，竞争将带来经济繁荣，带来动力和效益。当然，允许竞争也并不是说在所有方面都一步放开，特别是在改革过渡性阶段中对个别资源性产品和大宗的、国际市场敏感的商品以及市场容量有限的商品的出口，可以在某个阶段限制竞争。但总的来说，放开并允许竞争的范围应越来越大。

外贸企业及自营外贸的生产企业要按企业化方式进行对外贸易。企业化经营，就要强调自负盈亏、自主经营，扩大外贸企业及有外贸经营权的生产企业的经营权和经营范围，也就是向企业扩权。要给企业扩大权力，就必须硬化企业的财务约束，使其摆脱对中央财政的依赖。

在扩大企业外贸经营自主权的同时，外贸企业可根据国际国内市场实际需要，自主决定向国际化发展，组织综合商社，把国内贸易和国外贸易结合起来，把贸易手段和生产手段结合起来。发展综合商社和业务国际化，

并不是指每个外贸公司都这样发展，而是根据各自的情况，有的可能适于经营一些小范围的专业化贸易，有的具备条件的应向大型化、综合化、国际化方向发展。

在外贸体制改革开始和进行当中，国内许多经济学者和实际工作者都对上述问题进行了不断的认真分析和探讨。伴随着思维转变的过程，80年代下半期的外贸改革的思路渐渐明朗化，当时注重通过价格、汇价（或外汇调剂价）、税收（包括间接税合理化、关税合理化、出口退还间接税等）及金融政策等统一的经济杠杆，并辅以必要的行政手段和民间协调手段来为外贸企业和出口生产企业创造自负盈亏的条件，逐步取消财政对外贸的补贴，使它们逐渐走向企业化经营，以使同一类企业能够享受平等的财务条件，并展开正当的竞争，而不是单纯依靠行政部门一对一地给各企业制定不同的经济待遇手段来调节。

1987年后半年出台的《1988年外贸体制改革方案》（即国发［1987］90号文）正是在这种思维演进中产生的。针对外贸体制中的弊病，该方案提出"外贸体制改革，是要实行自负盈亏，放开经营，加强管理，联合对外，以进一步促进对外贸易的发展。实现这个目标，就是要改变'吃大锅饭'的补贴体制，实行外贸经营的自负盈亏；在自负盈亏的基础上，对大部分商品实行放开经营，充分调动各方面出口的积极性；实行进出口代理和有条件的出口生产企业、企业联合体、企业集团自营出口，推动工（农、技）贸结合、进出结合；实行政企职责分工，更多地运用政策、法规和科学的经济调节机制来加强对外贸的宏观管理，加强联合对外和统一对外；建立相应的机制，加速出口新产品的开发和国际市场的开拓。"其历史意义在于提出了"自负盈亏"、"放开经营"，并从轻工、工艺、服装三个行业试点改革做起，为使企业逐步实现自负盈亏，主要是在出口退税的基础上，通过按大类出口商品划分外汇留成比例为企业创造必要的财务条件。

三、计划经济与市场经济相结合的探索与徘徊

（一）两种不同的思想认识

1979—1987年，中国对外贸体制进行了若干方面的改革，并取得了积极的成果。但是，从总体上看，这期间的改革基本上是围绕着部分地下放外贸经营权、扩大贸易渠道、促进产销结合、改善计划控制进行的，并辅之以其他一些鼓励出口的经济杠杆用以调动各方面的积极性。外贸体制中的一些主要问题还没有解决，即：国家统收统支、统负盈亏的吃大锅饭财

务体制尚未根本解决；国家宏观管理手段和经济调节体系还比较薄弱，有些应该实行统一的政策未能实行，外贸企业竞争条件不平等，缺乏约束机制，以至于在一定程度上出现了"一放就乱"的状况；宏观管理方面仍没有能够建立起符合我国情况的、有效的外贸调节体系；工贸、农贸、技贸结合，进出结合以及进口代理制的问题虽然一再强调，但由于改革措施的不配套，各方面的利益难以平衡以及管理上的不同步，这些问题也未真正解决。上述问题中，最根本的是外贸"吃大锅饭"的问题。在国内外价格体系割裂和人民币汇价不合理的条件下，加之中央和地方两级财政体系的矛盾，许多企业很难做到自主经营、自负盈亏，国家不得不给外贸企业一定的财政补贴。外贸体制中的其他许多问题，都是从这个根本问题中派生出来的。

面对改革中出现的问题，理论界就如何进行深化改革产生了两种不同的认识。一种改革思维偏重于加强市场机制的作用。其中有一部分学者在认识上已经比较明确地提出市场经济的概念，主张依靠市场来有效地配置资源，实现帕累托最优化。这种思想认识具体到对外贸体制改革的思路上，即认为应该进行物价（其中包括汇价）、税收（其中包括关税和出口退税等）、金融体制等方面的综合改革，同时应进行广义的企业改革，注重加强企业竞争机制，硬化企业财务约束，逐步取消出口补贴，为企业创造平等的竞争环境。

另一种改革思维则偏重于强调计划和市场相结合的思路，认为改革的重点和核心应在于改进外贸年度计划的制定，并通过经济杠杆来引导企业去实现这一计划。这种思想认为在企业有了充分的自主权，变为真正的经济实体后，国家可以通过利润留成、外汇留成等手段调节企业行为，并实现预想的计划。在我国价格体制存在严重扭曲的情况下，这种思路回避进行主动式的价格改革，而主张通过确定承包基数等方式，消除企业间"苦乐不均"的现象。这种思想认识怀疑利率、汇率等经济杠杆的作用，认为在中国供给和需求、汇率、利率均缺乏弹性。因此主张通过普遍实行承包制来实现计划和市场的有机结合。

在1987年到90年代初期，这第二种改革思路成为主流的改革思想，并为决策者所接受，体现在外贸实践中则是在外贸企业中推行承包制，外贸企业承包盈亏水平和出口创汇额，政府则给外贸企业核定计划任务外汇留成比例。为了回避价格扭曲所带来的企业苦乐不均，并体现国家的产业政策配额，又对进出口按产品进行分类核定换汇成本，并广泛地实行进出口许可证制度，甚至一度设定了出口关税。同时，由于工业企业承包普遍由地方政府负责，并由此建立了地方财政向中央财政分别承包的"分灶吃

饭"的财政体制，外贸企业的承包也不得不由地方政府来统筹承担，并采取了大多数外贸专业公司的地方分公司与其他公司脱钩的体制变动。

在外贸体制上推行承包制涉及的经济因素和变量，比国内生产企业所涉及的因素和变量更复杂更繁多。因此，外贸企业广泛实行承包制受到多方的置疑，不少人指出，承包制只能是一种短暂过渡的体制。

第一，国内生产企业的承包往往是以规定的外部环境，即假设价格、供销渠道等因素不发生显著变化为条件的，而这种假设与市场取向的改革方向有明显的冲突，因而国内生产企业的承包实际上将是包而不死的。同时必然伴随而来的，将是上级部门与企业之间无穷无尽的讨价还价，在上述前提下，国内生产企业的承包一方面将要求国内价格、税收、金融、财政等方面的体制基本上不作大的变动；另一方面，将要求外贸部门继续承担国际市场变化的风险，在财政的支持下给国内企业充当"缓冲器"的角色，即仍由外贸企业同时面对国际市场和国内生产企业，把变化无常的国际市场价格，转变为固定的国内价格和确定的供销渠道。在国内生产企业承包要求外贸企业起上述调节作用的情况下，外贸企业的承包制必然要复杂得多，最直接的复杂性首先表现在必须通过许多特定的计算来扣除那些不确定的因素，而这种计算的困难是可想而知的。

第二，中国绝大多数生产企业投入品和产出品的数量是有限的，因而承包条件的确定相对较容易。而外贸企业即使在实行专业化分工的情况下，也将面对成千上万的商品和数目更多的品种规格。在这种情况下，要根据我国进出口发展战略的要求不断优化进出口结构，特别是使出口商品结构向深加工制成品的方向转变，在承包时也必须采取比较复杂的办法。

第三，由于中国当时对宏观经济平衡的控制能力尚较弱，而外贸企业的承包却必然同时涉及外汇平衡、财政平衡和信贷规模等问题。一旦宏观经济条件发展变化而导致汇率、利率等的变化，外贸企业的承包条件就很可能会改变，已签订的承包合同实际上将难以兑现。因此，宏观经济平衡的不确定性也给外贸企业承包带来不可行性。

果然，1988年逐渐高升的通货膨胀给外贸企业承包制带来了预想到的困难，当国内价格有变动的时候，国内生产企业马上就想到让外贸企业充当稳定工业企业外部条件的"缓冲器"的角色。国内经济治理整顿开始后，由于基本建设压缩，进口下降，导致外汇调剂市场疲软，外贸企业的承包条件就发生了变化。外贸企业因此开始向上级部门申请调整承包条件，并用超亏挂账的方式向主管部门施加压力，结果在进出口贸易额都有大幅度增长的同时，企业的"超亏挂账"也相当可观地摆了出来。

从思维的分析来看，人们之所以在那一阶段顽强地探索所谓符合中国国情的体制——承包制，是由于思维上尚不能较系统、较全面地接受市场经济的理论和实践，也还不能充分抛弃对集中型计划经济的幻想，还在努力探讨计划经济与市场经济相结合的模式。

回顾第二阶段中两种思维的特点，在表面上看似乎是改革侧重不同之分，但实际上是对实行何种经济体制之分。第一种思维实际上是以市场为取向的改革思路，第二种思维则是以市场和计划相结合的改革思路。随着人们对经济体制改革目标模式的加深，在第一种改革思路的基础上产生了以国际国内两个市场为资源配置主体的，走向开放型经济的不断深化的认识。

（二）思维和战略的进一步深化

在中国外贸实践不断发展，对外贸易在国民经济中地位越来越重要，对外贸体制的认识不断深入的基础上，1987年底提出了新的有关外贸发展的战略。这一新战略的提出正式将中国经济发展战略的方针推向了新的高度。

在这一新战略中，经常被引用的提法是"大进大出"、"两头在外"、"外向型经济"、"发展劳动密集型出口产业"、"大循环"，等等。从经济学的角度，可以把这次新战略解释为"更多地参与国际分工，努力地转向较为外向型的经济"。而不是人为地规定让进出口达到占GNP的某种比重，也不是人为地规定沿海工业的投入品来源和产出品销路，比重的大小取决于中国以外的世界市场。这种比重的最终形成应以经济效益最大化为原则在两个市场上自然形成，并在政策引导下逐步发展。因此，这个新的战略是1984年党的十二届三中全会决定中关于"利用国际、国内两种资源，开拓国际、国内两个市场"提法的进一步升格，是发展战略的进一步转变。虽然这两个提法有近似之处，但1984年外向型的经济增长还没有被放在发展战略的高度上，体制和政策上也没有创造必要的条件。

尽管中国很早就提出了"对外开放"，但80年代的经济还远不是"开放经济"，发展战略的转变也还是初步的。国际经济学界比较普遍接受的关于"外向型经济"的定义是：把国内市场与国际市场连接起来，对鼓励出口和进口替代给予基本相同的政策待遇，即所谓"中性政策"。中国虽多年来反复强调要鼓励出口并制定了不少政策，但对出口的政策歧视有许多来自于间接的政策效应：例如，对进口的限制和固定汇率下国内的通货膨胀等都造成对出口的歧视，而消除这些歧视是相当困难的，有赖于一系列根本性的政策调整和改革。

世界银行在80年代末期的若干报告中把各国经济发展战略划分为四大

类型：坚定的外向型、一般外向型、一般内向型和坚定的内向型经济，当时中国仍被列为一般内向型经济。中国走向外向型或者消除对出口歧视的进程中，就80年代的经济体制及其改革的状况而言，还有很长的路要走。但可以肯定的思维转变的倾向，是逐步远离并否定集中型计划经济体系中关于外贸的整套概念和思维方法，向市场经济体系靠拢。又由于这两个体系在对外经贸中存在严重的冲突，折中和结合的难度更大，因此，这一思维转变也在很大程度上冲击了计划经济与市场经济相结合的主流思维。

我国在80年代后期的发展战略中已正式提出要积极参与国际竞争和国际交换，并反复谈到充分利用自己的优势，特别是以日元大幅度升值为代表的，亚太地区货币比价变化带来的明显优势来参与国际竞争。用经济学的语言讲，这就是承认比较优势的存在及比较优势的转移变化，并据此更多地参与国际分工。可能是由于意识形态的历史中一直对"国际分工"一词有偏见，大家倾向于回避使用它，在经济学中上述战略转变的描述实际上就是国际分工，而国际交换和国际竞争则是当代国际分工的必然隐含。从中国当时的体制来看，还未充分具备一套较充分参与国际分工的机制，因此需要加快外贸体制改革的步伐从而比以往更多地参与国际分工。

20世纪80年代后期中国经济发展战略的新进展是与一系列经济理论及思维转变有关的，也与前几年国内体制改革的实践和国际金融及贸易形势有关。中国政府采纳了新的发展战略，也就表明政府肯定或大致接受了与新战略有关的理论和政策思维，而这些理论思维曾经在不同程度上受到以往教条主义倾向的压制。新战略的提出及其随后的执行，必将进一步依靠这些新的思维和分析方法，并打破那些束缚思维的框框。当然，政府采纳或首肯某一种做法，并不一定说明其正确，整套理论和政策思维的正确与否必须在实践中加以考验。关于新战略的理论意义，当时有不少讨论，从几个方面反映了思维转变的历程：

第一，新战略的一系列论述进一步否定了把外贸功能定义为"调剂余缺"的传统体制的经济理论，转而更加肯定比较优势理论及比较优势转移规律。改革以来，虽然调剂余缺的外贸理论似乎逐步被人们抛弃，特别是被经济学界多数人抛弃，但它仍经常地以各种形式顽强表现出来。例如，在"六五"后期制定的长期投资规划中，仍可看到人们力求在将来某一年每个行业都通过国内生产达到供求平衡的目标。又由于多年来把国际贸易当作国际阶级斗争的一个环节和武器，一直批判比较优势理论是为帝国主义掠夺发展中国家的霸权行为辩护，尽管不少人指出和平环境的国际贸易实践经验及NIEs的经验分析不支持这种结论。在尚未恢复比较优势理论的名誉之时，又有人借当时发达国家保护主义的某些升级，来根本否定比较优势理论，及以此为基础的动态比较优势理论和比较优势转移理论。但实践却使事情越来越清楚，国务院领导同志曾在1987年指出："当前，我国沿海地区的经济发展，正面临着一个有利的机遇。随着劳动费用条件的变化，发达国家和地区不断调整产业结构，劳动密集型产业正向劳动费用低的地方转移。在这次转移中，我国沿海地区应当是很有吸引力的。这里劳动力费用低廉，素质比较高，交通方便，基础设施也比较好，特别是科技开发能力比较强：这是我们的优势。""要注重发展劳动密集型产业。我们的人力资源非常丰富，而且费用低廉，劳力素质比较好。我们应当充分利用这个优势，在沿海地区大力发展劳动密集型产业，以及劳动密集与知识密集相结合的产业。""我们的煤多，可以发电。沿海地区要把电力建设搞上去，为兴办劳动密集型产业和发展外向型经济提供能源条件。我们既有丰富的费用低廉的劳动力，又有煤炭和砂石，这就可以大力兴办建材出口，很有潜力和发展前途。"这些观点是很容易与比较优势和比较转移理论相对照的。

第二，在国际比较研究中，特别是在与发展中国家的发展战略的实践经验的比较研究中，中国政府在80年代后半期明确地肯定了外向型发展战略的优越性。根据国土广大的具体特点，中国政府还提出虽然在全国范围内不一定全面采用外向型发展战略，但在沿海地区肯定要大力发展外向型经济。

战后30年的历史中，相当多的发展中国家采用进口替代型发展战略。中国的传统经济思维也是强烈倾向于进口替代战略的。但从20世纪70年代末起，世界上许多经济学家开始关注亚洲"四小龙"的外向型发展经验，并指出许多怀疑外向型经济的论点，诸如过分依赖国际贸易会使经济十分脆弱，经不起市场变化的冲击等，被实践证明是不对的。但中国官方在80年代上半期尚没有能正视这个重大的国际经济现象，直至1985年仍有许多报刊不断批评外向型经济的脆弱性及其黯淡前景，对学术界提出的有关研究"四小龙"经验的建议也未予以重视。这当中可能有一些意识形态的障碍，也表明在经济体制和发展问题上曾对国际经济学界的重大课题似乎持一种藐视的态度。所以，作为党和国家的方针把沿海外向型发展提了出来，表明了一种肯定性的转变，并给经济研究打开了一个广阔的领域。后来，外向型发展战略的范围又进一步扩大到了沿边境地区和大江大河流域。

应该说，当时虽然认识了外向型发展，但是由于主流思维仍在计划与市场问题上徘徊，因此，在如何处理进口替代和鼓励出口之间的关系等一系列问题上还研究得不多，意见分歧还很大。新战略肯定了某些理论工作的方向并把思维转变推向新的深度和广度。

第三，新战略肯定了按照经济效益原则允许有梯度地组织生产和流通。80年代中期一直有人主张在外向型发展方面应实现"梯度结构"，即沿海及某些交通方便的地区发挥其地理上和人力上的优势，率先发展出口产业；而内地应正视其地理上和某些要素上搞外贸的相对优势不足，去寻找有优势的方面加以发展；这样有可能在更合理的分工组织下使各地区的经济开放程度都能提高，经济效益更好。一个有组织的统一市场将有助于各地寻找和发挥各自的优势，从而更好地进行符合经济规律的横向联系和更大幅度地全面提高经济效益。但是有些同志把按效益原则自然形成的梯度结构与"先富、后富"完全等同起来。当然谁也不会甘心"后富"，这反倒影响了他们真正鉴别本地区的相对优势。又由于思维传统上曾有过平均主义，人们有时不是从效益上讲求平等竞争，而是讲求收益上的平等。例如，内地由于运输线长，有些同志要求外贸从内地收购同一产品时要比沿海出口多补偿运费差异，说这样才叫做与沿海平等竞争。这在市场经济思维中会被认为是十分奇怪的念头。按经济效益形成分工合作关系的市场原则，和收入分配政策上的地区差别是两回事。各项经济政策实行合理定位分工将可以更好地处理这种关系。原则上，为了帮助落后地区尽快地发展，应该采用财政政策促进生产要素的流动，而不宜使用损害效益标准的差别经济杠杆。应该说，迫使每个地区都十分认真地鉴别自己的相对优势是发展经济的重要环节，而某些扭曲的经济信号则使发展决策产生偏差，无形中损害了它们的长期利益。新战略的提出正是这些思维转变的一个良好的起点，逐渐推动了理论和具体政策的发展。

值得注意的是，新战略还强调了参与国际分工的紧迫性。经济发展和体制改革并不是在任何外部环境中都能获得同样的结果，国际贸易环境往往是重要条件。有些国家的改革曾在石油危机年代和国际贸易低增长年代受挫。80年代末的国际贸易增长率比不上60年代，但由于国际货币关系的变动，在亚洲环太平洋地区却出现了局部性的有利时机，而时机是不等人的。另外，发达国家的新技术革命正在逐步前进，发展中国家劳动密集型产品出口的前景含有不确定的因素。在这种条件下，国务院针对日元升值带来的发展时机指出："我们在历史上曾经错过了几次发展良机，这次不应再错过，我们做工作要有紧迫感。"小平同志也强调，实施新的发展战略，"要放胆地干，加快步伐，千万不要贻误时机"，"时机有利时，要坚决些"。这些精神都体现出了更快地转向新战略和推进改革进度的思维转变。

四、理论与政策思维的渐趋成熟

1992年，在对十多年改革实践经验进行总结，以及思想理论认识不断深入的基础上，在小平同志南巡讲话的背景下，中国共产党第十四次代表大会为中国经济体制改革确定了目标模式：发展社会主义市场经济。这标志着经济思维向前迈出了一大步，终于摆脱了"计划与市场相结合"的困扰，走向了新的阶段。

在概念思维上，十四大报告及在十四大之前江泽民同志在中央党校的讲话（1992年5月），首次正式运用了资源配置和资源配置优化的概念，这意味着对经济理论基础的依赖已发生了深刻的转变。1993年，党的十四届三中全会决定作为落实十四大的改革经济体制的行动纲领，从多个方面反映了思维转变和经济理论的选择。在对外开放工作中，正式提出了开放型经济的纲领，尝试运用了比较优势的分析概念。在金融改革工作中，正式提出了人民币将逐步走向可兑换货币。可以说，党的十四大和十四届三中全会，构成了思维转变的一个重要的转折点，标志着新的思维阶段的开端。

党的十二届三中全会通过的关于经济体制改革的决定，提出了有计划的商品经济的概念，这是认识上的一个重大的突破，但并未彻底解决问题，还留下了一些有待进一步开发和可能引起不同理解的问题。而把计划经济等同于社会主义，市场经济等同于资本主义的传统观念，又是那样的根深蒂固，致使在党的十二届三中全会后，尽管改革的实践是在逐步向市场经济趋近，但在思想领域中关于改革的市场取向和计划取向之争却一直没有停息。商品经济，或者至少是发达的商品经济就是市场经济，前一种提法侧重于区别自然经济和产品经济，后一种提法则反映了这种经济中资源配置的主要方式。在思想上关于目标模式的进一步的澄清也为外贸体制改革和外贸发展战略奠定了理论和思想认识基础。在此，我们着重观察以下几项政策思维中发生的转变。

（一）伴随着对市场资源配置作用的思维转变，人们逐步扭转了对国际市场及其配置资源的角色的看法

随着党的十四大的召开，经济改革的模式是搞社会主义市场经济的看法开始趋于一致，明确认识到市场经济的核心特征是：市场是一种优化资源配置的有效手段。这个概念的转变有非常深刻的经济理论方面的意义。承认了市场是资源优化配置的有效手段，一系列问题将从理论上迎刃而解。既然国内市场还不健全，那么改革价格体系并培育市场，使资源配置的有效手段发挥作用就是改革的一大目标。至于说为什么市场体制能够优化资源配置，已有大量的经济学著作作了论述，并使用了相当多的数学工具加以论证。当然，过去我们把许多产生于西方的经济学的概念和知识，都简

单地说成是为资本主义制度辩护的庸俗学说。1992年以后,人们的认识是,市场经济本身并不姓"资"或姓"社",那么相宜地,有关市场经济和市场机制的理论和概念也应该说是可以使用的或可以借鉴的。从社会主义生产目的和尊重价值规律等原则出发,利用市场体制也是必然的结论。

至于国际商品市场,众所周知,它是一个较为自由的但又不是完善的市场,那里存在着不少保护主义的操纵和干预现象。过去的集中型计划经济理论,一方面不相信自由竞争的市场机制,不相信自由竞争的国际市场的积极作用;另一方面,强调帝国主义操纵国际市场,并利用国际市场对不发达国家进行掠夺和剥削。计划经济理论固然也是支持国际分工的,并在这种理论指导下建立了原苏联、东欧的经互会分工体系,然而并未完善地提出一种如何能够在国际上通过配置资源实现合理的国际分工的理论。

改革开放的发展使人们不再对市场体制抱有普遍的偏见,因此对于自由竞争的国际市场也不再持批判态度。对国际商品市场的冷静的统计分析又表明,尽管存在各种干预自由竞争的力量,但非竞争的、操纵性贸易的份额在国际商品市场交易总额中终究占较小的比例;自由竞争的商品贸易仍是国际市场的主流特征。这种占主流的国际市场所提供的价格信号,实际上对参与国际分工的各国的资源配置产生着重要的影响。承认国际市场价格形成的主要部分是竞争性市场中的供求关系,则国际市场价格信号也是优化资源配置的有效手段,那么尽可能充分参与国际市场分工就成为理所当然的事情;参与国际市场竞争,由国际市场所提供的价格信号来配置资源、来决定贸易的结构、来决定资本流动的走向,这样的资源配置就是一种优化配置,根据这样一种配置所决定的分工就是一种优化分工,这正是开放型经济的基本立足点。

有了这个立足点,就能推导出一系列体制与政策的取向。同时,贸易的比较优势也可在这一资源配置学说的基础上得以判断。因此,确立社会主义市场经济模式,承认市场在资源配置优化方面所起的积极作用,对外开放就应该更加速走向开放型经济。

在中国市场取向的改革开放进程中,人们逐渐扭转了对国际市场和国际分工的认识,党的十二届三中全会关于经济体制改革的决定中明确指出要充分利用国际国内两种资源,开拓国际国内两个市场,党的十三大报告中又指明了对外贸易改革的自负盈亏、放开经营、工贸结合、推行代理制的方向,随后又提出了沿海经济外向型发展的新战略。上述方针和发展战略转变实际上隐含了对资源配置的基本观点,而在明确了社会主义市场经济的模式之后,就应更加明确地阐述有关优化资源配置的概念和理论,并用来指导改革开放的政策设计。

（二）党的十四届三中全会决议中正式运用了长期以来受批判的国际贸易的比较优势的概念

在改革之前和改革初期，西方国际经济学中的对外贸易基本理论都被批判为资产阶级庸俗经济学，受到抵制。其中包括对于大卫·李嘉图和亚当·斯密的比较优势学说的批判。在过去的教科书中，有不少段落论述帝国主义垄断资本操纵国际市场，通过这种操纵制定不平等的价格条件欺负和剥削发展中国家。在这种判断下，比较优势规律就是根本不正确的。

高度集中的计划经济体制的整套理论体系，与市场经济理论体系有相当大的距离。很多根本性的前提条件和假设都不相同。在80年代后半期，伴随着日元升值等对中国发展外贸十分有利的时机，很多同志利用比较优势理论和比较优势转移规律的学说，提出了政策性的建议，认为应积极参与结构移动的过程，充分研究和发挥我国的比较优势，发展外向型经济。可以说，相对于将外贸仅仅看成是"调剂余缺"的传统经济理论，李嘉图的比较优势学说更适应于已经进行改革的中国经济。

比较优势转移原理建立在经验研究之上，它根据不同国家贸易结构的演变过程提出了比较优势演变的经验规律：发达国家随着劳动成本的不断上升，在那些劳动比较密集的行业上不断丧失优势，从而先是从纺织、制鞋等方面退出国际市场，随后又从造船、一般机电行业、塑胶等市场中逐步退却；中等发达的国家或一些增长快的发展中国家有可能先是把纺织品出口市场接过来，随着实力的增强再去接收那些中等技术性的机电、塑胶产品的出口市场；如果这些国家发展得快，大约在十年、二十年内会因为劳动成本的上升而逐步放弃纺织、制鞋的出口，进而把这部分市场转让给劳动成本更低的发展中国家。这样就在国际市场出口份额中，呈现出分产品的国家之间分组排队型的动态平移现象，即比较优势移动规律。

中国在改革开放过程中之所以逐步接受并运用了过去受批判的比较优势理论，并实际运用于探寻中国出口的比较优势，有两个不可忽视的原因：第一，有的同志指出，虽然比较优势理论属于"资产阶级"古典经济学，但李嘉图的经济分析的基础却是劳动价值论，是与马克思相一致的。从劳动价值论作为分析基础的角度来肯定比较优势原理，让人感到有言外之意，即那些未用劳动价值论作基点的贸易论仍是资产阶级庸俗经济学。第二，在1986年日元升值，和随后发生的台币升值期间，国际贸易的比较优势结构发生了明显的变化，国内利用比较优势原理所作的分析预测被实践所验证了，有关政策建议也被务实的领导人所接受了。

接受比较优势的概念和理论，不仅仅对国际贸易政策思维有重要意义，

它还是市场资源配置理论中的重要组成部分,它意味着作为市场经济条件下微观经济学的基础理论——一般均衡理论将逐步被人们接受并运用于改革分析。

(三)对应于开放型经济,本国货币应实现经常项目可兑换

当然,从封闭型经济过渡到开放型经济是分阶段的,应在合适的阶段实现货币可兑换。但观念上必须明确,深化改革、扩大开放的方向是要实现货币可兑换,这样,才能更加充分地参与国际分工。

首先从产品市场角度来看,由于本币高估根本上是服从于集中型计划的传统体制和保护民族工业的进口替代型发展战略的,相应地必有一组政策使进口服从于行政干预的局面:一方面要把外汇较集中地用到计划安排的国民经济方面,另一方面是保护民族工业,而本币高估在财务上歧视出口,使之得不到充分的发展,也就不可能充分参与国际分工。其次从资本流动的角度来讲,如果货币不可兑换,资本流动的自由程度就会比较低。比如,中国从1979年就搞中外合资企业,但要求三资企业外汇自我平衡,这样就限制了国内、国际经济按照市场的原则配置资源。近年来,出口企业的外汇留成比例较高,又全面地开放外汇调剂市场,允许外资企业通过调剂市场解决部分外汇平衡的余缺问题,使矛盾得到了缓解,这都是逐步靠近货币可兑换性的做法。

实行这一改革必然会有不少疑虑。

第一个疑虑是认为实行货币可兑换需要对汇率做出合理的调整,而这样的调整又会冲击国内物价总水平。经过这么多年改革的检验,这种疑虑按说应该逐步减少了。汇率调整的确会对进口商品的价格产生一定的影响,但是更为关键的还是总需求控制,如果在总需求控制有力的情况下,一部分进口商品价格上涨,吸收了更多的购买力,则另一部分商品的价格还有被迫下降的压力,总的物价水平并不见得会按汇率的推动而全面上升。在反通货膨胀期间,1989年年底和1990年年底两次调整汇率,由于处于比较紧的总需求管理的状态下,并没有发生明显的通货膨胀,可以说,没有确定的实证表明汇率调整对通货膨胀一定产生明显的作用。

第二个疑虑是认为需要有强大的综合国力和外汇储备,有强劲的出口,外贸发展到一定的阶段,才能实现货币可兑换性,才能应付居民挤兑外汇的需求。表面上这个说法有一定的道理,但深入分析则并不见得是正确的。国际经验表明,有一些国家和地区恰恰是在很困难的时期,特别是在外汇储备几乎为零,外债负担很重的情况下,强制实行了本币的可兑换。在这种情况下,当政府承诺了本国货币和外国货币具有一种等值的比价关系时,

如果居民还信任这个政府，他们就认为手持的本国货币和硬通货是等值的，而且又是随时都是可以兑换的，那么，大家就不会急于去进行大量的兑换，或者把资本转移到国外去。这在经济学上表现为政府承诺作用。承诺能够改变行为规则或博弈规则，这一经济学道理已经受到很广泛的重视：货币可兑换是一种在合理的汇率机制（即均衡汇率）条件下，政府提供的关于本国货币的承诺。如果汇率的确定违背了供求关系，明显偏离了均衡点，则经济规律的强大力量会使任何行政力量无法坚守。因此，实现货币可兑换必须要建立一个合理的汇率和汇率形成机制。为维持实际汇率的稳定，它又需要有适度从紧的总需求管理来配合。

（四）开放型经济要求有合理的配套政策体系

这些配套政策的思维也应在建立社会主义市场经济的框架上发生转变。1993—1994年间，我们曾提出需要强调四个方面的改革配套政策。

首先是加快价格体系合理化的进程，这样才能使价格机制在对外经贸的微观决策中发挥更大的作用，才能逐步完成国际发展经济学家所提出的"贸易自由化五阶段"中的第四阶段。事实上，在1993年党的十四届三中全会之时，中国的商品价格自由化的程度已较高，残留的价格扭曲主要在资源性产品如石油、煤炭、粮、棉、房租和某些服务环节。另外，对外开放的深化所带来的进口口岸在国内市场上的竞争和出口收购在国内市场上的竞争也大大加快了国内价格体系合理化的进程。

其次是要求建立一套能正确反映中性政策的间接税体系及其对应的出口退税体系，以便做到既不歧视出口，也不歧视进口；不因重复累计征税而不自觉地歧视或保护某一行业；让实际有效保护率能直观地在关税中加以反映。1993年下半年开始准备并于1994年出台的全面推行增值税的改革正是及时且正确的措施，它既是国内财税等各项改革的需要，也是对发展开放型经济的非常必要的配合。

再有，开放型经济要求进一步解除对外贸经营权的管制，实行自由进入。在思想上已经认识到进出口活动和资本流动的方便和自由，有利于资源配置，在合理价格机制和合理的税收体制协调的基础上，实行自由贸易能使微观经济在总体上符合全社会的整体利益和公共目标。在进行了价格和税收方面的大胆改革之后，许多目前需要政府出面协调的矛盾，诸如内销与外销的矛盾、进口与进口替代的矛盾、沿海与内地及各地区之间的矛盾、不同行业的企业间的矛盾、部门间的矛盾等，都可以较多地依靠市场得到解决，政府的负担减轻，行政性管制减少，从而使包括进出口在内的许多经济活动均由企业自行决策，这就做到方便和自由了。事实上，我国

近年来正在不断扩大工业企业自营外贸的自主权,数量庞大的三资企业也依法具备自营外贸的权力,这都表明体制上已逐步靠近自由进入原则。

(五)开放型经济要求创造平等竞争的环境

事实上,在十四届三中全会以后,由于强调了创造平等竞争的环境,某些可修改的差别待遇已经缩小或消除。另一些差别待遇的改变尚待时日,政府处于既要创造平等竞争条件,又不能轻易更改以往的承诺这种两难选择之中。但从总的趋势来看,建立平等竞争机制的方向是肯定的。

人们关注的另一个要点是国内主管部门通过特殊优惠、待业政策和准入限制,以至个别审批所造成的不平等竞争条件。在这方面的认识和讨论是与"设租"、"寻租"现象联系在一起的。可以说,思维已经提高,认识已较为清晰,实际行动已在进程之中,但全面见效尚待时日。

竞争与非竞争条件对企业经济效益起着相当明显的重要作用。一些分析表明,企业有没有竞争压力,在经济效益上可以有30%~50%甚至更大的差距。在一个有充分竞争力的环境中,企业必须努力工作才能生存和发展。在竞争压力比较大的情况下,企业其他方面的弱点或者说法治上的不健全在很大程度上可以得到限制或者说可以被弱化到最低限度。

然而,竞争并非自然而然地形成的。如果要想使企业能够开展这种竞争,就必须在政策环境上创造出一个平等竞争的条件。因为如果有一些人为造成的不平等因素存在的话,那么企业就要考虑究竟是在产品服务、质量、价格、成本上进行竞争,还是在争取优惠政策上进行竞争。因此,应该使公平竞争成为政府工作的目标,由政府去推进,建立一个中央政府机构负责监控经济活动的公平竞争,并使用各种法律措施来保护竞争、消除对竞争的各种限制,为企业创造一个可在多个市场中展开平等竞争的环境,这是政府不可推卸的重要责任。

在那些自然垄断的行业中,也要尽可能建立竞争机制,包括产品与服务的竞争、增资与争取信贷以及争取新技术等方面的竞争,政府的促进作用更是十分必要的。因为竞争的压力无疑是使公有制企业的经营管理工作取得最好成绩的前提。一个没有挑战性的环境会伤害最杰出的管理者的积极性,不论是公有制或者是私有制企业都是一样的。残存的那些不利于竞争环境形成的宏观经济政策、贸易政策、工业政策和组织政策,是妨碍竞争的最重要的制约因素。

政府首先应为企业创造公平竞争的环境:

(1)消除垄断,鼓励企业在产品市场、要素市场、资本市场上展开竞争。如果行政权力为了保护某些企业不受竞争的影响而采取种种限制措施形成垄断，势必会造成市场的衰败，企业就不会去努力地工作，而是通过行政部门或政企联合想方设法维持垄断来获得利润，这样必然导致企业和经理人员注意力的转移，削弱提高企业效益的努力。

（2）减少不必要的差别待遇规定和进入市场的限制，对不同行业、不同地区制定相同的竞争规则以使所有企业都能在平等条件下进行竞争。假如调控者规定了不平等条件，当然会促使企业找调控者争取或保持其优惠待遇。

正是各种特殊政策、优惠条件、配额管理、双轨制价格及经营范围的种种限制等等造成了企业为寻求租金花费大量的精力与资金，成为国民经济中一项巨大的浪费。何况为了拼抢租金，贿赂之风愈演愈烈，必须从根本上减少管制，制造平等竞争环境，以免使整个国民经济变质，最后导致可能的腐败经济的模式。

五、走向开放型经济的后过渡期阶段

改革实际上是不断引入市场机制，让市场机制发挥越来越大的作用的过程。随着改革的深入，市场是资源优化配置的有效手段的概念，已经被人们普遍接受，并在实践中得到了广泛的理解。现今，人们不再对市场体制抱有普遍的偏见，同时人们也能够更加冷静和客观地看待国际市场：把非竞争的，操纵性贸易看作是国际贸易市场中的非主流因素；把自由竞争的商品贸易作为国际贸易的主流，并将国际市场上形成的价格信号，作为参与国际分工优化资源配置的重要因素。

国际市场上形成的价格信号是优化资源配置的有效手段，尽可能充分地参与国际市场分工，实际上就是通过参与国际市场竞争，利用国际市场所提供的价格信号来决定贸易的结构，决定资本在产业间流动的方向和数量。这样的资源配置就是一种优化的配置。根据这种配置机制参与的国际分工也是一种优化的分工，这正是开放型经济的基本立足点。国际市场上价格信号及其他市场要素变动，对国内经济各种要素流动性的影响程度是存在差别的，资本和技术的流动稍容易一些，劳动力的流动则相对较差。国际市场对国内经济资源配置的影响，主要表现在进出口数量和结构的变化上。

应该承认，国际市场也并不是完全健全和理想的市场，它也存在着一些价格偏差和有缺陷的环节，但是，从国际经济关系和国际市场的发展趋势，以及经济理论和实践出发，通过国际自由贸易市场能够更好地配置资源。因此，确立社会主义市场经济模式，承认市场在资源配置方面的积极

作用，就应该明确对外开放的战略，并加速走向开放型经济。

尽管经济体制改革存在很多难题，但只要坚持"实践是检验真理的唯一标准"，只要客观地回顾新中国建国近60年和改革开放以来的经济史，和战后世界上不同体制及不同发展战略选择下的经济实绩，就会增强我们坚定地推行经济体制改革和转向更加外向型的发展战略的决心。

在明确了社会主义市场经济及其对应的开放型经济的目标的条件下，在明确了改革的行动纲领的情况下，改革早期的争论逐步烟消云散，进一步改革的思维将在不同的环节中深化。其一是在广泛总结自身经验和研究国际经验的基础上，使理论和政策思维进一步提高并走向成熟化；其二是认真对待既得利益集团的存在和对政策形成的游说，它们在不同程度上要求保护主义措施或优惠待遇，从而影响资源配置的优化和平等竞争条件的完善。应说明的是，这种类型的进一步改革的障碍，已不是经济理论或政策思维方面的障碍，而是与选票有关的利益分析；其三是宏观经济政策的完善化，宏观政策不仅要建立在市场理论和思维的基础上，还需有人才、有经验、有组织的铁的保证，有政策工具的成熟化，有市场反应的成熟化，此外还需有适合中国国情的中央、地方的调控职能的合理分工，这些都属于成熟化和深化阶段的内容；其四是要通过探索适应市场经济框架下经济组织的运行模式。

（一）进一步研究贸易政策的国际经验

中国试图推行外向型发展战略和对外贸易的放开经营，而在国际经济学中则使用"开放型经济"或"贸易自由化"这样的概念。所以会提出这个问题，是由于中国所采用的具体做法在相当程度上与发展中国家的成功经验不完全一样，这就产生了许多需要研究和论证的问题。

世界银行曾回顾贸易政策改革的近期历史，指出，在设计改革时有三个因素似乎最为重要。第一是从数量限制转向征收关税。这样就把国内价格和国外价格联系起来。第二是在降低全面保护水平的同时减少有效保护率之间的差别。否则，某些部门中增值得到的保护可能增加，因为由于关税降低减少数量限制的结果，投入物价格下跌幅度可能大于产品价格的下跌幅度。第三个因素是直接促进出口以抵消因进口关税产生的歧视。但是，促进出口的具体措施会具有永久性质的危险，而且往往导致推迟与汇率有关的带有根本性的变革。这些具体管制措施还可能违反关税及贸易总协定，产生一些反对取消这些具体措施的游说集团并且会有进口商采取抵消性关税行动的危险。

如有关的政策考虑有：

（1）贸易改革，应逐渐采取一种外向型的贸易战略。这个战略意味着消除对出口的歧视，用关税替代数量限制，并且采取较为实际的汇率。

（2）宏观经济政策，许多国家的政府为了减少它们的预算赤字，往往采取鼓励措施以增加储蓄，以保证正的实际利率、有竞争力的汇率，以及低通货膨胀率，这样不仅会增加国内资金的供应，而且有助于支持贸易改革。

（3）国内竞争环境，除了改革贸易和宏观经济政策外，还要改善一国经济中在供应方面作出的反应，特别需要取消物价控制，使投资条例合理化，并且改革劳工市场条例。这些政策将补充贸易改革，并且促进采用尽可能降低成本的工艺。

建设中国的社会主义市场经济是独具特色的，国际经验所提出的问题也有其道理。认真考虑并借鉴国际经验，将有助于推进我们改革的进程，并尽量减少不必要的损失。

（二）要深入研究进口方面的过分限制对开放型发展战略的影响

由于外汇短缺和保护某些民族工业的需要，国内政策很容易含有过分限制进口的因素，而且常常还以非关税性质的手段表现出来。也许保护政策的某些好处是很直接的，但某些间接的或多重间接的代价却不易察觉。比较突出的是进口方面的保护鼓励了进口替代工业，因此使整个出口行业处于相对受歧视的地位，这将在汇率（包括市场汇率的形成）上表现出来。其结果是使一国经济不能充分参加国际分工和向开放型经济发展。歧视出口的作用相当于对出口产业征收额外限制其发展的税收。中国曾在进料加工及出口领域体会到了进口管制的缺陷，问题是如果仅仅针对一种或几种产品的进料加工及出口项目，它的政策待遇还比较容易解决。一旦按新的发展战略制定的参与国际分工的目标去实施，实际上将会有无数的制成品出口生产都会在不同程度上属于进料加工。如果对进口实行过分的限制，那么整个出口生产行业就会受到歧视和影响，自然也会影响到新战略的实施。还需要指出，对不同行业实行差别过大的实际保护税率还会导致各行各业具有不同的经济效益标准，从而会出现不少投资失误和低效益的企业，降低整个社会的经济效益。

另一个值得注意的问题是，经济信息往往是伴随着商品价格来传递的，非关税式的保护政策会切断这类信息的传递，使出口者不得不谋求其他的不很方便的信息渠道，其结果也造成对出口的政策歧视。当然，中国是个发展中国家，有很多理由也有很多利益集团去说明需要执行某些保护政策，但这一类问题应当比较谨慎地加以处理，对每一政策的代价进行详细的分析，应该说是非常必要的。

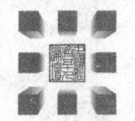

(三）贸易政策进一步与国际接轨，争取参加关贸总协定

这将不可避免地产生对国内不同利益集团的利益调整，其中也包括对行政权力的调整。

逐步建立健全保护知识产权的制度，本是国内发展市场经济的必然要求，也符合长远发展战略，但它对以复制为传统的工业集团会带来过渡性的困难，为此就可能受到反对。而保护知识产权的进展恰恰又和美国贸易代表积极向中国施加压力纠缠在一起，这就必然会有强烈的反对呼声。

中国恢复关贸总协定缔约国和参加国际贸易组织的努力，将会用降低保护率的办法改进进口自由化的程度，则一部分产业的代表们会有强烈的反应，把这一举动称作代价极大的不智之举，这也是有其必然性的。经济政策的取舍分析及出台时点的选择，不再有意识形态方面的过大的阻力，但分析各个利益集团的得失和可能产生的反应，特别是采用正确的理论和分析方法去得出合乎实际的政策分析，变得日益重要，也是理论和思维走向成熟化和深化的反映。

（四）宏观经济政策既要有利于改革又要有利于发展

国际经验表明，贸易政策改革与宏观经济关系密切，世界银行曾归纳：在贸易自由化的同时资源发生重大的变动，因为对改革产生的价格变化作出反应时，有些活动减少了，其他活动增加了。如果一国经济在开始时高度不合理，那么必须做出较大变动的可能性也更大。一个明显的代价是失业，虽然最近关于贸易改革的研究表明，它造成的失业比人们一般设想的要少。较为经常的情况是，贸易自由化是经济危机以后出现的，这种经济危机还伴随着预算赤字、国际收支逆差和通货膨胀。这种危机可能迫使产生实行变革的政治意志，是实行贸易自由化过程中一个重要的因素……因此，如果政策的初步变化是显著的，加上改革的可信性，贸易自由化成功的可能性就较大。此外，政策上强烈的初始变化能够很快地促进出口，足以使既得利益集团支持进一步的贸易自由化。通过稳定的宏观经济政策降低通货膨胀率和防止货币升值对于贸易改革的成功也极为重要。许多贸易自由化的努力遭到失败是由于宏观经济政策不当，而不是贸易政策不当。一旦进行改革，改革的命运往往主要和国际收支状况联系在一起，而国际收支状况如何是宏观经济政策的结果。经验表明，出口实绩与汇率的水平与稳定性有密切关系。但是，用汇率来稳定国内价格的做法是与贸易改革不一致的。

从国内经验来看，过热的增长和未经深思熟虑的改革（它导致政策反复）都易造成宏观经济不稳定，危害参与国际分工的条件；过于松弛的货币政策和财政政策易导致较高的物价指数，而在此基础上就不容易下决心去执行引起进一步震动的价格（包括汇率、利率）改革。通货膨胀往往最直接地危害经济的外向型部分，它总是导致实际汇率不足（本币高估）从而严重打击出口。1988年中国发生了较高的通货膨胀，其后曾对保持实际有效汇率有所犹豫，导致1989年出口增长速度放慢，并发生了大量的超亏挂账现象。这些都证实了上述的经济分析和预见。当然，在改革过程中，由于要纠正过分扭曲的商品价格体系和要素价格，不可避免地要引起某些重大变动，这是早晚总要承受的。这种改革所带来的物价变动不是长期持续的，它与失误性的财政政策和货币政策所造成的总需求管理失控的性质完全不同。

另外，开放型经济的成熟化意味着人民币走向可兑换，其第一步则是人民币在经常项目下的可兑换。它涉及一系列经济思维的成熟化和深化，人们要不断地扬弃传统经济思维中的许多概念和观点，用新思维去审视可兑换这一改革的利弊得失，去研究新局面下对资本流动的管理体系和对国际收支的管理。

附录 1

中国经济 50 人论坛简介

中国经济 50 人论坛,是由中国经济学界部分有识之士于 1998 年 6 月在北京共同发起组成的独立的学术组织。论坛聚集了中国具有一流学术水准、享有较高社会声誉并且致力于中国经济问题研究的五十位著名经济学家。论坛成员都以学者身份参与论坛研究活动,自由发表自己的学术成果及建议,共同参与中国经济重大课题的交流与探讨,提出政策建议和意见。论坛的宗旨和目的就是把各个领域有着深入理论研究的专家聚集起来,通过自由、深入的研讨和交流,激发彼此的创造力,用集体智慧的成果,推动中国经济的改革与发展。

Brief Introduction

Chinese Economists 50 Forum is an independent academic research institute based in Beijing, China. It is initiated by a group of celebrated Chinese economists, who enjoy the reputation of first class academic expertise and are dedicated to research China's economic issues. The Forum constitutes of 50 Chinese economists that contribute their ideas and researches at their own free will, on the basis of their independent academic activities that engage in the study and analysis of significant economic issues in China, as well as policy suggestions and comments. The mission and aim of the Forum is to encourage the creative ideas of economists by collective, extensive, in-depth exchanging and discussing of research results and policy suggestions by experts and economists who have carried out tremendous work in their academic fields. The Forum believes that its activities are helpful to the reform and development of China's economy.

附录 2

中国经济 50 人论坛成员名录

中国经济 50 人论坛学术委员会成员：

吴敬琏、樊纲、刘鹤、林毅夫、易纲、许善达、吴晓灵

论坛成员（以姓名拼音字母为序）：

1. 蔡　昉（教授、研究员、博导）　全国人大常委、中国社会科学院人口与劳动经济研究所所长、人力资源研究中心主任

2. 曹远征（研究员、博导）　中银国际控股有限公司首席经济学家

3. 陈东琪（教授、研究员、博导）　国家发展和改革委员会宏观经济研究院副院长

4. 陈锡文（教授、研究员、博导）　全国政协经济委员会副主任、中央财经领导小组办公室副主任、中央农村工作领导小组办公室主任

5. 樊　纲（教授、研究员、博导）　中国经济体制改革研究会副会长、中国改革基金会国民经济研究所所长

6. 范恒山（教授、研究员、博导）　国家发展和改革委员会地区经济司司长

7. 郭树清（研究员、博导）　中国建设银行股份有限公司董事长

8. 海　闻（研究员、教授、博导）　北京大学副校长、中国经济研究中心常务副主任

9. 贺力平（教授、研究员、博导）　北京师范大学经济与工商管理学院金融系主任

10. 胡鞍钢（教授、研究员、博导）
    中国科学院、清华大学国情研究中心主任
11. 江小涓（教授、研究员、博导）
    全国政协委员、国务院研究室副主任
12. 李剑阁（教授、研究员、博导）
    全国政协委员、中国国际金融有限公司董事长
13. 李晓西（教授、博导）
    北京师范大学学术委员会副主任、经济与资源管理研究院院长
14. 李　扬（中国社会科学院学部委员、研究员、博导）
    中国社会科学院金融研究所所长、金融研究中心主任
15. 梁优彩（高级工程师）　国家信息中心中国经济信息网首席经济师
16. 林毅夫（教授、博导）　世界银行副行长兼首席经济学家
17. 刘　鹤（教授、研究员、博导）　中央财经领导小组办公室副主任
18. 刘世锦（教授、研究员、博导）　国务院发展研究中心副主任
19. 刘　伟（教授、博导）　北京大学经济学院院长
20. 龙永图（高级经济师、博导）　博鳌亚洲论坛秘书长
21. 楼继伟（研究员）　中国投资有限责任公司董事长
22. 马建堂（研究员、博导）　国家统计局局长
23. 茅于轼（研究员）　北京天则经济研究所理事长
24. 钱颖一（教授、博导）　清华大学经济管理学院院长
25. 盛　洪（教授、博导）　北京天则经济研究所所长
26. 石小敏（高级经济师）　中国经济体制改革研究会副会长
27. 宋国青（教授、博导）　北京大学中国经济研究中心
28. 宋晓梧（研究员、博导）　全国政协委员、国务院振兴东北地区等老工业基地办公室副主任
29. 汤　敏（教授）　中国发展研究基金会副秘书长

30. 汪同三（中国社会科学院学部委员、研究员、博导）
    中国社会科学院数量经济与技术经济研究所所长

31. 王　建（研究员） 中国宏观经济学会秘书长

32. 魏　杰（教授、博导） 清华大学中国经济研究中心副主任

33. 温铁军（教授、博导） 中国人民大学农业与农村发展学院院长

34. 吴敬琏（教授、研究员、博导） 国务院发展研究中心

35. 吴晓灵（研究员、博导） 全国人大常委、全国人大财经委员会副主任、中国人民银行原副行长

36. 夏　斌（教授、研究员、博导）
    国务院发展研究中心金融研究所所长

37. 肖　捷 国家税务总局局长

38. 谢　多（高级经济师） 中国外汇交易中心总裁

39. 谢伏瞻（教授、研究员、博导） 国务院研究室主任

40. 谢　平（研究员、博导） 中国投资有限责任公司副总经理、中央汇金投资有限责任公司总经理

41. 许善达（高级经济师、教授、研究员） 全国政协委员、中国国际税收研究会副会长、国家税务总局原副局长

42. 杨伟民（研究员） 国家发展和改革委员会副秘书长

43. 易　纲（教授、研究员、博导） 中国人民银行副行长

44. 余永定（中国社会科学院学部委员、研究员、博导）
    中国社会科学院世界经济与政治研究所所长

45. 张曙光（教授、研究员、博导） 北京天则经济研究所学术委员会主席

46. 张维迎（教授、博导） 北京大学校长助理、光华管理学院院长

47. 张　祥（教授、博导） 上海交通大学管理学院名誉院长、原对外贸易经济合作部副部长、博鳌亚洲论坛原秘书长

48. 郑新立（教授、研究员、博导）　　全国政协经济委员会副主任、中共中央政策研究室副主任

49. 周其仁（教授、博导）　　北京大学中国经济研究中心主任

50. 周小川（教授、研究员、博导）　　中国人民银行行长

附录 3

中国经济 50 人论坛企业家理事名录

企业家理事会召集人　　段永基　柳传志

企业家理事会秘书长　　林荣强

企业家理事会监事会　　段永基　林荣强

理事会成员（以姓名拼音字母为序）

1. 陈　建　　中国中小企业投资有限公司董事长
2. 戴玉庆　　广州日报报业集团董事长
3. 戴志康　　上海证大集团董事长
4. 杜　谦　　上海来今化工有限公司董事长
5. 段永基　　四通集团董事长
6. 焦家良　　龙润集团董事长
7. 李建华　　广东威华集团董事长
8. 梁信军　　上海复星集团副董事长兼总裁
9. 林荣强　　同方环境有限公司董事长
10. 柳传志　　联想控股有限公司总裁
11. 卢志强　　中国泛海控股集团有限董事长兼总裁
12. 潘仲光　　东方高尔夫国际集团总裁
13. 任志强　　北京市华远集团董事长
14. 沈鹤庭　　中国冶金科工集团公司总经理
15. 田溯宁　　中国宽带产业基金董事长
16. 王少兰　　同济堂药业有限公司执行董事

17. 张继升　　三联集团公司董事长
18. 张征宇　　北京恒基伟业投资发展有限公司董事长
19. 赵　民　　北京正略钧策企业管理咨询有限公司董事长
20. 朱德贞　　华欧国际证券有限公司总裁
21. 朱云来　　中国国际金融有限公司总裁

后 记

今年是中国经济改革开放 30 周年。在这 30 年间,中国经济从濒临崩溃到举世瞩目,中国人民的生活从票证时代走向了丰富多彩,初步实现小康。尽管前进中还有许多问题、许多争议、许多艰难险阻,但中国人民选择的改革开放之路不会逆转,中国人民为追求富民强国而展现出的创造性和智慧将推动中国这只巨轮乘风破浪。而这只巨轮的舵手也将在不断地适应复杂形势的变化中引领巨轮驶向彼岸。大海航行靠舵手,但这个舵手已从 30 年前的"神",变成了在实践中探索真理的人。这种思想观念的变化是新航路开拓的保证。

中国经济改革开放的历程是伟大的。一个拥有 13 亿人口的大国能平稳地实现经济体制的转轨,能保持 30 年的经济高增长,能成为世界上人民对国家的满意度和信心指数最高的国家,是非常不容易的。我们应该珍惜这种局面,我们应该客观、深入地剖析中国的经验,不要让成绩迷惑了我们的双眼,不要忘记我们改革的起点和初衷。然而人有时是健忘的。30 年取得的成就如果不加以认真的总结,未必能让年轻的一代理解父辈走过的路。中国经济 50 人论坛的成员都以不同的方式走过了中国改革开放 30 年的历程,有些人还从政策的建言者成了政策的制定者和实践者,这当中有理性的思考,也有激情的辩论。让这些人写写对改革开放 30 年的看法对后人了解历史是有益的。出于这种考虑,50 人论坛学术委员会于 2007 年 8 月决定在 2008 年中国改革开放 30 周年和中国经济 50 人论坛成立 10 周年之际出一本《中国经济 50 人看三十年:回顾与分析》的文集,以誌纪念。

这是一本自由体的文集。论坛成员可以在学术委员会拟定的选题范围内任选角度自由命题写作。但无论是写自己所经历的事还是评述某一方面 30 年的变革,我们都会从中看到一个经济学人的思考。由于时间仓促和社

会事务繁忙，论坛的成员还来不及写出系统的理论总结，有些论坛成员还不得不将自己过去的或在其他学术会议上的文章纳入文集。但这并不妨碍我们用这本文集来纪念中国经济史上的这一伟大时刻，因为它是论坛成员现实状况的真实写照。学术委员会想在这遗憾和不足的基础上激励大家进一步地思考和总结。希望我们将来能为转轨经济的研究、为世界经济学的发展贡献一份力量。

本书的写作和出版得到了"博源基金会"的资助。50人论坛秘书处的全体工作人员、本书的特约编辑肖梦女士以及中国经济出版社的责任编辑乔卫兵先生为本书的编辑出版做了大量细致的工作。在本书即将出版之际，我代表50人论坛学术委员会对他们表示衷心的感谢。同时也向所有参与写作的论坛成员，向为本书作序的林重庚先生和迈克尔·斯彭斯先生表示衷心的感谢。我相信本书的出版只是一个开端，在今后的学术研究中我们会有更多的合作。

"沉舟侧畔千帆过，病树前头万木春。"这是转轨中的中国经济的写照。

中国经济 50 人论坛学术委员会成员

吴晓灵